Bernhard Schönneshöfer

Geschichte des bergischen Landes

Bernhard Schönneshöfer

Geschichte des bergischen Landes

ISBN/EAN: 9783743320697

Hergestellt in Europa, USA, Kanada, Australien, Japan

Cover: Foto ©ninafisch / pixelio.de

Manufactured and distributed by brebook publishing software
(www.brebook.com)

Bernhard Schönneshöfer

Geschichte des bergischen Landes

Dom zu Altenberg

1895.

Nach einer Aufnahme von Paul Dissethoff, Elberfeld.

Geschichte

des

Bergischen Landes

von

Bernhard Schönneshöfer.

Herausgegeben
mit
Unterstützung des Bergischen Geschichtsvereins.

Mit einem Titelbilde.

Elberfeld 1895.

Druck u. Verlag der Baedeker'schen Buch- u. Kunsthandlung u. Buchdruckerei
(A. Martini u. Grüttefien).

Vorwort.

Es ist eine den Freund unserer bergischen Heimat betrübende Thatsache, daß eine gute Darstellung ihrer Geschichte gänzlich fehlt. Wie mancher mag schon ratlos dagestanden haben, der über die Geschichte unseres Heimatlandes gerne zuverlässige Auskunft gehabt hätte! Es ist unter den obwaltenden Umständen kaum möglich und erfordert jedenfalls jahrelanges Studium, zu einer befriedigenden, historisch treuen Kenntnis unserer Geschichte zu gelangen; denn alle bisherigen zusammenfassenden Darstellungen derselben sind ohne Ausnahme gänzlich unzulänglich, weil in keiner einzigen die Ergebnisse der neueren Forschungen berücksichtigt sind. Eine ausführliche, allen wissenschaftlichen Anforderungen genügende Darstellung der heimatlichen Geschichte muß noch geschaffen werden; sie gleicht einem Dome, zu dem zwar die Bausteine eifrig herbeigeschafft werden, zu dessen Vollendung aber noch ein Zeitraum von vielen Jahren erforderlich ist.

Wenn ich es nun angesichts dieses erstehenden Domes wage, ein bescheidenes Gebäude aufzuführen, so thue ich dies, weil es doch nicht ohne Nutzen sein dürfte, dasjenige, was bis jetzt über unsere Heimat historisch feststeht, in kurzer und zuverlässiger Weise zusammenzufassen. Ich bin bemüht gewesen, ein Werk zu liefern, das nicht nur für die Unterhaltung des Augenblicks berechnet ist, sondern auch weitergehenden Ansprüchen zu genügen vermag. Ich habe daher am Schlusse desselben demjenigen, der sich gerne weiter unterrichten möchte, die nötigen Fingerzeige dazu an die Hand gegeben, und bitte, diese Anmerkungen nicht als etwas Nebensächliches, sondern als etwas sehr Wesentliches anzusehen. Ein solcher Führer ist für den, der es ernst mit dem Studium unserer Geschichte meint, unbedingt erforderlich.

Mein größtes Augenmerk habe ich auf Zuverlässigkeit gerichtet; grundsätzlich bin ich bestrebt gewesen, alle Angaben auszuschließen, welche sich nicht durch Urkunden oder andere sichere Quellen nachweisen lassen. Gerade in diesem Punkte unterscheidet sich mein Buch von allen bisherigen Gesamtdarstellungen der Geschichte des Bergischen Landes, und hoffe ich, daß es an seinem Teile dazu dienen wird, die vielen falschen und erdichteten Mitteilungen, welche sich in unsere Landesgeschichte eingeschlichen haben und immer noch wiederkehren, endlich ganz zu beseitigen. Nur anerkannt gute Quellen und Hülfsmittel habe ich bei der Abfassung des Werkes benutzt, und da ich dieselben vollständig namhaft mache, so ist jeder Leser in den Stand gesetzt, die Richtigkeit meiner Darstellung zu prüfen.

Überall habe ich zwar nach Kürze, aber doch nach möglichster Vollständigkeit in Mitteilung der glaubwürdig überlieferten Thatsachen gestrebt. Die Geschichte der ältesten Zeiten mußte, da wir über dieselbe aus Mangel an Quellen nur wenig wissen, selbstverständlich in knappem Rahmen sich bewegen, und auch über die Geschichte der jüngsten Zeit konnte ich aus naheliegenden Gründen nur kurze Andeutungen geben. Neben der Geschichte unserer engeren Heimat habe ich, soweit es für ihr Verständnis notwendig ist, die Geschichte des ganzen Niederrheinlandes fortdauernd berücksichtigt.

Möge mein Werk dazu beitragen, die Kenntnis unserer Geschichte in immer weiteren Kreisen zu verbreiten und dadurch die Liebe zu unserm schönen Heimatlande zu erhöhen!

Lennep, 10. September 1895.

Bernhard Schönneshöfer.

Inhaltsübersicht.

Einleitung.

Wo immer ich weile, wohin's mich auch zieht,
Der Heimat vor allem erklinge mein Lied;
Den lieblichen Höhen, den Thälern so traut,
Den Städten und Dörfern, vom Fleiße erbaut!
Da pochen die Hämmer, es dampfet und kreist,
Da regt sich gewaltig der schaffende Geist! —
Gott lege auf dich seine schirmende Hand,
Du teuere Heimat, du Bergisches Land!

O. Hausmann.

Edle vaterländische Gesinnung ist eine der schönsten Zierden
des Menschen, und die Liebe zum Vaterlande ist zu allen Zeiten
als eine der höchsten Tugenden gepriesen worden. Wir alle freuen
uns und sind stolz darauf, dem großen, geeinigten Vaterlande, dem
wiedererstandenen Deutschen Reiche anzugehören; aber über dem
großen Ganzen dürfen wir doch auch unsere engere Heimat nicht
vergessen, denn in der Liebe zur Heimat hat die Vaterlandsliebe
ihre Wurzel. Darum lieben wir unser Vaterland so innig, weil
es unsere Heimat ist. Heimat und Vaterland sind zwei unzertrenn-
liche Begriffe, die in jedes Menschen Seele unauslöschlich einge-
graben sein müssen.

Unsere Heimat ist das Bergische Land. Wer, dessen Wiege
in diesem Lande der Berge gestanden, wäre nicht mit Liebe zu ihm
erfüllt? Gehört es doch ohne Zweifel zu den gesegnetsten Land-
strichen unseres weiten deutschen Vaterlandes, sowohl durch seine
Lage und landschaftliche Schönheit, als auch namentlich durch den
Fleiß und die Thatkraft seiner Bewohner. Wer aber seine Heimat
aufrichtig liebt, der wünscht auch ihre Geschichte zu kennen, und
andererseits läßt sich wiederum sagen, daß erst durch die Geschichte
das Heimatland unserm Herzen so recht nahe gebracht wird; denn

nur sie ist im stande, uns die Sprache des alten Mauerwerks, an dem die Erinnerung von Jahrhunderten haftet, zu verdolmetschen.

Aber da treffen wir leider vielfach große Gleichgültigkeit an, die eben in der Unkenntnis ihren hauptsächlichsten Grund hat. Die Geschichte des Bergischen Landes ist nämlich früher auf die unverantwortlichste Weise vernachlässigt worden, und so hat sich denn auch allmählich die Meinung gebildet, als sei dieselbe ganz bedeutungslos und nicht wert, sich mit ihr zu befassen. Vom unparteiischen Standpunkte aus wird man aber zugeben müssen, daß die Kenntnis der heimatlichen Geschichte für jeden von höchster Wichtigkeit ist, und sie ist auch mindestens ebenso interessant, wie manche andere Partie der Geschichte, welche mit Vorliebe gepflegt wird. Das Interesse für unsere Geschichte scheint jedoch auch im Wachsen begriffen zu sein; ein Beweis dafür ist, daß der Bergische Geschichtsverein fortwährend an Mitgliederzahl zunimmt, und daß in demselben so rüstig geschafft wird. Außer ihm bestehen ja auch noch andere historische Vereine, welche sich die Erforschung der heimatlichen Geschichte zur Aufgabe gemacht haben, als deren wichtigste zu nennen sind: Der „Verein von Altertumsfreunden im Rheinlande", der „Historische Verein für den Niederrhein" und die „Gesellschaft für Rheinische Geschichtskunde". Mit dem allmählichen Heben der in den Archiven noch schlummernden Schätze wird das Interesse auch weiter wachsen, und wir dürfen hoffen, dereinst eine wissenschaftliche Geschichte unseres Landes zu erhalten.

Es waltet über unserer Geschichte ein eigenes Geschick; sie leidet nämlich an großer Verfälschung. Infolge der Leichtgläubigkeit und Wundersucht früherer Jahrhunderte haben schon die alten Chronisten ihr redliches Teil dazu beigetragen; die mittelalterliche Geschichtschreibung zeigt ja durchgängig ein kritikloses Aufnehmen von Überliefertem. Es kommt dazu die geflissentliche tendenziöse Geschichtsfälschung, deren Spuren auch in der bergischen Geschichte sich finden. Während diese Umstände aber bei aller Geschicht=schreibung obwalten, kommt bei unserer bergischen Geschichte noch eine verhängnisvolle Art der Fälschung hinzu, deren sich der früher so hoch gepriesene Wilhelm Aschenberg schuldig machte, indem er da, wo die Chroniken ihn im Stiche ließen, eigene romanhafte Erdichtungen hinzufügte, die leider von den nachfolgenden Geschicht=schreibern für bare Münze genommen wurden und fast in allen späteren Geschichtswerken als unausrottbares Unkraut erscheinen.

Diesen Fälschungen gegenüber ist es die Aufgabe der histo=
rischen Vereine, die reine geschichtliche Wahrheit zu ermitteln und
eine wahrheitsgetreue Darstellung zu ermöglichen. Viel wertvolles
Material ist bereits zu tage gefördert; eine Übersicht der wichtigsten
Arbeiten folgt in dem Anhang.

Der Schauplatz der bergischen Geschichte.

a. Der Name.

Das Bergische Land, auch schlechtweg das Bergische oder
Berg genannt, hat seinen Namen von der Burg Berg an der
Dhün, dem Stammsitz der bergischen Grafen. Die älteren Geschicht=
schreiber waren der Ansicht, daß der Name von der bergigen Boden=
beschaffenheit herrühre [1]), was jedoch nicht stichhaltig ist.

b. Ausdehnung und Grenzen.

Das Herzogtum Berg umfaßte einen Flächenraum von
58¼ Quadratmeilen. Seine westliche Grenze bildete der Rhein;
nur Kaiserswerth und Königswinter, welche im Besitze Kur=Kölns
waren, unterbrachen hier das bergische Gebiet. Südlich wurde
das Herzogtum Berg begrenzt von dem kölnischen Amte Linz, dann
von den Grafschaften Wied und Sayn; diese Südgrenze fällt mit
der jetzigen Grenze zwischen den Regierungsbezirken Köln und
Koblenz zusammen. Die östliche Grenze bildeten die Grafschaft
Sayn, das kölnische Herzogtum Westfalen, die Herrschaft Gimborn=
Neustadt und die Grafschaft Mark; es ist die jetzige Grenze zwischen
Rheinland und Westfalen, welche sich seit den Zeiten des Franken=
königs Chlodwig fast unverändert erhalten hat. Im Norden wurde
das Bergische von den Stiftern Essen und Werden, der Herrschaft
Broich und dem Herzogtum Cleve berührt. Im allgemeinen kann
man also sagen: Das Herzogtum Berg grenzte im Norden an das
Ruhrthal, im Westen an den Rhein, im Süden ging es bis zum
Siebengebirge und zur Sieg und im Osten bis an die Provinz
Westfalen. Es umfaßte die jetzigen landrätlichen Kreise Düsseldorf,
Mettmann, Elberfeld, Barmen, Solingen, Remscheid, Lennep,
Wipperfürth, Mülheim, Sieg und Waldbröl. Der Kreis Gummers=
bach gehörte nicht dazu, sondern bildete zwei selbständige Gebiete:
die Grafschaft Homburg, noch jetzt im Volksmunde „das Homburgische"
genannt, und die Herrschaft Gimborn=Neustadt, noch heute „das
Schwarzenbergische" geheißen, weil sie eine zeitlang den Grafen
von Schwarzenberg gehörte.

Die Einteilung der bergischen Geschichte.

Die bergische Geschichte zerfällt in drei Teile. Den ersten Teil bildet die Geschichte des Bergischen Landes vom ersten Bekanntwerden desselben bis zur Entstehung der Grafschaft Berg, oder vom Jahre 55 vor Chr. bis 1101 nach Chr. Der zweite Teil zeigt uns das Bergische Land als selbständiges Gebiet, zunächst als Grafschaft, dann als Herzogtum, und endigt mit der Zeit der Fremdherrschaft und der Befreiung von derselben. Dieser zweite Teil geht also von der Entstehung der Grafschaft Berg bis zur Einverleibung in die preußische Monarchie, oder vom Jahre 1101 bis zum Jahre 1815. Der dritte Teil begreift in sich die Zeit der preußischen Herrschaft, oder die Zeit vom Jahre 1815 bis zur Gegenwart. Der erste Teil umfaßt 11½ Jahrhunderte, der zweite 7 Jahrhunderte, der dritte nur 8 Jahrzehnte.

Vor der geschichtlichen Zeit lag aber noch eine unendliche Periode, die wir als die vorgeschichtliche oder prähistorische Zeit bezeichnen. Wir besitzen über dieselbe zwar keine schriftlichen Nachrichten, doch ist uns immerhin einige Kunde von ihr geworden, und da sie die Voraussetzungen für alles Folgende enthält, so können wir sie nicht ganz mit Stillschweigen übergehen, sondern müssen eine Betrachtung über dieselbe vorausschicken.

Die vorgeschichtliche Zeit.

Die rastlose wissenschaftliche Forschung hat mit allen Mitteln dahin gestrebt, in die Märchenferne der Urwelt einzudringen, und staunenerregend sind die Erkenntnisse, welche in dieser Beziehung dem stummen Erdboden abgewonnen wurden. Die Bodengestaltung ist ja für die geschichtliche Entwickelung eines Volkes von hoher Wichtigkeit, weshalb ein geologischer Forscher mit Recht sagen konnte, „daß eine Menge Wurzeln des menschlichen und staatlichen Lebens tief in das Innere der Erde hinabreichen". Ein Blick in die Geschichte der Erde, namentlich des Bodens, welchen man bewohnt, ist daher von hohem Interesse für den, welcher sich eingehend mit der Geschichte seiner Heimat befassen will. Die geologische Vorgeschichte der Rheinlande ist nun bis zu einem solchen Grade erforscht worden, daß einer der namhaftesten Gelehrten auf diesem Gebiete[2] ausruft:

„Man muß gestehen, daß ein Forscher, der, von einer der Höhen des Siebengebirges ausschauend, rings über das kuppenbesetzte Plateau, über das tiefeingeschnittene Flußbett und die vulkanischen Berge in der Ferne, wohl berechtigt wäre, das stolze Wort zu sagen:

> „Ich war dabei, als noch da drunten siedend
> Der Abgrund schwoll und strömend Flammen trug,
> Als Molochs Hammer Fels an Felsen schmiedend
> Gebirgstrümmer in die Ferne schlug".

Ebenso eifrig ist man den Spuren des Menschen nachgegangen; aber man muß freilich sagen: Von allen Dingen kennt der Mensch sich selbst am allerwenigsten. Der eigentliche

Urbewohner

unserer Gegend ist uns ein vollkommen unbekanntes Wesen. Als wissenschaftliches Ergebnis steht aber fest, daß der Mensch schon ein Zeitgenosse des Mammuth=Elefanten und des Höhlenbären war. Dies hat man noch nicht lange gewußt, und es ist gerade

durch einen Fund in unserer Gegend zuerst konstatiert worden.
In der Neanderhöhle bei Mettmann hat man nämlich eine mensch=
liche Hirnschale und mehrere Gebeine gefunden, welche keinen
Zweifel zuließen, daß der Mensch mit den vorhin erwähnten Tieren
gleichzeitig gelebt habe [3]).

Dieser homo neanderthalensis oder Neanderthalmensch be=
weist zugleich, daß das Bergische zu den am frühesten bewohnten
Ländern gehörte, was auch aus anderen Gründen wahrscheinlich ist.

Man unterscheidet in der Entwickelungsgeschichte der Erde
vier Perioden, welche der gegenwärtigen vorangingen, nämlich die
Primär=, Secundär=, Tertiär= und Quartär= oder Diluvialzeit.
Beim Übergange von der Tertiär= zur Quartärzeit sank die
Temperatur dermaßen, daß ganze Länderstrecken mit Eis bedeckt
wurden oder vergletscherten; das war die sog. Eiszeit der Erde.
Während man nun seit der Auffindung des Neanderthalmenschen
gewußt hat, daß der Mensch in der Quartärzeit lebte, so war man
doch bis vor kurzem noch darüber im Zweifel, ob er auch schon
zur Tertiärzeit existiert habe; durch die neuesten Funde ist dies
jetzt ebenfalls festgestellt [4]).

Wenn nun auch die Frage, wann der Mensch den deutschen
Boden zuerst betreten, nicht beantwortet werden kann, so läßt sich
doch mit einiger Sicherheit sagen, daß schon zur Eiszeit Deutschland
von Menschen bewohnt oder doch wenigstens durchschweift wurde.
Diese alten Höhlenmenschen, welche in der sog. jüngeren Eiszeit
gleichzeitig mit dem Mammuth und den übrigen diluvialen Tieren
lebten, haben uns viele Spuren ihrer Thätigkeit hinterlassen,
bestehend in rohen Waffen und einfachen Geräten. Dann aber
folgt eine lange Zeit, während welcher wir fast keine einzige sichere
Spur des Menschen finden; dies ist erst in der viel späteren
Periode der ältesten

Pfahlbauten

wieder der Fall. Die Menschen, welche die ältesten sogenannten
Pfahlbauten anlegten, waren kleine, verkümmerte Gestalten, wie
aus den kurzen Griffen ihrer Waffen und Geräte hervorgeht; ihre
Hinterlassenschaft in den Pfahlbaudörfern aber beweist, daß ihr
Bildungsgang schon über die Zustände unbeholfener Kindheit hinaus
war. Die Pfahlbauleute waren nicht mehr heimat= und wohnungs=
lose Jäger, die gelegentlich in Höhlen sich aufhielten, sondern bereits

ießhafte Menschen; sie hielten schon Haustiere und trieben auch schon Ackerbau, doch kannten sie noch keine Metalle. Man unterscheidet bekanntlich in der menschlichen Civilisation zwei Stadien, die Steinzeit und die Metallzeit[5]); in der Steinzeit dienten Stein, Holz und Tierknochen als Stoff zu Waffen und Geräten. Aber wenn auch die ältesten Pfahlbauten, welche so alt sind oder vielleicht älter als die ältesten Pyramiden Ägyptens, noch kein Metall aufweisen, zeigen die jüngeren Pfahlbauten doch schon den Übergang zur Metallzeit. Die Pfahlbauern mußten vor den

Kelten

zurückweichen; die Sage bewahrt noch die Erinnerung an das Volk scheuer „Zwerge", welche vor den überlegenen „Menschen" in die Berge flüchteten. Daß die Kelten das Rheinland bewohnten, wird sowohl durch die Schriftsteller der alten Welt, wie auch durch Gräberfunde und viele Fluß-, Berg-, Wald- und Ortsnamen bezeugt. Die Zeit ihrer Einwanderung läßt sich kaum annähernd bestimmen; im vierten Jahrhundert vor Chr. hatte ihre Macht und Kultur den Höhepunkt erreicht. Sie beherrschten damals ganz Westeuropa; ihr Hauptland war Gallien. Den Kelten sind „die Keime zur Staatenbildung, die Anfänge des Handels und Verkehrs, des Bergbaues und der Metallfabrikation, auch die ersten Regungen von Litteratur und Wissenschaft" im Rheinlande zuzuschreiben[6]). Wie ihnen die ursprüngliche Bevölkerung Deutschlands, so mußten sie der germanischen Einwanderung erliegen; doch blieben sie wohl vielfach als unabhängige Verbündete im Lande, nachdem die Germanen eingewandert waren.

Die Germanen.

Die vergleichende Sprachforschung hat gelehrt, daß die Kelten sowohl als die Germanen zu der arischen oder indogermanischen Völkerfamilie gehören; auch die Vergleichung ihrer religiösen und rechtlichen Anschauungen lehrt dies. Als Ursache ihrer Einwanderung nach Europa kann man nur vermutungsweise den Druck annehmen, den andere Völker auf sie ausübten[7]). Gemeinsam wohl hatten Kelten und Germanen ihre Urheimat in den Hochebenen Asiens verlassen; dann aber waren die Kelten vorausgeeilt und wurden endlich von den Germanen immer weiter nach dem Westen Europas gedrängt, wie diese von den ihnen folgenden

Slaven zur Weiterwanderung veranlaßt wurden. Die Zeit der
germanischen Einwanderung läßt sich ebenfalls nicht mit Gewißheit
bestimmen; sie standen etwa zwischen 700 und 800 vor Chr. an
der Weichsel, Oder und Elbe. Im allgemeinen kann man an=
nehmen, daß ihre Niederlassung in Deutschland schon in der Form
von seßhaftem Ackerbau geschah; wenigstens waren alle deutschen
Stämme zur Ackerbaustufe vorgeschritten, als sie in die Geschichte
eintraten, welches bekanntlich im Jahre 113 vor Chr. geschah. Bis
dahin hatten die Römer noch fast keine Ahnung von den Völkern
diesseit der Alpen, obgleich schon einige Nachrichten über dieselben
zu ihnen gedrungen waren. Als nun auf einmal die Kimbern an
die Thore des Römerreiches pochten, verbreitete sich Entsetzen unter
den Römern; noch aber kamen sie mit dem „kimbrischen Schrecken‟
davon. Es verging fast ein halbes Jahrhundert, bis daß abermals
Römer und Germanen zusammentrafen. In diesen fünfzig Jahren
drangen die Germanen unaufhaltsam westwärts; die Zunahme der
Bevölkerung und daraus entstehender Mangel an Raum und
Nahrung veranlaßte sie mit Naturnotwendigkeit dazu. Während
zur Zeit des Kimbernzuges die Landschaften auf dem rechten Rhein=
ufer nur noch von Kelten erfüllt waren, so finden wir nun die
Germanen nicht allein überall am Rhein, sondern auch ziemlich tief
im heutigen Frankreich. Gerade unsere Gegend tritt von da ab
in den geschichtlichen Vordergrund, und wir sind in der angenehmen
Lage, über die Kämpfe der Völker hiesiger Gegend mit den Römern
ausführliche Nachrichten zu besitzen, welche von keinem Geringeren
herrühren, als von Julius Cäsar. Am Ende des ersten Jahr=
hunderts nach Chr. faßte dann Tacitus, der größte Meister der
römischen Geschichtschreibung, alles zusammen, was man bis dahin
über Deutschland wußte; seine Schriften sind für uns von unschätz=
barem Werte. Von deutschen Schriftstellern besitzen wir aus der
ältesten Zeit gar keine Nachrichten, die freilich, wenn sie vorhanden
wären, manchmal anders lauten würden, als die Berichte der feind=
lichen Römer, die ja nicht im stande waren, die Eigentümlichkeit
ihrer Feinde voll und ganz zu würdigen. Das, was uns die
erwähnten Schriftsteller mitteilen, haben die Gelehrten ergänzt aus
heimischen Volksüberlieferungen, alten Gesetzbüchern und zerstreuten
Notizen, und so ist ein überaus farbenreiches Gemälde entstanden,
welches uns das alte Teutschland im ganzen klar vor Augen führt,
wenn auch über einzelne Punkte die Ansichten streitig bleiben

werden. Allerdings erwähnt Tacitus der Germanen Trunksucht und Spielwut; sonst aber weiß er in seiner Germania fast nur von Tugenden „dieses Volkes ohne Arglist und Trug", wie er es nennt, zu berichten. Seine Schilderung kann hier als bekannt vorausgesetzt werden; es handelt sich für uns nur darum, festzustellen, welche germanischen Völkerschaften im Bergischen Lande wohnten und welche Eigentümlichkeiten sie besaßen.

Es wurde schon erwähnt, daß zur Zeit des Kimbernzuges noch die Kelten hier hausten. Zu Cäsars Zeit wohnten auf dem rechten Rheinufer, also doch wohl jedenfalls auch im Bergischen Lande die Ubier[8]), ein germanischer Stamm. Sie hielten zu den Römern, wurden darum von den andern Germanen gehaßt und verfolgt und siedelten sich unter Augustus auf dem linken Rheinufer an. Aus ihrem Hauptorte, der aber vielleicht schon keltischen Ursprungs war, entwickelte sich das mächtige Köln.

Nachdem die Ubier über den Rhein gezogen, nahmen ihr Gebiet die Tenkterer[9]) ein; auch wohnten auf dem rechten Rheinufer den Ubiern gegenüber die Usipeter oder Usipier. Tenkterer und Usipier werden stets in engster Verbindung genannt, und es wird fast von keinem Kampfe gegen die Römer berichtet, an dem sich diese beiden Stämme nicht mit äußerster Erbitterung beteiligt hätten. Schon von Ptolemäus (im 2. Jahrh. nach Chr.) werden sie in unserm Gebiete erwähnt, und später wohnen sie hier als ein Teil der Franken. Da die Tenkterer also recht eigentlich Bewohner des Bergischen waren, so sei hier mitgeteilt, was Tacitus im 32. Kapitel seiner Germania über sie berichtet:

„Die Tenkterer thun sich, neben gewohnter deutscher Tapferkeit, noch durch ihre Meisterschaft in der Reitkunst hervor. Und nicht größer ist bei den Chatten des Fußvolks Ruhm, als bei den Tenkterern der der Reiterei. So haben es die Vorfahren angefangen, so erhalten es die Nachkommen. Das ist der Knaben Spiel, der Jünglinge Wetteifer, der Greise ausharrende Gewohnheit. Gleichwie Gesinde, Haus und übriges Gut, so sind die Rosse ein Teil der Erbschaft; sie erhält aber nicht, wie das andere, der älteste Sohn sondern der streitbarste und tüchtigste."

Einen Teil des Bergischen bewohnten ferner die Sigambern[10]), die als ein besonders wehrhaftes Glied der Westgermanen galten. Das alte Sigambernland umfaßte zwar hauptsächlich den jetzigen Regierungsbezirk Arnsberg; es gehörte aber dazu auch der gebirgige

Teil des Herzogtums Berg, der jedoch später den Tenkterern eingeräumt wurde. Bis an die Sieg reichte das Gebiet der Sigambern wahrscheinlich nicht, und sie haben auch nicht, wie man früher annahm, von der Sieg ihren Namen; dieser soll sogar nach Karl Müllerhoff Sugambern geschrieben werden müssen.

Hinsichtlich der Namen aber, welche den Gelehrten viel Kopfzerbrechens gemacht haben, ist man trotz aller Mühe nicht zur Gewißheit gelangt; ebenso lassen sich der Ursprung, die ursprünglichen Wohnsitze und die Grenzen der deutschen Stämme nicht mit Sicherheit bestimmen.

Wir wenden uns nun zur eigentlichen Geschichte, und zwar zunächst der sog. Römerkriege. In jener dunkeln Periode, wo einzelne Horden am Rhein ihr kümmerliches Dasein fristeten, wo Mammuth, Nashorn und Rentier die Rheinniederung durchstreiften, da gab es nur den Kampf des Einzelnen gegen die Unbilden der Natur und die Tiere des Waldes, keinen Kampf eines Stammes gegen den andern, kein Ringen eines Volkes gegen das andere kurz noch keine rheinische, keine bergische Geschichte. Diese beginnt erst, da Julius Cäsar als der erste römische Feldherr den schönen Rhein erblickte und überschritt, und es waren eben die Bewohner unserer Gegend, mit denen er zuerst zusammentraf.

Erster Teil.

—

Die ältesten Zeiten.

–

Von Cäsars erstem Rheinübergang bis zur Entstehung der Grafschaft Berg.

– – –

55 vor Chr. bis 1101 nach Chr.

———

Die Römerzeit.

Von Cäsars erstem Rheinübergang bis zum Untergang des weströmischen Reiches.

55 vor Chr. bis 476 nach Chr.

1. Julius Cäsar im Bergischen Lande.

Mit Cäsars erstem Rheinübergang im Jahre 55 vor Chr. beginnt die Geschichte unseres Landes; denn wenn es richtig ist, daß er seine erste Rheinbrücke unterhalb der Siegmündung schlug, welche Ansicht von namhaften Gelehrten verteidigt wird und hier als die wahrscheinlichste angenommen werden soll, so kam er unmittelbar in unser heimisches Gebiet. Er selbst hat uns die Vorgänge in seinem berühmten Werke über den gallischen Krieg meisterhaft geschildert; doch war er, wie treffend bemerkt worden ist, wortreicher darüber in seinen Kommentarien, als thatenreich in der Wirklichkeit.

Schon vor seinem Rheinübergang war er jenseit des Rheins mit den Usipetern und Tenkterern zusammengetroffen und hatte ihnen mit römischer Treulosigkeit ein tragisches Schicksal bereitet; doch hatte er sie nicht vollständig, wie er selbst es darstellt, sondern nur zum Teil vernichtet. Es wird indes das geeignetste sein, die Erzählung der Begebenheiten, soweit sie für uns von Interesse sind, mit seinen eigenen Worten anzuführen[1]).

„Sie kamen an den Rhein, wo die Menapier[2]) wohnten . . . Diese wurden niedergehauen und auf ihren weggenommenen Schiffen setzten die Feinde über den Fluß . . . Auch der Wohnungen jener

bemächtigten sie sich und lebten den ganzen übrigen Winter hindurch[1]) von der überfallenen Reichtum. Cäsar beschloß den Krieg
gegen die Germanen anzufangen. Sobald für das Getreide gesorgt
und die Reiter ausgesucht waren, begann Cäsar seinen Zug dahin,
wo die Germanen standen."

Cäsar erzählt nun weitläufig über seine Unterhandlungen
mit ihnen, berichtet von einem Reitergefecht, wobei die römische
Reiterei geworfen wurde; dann, wie er eine germanische Gesandtschaft völkerrechtswidrig gefangen hielt und mit dem ganzen Heere
gegen die Unsrigen aufbrach, welche darauf wegen der noch schwebenden
Unterhandlungen in keiner Weise vorbereitet waren, und fährt dann
fort: „Vor Verwirrung wußte der Feind nicht, ob er gegen uns
ausrücken, oder sich im Lager verteidigen, oder durch die Flucht
retten sollte. Als wir ihre Furcht . . wahrnahmen, brachen unsere
Soldaten . . ins Lager ein. Was geschwind noch die Waffen ergreifen konnte, that kurzen Widerstand, . . der übrige Schwarm
aber . . ergriff zerstreut die Flucht, auf der sie Cäsar durch seine
Reiterei verfolgen ließ. Als die Germanen das Geschrei hinter
sich hörten und das Blutbad unter den Ihrigen sahen, warfen sie
ihre Waffen weg, verließen ihre Feldzeichen und stürzten zum Lager
hinaus. Am Zusammenfluß der Maas und der Waal[4]) sahen sie
sich außer stande, weiter zu fliehen. Sie wurden daher größtenteils niedergehauen, der Rest sprang ins Wasser und fand darin
vor Schrecken und Ermattung bei der Heftigkeit des Stromes
sein Grab."

Ein Teil der Germanen entkam über den Rhein; die Usipeter
siedelten sich, wie aus späteren Nachrichten hervorgeht, am rechten
Ufer des Niederrheins nördlich von Duisburg an, die übrigen fanden
Aufnahme bei den Sigambern. Doch hören wir Cäsar selbst[5]):

„Der Krieg mit den Germanen (d. h. den Usipetern und
Tenkterern) war nun vorüber und Cäsar beschloß aus verschiedenen
Gründen über den Rhein zu gehen. Sein Hauptbeweggrund war,
die Germanen ihrer eigenen Sicherheit wegen in Besorgnis zu
setzen; sie sollten also erfahren, daß das Heer des römischen Volkes
stark und mächtig genug sei, sie auch über den Rhein hinaus zu
verfolgen. Zudem hatte sich der Teil der Reiterei der Usipeter
und Tenkterer, welcher, um Beute zu machen und Lebensmittel
herbeizuschaffen, vor der Schlacht über die Maas gegangen war
und bei der Schlacht fehlte, nach der Flucht ihrer Landsleute über

den Rhein, zu den Sigambern zurückgezogen und denselben angeschlossen. Als Cäsar an diese, die Sigambern, Abgeordnete sandte,
um die Auslieferung jener, die ihn und Gallien bekriegt hatten,
zu verlangen, erwiderten sie, der Rhein bilde die Grenze des
römischen Reiches; wenn Cäsar es unbillig finde, daß Germanen
nach Gallien zögen, wie könne derselbe dann am anderen Ufer
Herrschaft und Macht ausüben wollen. Ueberdies baten die Ubier
um Hülfe. Zum Uebersetzen des Heeres boten sie eine große
Menge Schiffe an... Allein der Uebergang auf Schiffen schien ihm
weder sicher genug noch der Würde des römischen Volkes angemessen.
Man stellte ihm zwar die größten Schwierigkeiten bei einem
Brückenbau vor, dessenungeachtet aber glaubte er, einen solchen vornehmen oder den Uebergang ganz unterlassen zu müssen... Innerhalb zehn Tagen war der ganze Bau fertig und Cäsar führte die
Legionen über den Strom. Er ließ an beiden Seiten der Brücke
Besatzungen und brach dann in das Land der Sigambern ein...
Die Sigambern aber hatten sich, sobald der Brückenbau begann,
zur Flucht vorbereitet; auf Anraten der Tenkterer und Usipeter,
die bei ihnen waren, zogen sie sich mit Hab und Gut in Einöden
und Wälder zurück. Nach einem Aufenthalte von einigen Tagen,
während dessen alle Dörfer und Gebäude eingeäschert und die
Feldfrüchte abgemäht wurden, begab sich Cäsar zu den Ubiern
zurück... Er glaubte, da seine ganze Absicht bei dem Rheinübergange,
nämlich die Germanen zu schrecken, die Sigambern zu züchtigen,
die Ubier von der Unterdrückung zu befreien, jetzt erreicht war,
Ruhe und Vorteil genug erworben zu haben. Nach einem Aufenthalte
von achtzehn Tagen ging er daher nach Gallien (d. h. nach dem
linken Rheinufer) zurück; die Brücke wurde abgetragen".

Im Jahre 53 „entschloß sich Cäsar", zum zweitenmale über
den Rhein zu gehen*), weil die Germanen den Treviern gegen
die Römer Hülfe geleistet hatten, und weil er dem Ambiorix die
Flucht zu den Germanen abschneiden wollte. Er ließ deshalb etwas
oberhalb der Stelle, wo er früher hinübergegangen war, eine Brücke
schlagen. Da die Art des Brückenbaues bekannt und eingeübt, der
Soldaten Eifer groß war, wurde die Brücke in wenigen Tagen
fertig. Im Lande der Treviter ließ er eine starke Schutzwache
zurück; „die übrigen Kohorten und die Reiterei führte er über den
Strom". (Erst nach langer Abschweifung, wobei er die Sitten der
Gallier und Germanen beschreibt, berichtet Cäsar über den Ausgang,

wie folgt:) „Als Cäsar durch die Späher der Ubier erfahren, daß
die Sueven sich in ihre Waldungen zurückgezogen, beschloß er, aus
Furcht vor Mangel an Lebensmitteln, — die Germanen ließen
nämlich den Ackerbau ihre geringste Sorge sein, — nicht weiter
vorzurücken. Doch um die Feinde nicht ganz von der Sorge vor
seiner Rückkehr zu befreien, ließ er bei dem Rückzuge seines Heeres
den äußersten (östlichen) Teil der Brücke, wo sie an das Ufer der
Ubier stieß, auf eine Strecke von 200 Fuß abbrechen, am andern
Ende einen Turm von vier Stockwerken errichten, und mit starken
Verschanzungen umgeben; zum Schutze ließ er eine Besatzung von
zwölf Kohorten zurück.“ Noch einmal erzählt uns Cäsar von den
Sigambern.[7] Er hatte nämlich die Nachbarn der Eburonen zur
Plünderung des Landes einladen lassen. „Das Gerücht von der
Plünderung des Eburonenlandes und der Einladung der benachbarten
Gallier war auch über den Rhein zu den Germanen gelangt.
Die Sigambern, welche dem Rhein am nächsten wohnen und, wie
berichtet, die Usipeter und Tenkterer aufgenommen hatten, bringen
zweitausend Reiter zusammen und setzen dreißigtausend Schritte
unterhalb des Punktes, wo die Brücke geschlagen und eine Besatzung
zurückgelassen worden war, auf Schiffen und Flößen über den Rhein.
Zuerst fallen sie in das Land der Eburonen ein, fangen viele auf,
die sich zerstreut hatten, und erbeuten eine große Menge Vieh,
was diesen Barbaren am willkommensten ist. Diese Beute verlockt
sie, weiter zu gehen; kein Wald, kein Sumpf vermag diese unter
Waffen und Raubzügen aufgewachsenen Menschen aufzuhalten.
Sie fragen die Gefangenen, wo Cäsar sei, und erhalten zur
Antwort, er habe sich weit entfernt, auch sein ganzes Heer sei
abgezogen.“ Sie versuchen nun das römische Lager zu nehmen;
die Besatzung gerät in große Gefahr, hält sich aber. Die Sigambern
zweifeln, daß ihnen die Eroberung gelingen werde, und gehen daher
mit der verborgen gehaltenen Beute über den Rhein zurück.“

Der Erfolg Cäsars bestand darin, daß nach Ariovists und
der Usipeter und Tenkterer Untergang die Germanen keinen Versuch
mehr machten, in Gallien sich eine neue Heimat zu gründen.

2. Augustus und seine Feldherren am Niederrhein.

Nachdem Cäsar unter den Dolchen seiner Mörder gefallen
und in Rom blutige Bürgerkriege ausgebrochen waren, verstummen
die Nachrichten der Römer über die Germanen. Nur gelegentlich

wird uns die Verpflanzung der Ubier[8]) gemeldet. Im Jahre 40 vor Chr. nämlich übernahm Octavianus die Sorge für den Westen und sandte im Jahre 38 den Marcus Vipsanius Agrippa, den trefflichsten unter seinen Feldherren, nach Gallien. Dieser ging, „der zweite unter den Römern", wie Dio Cassius bemerkt, „mit Heeresmacht über den Rhein" und verpflanzte damals nach Strabo „die Ubier aus Deutschland an das linke, gallische und römische, Rheinufer". „Erst nachdem Octavianus als Cäsar Augustus über das gewaltige Weltreich gebot, richteten sich die Blicke der Römer wieder nach dem Rhein." Die Angriffspolitik hatte Julius Cäsar seinen Nachfolgern als ein Vermächtnis hinterlassen. „Die Ehre des julischen Namens schien es zu verlangen, daß das von dem göttlichen Ahnherrn begonnene Eroberungswerk am Rhein vollendet und gesichert würde. Deshalb wendete Augustus seine ganze Sorgfalt dem Lande Gallien zu." Im Herbste des Jahres 27 aber wurde er nach Spanien abberufen; die Sigambern benutzten diese Gelegenheit, um in das römische Gebiet einzufallen[9]), wurden aber im Jahre 25 von Marcus Vinicius geschlagen. Sie standen damals wahrscheinlich unter Führung ihres Königs Melo, den Strabo später nennt; man darf wohl annehmen, daß er wegen der Unterwerfung vertrieben wurde, denn er floh schutzflehend zu Augustus.

Im Jahre 16 aber überschritten die Sigambern mit den Usipetern und Tenkterern vereint den Rhein, verheerten die Gegend und brachten den Römern eine nicht unbedeutende Niederlage bei[10]). Es erzählt davon Dio Cassius:

„Der bedeutendste der Kriege aber, welche damals die Römer beschäftigten, wurde gegen die Germanen geführt ... Die Sigambern nämlich, nebst den Usipetern und Tenkterern, hatten anfangs in ihrem Lande einige Römer aufgegriffen und an das Kreuz geschlagen; darnach zogen sie auch über den Rhein und verheerten Germanien und Gallien. Die römische Reiterei, die ihnen entgegenrückte, ward von ihnen in einen Hinterhalt gelockt; durch ihre Flucht wurden sie weiter vorwärts geführt, bis sie auf Lollius, den Befehlshaber, stießen. Wider ihre eigene Erwartung besiegten sie auch diesen. Als dies Augustus vernahm, rückte er gegen sie an, fand aber keine Gelegenheit zu Kriegsthaten. Denn auf die Nachricht, daß Lollius wieder rüstete, und auch Augustus gegen sie ins Feld rückte, kehrten die Barbaren in ihre Heimat zurück ..."

2

Wie bitterer Tadel den Feldherrn traf, ersehen wir aus
Vellejus: „Während in den andern Teilen des Reiches alles einen
höchst glücklichen Gang nahm, erlitten wir in Germanien eine
Niederlage unter dem Legaten Marcus Lollius, einem Manne, in
allen Dingen mehr bedacht, Geld zu sammeln, als recht zu handeln,
und, obwohl immer bemüht, seine Laster geheim zu halten, laster-
haft durch und durch: sie rief, da der Adler der fünften Legion
verloren war, den Cäsar (Augustus) von Rom nach Gallien.“

3. Die Feldzüge des Drusus.

Der Held, dessen Person von nun an den Mittelpunkt der
Nachrichten bildet, war Drusus, der Stiefsohn des Augustus.
Zwei Jahre brachte er mit Verteidigungsanstalten zu; seine Vorbereitungen waren großartig. Leider sind die Quellenberichte über
ihn so ungenügend, daß wir nur im allgemeinen die Richtung
seiner Züge erkennen können; wie es scheint, hat er das Bergische
nicht berührt; wohl aber waren die hier wohnenden Völkerschaften
an den Kämpfen gegen ihn beteiligt. Seinen ersten Feldzug unternahm er im Jahre 12 vor Chr.[11]).

„Da die Sigambern und ihre Bundesgenossen“, so erzählt
Dio Cassius, „zum Kriege gegen Rom rüsteten, kam er der Empörung
zuvor und schlug die Germanen zurück, indem er gerade den
Augenblick abpaßte, wo sie über den Rhein gingen. Dann rückte
er selbst, dicht an der Insel der Bataver, über den Fluß in das
Gebiet der Usipeter ein“, welches sich damals von der Mündung der
Lippe an nordwärts erstreckte. „Von dort unternahm er noch
einen Zug in das Gebiet der Sigambern und verheerte große
Strecken Landes.“

Dieser erste Feldzug des Drusus sollte nur die Sigambern
und ihre Bundesgenossen vorläufig einschüchtern.

„Mit dem Anfange des Frühlings brach er wieder zum
Kriege auf[12]), ging über den Rhein und unterwarf die Usipeter.
Nachdem er über die Lippe eine Brücke geschlagen, fiel er auch in
das Land der Sigambern ein, durchzog es und gelangte so in das
Cheruskerland. Er konnte dies thun, weil die Sigambern voll
Zorn über die Chatten, welche allein von den angrenzenden Völkerschaften nicht ihre Bundesgenossen hatten sein wollen, mit aller
ihrer Mannschaft gegen sie zu Felde lagen.“ Vielleicht aber waren
sie tiefer in das Land gezogen, um den Römern eine Falle zu

stellen. Nach kurzer Zeit entschloß sich Drusus zum Rückzuge, hauptsächlich wohl deshalb, weil die verbündeten Germanen ihm den Weg nach dem Rhein abzuschneiden drohten. In einer engen Thalschlucht waren die Römer, wie Dio eingesteht, nahe daran, nicht bloß geschlagen, sondern aufgerieben zu werden. Bemerkenswert ist noch folgende Stelle aus Florus: „Jetzt griff er (Drusus) die mächtigsten Völkerstämme, die Cherusker, Sueven (Chatten) und Sigambern an, welche so sicher auf Sieg hofften, daß sie im voraus wegen Teilung der Beute übereingekommen waren. Die Cherusker sollten die Pferde, die Sueven das Gold und Silber, die Sigambern die Gefangenen erhalten. Aber gerade das Gegenteil geschah:" ihre „wilde Kraft brach sich an der römischen Kriegskunst: Drusus errang den Sieg und entging dem unvermeidlich scheinenden Untergange." [13]

Die Feldzüge des Drusus in den Jahren 10 und 9 vor Chr. galten hauptsächlich den Chatten. Der Zug im Jahre 9 war der großartigste; es sollte aber auch sein letzter sein. Auf dem Rückwege starb er, bevor er an den Rhein gelangte, in seinem dreißigsten Lebensjahre.

4. Die Feldzüge des Tiberius.

Auf Drusus folgte als Oberbefehlshaber am Rhein im Jahre 8 sein Bruder Tiberius, der spätere Kaiser, damals „eine hohe Fürstengestalt von großen Anlagen zum Guten wie zum Schlimmen". Dio [14] berichtet: „Augustus blieb zwar zu Hause, Tiberius aber ging über den Rhein (wahrscheinlich von der batavischen Insel aus). Aus Furcht . . . baten die Feinde (d. h. die Germanen) um Frieden, jedoch wurde ihnen solcher weder damals noch später bewilligt, da Augustus sich auf nichts einlassen wollte, wenn nicht auch die Sigambern beiträten. Diese schickten nun auch Gesandte, angesehene Männer, die aber nicht bloß ihren Zweck gänzlich verfehlten, sondern auch ins Verderben gerieten. Augustus ließ sie nämlich verhaften und in die Städte (Galliens) verteilen, worauf sie sich selber töteten. Darauf hielten sich die Germanen eine Zeit lang ruhig; später aber vergalten sie die ihnen zugefügten Leiden den Römern schwer", und zwar mit großem Recht, denn es war „brutalster Bruch des Völkerrechts mit echt cäsarischer Treulosigkeit".

Über das folgende Jahr 7 sagt Dio [15] nur: „Es wurde nichts Bemerkenswertes vollführt", aber Vellejus rühmt: „Alle

Teile Germaniens durchzog er (Tiberius) siegreich" . . . und „bezwang das Land dergestalt, daß es kaum noch von einer tributpflichtigen Provinz zu unterscheiden war".

Allerdings gelang es ihm, einen Teil der Sigambern zu bewegen, nach dem linken Rheinufer überzusiedeln. Wir haben darüber nur vereinzelte Nachrichten [16]), welche Folgendes besagen: „In dem germanischen Kriege führte er 40000 Sigambern, welche sich unterwarfen, nach Gallien und wies ihnen Wohnplätze an den Ufern des Rheins an." (Sueton.) — „Von den dortigen Stämmen haben die Römer einige nach Gallien versetzt, andere, wie die Marsen, zogen weiter in das Land hinein, einige wenige blieben, darunter ein Teil der Sigambern." (Strabo.) Wenn, wie es scheint, die 40000 Männer waren, so wanderten wohl 60—80000 Menschen aus; — welch ein ungeheurer Zug! Die Römer legten dieser Maßregel eine große Bedeutung bei und Tiberius erhielt dafür in Rom die Ehre des großen Triumphzuges. Aber für die Folge schlug sie zum großen Nachteil für die Römer aus; denn die Nachkommen jener Sigambern bildeten später den Kern der Franken, welche den Untergang des Römerreiches im Abendlande vorzugsweise herbeiführten.

5. Das Ende der römischen Unterjochungsversuche.

Tiberius und sein Nachfolger Sentius Saturninus hatten es verstanden, die deutschen Stämme zwischen Rhein und Weser für Rom zu gewinnen, so daß die deutsche Volkseigentümlichkeit in hohem Maße gefährdet schien. Aber „Quintilius Varus, der, nachdem er Syrien verwaltet, Germanien zur Provinz erhielt [17]), stimmte (nach Dio) einen zu hohen Ton an; er wollte alles zu rasch umwandeln, behandelte die Deutschen herrisch und erpreßte Tribut von ihnen wie von Unterthanen". — „Er saß im Lager zu Gericht, gleichsam als könnte er den Ungestüm der Barbaren durch die Ruten der Liktoren und des Herolds Stimme dämpfen." (Florus.)

Doch in Arminius (Hermann) erstand dem Volke ein Rächer. Es kann wohl keinem Zweifel unterliegen, daß auch die Bewohner unserer Gegend an der Hermannsschlacht teilgenommen, obgleich dies in den Quellenberichten nicht ausdrücklich gesagt ist; in erster Linie werden da die Cherusker, Brukterer und Marsen erwähnt.

6. Jahre der Ruhe.

Des Tiberius Unternehmungen nach der Schlacht verdienen nicht mehr den Namen von Feldzügen; im Jahre 14 wurde er Kaiser. Schon vor dem Tode hatte Augustus seinem Enkel Germanicus, dem Sohne des Drusus, Gallien und den damit verbundenen Germanenkrieg übertragen. Seine Feldzüge [18]) galten den Cheruskern und deren Nachbarn, „um die Schmach wegen des mit Varus verlorenen Heeres zu rächen" (Tacitus). Da er unser Gebiet nicht berührte, so können wir dieselben füglich übergehen. Die Eifersucht des Tiberius rief ihn nach Rom zurück, und Germanicus hielt dort einen glänzenden Triumph, wobei sich unter den gefangenen Germanen Deudorich, der Enkel des Sigambernfürsten Melo, befand.

Den folgenden römischen Statthaltern wurde der Angriff untersagt; trotz aller Anstrengung war Rom aus dem Angriff in die Verteidigung zurückgeworfen, und es folgten fünfzig Jahre der Ruhe, welche auch durch Caligulas Spiegelfechtereien nicht gefährdet wurde. Caligula, der Sohn des Germanicus, welcher nach Tiberius Tode im Jahre 37 Kaiser geworden war, hatte seine Leibwache aus Germanen gebildet, und es kam ihm, wie Suetonius [19]) erzählt, „mit aller Gewalt der Einfall, einen Kriegszug nach Germanien zu unternehmen. So (mit gewaltiger Ausrüstung) trat er den Marsch an". Im Jahre 44 „befahl er, einige Germanen von seiner Leibwache über den Rhein zu schaffen und jenseit zu verstecken; nach dem Frühstücke solle man ihm dann mit möglichst großem Lärm melden, der Feind sei da. Das geschah; er stürzte sich mit seinen Freunden und einem Teil der Prätorianer in den nächsten Wald, hieb Bäume um und ordnete sie nach Art einer Trophäe rc.".

Noch sei erwähnt, daß im Jahre 26 Sigambern in Thracien erscheinen als Genossen der Römer im Kampfe gegen die unbändigen thracischen Bergvölker. Die Römer verwendeten diese Kohorte Sigambern, wie Tacitus [20]) bemerkt, „als stets schnell entschlossen zu jeder Gefahr; nicht minder auch, weil sie mit ihrem Kriegsgesange und Waffengetöse Entsetzen einzuflößen verstanden".

7. Der Aufstand unter Claudius Civilis.

In den Jahren 69 bis 71 wurde die Ruhe unterbrochen durch den Freiheitskampf der niederrheinischen Völkerschaften unter der Führung des Claudius Civilis. Das Volk der Bataver

war stark romanisiert, wurde aber von den Römern aufs schwerste
mißhandelt. Civilis mußte durch seine Beredsamkeit das unter
diesem schweren Druck seufzende Volk zum Abfall zu bewegen. Die
Brukterer und Tenkterer schlossen sich, durch die Seherin Velleda
begeistert, den Batavern an, ja die Begeisterung ergriff auch die
linksrheinischen Völker, sogar die alten Freunde der Römer, die
Trierer. Die Deutschen kämpften anfangs siegreich, später unglücklich.
Da der Krieg nur auf das linke Rheinufer sich beschränkte, so
übergehe ich die Einzelheiten, welche uns von Tacitus[21]) ausführlich
mitgeteilt sind, und erwähne nur, daß die Unsrigen, von Tacitus
die Überrheiner genannt, sich durch ihre Tapferkeit sehr hervor=
thaten. Der Ausgang fehlt bei Tacitus; aber, wie es scheint,
wurde man auf beiden Seiten endlich des langen Krieges müde,
und beide Teile gaben nach.

8. Befestigung der Rheingrenze.

Seitdem Tacitus verstummt, sind wir über die Römerkriege
auf vereinzelte dürftige Notizen angewiesen, namentlich in Bezug
auf das Niederrheinland.

Nachdem man in Rom die Eroberung Germaniens endgültig
aufgegeben hatte, suchte man die Grenze durch ein großartiges
System von Befestigungen zu sichern, durch den sog. Pfahlgraben
oder Römerwall, von dem noch viele Spuren vorhanden sind.
Hervorragend ist in dieser Beziehung namentlich die Thätigkeit des
Kaisers Trajan, der, von Domitian schon im Jahre 92 nach
Köln geschickt, dort im Jahre 98 die Regierung antrat und auch
dann noch nicht nach Rom ging, sondern erst die begonnenen
Arbeiten zur Sicherung der Rheingrenze zu vollenden suchte.

Aus dem zweiten Jahrhundert erfahren wir durch die römischen
Schriftsteller nichts über unsere Gegend, doch war wohl nur der
Name der Völker geändert; man faßt die schweren Kämpfe der
Jahre 165—180 unter dem Namen „Markomannenkrieg“ zusammen,
in Wahrheit war aber die Grenze des römischen Reiches gegen
Germanien überall bedroht, auch am Rheine, und die Völker, welche
früher unter dem Namen Sigambern, Sueven u. s. w. den Römern
so erfolgreichen Widerstand leisteten, nahmen jedenfalls auch in
dieser Zeit am Kriege teil.

9. Weitere Unternehmungen römischer Kaiser.

Im Jahre 234 zog der Kaiser Severus Alexander durch Gallien an den Rhein und schlug eine Schiffbrücke über denselben[22]); seine Unternehmungen waren aber resultatlos und wurden durch seine Ermordung unterbrochen.

Sein Nachfolger, der kriegstüchtige Barbar Maximin, überschritt den Rhein auf der Brücke, die sein Vorgänger geschlagen hatte[23]), vielleicht bei Bonn; das Gebiet, welches er betrat, verwüstete er (wenn die Brücke bei Bonn sich befand, war es das Bergische), und vor seiner Übermacht zogen sich die Germanen, wie vor Cäsar, in ihre Wälder zurück — welche Volksstämme es waren, wird uns nicht berichtet.

10. Erstes Auftreten der Franken.

Um diese Zeit, wohl unter dem nächsten Kaiser Gordian III. (23⁸—244), werden die mittel= und niederrheinischen Völkerschaften zuerst unter dem Namen Franken als Völkergruppe zusammengefaßt[24]), sie werden in der Folge sehr häufig genannt, und es wird von ihren fortwährenden Einfällen in das römische Gebiet berichtet, doch sind diese Berichte zu unbestimmt, um für unsere spezielle Geschichte daraus etwas entnehmen zu können.

11. Vorbringen der Franken.

In den Jahren 276 und 277 kämpfte Kaiser Probus glücklich am Rhein; auch seine Nachfolger sollen Siege über die Franken erfochten haben.

Diokletianus nahm um die Wende des Jahrhundert, indem er Mitregenten ernannte, Umgestaltungen von weittragender Bedeutung auch für die Rheinlande vor.

Der von ihm zum Cäsar ernannte Konstantius übernahm mit Gallien auch die Kriege gegen die Franken; diese aber drangen immer weiter, unablässig und unaufhaltsam, nach Westen vor[25]). Die römischen Kaiser suchten sich damals noch jenes Andrangs zu erwehren. Konstantin der Große (306—337) versuchte es durch Grausamkeit: gefangene Könige der Franken ließ er im Circus zu Trier den wilden Tieren vorwerfen[26]). Im Jahre 308 erbaute Konstantin zu Köln eine Brücke über den Rhein[27]); man glaubt, daß zu ihrer Deckung Deutz angelegt worden sei. Aber was man auch gegen sie in Anwendung brachte, nichts vermochte die Franken einzuschüchtern, und die Lobredner des Kaisers erkennen ausdrücklich an, „daß unter allen Feinden diese Barbaren am schwierigsten zu besiegen seien".

Sein Sohn Konstans[28]) schloß 342 oder 343 Frieden mit ihnen, d. h. er mußte sich durch Geld Ruhe von ihnen erkaufen.

Sein Bruder Konstantius wurde 353 wieder Alleinherrscher; er vertraute sogar einem Franken, namens Silvanus, den Schutz des Niederrheins gegen dessen eigene Volksgenossen an. Silvanus wurde von den Truppen in Köln zum Imperator ausgerufen, bald darauf aber hinterlistig ermordet. So war der Rhein seines tapferen Verteidigers beraubt, dessen Tod sich schwer rächte; ein neuer, kräftiger Beschützer Galliens mußte gefunden werden. Des Kaisers Wahl fiel auf Julian den Abtrünnigen, wie er später als Kaiser genannt wurde. Als er im Jahre 358 am Rheine erschien[29]), hatte Untergermanien fast alle seine Städte und Kastelle in Flammen aufgehen sehen, auch Köln war zehn Monate in den Händen der Franken gewesen und halb in Asche gelegt. Julian besetzte es, machte es wieder zu einem mächtigen Verteidigungspunkte und stellte die Furcht vor dem römischen Namen noch einmal wieder her; aber seine Erfolge waren „das Abendrot der römischen Sonne am Rhein", immer mehr zeigte sich die Überlegenheit der Germanen. Der zweite Nachfolger Julians, Valentinian, befestigte zwar die Rheingrenze, aber nur das linke Ufer; die alte Verteidigungsgrenze war aufgegeben.

12. Das letzte Jahrhundert der Römerzeit.

Für die Folgezeit sind wir hinsichtlich der Westgermanen namentlich auf äußerst spärliche und dürftige Nachrichten angewiesen, was um so mehr zu beklagen ist, als gerade in jenem Jahrhundert, dem ersten der sog. Völkerwanderung, viele Bewegungen und Umwandlungen stattgefunden haben müssen.

Die Angriffe der Franken auf das wieder geteilte römische Reich wurden immer furchtbarer. Im Jahre 388 fielen drei Fürsten der Unterfranken, Genobaud, Markomer und Sunno verheerend in Gallien ein, wurden dann aber geschlagen[30]).

Der Feldherr Quintinus überschritt den Rhein bei Neuß (gelangte also in das bergische Gebiet), um die Franken wieder einmal im eigenen Lande zu züchtigen, erlitt aber eine furchtbare Niederlage[31]), von der es heißt: „da lösten sich in Verwirrung die Glieder, und niedergehauen sanken die Legionen"; wenige Mannschaften nur entkamen.

Auch Arbogast, jener Franke, der das römische Reich damals thatsächlich beherrschte, zog mit dem von ihm zum Kaiser erhobenen Eugenius im Winter 392 bei starrster Eiseskälte über den Rhein[32]) gegen die Franken. Als Teile der Franken werden hierbei auch die Brukterer, Amsivarier (Emsmänner), Chamaven und Chatten aufgezählt, während früher nur die unmittelbaren Rheinanwohner als Franken auftraten. Daß Arbogast durch seinen Feldzug Erfolge errungen hätte, wird nicht berichtet.

13. Das Ende der Römerkriege.

Die Franken breiteten sich immer weiter aus und überfluteten ganz Gallien, dessen Losreißung die Römer so lange wie möglich zu verhindern suchten. Zosimus sagt ausdrücklich, daß „die überrheinischen Barbaren alles nach Belieben ungehemmt überfluteten". Als Attila seinen großen Zug nach Gallien unternahm, fochten die Franken teils auf Seite der Römer, teils auf Seite des Attila. Bevor das Jahrhundert zu Ende ging, im Jahre 476, erlosch das weströmische Reich; die Weltherrschaft ging auf die Germanen über, Gallien fiel an die Franken.

Der Untergang des Römerreichs: das war das Ende des sechshundertjährigen Ringens der Germanen mit den Römern!

14. Römerspuren.

In kulturhistorischer Hinsicht war die Zeit der Römer von ungeheurem Einfluß. Mit dem Durchbrechen der Wälder und Sümpfe, der Anlage von Straßen u. s. w. begann die römische Kultur ihren Einfluß auszuüben, und sie wirkte je länger je mehr civilisierend auf unsere Vorfahren ein. Ja, man kann sagen: „Die Römer waren die Umgestalter der materiellen Verhältnisse und auch die Schöpfer der geistigen Kultur am Rhein und in Deutschland."

Fragen wir aber nach den hinterlassenen Spuren der Römer, so läßt sich in unserm Bergischen Lande keine einzige mit Sicherheit nachweisen. Während die linksrheinische Seite mit römischen Städtegründungen gleichsam übersäet ist, findet sich in unserer Gegend keine Spur einer solchen. Es ist dies jedenfalls ein Beweis, daß die Römer eigentlich nie Herren unseres Landes geworden sind, wie oft auch die römischen Schriftsteller von seiner Unterwerfung berichten. Wahrlich, unsere urdeutschen Voreltern haben die damals furchtbar gefährdete „Wacht am Rhein" mit einer Tapferkeit und

Treue gehalten, die bewundernswürdig ist; freilich kam ihnen dabei die unwirtliche Natur unseres Landes sehr zu statten.

Es finden sich allerdings Überreste von Wegeanlagen und Befestigungen, deren Ursprung wohl unzweifelhaft den Römern zuzuschreiben ist; sie beweisen aber doch auch nur, daß die Römer unser Land durchzogen haben, nicht aber, daß sie es beherrschten. Um ihre Märsche ausführen zu können, bedurften die römischen Heere allerdings auch marschfähiger Wege; ohne Straßen und Befestigungen sind ihre Operationen gar nicht denkbar, nach der Niederlage des Varus aber blieben sie jedenfalls unbenutzt.

Der Weg, auf dem Cäsar nach seinem ersten Rheinübergange unser Gebiet durchzog, geht nach Prof. Dr. J. Schneiders gründlichen Untersuchungen vom Rheine bei Mülheim aus über Siegburg nach Altenkirchen und noch weiter; von diesem gehen dann zwei Heerwege nach dem Rheine zu, auf denen vielleicht der Rückweg erfolgt ist, und von denen der nördliche bergisches Gebiet durchzieht. Nach seinem zweiten Rheinübergange zog Cäsar vom Rhein bei Bonn zuerst nach Norden, dann nach Osten; die dabei benutzten Heerwege gingen meist durch bergisches Gebiet und haben nach Prof. Schneider noch zahlreiche und mitunter bedeutende Überreste bewahrt. Eine dieser Straßen geht von Deutz nach Siegen; auf dieselbe führt von Bonn aus über Siegburg ein Heerweg, und ein anderer führt von ihr aus in verschiedenen Armen wieder an den Rhein. Eine dritte Straßengruppe scheint auf den Feldzug des M. V. Agrippe hinzuweisen, der nach Schneiders Meinung bei Neuwied den Rhein überschritt und dann nach Norden, u. a. an Waldbröl vorbei, sein Heer bis nach Lüdenscheid führte, von wo er den Rückweg über Wipperfürth nach dem Rheine zu antrat.

Der Pfahlgraben oder Römerwall, limes transrhenanus, berührte unser Gebiet nicht, sondern befand sich mehr südlich; wohl aber zieht den Mittel- und Niederrhein entlang ein System von Grenzwehren, welches wohl auch in der römischen Zeit entstanden ist, und von dem gleichfalls viele Überreste sich erhalten haben, die häufig noch jetzt den Namen „Landwehr" führen. Diese Befestigungsanlagen aber stammen wohl größtenteils von unsern germanischen Vorfahren her, an welche uns auch viele noch vorhandene Gräber erinnern, während bis jetzt noch kein römisches Grab im Bergischen Lande gefunden worden ist.

Zweites Buch.

Die Frankenzeit.

Vom Untergang des weströmischen Reiches bis zum Vertrag von Verdun.
476—843.

Erster Abschnitt.
Die Zeit der Merovinger.

1. Das Bergische als Teil Ripuariens.

Es wurde bereits erwähnt, daß die mittel- und niederrheinischen Völkerschaften seit dem dritten Jahrhundert unter dem
Gesamtnamen „Franken" erscheinen[1]); auf der Peutingerschen
Tafel[2]) heißt das rechte Uferland des Niederrheins „Francia".
Wir haben ferner gesehen, daß in der Zeit der Völkerwanderung
die Franken ihr Gebiet behaupteten, gleichzeitig aber sich immer
mehr nach Westen ausdehnten und ganz Gallien überfluteten. Erwähnt wurde auch unter den fränkischen Fürsten Markomer; ihm
wird von fränkischen Geschichtschreibern Sigambria als Heimat
gegeben, und er soll als erster fränkischer König Vater des Fara-
mund gewesen sein, von dem Clodio und Meroväus abstammten,
nach welch letzterem das fränkische Königsgeschlecht die Merovinger
genannt wird. Noch Chlodwig empfing die Taufe unter dem
Namen eines Sigambrers, wie auch das gesamte Frankenvolk unter
der Bezeichnung „Nation der Sigambern" vorkommt[3]). Die alten
Namen der einzelnen Völkerschaften hört man aber immer seltener,
bis sie mit dem Anfange des fünften Jahrhunderts ganz ver-
schwinden.

Die Franken waren in zwei Gruppen gesondert. Die eine Gruppe bildeten die salischen Franken, von den Rheinmündungen bis an die Somme=Mündung, welche zumeist aus den Sigambern und Batavern erwachsen waren und das gewaltige Frankreich gründeten. Die andere Gruppe waren die ripuarischen oder Ufer=Franken, auf beiden Rheinufern an seinem Mittellaufe bis unterhalb Köln. Ripuarien[4]) erstreckte sich über das Gebiet der Usipeter, Tenkterer, Hattuarier, Gugerner und Ubier; zu ihm gehörte also auch das Bergische Land. Die Hauptstadt[5]) Ripuariens war Köln, seit der um 456 durch Chlodwigs Vater Childerich geschehenen Vertreibung des letzten römischen Statthalters Egidius beständig in den Händen der Franken, und hier wohnte auch Sigibert, der König der ripuarischen Franken, von dem behauptet wird, daß er über alle Völker der fränkischen Rheinufer geherrscht habe.

2. Chlodwig.

Im Jahre 481 gelangte Chlodwig als fünfzehnjähriger Jüngling[6]) zur Herrschaft über die salischen Franken. Er, der mit geringen Mitteln Großes zu erzielen wußte, verstand es auch, in der Form einer Bundesgenossenschaft die Abhängigkeit der ripuarischen Franken zu erreichen. Als die Alemannen Ripuarien bedrohten, zog er dem Könige Sigibert, der sein Vetter war und in Köln seine Burg und seine Schätze hatte, zu Hülfe und errang 496 in der Schlacht bei Zülpich nach lange schwankendem Kampfe einen entscheidenden Sieg[7]). Mit demselben wird bekanntlich sein Übertritt zum Christentum in Verbindung gebracht. Später reizte er den eigenen Sohn des greisen Sigibert zu dessen Ermordung an, um dann als Rächer des Mordes aufzutreten, wie denn überhaupt die Mittel schändlich und empörend waren, mit denen er sämtliche fränkische Königreiche unterwarf. Weil er aber als Vorfechter der römisch=katholischen Kirche auftrat, wurden alle seine Greuelthaten von dem ersten Geschichtschreiber der Franken, dem Bischofe Gregorius von Tours, in Schutz genommen.

3. Vom Tode Chlodwigs bis zum Tode Dagoberts I.

Chlodwig hatte sich durch die rücksichtslose Beseitigung aller Völkerschafts= und Gaukönige der Salier und Ripuarier zum Volkskönige aller Franken emporgeschwungen und so das erste germanische Reich gegründet, dessen Bestand von Dauer war, und dessen

Entwicklung nach Beseitigung auch der Volkskönige der Alemannen, Thüringer und Baiern in dem Reichskönigtum der fränkischen Monarchie ihren großartigen Abschluß fand.

Nach Chlodwigs Tode 511 teilten aber seine vier Söhne das Reich unter sich; den größeren und mächtigeren Teil mit den Residenzen Metz und Rheims erhielt der älteste Sohn Theuderich (Theodorich). Dieser Teil umfaßte auch das Gebiet der ripuarischen Franken und damit das spätere Bergische; von seiner östlichen Lage erhielt er den Namen Austrien oder Austrasien. Der jüngste Sohn, Chlotar I., blieb zwar 558 Alleinherrscher; aber 561 schon wurde das Reich wieder unter dessen vier Söhne geteilt, wobei das ripuarische Franken an Sigibert I. fiel. Von da an erfüllt die unversöhnliche Feindschaft zwischen der Gemahlin Sigiberts, Brunhilde, und der Gemahlin seines Bruders Chilperich, Fredegunde, die Geschichte des fränkischen Reiches auf Jahrzehnte hin mit den unerhörtesten Greueln. Im Jahre 613 vereinigte Chlotar II., nachdem er Sigibert II., Brunhildens Urenkel, hatte töten lassen, wieder das gesamte Frankenreich. Zwar war hierdurch eine ungeheure Gewalt in die Hände eines Mannes gelegt; aber es zeigte sich doch bereits eine erhebliche Einbuße der königlichen Gewalt gegen die großen Vasallen und die Geistlichkeit, denn Chlotar mußte diesen auf dem großen Synodalreichstag zu Paris ihre Vorrechte feierlich bestätigen. Diese Bestätigung kann als die älteste Verfassungsurkunde in Europa angesehen werden. Die Chronisten wissen an Chlotar noch viel Gutes zu rühmen; aber welche Scheußlichkeiten beging derselbe allein schon gegen die Greisin Brunhilde! Nachdem er das Frankenreich 16 Jahre lang glücklich besessen hatte, folgte ihm sein Sohn Dagobert I. Er hatte diesen aber schon 622 zum Mitregenten angenommen und ihn, wie es scheint auf Verlangen der Großen, als König über Austrasien gesetzt, jedoch zunächst nur über den Osten dieses „Ostlandes“, wo ihm Pippin der Ältere und Bischof Arnulf von Metz zur Seite standen. 625 aber setzte Dagobert mit den austrasischen Großen es durch, daß das Königreich Austrasien in der Ausdehnung, wie es unter Sigibert I. bestanden hatte, wiederhergestellt wurde. Daß dies durch ein Schiedsgericht von zwölf geistlichen und weltlichen Großen geschah, zeigt deutlich, wie gewaltig die Bedeutung der Aristokratie gestiegen war. Das Streben Austrasiens nach Sonderung von Neustrien-Burgund war vollberechtigt; denn nicht nur die rechtsrheinischen Stämme, sondern auch die Uferfranken auf dem linken Rheinufer waren bei weitem nicht so stark romanisiert wie die übrigen — das ripuarische Frankenland wurde stets als die alte reindeutsche Heimat angesehen. Es ist daher auch nicht ohne Bedeutung, daß damals an einer Neuredaktion der alten Volksrechte gearbeitet wurde. Das Rechtsbuch der Uferfranken ist die Lex Ripuariorum²); dasselbe war für das eigentliche Stamm= land der rheinischen Franken bestimmt, hat aber auch wahrscheinlich bei allen Franken gegolten, die nicht zum salischen Zweige gehörten. Nach dem Prolog, welcher sicher aus dem siebenten Jahrhundert stammt, ist die Lex Ripuariorum zur Zeit des Königs Theuderich I. von Austrasien (511—534) unter dessen eigenem Vorsitz von rechts= kundigen Männern nach den bestehenden Gesetzen aufgezeichnet, gleichzeitig mit der Lex Alamannorum und der Lex Bajuvariorum, erhielt aber unter Childibert II. (576—596), Chlotar II. (613—622) und zuletzt unter Dagobert I. (628—638) mehrfache Zusätze und Umänderungen. In der Lex Ripuariorum tritt, was Beachtung verdient, das christliche Element und die königliche Gewalt mehr hervor, als in irgend einem andern Rechtsbuch derselben Zeit.

Dagobert erhöhte 632 seinen Sohn Sigibert III. (geb. 629) zum König in Austrasien und bestellte zur Leitung der Geschäfte des Palastes und Reiches Herzog Adalgisel und Bischof Kunibert von Köln.

4. Die Zeit des Hausmaiertums der Pippiniden.

Mit dem Tode Dagobert I. 638 beginnt die letzte und kläg= lichste Zeit in der Geschichte des merovingischen Königshauses. Die vorangegangenen Merovinger waren zwar nicht besser als die folgenden; aber es waren doch meist gewaltige Gestalten, und auch Dagobert I. fehlte bei tiefem Schatten doch nicht eine glänzende Lichtseite. Von da ab aber sind die Könige nur noch unmündige Kinder oder Männer ohne irgend eine männliche Tugend. In Austrasien führte nach dem Tode Dagoberts Pippin der Ältere vereint mit Kunibert von Köln die Reichsgeschäfte für den noch unmündigen Sigibert III. († 656). Nach dem Tode Dagobert II. (674—678) aber erscheint an der Spitze des austrasischen Heerbanns Pippin der Mittlere, der Enkel des älteren Pippin. Diesem gelang es 687 in der Schlacht bei Tertri (gewöhnlich Testri genannt), die Hausmeier von Neustrien und Burgund zu besiegen und

alleiniger Hausmeier des einzigen Schattenkönigs Theuderich III.
über alle drei Staaten des Frankenreiches zu werden[9]). Seinem
Heldensohne Karl Martell war es beschieden, die christliche,
romanische und germanische Kultur vor totbringenden Gefahren
durch den Islam zu retten. Dessen Sohn Pippin, gewöhnlich
der Kurze genannt, obgleich der Überlieferung von seiner Kürze
wohl nur ein Mißverständnis zu Grunde liegt, entthronte bekanntlich
im Jahre 752 den letzten Merovinger, Childerich III., und machte
sich selbst zum König der Franken. So war das Geschlecht der
Merovinger hinabgestiegen und ein kräftigeres nach Verdienst an
dessen Stelle getreten.

Aus der Geschichte des fränkischen Reiches, wie sie uns über=
liefert ist, läßt sich äußerst wenig, ja fast gar nichts über die
Geschichte unserer Gegend entnehmen. Wie unsere Vorfahren zur
Römerzeit ihre Selbständigkeit in hohem Maße sich zu erhalten
wußten, so war auch ihre Verbindung mit dem linksrheinischen
Frankenreiche nur eine lose, so daß manche Schriftsteller sogar an=
genommen haben, sie hätten längere Zeit dem Bunde der Sachsen
angehört. Dem ist jedoch nicht so, sondern sie standen in steter
Verbindung mit der fränkischen Monarchie[10]); aber doch neigten sie
innerlich mehr zu den heidnischen Sachsen hin, als zu den salischen
Franken, welche sich zum Katholizismus bekehrt hatten.

Zweiter Abschnitt.
Die Einführung des Christentums.

1. Erste Bekanntschaft mit dem Christentum.

Das Christentum fand in unserer Gegend erst spät Eingang,
obgleich vielleicht schon die Römer die erste Bekanntschaft mit dem=
selben vermittelt hatten[11]). Freilich war das fränkische Christentum
ein sehr entartetes und von der wahrhaft erhabenen Höhe des
Urchristentums weit entfernt. Die fränkischen Bischöfe, in die
allgemeine Verderbnis versunken, waren nicht imstande, unserm
Volke den Geist der neuen Religion einzuhauchen; dazu bedurfte
es wahrhaft gottbegeisteter Männer, und diese kamen von den
Inseln Großbritanniens, wo sich die Kirche in ihrem urchristlichen
Zustande erhalten hatte. Irland ist das Heimatland des Christen=

tums im Norden; schon sehr früh, sicher zu Anfang des vierten Jahrhunderts, war es dort bekannt und von dort ist es auch zu uns gedrungen. Im siebenten Jahrhundert finden wir die irischen Glaubensboten am ganzen Rhein in den Bischofssitzen, und von der Rheinlinie aus haben sie das Christentum zu allen deutschen Stämmen gebracht. Diese unbewaffneten Mönche, die von ihren kleinen Cönobien aus, Pilgerstab und Evangelienbuch in der Hand, die deutschen Wälder durchzogen, legten den ersten Grund zu einer neuen, der christlich-germanischen Kultur.

2. Suitbertus.

Der Mann nun, der durch seine großen und erfolgreichen Bemühungen das Christentum in unsere Berge getragen hat, war der fromme Suitbertus. Die einzigen zuverlässigen Nachrichten über ihn verdanken wir seinem Landsmann und Zeitgenossen, dem ehrwürdigen Beda, dem großen Geschichtschreiber der angelsächsischen Kirche. Die wenigen Worte Beda's sind indes kaum hinreichend, um Suitbert mit unumstößlicher Gewißheit als den Apostel des Bergischen Landes bezeichnen zu können; doch kommen manche Thatsachen hinzu, welche uns dies klar erkennen lassen.

Die erwähnten Nachrichten besagen kurz folgendes: Der heilige Ecgbert, der eifrige Bekehrer der Schotten und Picten, sandte nach Besiegung der Friesen durch Pippin den Mittleren zwölf seiner Schüler, nach der Zahl der Apostel, nach Friesland, um dort das Evangelium zu verkündigen; ihr Führer war der Priester Willibrord. Unter diesen angelsächsischen Mönchen, welche Willibrord begleiteten, befand sich auch Suitbert, der von Beda unter den Missionaren besonders hervorgehoben wird. Als nun Willibrord 693 nach Rom reiste, wählten die Brüder Suitbert zu ihrem Oberhaupte und sandten ihn nach England, damit Erzbischof Wilfried von York ihn zum Bischof weihe; Suitbert konnte indes bloß zu einem sog. Chorepiscopus oder Landbischof geweiht werden, so daß er nur in beschränkterem Maße und nicht selbständig die bischöfliche Amtsgewalt ausüben durfte. Suitbert kehrte zurück, verließ aber Friesland und begab sich zu den Brukterern; dort wirkte er erfolgreich und[12] „führte durch seine Predigt viele Heiden auf den Weg der Wahrheit." Beda erzählt nun weiter ganz kurz, daß die heidnischen Altsachsen (so genannt zum Unterschied von den Angelsachsen), nachdem Suitbert nicht allzulange (vielleicht

fieben Jahre) unter den Brukterern gewirkt hatte, über diese her=
gefallen feien, und fagt dann wörtlich: „Die Brukterer, welche das
Wort (des Herrn) angenommen hatten, wurden nach allen Seiten
hin zerftreut; Suitbert felbft mit wenigen fuchte Pippin auf, der
ihn auf Bitten feiner Gemahlin Blithryth eine Stätte des Bleibens
gab auf einer Rheininfel, welche nach jener Sprache in litore (am
Ufer, am Werth) heißt. Hier baute er ein Klofter, führte eine
Zeit lang ein höchft enthaltfames Leben und ftarb.“

Das ift alles, was uns Beda mitteilt; wir können aber
auf anderem Wege noch einiges ergänzend hinzufügen. Was zunächft
den Todestag betrifft, den Beda nicht angiebt, fo dürfen wir nach
zuverläffigen Quellen als ficher annehmen[13]) daß Suitbert am
1. März 713 geftorben ift.

Auch über die letzten Lebensjahre Suitberts, alfo über feine
Thätigkeit in Kaiserswerth, teilt Beda nichts Näheres mit; es läßt
fich aber als ficher annehmen, daß Suitbert von feiner Infel aus
für die Ausbreitung des Chriftentums eifrig gewirkt hat; denn
jedenfalls erhielt er diefe Stätte, um von dort als einem fichern
Stationsorte aus fich frei und ungehindert der Bekehrungsarbeit
widmen zu können. Die Rheininfel führt bis zu Anfang des
14. Jahrhunderts urkundlich den Namen „Suitbertsinfel“
(insula Suitperti, im 11. Jahrh. insula sancti Suitperti Werde);
der Name Kaiserswerth (Kaiserswerde) kommt 1348 zum erften=
male vor[14]).

Die Gemahlin Pippins, Plektrubis (Blithryth ift die angel=
fächfifche Form des Namens), hat alfo ein hervorragendes Verdienft
um die Begründung des Chriftentums in unferer Gegend, da fie
es war, welche Pippin, der fich anfänglich fträubte, zu der Schenkung
beftimmte. Pippin und Plektrub hielten fich häufig in Köln auf,
der alten Refidenz der ripuarifchen Könige; dort bewohnten fie das
aus der Römerzeit ftammende, zu einem palatium (einer Königs=
burg) umgewandelte Kapitol. An der Stelle fteht der Sage nach
die Kirche St. Maria im Kapitol, welche von Pektrub gegründet
fein foll.

Das Jahr, wann Suitbert in Köln bei Pippin und Plektrub
anlangte, fteht nicht feft; vielleicht[15]) war es im Jahre 700. Bifchof
war damals Gifo; um das Jahr 708 wurde das Klofter St. Martin
in Köln gegründet. Es hat den Anfchein, als wenn auch von Köln
aus Verfuche gemacht worden feien, das Chriftentum zu verbreiten;

denn es lassen sich, zumal im Kelbachgaue, schon vor dem achten Jahrhundert Spuren des Christentums, ja sogar christliche Kirchen nachweisen, die einen vorsuitbertinischen Ursprung haben und wohl auf eine von der Domkirche zu Köln ausgegangene Missions= thätigkeit zurückzuführen sind. So war z. B. in Hilden schon zur Zeit des heil. Kunibert, der 623—663 Bischof von Köln war, eine Kirche; ebenso war eine solche sehr früh schon zu Richrath[16]). Es ist auch sehr wahrscheinlich, daß Suitbert da, wo er sein Kloster gründete, schon christliche Kirchen und eine christliche Umgebung vorfand; denn sonst würde seine Ansiedelung unerklärlich und ver= fehlt gewesen sein. Ohne Zweifel bot der Ort ihm damals eine sichere Missionsstation: aber wenn dies auch auf eine christliche Umgebung schließen läßt, so war die Zahl der früheren Kirchen doch nur eine sehr geringe.

Die meisten Kirchen unserer Gegend sind aller Wahrscheinlich= keit nach durch Suitbert oder doch durch seine Nachfolger gestiftet, denn sie weisen urkundlich seit ältester Zeit auf nahe Beziehungen zum Stifte Kaiserswerth hin. Zu diesen gehören die Kirchen zu Bilk, Düsseldorf, Gerresheim, Gruiten, Hardenberg, Himmelgeist, Mettmann, Rath, Ratingen, Velbert, Wülfrath; mehrere derselben bewahren ausdrücklich die Tradition, daß sie vom heil. Suitbert selbst eingeweiht seien.

Aus der großen Zahl solcher Kirchen geht unzweifelhaft her= vor, daß die Begründung des Christentums in unserer Gegend vom heil. Suitbert und seinem Kloster ausgegangen ist, und wir dürfen es als feststehende Thatsache betrachten: Suitbert hat unsern heidnischen Vorfahren das Evangelium zuerst verkündigt, und er wird daher mit Recht der Apostel des Bergischen Landes genannt.

3. Weitere Ausbreitung des Christentums.

An eine vollständige Christianisierung unseres Landes zu Suitberts Zeit ist natürlich noch nicht zu denken, so daß die Be= merkung in dem Briefe des Papstes Zacharias an Bonifatius (747), daß Köln eine Stadt sei, die bis an die Grenzen der Heiden reiche wenn auch nicht wörtlich zu nehmen, doch nicht ganz unrichtig ist. Wir dürfen uns sowohl von der Ausdehnung, als auch von dem Grade der Durchbildung des Christentums in jener Zeit keine zu hohen Vorstellungen machen. Unsere Vorfahren hingen mit Zähigkeit an althergebrachten, national-heidnischen Ideen und Gebräuchen, die mit dem Christentum in Widerspruch standen, und es gehörten Jahrhunderte dazu, bis diese beseitigt waren; manche haben sich sogar bis jetzt erhalten. Die dauernde Befestigung des christlichen Glaubens gelang wohl erst den Nachfolgern Suitberts; unter ihnen ist namentlich der heil. Willeicus zu erwähnen, der sein Kaplan gewesen und nach Suitberts Tode zehn Jahre dem Kloster vor- gestanden haben soll. Es muß übrigens in jener Zeit eine groß- artige Missionsthätigkeit entfaltet worden sein; denn zur Zeit Karls des Großen war unser Land schon, wie es scheint, vollständig christianisiert [17]).

Die Verbindung der hier entstandenen Kirche mit Rom war das Werk des Bonifacius.

Der völlige Sieg des römischen Christentums über das germanische Heidentum wurde aber von Karl dem Großen ent- schieden, freilich durch einen greuelvollen, erbarmungslosen Krieg gegen die Sachsen, bei welchem der Rest altgermanischer Freiheit zertreten wurde.

Schon jahrhundertelang hatte die Feindseligkeit zwischen Franken und Sachsen bestanden, und zu verwundern war es nicht, daß die fortwährend gereizten und beunruhigten Heiden schließlich um sich schlugen und auch verheerend in das Frankenreich einfielen. Immer hartnäckiger wurde der Kampf, und schon der letzte Pippin hatte unaufhörlich gegen die Sachsen gekämpft, aber ohne Erfolg. 32 Jahre, nämlich von 772 bis 804, dauerte es noch, bis Karl die Widerstandskraft des Sachsenvolkes gebrochen hatte.

Vereinzelte Nachrichten über die Sachsenkämpfe sind das Einzige, was wir in der fränkischen Zeit in Bezug auf die Ge- schichte unseres Landes vernehmen, und diese Nachrichten sind leider noch so unbestimmt, daß sich aus ihnen nichts Sicheres ergiebt.

Dritter Abschnitt.
Das Zeitalter Karls des Großen.

———

Es kann keinem Zweifel unterliegen, daß Karl der Große auf seinen Feldzügen gegen die Sachsen auch unsern heimischen Boden berührte; im Jahre 775 wird ausdrücklich gemeldet, daß er bei Bonn über den Rhein zog, so daß er unmittelbar ins Bergische kommen mußte. Wir haben aber keinen sichern Bericht darüber, nur Vermutungen bleiben uns übrig.

Freilich vereinigten sich zur Zeit der fränkischen Monarchie Staat und Kirche zum Nachteile des Germanentums; aber es geschah doch auch zum Vorteile der Civilisation. Karl hat es verdient trotz der Sachsenkriege, daß das deutsche Volk ihm Anerkennung und Dank bewahrt bis heute; denn es ist gewiß, daß er der Begründer und Schirmer deutscher Bildung war. Eine ungeheure Umgestaltung der deutschen Verhältnisse wurde durch ihn herbeigeführt, und er erhielt den Beinamen des Großen mit Recht; mit ihm beginnt eine neue Staatsperiode.

Karl erweiterte und erhöhte die Pracht seines Hofstaates, und der Hofadel (ministeriales) erhielt den Vorrang vor dem alten Stammadel. Das in der Merovingerzeit entstandene Lehnswesen wurde in monarchischem Sinne ausgebildet. Die Finanzverfassung wurde geregelt und feste Steuern eingeführt. Die Rechtspflege mußte Karl unter königliche Bevormundung zu bringen.

Die altgermanische Gauverfassung erfuhr zeitgemäße Umgestaltung. Die Gaue wurden genauer abgegrenzt und dann wieder in kleinere Bezirke abgeteilt, den Hundertschaften entsprechend (woraus die noch jetzt bestehenden Honschaften entstanden sind). An der Spitze eines Gaues stand der Gaugraf, welchem die Verwaltung des Kriegs- und Justizwesens anvertraut war; ihm lag die Anführung des Heerbannes, der Vorsitz beim Gaugerichte und die Einziehung der königlichen Gefälle ob. An der Spitze einer Hundertschaft stand der Centgraf (Hanne oder centenarius); er führte den Vorsitz beim Gemeindegericht. Zur Ueberwachung des Gerichtswesens mußten die Sendgrafen oder Sendboten (missi) vierteljährlich größere Distrikte bereisen. Alle aber, Centgrafen, Gaugrafen und Sendgrafen, wurden vom König ernannt.

Die alten Stammesrechte erhielten in den Jahren 802 und 803 durch die Kapitularien Karls des Großen zweckmäßige Zusätze; dies gilt auch für das ripuarische Recht, die Lex Ripuariorum.

Leider machte die von Karl dem Großen begründete christlich-germanische Bildung unter seinen schwachen Nachfolgern wieder Rückschritte; schon unter seinem Sohne, Ludwig dem Frommen, ging es rasch abwärts. Noch vor seinem Tode brach unter seinen Söhnen der Bruderkrieg aus; die Großen des Reiches zwangen indes die feindlichen Brüder zur Verständigung, welche im Vertrage zu Verdun erzielt wurde.

Der Mangel an sicheren Nachrichten über die Geschicke unseres Landes dauert auch für die Folgezeit noch fort; nur gelegentliche und kärgliche Streiflichter sind es, mit denen wir uns begnügen müssen. Um so notwendiger und wichtiger aber ist es, das recht sorgfältig zusammenzustellen, was in etwa zur Aufklärung dienen kann, wie es im folgenden Buche versucht ist.

Drittes Buch.

Die Zeit der Zugehörigkeit zu Lothringen.

Vom Vertrage zu Verdun bis zur Entstehung der Grafschaft Berg.
843—1101.

Erster Abschnitt.
Bis zur Vereinigung Lothringens mit dem deutschen Reiche.

1. Der Vertrag zu Verdun.

Die Monarchie Karls des Großen wurde bekanntlich im Vertrage zu Verdun 843 geteilt unter die Söhne Ludwigs des Frommen, Lothar, Ludwig und Karl. Lothar beanspruchte zwar die Herrschaft über die ganze Monarchie; er erhielt aber außer der Kaiserwürde nebst Italien nur noch Burgund und das fränkische Stammland Austrasien. Schon im Jahre 839 war ihm Italien und Austrasien zuerkannt worden.

Es heißt zwar gewöhnlich in den Geschichtsbüchern, Ludwig der Deutsche habe Ostfranken bis zum Rheine erhalten; aber wenn dies auch südlich der Fall war, so trifft es doch für unsere Gegend nicht zu. Die Sache ist vielmehr die, daß das Herzogtum Ripuarien, also auch der rechtsrheinische Teil desselben oder die Gaue des Bergischen, damals nicht dem Reiche Ludwigs des Deutschen, sondern dem Reiche Lothars I. zugeteilt wurden[1]).

2. Die Entstehung Lothringens.

Das Reich Lothars I. bestand nur bis zum Jahr 855. Krank an Körper und Geist, teilte Lothar dasselbe unter seine drei Söhne, die ebenfalls Ludwig, Karl und Lothar hießen. Ludwig II. erhielt die Kaiserwürde und Italien, Karl Burgund und Lothar II. Austrasien, also auch wieder unser Bergisches Land. Lothar verwandelte den ihm zugefallenen Länderanteil in ein Königreich, das nach ihm den Namen Lotharingien (Lotharii regnum) erhielt[*]), dann aber kürzer Lothringen genannt wurde. Seitdem bildeten also die Gaue unserer Gegend einen Bestandteil Lothringens, bis sie zu einer selbständigen Grafschaft vereinigt wurden.

3. Der Vertrag zu Mersen.

Lothar II. starb im Jahre 869, sein Bruder Karl war ihm 863 schon vorangegangen; Ludwig II. hätte daher nach ihrem Tode das ganze väterliche Erbe erhalten müssen; er that aber nichts, um seine Ansprüche geltend zu machen, und seine beide Oheime, Ludwig der Deutsche und Karl der Kahle, machten sich nach Lothars Tode mit bewaffneter Hand über dasselbe her. Karl der Kahle wollte zuerst die Herrschaft über Lothringen allein behaupten; Ludwig der Deutsche aber nötigte ihn, den östlichen, bei weitem größeren Teil ihm abzutreten. Es geschah dies im Vertrage zu Mersen an der Maas am 8. Aug. 870. Dieser Vertrag ist für uns dadurch von besonderer Bedeutung, daß durch denselben das Bergische an das Ostfrankenreich kam, welches später Deutschland genannt wurde, wie denn Ludwig alle Landesteile, unter denen die deutsche Art sich rein erhalten hatte, in seinem Reiche vereinigte, weshalb er ja auch seinen Beinamen „der Deutsche" führt.

4. Gründung des Klosters Gerresheim.

Einen anmutenden, wenn auch nur dürftigen Einblick in die damaligen Verhältnisse unserer Gegend gewährt uns die Stiftung des Klosters Gerresheim, die in der Zwischenzeit erfolgt war. Es ist dies die erste Klostergründung innerhalb des Bergischen Landes und darum für uns von besonderem Interesse.

Gerrich, ein edler Franke, stiftete das Kloster auf dem Boden seines Hofeigentums, das nach ihm den Namen führte. Zur Dotierung dieses adeligen Damenstiftes bestimmte er seine Güter in der Umgegend. Die Urkunden darüber sind verloren gegangen, doch hat sich die Schenkungsurkunde seiner Tochter Regenberg erhalten, worin dieselbe als Äbtissin des Klosters die Stiftung ihres Vaters bestätigt und zugleich dem Konvente noch einige Güter, Gefälle und Rechte überweist, nämlich Weingüter zu Linz und das

Patronat nebst dem Zehnten der Kirchen zu Meiderich, Mintard, Sonnborn und Pier. Diese Urkunde stammt[3]) aus dem Jahre 873; die Stiftung des Klosters durch Gerrich wird also um die Mitte des Jahrhunderts erfolgt sein. Dieselbe geschah, wie Regenbierg erwähnt, unter königlicher und päpstlicher Ermächtigung, welcher Angabe sie noch hinzufügt, daß sie selbst die Genehmigung des Konzils zu Köln (27. Sept. 873) erhalten habe. — Weitere Schenkungen, die bald erfolgten, lassen erkennen, wie durch das Christentum allmählich die strenge Leibhörigkeit sich milderte; so wurden u. a. mehrfach Eigenhörige als frei entlassen, bloß unter der Verpflich= tung, künftig einige Abgaben an das Kloster zu entrichten.

5. Lothringen wird Herzogtum.

Nachdem Ludwig der Deutsche Lothringen für das ostfränkische, später deutsche Reich erworben hatte, dauerte es nicht lange, bis es unter besondere Verwaltung gestellt wurde. Arnulf von Kärnthen sonderte es 895 ab und verlieh es seinem Sohne Zwentibold als ein Unterkönigreich. Als aber Arnulf 899 gestorben war, wurde Zwentibold aus dem Lande vertrieben; er suchte sich zwar zu be= haupten, aber sein Widerstand war vergebens, und er fand im Jahre 900 seinen Tod im Kampfe.

Arnulfs Sohn und Nachfolger, Ludwig das Kind, stellte am 3. August 904 eine Schenkungsurkunde[4]) aus, die für uns von ganz besonderem Interesse ist; dieselbe besagt, daß er seinem lieben Vetter Cuonrat, dem Abte des Klosters sancti Suitberti (Kaiserswerth), mehrere Orte, Güter und Gefälle als ständige Präbende übergeben habe, die aber nun auf dessen Bitte den Pfründen der Klosterbrüder einverleibt wurden. Außer dem Fron= hofe Rinthusen (zu Kaiserswerth) waren es auf der rechten Rhein= seite die beiden Zellen Himmelgeist (Humilgise) und Mettmann (Medamana), wobei ausdrücklich hervorgehoben wird, daß sie im Kelbachgaue lagen; auch werden die Grafen des Kelbach= und des Duisburger Gaues namhaft gemacht.

Unter Ludwig dem Kinde litt das Reich durch Einfälle der Ungarn[5]) und fortwährende Fehden der Vasallen; die Teile lösten sich vom Ganzen. In Lothringen that sich ein vornehmer Mann hervor, Reginar mit Namen; 902 erscheint er urkunblich als comes (Graf), 905 nennt er sich dux (Herzog). Er und seine Freunde überlieferten das Land wieder an Karl, den König des

Westfrankenreichs. Konrad I. unternahm 912 vergeblich zwei Feld=
züge zur Wiedereroberung des Landes. Nach Reginars Tode, der
wahrscheinlich 915 erfolgte, erscheint sein Sohn Giselbert als
Herzog.

So hatte sich also ein lothringisches Herzogtum gebildet, doch
„bedarf die Entstehung der herzoglichen Gewalt in Lothringen noch
vielfacher Aufklärung". Da das Bergische im Bereich des Herzog=
tums Lothringen lag, so müssen wir den politischen Verhältnissen
desselben unsere Aufmerksamkeit zuwenden, zumal diese noch Jahr=
hunderte hindurch von Einfluß gewesen sind.

Zweiter Abschnitt.
Das ottonische Zeitalter.

1. Wiedergewinnung Lothringens.

Kaiser Heinrich I. stellte die Verbindung Lothringens mit
dem Ostfrankenreiche wieder her. König Karl vom Westfranken=
reiche hatte zu den Waffen gegriffen, aber Heinrich bot im Jahre 921
die Hand zum Frieden. Es fand zu diesem Zwecke eine Zusammen=
kunft der beiden Könige statt, die sich auf unserm heimischen Boden
abspielte, denn sie geschah am 7. November 921 bei Bonn auf
einem Schiffe, welches auf dem Rheine vor Anker lag, während
die Heere der Fürsten auf beiden Ufern des Flusses lagerten*).
Karl schloß mit Heinrich einen Freundschaftsbund und erkannte
ihn als König der Ostfranken feierlich an. Durch dieses wichtige
Ereignis wurde erst rechtlich die Selbständigkeit des ostfränkischen
Reiches begründet; mit Heinrich beginnt daher die Geschichte des
deutschen Reiches und des deutschen Volkes.

Bald gelang es ihm auch, das schöne Lothringerland seinem
Reiche einzuverleiben. Herzog Giselbert selbst rief ihn dorthin,
und als Heinrich auf diese Aufforderung hin im Winter 923 mit
seinem Heere in Lothringen erschien, unterwarf sich ihm der größere
Teil des Landes; am Ende des Jahres 925 hatte er es ohne
Kampf ganz für sich gewonnen. Die herzogliche Gewalt überließ
er Giselbert und gab ihm 928 seine Tochter Gerberga zur Ge=
mahlin, wodurch er die Verbindung Lothringens mit seinem Reiche
noch befestigte.

2. Bildung des Herzogtums Nieder=Lothringen.

Herzog Giselbert hatte die Absicht, Lothringen zu einem be=
sonderen Königreiche zu erheben; aber der Tod verhinderte ihn
daran. Er starb im Jahre 939, wenige Jahre nach dem Tode
Heinrichs I. Ihm folgte als Herzog in Lothringen Otto, Richwins
Sohn, und nach dessen Tode im Jahre 944 Konrad der Rote.
Diesem gab Otto I. vier Jahre später seine Tochter Liutgarde zur
Gemahlin; als er sich aber 953 in eine Verschwörung gegen seinen
Schwiegervater einließ, wurde er seines Amtes entsetzt. Otto I.
übergab jetzt seinem jüngeren Bruder Bruno, der zum Erzbischof
von Köln gewählt wurde, mit dem Erzbistum zugleich das Herzog=
tum Lothringen zur Verwaltung; dieser vereinigte also als Herzog=
Erzbischof in seiner Hand eine weltliche und geistliche Macht, wie
sie bis dahin noch nie bestanden hatte, in jener Zeit für Lothringen
aber als notwendig erschien. Der Gegensatz zwischen weltlicher
und geistlicher Gewalt, den das 11. Jahrhundert schuf, war damals
noch nicht hervorgetreten.

Bruno I., „der große Bischof", ein höchst bedeutender und
merkwürdiger Mann[*]), teilte im Jahre 949 das Land in Ober=
und Nieder=Lothringen. Die herzogliche Rechte in Ober=Lothringen
erhielt unter Bruno's Aufsicht Graf Friedrich; Nieder=Lothringen,
zu welchem das Bergische von da an gehörte, verwaltete Bruno,
wie es scheint, selbst als Herzog. Nieder=Lothringen umfaßte
namentlich die Diöcesen Köln, Lüttich und Cambray.

Bruno's Thätigkeit in Lothringen war eine segensreiche; er
hielt den Frieden aufrecht und sorgte auch für Wissenschaft und
Bildung, indem er eine Reform des geistlichen und geistigen Lebens
durchführte. Er starb aber früh, kaum 40 Jahre alt, auf einer
Reise 965 in Rheims. Seit dieser Zeit behaupteten auch die
späteren Erzbischöfe von Köln, die Herzogsrechte zu besitzen,[*]) wo=
durch viele Verwickelungen entstanden, die endlich in der Schlacht
bei Worringen zum Austrage kamen.

Ursprünglich übte, nachdem das Königtum bei den Franken
allgemein geworden war, der König die Herrschergewalt aus; er
war oberster Herzog, oberster Richter und oberster Lehnsherr; er
allein ernannte alle Beamten. Nach und nach büßten aber die
Könige viel von ihren Rechten ein, indem diese auf die Großen
des Reiches übergingen. Dies gilt namentlich von den Herzogen.

Sie erlangten im fränkischen Reiche schon früh eine selbständige
Bedeutung, und wenn auch Karl der Große es sich angelegen sein
ließ, die Stammesherzoge zu beseitigen, und ein gewisses Gleich=
gewicht der Gewalten herzustellen suchte, so löste sich das Reich in
der späteren Karolingerzeit doch förmlich in Herzogtümer auf, und
die Gewalt der neuen Herzoge wurde eine so umfassende, daß man
geradezu sagte, der Herzog regiere sein Land. Wir finden
Herzoge in Sachsen, Baiern, Schwaben, Franken und später auch
in Lothringen. Der Herzog (dux) übte die Hoheit in seinem
Herzogtum (ducatus, Ducat); er stand an der Spitze des Kriegs=
wesens, er hatte die Sorge für den Landfrieden, er hielt Hof=,
Gerichts= und Landtage, auf dem die ihm untergebenen Bischöfe,
Äbte, Markgrafen, Grafen und Reichsvasallen vor ihm erscheinen
mußten.")

Es scheint, daß das Gebiet des Bergischen Landes an einen
Herzog seit Brunos Tode nicht zu Lehen gegeben worden ist,
sondern ein vorbehaltenes Erb= und Krongut der fränkischen Kaiser
gebildet hat, das von den Grafen der Erzpfalz Aachen verwaltet wurde.

3. Beziehungen der Ottonen zum Bergischen Lande.

War schon den früheren Herrschern unsere Gegend lieb und
teuer gewesen, so hatte besonders die Ottonische Familie vielfache
Beziehungen zu derselben. Otto II. erneute u. a. im Jahre 976
dem Stifte Gerresheim das von seinen Vorfahren demselben ver=
liehene Recht, einen Zoll zu erheben.¹⁰) Otto III. wurde sogar
im Bergischen geboren, und zwar, wie uns Thietmar von Merse=
burg erzählt,¹¹) 980 im Ketilwalde, der im Keldachgaue lag. Die
königliche Familie besaß darin das Schloß Rath, wo wahrscheinlich
das besagte Ereignis stattfand. Die Schwester Otto's III., Mathilde,
wurde die Gemahlin des Pfalzgrafen Ezo.

4. Das Amt der Pfalzgrafen.

Die Stellung der Pfalzgrafen ist noch nicht genügend auf=
geklärt; vielleicht wurden sie eingesetzt, um den Herzogen eine
Macht entgegenzusetzen, was indes nicht ganz ausgemacht ist. Ein
Pfalzgraf, comes palatii, kommt zwar schon unter den Mero=
vingern und Karolingern vor, dann aber scheint dieses Amt auf=
gehört zu haben, bis seit Otto I. wieder Pfalzgrafen, comes palatini,
genannt werden. Mit Ausnahme Frankens wurden in allen Herzog=

tümern, Sachsen, Baiern, Schwaben und Lothringen, Pfalzgrafen
bestellt. Die hervorragendste Stellung hatten die Pfalzgrafen in
Lothringen, was in der Bedeutung der alten Kaiserpfalz Aachen
seinen Grund hatte, wenn sich auch von der behaupteten Überwachung der Grafen und Herzoge, der Stellvertretung des Königs
und eigentlichen Amtslehen bei ihnen urkundlich nichts nachweisen
läßt. Es steht aber urkundlich fest, daß dieselben Eigentum in
den bergischen Gauen besaßen und namentlich im elften Jahrhundert hier eine Rolle spielten.[17])

Dritter Abschnitt.
Die Zeit der Pfalzgrafen in Lothringen.

1. Die ersten Pfalzgrafen.

Als Graf der Erzpfalz Aachen kommt seit dem Jahre 945
in Urkunden ein Hermann (Herimannus comes) vor, u. a. 948
im Auelgau[18]); er muß in der Zeit von 985 bis Mitte 989 zum
Pfalzgrafen erhoben worden sein, da eine Urkunde vom 28. September 989 ihn palatinus comes nennt. Dieser Hermann I. war
also der erste lothringische Pfalzgraf.

Ihm folgte gegen Ende des Jahrhunderts (ca. 996) sein
Sohn Ezo oder Ehrenfried, der Schwager Kaiser Otto's III.
Körperliche und geistige Vorzüge hatten ihn bei der Kaiserin
Teophano, der Witwe Otto's II., so sehr empfohlen, daß er gegen
990 die Hand ihrer Tochter Mathildis erhielt. Dieser Ehe ent-
sprossen drei Söhne, von denen der zweite Ezo's Nachfolger, der
dritte Erzbischof von Köln wurde, und sieben Töchter, von denen
Richeza Königin von Polen, alle andern aber Abtissinnen meist von
Stiftskirchen des Niederrheins wurden. Die verwandtschaftlichen
Beziehungen trugen natürlich zur Erhöhung des Ansehens der
Pfalzgrafen sehr viel bei.

Das Ansehen der Herzoge hatte unter der vormundschaftlichen
Regierung der Kaiserin Theophano (†991) auch wieder gewonnen;
im Laufe des elften Jahrhunderts aber ging ihre Macht im
lothringischen Ripuarien völlig verloren. Mit der herzoglichen
Würde in Nieder-Lothringen wurde 976 Karl, der Bruder König

Lothars von Frankreich, von Kaiser Otto II. belehnt; 991 erhielt sie Karls ältester Sohn, Otto. Als dieser 1015 ohne Nachkommen starb, übertrug Kaiser Heinrich II. das Herzogtum dem Grafen Gottfried von Verdun.

2. Gründung der Abtei Deutz.

Um diese Zeit, im Anfang des elften Jahrhunderts, wurde die Abtei Deutz gestiftet. Wie Erzbischof Heribert von Köln erwähnt, hatte er mit Kaiser Otto III. das Gelübde gethan, gemeinschaftlich ein Kloster zu gründen, wozu sie beide die Stiftungsgüter gegeben. Nach dem frühen Tode des Kaisers am 24. Januar 1002 ging Heribert, der an seinem Sterbelager gestanden und auf seinen Wunsch die Leiche desselben in Gemeinschaft mit Herzog Otto von Nieder-Lothringen u. a. in die Gruft nach Aachen geleitet hatte, sofort an die Ausführung des Planes. Der Bau der Abtei, 1003 begonnen, war 1019 vollendet und wurde am 3. Mai des letztgenannten Jahres durch den Erzbischof geweiht. Derselbe beurkundete an diesem Tage „feierlich die Stiftung[14]), der er das Kastell selbst mit Türmen, Zwischenwerken, Gräben und Umkreis als freies Eigentum und als Immunität überwies, wo keine außerhalb stehende Macht, keine Person, weß hohen Standes sie auch sei, sich irgend ein Recht beilegen dürfe. Er fügte die Kirche zu Deutz mit ihren fünf Villen Kalk, Vingst, Rolshoven, Poll und Westhoven, die das Kirchspiel bildeten, hinzu.“ Durch diese Klosterstiftung wurde später Porz, der nächste Grenzort des Kirchspiels Deutz, Sitz des Hauptgerichts im Deutzer Gau und zugleich der (späteren) Grafschaft Berg auf der südlichen Seite der Wupper[15]).

Bei der Stiftung der Abtei Deutz im Jahre 1003 erscheint urkundlich[16]) zum erstenmale der mutmaßliche Ahnherr des Geschlechts der Grafen von Berg, jedoch noch ohne Bezeichnung des Stammhauses. Als Vogt der Abtei ist er nicht nur bei der Stiftung zugegen, sondern auch bei den folgenden Bestätigungen und Schenkungen.

3. Die Pfalzgrafen Otto und Heinrich I.

Im Jahre 1011 schenkte Kaiser Heinrich II. dem Pfalzgrafen Ezo die Reichsorte Duisburg und Kaiserswerth. In einer Urkunde des Jahres 1026 wird ein Graf des Deutzer Gaues genannt[17]), der Otto heißt, und den wir für den zweiten Sohn des Pfalzgrafen Ezo halten dürfen; er erhielt nach Ezos Tode im Jahre 1035

die Pfalzgrafschaft und wurde 1045 von Kaiser Heinrich III. zum
Herzog von Schwaben ernannt, wobei er Duisburg und Kaisers-
werth an den Kaiser zurückgab. Nachdem Erzbischof Pilgrim, der
Nachfolger Heriberts, im Jahre 1036 gestorben war, folgte ihm
Hermann II., der dritte Sohn des Pfalzgrafen Ezo.

Als Otto zum Herzog von Schwaben befördert wurde, folgte
als Pfalzgraf dessen Vetter Heinrich I., der letzte Pfalzgraf aus
dem Hause Hermanns. Er geriet in einen gewaltigen Gegensatz
zu dem Kölner Erzbischof Anno II., der 1056 Hermanns II. Nachfolger geworden war. Den Grund zu diesem Gegensatz haben wir
zu suchen in dem Bestreben des Erzbischofs, alle weltliche Gewalt
in seinem Erzbistum zu vernichten. Nach dem Tode Kaiser
Heinrich III. war Pfalzgraf Heinrich noch mit dem Erzbischof Anno,
dem Erzbischof Eberhard von Trier und dem Herzog Gottfried von
Ober-Lothringen zusammengekommen, um über die Lage des Reichs
zu beraten[18]). Bald nach dieser Zusammenkunft in Andernach brach
aber die Fehde zwischen Anno und Heinrich aus. Den äußeren
Anlaß dazu gaben die Räubereien, welche die Mannen des Pfalzgrafen von dem festen Siegberge aus verübten[19]). Anno sprach
über Heinrich den Bann aus, bezwang ihn und führte ihn gefangen
nach Köln. Auf seine demütige Bitte erhielt der Pfalzgraf Verzeihung, mußte aber den Siegberg mit der Umgegend, d. h. den
Bezirk mit dem Berge und der an seinem Fuße aufblühenden Villa
und nachherigen Stadt Siegburg, oder das spätere Vogteigebiet,
an den Erzbischof abtreten. Heinrich trat ins Kloster Gorze, bald
aber trieb es ihn wieder aus den Klostermauern[20]), und nachdem
eine zweite Zusammenkunft der Erzbischöfe von Köln und Trier mit
Herzog Gottfried und Pfalzgraf Heinrich[21]), die ohne Zweifel in
dieser Zeit stattfand und wahrscheinlich die Aussöhnung der Gegner
bezweckte, erfolglos geblieben war, nahm Heinrich den Kampf mit
aller Kraft wieder auf und drang bis nach Köln vor, wo er den
Erzbischof belagerte; „von den Stadtmauern aus sah Anno den
Brand der Dörfer und Lehenhöfe". Dann aber verfiel der Pfalzgraf, vielleicht aus Unmut über den Mißerfolg der Belagerung,
plötzlich in Wahnsinn. In einem Wutanfalle erschlug er auf dem
Schlosse Cochem seine Gemahlin, eine Tochter des Herzogs Gozelo I.
von Nieder-Lothringen, und Erzbischof Eberhard von Trier ließ ihn
nun nach dem Kloster Echternach bringen, wo er in Wahnsinn sein
trauriges Ende fand, wahrscheinlich im Jahre 1060. Mit ihm

starb das pfalzgräfliche Haus der Lothringer aus; es folgte Pfalzgraf Hermann II. aus dem Gleibergischen Zweige des Lurem-
burger Hauses.

4. Gründung der Abtei Siegburg.

Anno II. verwandelte die pfalzgräfliche Burg auf dem Siegberge in ein Kloster, indem er dort im Jahre 1064 eine Bene-
diktiner-Abtei gründete.[22]) Er reiste persönlich nach Italien, um
geeignete Insassen für seine neue Stiftung zu holen, und kehrte
im Frühjahr 1066 mit zwölf Mönchen aus dem als Musteranstalt
berühmten Kloster Fructuaria bei Turin nach Siegburg zurück.
Anno bedachte die Abtei mit reichen Schenkungen; aber nicht er
allein, sondern Kaiser Heinrich IV., den er dafür zu gewinnen
wußte, that ein Gleiches. Auch nahm der Kaiser im Jahre 1069
„die Abtei samt ihrem Markt-, Zoll- und Münzrechte" in seinen
besonderen Schutz und bestimmte, daß dieselbe für ewige Zeiten
einem Erzbischof von Köln untergeben sein solle; zudem verlieh er
dem Abte im Jahre 1071 die Strafgerichtsbarkeit über die abtei-
lichen Villen im Umkreise, sowie die Fischereien.

In dieser Zeit tritt ein Vogt Adolf auf, der zum erstenmale
seinem Namen den Zusatz „vom Berge" hinzufügt; es ist jedenfalls
derselbe, der 1041 als Vogt der Abtei Teutz genannt wird. Bis
dahin ist er ohne Benennung seines Stammhauses aufgeführt; als
aber im Jahre 1068 Erzbischof Anno eine Urkunde[23]) für die
Abtei Werden ausstellt, erscheint Adolf als Vogt derselben mit dem
Zusatz „vom Berge".

In seinen letzten Lebensjahren weilte Anno häufig im Kloster
zu Siegburg und lebte dort streng nach den Regeln des Ordens.
Im Jahre 1074 hatte er noch eine harte Fehde mit der Stadt
Köln zu bestehen und sah sich genötigt, um Ostern nach Neuß zu
flüchten; vier Tage später aber unterwarf er die Stadt wieder
und verfuhr dabei mit der größten Strenge. Als jedoch eine lang-
wierige Krankheit ihn überfiel und er seinen Tod vor Augen sah,
söhnte er sich mit der Stadt aus. Anno starb am 4. Dezember
1075; einer von ihm getroffenen Bestimmung gemäß wurde sein
Leichnam in der Abteikirche zu Siegburg beigesetzt.

5. Das Erlöschen des pfalzgräflichen Regiments.

Pfalzgraf Heinrich II. besaß, als er das Palatinat übernahm,
ein Grafschaft im Ruhrgau[24]). Er hielt treu zu Kaiser Heinrich IV.

in deſſen Kämpfen mit dem Gegenkönig Rudolf und ſtarb Ende 1085 oder Anfang 1086. Seinem Nachfolger, Heinrich von Laach, übertrug Kaiſer Heinrich IV., als er zum drittenmale über die Alpen ging, die Vertretung der Reichsgewalt in Lothringen[25]). Heinrich von Laach ſtarb am 12. April 1095.

In den nächſtfolgenden Jahren erſcheint urkundlich ein neuer Pfalzgraf Heinrich, im Jahre 1099 aber tritt Siegfried von Ballenſtedt als comes palatinus auf. Der Erſtgenannte kann wohl kein anderer ſein als Graf Heinrich von Limburg, da zu der Zeit ſonſt kein Mächtiger in dieſer Gegend ſich findet; doch wird Graf Heinrich von den Chroniſten nie mit dem Titel „Pfalzgraf" bezeichnet. Es ſcheint mithin, daß Heinrich von Limburg, ein Freund und Verwandter Heinrichs von Laach, die Pfalzgrafſchaft einige Jahre hindurch für Siegfried von Ballenſtedt geführt habe, ſei es, daß dieſer noch nicht mündig war, oder, wie andere meinen, am erſten Kreuzzuge teilnahm; genau läßt ſich dies nicht feſtſtellen. Siegfried war ein Stiefſohn des Pfalzgrafen Heinrich von Laach; letzterer hatte ſich mit Adelheid, der Witwe des Grafen von Ballen= ſtedt, vermählt und nur zwei Stiefſöhne hinterlaſſen, von denen der eine zu ſeinem Nachfolger beſtimmt war, und es unterliegt keinem Zweifel, daß Siegfried von Ballenſtedt ſeit dem Jahre 1099 im alleinigen Beſitz der Pfalzgrafſchaft war.

Als Herzoge waren in Nieder=Lothringen auf Gottfried von Verdun gefolgt: 1023 deſſen Bruder Gozelo I., 1044 Gozelo II., 1069 Gottfried der Höckerige, 1089 Gottfried von Bouillon. Nachdem dieſer im Jahre 1096 den erſten Kreuzzug unternommen und im Jahre 1100 zum Könige von Jeruſalem erhoben worden war, verlieh Kaiſer Heinrich IV. das Herzogtum dem Grafen Heinrich von Limburg. In der betreffenden Urkunde vom Jahre 1101 erſcheint unter den Zeugen Siegfried von Ballenſtedt als Pfalzgraf, und ein Verwandter desſelben, Adolf von Berg, als Graf (beide waren Geſchwiſter=Enkel). „Wir müſſen daher annehmen, daß damals eine beſtätigende Verleihung der Pfalzgrafſchaft an jenen, und eine gleichzeitige Zerſplitterung derſelben, welche Adolf zum Grafen erhoben, ſtattgefunden habe."

6. Die Klöſter.

Im Laufe des 11. Jahrhundert waren, wie wir geſehen haben, die beiden Benediktiner=Abteien Deutz und Siegburg entſtanden,

seit der Stiftung des Frauenklosters Gerresheim die ersten Kloster=
gründungen im Gebiete des Bergischen. Die Zwischenzeit war
der Entstehung von Klöstern nicht günstig gewesen; mit der Einkehr
ruhiger Zeiten unter den Ottonen blühte das Klosterwesen jedoch auf.

In den Nachbargebieten unseres Landes entstand gleichfalls
eine Reihe von Klöstern, namentlich in Köln, wo schon mehrere
früher gestiftete Klöster vorhanden waren.

Um 796 hatte der heil. Luidger das Kloster Werden an
der Ruhr gegründet. Mit Gerresheim gleichzeitig war das Kloster
Essen entstanden, auch mit der gleichen Bestimmung als Zufluchts=
ort für Jungfrauen edelen Standes. 964 gründete Erzbischof
Bruno I. das Kloster St. Pantaleon in Köln, um 985 entstand
das Fräuleinstift Bilich, 1025 stiftete Pfalzgraf Ezo das Kloster
Brauweiler, 1093 Pfalzgraf Heinrich die Abtei Laach. Zur
Hebung des Klosterwesens war seit 930 eine Reform vom Kloster
Gorze im Bistum Metz ausgegangen, welche im 11. Jahrhundert
ganz Lothringen erfüllte. Neben ihr aber hatte sich eine andere
Bewegung geltend gemacht, die ihren Mittelpunkt im burgundischen
Kloster Cluny hatte und noch größere Bedeutung erlangte. Die
lothringische Anschauung wurde durch die clunyacensische Reform
umgeformt und verschmolz schließlich mit ihr. In der Zeit der
ersten fränkischen Kaiser konnte die letztere vornehmlich als die
treibende Kraft der geistigen Entwickelung angesehen werden. Das
Bischöftum, ja auch das Kaisertum wurde für dieselbe gewonnen[27]);
bisher waren die Bischöfe mehr oder weniger Beamte des Reiches
gewesen, durch die neue Richtung aber ging das alte Reichs=
bischöftum seinem völligen Verfall entgegen.

In jenen Jahrhunderten haben die Klöster unstreitig Gutes
und Großes gewirkt; es kann den ältesten derselben die Anerkennung
nicht versagt werden, daß sie in den germanischen Wäldern
materielle und geistige Kultur begründet und gefördert haben. Die
sorgsame Pflege, welche die Mönche als praktische Landwirte den
materiellen Interessen zuwandten, kam auch der geistigen Ent=
wickelung zu gut; u. a. fand kirchliche Kunst und Baukunst eifrige
Pflege. Waren die Bethäuser bisher vielfach noch aus Holz her=
gestellt worden, so verwandte man jetzt Steine als Matererial zum
Bau derselben. Für solche Besitzungen des Klosters, die in beträcht=
licher Entfernung lagen, wurden an Ort und Stelle Zellen errichtet,
aus denen nicht selten neue Klöster entstanden.

Die sog. Heberegister, d. h. Verzeichnisse von Gütern und Abgaben, welche die Höfe an die Klöster zu entrichten hatten, sind eine wichtige Quelle für die Lokalgeschichte der früheren Zeit. Sie gewähren uns einen Einblick in das Fortschreiten der Landeskultur, und zwar geben sie oftmals überraschende Kunde von einem schon weit vorgeschrittenen Anbau in solchen Gegenden, über welche uns Urkunden und Chroniken im Stiche lassen, als seien sie noch un= bebaut gewesen. Für die Lokalgeschichte des nordwestlichen Deutsch= lands sind die Heberegister des Klosters Werden von besonderer Wichtigkeit, dieselben beginnen mit dem 9. Jahrhundert und sind in großer Reichhaltigkeit noch vorhanden. In ihnen kommt der Name vieler Orte aus unserer Gegend zum erstenmale vor, u. a. auch der Name Barmen.

7. Bodenkultur und Wirtschaft.

Während des bisher betrachteten Zeitraums, also bis zum 11. Jahrhundert, bedeckten noch große Waldstrecken unser Gebiet; die Orte der Ansiedelung waren noch von untergeordneter Natur gegenüber dem Walde, über den sie nur nach und nach den Sieg davonzutragen vermochten. Die Ansiedelungen bestanden entweder in einzelnen Höfen oder dorfartigen Komplexen mit zugehörigen Feldfluren. Ein einzelner Hof mit dem dazu gehörenden Lande hieß ein mansus, der Hof allein oder die Hofstatt wohl curtis, mansio, area, das Land für sich hoba. Eine Anzahl zusammenge= höriger Höfe hieß eine villa; doch kann der Ausdruck villa auch einen einzelnen Hof bezeichnen, wie wir uns überhaupt Dorf und Hof nicht in schroffem Gegensatz zu denken haben. Der Hof sowohl wie das Dorf waren umzäunt.

Die Höfe waren entweder Herrenhöfe oder Bauernhöfe, und insofern zu einem Herrenhofe eine Anzahl Bauernhöfe gehörten, wurde ersterer auch wohl Haupthof genannt. Aus der Zugehörigkeit der Nebenhöfe zu dem Haupthofe ist der Name Hörigkeit oder Hof= hörigkeit entstanden. Die Hofgenossen hatten ihr eigenes Hofrecht.

Der Herrenhof, der Hof des Grundherrn, hieß auch Fronhof, mansus dom., sal, salhof, selhof 2c.; die Bauernhöfe hießen einfach Höfe, mansi, oder Hubhöfe, Sabelhöfe, Sedelhöfe 2c.

Der Haupt= oder Herrenhof war eine weitläufige Anlage; innerhalb seiner Umzäunung lag eine Menge von Gebäuden, die ursprünglich alle klein und einstöckig waren. Das hervorragendste

Gebäude war das herrschaftliche Wohnhaus, halla oder sala, Herren=
haus oder Salhaus genannt. Die innere Einrichtung desselben ent=
sprach seinem bescheidenen Äußeren. Es umschloß nur den Wohnraum
der Familie, als Arbeitsraum für die Frauen diente ein besonderes
Arbeitshaus, screona genannt, auch führt es wohl den Namen
genicium oder Frauenzimmer. Außerdem umschloß der Hof die
Wirtschaftsgebäude, wie sie für Ackerbau und Viehzucht notwendig
sind: Ställe, Scheunen u. s. w. Die Bauernhöfe oder Höfe der Hörigen
waren natürlich kleiner als die Herrenhöfe; doch teilten auch sie
sich nach und nach in Wohnhaus, Scheune und Viehstall.

Die Aufsicht über den landwirtschaftlichen Betrieb einer villa
führte ein Verwalter, der unter sehr verschiedenen Namen vor=
kommt, z. B. villicus, major, Meier, Schultheiß 2c. Gewöhnlich
wurden größere Höfe oder Villen so verwaltet, daß der Hofesherr
nur das beste und bequemste gelegene Land als sog. Salland oder
Herrenland für sich behielt, das übrige aber gegen Abgaben oder
Dienste austhat an Hörige.

Alle Grundbesitzer, auch der König, waren Eigentümer von
Herren= oder Fronhöfen. Der Herrenhof des Königs hieß Königshof,
derjenige eines Bischofs Domhof und derjenige eines Dorfgeistlichen
Pfarrhof. Bei den königlichen Höfen entwickelte sich ein Unterschied
zwischen Pfalzen, die für königliche Hofhaltung eingerichtet waren,
und gewöhnlichen Königshöfen, die bloß als Villen verwaltet wurden
und zur Zeit, wo die Könige die Pfalzen bewohnten, zur Beschaffung
des Unterhalts dienten. Pfalzen bestanden schon früh zu Duisburg,
Kaiserswerth und Deutz; zu denselben gehört eine Menge reicher
Königshöfe und herrlicher Waldungen. Die großen, zusammen=
hängenden Waldbistrikte wurden von vornherein als Krongut oder
Eigentum der Könige betrachtet und zu Jagdrevieren eingefriedigt.
Die übrigen Waldungen waren gemeinsames Eigentum der Nachbarn
im Dorfe. Der gemeinschaftliche Besitz an Feld, Wiese und Wald
führte den Namen Mark, und auf Grund des gemeinsamen Rechtes
an demselben bildeten die Höfe eine Markgenossenschaft.

Von den Höfen und Markgenossenschaften werden u. a. in
unserm Gebiete am frühesten, d. h. noch vor dem Jahre 1100, in
Urkunden[28]) genannt: 799 Vilk, 834 Hetterscheid, 873 Gerresheim,
Sonnborn, Mintard, 904 Mettmann (welches 1072 als villa be=
zeichnet wird), 1019 Leichlingen (villa cum ecclesia), 1085 Hückes=
wagen, 1090 Lennep.

Nach und nach trat an die Stelle des Gesamteigentums der Markgenossen das Erbeigen der Einzelnen. Außerhalb des Marklandes wurden Rodungen ausgeführt, und da das Rottland als frei gewonnen auch frei vererblich war, und der Eigentümer über dasselbe frei verfügen konnte, so wurde wohl nicht selten auf dieses der Hauptwert gelegt. Dadurch vollzog sich eine Zersetzung des freien Standes; während es früher im ganzen nur Freie und Unfreie (Hörige) gegeben hatte, entstand jetzt eine zunehmende Gliederung der Unfreien.

8. Die Gaue.

Aus der Vereinigung von 100 Freien oder 100 Höfen, was gleichbedeutend ist, ging die Hundert oder Hundertschaft, centena, hervor, deren ursprüngliche Bedeutung vor der historischen Zeit liegt. Mehrere Hundertschaften pflegten einen Gau, pagus, zu bilden. Das Wort Gau ist in sprachlicher Hinsicht dunklen Ursprungs; anfänglich hieß es das Gau. Hundertschaft und Gau waren die staatlichen Unterabteilungen, während die Mark oder Dorfgenossenschaft sich bloß auf das Zusammenwohnen und die Bebauung des Feldes bezog, also nur wirtschaftliche Bedeutung hatte.

An der Spitze der Hundertschaft stand der centenarius, centurio, hunno, honne; dem Gau stand ein kaiserlicher Beamter vor, der Gaugraf. Der Honne oder Centenar wurde gewählt; aber er trat allmählich die Leitung der gerichtlichen Gewalt an den Grafen ab. Seit der durch Karl den Großen herbeigeführten Ausbildung der politischen Gauverfassung trat die Bedeutung des Grafen immer mehr hervor, die des Centenars zurück.

Die Namen der Gaue erhielten sich bis zur Mitte des 12. Jahrhunderts; die Namen der Hundertschaften, auch Hundschaften, Honschaften, Bauerschaften, Rottschaften genannt, bestehen im Bergischen Lande vielfach noch heute.

Die Gaue, welche das Gebiet der späteren Grafschaft Berg umfaßten, waren der Ruhrgau, der Kelbachgau, der Deußer Gau und der Auelgau. Die kirchliche Einteilung in Dekanate pflegte den Gaugrenzen zu folgen, und dieser Umstand ermöglicht uns die klare Feststellung dessen, wie weit sich die genannten Gaue erstreckten und welche Orte zu dem einen oder andern derselben gehörten.

Der Ruhrgau, pagus Rurigowe, hieß auch Duisburger Gau, pagus Duispurch. Sein Gebiet entsprach dem der Duisburger Dekanie; es erstreckte sich auf beiden Seiten der Ruhr, und zwar südlich bis zur Anger, nördlich aber bis zur Emscher, so daß nur der südliche Teil desselben zum Bergischen gehörte. Als zu diesem Gau gehörig werden urkundlich bezeichnet: Mintard, Rheinheim, Serm und Angermund.

Der Kelbachgau oder Kelbagau, pagus keldaggouue, fiel mit dem rechtsrheinischen, größeren Teile der Neußer Dekanie zusammen, welcher 1621 als besondere Dekanie Düsseldorf abgezweigt wurde. Sein Gebiet reichte westlich bis an den Rhein, nördlich bis an die Anger, südlich bis an die Wupper, östlich an das Sächsische. An den Namen dieses Gaues erinnert noch der Ketelbach, der sich bei Grafenberg von der Düssel abzweigt und bei Kaiserswerth in den Rhein mündet. Im Kelbachgaue lagen der Ketilwald, die Suitbertsinsel, die Königshöfe Rath und Mettmann, sowie das Kloster Gerresheim;[29] ferner: Barmen, Benrath, Bilk, Elberfeld, Himmelgeist, Monheim, Ratingen, Richrath, Sonnborn, Schöller, Wald u. s. w.

Der Deutzer Gau, pagus Tuitiensis, umfaßte das Gebiet der Deutzer Dekanie, woraus sich seine Grenzen ergeben, die sich von der Wupper nördlich bis ungefähr an die Agger südlich erstreckten. In seinem Bereich lag der Buchenforst, sylva buchonica, (bekannt durch König Sigiberts Ermordung im Jahre 507), der von Mülheim und Flittard bis Odenthal und Bergisch-Gladbach sich ausdehnte; sodann der Mäusewald, muyseloe, Miselohe, auch ein Königswald, da er später als pfalzgräfliches Lehen vorkommt, zwischen Wupper und Dhün, und endlich der große Königsforst zwischen Strunderbach, Rhein und Agger, der noch heute diesen Namen führt. Innerhalb dieses Gaues entstanden die Abteien Deutz und später Altenberg, sowie die Pfarreien: Mülheim, Flittard, Opladen, Burscheid, Leichlingen, Burg, Solingen, Lüttringhausen, Lennep, Remscheid, Wermelskirchen, Hückeswagen, Wipperfürth, Lindlar, Dhün, Odenthal, Gladbach, Bensberg, Volberg, Urbach, Lülsdorf, Langel, Zündorf u. a. Der Deutzer Gau ist, wie wir später sehen werden, gleichsam die Wiege des Herzogtums Berg.

Der Auelgau, pagus Avelgowe, auch Siegburger Gau[30] genannt, bildete den südlichen Teil des Bergischen. Er lag auf

beiben Seiten ber Sieg unb bet Agger unb umfaßte baß Gebiet
um ben Ölberg ober Aulberg im Siebengebirge; im Süben reichte
er in ber Nähe von Altenkirchen bis an die Wied. Arwal, Auel
ober Ohl kommt als Ortsname innerhalb biefeß Gaueß, nament=
lich im Aggerthale vielfach unb in mannigfachen Verbinbungen
vor. Es entstanden im Auelgau bie zur Siegburger Dekanie ge=
hörigen Pfarreien: Siegburg, Sieglar, Ober= unb Nieberpleiß,
Blankenberg, Hennef, Eitorf, Leuscheib, Roßbach, Lohmar, Wahl=
scheib, Seelscheib, Ruppichteroth, Nümbrecht, Wiehl, Nünberoth,
Gummersbach u. v. a.

9. Zerfall ber Gauverfaffung, Entstehung selbständiger Gebiete.

Mit bem Enbe beß 11. unb bem Anfange beß 12. Jahr=
hundertß zerfiel bie Gauverfaffung, an die Stelle ber Gaugemeinben
traten geistliche unb weltliche Territorien, beren Herren erbliche
Gewalt erhielten. Ursprünglich war jeber Freie unbeschränkter
Gebieter auf seiner Scholle, bem die Hörigen unterthan waren.
Bei Ausbildung ber Gauverfaffung ernannten die Könige bie burch
Grundbesitz mächtigsten Freien zu Gau= unb Pfalzgrafen, woburch
die übrigen ihre Reichsunmittelbarkeit verloren. Als bie Gauver=
faffung zerfiel, traten die Freien, vorausgefetzt, baß sie inzwischen
in ber Zeiten Drang ihre Besitzungen nicht von anbern abhängig
gemacht hatten, wieber in ben Stanb ber Unmittelbarkeit über.
Die Macht vieler erweiterte sich bebeutenb, indem sie nach unb
nach die kleineren Nachbarn unter sich brachten unb die Gerichts=
barkeit über biefe erhielten. Durch kaiserliche unb pfalzgräfliche
Schenkungen unb Belehnungen wurde ihr Besitz mannigfach ver=
größert; auch suchten sie benfelben fortwährenb durch Kauf, Tausch,
Pfanb, Erbschaft unb wirtschaftliche Thätigkeit ꝛc. zu vergrößern.
So entstanb in unfern Gauen ein buntes Gemisch kleiner Gewalten,
die unausgesetzt nach erblicher Herrschaft, nach Landeshoheit trachteten.
So lange bie Lehen nicht erblich waren, war ihre Macht wenig
befestigt; als aber Kaiser Konrab II. sich offen für die Erblichkeit
ber Lehen erklärte,[31] war ber Sieg beß neuen Systemß ent=
schieben. Der Abel wurde von ba an immer mächtiger.

10. Ursprung und Umfang der Grafengewalt.

Der Graf war bei den Franken und so lange die Gau=
verfassung bestand, der regelmäßige Vertreter des Königs und
empfing von diesem unmittelbar seine Befugnisse. Mit dem Zerfall
der Gauverfassung und dem Eintritt der Vererblichung der Lehen
verwandelte sich die frühere Amtsgewalt der Grafen gleichfalls in
ein Lehen oder Beneficium, so daß sie erblich wurde und die damit
verbundenen Rechte in den Vordergrund traten. Wie früher vom
Gau, so nannten die Grafen sich jetzt nach der Burg, wo sie ihren
Sitz hatten; sie gewannen eine reichsunmittelbare Stellung und
zählten sich nun zum hohen Adel.

Ein Umstand, welcher der Erwerbung hoheitlicher Rechte der
Grafen sehr zu statten kam, war der, daß sie zu Vögten bestellt
wurden. Vogt war der Name desjenigen Beamten, der die einem
Stifte mit der Immunität (d. h. Befreiung von Abgaben und
von der öffentlichen Gerichtsgewalt) gegebenen Rechte handhabte.
Ursprünglich waren die Vögte also nur Justiziare der Kirche,
später aber hatten sie dieselben in allen zeitlichen Angelegenheiten
zu vertreten, d. h. zu der Dingvogtei gesellte sich die Schirm=
vogtei. Aus diesen Schirmvögten der Kirchen wurden aber nur
zu bald Zwingherren derselben, welche deren Güter an sich rissen;
namentlich erlagen vielfach die Klöster mit der Zeit der Macht
ihrer Vögte[32]).

Das Wort Graf ist in sprachlicher Hinsicht noch nicht
genügend erklärt, sachlich steht jedoch fest, daß das Grafentum aus
einer Vereinigung von Erbe, Pfand, Lehen und mannigfachen
hoheitlichen Befugnissen bestand, und daß das wesentlichste unter
diesen die vollziehende Gerichtsgewalt war. Dieser wichtigste Zweig
des Grafentums aber, die Gerichtsbarkeit, den auch das Amt der
Vögte in sich schloß, war es hauptsächlich, der den Übergang zur
Stellung als Landesherren anbahnte.

Wohl in jedem Gaue befanden sich mehrere Mal= oder
Gerichtsstätten, bei denen häufig ein Stellvertreter des Grafen den
Vorsitz führte; als die Gauverfassung zerfiel, erhielt dieser Ver=
treter die dem Grafen ursprünglich zukommende Stellung als selbst=
ständiger Gerichtsherr, und so konnte es geschehen, daß auch er
den Grafentitel sich beilegte, wie denn in unserem Gebiete neben
den Grafen von Berg vorübergehend auch Grafen von Hardenberg

und Hückeswagen erscheinen. „Von keinem der zahlreichen Grafen", sagt Lacomblet, „die wir unter Heinrich IV. plötzlich auftreten sehen, vernehmen wir, daß eine persönliche Erhebung oder Ernennung zu dieser Würde vor sich gegangen; diese sproßte vielmehr aus den Bestandteilen des Gaues selbst, die ihnen jetzt untergeben worden".

Den Grafen von Berg gelang es, auf Grundlage der Gerichtsbarkeit, von ihrem Stammsitze im Deutzer Gau aus, das Gebäude ihrer Herrschaft allmählich zu mächtiger Höhe emporzuführen, welchen Entwickelungsprozeß wir weiterhin zu betrachten haben.

Zweiter Teil.

Das Bergische Land als selbständiges Gebiet.

Von der Entstehung der Grafschaft Berg bis zur
Einverleibung in Preußen.

1101 bis 1815.

Viertes Buch.

Grafen aus dem Hause Berg.

Von Entstehung der Grafschaft bis zum Tode Engelberts II.

1101—1225.

Adolf I.

1. Adolf als erster Graf von Berg.

Der erste Graf von Berg, Adolf, kommt in einer Urkunde Kaiser Heinrichs IV. vom 3. August 1101 zum erstenmale als solcher vor.

Graf Heinrich von Limburg hatte sich Vergewaltigungen erlaubt, u. a. der Abtei Prüm ein Landgut entrissen, und auf die Bitte des Abtes beschloß der Kaiser, gegen den Grafen vorzugehen. Er erschien zum Osterfeste 1101 in Lüttich, eroberte die Limburg und nötigte den Grafen, am 1. August zu Köln zu erscheinen und vor versammelten Fürsten die Rückgabe des Geraubten zu versprechen. Bald nachher aber leugnete der Graf sein Versprechen; der Kaiser berief deshalb am 3. August zu Kaiserswerth die Fürsten von neuem und überführte den Grafen seines Wortes. Unter diesen Fürsten nun, welche dabei zugegen waren, erscheint auch Adolf als Graf von Berg[1]).

In einer späteren Urkunde, wodurch der Kaiser dem Grafen von Limburg das Herzogtum Nieder-Lothringen verleiht, kommen als Zeugen Pfalzgraf Siegfried und Graf Adolf gleichzeitig vor, woraus wir zu entnehmen haben, daß das Grafenamt im Deutzer Gau von der Pfalzgrafschaft durch den Kaiser getrennt worden sei.

Graf Adolf wird in den neueren Zählungen mit Recht als
Adolf I. bezeichnet [2]. Früher wurde er gewöhnlich als Adolf III.
aufgeführt, weil man seine beiden Vorgänger, die noch nicht Grafen
waren, mit hinzuzählte; auch kamen noch andere Zählungen vor,
die aber auf Willkür beruhten und längst beseitigt sind.

2. Die Vorfahren der Grafen von Berg.

Die Vorfahren der Grafen von Berg lassen sich nicht mit
Gewißheit feststellen, weil sie nicht zu den Gaugrafen gehörten
und Familiennamen damals noch nicht üblich waren. Wir haben
schon früher gesehen, daß der erste Vogt vom Berge advocatus de
Monte [3] im Jahre 1068 als Vogt von Werden vorkommt; diese
Angabe läßt sich durch die betreffende Urkunde beweisen. Wollen
wir jedoch weiter zurückgehen, so können wir nur Wahrscheinlichkeits=
gründe anführen. Weil es nämlich gebräuchlich war, daß die
Ämter forterbten, so ist der Schluß wohl berechtigt, daß auch die
früheren Vögte von Deutz und Werden, die noch keinen Familien=
namen führen, zu den Edelherren von Berg gehört haben [4]. Die
Richtigkeit dieser Annahme vorausgesetzt, beginnt das historische
Auftreten des Geschlechts mit dem Jahre 1003, und der Ahnherr
desselben ist jener Vogt Hermann, der bei der Stiftung der
Abtei Deutz vorkommt und bis 1032 in einer Reihe von Urkunden
erscheint; 1009 und 1019 wird neben ihm auch sein Bruder
Adolf genannt [5]. Dann erscheint wieder ein Adolf als Vogt
von Deutz von 1041 bis 1075, und zwar wird es derselbe sein,
der 1068 bis 1090 als Vogt von Werden [6] auftritt. Da wir
ihn nicht für denselben halten können, der schon 1009 als Vogt
vorkommt, so wäre er mithin der zweite des Namens. Jedenfalls
war er auch der Vater des dritten Adolf oder des ersten Grafen.

Die Abstammung unseres Grafenhauses mütterlicherseits führt
uns nach Westfalen. Wie der sog. sächsische Annalist (Annalista
Saxo) berichtet, vermählte sich Adelheid von Laufen, die Enkelin
und einzige Erbin des Grafen Bernhard von Werl, mit Adolf
von Huvili, unter welchem wir den Vater des Grafen Adolf I.
zu verstehen haben; denn er nennt sich selbst so und es kann auch
kaum ein anderer gewesen sein [7].

Huvili, Hovele oder wie der Name jetzt lautet, Hövel, bedeutet
Hügel und kommt deshalb als Ortsname öfters vor; wir können
daher nicht unterscheiden, welches Huvili hier gemeint ist; vielleicht

lag es auch im Westfalengau und war der Hof Hövel bei Limburg, vielleicht auch eine Burganlage bei Hubbelrath, wo noch jetzt eine Gegend Burghövel heißt. Auch Graf Adolf I. kommt einmal als comes Atholfus de Huvele vor in einer Urkunde des Bischofs Gobebald von Utrecht vom Jahre 1126; ein andermal, im Jahre 1122, nennt er sich Graf von Altena⁸).

3. Die Burg Berg an der Dhün.

Das Stammschloß der Grafen von Berg, die Burg Berg, lag auf steiler Höhe dicht am linken Ufer der Dhün; nach dem Bache zu ist der Abhang des Hügels aus schroffem Gestein gebildet. Mächtige Trümmerhaufen, von Moos und Gras bedeckt und verborgen unter dichtem Gestrüpp, das die Mauern durchbrochen hat, etwa eine Viertelstunde vom Altenberger Dom entfernt, bezeichnen heutzutage die Stätte, wo die Burg einst stand. Wer ihr Erbauer war, ist nicht bekannt, auch nicht die Zeit ihrer Erbauung. Von der Burg führten die Besitzer den Namen de Berge oder, in lateinischer Übertragung, de Monte; dieser Name ist dann auch auf das Land übergegangen.

4. Entstehung der Grafschaft Berg.

Das Stammschloß der Grafen von Berg lag im Deutzer Gau, und in diesem Gau ist auch der Ursprung ihrer Herrschaft zu suchen. Wir sahen schon früher die Edelherren von Berg als Vögte der reichen Abteien Deutz und Werden auftreten; auch erwarben sie nach und nach die Vogteischaft über zahlreiche Haupthöfe der Kölnischen Kirche auf dem rechten Rheinufer: Mülheim am Rhein, Odenthal, Dünwald, Wiesdorf, Hilden, Elberfeld, Schwelm u. s. w. Manche Güter wurden ihnen als Lehen übertragen, und es erweiterte sich ihre Machtstellung immer mehr. Dazu erhielt nun Adolf I. 1101 vom Kaiser das Amt eines Grafen (die Komitatsrechte) im Deutzer Gau; seit dem genannten Jahre waltet dort nur Adolf als Graf, jede Spur einer pfalzgräflichen Hoheit ist verschwunden.

Auch im Auelgau wurde sein Einfluß hervorragend und überwiegend, als er (wohl durch Verwendung seines Oheims, des Erzbischofs Friedrich I. von Köln,) die wichtige Vogteischaft über die Abtei Siegburg erhielt, aus der dann für ihn die erste Erweiterung seines Gebietes hervorging, nämlich die völlige Herrschaft über den Auelgau. Im Jahre 1102 war ein anderer Graf, Adalbert, noch

Vogt der Abtei Siegburg; 1125 aber wird Adolf I. ausdrücklich
als solcher bezeichnet. Er kommt aber bereits 1120 und 1121
mit seinem Bruder Eberhard als Zeuge in Siegburger Urkunden
vor, mußte also damals schon Vogt der Abtei sein⁸).

Der Kelbachgau stand zwar noch 1148 unter dem Pfalz=
grafen Hermann von Stahleck, der Ruhrgau 1150 unter dem
Grafen Hermann von Saffenberg, und in beiden Gauen waltete
als Untergraf Hermann von Hardenberg; weil aber Köln und
Werden innerhalb dieser Gaue reich begütert waren, so war der
Einfluß des Grafen Adolf in seiner Eigenschaft als Vogt dieser
Güter immerhin bedeutend, wenn er auch noch nicht die gaugräf=
lichen Rechte dort besaß. Auf der gegebenen Grundlage aber war
es seinen Nachkommen im Laufe des Jahrhunderts möglich, ihre
Komitatsrechte auch auf den Ruhr= und Kelbachgau auszudehnen.

Außerdem hatte, wie wir wissen, unser Grafenhaus in West=
falen bedeutenden Landbesitz erworben. Zu dem Familienbesitz, den
es vielleicht dort schon von früher her hatte (vorausgesetzt, daß
Huvili bei Limburg lag), gewann Adolf von Huvili noch großes
Erbgut hinzu, als er Adelheid von Laufen heiratete. Die Allodial=
güter, welche seine Gemahlin ihm zubrachte, lagen im Westen des
Sauerlandes (richtiger Süderlandes, d. h. Südwestfalens); aus
denselben ging die Grafschaft Altena hervor, die wiederum den
Anfang zur späteren Grafschaft Mark bildete. Es konnte daher
nicht fehlen, daß die Erzbischöfe von Köln, denen es gelungen war,
beträchtlichen Besitz und die Herzogsgewalt in Westfalen zu er=
halten, unsern Grafen auch dort, wie in Ripuarien, manche Be=
sitzungen als Lehen übertrugen, die meistens an der Ruhr und im
Norden des Süderlandes lagen.

Neben den Grafen von Berg treten anfangs noch die Grafen
von Hückeswagen und Hardenberg auf, sowie die Edelherren von Broich,
Eller, Gerresheim, Linnep, Nesselrode, Odenthal, Schöller, Tyvern u. a.

Die Gebiete der meisten dieser Herren gingen aber mit der
Zeit in der Grafschaft Berg auf, während die andern in ein Lehns=
verhältnis kamen; denn den Grafen von Berg wurde es bei ihrem
großen Besitze und der darauf beruhenden Machtstellung leicht, die
altfreien Grundbesitzer innerhalb ihres Gebietes, welche ihnen an
Besitz und Macht nachstanden, zu ihren Lehnsmannen zu machen,
oder ihnen ihr Erbe abzukaufen, wie ihnen dies bei den Grafen
von Hückeswagen und von Hardenberg gelang.

So bildete sich mit der Zeit zwischen Sieg und Ruhr, Rhein und Lenne für die Grafen von Berg ein Besitz, wie ihn weit und breit kein anderes Geschlecht aufzuweisen hatte; unser Grafenhaus gelangte dadurch zu einem Ansehen und einem Glanze, dem selbst der Umstand keinen Eintrag thun konnte, daß es später in mehrere Linien zerfiel[10]), indem Altena und Isenburg sich abzweigten.

5. Die neue Burg an der Wupper.

Graf Adolf I. erbaute, vielleicht im Jahre 1118, eine neue Burg an der Wupper[11]), die zum Unterschiede von dem alten Berg oder der alten Burg noch lange Zeit der „Neue Berg" (novus mons) oder die „Neue Burg" (novum castrum) oder die „Burg auf dem neuen Berge" (novi montis castrum) genannt wurde. Den Stammsitz Berg gab Adolf in Übereinstimmung mit seinem Bruder Eberhard im Jahre 1133 zu einem Kloster her, das nun den Namen „Altenberg" (vetus mons) erhielt; doch blieb für dasselbe auch der Name „Berg" neben „Altenberg" noch bis in die 2. Hälfte des 13. Jahrhunderts in häufigem Gebrauch. Der Name „Altenberg" hat sich bis heute erhalten, der Name „Neuenburg" aber ist in das einfachere „Burg" verwandelt worden und in dieser Gestalt auch auf den bei dem Schlosse schon früh entstandenen Ort oder die Freiheit Burg übergegangen[12]).

Das alte Schloß an der Dhün wird seit der Stiftung des Klosters weder unter Adolf I., noch unter seinem Sohne und Nachfolger Adolf II. erwähnt; auch die neue Burg an der Wupper kommt urkundlich erst im letzten Lebensjahre Adolfs II. vor,[13]) im Jahre 1160. Natürlich wurde die neue Burg von Adolf I. nicht gleich in allen ihren Teilen erbaut; unter seinen Nachfolgern aber erlangte sie nach und nach einen solchen Umfang, daß sie zur Zeit ihres Glanzes die ganze Hochfläche des Berges einnahm, welche jetzt mit den Häusern bebaut ist, die das Dorf Oberburg bilden. Die Burg war einige Jahrhunderte hindurch, namentlich im 13. und 14. Jahrhundert, der Hauptsitz und Lieblingsaufenthalt der bergischen Fürsten; in der neueren Zeit wurde sie zur Ruine, wird aber durch den im Jahre 1890 begonnenen Wiederaufbau in neuem Glanze erstehen.

6. Neue Klostergründungen.

Von Frankreich ausgehend, machte sich im 12. Jahrhundert wieder eine gewaltige Bewegung im Mönchstum geltend, um der

Verweltlichung in Kirche und Klerus entgegenzuarbeiten; es entstanden die neuen Orden der Cistercienser, Prämonstratenser und Karthäuser. Zwar erreichte die Regel der Karthäuser, 1086 gegründet und auf die strengste Askese gerichtet, nur geringe Ausdehnung; aber der Orden der Cistercienser gewann einen bedeutenden Einfluß. Ein Mönch, namens Robert, hatte 1098 das Kloster Citeaux (lat. Cistercium) bei Dijon gestiftet; dasselbe wurde der Mittelpunkt einer Vereinigung von Klöstern, unter denen die beiden Töchterklöster Clairveaux (Clara vallis) und Morimont (Morimundus) hervorragten, beide im Jahre 1115 entstanden. Wie früher im 10. Jahrhundert von Clugny eine Erneuerung des Benediktinerordens ausgegangen war, die auch auf Deutschland großen Einfluß ausübte, so erlangte jetzt, namentlich durch das begeisterungsvolle Wirken des jugendlichen Abtes Bernhard von Clairveaux, der Cistercienserorden die größte Bedeutung in Staat und Kirche; in 50 Jahren waren 500 Klöster dem Orden unterworfen.

Um dieselbe Zeit wurde Norbert, ein Mann aus rheinischem Adel, der Stifter der Prämonstratenser, indem er nach Frankreich zog und dort in der Einsamkeit von Prémontré bei Chalons ein Kloster gründete. Dieser Orden trug nicht eigentlich klösterliches Gepräge, sondern er verpflichtete im wesentlichen nur zu kanonischem Leben nach der Regel des h. Augustin. Die Prämonstratenser fanden bald auch Eingang in Deutschland und erwarben sich neben den Cisterciensern Verdienste um die wirtschaftliche Entwickelung unseres Landes. „Ihre Niederlassungen, fast immer in der Wildnis großer Forste gegründet, bildeten Stätten unablässiger Landarbeit, die als dauernden Gewinn das Nutzbarwerden weiter Strecken des vaterländischen Bodens einbrachten."

a. Altenberg.

Ergriffen von der Begeisterung, die von dem Orden der Cistercienser ausging, bestimmte Graf Adolf I. von Berg und sein Bruder Eberhard die Stammburg Berg zu einem Kloster, dessen Insassen nach den Regeln von Citeaux leben sollten. Erzbischof von Köln war damals Bruno II., Adolfs eigener Sohn, der sich die Errichtung der Abtei eifrig angelegen sein ließ; doch überraschte ihn vor ihrer Vollendung der Tod 1137, und sein Nachfolger Arnold I. beurkundete und bestätigte die Stiftung 1139. Die Bestätigungsbulle des Papstes Innocenz II. datiert vom 26. Februar 1139.

Die früheste Nachricht über die Gründung des Klosters findet sich auf einer gleichzeitigen Urkunde des Klosterarchivs. Nach derselben zogen die ersten Mönche am 25. August 1133 aus dem Kloster Morimund ein[14]).

Über die Gründung Altenbergs hat sich im Kloster eine Legende gebildet; die Handschrift, welche ihre Aufzeichnung enthält, stammt aber erst aus dem 14. Jahrhundert. Was sie berichtet, klingt allerdings sagenhaft, aber doch nicht ganz unglaublich und keineswegs dem Geiste jener Zeit widersprechend; wahre Thatsachen liegen ihr zu Grunde. Die Legende erzählt Folgendes:

Adolf und Eberhard nahmen einst an einer Fehde des Herzogs von Limburg gegen den Herzog von Brabant teil und führten ihre getreuen Fähnlein über die Maas dem Freunde zu. Dort kam es zu einem blutigen Treffen, in welchem es auf beiden Seiten viele Verluste gab, der Herzog von Brabant aber gänzlich geschlagen wurde. Doch in die Siegesfreude mischte sich Trauer; Adolf vermißte seinen geliebten Bruder. Alle Ritter kamen von der Verfolgung der Feinde zurück und begrüßten sich fröhlich; allein Eberhard nahete nicht, und der Ruf nach ihm blieb unbeantwortet. Wo war er? — Einsam und traurig war er der Heimat zugeritten und zwar nach Altena. Dort war die äußere Wunde, welche er in der Schlacht davongetragen, bald geheilt, jedoch die Wunde seines Herzens wollte nicht vernarben; er hatte, wie eine Chronik sich ausdrückt, „ein groß Beschweren in seinem Gewissen". Was ist es denn, das ihn bekümmert? Es ist das viele, in jenem Kampfe vergossene Menschenblut — das läßt ihm keine Ruhe. Er flucht dem Kriege und der Ruhmsucht, welche zu Fehden verleitet. Was thut er? — Im Dunkel der Nacht schleicht er heimlich den Schloßberg hinunter; aber er trägt keinen Ritterharnisch, keinen Helm, kein Schwert, er ist gehüllt in ein ärmliches Gewand. Sein Entschluß ist gefaßt; in seinem schwärmerischen Gemüte hat sich der Vorsatz gebildet, das Geräusch der Welt, den Glanz seines Standes zu verlassen und ärmlich und unerkannt für seine und der Welt Sünden hinfort als frommer Büßer zu leben in Armut, Entbehrung und Niedrigkeit. Auf der Burg aber weiß niemand, was aus ihm geworden.

Jahre kommen und schwinden. Da reisen einst zwei Edelleute des Grafen Adolf nach einem Wallfahrtsorte in der Champagne. Dort geraten sie eines Abends in die Irre. Sie sehen in einiger

Entfernung die Türme eines Klosters und senden einen ihrer Diener dahin. Der kommt an einem Meierhofe des Klosters vorbei und sieht einen Mann im Felde die Schweine hüten; den redet er an. Aber, indem er den Mann näher ins Auge faßt, wird ihm seltsam zu mute; er erkennt in ihm, und zwar an einer Narbe im Gesicht — Eberhard, seinen ehemaligen Herrn. Freudig eilt er, die Ritter herbeizuholen. Diese kommen sofort zu dem Hirten hin; sie bestürmen ihn mit Fragen in deutscher Sprache. Erst weicht er aus und spricht nur französisch; zuletzt kann er sich aber nicht mehr halten. Er bekennt ihnen alles; er erzählt ihnen, wie er eine Wallfahrt unternommen nach Rom und Compostella, dann, wie er Laienbruder des Klosters Morimund geworden und der Abt ihn angewiesen habe, die Schweine zu hüten; er habe seinen Adel gering geachtet, damit er seine Seele bei Gott desto edler mache. Da steigen die Ritter vom Pferde, fallen ihrem Herrn um den Hals und küssen ihn.

Sie gehen nun mit ihm zum Verwalter des Hofes und teilen diesem alles mit. Der eilt noch in der Nacht nach Morimund zum Abt und thut ihm das Gehörte kund. Der Abt nimmt am folgenden Morgen seinen Prior und Kellner zu sich, begiebt sich nach dem Hofe und erfährt von dem Grafen und den beiden Rittern, daß sich alles so verhalte, wie ihm berichtet war. Auf seinen Rat nimmt Eberhard das Mönchsgewand und tritt sofort ins Kloster ein. Die Edelleute aber ziehen von dannen und bringen dem Grafen Adolf die Kunde. Bald eilt Adolf nach Morimund in des Bruders Arme und nimmt ihn mit sich, und da Eberhard das klösterliche Leben mit keinem Weltglanze vertauschen will, überläßt ihm Adolf das Stammschloß seiner Ahnen mit andern Gütern, und ehe ein Jahr vergeht, ist die alte Burg zu einem Kloster umgestaltet.

Dann begiebt sich Eberhard auch nach Thüringen zu seinen Verwandten, dem Grafen Zizo und dessen Gemahlin Gisela, bewegt sie, den Berg des h. Georg ebenfalls zu einem Kloster des Cistercienserordens herzugeben, und holt dann in Morimund die nötige Anzahl Mönche, an deren Spitze er in Georgenthal als erster Abt einzieht.

Der erste Abt in Altenberg war Berno, einer der aus Morimund eingezogenen Mönche. Da die Lage des Klosters auf der steilen Höhe eine sehr unbequeme und für eine notwendige Erweiterung nicht geeignete war, so ließ Berno ein neues Klostergebäude in dem oberhalb gelegenen freundlichen Thale der Dhün errichten, welches wahrscheinlich im Jahre 1145 im wesentlichen fertig wurde, da am 7. Nov. desselben Jahres die Einweihung der ersten daselbst errichteten Kirche durch Erzbischof Arnold I. stattfand[16]).

b. Dünwald.

Im Jahre 1118 war (ebenfalls im Deutzer Gau) ein neues Kloster zu Dünwald entstanden. Erzbischof Friedrich I. gestattete nämlich im genannten Jahre die Ansiedelung von Mönchen bei der Kirche, welche mit seiner Genehmigung der fromme Heidenrich hatte erbauen lassen, erteilte dieser Kirche Pfarrgerechtsame und gewährte ihr u. a. den durch Graf Adolf I. von Berg ihm aufgelassenen Rottzehnten vom Walde Dünwald, in welchem sie gelegen ist. Die betreffende Urkunde sagt nicht, welchem Orden die ersten Besiedler der neuen Gründung angehörten, aber es scheinen wohl Benediktiner gewesen zu sein. Um das Jahr 1138 verpflanzte Everwin, Propst von Steinfeld im Eifelgau, die bisher in seinem Kloster ansässigen Nonnen nach Dünwald; diese neuen Bewohnerinnen des Klosters waren ganz unzweifelhaft Prämonstratenserinnen. Auch die Schwestern von Prémontré beteiligten sich an der Kultur-arbeit und unterschieden sich gerade durch die ausgesprochene Richtung auf eine landwirtschaftliche Thätigkeit großen Umfanges von den Cistercienserinnen; von ihren Ansiedelungen ging eine starke Förderung des ländlichen Wohlstandes aus[16]).

c. Stromberg, später Heisterbach.

Es wurde in dieser Zeit auch im Auelgau eine klösterliche Niederlassung gegründet, aus der später das Kloster Heisterbach hervorging. Ein Ritter, namens Walther, ließ sich im Jahre 1134 auf dem Stromberge im Siebengebirge als Klausner nieder, und es fanden sich bald Genossen, die sich um seine Zelle zu gemein-samem Leben der Arbeit und Entbehrung ansiedelten; sie begannen die umliegenden Wälder auszuroden und das dadurch gewonnene Land zu bebauen. Sie befolgten die Regel des h. Augustin. Die Päpste Innocenz II. und Cölestin II. nahmen das „Kloster der h. Maria auf dem Stromberg" in ihren Schutz[17]).

Die Mönche des 12. und 13. Jahrhunderts waren anfangs selber Maurer, Zimmerleute, Schmiede und Glasschmelzer; durch die herrlichen Bauten, die sie aufführen ließen, förderten sie die

Baukunst, die Glasmalerei u. s. w. Namentlich aber erwarben sie
sich große Verdienste um den Ackerbau und brachten denselben, der
unter den kriegerischen Deutschen so sehr gesunken war, wieder zu
Ehren. Die meisten vortrefflichen Obstsorten wurden durch die
Cistercienser aus Frankreich und Italien nach Deutschland gebracht.
Sie legten ihre Klöster in unbebauten Waldstrecken an, machten das
Land urbar, gestalteten sumpfige Thäler zu Wiesen um, legten
ringsum Meierhöfe an, die sie bebauen ließen, und wiesen den
Landleuten, die bei den kriegerischen Zeiten ihren Acker nicht mit
Ruhe bebauen konnten, große Strecken zur Urbarmachung an, wo
sie nicht mehr gestört wurden.

7. Adolfs I. letzte Lebensjahre.

Das Leben der Brüder Adolf und Eberhard ist durch die
süßlautenden Töne der Sage verklärt; namentlich werden sie uns
als Muster brüderlicher Liebe geschildert, wovon uns liebliche Züge
aufbewahrt sind. So erzählt uns die Sage, daß es für jeden von
ihnen die größte Lust war, dem Bruder Freude gemacht zu haben,
und daß sie den Tag für verloren hielten, an dem sie nicht zusammen kamen. „Da aber ihre Burgen zu weit von einander
entfernt waren, als daß sie sich sogleich von Angesicht zu Angesicht
hätten begrüßen können, so stiegen sie beim ersten Frührot auf die
höchsten Warten ihrer Schloßtürme, nahmen das weitschallende
Jagdhorn zur Hand und wetteiferten darin, sich den Morgengruß
über die tauglänzenden Hügel zuzujauchzen, und sich in bekannten
Tönen zu verständigen, wo sie sich finden, wie sie den Tag zubringen
wollten. Wer zuerst grüßte, hatte das Recht, seinen Bruder zu
bewirten und für den ganzen Tag als Gast zu empfangen. Bald
darauf, nachdem sie sich so den Morgengruß gebracht hatten, sah
man die Grafen ausreiten, sich froh begegnen und zu biederm
Gruße die Hand reichen, um gemeinsam den Tag zu verbringen.
Die treuen Unterthanen aber, der Liebe ihrer Grafen erfreut, sahen
darin auch eine Mahnung für sich, die sie sinnig aufnahmen.“

Hiernach zu urteilen muß sich Graf Adolf, nachdem Eberhard
das klösterliche Leben erwählt hatte, sehr einsam gefühlt haben;
bei vorgerücktem Alter nahm auch er das Mönchsgewand und folgte
seinem Bruder nach Altenberg. Hier verlebten sie als schlichte
Mönche ihre letzten Tage wieder in brüderlicher Eintracht ungetrübt
beisammen [18]). Wir finden das auch später noch bei einigen unserer

Grafen, daß sie in den geistlichen Stand treten; es lag dies in
der Anschauung der Zeit, denn man glaubte im Kloster wirklich
dem Himmel näher und seiner Seligkeit gewiß zu sein. Diese
Anschauung findet sich sehr naiv in einem alten Gedichte aus=
gesprochen, das die Gründung der Abtei erzählt und spätestens
aus dem 15. Jahrhundert stammt, wenn es nicht noch älter ist.
Dasselbe ist in der damaligen niederrheinischen Mundart verfaßt,
und es heißt darin u. a.:

> „Daer nae lange manche iaer
> Greif Aillof synen sunnen vurwair
> Syn lantschaf updroigh offenbair.
> Eyns mönchs leven leird hie foeren clair.
> Tzom Aldenbergh wart hie ouch doe geleit,
> Aldae hie oitmoidich onder den monchen geit,
> Dat en ys ym ouch nie geworden leit.
> Die hemelsche portz ym offen steit.
> Vill eydlinck vermyrekten dat,
> Si quamen dair tzo der selver stat,
> Si leissen sich ouch scheren eyn plat
> Mullich van den god syn sele besat." [19]

Wie die beiden Brüder im Leben unzertrennlich verbunden
waren, so wollten sie auch im Tode vereinigt bleiben. Am
21. Mai 1152 starb Eberhard; am 12. Oktober desselben Jahres [20]
folgte ihm Adolf; beide ruhen im Dome zu Altenberg unter einem
gemeinschaftlichen Grabstein, den noch heute der Besucher dieser
heiligen Stätte nicht ohne Rührung betrachten kann.

Adolf II.

1. Sein Regierungsantritt.

Der Nachfolger des Grafen Adolf I. war sein Sohn Adolf II.
Wann dieser zur Regierung gelangte, kann nicht genau festgestellt
werden, denn wir wissen nicht, wann Adolf I. ins Kloster ging,
und können auch anfangs in den Urkunden Vater und Sohn nicht
unterscheiden, da beide denselben Namen und Titel führen. Es
ist dies erst von der Zeit an möglich, wo Adolf II. mit seinem
Sohne Eberhard zugleich vorkommt, was zuerst 1144 geschieht, in
welchem Jahre beide mit den am Hoflager des Kaisers Konrad III.
zu Bamberg versammelten Reichsfürsten eine Urkunde bezeugen.

Mit diesem Sohne bezeugt Adolf II. auch 1147, als Konrad III. der Abtei Werden das Recht der freien Schiffahrt auf der Ruhr bestätigte, die betreffende Urkunde, muß also damals regierender Graf gewesen sein.

2. Adolfs II. Teilnahme am zweiten Kreuzzuge.

Der seit der Zeit Kaiser Heinrichs I. entstandene militärische Berufsstand der Reiter oder Ritter hatte sich immer mehr entwickelt, so daß allmählich eine Scheidewand zwischen Ritter und Bauer, zwischen Wehr= und Nährstand entstanden war. Es war natürlich, daß in jener kriegerischen Zeit der Ritterstand, der sich ganz der kriegerischen Thätigkeit widmete, gesellschaftlich den ersten Rang einnahm; sogar die ihrer politischen Stellung nach Höher= stehenden, Grafen, Herzoge, ja selbst der Kaiser mußten, so wollte es die Sitte, den Ritterschlag empfangen. In der Zeit nun, welche wir in der Darstellung unserer Geschichte erreicht haben, der Mitte des zwölften Jahrhunderts, hatte ein gewaltiger Um= schwung, von Frankreich ausgehend, das ritterliche Leben erfaßt. Zur Bethätigung der Tugenden eines Ritters, von dem die ritter= liche Ehre verlangte, daß er sich keiner Gefahr entziehe, sondern sogar Kämpfe, Gefahren und Abenteuer förmlich aufsuche, boten die Kreuzzüge eine treffliche Gelegenheit; es kam noch hinzu, daß der Kampf gegen die Ungläubigen nicht nur irdischen Ruhm, sondern auch himmlischen Lohn zu verheißen schien. Es entstanden die drei geistlichen Ritterorden: zuerst im Jahre 1113 der Johanniter= orden, dann 1119 die Tempelherren, und etwas später, 1190, der Deutsche Orden.

Da die Kreuzzüge dem Geiste des Rittertums so sehr ent= sprachen, so konnte es nicht wunder nehmen, daß auch das deutsche Rittertum von der Bewegung mächtig ergriffen wurde. Zwar hatte der erste Kreuzzug Deutschland noch so gut wie unberührt gelassen; nachdem aber im Jahre 1144 die Kunde vom Falle Edessa's, der Vormauer Jerusalems, das Abendland erschreckt hatte, und es der hinreißenden Beredsamkeit des Abtes Bernhard von Clairveaux gelungen war, den anfangs widerstrebenden Kaiser Konrad III. für einen neuen Kreuzzug zu gewinnen, erfaßte die Begeisterung auch den deutschen Ritterstand in solchem Maße, daß nur wenige sich ausschlossen und eine so glänzende Kriegsmacht sich bildete, wie sie bis dahin von deutscher Seite noch niemals aufgestellt worden war. Auch Graf Adolf II. nahm mit einem seiner Söhne (vielleicht dem ältesten), der ebenfalls Adolf hieß, an dem Kreuzzuge teil. Im Frühlinge des Jahres 1147 brachen Konrad III. und König Ludwig VII. von Frankreich mit ihren gewaltigen Heeren auf zum zweiten Kreuzzuge, der troß seines glänzenden Beginns ein klägliches Ende nahm und durch seine gänzliche Erfolglosigkeit merkwürdig ist. In Jerusalem angelangt, unternahmen die beiden abendländischen Herrscher mit dem Könige Balduin III. von Jerusalem einen gemeinsamen Zug nach Damaskus, kehrten aber nach erfolgloser Belagerung 1149 heim. Auch Graf Adolf kehrte mit dem Kaiser in die Heimat zurück, mußte aber den Verlust des geliebten, wegen seiner Tapferkeit hoch gepriesenen Sohnes beklagen, der in der Belagerung von Damaskus seinen Tod gefunden hatte.

Im Jahre 1152 starb sein Vater Adolf I. im Kloster zu Altenberg; im selben Jahre wurde auch Kaiser Konrad III. plötzlich vom Tode dahingerafft, und Friedrich Barbarossa bestieg den deutschen Kaiserthron.

3. Adolfs letzte Lebenszeit.

Aus dem letzten Lebensjahre Adolfs II. besißen wir noch eine wichtige Urkunde, in welcher der neuen Burg an der Wupper zum erstenmale Erwähnung geschieht[21]). Bei dem Schloße bestand eine dem heil. Pankratius geweihte Kapelle; dieser trugen die Ehegatten Warner und Wendelmodis von Berhusen (Berghausen) 20 Morgen Land mit Haus und Kotten auf, um sie dann vom Grafen als altarzinspflichtiges Beneficium zurückzuempfangen. Die Urkunde hierüber wurde aufgenommen, wie Graf Adolf sich ausdrückt, indem er am Familiennamen festhält, „auf unserm Neuen Berge" und „auf der Burg des Neuen Berges"; unter den Zeugen befand sich ein Gerhard von der Burg (de castro).

Nach ihrer Erbauung blieb die Burg einige Jahrhunderte hindurch Residenz und Lieblingsaufenthalt der bergischen Grafen. Es war die glanzvolle Zeit der Hohenstaufen, der Kreuzzüge und der Minnesänger, und unsere Grafen, welche als Zeitgenossen der Hohenstaufen auf der Burg residierten, waren edle, heldenhafte Gestalten, der großen Zeit vollkommen würdig. In seinem ritterlichen Gefühle unterläßt Graf Adolf es nicht, in der angeführten Urkunde zu erwähnen, daß eben jetzt sein Sohn Engelbert mit Kaiser Friedrich vor Mailand kämpfe.

Adolf II., der uns von den Chronisten als tapfer, bieder und fromm geschildert wird, starb im Jahre 1160 und soll in Altenberg neben seinem Vater beigesetzt worden sein, jedoch ist ein besonderer Grabstein für ihn nicht vorhanden.

Engelbert I.

1. Teilung der Grafschaft.

Graf Adolf II. hatte vor seinem Tode eine Erbteilung vorgenommen. Eberhard, der ältere Sohn, erhielt die Besitzungen in Westfalen und nannte sich Graf von Altena; er wurde so der Ahnherr der Grafen von der Mark, wie sich seine Nachfolger später nannten. Engelbert, der jüngere Sohn, wurde Graf von Berg, indem er die rheinfränkischen Besitzungen erhielt. Engelbert I., eine ritterliche Heldengestalt des Mittelalters, ein tapferer Kriegsheld und auch im Frieden ein höchst tüchtiger Regent, hat Besitz, Macht, Ansehen und Ruhm seines Hauses nicht wenig gehoben. Als treuer Anhänger des Kaisers Friedrich Barbarossa befand er sich nach urkundlichen Zeugnissen öfters in dessen Gefolge, ebenso sein Bruder Eberhard. Der Kaiser, in dessen hoher Gunst die beiden Brüder standen, wußte ihre Verdienste zu würdigen und zeichnete besonders Engelbert aus.

2. Gebietserweiterungen.

a. Diederen.

Zur Belohnung für die dem Kaiser und dem Reiche geleisteten Dienste schenkte ihm Friedrich Barbarossa im Jahre 1168 den an der Maas, im Bistum Utrecht gelegenen Königshof Diederen (Dieren), und zwar, wie der Kaiser sich ausdrückt, ihm, „dem Grafen vom Neuenberge (de Nuemberge), der durch herrliche Thaten sich mehrfach seiner Gnade empfohlen habe[22])". Auch sonst erweiterte Engelbert seine Besitzungen beträchtlich.

b. Windeck.

Erzbischof Philipp von Köln hatte von dem Landgrafen Heinrich Raspe dem Jüngeren von Thüringen das Obereigentum der Schlösser Beilstein, Wied und Windeck gekauft, den Kaufpreis aber nur teilweise erlegt. Unterdessen war zu Windeck neben dem alten ein neues Schloß entstanden, welches Heinrich Raspe unserm Grafen Engelbert zu Lehen gab. Kaiser Friedrich bestätigte 1174 diese Belehnung und beseitigte den aus dem früheren Vorgange zu besorgenden Einspruch durch nähere Begrenzung des Rechtsverhältnisses gegen Köln²³). So wurde Windeck, an der Sieg gelegen, bleibend ein Bestandteil der Grafschaft Berg.

c. Elberfeld und Hilden.

Als zwei Jahre später, 1176, Erzbischof Philipp Geld bedurfte, um den Kaiser bei einem neuen Heereszuge nach Italien zu unterstützen, bot sich Engelbert wieder eine Gelegenheit dar, die Grenzen seines Gebietes auszudehnen. Für ein Darlehen von 400 Mark ließ er sich vom Erzbischof den Burghof Elvervelde nebst dem Hofe Hilden als erblichen Pfandbesitz verschreiben²⁴); der Kaiser bestätigte diese Pfandverschreibung, und die darüber aufgestellten Urkunden sind von den vorhandenen Dokumenten die ältesten, in denen Elberfeld genannt wird. Da eine Erhöhung der Pfandsumme auf 600 Mark notwendig wurde, so erhielt Engelbert auch den kölnischen Hof zu Schwelm (Swelme) in gleicher Weise als Pfandlehen; die Bestätigung dieser erweiterten Belehnung erfolgte durch kaiserliche Urkunde²⁵) vom 27. Mai 1189, ausgestellt in Preßburg auf dem Zuge nach Palästina, an dem auch Graf Engelbert teilnahm.

d. Hückeswagen.

Graf Heinrich von Hückeswagen war ebenfalls wegen Geldbedürftigkeit genötigt, sein Allodium dem Grafen Engelbert zu verpfänden. Heinrich erhielt von Engelbert ein Darlehen von 100 Mark und dafür sollte sein Stammgut Hückeswagen zunächst als Pfand und künftig als Lehen haften, wenn nicht Heinrich binnen vier Jahren ein anderes freies Gut in gleichem Werte zu Lehen stellen werde²⁶). Hierdurch wurde für Berg der Erwerb der Hoheit über Hückeswagen und später dieses Erbgutes selbst angebahnt. Zwar wurde der Vertrag in der Folge modifiziert, aber nirgends wird berichtet, daß Heinrich dem Grafen Engelbert ein anderes Gut zu Lehen aufgetragen habe.

e. Düsseldorf.

Um das Jahr 1189 erlangte Engelbert auch von dem Edelherrn Arnold von Tyvern (Tyverne, Teveren) dessen Erbgüter

dießeit des Rheines, nämlich sein Allobe zu Düsseldorf und Be=
sitzungen zu Himmelgeist, Holthausen, Monheim, bei Wald ꝛc.
Die Einräumung geschah um einen Pfandschilling von 100 Mark;
auch nahm Engelbert den Edelherrn als seinen Hausgenossen zu
Burg auf[27]).

f. Die Grafschaft des Ruhr= und Kelbachgaues.

Die wichtigste Erwerbung, die wir ebenfalls nur Engelbert I.
zuschreiben können, wenn auch kein schriftliches Zeugnis darüber
vorliegt, ist die Grafschaft des Ruhr= und Kelbachgaues. Die
Verleihung dieser Gaue an den vom Kaiser so hochgeehrten Grafen
stand sehr wahrscheinlich im Zusammenhange mit dem Burgbau zu
Kaiserswerth, welcher 1184 vollendet wurde. Seit dieser Zeit
erscheint Engelbert als Herr des Gebietes südlich von der Ruhr,
so daß nun alle vier Gaue des Bergischen Landes unter einem
Herrscher vereinigt waren.

3. Die Johanniter auf der Burg.

Schon um das Jahr 1176 fühlte sich Graf Engelbert ver=
anlaßt, im inneren Bering seiner Burg an der Wupper eine
Kommende des Johanniterordens zu stiften. Ein schriftliches Denk=
mal dieser Stiftung, die für die Zukunft von wichtigen Folgen
war, ist uns in der Urkunde erhalten geblieben, in welcher Engel=
berts Sohn und Nachfolger 1217 dasjenige bestätigte, was der neuen
Korporation überwiesen worden war[28]). „Sein Vater," heißt es
darin, „dem der Himmel hohe Macht und Ehre reichlich verliehen,
habe die Pankratiuskapelle auf dem Berge (in monte) mit den
eingehörigen wachszinsigen Leuten, die Tischgenossenschaft im Schlosse,
Güter und Gefälle zu Remscheid, Dürscheid u. s. w., sowie das
Pfarrhaus nebst dem Patronate über die Pfarrkirche zu Remscheid
dem Orden des h. Johann vom Grabe zu Jerusalem gewidmet."
Der Orden baute sich auf der Burg noch eine St. Johanniskirche
hinzu, die schon 1228 urkundlich genannt wird[29]).

4. Klosterstiftungen.

Das schon früher auf dem Stromberge im Siebengebirge
gegründete Kloster betreffend ist aus Engelberts Zeit zu berichten,
daß Erzbischof Philipp von Köln durch Urkunde vom Jahre 1176
die Stiftung des Klosters bekundete und die von den Erzbischöfen

Bruno und Arnold demselben verliehenen Privilegien, insbesondere den Zehnten von den Rottungen des Klosters und die von demselben gewählte ständige Vogteischaft des Erzbischofs bestätigte[30]). Nach dem Tode ihres Propstes Walther aber verließen die Brüder ihren unbehaglichen Wohnsitz auf dem Stromberge und gründeten im Sülzthal ein neues Kloster.

Erzbischof Philipp wollte indes das verödete Kloster nicht unbenutzt lassen und wandte sich an das Cistercienserkloster Himmerode in der Eifel, um von dort aus die verlassenen Wohnungen auf dem Stromberge neu zu bevölkern und dadurch, wie er sich ausdrückte, „den dürren Boden seines Sprengels aus dem Strome zu bewässern, der am klarsten flösse“ (1188)[31]). Der Abt von Himmerode wählte die übliche Zahl von zwölf Brüdern und sandte sie (im April 1188) nach dem Stromberge; der bisherige Prior vom Himmerode, Hermann, wurde ihr Abt. Sehr bald jedoch wurden sie von Unzufriedenheit erfüllt über das rauhe Klima, die mangelhaften Wohnungen und die Schwierigkeiten des Aufenthalts auf dem hohen Berge, so daß Abt Hermann ihr Vorhaben, nach Himmerode zurückzukehren, nur mit Mühe hintertreiben konnte.

Gräfrath.

Die älteste Urkunde über die Stiftung des Klosters Gräfrath datiert vom 15. Dezember 1185; durch dieselbe bestätigt Erzbischof Philipp ein Abkommen der Äbtissin von Vilich, Gräfin Elisabeth, mit der Abtei Deutz, wonach die zur Pfarrkirche in Wald gehörige Kapelle zu Greveroide von dem Pfarrverbande jener Kirche gelöst wurde, damit bei ihr ein Kloster gestiftet würde[32]). Unterm 31. Juli 1187 bestätigt Erzbischof Philipp die Verfassung, welche die Äbtissin von Vilich dem von ihr gestifteten Kloster in Gräfrath gegeben hatte[33]). 1189 bekundet der Erzbischof, daß die Äbtissin auf seine Bitten ein Gut ihres Klosters zu Gräfrath zur Stiftung eines Frauenklosters daselbst geschenkt und ihr Kloster durch einen Weinberg für dasselbe entschädigt habe[34]).

5. Kreuzzug und Tod.

Jerusalem war im Jahre 1187 durch Sultan Saladin wieder eine Beute des Islam geworden, und die Nachricht von diesem Verluste setzte in Deutschland, Frankreich, Italien und England alles in Bewegung; niemand bezweifelte, daß es die Pflicht der

Christenheit sei, zur Befreiung Jerusalems sofort das Schwert zu ergreifen. Diesmal standen die Deutschen mit ihrem greisen Helden= kaiser Friedrich Barbarossa an der Spitze; am 23. April 1189 brach der Kaiser mit einem gewaltigen, waffenprächtigen Heere auf, bei dem auch Graf Engelbert nicht fehlte. Ehe aber das gelobte Land erreicht war, ereilte unsern Grafen der Tod; er starb Ende Juni 1189 zu Branitza in Servien.

Sein Leichnam soll nach Altenberg gebracht worden sein und dort neben demjenigen seines Bruders Eberhard ruhen [35]).

Adolf III.

1. Vorbemerkungen.

Der ritterliche Geist des Vaters vererbte sich auch auf den Sohn und Nachfolger Adolf III., doch das Glück war demselben weniger hold. Ein jüngerer Bruder dieses Grafen, ebenfalls mit dem Namen Adolf und dem Titel eines Grafen von Berg, erscheint einige Male in Urkunden; dann aber „verliert sich jede Spur seines Geschicks"; er scheint also früh gestorben zu sein.

2. Gründung der Abtei Heisterbach.

In die ersten Jahre der Regierung Adolfs fällt die Gründung der Abtei Heisterbach. Für die Mönche auf dem Stromberge war der Aufenthalt daselbst auf die Dauer unmöglich, davon über= zeugte sich auch Abt Hermann, und so zogen sie denn 1191 in „ein nördlich gelegenes, wasserreiches Thal, dessen trauliche, wald= umrauschte Einsamkeit sich vor allen andern zu einer Niederlassung für beschauliche Cistercienser zu eignen schien". Eine dort vor= handene bischöfliche Meierei wurde als Wohnung eingerichtet. Die Kirche auf dem Stromberge blieb zunächst noch im Gebrauch; sie war dem h. Petrus geweiht, weshalb der Berg noch heute Peters= berg genannt wird. Das Kloster im Thal erhielt den Namen „Kloster der h. Maria im Petersthal" oder „zu Heisterbach", doch wurde in den ersten Jahren auch der frühere Name noch gebraucht. Papst Cölestin III. bestätigte in einem Schutzbriefe vom 10. Juni 1193, der das eigentliche Grundgesetz des Klosters bildete, gleich seinen Vorgängern die Güter der Abtei und fügte zu den älteren Be= rechtigungen derselben eine Reihe neuer, höchst günstiger hinzu.

Das neue Kloster gelangte nun bald zu großer Blüte; es wurde „eine Zufluchtsstätte für die Weltgeistlichkeit des umliegenden Landes, namentlich der Nachbarorte Köln und Bonn, und beherbergte manchen interessanten Gast, so u. a. den berühmten Abt Cäsarius von Prüm, der sich im Alter nach Heisterbach zurückzog und hier sein registrum Prumiense schrieb; ferner einen Dichter, den Erz= poeten, von dem uns Cäsarius von Heisterbach [36]) erzählt: „Ein schweifender Kleriker, mit Namen Nikolaus, welchen sie den Erz= poeten zu nennen pflegen, erkrankte bei Bonn heftig am Fieber und, da er zu sterben fürchtete, erlangte er von unserm Abt, daß er in den Orden aufgenommen wurde. Mit vieler Reue zog er, so schien es uns, das Kleid an, kaum genesen zog er es um so rascher wieder aus und entfloh, nachdem er das Gewand gewissermaßen mit Spott von sich geworfen". Jakob Grimm vergleicht ihn mit einem gezähmten Wilde, das plötzlich wieder in den freien Wald hinaus läuft.

Obgleich die Zeitverhältnisse höchst ungünstig waren, faßte doch der Nachfolger des Abtes Hermann, Gevard, den Plan, die bisherigen elenden Wohnungen und die hölzerne Kapelle durch neue Abteigebäude und eine schöne Kirche zu ersetzen. Dieser Plan gelangte auch bald zur Ausführung: der Bau wurde 1202 begonnen, 1233 vollendet, 1237 eingeweiht.

„In dem entsetzlichen Hungerjahre 1197 erwies sich die Nützlichkeit der „jungen und noch schwachen Pflanzung" im Thale von Heisterbach. Über ihre Kräfte trug sie zur Linderung des Elends bei": hören wir, was Cäsarius uns darüber erzählt! [37]) „In der Zeit jener gewaltigen Hungersnot, welche im Jahre 1197 über uns kam, und in deren Folge viele Menschen gestorben sind, hat unser Haus, obwohl es damals noch arm und jung war, dennoch vielen geholfen; wie diejenigen, welche die Zahl der Armen an der Pforte gesehen haben, behaupten, sollen bisweilen an einem Tage fünfzehnhundert Almosen ausgeteilt worden sein; an einzelnen Tagen vor der Ernte, an benen Fleischgenuß erlaubt war, ließ Abt Gevard in drei Öfen einen Ochsen mit Gemüse kochen und mit Brod unter die einzelnen Dürftigen verteilen; ebenso verteilte man Eier und andere Speisen. In demselben Jahre hat der reiche Gott die Mildthätigkeit seiner Diener schon hundertfältig vergolten. Der Meister Andreas von Speyer, welcher am Hofe des Kaisers Friedrich sowie in Griechenland reiche Schätze gesammelt hatte, kaufte das große Allod zu Plittersdorf und schenkte uns dasselbe."

3. Adolfs Politik im Kampf der Hohenstaufen und Welfen.

Adolfs Politik war bedingt durch sein Verhältnis zu den Erzbischöfen von Köln, deren treuer Anhänger er war. Es war dies dieselbe Politik, welcher seine Vorfahren treu geblieben waren und welche auch die meisten Territorialherren am Niederrhein und in Westfalen bis zum Anfang des 13. Jahrhunderts befolgten. Da sie selbst noch keine wirklich unabhängige Stellung besaßen, schlossen sie sich den mächtigen Erzbischöfen als deren getreue Vasallen an und erreichten auf diese Weise, was zu erreichen ihnen ohne diesen Anschluß nicht möglich gewesen wäre. Bei Adolf III. kam noch hinzu, daß der erzbischöfliche Stuhl zu Köln zweimal nach einander mit seinen nächsten Verwandten besetzt war. 1191 wurde sein Oheim Bruno III. von Berg Erzbischof, und als dieser 1193 der Würde entsagte und in das Kloster zu Altenberg eintrat, folgte denselben Adolfs Vetter Adolf I. von Altena. Dann trat auch bald sein jüngster Bruder Engelbert bedeutungsvoll hervor, der im Jahre 1203 Dompropst wurde, also die erste Würde nach dem Erzbischof erhielt, und im Jahre 1216 selbst den erzbischöf= lichen Stuhl bestieg.

Die Regierung des Grafen Adolf fällt in jene für Deutschland so traurige Zeit, in welcher nach dem Tode Heinrichs VI. der kaum beschwichtigte Streit zwischen Staufen und Welfen von neuem entbrannte, indem Philipp von Schwaben und Otto von Braunschweig um die Kaiserkrone kämpften. Graf Adolf von Berg trat mit dem Erzbischof von Köln auf die Seite des von der päpstlichen Partei gewählten Gegenkönigs Otto, während die Stadt Köln sich für Philipp erklärte. Als aber im Jahre 1204 der Erzbischof die Partei Ottos verließ und zu Philipp übertrat, folgte auch Graf Adolf nebst den meisten Territorialherren des Niederrheins und Westfalens. Es wurde eine neue Wahl vorgenommen, Philipp gewählt und am 6. Januar 1205 zu Aachen gekrönt. Der Erz= bischof zerfiel dadurch mit Rom und wurde am 19. Juni 1205 förmlich seines Amtes entsetzt, was für den Grafen Adolf ebenfalls nachteilige Folgen hatte. Die Geistlichkeit und die Stadt Köln blieben noch auf Ottos Seite.

Alle Schrecken des Bürgerkrieges brachen über das unglückliche Erzstift und damit auch über das Bergische Land herein. Herzog Heinrich von Limburg, noch der einzige mächtige Fürst auf Ottos

Seite, eröffnete die Feindseligkeiten im Juni 1205. Am 25. Juli desselben Jahres wurde ein neuer Erzbischof gewählt: Bruno IV., Graf von Sayn. Wie Otto und Philipp um die deutsche Kaiserkrone, so kämpften nun Bruno und Adolf um die Mitra des kölnischen Erzstifts, das die Folgen zu tragen hatte[38]). Adolf von Altena und mit ihm der Dompropst Engelbert zogen plündernd und verwüstend im Lande umher, um an den ihnen feindlich gesinnten Geistlichen Rache zu nehmen durch Beraubung und Verheerung der Kirchen, Klöster und Stiftsgüter. König Philipp schnitt der Stadt Köln jede Zufuhr ab; am härtesten aber setzte ihr Graf Adolf von Berg zu, der die Burg Deutz mit Rittern und Armbrustschützen besetzte, so daß die Kölner sich genötigt sahen, große Schiffe mit Bewaffneten im Rhein aufzustellen[39]). Am 29. September 1205 begann Philipp die Stadt Köln zu erstürmen, aber ohne Erfolg; er wandte sich nach Neuß, und nachdem er diese Stadt erobert hatte, ging er an den Oberrhein.

Erzbischof Bruno und das Domkapitel hatten sich unterdes gegen Engelbert an den Papst gewandt, und es wurde nun über Engelbert und seine Anhänger, die Grafen von Berg, Altena, Jülich ꝛc. der Bann, über ihre Länder das Interdikt ausgesprochen. Engelbert kümmerte sich jedoch weder um den Bann, noch um seine Entsetzung, die 1206 erfolgte; er fuhr mit Adolf von Altena fort, Kirchen zu zerstören, Geistliche einzukerkern u. s. w. Auch König Philipp rückte wieder mit einem großen Heere heran und vereinigte sich mit Adolf zur Verwüstung des Landes. Otto und Bruno wurden geschlagen, letzterer auch gefangen. Die Lage der Kölner wurde immer unhaltbarer; sie machten deshalb zu Boppard ihren Frieden mit Philipp und seinen Anhängern, u. a. auch dem Grafen von Berg. Ottos Sache schien somit verloren, als die Dinge durch Philipps Ermordung am 21. Juni 1208 eine unerwartete Wendung nahmen; alle Grafen und Herren unterwarfen sich jetzt ihrem früheren Gegner.

Erzbischof Bruno starb schon am 2. November 1208; die Neuwahl fiel auf Dietrich von Heinsberg, einen Anhänger Ottos. Gleich in dessen ersten Urkunden[40]) sehen wir Engelbert wieder im Besitze der Dompropstei, wir wissen aber nicht, wann er vom Banne gelöst und wieder eingesetzt wurde.

Bald darauf neigte sich Otto's Stern abermals zum Untergange; so schnell sein Ansehen gestiegen war, so schnell fiel es wieder. Als es sich zeigte, daß er auch die Politik der Hohen-

ftaufen einschlagen wollte, sprach Innocenz III. 1211 den Bann
über ihn aus, und viele Fürsten erklärten sich gegen ihn und für
den jungen Hohenstaufen Friedrich, der 1212 nach Teutschland
kam und mit Jubel begrüßt wurde; sechs Jahre hatte Teutschland
nun wieder zwei Könige. Erzbischof Dietrich, der mit der Stadt
Köln Otto treu blieb, wurde ebenfalls mit dem Banne belegt,
kümmerte sich aber nicht darum und verfolgte die Geistlichen, welche
den Bann anerkannten, beraubte die Kirchen u. s. w. Der alte
Erzbischof, Adolf von Altena, wurde nun wieder eingesetzt und
kam am 2. Mai 1212 nach Köln, während Dietrich sich nach Rom
begab, um vom Papste Verzeihung und Wiedereinsetzung zu erlangen.

Otto verlor alles Ansehen selbst bei seinen Anhängern dadurch,
daß er sich in einen Krieg zwischen Frankreich und England ein-
mischte und 1214 bei Bouvines gänzlich geschlagen wurde; thatenlos
und vom deutschen Volke fast vergessen lebte er noch bis 1218 in
Braunschweig. — Es war seiner Stellung nach natürlich, daß das
ganze bergische Haus für Friedrich Partei nahm. Engelbert erklärte sich nach Ottos Entsetzung sofort für Friedrich, und sein
Bruder, Graf Adolf III., hatte großen Anteil an den letzten Erfolgen. Im Mai 1215 kam er mit seinem Vetter, Adolf von
Altena, zum Könige nach Andernach, wo die Heerfahrt gegen Köln
verabredet wurde, und leistete denn der Sache Friedrichs einen sehr
bedeutenden Dienst durch die Belagerung und Eroberung der Burg
Kaiserswerth, womit er die Befreiung des auf Ottos Befehl
seit 1213 dort eingekerkerten Bischofs von Münster und anderer
angesehener Gefangenen bewirkte. Triumphierend erschien er mit
diesen zu Aachen, als Friedrich eben gekrönt war (25. Juli), und
begleitete dann mit seinem Bruder Engelbert den König nach Köln[41]),
wo dieser am 4. August aufgenommen wurde und so dessen Sieg
entschieden war. Solche Dienste konnten nicht unbelohnt bleiben;
das bergische Haus gewann dadurch den Einfluß am Niederrhein
wieder, der durch des Erzbischofs Adolf von Altena zweideutige
Politik geschwächt worden war, und bald nahm ein Angehöriger
desselben eine so hervorragende Stellung ein, wie es bis dahin
noch bei keinem der Fall gewesen.

4. Adolfs Teilnahme am Kreuzzuge gegen die Albigenser.

Im südlichen Frankreich wüteten zu jener Zeit die fürchterlichen Albigenserkriege, die zwanzig Jahre lang, 1206—1226, das

blühende Land in schrecklicher Weise verwüsteten und von blutigen
Greueln aller Art bezeichnet waren. Die Albigenser, so genannt
von der Stadt Alby, hatten sich gegen die Lehre und Autorität
der Kirche erhoben, und als die Mittel der Milde, welche Innocenz III.
zuerst gegen sie in Anwendung gebracht hatte, erfolglos geblieben
waren, hatte er das Kreuz gegen sie predigen lassen, in Deutschland
durch Wilhelm von Paris und Jakob von Vitry. Im Jahre 1211
nahm auch[42]) Graf Adolf von Berg mit seinem Bruder Engelbert und
andern Fürsten das Kreuz gegen sie. Engelbert war dazu wohl durch
den Wunsch bewogen worden, sich gänzlich mit der Kirche auszusöhnen,
und Adolf ihm gefolgt. — Nach Erfüllung ihres Gelübdes, wozu
ein Zug von 40 Tagen genügte, kehrten sie in die Heimat zurück.

5. Engelberts Wahl zum Erzbischof.

Engelbert, wahrscheinlich 1185 geboren, wurde schon als
Knabe für den geistlichen Stand bestimmt und in der Domschule
zu Köln erzogen. Schon mit 13 Jahren, noch die Schule besuchend,
wurde er Propst zum h. Georg und befand sich als solcher am
4. Juli 1198 bei der Krönung Ottos zu Aachen im Gefolge des
Erzbischofs; auch erhielt er noch andere Propsteien, 1203 war er
bereits Dompropst. Sein Verhalten als solcher wurde oben schon
geschildert. Als 1215 der Streit der Gegenkönige beendet und
Friedrich II. im Vollbesitze der Macht war, dauerte im Erzstift
Köln die allgemeine Verwirrung und Unsicherheit noch fort. Das
Kapitel hatte sich überzeugt, daß Engelbert durch körperliche und
geistige Vorzüge zur Emporrichtung des Stifts berufen sei; hatte
er gegen die Kirche gefrevelt, so hatte er das auch gesühnt. Als
daher der Papst den erzbischöflichen Stuhl für erledigt erklärte und
eine neue Wahl anordnete, vereinigten sich am 29. Februar 1216
alle Stimmen auf Engelbert. Seine Aufgabe war keine leichte;
aber mit Ernst und Strenge ging er ans Werk, um die Spuren
des Bürgerkriegs zu verwischen und geordnete Verhältnisse herzustellen. Der neue Papst Honorius III. verweigerte ihm das erzbischöfliche Pallium, bis er die Schulden seiner Vorgänger getilgt
hätte, so daß er dasselbe erst im Jahre 1218 empfing.

Honorius erteilte zwei neuen Mönchsorden die Bestätigung,
welchen Innocenz sie verweigert hatte: 1216 den Dominikanern
und 1223 den Franziskanern; letztere nannten sich selbst
Minoriten, d. h. die Geringeren.

6. Adolfs Ende.

Ein neuer Kreuzzug sollte ins Werk gesetzt werden, zu einer allgemeinen Begeisterung wollte es jedoch diesmal nicht kommen; die Grafen von Jülich, Cleve und Berg aber schlossen sich den Scharen an, welche Graf Wilhelm von Holland zu Schiffe ins Morgenland führen wollte. Ende Mai 1217 ging das Heer zur See. Kurz vor Antritt der Kreuzfahrt bestätigte Graf Adolf von Berg das Johanniter-Ordenshaus zu Burg, sowie die demselben von seinem Vater gemachten Schenkungen, und verlieh der Abtei Altenberg den Hof Merheim; er that dies mit ausdrücklicher Bewilligung seines Bruders, des Erzbischofs Engelbert. Im Mai 1218 landeten die Kreuzfahrer vor Akkon, unternahmen von hier einen fruchtlosen Zug nach Ägypten und standen schon am 1. Juni vor Damiette. Hier widmete am 15. Juni Graf Adolf unter dem Zeugnisse von 27 Rittern seines Gefolges dem eben entstandenen Deutschordenshause zu Köln seinen Hof Tiederen an der Maas. Jakob de Vitriaco nennt Adolf einen edlen, mächtigen Herrn und Anführer der Kölner, Bremer, Friesen und Trierer in diesem Kreuzzuge. Den Angriff leitend, fand er in dieser verhängnisvollen Belagerung im Juli seinen Tod[43]), der dritte seines Hauses, der fern von der Heimat als Streiter des Kreuzes starb. Seine irdischen Überreste sollen auch in die Familiengruft zu Altenberg gebracht worden sein, aber sein Grabstein ist dort nicht vorhanden.

Engelbert II.

1. Erbstreitigkeiten.

Adolf III. hinterließ nur eine einzige Tochter, Irmgard, welche mit Heinrich, dem ältesten Sohne des Herzogs Walram von Limburg, vermählt war. Erzbischof Engelbert, jetzt der letzte männliche Sprosse des bergischen Hauses, war nicht gewillt, der Tochter Adolfs das Erbe zu überlassen. Zwar konnte sie von der Nachfolge im Allode (Erbgut) des Hauses nicht ausgeschlossen werden; aber in dem ganzen Hausbesitze, den man als Grafschaft Berg bezeichnete[44]), wurde das Erbgut vielleicht überwogen durch die Vogteigüter und Lehen, auf welche die Töchter kein erbliches Anrecht hatten. Ein vollständiges Erstgeburtsrecht hatte sich in unserer Grafenfamilie noch nicht ausgebildet, und allgemein zeigte sich damals, wenn keine Söhne vorhanden waren, große Unsicherheit in der Erbfolge, besonders seit man angefangen hatte, auch den Besitz der weniger mächtigen Häuser als ein unteilbares Ganzes aufzufassen, mithin Allod und Lehen nicht mehr zu trennen. Von dieser Anschauung ausgehend, konnte sich Engelbert wohl für berechtigt halten, das ganze Erbe zu beanspruchen, und zwar um so mehr, da er anscheinend schon zu Lebzeiten seines Bruders im Mitbesitze der Grafschaft gewesen war[45]) und keine Abfindung aus dem väterlichen Erbe bekommen hatte.

Die Limburger aber, insbesondere Irmgards Gemahl Heinrich, waren anderer Ansicht und hielten Irmgard allein für erbberechtigt; zudem bestand zwischen ihnen und Engelbert schon lange ein feind=seliger Gegensatz. Gleich nach seiner Wahl zum Erzbischof war Engelbert gegen den alten Herzog Heinrich von Limburg einge=schritten und hatte ihn zum Verzicht auf Güter der Abtei Altenberg genötigt, die derselbe erbrechtlich an sich gezogen. Bald nachher war er mit Walram, dem Sohne des alten Herzogs und Vater unseres Heinrich, in offenen Kampf geraten, weil dieser auf einem Gebiete, über welches er Herzogsrechte beanspruchte, eine Burg angelegt hatte. Während dieser Fehde, die zur Zerstörung der Burg geführt, soll die Erbitterung gegen die Limburger sowohl bei Engelbert, als auch bei seinem Bruder Adolf III. so gestiegen sein, daß sie die Absicht hegten, Irmgards Ehe wieder zu lösen, um die Erbansprüche Heinrichs auf die Grafschaft Berg zu beseitigen[46]). So weit war es zwar nicht gekommen; aber Walram hatte sich fügen und in einem Vertrage vom 30. März 1217 die Schwiegertochter mit Lehngütern aussteuern müssen auf so lange, bis er ihr das Schloß Montjoie mit dem Ländchen Conzen über=weisen werde[47]).

Nach dem Tode Adolfs 1218 entbrannte nun der Kampf aufs neue; die Limburger griffen zu den Waffen, um ihre vermeint=lichen Erbansprüche geltend zu machen, und fanden Unterstützung bei dem Grafen Dietrich von Cleve. Engelbert aber ging auch diesmal als Sieger aus dem Kampfe hervor; Walram mußte, wie kurz vorher Dietrich, zum zweitenmal sich unterwerfen und in einem Vertrage vom August 1223 auf die Friedensbedingungen Engelberts eingehen[48]). Walrams Sohn Heinrich aber mußte versprechen, die Grafschaft Berg nie wieder zu verlangen, als nur insoweit er sie von der Gnade des Erzbischofs erhalten könne. Von der Erfüllung dieses Vertrages war es wahrscheinlich abhängig gemacht, ob Heinrich als Graf nachfolgen solle; bis zu Engelberts Tode mußte er sich mit einer Jahresrente begnügen und Irmgards Erbrecht ruhen lassen[49]).

In der Voraussicht, daß die Limburger diese Demütigung nicht würden ertragen können, errichtete Engelbert ihrem Schloße Herzogenrath gegenüber, um sich gegen Angriffe von ihrer Seite zu sichern, eine Burg, die er Valentia nannte.

2. Engelberts Thätigkeit als Graf von Berg.

a. Die Erhebung von Wipperfürth zur Stadt.

Im Bergischen Lande gab es damals noch gar keine Städte; Engelbert erhob Wipperfürth zur ersten Stadt in der Grafschaft, indem er im Jahre 1222 beurkundete, daß er in Übereinstimmung mit seinem verstorbenen Bruder, dem Grafen Adolf, die Bürger zu Wipperfürth von allen Abgaben und Lasten befreit habe, ohne jedoch die Verpflichtungen einzelner gegen Herren und kirchliche Genossenschaften dadurch aufzuheben[50]). Diese Verleihung der völligen Steuerfreiheit ist eine der wichtigeren Handlungen aus seiner kurzen Regierungszeit als Graf von Berg.

b. Wichtige Urkunden.

Von den Urkunden Engelberts, die uns erhalten sind, bezieht sich nur noch eine auf sein Stammland; laut dieser Urkunde, die aber kein Datum trägt[51]), schenkt er der Abtei Altenberg die Felle von allem Wilde, das von seinen Jägern in seiner Grafschaft Berg erlegt wird, für ihr Schuhwerk. — Vier andere Urkunden beziehen sich auf die Abtei Siegburg; in der letzten derselben vom Jahre 1223 bekundet er, daß die Abtei ihm und seinen Nachkommen die Vogtei übertragen habe[52]). — Wahrscheinlich wurde von Engelbert auch die Gründung des Schlosses Angermund als kölnisches Lehen bewirkt.

3. Engelberts Wirken als Erzbischof.

Engelberts Stellung als Erzbischof brachte es mit sich, daß er vor allem das Wohl des Erzstiftes und der Kirche überhaupt im Auge hatte. „Weniger um zu herrschen", sagt er in einer Urkunde[53]), „als um zu nützen, ist uns unser hohes Amt von Gott anvertraut worden, und nicht besser können wir dem entsprechen, als wenn wir überall sorgsam bedacht sind auf den Vorteil und den Nutzen der uns anbefohlenen Kirchen, und unserer Pflicht sie zu schützen und zu schirmen vor Verfall, nach besten Kräften zu genügen suchen". Seine Thaten entsprachen diesen Worten; es gelang ihm, der langjährigen Verwirrung im Erzstift eine Ende zu machen und Ruhe und Ordnung wieder herzustellen. Die nach=folgenden Zeiten der Macht und Größe sprechen laut für seine Verdienste um die kölnische Kirche und bestätigen die Worte seines Biographen Cäsarius von Heisterbach, daß unter keinem Erzbischofe das Stift so an Macht und Ansehen zugenommen, und Engelbert alle Vorgänger weit übertroffen habe, mit Ausnahme vielleicht des ersten Bruno. Engelbert war es auch, der zuerst den Plan zu dem Wunderbau des jetzt vollendeten Kölner Domes faßte.

4. Engelbert als Reichsverweser.

Engelberts Verdienste um die Grafschaft Berg und das Erz=bistum Köln sind hinreichend, ihm die Dankbarkeit der Nachwelt zu sichern; aber es war ihm noch ein weiterer Wirkungskreis be=schieden. Als Kaiser Friedrich II. 1220 nach Italien zog und seinen noch im Knabenalter stehenden Sohn Heinrich zum deutschen König erwählen ließ, scheint er dem Erzbischof, der seine Partei gegen Otto IV. stets beharrlich geführt, schon die Wahrnehmung der königlichen Rechte in Norddeutschland übertragen zu haben; zu Anfang des Jahres 1221 aber übertrug er ihm die Leitung aller Reichsgeschäfte diesseits der Alpen, indem er ihn zum Reichs=verweser und zum Pfleger des jungen Königs ernannte[35]). Engelbert übernahm die schwere Last nur ungern, führte aber die Reichsgeschäfte mit solchem Eifer, daß selbst seine Neider ihm in dieser Hinsicht nichts vorzuwerfen wußten. Am 8. Mai 1222 krönte er zu Aachen seinen Pflegling, den jungen König, in dessen Begleitung er dann das ganze Reich von den Alpen bis zur Nordsee durchzog und eine Wirksamkeit entfaltete, daß man, wie Cäsarius sagt, das goldene Zeitalter des Augustus wiedergekommen glaubte. Der Kaiser selbst zollte ihm die höchste Anerkennung über seine Thätigkeit[36]). Das herrlichste Lob aber spendete ihm der große mittelalterliche Dichter, der früher den Verfall des Reiches beklagt hatte, jetzt aber sein Lied zum Preise Engelberts ertönen ließ; es mag auf einem Reichstage kurz vor des Reichsverwesers Tode ge=wesen sein, als Walther von der Vogelweide sang:

„Preiswerter Bischof Kölns, Ihr mögt wohl fröhlich sein,
Ihr habt dem Reich so wohl gedient, wir räumen's ein,
Daß Euer Lob stieg wunderhoch empor und schwebt allein.
Kann nun ein feiger Neider nicht von Eurem Wert genesen,
Fürstmeister, laßt Euch das nicht kümmern, achtet's klein!
Getreuer Königspfleger, doch ist Euer Wesen,
Kanzler zu Kaisers Ehren, wie er nie gewesen,
Elftausend Mägde, dreier Kön'ge Kämm'rer auserlesen!"

5. Charakteristik Engelberts.

Engelbert wird uns von Cäsarius geschildert als ein Mann
von großer Schönheit, dessen Äußeres schon den Herrscher bekundete,
eine hohe Heldengestalt von schlankem, ebenmäßigem Wuchse, kräftig
und gewandt in den ritterlichen Künsten. Dabei besaß er hohe
geistige Gaben und Charaktervorzüge; er war mit durchdringendem
Verstande, scharfer Beobachtungsgabe und schneller Beurteilungs-
kraft ausgestattet, so daß er gleich das Richtige zu treffen wußte.
Er liebte rasches, entschiedenes Handeln und zeigte eine durch nichts
zu erschütternde Festigkeit und Beharrlichkeit. Durch gelehrte Bildung
scheint er sich nicht hervorgethan zu haben. Natürlich fehlten auch
bei ihm die Schattenseiten nicht; aber mag er nicht frei von Herrsch-
sucht, Ehrgeiz und Prachtliebe gewesen sein, sich auch Gewaltthätigkeit
haben zu schulden kommen lassen, so werden diese Fehler doch
durch seine hohen Regententugenden überstrahlt und vermögen den
Glanz seines Bildes kaum zu verdunkeln. Wir werden gestehen
müssen, daß in jener Zeit kaum ein Zweiter sich findet, der gleich
ihm seine großen Geistesgaben und seine einflußreiche Stellung zum
Heile des Vaterlandes nutzbar gemacht hätte. Fast einzig unter
den Fürsten seiner Zeit steht er da durch sein Mitgefühl für die
Leiden der Unterdrückten und Bedrängten; Cäsarius hat uns von
seiner Herzensgüte und Leutseligkeit, sowie seinem unparteiischen
Gerechtigkeitssinne einzelne Züge aufbewahrt.

Als er einst im erzbischöflichen Palast zu Köln zu Gericht
saß, kam eine arme Witwe und bat, ihr einen Anwalt zu bestellen,
der ihre Sache vortrüge. Der Erzbischof, welcher Mitleid mit
ihr hatte und die Habgier der Advokaten wohl kannte, sagte ihr:
„Gute Frau, sprecht doch selbst in eurer Sache, ihr wißt doch
besser, was euch not thut, als andere." Und als die Schöffen
sagten: „Herr, das ist gegen das Recht der Stadt!" nahm er keine
Rücksicht darauf, sondern antwortete, er werde das, was die Frau

vorbringe, schon genügend verstehen. Wie auch die Mächtigen
seinen Ausspruch fürchteten, zeigt folgender Vorfall. Eines Tages
bat ein Kaufmann einen gewissen Erzbischof und Reichsfürsten,
sobaß Engelbert es hörte, um Schutz, da er durch einige Gegenden
seiner Diözese ziehen wolle; jener gewährte die Bitte nicht, weil
er ihn gegen die Gewaltthat mehrerer Edeln und Ritter nicht
glaubte sichern zu können. Da fragte Engelbert den Abgewiesenen:
„Sage mir, guter Mann, magst du dich meinem Geleite anzuver-
trauen?" und als der Kaufmann ihn freudig darum bat, fügte
er hinzu: „Nimm meinen Handschuh hier und weise ihn, wenn es
nötig ist, als Zeichen meines Schutzes vor; ich werde dir den
Schaden zurückerstatten, den du etwa erleiden solltest". Und wirklich
genoß der Handschuh oder vielmehr die Hand, die darunter steckte,
mehr Achtung, als bewaffnetes Geleite [37]).

6. Die Ursachen der Ermordung Engelberts.

Hatte Engelbert durch sein entschiedenes und rücksichtsloses
Auftreten einerseits sich die Liebe des Volkes und den Namen „Vater
des Vaterlandes" erworben, so waren ihm andererseits gerade hierdurch bittere Feinde erwachsen. Als einen der größten Übelstände
auf kirchlichem Gebiete betrachtete Engelbert die ungerechten und
unerträglichen Bedrückungen, welche die Vögte sich erlaubten, indem
sie ihre Stellung zu Erpressungen benutzten, und die geistlichen
Stifter, welche sie schützen sollten, auf alle Weise schädigten. Die
Klagen über die Vögte waren allgemein und mehrten sich besonders
in jener Zeit; daher suchten sich die Stifter ganz von der Vogtei
zu befreien, oder, wenn ihnen dies nicht gelang, den Erzbischof
zu ihrem Vogt zu bestellen, und diesem konnte es natürlich nur
erwünscht sein, seine Rechte dadurch erweitert zu sehen. Auch
Engelbert war darauf bedacht, daß dieser Weg betreten wurde,
und wußte dafür seine Stellung als Graf von Berg zu benutzen.
So hatte z. B. die Abtei Siegburg das Recht der freien Vogtwahl,
doch war es zum Herkommen geworden, daß die Grafen von Berg
die Vogtei erblich erhielten. Engelbert aber machte diesem Verhältnisse ein Ende, indem er 1223 die Abteigenossen bestimmte, daß
sie auf ihr Wahlrecht verzichteten und ein für allemal ihm und
seinen Nachfolgern im Erzbistum die Vogtei übertrugen. So hatte
er also die Vogtei dem Grafenhause von Berg entzogen und dieses
konnte darin eine Beeinträchtigung seines Vermögens erblicken.

Hatte schon sein Verfahren gegen Heinrich und Irmgard stillen Haß erzeugt, so wurde derselbe hierdurch von neuem genährt und kam endlich zum Ausbruch, als Engelbert im Eifer für die Kirche gegen seinen Vetter Friedrich von Isenberg einschritt, während andererseits nicht geleugnet werden kann, daß Engelbert anderweitig seine Verwandten auch angelegentlich unterstützt hatte.

Wir wissen, daß bei der Erbteilung durch den Grafen Adolf II. Engelbert I. die Grafschaft Berg, Eberhard die Grafschaft Altena erhalten hatte. Von Eberhards Sohn Arnold, der die Burg Isenberg an der Ruhr als kölnisches Lehen erhalten hatte, stammte Friedrich, der sich Graf von Isenberg nannte; von dem andern Sohne Eberhards, Friedrich, stammte Adolf, nach einem bei Hamm gelegenen Schlosse Graf von der Mark genannt. So war in den ersten Jahrzehnten des 13. Jahrhunderts die alte Grafenfamilie in drei Linien geteilt.

Friedrich von Isenberg war vermählt mit Margaretha von Limburg, der Schwester von Irmgards Gemahl Heinrich. Er befand sich im Besitz mehrerer Vogteien und wird geschildert als ein gewaltthätiger Mann, der sich als Vogt die ärgsten Bedrückungen habe zu schulden kommen lassen; besonders führte die Äbtissin von Essen unabläßig Klage über ihn. Als nun Engelbert sowohl vom Kaiser, als auch besonders vom Papste, Honorius III., der ihn überhaupt zum Vorgehen gegen die Vögte ermächtigt hatte, auf das bestimmteste ermahnt wurde, der Essener Kirche sich anzunehmen, zögerte er denn auch nicht länger, gegen seinen Blutsverwandten einzuschreiten, doch versuchte er es zunächst auf gütlichem Wege. Als Engelbert sah, daß Friedrich gegen alle freundlichen Worte und Ermahnungen unzugänglich blieb, ja selbst die Androhung des Bannes bei ihm nichts fruchtete, suchte er auf einer Provinzialversammlung zu Soest, welche er zur Beratung der Landesangelegenheiten berufen hatte, die Essener Sache zum Austrage zu bringen. Anfangs November 1225, kurz nach Allerheiligen, kam Engelbert nach Soest; unter den dort versammelten Großen befand sich Friedrich nebst seinen Brüdern, den Bischöfen von Münster und Osnabrück, sowie andern Verwandten und Ratgebern. Unter bitteren Vorwürfen drang Engelbert in Friedrich auf Abtretung der Vogteischaft, wofür er ihm sogar Renten aus seinen eigenen Gütern anbot; aber trotz dreitägiger Verhandlungen wurde kein Ausgleich erzielt.

Es scheint eine weit verbreitete Verschwörung rheinischer und westfälischer Großen gewesen zu sein, welche den Erzbischof zu beseitigen trachteten, um Rache zu nehmen wegen der von ihm gegen sie geübten Strenge. Dann aber waren auch wohl politische Gründe im Spiele, denn die kleineren weltlichen Herren sahen sich durch die zunehmende Macht der Erzbischöfe von Köln in ihrer Existenz bedroht, zumal wenn ihnen die Vogteien genommen oder auch nur beschränkt wurden, worauf Engelbert ja offenbar ausging. Das nächste Motiv zu der Schreckensthat war allerdings der Jähzorn des Isenbergers.

Daß Friedrich Böses im Schilde führte, war nicht verborgen, und Engelbert blieb auch nicht ungewarnt. Bange Ahnungen bemächtigten sich daher seines Gemütes, und er beichtete dem Bischof von Münster. Die beiden Brüder Friedrichs, denen er außer dem genannten Bischof seine Befürchtungen mitteilte, suchten ihn zu beruhigen. Auch Friedrich stellte sich versöhnt, ging anscheinend auf Engelberts Vorschläge ein und geleitete ihn, als derselbe am Freitag nach Allerheiligen, den 7. November 1225, nach Schwelm aufbrach[38], um dort am folgenden Tage die Kirche zu weihen. Dann aber verabschiedete sich Friedrich unterwegs und kehrte zu seinen Helfershelfern zurück, deren 25 gewesen sein sollen, welche sich nun in verschiedenen Abteilungen in den Hinterhalt legten.

7. Der Mord.

Um Mittag erschien Friedrich von neuem bei dem Erzbischof, der ihn freundlich einlud, bei ihm über Nacht zu bleiben; aber bald empfahl er sich wieder. Als er nun gegen Abend zum drittenmal dem Zuge sich zugesellte, war dies dem Bischof Konrad von Dortmund verdächtig; er warnte Engelbert und riet ihm, sein Streitroß zu besteigen, was dieser jedoch ablehnte. Von dem Gefolge des Erzbischofs waren schon viele vorausgeeilt, um in Schwelm das Nachtlager zu bereiten; andere blieben jetzt aus Furcht vor dem Isenberger zurück, so daß nur noch wenige bei ihrem Herrn waren. So kam man um die Abenddämmerung an den Ort, wo Friedrichs Genossen im Versteck lagen.

Zur Ausführung des Mordes hatte man die Höhe des Gevelsberges gewählt, wo die Straße durch einen Hohlweg führte und kein Entrinnen möglich schien. Heribert von Rinkore (wahrscheinlich

Rinkerode) gab durch einen grellen Pfiff das Zeichen zum Angriff, und im Nu sah sich Engelbert von den Bewaffneten umringt. Rasch bestieg er sein Streitroß, wurde aber gleich gefährlich am Schenkel verwundet. Nur Konrad von Dortmund wagte es, ihn zu verteibigen; die andern ergriffen erschrocken die Flucht.

Engelbert suchte nun seinen Feinden zu entkommen; seine letzte Hoffnung beruhte auf der Schnelligkeit seines Rosses, aber es wurde verwundet; Heribert riß ihn zur Erde und rang mit ihm. Von allen Seiten fiel man nun über den Erzbischof her; Friedrich rief: „Greift ihn, haltet ihn, er wird uns zu mächtig!" — und als Engelbert um Gnade flehte, schrie er wütend: „Schlagt ihn nieder, den Räuber, der die Edeln ihres Erbteils beraubt und keinen verschont⁵⁹)!" Ein Knecht des Grafen Giselbert sprang vom Pferde und tötete den Unglücklichen⁶⁰); alle stürzten über ihn her und zerfleischten seinen Körper. Bei diesem Anblick aber kam den Isenberger ein Grausen an; er rief: „Wehe mir Elenden, es ist zu viel!" und ließ den wütenden Giselbert, der noch das Haupt des Erschlagenen abhauen wollte, durch seine Diener bei den Haaren zurückreißen. Dann saßen alle auf und ritten zum Isenberg.

„So endete Engelbert. Der mächtig geherrscht als Erzbischof und Herzog, der Verweser des Reiches, der Pfleger des Königs, lag da ein entseelter, zerfleischter Leichnam, einsam und verlassen⁶¹) im schaurigen Dunkel der Nacht, erschlagen auf das Geheiß seines eigenen Blutsverwandten."

Ein Ritter und der Kellermeister Heinrich von Hemmerode kehrten zuerst zur Mordstätte zurück, wo sie nach langem Suchen ihren Herrn als Leiche fanden. Sie eilten nun nach dem nächsten Hause und erhielten dort eine Karre, auf der noch an demselben Abend Dünger gefahren worden war, eine andere war nicht zu bekommen. Als sie zurückkehrten, fanden sie den Leichnam schon beraubt. Inzwischen hatte sich ihnen auch des Erzbischofs Almosenier zugesellt. Die drei wickelten nun den Leichnam in ein Tuch, hoben ihn auf die Karre und brachten ihn nach Schwelm. Dort wollten sie denselben in der Kirche niedersetzen, aber der Priester litt es nicht, weil sie dadurch entweiht werde; sie brachten ihn daher in das Haus, wo das Nachtlager bereitet worden war, und stellten brennende Kerzen bei demselben auf.

Am folgenden Morgen wurde die Leiche auf einem Wagen der Heimat zugeführt, begleitet von dem versprengten Gefolge, das

sich allmählich wieder eingefunden hatte. Man kam zum Herrscher=
sitze der Grafen von Berg, der neuen Burg an der Wupper, welche
Engelbert mit großen Kosten ganz neu hatte umbauen lassen. Aber
der Einlaß wurde verweigert aus Furcht vor dem neuen Herrn,
Heinrich von Limburg, den man als bitteren Feind des Erschlagenen
kannte. Man zog nun nach Altenberg; der Prior Randulf war
gekommen, um den Trauerzug dorthin zu führen, und die Mönche
zogen ihm in feierlicher Prozession entgegen. In Altenberg ange=
kommen, wurde die Leiche unter lautem Wehklagen in den Betsaal
gebracht. Herz und Eingeweide wurden herausgenommen und
anfangs auf dem Kirchhof, später in der Kirche vor dem Hochaltar⁶²)
beigesetzt. Am vierten Tage nach der Ermordung wurde Engelberts
Leichnam nach Köln gebracht, mit großer Trauer in Empfang ge=
nommen, in feierlicher Prozession durch den bischöflichen Palast in
den Dom gebracht und dort im folgenden Jahre beigesetzt⁶³).

Auf dem Gevelsberge wurde zuerst ein Kreuz, dann eine
Kapelle, später ein Kloster errichtet. In Wipperfürth prangt jetzt
auf dem altehrwürdigen, laut der Inschrift im Jahre 1331 er=
bauten Marktbrunnen ein schönes Standbild Engelberts; dasselbe
ist ein Geschenk und Vermächtnis des 1863 verstorbenen Dechanten
J. W. Dünner.

Engelbert erhielt den Beinamen „der Heilige". Auf dem im
Dezember 1225 versammelten Konzil zu Mainz erklärte ihn der
päpstliche Legat für einen Märtyrer; eine förmliche Heiligsprechung
scheint jedoch nicht stattgefunden zu haben.

Durch den Tod Engelberts erlosch der Mannesstamm unseres
alten bergischen Herrscherhauses, und mit Heinrich, dem Gemahl
der Erbin des Landes, gelangte nun das Haus Limburg zur
Regierung desselben.

8. Cäsarius von Heisterbach.

a. Sein Leben. Cäsarius, dessen Geburtsjahr unbekannt
ist, erhielt eigener Aussage zufolge Erziehung und gelehrte Bildung
in der Stiftsschule von St. Andreas zu Köln; vielleicht wurde er
auch zu Köln geboren, doch läßt sich dies nicht genau feststellen.
Ein buntbewegtes Leben umgab ihn dort, wo infolge des lebhaften
Verkehrs und des steigenden Reichtums vielfach Genußsucht und
Ausgelassenheit herrschte, und es war daher ein Glück für ihn, daß

er an dem Domscholaster Rudolf und dem Dechanten Enfried zwei
Lehrer hatte, die durch unbescholtenen Lebenswandel und Wissen-
schaftlichkeit hervorragten. Die traurige Zeit, welche durch den
Kampf zwischen dem Hohenstaufen Philipp und dem Welfen Otto
über Teutschland und das Erzbistum Köln hereinbrach, brachte
vielleicht bei Cäsarius den Entschluß zur Reise, ins Kloster einzutreten; als Zeit seiner Umwandlung giebt er selbst das Jahr 1199
an. Nachdem er eine Wallfahrt unternommen hatte, ging er, wie
er sich ausdrückt, „ohne daß einer seiner Freunde darum wußte,
bloß getrieben durch Gottes Barmherzigkeit, zum Thale des heil.
Petrus", d. h. nach Heisterbach. Nach einigen Jahren aber verließ
er das dortige Kloster und ging nach Villers an der Dyl, kehrte
jedoch 1210 nach Heisterbach zurück und wurde dort Prior und
Novizenmeister. Auf den Wunsch des Abtes Heinrich schrieb er
1222 sein Hauptwerk, die zwölf Bücher der Wunder und merkwürdigen Erlebnisse. In welch hoher Achtung er bei seinen Zeitgenossen schon damals als Schriftsteller stand, beweist die Thatsache,
daß Erzbischof Heinrich von Molenark ihm den Auftrag gab, das
Leben seines Vorgängers Engelbert zu beschreiben, wozu er ihn
also vor allen andern berufen glaubte. Cäsarius schrieb die beiden
ersten Bücher dieses Werkes in den Jahren 1226 und 1227, das
dritte Buch vollendete er 1237. Selbst aus dem fernen Thüringen
wandte man sich an unsern Cäsarius mit der Bitte, eine Lebensbeschreibung der heil. Elisabeth zu verfassen, und Cäsarius erfüllte
auch diesen Wunsch noch vor dem Jahre 1242. Sein Todesjahr
ist ungewiß, da eine bestimmte Nachricht darüber fehlt; wahrscheinlich
starb er im 4. Jahrzehnt des 13. Jahrhunderts.

b. Seine Bedeutung. Das Menologium der Cistercienser
zum 25. September sagt von ihm: „Der selige Cäsarius, Prior
in Heisterbach, ein Mann, ausgezeichnet durch Frömmigkeit und
Wissenschaft, welcher die Thaten der heil. Väter mit frommer Sorge
sammelte und der Nachwelt befahl; selbst den Fußstapfen derselben
folgend, glänzte er in Deutschland durch mannigfache Tugenden
und Wunder; im Geruche der Heiligkeit vollendete er in seinem
Orden den glücklich durchfochtenen Kampf".

Cäsarius ist als Geschichtschreiber seiner Zeit von großer
Bedeutung; er ist „eine jener Quellen, welche lebendig in die volle
Gegenwart versetzen". In allen seinen Werken zeigt er sich streng

und unparteiisch; überall spricht sich sein Streben nach Genauigkeit und Wahrheit aus. Dennoch ist seine Glaubwürdigkeit und Wahrheitsliebe stark bezweifelt worden, besonders wegen der vielen wunderbaren und unglaublichen Dinge, die er in seinem Buch der Wunder erzählt; aber die Wahrheitsliebe eines Schriftstellers kann doch nur darnach bemessen werden, ob derselbe wirklich glaubte, daß die Dinge geschehen seien, und dies ist bei Cäsarius der Fall, denn er sagt: „Der Herr sei mein Zeuge, daß ich auch nicht ein einziges Kapitel in diesem Buche erdichtete; wenn aber irgend was anderes geschehen, als ich geschrieben, so möge man denen die Schuld beimessen, welche es mir so erzählt haben".

c. Seine Werke. Cäsarius hat mehrere geschichtliche und zahlreiche theologische Schriften hinterlassen; seine wichtigsten geschichtlichen Werke sind folgende:

1. Vita sancti Engelberti, das Leben des h. Engelbert, eine Quelle von unschätzbarem Werte, die „dem Besten an die Seite zu stellen ist, was von Werken geschichtlicher Kunst jener Zeiten auf uns gekommen ist"; dabei ist sie durchaus wahrheitsgetreu. „Die Erzählung ist schlicht und ungekünstelt, aber sie spricht zum Herzen". Böhmer sagt: „Wie das 1. Buch durch Tiefe der Auffassung, so zeichnet das folgende durch Trefflichkeit der Darstellung sich aus. Die Anordnung ist nicht ohne Kunst."

Das Werk wurde zuerst herausgegeben 1570 in den actis sanctorum des Surius und dann 1633 von Gelenius. Ein neuer Abdruck des 1. und 2. Buches findet sich bei Böhmer.

2. Der dialogus miraculorum, das Buch der Wunder, welches man, wie A. Kaufmann sagt, „mit allem Fug und Recht das älteste und bedeutendste rheinische Sagenbuch nennen kann", und das „für Geschichte und Sittenzustände, Sage und Mythologie von hohem Interesse ist. Aus seinen meistens der Wirklichkeit entnommenen und in naivster Weise vorgetragenen Erzählungen tritt uns das Leben und Treiben seiner merkwürdigen Zeit, namentlich wie sich das Klosterwesen in derselben gestaltete, mit einer Frische und Lebendigkeit entgegen, wie nur eigene Anschauung sie zu geben vermag. Kaum giebt es eine Stadt, ein Dorf, ein Kloster vorzüglich am Niederrhein herum, von wo nicht eine Anekbote, ein Schwank, ein heiteres, trauriges oder wunderbares Ereignis berichtet würde, oftmals unbedeutende, dem gewöhnlichsten

Leben entnommene Dinge, welche aber für den Geschichtschreiber, eben weil sie diesen so selten gebotenen Blick in das Alltagsleben gewähren, von einem nicht bezahlbaren Werte sind." — Ausgabe von Strange, Köln 1851.

Unter den theologischen Schriften des Cäsarius sind noch die homiliae von einiger Wichtigkeit, da sie manche Einzelheiten enthalten, z. B. über Engelbert. Die Homilien finden sich gedruckt bei Coppenstein, fascic. moral. Coloniae 1615; dieses Werk und de Visch, bibl. script. list. Coloniae 1656 enthalten das vollständige Verzeichnis der Schriften des Cäsarius.

Fünftes Buch.

Die ersten Grafen aus dem Hause Limburg.

Vom Regierungsantritt des Grafen Heinrich bis zum Ausgang des 13. Jahrhunderts.

1225 bis 1296.

Heinrich.

1. Sein Regierungsantritt.

Heinrich gelangte nach dem Tode Engelberts unangefochten in den Besitz der Grafschaft Berg. Er hatte früher die Regierung Engelberts nie als rechtmäßig betrachtet und fuhr auch jetzt fort, dieselbe völlig zu ignorieren oder als ein erlittenes Unrecht anzudeuten, denn er knüpfte seine Urkunden unmittelbar an die seines Schwiegervaters Adolf an, „dem er durch die Vorsehung Gottes und dem Erbrechte gemäß nachgefolgt[1]) sei." Wenn auch der geistliche Stand an sich kein Hindernis der Erbfolge für Engelbert gewesen war, so hatte doch ohne Zweifel bei der Eheberedung Irmgards eine andere Ansicht vorgeschwebt, da Engelbert ja schon als Erzbischof ein selbständiges Landesgebiet erhielt, und daher sowohl Gründe der Billigkeit als der herrschenden Sitte dagegen sprachen.

Die Feindschaft der Limburger dauerte fort; denn wenige Tage nach der Ermordung Engelberts nahm Heinrichs Vater Walram die Burg Valentia ein und zerstörte sie. Da einen Monat später Gerhard von Horn, der Bruder des Herzogs Walram, wenige Monate darauf, im Mai 1226, Walram selbst und nicht lange hernach auch die Tochter desselben, die Gemahlin des Isenbergers, starben, so sucht Cäsarius dies als eine Strafe des Himmels anzudeuten, wobei er auch noch von Krankheit der Söhne Walrams spricht. Durch den Tod seines Vaters Walram wurde Heinrich auch Herzog von Limburg.

2. Die Bestrafung der Mörder Engelberts.

Zum Nachfolger Engelberts auf dem Erzstuhl wurde schon am 15. November 1225 Heinrich von Molenark gewählt. Er leistete feierlich den Schwur, das unschuldig vergossene Blut seines Vorgängers zu rächen — und diesen Schwur hat er in schrecklicher Weise gehalten.

Zunächst verweigerte er dem Herzog Walram und seinem Sohne Heinrich die Belehnung mit dem, was sie vom Erzstifte zu Lehen empfangen mußten.

Während Köln um Engelbert trauerte, wurde zu Nürnberg ein frohes Fest gefeiert: die Hochzeit des jungen Königs Heinrich mit Margaretha von Österreich (18. November 1225). Auch Engelbert hatte dorthin kommen wollen; statt seiner aber traf die Schreckensbotschaft von seiner Ermordung ein. Da sang Walther von der Vogelweide: „Den ich im Leben pries, des Tod muß ich beklagen!" — und daß er warte, ob die Hölle den Mörder lebend wolle verschlingen. Über die Ächtung Friedrichs von Isenberg erhob sich Streit; zu einer förmlichen Ächtserklärung kam es daher in Nürnberg wohl noch nicht, sondern erst auf einem andern Reichstage zu Frankfurt, der im Dezember stattfand. Dort trugen die Äbte Gottfried von Altenberg und Heinrich von Heisterbach die Leiche Engelberts vor den König und die Reichsfürsten; Heinrich von Molenark, der neue Erzbischof, erhob Klage gegen den Mörder; die Vasallen des Stifts verlangten Urteil, die blutigen Kleider des Erschlagenen wurden vorgewiesen. Der Auftritt verfehlte seine Wirkung nicht: durch Spruch der Reichsfürsten wurde die Acht über Friedrich verhängt, aller Besitz ihm und seinen Kindern abgesprochen; seine Burgen sollten zerstört werden, seine Mannen des Eides entbunden sein.

Der päpstliche Legat Kardinalbischof Konrad von Porto, welcher damals in Deutschland weilte, versammelte noch im Dezember ein Konzil in Mainz, erklärte den ermordeten Erzbischof für einen Märtyrer und sprach über Friedrich von Isenberg den Bann aus. Die der Mitschuld bezichtigten Brüder des Grafen wies er im Februar zur endgültigen Entscheidung nach Rom. Nun endlich fanden auch die Gebeine Engelberts ihre letzte Ruhestätte; am 24. Februar 1226 wurden sie durch den Kardinallegaten im Dome zu Köln feierlich bestattet[2]).

Von den Mördern des Erzbischofs war einer schon am vierten Tage nach der grausigen That durch den neuen Grafen von Berg, der dadurch vielleicht jeden Verdacht der Mitschuld von sich abzuwälzen suchte, zu Deutz gefangen genommen worden; bald darauf hatte man auch noch andere ergriffen und alle aufs grausamste bestraft.

Die meisten waren aus dem Lande geflohen und irrten unstät umher. Graf Friedrich schloß sich seinen Brüdern an, als diese zu ihrer Rechtfertigung nach Rom gingen; da diese aber beide abgesetzt wurden³), so sah er ein, daß auch für ihn beim Papste keine Verzeihung zu erwirken sei, und machte sich als Kaufmann verkleidet auf den Rückweg nach Deutschland. In der Nähe von Lüttich aber nahm ihn der Ritter Balduin von Gennep hinterlistig gefangen und lieferte ihn aus. Am Martinstage des Jahres 1226 wurde er in die Stadt Köln gebracht und nach drei Tagen hingerichtet; nachdem man ihm Arme und Beine zerschlagen hatte, wurde er aufs Rad geflochten — und bei dieser schrecklichen Procedur sang⁴) die Geistlichkeit: „Herr Gott, dich loben wir!" Unaufhörlich betend, lebte Friedrich noch bis zum folgenden Morgen; dann erst hauchte er seine Seele aus.

Der Erzbischof unternahm, nachdem die Reichsacht verhängt war, einen Rachezug gegen den Isenberger und dessen Helfershelfer, machte die beiden festen Schlösser Isenberg und Nienbrügge dem Erdboden gleich und verwüstete auch das Gebiet der Grafen von Tecklenburg und Schwalenberg in mehrjähriger Fehde. Dabei leistete ihm der eigene Vetter Friedrichs, Graf Adolf von der Mark, kräftigen Beistand, wobei aber in Betracht kommt, daß er, in der Überzeugung von dem unvermeidlichen Untergange Friedrichs, möglichst viel von dessen Besitzungen für die Familie zu retten suchen wollte. Dies erreichte er durch Anschluß an den Erzbischof, der ihm viele Lehen erteilte. Dann erhöhte er die Wehrhaftigkeit seines Landes durch Anlegung der befestigten Stadt Hamm und des Schlosses Blankenstein an der Ruhr, welches den zerstörten Isenberg ersetzen sollte. Nur zu bald nahten die Kämpfe heran, in welchen sich die beiden von ihm angelegten Festen erproben sollten⁵): die Kämpfe mit dem Grafen Heinrich von Berg.

3. Fehden.

Die Gattin des Isenbergers war mit ihren Kindern zu ihrem Bruder, dem Grafen Heinrich von Berg gezogen, doch überlebte sie das schreckliche Los ihres Mannes nicht lange. Die Kinder scheinen gegen das Vorgehen des Grafen Adolf von der Mark, der fast ihr ganzes Erbe an sich brachte, Einspruch erhoben zu haben: aber der einzige, welcher ihren Rechten Geltung verschaffen konnte, ihr Oheim Heinrich, war fürs erste noch zu sehr durch seine eigenen Angelegenheiten in Anspruch genommen⁶).

Es galt vieles wieder zu gewinnen, was fast verloren gegangen war, da Engelbert zu gunsten der Kirche manche Verfügungen ge=troffen hatte, die nicht im Interesse der Grafen liegen konnten. So war ihm vor allem die Übertragung der Vogtei von Siegburg an den erzbischöflichen Stuhl zu Köln ein Dorn im Auge. Die Abtei mußte sich 1229 zu dem Versprechen verstehen⁷), für den Fall, daß Heinrich ihr das Wahlrecht vom Erzbischof wieder erwirken könne, ihm die Vogtei unter denselben Bedingungen zu übertragen, wie die früheren Grafen von Berg sie besessen hatten. Es kam nun im folgenden Jahre zu einer Fehde dieserhalb zwischen Heinrich und dem Erzbischof; beide fanden Verbündete, große Heere wurden ins Feld gestellt und die beiderseitigen Gebiete furchtbar verwüstet. Herzog Heinrich von Brabant eroberte das Schloß Daelhem an der Maas aus den Händen des Grafen Lothar von Hochstaden, welcher mit dem Erzbischof verwandt und verbündet war. Der Erzbischof zerstörte die bergische Burg zu Deutz und belagerte in Gemeinschaft mit dem Grafen zu Sayn lange das Schloß zu Bensberg, während andererseits wieder die Burg des Erzbischofs zu Zülpich in Asche gelegt wurde. Zu einer entscheidenden Schlacht kam es jedoch nicht. Es wurde ein Waffenstillstand geschlossen, während dessen die Braut des Kaisers Friedrich II., Isabella von England, sechs Wochen in Köln weilte; aber schon 1232 war die Fehde aufs neue⁸) entbrannt, die sich nun fast ununterbrochen bis in die Regierung des folgenden Erzbischofs hinzog. Die Grafen von Berg blieben im Besitze der Siegburger Vogtei, obgleich eine Verleihung des Wahlrechts nicht wieder eintrat.

Gleichzeitig war in Westfalen eine heftige Fehde entbrannt, welche mit der eben erwähnten zweifellos aufs engste im Zusammen=hange stand⁹). Graf Adolf von der Mark, vom Erzbischof belehnt, stand natürlich auf dessen Seite; somit handelte Graf Heinrich zugleich im eigenen Interesse, wenn er jetzt die Ansprüche, welche sein unterdes herangewachsener Neffe Dietrich von Isenberg auf das Erbe seines Vaters hatte, mit Waffengewalt gegen den Grafen von der

Mark unterstützte, um es diesem wieder abzugewinnen. Mit einem starken Heere fiel er, wahrscheinlich im Jahre 1232, in Westfalen ein und baute an der Lenne eine starke Burg, welcher er nach seinem eigenen Stammschlosse den Namen Limburg oder Neuenlimburg gab (jetzt Hohenlimburg genannt). Er soll zum Schutze des Baues eine so große Zahl Ritter bei sich gehabt haben, daß der Krieger so viele gewesen als der Tafeln oder Platten, mit denen man die Burg befestigte[10]). Mit dieser Burg belehnte er seinen Neffen Dietrich, der sich nun Graf von Limburg nannte.

Graf Dietrich hatte an der neuen Limburg einen festen Halt= punkt und kämpfte von hier aus, unterstützt von seinem Oheim und andern Verbündeten, jahrelang um die Wiedergewinnung seines väterlichen Erbes; doch mußte Graf Adolf sich männlich zu ver= teidigen[11]). Im April 1238, nach dem Tode Heinrichs von Molenark, wurde Konrad von Hochstaden, Lothars Sohn, auf den erz= bischöflichen Stuhl von Köln erhoben. Sofort begann die Fehde von neuem. Konrad, unterstützt von der Stadt Köln, rückte vor Daelhem zur Wiedereroberung dieses Schlosses, des Stammsitzes seiner Familie, mußte sich aber mit Verlust zurückziehen.

So sehen wir länger als ein Jahrzehnt hindurch das ganze weite Gebiet zwischen Maas und Weser von Fehden erfüllt, deren gemeinsame Veranlassung die Ermordung Engelberts war. Aber endlich wurde man des Streites müde, und die kämpfenden Parteien versöhnten sich nach und nach.

Im Jahre 1240 gelang es dem Grafen Otto von Geldern, einen Vertrag herbeizuführen, worin die Streitpunkte zwischen unserm Grafen und dem erzbischöflichen Stuhl endlich geschlichtet wurden. Zur Befestigung dieser Übereinkunft fand eine doppelte Eheberedung statt, einmal zwischen Adolf, dem ältesten Sohne des Grafen Heinrich, und Margaretha von Hochstaden, der Schwester des Erzbischofs, sodann zwischen Dietrich von Hochstaden, des Erzbischofs Neffen, und der Tochter Walrams von Limburg. Diese Übereinkunft war aber nur mündlich getroffen worden. Graf Otto von Geldern bezeugte dem Herzoge von Brabant unterm 31. August, daß Daelhem darin nicht begriffen gewesen sei[12]).

Erzbischof Konrad scheint die Verbindung mit dem Grafen Heinrich, seinem mächtigen Nachbarn, dazu haben benutzen zu wollen, den Trotz der Stadt Köln und ihr Streben nach völliger Unab= hängigkeit zu brechen.

Hatte er, freilich nur notgedrungen, kurz vorher der Bürgerschaft vieles eingeräumt und den ihm geleisteten Beistand anerkannt,
dieselbe sogar veranlaßt, mit schweren Kosten das alte Kastell in
Deutz zum Schutz gegen die drohende Übermacht der Grafen von
Berg mit 15 neuen Türmen zu befestigen, so überließ er am
2. September 1240, also bald nach jener Übereinkunft, dem Grafen
Heinrich die Mitherrschaft zu Deutz.[13]) Die Stadt Köln mußte
hierdurch natürlich mißtrauisch werden und zu der Einsicht kommen,
daß die mit so großen Kosten errichteten Befestigungen zu Deutz
gegen sie selbst gerichtet sein dürften. Doch fand sie bald Gelegenheit, die Gefahr zu beseitigen. Erzbischof Konrad erklärte sich 1241
offen gegen den Kaiser Friedrich II., während die Stadt Köln,
wie auch die meisten Fürsten des Niederrheins ihm die Treue
bewahrten; die Stellung des Grafen von Berg ist nicht recht klar.
Es kam zum Kampfe, und der Erzbischof, in einer Schlacht schwer
verwundet, wurde vom Grafen Wilhelm von Jülich auf die Burg
Nideggen gebracht, wo er neun Monate in Haft saß. Am
2. November 1242 kam ein Friedensvertrag[14]) zustande, welcher dem
Erzbischof harte Bedingungen auferlegte; u. a. mußte er versprechen,
zum Nachteil der Verbündeten keine neue Festung zu bauen und
keine alte wieder herzustellen. Hiernach kann es nicht befremden,
daß noch in demselben Jahre Graf Heinrich und Erzbischof Konrad
in die gänzliche Schleifung der Befestigungen zu Deutz einwilligten,
wobei selbst der Turm der Abteikirche bis auf den untern Absatz
abgetragen werden mußte. Im Vertrage wurde bedungen, daß
nie wieder ähnliche Werke weder in Deutz selbst, noch im Kloster-
bezirke und Gerichtssprengel angelegt werden dürften, angeblich aus
dem Grunde, damit die Andacht und der Friede des Gotteshauses
nicht mehr durch Streitigkeiten gestört werde, womit man das
Schmähliche der Nachgiebigkeit zu verdecken suchte; eine andere Urkunde[15]) aber giebt den wahren Grund an: es geschah im Interesse
der Stadt Köln, welche sich bedroht glaubte.

Es galt nun noch die Streitigkeiten Adolfs von der Mark
und Dietrichs von Limburg zum Austrage zu bringen. Am
1. Mai 1243 schloß Graf Adolf mit den Oheimen Dietrichs, dem
Grafen von Berg und dem Bischof von Osnabrück, einen Vertrag
ab[16]), wodurch er den größten Teil der Isenberger Erbschaft für
sich erhielt, einen Teil der ihm überwiesenen Lehen aber an
Dietrich zurückgab. Da dies ohne Zustimmung des Lehensherrn,

d. h. des Erzbischofs, geschehen war, so entstand dadurch wahr=
scheinlich eine neue Fehde zwischen diesem und dem Grafen Heinrich,
die aber durch einen Sühnevertrag vom 2. November desselben
Jahres[17]) zu friedlichem Ausgleich kam. Dietrich verglich sich aber
erst am 21. Februar 1248 mit dem Erzbischof.

4. Gebietserweiterungen.

a. Barmen.

Als endlich nach jahrelangen Kämpfen die Ruhe wieder her=
gestellt war, machte Graf Heinrich eine Erwerbung, welche das
Gebiet der Grafschaft Berg nach der märkischen Seite hin erweiterte
und abrundete, also von besonderer Wichtigkeit war: es war der
Ankauf des Hofes Barmen. Der Hof hatte in der ersten Hälfte
des Jahres dem Grafen Ludwig von Ravensberg gehört, welcher
ihn[18]) am genannten Tage dem Grafen Heinrich von Berg überließ.
Die Schwiegersöhne des Grafen Ludwig nebst ihren Gemahlinnen,
nämlich Graf Heinrich von Hoya und Jutta, Graf Heinrich von
Arnsberg und Hadewig, Hermann, Edelherr von Holte und Sophia,
begaben sich in besonderen Verzichtbriefen ihrer Rechte an Barmen.

b. Remagen.

Außerhalb des Bergischen Landes wurde Remagen vom Grafen
Heinrich erworben.

5. Heinrichs Lebensende.

Heinrich, der Herzog=Graf, hatte noch bei Lebzeiten seine Lande
in der Weise geteilt, daß der älteste Sohn Adolf die Grafschaft
Berg, der jüngere Sohn Walram das Herzogtum Limburg erhalten
sollte. Adolf kommt daher schon mit in den letzten Urkunden seines
Vaters vor, welche das Bergische betreffen, ja es hat sogar den
Anschein, als wenn er während der letzten Lebensjahre Heinrichs
die Regierung des Bergischen Landes schon allein geführt habe;
denn der im Verzichtbriefe des Grafen von Arnsberg vorkommende
Ausdruck venerabilis (ehrwürdig), welchen man in jener Zeit von
Geistlichen gebrauchte, und der fromme Ton in der Urkunde für
Remagen[19]) deuten darauf hin, daß Graf Heinrich gegen Ende
seines Lebens vielleicht in den geistlichen Stand getreten war, ver=
mutlich in die Genossenschaft der Johanniter zu Burg. Er starb
am 25. Februar 1247. Er ruht neben seiner Gemahlin Irmgard
unter einer grauen Sandsteinplatte im Dome zu Altenberg.

6. Gründung der Stadt Lennep.

Heinrich von Limburg war höchst wahrscheinlich derjenige unter unsern Grafen, welcher Lennep zur Stadt erhob. In welchem Jahre dies geschah, wissen wir nicht; denn die Stadterhebungs= urkunde ist nicht allein im Original verloren gegangen, sondern es ist auch bis heute noch keine Abschrift derselben aufgefunden worden. Wie wir wissen, war Wipperfürth der erste zur Stadt erhobene Ort im Bergischen; in der Gründungsurkunde für Ratingen aber wird auch Lennep bereits als Stadt bezeichnet. Die Urkunde für Wipperfürth datiert vom Jahre 1222, diejenige für Ratingen vom Jahre 1276; es steht also fest, daß Lennep in der Zwischenzeit Stadt geworden ist. Am wahrscheinlichsten dürfte die Annahme sein, daß Graf Heinrich zu jener Zeit, als er mit dem Grafen von der Mark in Fehde lag, Lennep befestigte und zur Stadt erhob. Die Richtigkeit dieser Annahme vorausgesetzt, dürfte das Jahr der Stadterhebung bald nach 1230 fallen.

Heinrich soll auch nach den Mitteilungen früherer Geschicht= schreiber zu Lennep ein Schloß erbaut haben und dort 1244 ge= storben sein. Die Tradition von der Existenz dieses Schlosses hat sich bis heute erhalten; dasselbe soll außerhalb der Stadt, etwa fünf Minuten von der Stadtmauer entfernt, jedoch innerhalb des jetzigen Stadtbezirks, auf dem sog. Weiherhofsfelde, gestanden haben. Wie man sich durch den Augenschein leicht überzeugen kann, ist es sehr wahrscheinlich, daß an der bezeichneten Stelle eine burg= ähnliche Anlage sich befunden hat; die Mauern derselben sind zwar gänzlich von der Erde verschwunden, doch in der Erde befinden sich unverkennbar noch jetzt Mauerreste, und es sind auch noch Teiche vorhanden, welche auf eine Befestigung hindeuten und veranlaßt haben, daß man der zu ihnen führenden Straße neuerdings den Namen „Teichstraße" beigelegt hat. Es steht indes wohl soviel fest, daß an jener Stelle kein Residenzschloß der Grafen von Berg ge= standen hat, wofür auch jeder urkundliche Beweis fehlt.

Adolf IV.

1. Teilung der Grafschaft.

Nach dem Tode Heinrichs wurde sein ältester Sohn Adolf IV.
Graf von Berg. Seine Mutter Irmgard aber behauptete, ein
fortdauerndes Erbrecht an der von ihrem Vater herrührenden Grafschaft zu haben; ein Schiedsgericht, bestehend aus dem Erzbischof
Konrad von Hochstaden, den Grafen Otto von Geldern, Arnold
von Loos und Wilhelm von Jülich, erkannte dies auch an und
entschied unter dem 16. Juni 1247 dahin, daß eine Teilung stattfinden sollte. Der Mutter wurden, mit Rückfall an den Sohn,
die Schlösser Angermund und Burg, dem Sohne die Schlösser
Bensberg und Windeck zugeteilt; eine Kommission von bergischen
Adeligen sollte sämtliche Einkünfte des Landes in diesem Sinne
zu gleichen Hälften scheiden und zuweisen[20]). Irmgard starb aber
bereits gegen Ende des folgenden Jahres, 1248.

Graf Adolf stiftete mittels Urkunde vom 2. Januar 1250
ein Jahrgedächtnis für seine Eltern in der Abtei Altenberg und
wies zu diesem Zwecke eine Rente von 9 Mark auf den Hof in
Barmen an, welche der Schultheiß jedesmal am Sonntag nach
Andreas zu zahlen hatte; eine Mark sollte für Kerzen und die
ewige Lampe am Altar des heiligen Laurentius verwandt werden,
für die übrigen 8 Mark sollten die Mönche Weißbrot, Wein und
Fische an den Tagen der beiden Jahrgedächtnisse erhalten[21]).

2. Adolfs Politik.

Graf Adolf, welcher seit 1240 mit der Schwester des Erzbischofs, Margaretha von Hochstaden, vermählt war, wußte
sich dem Wechsel der Parteiherrschaft im Reiche zu fügen. Erzbischof Konrad ließ sich von der gegen den Kaiser eingeschlagenen
Politik nicht abbringen und war die Seele der Bestrebungen zum
Sturze der Hohenstaufen; Graf Adolf hatte sich schon im Juli 1246,
als sein Vater an der Regierung nicht mehr teilnahm, dem Erzbischof angeschlossen[22]) und zeigte sich als dessen treuer Bundesgenosse.

Als der von Konrad zum König erhobene Heinrich Raspe
bald starb, ließ der Erzbischof Wilhelm von Holland wählen. In
den nun folgenden Kämpfen wurde sowohl Kaiserswerth erobert,
als auch Aachen, wo Wilhelm 1248 gekrönt wurde.

Graf Adolf erhielt am 29. April 1248 zur Belohnung für seine Dienste in diesen Kämpfen vom König Wilhelm die beiden Reichshöfe Rath und Mettmann; gleichzeitig bestätigte der König den Bestand und die Verfassung der Grafschaft Berg[23]).

Der Erzbischof Konrad, stolz, unbeugsam und rücksichtslos, richtete sein Streben darauf, seine und seines Erzstifts Macht zur alleinherrschenden am Niederrhein zu erheben, und zwar mit glücklichem Erfolge; es gelang ihm auch, eine gebietende Stellung im Reiche einzunehmen. Drei Könige erhob er auf den Thron und trug am meisten dazu bei, daß die Reichsmacht gebrochen und die Selbständigkeit der Territorialgewalten erhöht und befestigt wurde.

Allein diese Erfolge verursachten einen Geldbedarf, der die üblichen Einkünfte bei weitem überstieg. Nachhaltige Hülfe hätte ihm hierbei nur die reiche Hauptstadt Köln gewähren können; aber sie scheute selbst den Kampf gegen den nicht, der dem Reiche Könige zu geben im stande war, und suchte das erlangte Maß der Selbständigkeit gegen seine Herrschgelüste kräftig zu verteidigen. Nach kostspieligen und vergeblichen Versuchen, die Stadt zu demütigen, sah sich Konrad gegen Ende 1251 veranlaßt, auf einen Vergleich einzugehen, den der päpstliche Legat und der berühmte Dominikaner Albertus Magnus, oder, wie er bescheiden sich nennt, Bruder Albrecht der Lesemeister, vermittelten. Der Tod des Königs Wilhelm von Holland am 28. Januar 1256 eröffnete dem Erzbischof, welcher den weitgehenden Bestrebungen der Stadt nach Unabhängigkeit nur notgedrungen nachgegeben hatte, neue Aussichten; der verhaltene Groll kam in einer neuen Fehde zum Ausbruche, aber die Erzbischöflichen wurden bei Frechen von den Kölnern besiegt. Diesmal hatten Graf Adolf von Berg, sein Bruder Walram und der Graf Wilhelm von Jülich als kölnische Lehnträger, wie sie in ihrer Erklärung[24]) vom 2. Okt. 1257 sagen, auf der Seite des Erzbischofs gestanden; sonst scheint sich Graf Adolf seit 1248 wenig an den Fehden seines Schwagers Konrad beteiligt zu haben, sondern vielmehr darauf bedacht gewesen zu sein, mit der Stadt Köln in einem möglichst guten Einvernehmen zu bleiben[25]). Schon am 14. Okt. 1257 einigte er sich wieder mit der Stadt. Kölner Bürger, welche nach Deutz gekommen waren, um Holz zu holen, hatte Graf Adolf mit dem Schwert zurückgetrieben, worauf die Kölner Deutz in Flammen gesetzt hatten. Adolf versprach[26]) nun, „daß keinesfalls zu Deutz oder sonst in seinem Lande geraubt und gesengt, und daß das gegenseitige Eigentum erst nach dem Kriege ausgewechselt werden sollte. Er gelobte keinen Burg= oder Festungsbau zu Deutz oder anderswo gegen die Kölner errichten, kein Heer einlagern oder Schiffe zu ihrem Nachteil halten zu wollen."

Zwischen der Stadt und dem Erzbischof führte wiederum Albertus Magnus eine Versöhnung herbei; am 4. April 1258 wurde der Sühnevertrag abgeschlossen, der aber, da das Schieds= gericht in der Hauptsache zu gunsten der Stadt entschieden hatte, den Erzbischof enttäuschte und seine Erbitterung vermehrte. Er suchte zuerst die Geschlechter für sich zu gewinnen, und als ihm dies nicht gelang, verband er sich mit den Zünftlern, die dadurch zur Herrschaft gelangten, so daß die Stadt auf die Dauer gedemütigt zu sein schien. Konrad starb aber schon am 29. September 1261.

3. Die Grundsteinlegung des Altenberger Domes.

In der Zwischenzeit fand ein wichtiges Ereignis statt: am 3. März 1255 wurde unter großen Feierlichkeiten und im Beisein vieler Herren durch den Grafen Adolf und seinen Bruder, den Herzog Walram von Limburg[27]), der Grundstein gelegt zu der Klosterkirche in Altenberg, dem noch jetzt mit Recht bewunderten „Bergischen Dome". Es war der 13. Abt des Klosters, Giselher, welcher den Bau des Gotteshauses unternahm und eifrig förderte. — Sieben Jahre vorher hatte Erzbischof Konrad von Hochstaden den Grundstein zum Kölner Dome gelegt, wobei außer dem Könige Wilhelm von Holland u. a. Graf Adolf von Berg ebenfalls zugegen gewesen war.

4. Adolfs Tod.

Im Jahre 1257 bestätigte Adolf IV. mit seiner Gemahlin Margaretha von Hochstaden dem Kloster Gräfrath die Zollfreiheit zu Monheim.

Im Februar 1259 bekundete Graf Adolf in Gemeinschaft mit seinem erzbischöflichen Schwager, daß die Witwe Godefrids von Laagheim (Hof Laach bei Monheim) ihre Güter dem Kloster Altenberg verkauft habe[28]).

Am 20. Juli 1259 bekundete Gräfin Margaretha allein[29]), daß Udo von Scherve und seine Gemahlin den Wald Grentberg (Grimberg) derselben Abtei schenkten.

Zwischen dem Februar und 20. Juli 1259 muß also Graf
Adolf IV. gestorben sein. Ein Nekrologium von Kaiserswerth giebt
als Todestag den 22. April an[30]). Er ruht nebst seiner Gemahlin
in Altenberg. Adolf hinterließ außer einer Tochter Irmgard,
welche sich 1274 mit dem Grafen Eberhard von der Mark vermählte, sechs Söhne: Adolf, der sein Nachfolger wurde, Heinrich,
der zwischen 1268 und 1290 in Urkunden als Herr von Windeck
vorkommt, Wilhelm, der nach dem Tode seines Sohnes Adolf als
Graf von Berg folgte, sodann Konrad, Engelbert und Walram,
welche Pröpste in Köln wurden.

Einer Urkunde von 1265 zufolge[31]) führte Adolf IV. den
Beinamen „mit dem Barte".

Adolf V.

1. Die endgültige Erwerbung von Hückeswagen.

Adolf V. war bei des Vaters Tode noch jung, weshalb seine
Mutter Margaretha in den ersten Jahren vormundschaftlich die
Regierung führte. Aus diesem Grunde erklärt es sich auch, warum
an dem Bürgerkriege in Köln kein Graf von Berg teilnahm.
Gräfin Margaretha brachte Hückeswagen in den dauernden Besitz
des bergischen Grafenhauses, nachdem es schon unter Engelbert I.
von demselben abhängig geworden war. Mit Urkunde[32]) vom
6. Juli und 11. September 1260 entsagten die Brüder Heinrich
und Franco endgültig ihrem Stammgute Hückeswagen zu gunsten
der Gräfin Margaretha von Berg gegen eine Abfindungssumme
von 220 Mark, welche ihnen der Amtmann der Gräfin, Adolf
von Wile, in Gegenwart der Ritter Norich und Hermann von
Rennenberg ausbezahlte.

2. Die Jahre der Mitregentschaft seiner Mutter.

Am 9. Juni 1262 schloß Graf Adolf V. selbständig ein
Freundschaftsbündnis mit der Stadt Köln[33]) und versprach darin
u. a., die Anlage einer Festung, sowie die Einlagerung eines
Heeres oder Kriegsschiffes zu und bei Deutz nicht zu gestatten.

Am 26. Dezember desselben Jahres stiftete er in Gemeinschaft
mit seiner Mutter ein Jahrgedächtnis für den Vater in der Abtei

Siegburg und wies dazu eine Rente von 6 Mark aus der Brau=
gerechtigkeit zu Monheim an.

Die Mutter war noch Mitregentin bis 1267, in welchem
Jahre Adolf, der nun großjährig geworden war, die Regierung
allein übernahm.

Margaretha behielt Hückeswagen als Wibum (d. h. Gut
zum Unterhalt). Sie wurde nun nicht nur Gräfin von Berg,
sondern auch Frau von Hückeswagen genannt, wie wir aus einer
Urkunde des Sohnes[34]) vom Jahre 1280 ersehen; dies geschah
aber nicht, weil sie, wie fälschlich angenommen worden ist, eine
zweite Ehe mit einem Grafen von Hückeswagen eingegangen. Für
diese Annahme fehlt jeder thatsächliche Beweis. Die Gräfin starb
in hohem Alter und überlebte noch ihren Sohn Adolf.

Im Jahre 1264 erhob der Ritter Konrad von Elberfeld
(Elvervelde) Fehde gegen den Grafen Adolf von Berg, unterstützt
von seinem Vater Arnold, Everhard von Witten u. a. Den Grund
der Fehde bildeten die Rechtsansprüche Konrads in Bezug auf die
gräfliche Burg zu Windeck, wo er bereits ein abhängiges Burg= und
Mannlehen und ein Haus besessen, die ihm Hermann Spiegel zum
Desenberg streitig machte. Die Sühne[35]) erfolgte am 26. Juni
1264; Konrad und Hermann Spiegel verzichteten auf ihre An=
sprüche an Turm, Thor und Schlüssel zu Windeck, also auf das
völlige Besitz= oder Nießungsrecht der Burg in ihrer Eigenschaft als
Dienstmannen des Grafen, jedoch unter einem Vorbehalte, der die
vollständige Beilegung des Zwistes einem Schiedsgerichte und dem
Gericht der gräflichen Burgmannen zu Windeck anheimgab.

Die Gräfin Margaretha erscheint als mithandelnd noch in
einer Urkunde vom 21. November 1267; durch diese Urkunde[36])
ernennen Graf Adolf von Berg, Margaretha, seine Mutter, und
Elisabeth, seine Gemahlin einerseits, das St. Apostelnstift zu Köln
andererseits Schiedsrichter in ihrem Streite über Besitzungen und
Rechte zu Wipperfürth.

3. Das Verhältnis der Kölner Erzbischöfe zu den Territorialherren des Niederrheins.

Die Erzbischöfe und Bischöfe des Reiches hatten unter den
sächsischen und fränkischen Kaisern eine hervorragende Stellung er=
langt und sich zu Reichsfürsten erhoben; unter den Hohenstaufen
nahm ihre Bedeutung noch zu, insbesondere die der Erzbischöfe von

Köln. Seit Bruno I. das Herzogtum Lothringen erhalten hatte, behaupteten sie, herzogliche Rechte in ganz Ripuarien zu besitzen, und gründeten darauf ihre weitgehenden Bestrebungen zur Bildung eines geschlossenen Territorialbesitzes und einer politischen Machtstellung im Reiche; dem Erzbischof Philipp von Heinsberg war es gelungen, die Herzogsgewalt in Westfalen und Engern zu erlangen.

Ein vorzügliches Mittel zur Verwirklichung ihrer Hoffnungen und Bestrebungen aber sahen die Kölner Erzbischöfe in der Teilnahme an den großen Reichsangelegenheiten. Engelbert nahm als Reichsverweser eine imponierende Stellung ein, doch auf der Höhe seiner Macht fiel er durch die Hand seiner Mörder, und seinen Nachfolgern stellten sich unüberwindliche Schwierigkeiten entgegen. Dem mächtigen und einflußreichen Erzbischof Konrad würden seine ehrgeizigen Pläne gelungen sein, wenn ihm nicht im eigenen Lande die mächtigsten und ausdauerndsten Gegner erstanden wären; es waren dies die Kölner Bürger. Sie, die Bewohner der durch ihren Handelsverkehr und Gewerbefleiß mächtigsten Stadt am Niederrhein und eine der wichtigsten im deutschen Reiche überhaupt, brachen in hartnäckigen Kämpfen die Grundherrenmacht der Erzbischöfe. Zwar schien es unter Konrad, als wenn sie erliegen sollten; aber schon dessen Nachfolger war bereits genötigt, seine Residenz in Bonn aufzuschlagen.

Nach dem Tode Konrads war sofort dessen Neffe, der Dompropst Engelbert von Falkenburg, gewählt worden und hatte als Engelbert II. 1261 den erzbischöflichen Stuhl bestiegen. Als Konrad noch lebte, hatte er dessen Handlungen oft mißbilligt; aber jetzt erkannten die Bürger Kölns bald, daß er darauf ausging, sie ihrer Freiheit zu berauben und sie auszusaugen. Alle griffen vereint zu den Waffen und erstürmten alle Türme und Thore in blutigem Kampfe. Trotz wiederholter Sühneverträge gab es keinen Frieden, und der Stadt gelang es in den ununterbrochenen Kämpfen gegen Engelbert, ihre Selbständigkeit wieder zu erringen.

Die Stadt Köln blieb hierbei nicht allein, denn die kleineren Landesherren am Niederrhein und in Westfalen mußten in den Erzbischöfen von Köln, deren Macht sie zu erdrücken drohte, ebenfalls ihre gefährlichsten Gegner erkennen; zu diesen Herren gehörten auch die Bischöfe von Münster und Paderborn. Der Trieb der Selbsterhaltung zwang sie, sich der bedenklich anwachsenden Macht des Erzstiftes entgegenzustemmen. So entspann sich ein Kampf zwischen den Territorialherren und dem erzbischöflichen Stuhl, der auf beiden Seiten mit größter Beharrlichkeit und Energie durchgeführt wurde. Dieser mehr als zweihundertjährige Kampf zieht sich durch das 13., 14. und 15. Jahrhundert hindurch und bildet den die einzelnen Ereignisse und unzähligen Fehden dieser Zeit zusammenfassenden und erläuternden Gesichtspunkt; er war ein Abbild des Kampfes zwischen Papst und Kaiser.

Eine der wichtigsten Entscheidungen in dem Ringen gegen die Obmacht der Erzbischöfe wurde durch die Schlacht bei Worringen herbeigeführt, und schließlich kam die Sache in der berühmten Soester Fehde zum Austrage. Die Bemühungen der Erzbischöfe wurden vereitelt, und als nun gar Jülich, Cleve, Berg, Mark und Ravensberg vereinigt wurden, trat ihre Macht erst recht in den Hintergrund.

Die Rechte der Territorialherren und der Stadt Köln vertrat zunächst Graf Wilhelm IV. von Jülich. Schon im Jahre 1242 war Erzbischof Konrad von Hochstaden als Gefangener in seine Hände gefallen, und als jetzt, 1267, Engelbert von Falkenburg die gräfliche Besatzung in der Reichsburg Sinzig überfiel und das Gebiet von Jülich verwüstete, nahm er diesen auf der Heide bei Zülpich in offener Feldschlacht gleichfalls gefangen und schloß ihn, wie dessen Vorgänger, in die feste Burg Nideggen ein [37]).

Die Grafen von Cleve nahmen erst nach der Worringer Schlacht, vom Jahre 1189 an, eine feindselige Haltung zum Erzstift ein. Das Grafenhaus von Arnsberg starb aus und dessen Gebiet wurde vom Erzbischof käuflich erworben.

Dagegen erhoben sich die Grafen von der Mark mit großem Glück gegen die Oberherrschaft der Kirchenfürsten von Köln und wurden bald deren gefährlichste Gegner; sie vereitelten, nachdem sie Cleve geerbt hatten, deren letzte Bemühungen um die Suprematie durch die Soester Fehde.

Was nun Berg betrifft, so hatte zwar schon Graf Heinrich sich in einen gewissen Gegensatz zum Erzbischof gestellt; aber sein Sohn Adolf IV. hatte sich als Schwager Konrads von Hochstaden diesem wieder angeschlossen. Adolf V. zeigte sich gegen Engelbert von Falkenburg von vornherein schon selbständiger, doch stellte er sich anfangs vorsichtig noch nicht mit Entschiedenheit auf die Seite der Feinde desselben; dann aber trat durch die Schlacht bei Worringen der entscheidende Wendepunkt in dem Verhältnis der Bergischen Grafen zum Kölner Erzstifte ein.

Schon im Jahre 1262, bei dem ersten Kampfe der Kölner gegen Engelbert, war Adolf auf den Rat des Herzogs Walram von Limburg, des Grafen Wilhelm von Jülich und dessen Bruders Walram in ein Schutzverhältnis mit der Stadt Köln[38]) eingetreten, hatte auch die Bürger von Deutz zu einem gleichen Einverständnisse veranlaßt.[39]) Zwar stellte Adolf infolge der Fehde mit Konrad von Elberfeld, der erzbischöflicher Ministerial war, am 26. Juni 1264 auch eine Urkunde aus, worin er dem Erzbischof nach dem Ausspruch von Schiedsrichtern Genugthuung gelobt und für die Zukunft Beistand gegen seine Feinde verheißt; aber dies verschlägt nicht viel, da er ihm gegen die Kölner Bürger nur Hülfe von der linken Rheinseite aus zusagt, während er sein Bündnis mit denselben von Deutz aus und sein Edelbürgerlehen ausdrücklich wahrt[40]). 1267 stand er auch dem Grafen von Jülich vor Zülpich bei. Erst im April 1271, nach viertehalbjähriger Gefangenschaft, konnte sich Erzbischof Engelbert zu nachgiebiger Sühne mit der Stadt Köln und dem Grafen von Jülich entschließen. Von der im Sühne-vertrage bedungenen Freiheit, Lehnsbündnisse zu unterhalten und zu begründen, machte die Stadt Gebrauch, indem sie u. a. dem Grafen von Berg von neuem ein Rentenlehen von 150 Mark zu-sagte[41]), was bei dem früheren Bündnisse eine geheime Verabredung gewesen war[42]).

Am 29. September 1273 wurde Rudolf von Habsburg zum Kaiser gewählt, und am 24. Oktober krönte ihn Erzbischof Engel-bert zu Aachen. Nach dem Wunsche des letzteren sollte er dessen Rechte in der Stadt Köln herstellen; aber es kam anders. Am 19. November 1273 bestätigte Rudolf, dem bei seiner Anwesenheit in Köln die Lage der Dinge anders erschien, der Stadt die ihr schon früher verliehenen Rechte im vollsten Umfange, und am 1. März 1274 nahm er die Bürger Kölns in seinen besonderen Schutz gegen jede Gewaltthätigkeit. Am 2. März ließ er noch zwei weitere Urkunden folgen; Köln war für reichsunmittelbar erklärt[43]). Auch gegen die der Stadt befreundeten Grafen Adolf von Berg und Wilhelm von Jülich bewies sich Rudolf sehr geneigt; auf Anstehen des ersteren erneuerte er der Abtei Altenberg[44]) die Zoll-freiheit, sowie dem Stift Essen, zum großen Verdruß des Erzbischofs, die Priviligien, welche das Recht der freien Vogtswahl in sich schlossen. Etwas später erkannte Rudolf das Münzrecht des Grafen Adolf an; durch Urkunde vom März 1275 gestattet er demselben

die Verlegung seiner Münzstätte von Velberg nach Wipperfürth[45]).
Über dieses Münzrecht entstand zwischen dem Grafen und dem
Erzbischof von Köln ein Streit, welcher durch Schiedsrichter am
9. Dezember 1279 geschlichtet wurde[46]).

4. Gründung der Stadt Ratingen.

Nachdem Engelbert von Falkenburg am 20. Oktober 1274
gestorben war, ohne das geringste von all seinen Plänen durch=
geführt zu haben, wählte das Domkapitel den allbeliebten Propst
von Mariengraden, Konrad, einen Bruder des Grafen Adolf V.
von Berg, zum Erzbischof von Köln; nur eine Stimme fiel auf
S i e g f r i e d v o n W e s t e r b u r g[47]). Trotzdem bestätigte der Papst
den letzteren, und König Rudolf erklärte sich ebenfalls für denselben.
Seine schwache Stellung erkennend, trat der neue Erzbischof an=
fänglich versöhnend auf; gleich bei seiner Ankunft im Erzbistum
hob er den auf der Stadt lastenden Bann und das Interdikt auf
und gelobte bald darauf, am 5. Juni 1275, ihre Privilegien und
Rechtsgewohnheiten unverbrüchlich halten zu wollen. Kurze Zeit
nachher scheinen aber Zerwürfnisse entstanden zu sein, denn am
7. November desselben Jahres[48]) nahm Rudolf von Habsburg die
Bürger Kölns wieder unter seinen besonderen Schutz, diesmal mit
der ausdrücklichen Bestimmung, dem Erzbischof keinen Krieg gegen
dieselben zu erlauben, ihren Handelsverkehr gegen alle Eingriffe
zu schützen 2c. Die Kölner hatten auch wahrlich alle Ursache, den
neuen Erzbischof zu fürchten; sie mußten bei ihm auf alles gefaßt
sein. Siegfried von Westerburg, ehrgeizig und thatkräftig, leiden=
schaftlich und gewaltthätig, war der kriegslustigste Kirchenfürst, der
jemals den erzbischöflichen Stuhl Kölns innegehabt; während seiner
ganzen 22jährigen Regierung, 1275—1297, legte er selten Helm
und Panzer ab. Voll Mut und Tapferkeit, abgehärtet gegen alle
Widerwärtigkeiten des Waffenhandwerks, war er ein unerschrockener
Heerführer, dessen Kriegsfahrten von allen Greueln damaliger Zeit
begleitet waren. Die Suprematie der Kölner Erzbischöfe war, wie
das seiner Vorgänger, so auch sein Ziel. Schon am 12. Juni 1276
schloß er ein Schutz= und Trutzbündnis mit der Stadt Aachen, der
alten Feindin Kölns, und auch außerdem suchte er sich durch Bünd=
nisse gegen die drohende Haltung der Territorialherren zu schützen.
König Rudolf war anderwärts zu sehr beschäftigt, um persönlich
hier eingreifen zu können, durfte es auch vorderhand mit dem

Erzbischof nicht verderben; er überließ demselben die ihm (Rudolf) übertragene Vogteischaft von Essen, ernannte dessen Schwager, den Grafen Heinrich von Solms, zum Burggrafen der Pfalz zu Kaiserswerth und gestattete, daß Siegfried sich ihrer gegen seine Feinde bediene.

Diese Verfügung Rudolfs zu gunsten des Erzbischofs veranlaßte den Grafen Adolf V., möglichst nahe jener Burg zum Schutze des eigenen Gebietes gegen dieselbe an der alten Heerstraße nach Westfalen die Stadt Ratingen zu gründen, worüber er am 11. Dezember 1276 Urkunde ausstellte[49]). Aus dieser Urkunde geht hervor, daß Lennep schon früher zur Stadt erhoben worden war.

Die Territorialherren hatten bereits gelernt, gegen ihren gemeinsamen Feind sich zu einigen; sie antworteten darum sehr entschieden durch ein großes Bündnis gegen den Erzbischof, welches am 7. April 1277 zu Deutz geschlossen wurde[50]). An demselben beteiligten sich: Bischof Simon von Paderborn, Landgraf Heinrich von Hessen, Graf Wilhelm von Jülich, Graf Adolf von Berg und dessen Bruder Heinrich von Windeck, Graf Engelbert von der Mark, Graf Otto von Nassau und viele andere Ritter und Edelherren Rheinlands und Westfalens. Aber das Schicksal war den Verbündeten nicht günstig. Bischof Simon von Paderborn starb bald nachher. Graf Engelbert von der Mark, seit 1274 Schwager Adolf V., geriet in Gefangenschaft, in der er nach einem halben Jahre, im November 1277, starb. Der härteste Schlag aber war der Tod des Grafen Wilhelm von Jülich, des Führers in diesem Bunde; dieser wurde mit zwei Söhnen in Aachen am 17. März 1278 erschlagen, und Siegfried stimmte in der Freude darüber nicht eben christlich eine feierliche Dankmesse im Dome an, die Messe vom h. Peter: „Nun weiß ich wahrlich, daß der Herr seinen Engel gesendet, der mich befreit hat aus dem Rachen des Löwen". (Anspielung auf das Wappen von Jülich.) Der Erzbischof eroberte und verwüstete das Gebiet des Grafen. Für den Augenblick stand er seinen Feinden mächtiger gegenüber als einer seiner Vorgänger, und er konnte vorteilhafte Sühneverträge abschließen[51]); aber es erstanden ihm aufs neue erbitterte Gegner, die das Ziel erreichten, sich von seiner Herrschaft zu befreien und zu eigener Selbständigkeit zu gelangen. An die Spitze desselben trat nach dem Sturze des Jülich'schen Hauses Graf Eberhard II. von der Mark.

5. Ursachen des entstehenden Kampfes.

Bald trat ein Ereignis ein, durch welches der langgehegte Groll zum Ausbruch kam; es war dies der Tod des Herzogs Walram von Limburg um den Anfang des Jahres 1280. Graf Reinald von Geldern, der Gemahl von Walrams Tochter Irmgard, hatte deren Erbrecht auch für sich auf Lebenszeit von König Rudolf bestätigt erhalten; als aber Irmgard gegen Mai 1282 kinderlos starb, hielt sich Graf Adolf V. von Berg, der Bruberssohn des Herzogs Walram, mit Recht für erbberechtigt. Auch andere Agnaten traten mit Ansprüchen hervor, allein Graf Reinald lachte ihrer, da er kräftige Unterstützung bei Erzbischof Siegfried fand. Graf Adolf, der seine Macht den vereinigten Widersachern gegenüber für zu schwach hielt, um seine Rechte zu verfolgen, übertrug dieselben gegen eine Entschädigung von 32000 Mark, einen für jene Zeit außerordentlich hohen Preis, an Johann I., Herzog von Brabant und Lothringen.

Herzog Johann, ein gewaltiger Fürst und Held ganz im Sinne seiner Zeit, fand sofort eine große Zahl von Bundesgenossen; es gehörten dazu Graf Adolf von Berg nebst seinem Bruder Heinrich von Windeck und seinem Schwiegersohne Graf Eberhard von der Mark, Graf Walram von Jülich und viele andere. Aber auch der Erzbischof, verbunden mit Reinald von Geldern[32]), hatte außer seinen geistlichen Bundesgenossen mehrere kleine Dynasten für sich gewonnen, und es entbrannten zwischen den alten Parteien unheilvolle Fehden, die fast fünf Jahre lang die betreffenden Länder verheerten. Am 2. Juli 1287 kam zwar ein Waffenstillstand zuwege, der bis zum 25. November dauerte; nach Ablauf desselben aber führte der Erzbischof sofort einen Einfall in die Grafschaften Berg und Mark aus und verwüstete namentlich das Bergische Land durch Feuer und Schwert. Die Kunde von dem Heranrücken des Herzogs Johann, sowie die Strenge des Winters veranlaßten ihn jedoch, über den Rhein zurückzukehren.

Anfangs Mai 1288, gegen Pfingsten, kam Siegfried mit seinen Bundesgenossen auf der Feste Falkenburg (an einem Nebenflusse der Maas) zusammen, um, wie er vorgab, nochmals auf gütliche Schlichtung des Streites Bedacht zu nehmen, in Wahrheit aber, um einen vereinten Angriffsplan festzustellen. Reinald von Geldern trat gegen eine Entschädigung seine Rechte auf das Herzogtum Limburg an den Grafen Heinrich von Luxemburg,

welcher nach dem Verzicht Adolfs V. als nunmehr nächster Verwandter das Land für sich beanspruchte, und dessen Bruder Walram
ab. Voll Zorn eilte Herzog Johann sofort nach Falkenburg, kam
aber zu spät, denn er fand das Schloß schon wieder verlassen;
dann drang er verheerend bis vor Bonn, die Residenz des Erzbischofs, und wandte sich hierauf nach Brühl, wo er in dem erzbischöflichen Wildbanne nach Herzenslust des edlen Waidwerks
pflegte. Da erschienen vor ihm die Grafen von Jülich, von Berg
und von der Mark, sowie Abgeordnete der Stadt Köln, die sich
mit dem Grafen von Berg verbunden hatte[33]), um bittere Klage
zu führen gegen den Erzbischof und von dem Herzoge als Vertreter
des Königs Schutz des Landfriedens zu fordern. Die Kölner
hatten namentlich darüber zu klagen, daß Siegfried die verfallene
Burg zu Worringen, welche er dem Grafen von Jülich abgezwungen,
zu ihrer Beherrschung wieder aufgebaut habe, und daß von dort
aus Wegelagerungen gegen ihre Kaufleute verübt würden. Dem
Herzog von Brabant waren diese Klagen äußerst erwünscht, denn
es bot sich ihm nun Gelegenheit, seinen Plan wegen des Herzogtums Limburg durch Schwächung der erzbischöflichen Macht auszuführen. Er versprach den Abgesandten Hülfe und forderte sie
auf, ihre ganze Streitmacht ihm zuzuführen, um auf Wunsch der
Abgesandten Kölns Worringen zu belagern. So kam es zu jener
blutigen Entscheidungsschlacht, in welcher sich das Gewitter entlud
und der langverhaltene Groll zum vollsten Ausbruch gelangte[34]).

6. Die Schlacht bei Worringen.

Von Brühl aus bricht Herzog Johann, nachdem er dort die
Gehege des Wildbanns zerstört hat, mit den Kölnern zur Belagerung
der Burg zu Worringen auf. Eilboten sendet er nach Brabant
und Lothringen, um seine Lehensleute zu rascher Heeresfolge auffordern. Am ganzen Niederrhein beginnen Siegfrieds Feinde zu
rüsten; aber erst am siebenten Tage nach seinem Aufbruch von
Brühl sind die Verbündeten des Herzogs aus Jülich, Berg und
Mark, sowie die Streitkräfte aus seinem eigenem Lande zur Stelle.

Ebenso gewaltig rüstete die Partei des Erzbischofs. Mit
einem für jene Zeit äußerst zahlreichen und glänzenden Heere zog
Siegfried aus der Eifel an die Erft und schlug sein Lager zwischen
Bedburg und Bergheim auf. Am Morgen des Schlachttages, am
Samstag den 5. Juni, dem Tage des heil. Bonifatius, sang der

Erzbischof zu Brauweiler in der Abtei, wo er übernachtet hatte,
die Messe und suchte dann die Seinen von der Kanzel herab durch
feurige Worte zu begeistern, ihnen reiche Siegesbeute verheißend.
Hierauf gab er allen den Segen und fand den Übergang zu der
Blutarbeit der nächsten Stunden darin, daß er unmittelbar nach
der Segensspende über den Herzog Johann, dessen Bundesgenossen
und die Stadt Köln das Interdikt aussprach. Dann vertauschte
er das Meßgewand mit dem Panzer, die Monstranz mit dem
Speere, schwang sich aufs Roß und begab sich mit seinem glänzenden
Gefolge nach Worringen, wo sein Heer schon in Schlachtordnung
aufgestellt war; Siegesgewißheit beseelte das Heer wie den Führer.

Auf die Kunde von dem Anrücken der Feinde ließ Herzog
Johann von der Belagerung der Burg ab und nahm mit seinem
Heere eine schützende Stellung ein. Seine Kampfgenossen hatten
sich würdig auf die Schlacht vorbereitet, während die Erzbischöf-
lichen in ihrem Übermut einem wüsten Treiben sich hingaben und
Spottlieder sangen.

Der Herzog stellte seine Scharen in drei Treffen auf. An
der Spitze des Mitteltreffens befand er sich selbst auf gewaltigem
Streitrosse in seinem herzoglichen Waffenschmucke, denn er hatte
es verschmäht, diesen mit einem geringeren zu vertauschen, wie es
sonst Sitte war, um in der Schlacht nicht erkannt zu werden;
auch durfte kein Knappe sein Roß am Zügel führen. Zwei Streitrosse aber, zur Schlacht gerüstet, wurden hinter ihm bereit gehalten.
An der Seite des Herzogs hielten die Ritter Arnold von Wasemaal,
Marschall von Brabant, und Walther von Warfusée; Nasso von
Gaver trug das herzogliche Banner; zwei Schildknappen, Klaas
von Onden und Walther von Kapellen, standen demselben schützend
zur Seite. Außerdem befanden sich im Treffen des Herzogs, umgeben von ihren Reisigen, sein Bruder Gottfried Graf von Arschot,
seine Neffen, die Grafen von St. Pol, und die edelsten Ritter
Brabants, Flanderns und des Lütticher Landes, auch die Streitkräfte der Städte Brüssel, Antwerpen, Thienen und Geldenaken
gehörten zu dieser Heeresabteilung. — Das zweite Treffen, zur
Linken des Herzogs, führte der im Krieg ergraute Held Graf
Arnold von Loß, und es fochten hier Graf Walram von Jülich,
sowie sein Bruder Gerhard Herr von Kaster, ferner die Grafen
Ruprecht von Virneburg und Gerhard von Wilnau, die Herren
von Bedburg, Reifferscheid, Wildenburg, Dollendorf u. a. mit ihren

Mannen. — Im dritten Treffen, zur Rechten, standen unter Führung des Grafen Adolf von Berg dessen Bruder Heinrich Herr von Windeck, die Grafen Eberhard von der Mark, Simon von Tecklenburg, Otto von Waldeck, Walrabe von Ziegenhain und viele Ritter und Herren des Bergischen Landes; auch befanden sich in dieser Abteilung die wohlgerüsteten Bürger Kölns, sowie die bergischen Fußknechte, größtenteils Landleute mit Äxten, Streitkolben, Kampfflegeln und Keulen bewaffnet, denn Schwerter durften sie nicht führen — Die gesamte Streitmacht des Herzogs Johann mochte 15000 Mann betragen, worunter mehr als tausend Ritter.

Das Heer des Erzbischofs war ihr indes an Zahl weit überlegen, denn es soll 50000 Mann stark gewesen sein, doch weichen die Angaben von einander ab, und es ist eine sichere Auskunft darüber nicht möglich. Der Erzbischof hatte seine Streitkräfte ebenfalls in drei Treffen eingeteilt; er selbst, in glänzender Rüstung hoch zu Roß, führte das Mitteltreffen. Neben ihm befand sich der Heerwagen mit dem erzbischöflichen Banner, und es vereinigten sich hier nebst ihren Mannen Graf Adolf von Nassau, der spätere deutsche Kaiser, sowie dessen Bruder Heinrich, ferner die Grafen Dietrich von Cleve, Dietrich von Mörs, Wilhelm von Neuenahr, die Burggrafen von Rheineck, Hammerstein, Are, Drachenfels und Wied, des Erzbischofs Bruder Heinrich von Westerburg, die Herren von Bergheim, Isenburg, Löwenberg ꝛc. — Den linken Flügel führte Graf Heinrich IV. von Luxemburg, und es befanden sich in diesem Heerhaufen sein Bruder Walther von Ligny, sowie viele andere Herren mit ihren Fähnlein. — Die dritte Abteilung oder der rechte Flügel mit den Reisigen und Knechten der Herren von Wassenberg, Falkenburg, Greverode u. a. stand unter Führung des Grafen Reinald von Geldern.

So stand auf der Ebene von Worringen kampfgerüstet sich gegenüber, was das Land zwischen Rhein, Maas und Schelde an eblem Blute aufzuweisen hatte, die mächtigsten Fürsten des Niederrheins und Westfalens nebst der Blüte ihres Adels, mit Ungeduld die Schlacht erwartend; die Scharen des Erzbischofs in ihrer Siegesgewißheit laut jubelnd, die Mannen des Herzogs im Vertrauen auf seine sieggewohnte Führung und im Gefühl ihres guten Rechtes voll Kampfeslust und Kampfesmut, trotz der weit überlegenen Zahl der Feinde. Unterdes mahnten Brüder vom deutschen Orden und Geistliche noch zur Versöhnung, aber vergebens. Siegfried

sandte seine Boten an Herzog Johann und seine Edlen, Verzeihung
gelobend, falls sie die Waffen niederlegen wollten; aber mit Stolz
wies der Herzog dieses Ansinnen zurück, denn „ihm war der Kampf
ein heiliger, als gelte es zu streiten um das heilige Grab".

So ertönten denn im Heere des Erzbischofs die Zinken und
Schlachthörner, es wieherten die mutigen Rosse, der Schlachtruf
seiner Mannen durchschallte die Luft; im Heere des Herzogs erhob
sich der Ruf: „Zu den Waffen, zu den Waffen! der Feind naht!"

Die Schlacht begann, es war neun Uhr morgens. Mit
Ungestüm rücken die Erzbischöflichen heran, daß die Erde erdröhnt;
auf Armbrustschußweite herangekommen, macht aber der Erzbischof
Halt, da die günstige Stellung der Herzoglichen den raschen Angriff
nicht gestattet. Er richtet sich nun gegen den rechten Flügel unter
dem Befehl des Grafen von Berg. Ihm Hülfe zu bringen, sprengt
Herzog Johann, trotzdem man ihm widerrät, auf den Erzbischof
zu, gefolgt von seinen Brabantern. Sofort wendet Siegfried sich
ihm entgegen; aus seinen Reihen erschallt, das Waffengetöse über-
tönend, der Ruf: „Auf den Herzog, auf den Herzog!" Wie wildes
Hagelwetter dröhnen die Hiebe auf Schilde und Helme nieder;
manch tapferer Ritter findet hier schon den Tod. Das leuchtende
Beispiel des Herzogs Johann, der mit seinem Schwerte ringsum
alles niedermäht, erfüllt seine Truppen, die schon in Gefahr sind,
zurückgedrängt zu werden, mit neuem Mute, und vergebens sucht
der Feind ihre Reihen zu durchbrechen. Da gedenkt der Vogt des
Gelderlandes, Reiner von Keppel, dies durch List zuwege zu bringen,
indem er den Brabantern zuruft, ihr Herzog sei gefallen; aber
auch sein Angriff ist umsonst, und bald wenden sich die Geldrischen
zur Flucht.

Jetzt stürmt vom linken Flügel Graf Heinrich von Luxemburg
mit seinem Schlachthaufen heran, doch erst nach längerer Zeit gelingt
es ihm, den Herzog zu erreichen. Mit Löwenmut kämpfen die
beiden Helden, an Tapferkeit gleich, daß die Funken fliegen, doch
keiner gewinnt einen Vorteil. Von Ungeduld übermannt, fassen
sie sich mit ihren nervigen Armen bei den Schultern und ringen
mit äußerster Anstrengung, aber keinem gelingt es, den andern zu
Fall zu bringen. Da greifen die Brabanter den Grafen Heinrich
im Rücken an, und dieser muß, verhöhnt von den Feinden, sein
Pferd herumwenden. Sein Schildknappe, Walther von Wes, verwundet noch den Herzog durch einen scharfen Hieb am Arm. Graf

Walram, Heinrichs Bruder, legt die Lanze auf den Herzog ein, aber im selben Augenblick streckt ein Schwertstreich ihn tot nieder. Doch aufs neue entbrennt der furchtbare Kampf, denn Graf Heinrich stürmt wieder vor. Herzog Johann, dem drei Pferde unter dem Leibe erstochen worden, kämpfte zu Fuß wie ein verwundeter Eber. Einen Augenblick verstummen die Schlachthörner, denn Nasso von Gaver stürzt mit dem Banner Brabants; doch bald richtet es Walther von Kapellen wieder auf, und die Brabanter dringen vor. Der Herzog, einen Augenblick von den Seinigen getrennt, stürzt sich, nachdem der Schildknappe, Arnold von der Hofstab, ihm sein Pferd überlassen, sofort wieder in das heißeste Kampfgewühl und gerät abermals in einen grimmigen Zweikampf mit dem Grafen Heinrich. Dieser, im Begriff einen gewaltigen Schwertstreich nach dem Herzog zu führen, erhält von hinten den Todesstoß durch Walther von der Bisdomme; aber Herzog Johann ruft ihm zu: „Herr Walther, was habt Ihr gethan? Ihr habt den tapfersten der Ritter meuchlings ermordet!" — und als der Ritter sich entschuldigen will, spricht er zürnend: „Fort aus meinen Augen! Den Helden ehr' ich, aber ich hasse den Mörder. Unwürdig habt Ihr Euch der Ritterschaft gemacht und die meinige befleckt!" — Die Luxemburger, deren Banner inzwischen gesunken ist, und die jetzt ihres Führers beraubt sind, beginnen zu weichen und räumen bald das Feld. Des Grafen Leiche, von den Rossen zerstampft, konnte später nicht wieder aufgefunden werden.

Jetzt erklingt von seiten der Erzbischöflichen abermals der Ruf: „Auf den Herzog!" — und derselbe sieht sich von neuem angegriffen durch Siegfried selbst. Aber auch dieser Angriff wird heldenmütig und siegreich zurückgeschlagen, und Gobfried, des Herzogs Bruder, umringt mit seiner Schar den Erzbischof. In demselben Augenblick stürmen die von den Grafen Adolf von Berg und Walram von Jülich geführten frischen Truppen heran, fallen den Erzbischöflichen in den Rücken und werfen alles vor sich nieder. Siegfried ist genötigt, sich den Feinden zu ergeben. Er will sich an Gobfried von Arschot ergeben, um nicht den Kölnern in die Hände zu fallen, kann aber denselben so schnell nicht erreichen und wird von dem Grafen Adolf von Berg ergriffen. Dieser läßt ihn fesseln, eiligst über den Rhein nach dem Dorfe Monheim schaffen und in der dortigen Kirche bewachen, um den stolzen Mann am folgenden Morgen im Triumph auf das Schloß Burg an der Wupper zu bringen. Zwar weht das Banner des Erzbischofs noch stolz von seinem Heerwagen herab; aber nicht lange dauert es, so sind dessen Verteidiger von den Kölnern niedergemacht, und das Banner sinkt.

Jetzt stürmen auch die bergischen Bauern, vom Laienbruder Walther Dodde geführt, unter dem Feldgeschrei „Berge roemrijt" („Ruhmreiche Berge") mit unwiderstehlicher Wut und Gewalt dem Feinde in den Rücken, im Rachegefühl wegen der vom Erzbischof erlittenen Unbilden mit ihren schweren Keulen Ritter und Rosse niederschmetternd.

Noch versucht Graf Reinold von Geldern den Kampf aufrecht zu halten, indem er auf die Herzoglichen eindringt. Doch bald sinkt sein Banner, und er selbst wird schwerverwundet vom Kampf- platz gebracht durch den Grafen Arnold von Loß, seinen Ver- wandten. Einem Haufen der Brabanter gelingt es, den stattlichen Ritter seinen Begleitern abzujagen, ohne zu wissen, wer er war; erst nach der Schlacht erfahren sie, daß sie den Grafen Reinold zum Gefangenen gemacht.

Walram von Falkenburg stürmt endlich zu einem letzten An- griff vor; aber bald muß er selbst als Schwerverwundeter aus dem Kampfgewühl gebracht werden, und 700 Falkenburger liegen er- schlagen auf dem blutgetränkten Felde. Heinrich von Westerburg, des Erzbischofs Bruder, findet ebenfalls den Tod auf dem Schlacht- felde. Das letzte Gemetzel ist ein wahres Schlachten. Die Erz- bischöflichen kämpfen zwar noch mit der Anstrengung der Ver- zweiflung, aber es bleibt ihnen nichts übrig als die Flucht.

Acht Stunden hat die Blutarbeit gedauert; endlich, gegen fünf Uhr nachmittags, ist die Schlacht geendet, der glänzende Sieg der Herzoglichen entschieden. Die Worringer Ebene ist in ein blut- getränktes Leichenfeld verwandelt.

Die Zahl der Opfer war groß, läßt sich aber nicht genau bestimmen. Mehrere tausend Menschen fanden sicher den Tod, darunter so viele Ritter, daß die Schlacht später „die Ritter- schlacht" genannt wurde. Der Gefangenen waren fast mehr als der Sieger; letztere hatten nicht Stricke genug, um die ersteren alle zu binden, und behielten daher nur die bedeutendsten derselben. Unter diesen befanden sich außer dem Erzbischof selbst dessen Bruder Reinhard, die beiden Grafen von Nassau, Graf Reinold von Geldern die Herren von Löwenberg und Isenburg, die Burggrafen von Rheineck, Hammerstein, Drachenfels u. a. m. Durch eine unermeß-

liche Beute wurden die Sieger einigermaßen für ihre Anstrengungen
belohnt.

Herzog Johann, nachdem er sich kurze Rast gegönnt hatte,
brach noch an demselben Abend nach Köln auf, wo ihm ein fest=
licher Empfang bereitet wurde. Jubel und Freude herrschte all=
gemein. Am folgenden Tage begann man mit der Beerdigung der
Gefallenen, die erst am fünften Tage nach der Schlacht beendet
wurde; alle fanden ein gemeinsames Grab. Die Burg zu Worringen
wurde von den Kölnern gänzlich zerstört; alle Mauern, Türme und
Pforten wurden bis auf den Grund niedergeworfen und die Steine
nach Köln gebracht, wo sie zur Vollendung der Ringmauer dienten[35]).

7. Gründung der Stadt Düsseldorf.

Graf Adolf beeilte sich gleich den andern Fürsten, die Früchte
des glorreichen Sieges einzuheimsen. Schon längst hatten die
Grafen von Berg den Wunsch gehegt, am schönen Rheine, dessen
Fluten ihnen auf ihren heimischen Bergeshöhen lockend entgegen=
strahlten, und bis zu dessen Ufern ihre Herrschaft auszudehnen
ihnen gelungen war, eine Stadt zu errichten, und dieser Wunsch
steigerte sich, je mehr die Bedeutsamkeit der Städte erkannt wurde.
Zwar hatten sie innerhalb der Grafschaft schon einige Städte
gegründet: Wipperfürth, Lennep und Ratingen, aber diese lagen
zum Schaden ihrer gedeihlichen Entwicklung weitab vom Rheine,
der großen Handelsstraße. Die Versuche, zu Deutz oder anderwärts
am Rheine eine Stadt zu gründen, waren bisher durch die Eifer=
sucht des Erzbischofs und der Stadt Köln gescheitert; noch kurz
vor der Schlacht bei Worringen hatte Graf Adolf sich verpflichten
müssen, zwischen Zündorf und Rheindorf niemals eine Befestigung
oder Burg zu errichten. Jetzt aber war die Stadt Köln mit ihm
verbündet, der Erzbischof sein Gefangener; es konnte also keinen
günstigeren Zeitpunkt geben, das lange vergebens angestrebte Ziel
zu erreichen, und weise benutzte Adolf die Gunst der Umstände.
Diese wurde noch dadurch erhöht, daß er als Schiedsrichter die
Sühne zwischen der Stadt Köln und dem Erzbischof zu bedingen hatte.

Graf Adolf wählte zur Gründung einer Stadt am Rheine das
Dorf an der Mündung der Düssel, wo vor nahezu hundert Jahren
Engelbert I. das Erbgut des Edelherrn Arnold von Tyvern erworben
hatte. Durch Urkunde[36]) vom 14. August 1288 erklärte Adolf in
Gemeinschaft mit seiner Gemahlin Elisabeth Düsseldorf zur Stadt,

gleichsam zur stolzen Feier des Sieges von Worringen. Er schuf also aus dem kleinen Orte eine „Düsselstadt", die aber in dem beibehaltenen Namen „Düsseldorf" noch heute an ihren Ursprung erinnert. Einige umliegende Ortschaften schloß er in die städtische Freiheit ein; einen Graben zur Befestigung hatte er schon angelegt.

Da in jener Zeit zum Wesen und Emporkommen einer Stadt auch Klerus gehörte, so hatte Adolf V. dem Papste den Wunsch vortragen lassen, daß bei der Kirche zu Düsseldorf ein Kollegium von Kanonikern gegründet werden möge. Schon am 5. September 1288 beauftragte Papst Nikolaus IV. den Abt von Siegburg[37]), „da der Erzbischof von Köln, wie es verlaute, gefangen sei", diesen Wunsch zu erfüllen. So wurde die bisherige Pfarrkirche zur Stiftskirche erweitert; die Zahl der Geistlichen betrug anfangs nur 4, stieg aber bald auf 10 und bis zum Jahre 1394 auf 40.

8. Die Sühneverträge.

Graf Adolf handelte gegen Siegfried vorsichtig und mit großer Mäßigung. Er räumte ihm ein herrschaftliches Gemach auf der Burg ein; doch ließ er ihn sorgfältig bewachen und erlaubte ihm nicht, die Rüstung abzulegen[38]), damit man nicht sage, „er halte einen Prälaten gefangen." Hatte Engelbert noch als Gebieter auf der Burg geherrscht, so saß jetzt Siegfried dort als Gefangener — eine Thatsache, welche deutlich den eingetretenen Umschwung erkennen läßt.

Die Gefangenschaft Siegfrieds rief den Gedanken an einen einstweiligen Stiftsverweser wach, und Adolf V. nährte denselben, da man hierbei seinen Bruder Konrad nicht füglich hätte übergeben können. Das Domkapitel wurde wirklich zu diesem Zwecke nach Bonn einberufen, aber Wiebold von Holte widersetzte sich diesem Vorhaben, und ruhte nicht, bis er die Befreiung seines gefangenen Herrn erwirkte.

Am 19. Mai 1289 wurden vier Sühneverträge mit dem Erzbischof abgeschlossen: mit dem Grafen Adolf von Berg und dessen Bruder Heinrich Herrn von Windeck, mit Walram von Jülich, mit Eberhard von der Mark und Otto von Waldeck, und mit dem Herzoge Johann von Brabant.

Dem Grafen Adolf versprach der Erzbischof „als Ersatz für zugefügte Schäden," wie man es ausdrückte, die namhafte Summe von 12000 Mark köln. zu zahlen, und zwar 2000 Mark bar binnen sechs Monaten, während alles übrige auf die Einkünfte aus Stadt und Amt Deutz und die Bier= und Mühlenzölle zu Köln angewiesen wurde; zur Sicherung der Zahlung wurde der Graf zugleich in den Pfandbesitz der vier Schlösser Wied, Waldenburg im heutigen Kreise Olpe, Rodenberg bei Menden und Aspel bei Rees eingesetzt[59]. Zudem mußte er noch andere Verpflichtungen eingehen, von denen die wichtigste war, daß er in einem näher bezeichneten Bereiche am rechten und linken Rheinufer ebensowenig wie im Gebiete des Grafen Adolf eine Festung anlegen durfte. — Dem Bruder Heinrich von Windeck wurden 120 Mark Gefälle und das Erzkämmerer=Amt des Erzstifts verliehen.

Erst am 18. Juni kam die Sühne zwischen Siegfried und der Stadt Köln zustande; der Erzbischof beanspruchte alle Güter und Gefälle, welche diese sich angeeignet hatten, aber am 25. Juni sprach Adolf V. als Schiedsrichter die Bürger Kölns von allem Ersatze frei[60].

Siegfried mußte sich also zu manchen Entschädigungen und Abtretungen verstehen; er that dies jedoch in der Hoffnung auf einen günstigen Umschwung, der auch bald erfolgte. Der Papst wußte von seiner Gefangenschaft, hatte aber bisher darüber hinweg= gesehen; am 5. und 8. August 1289 ermahnt er die Beteiligten, den Erzbischof sofort freizulassen. Dies war indes schon geschehen, und Siegfried am 8. Juli wieder in Bonn eingezogen; seine Gefangenschaft hatte also fast ein Jahr gedauert[61]. Im folgenden Jahre entband ihn der Papst von allen Eiden und Versprechungen, und er trat wieder in gewohnter Weise auf; bald aber nahmen ihn die Angelegenheiten des Reiches zu sehr in Anspruch. Rudolf von Habsburg, der am 15. Juli 1291 starb, hatte durch wohl= überlegtes Nichteingreifen die Sache der Gegenpartei gefördert; bei der Wahl seines Nachfolgers war daher Siegfried äußerst thätig. und da dieselbe auf Adolf von Nassau fiel, der bei Worringen sein Verbündeter gewesen, so eröffneten sich ihm die günstigsten Aussichten. Graf Adolf von Berg hatte aber schon am 14. August 1290 mit Johann von Sayn und Eberhard von der Mark ein Bündnis zu gegenseitiger Kriegshülfe geschlossen[62], und sie werden sich gegen ihn gerüstet gehalten haben.

Siegfried zog sich um Weihnachten 1296 jedoch nach Bonn zurück, wo er am 7. April 1297 starb. Graf Walram von Jülich starb in demselben Jahre, Graf Adolf von Berg war ihm 1296 und Herzog Johann von Brabant schon 1294 vorangegangen. So

traten also die Haupthelden des Kampfes vor Worringen fast gleichzeitig vom Schauplatze der Geschichte ab und fanden „die Ruhe,
welche das wilde Treiben jener Zeit ihnen versagt hatte".

9. Die Bedeutung des Sieges bei Worringen.

Graf Adolf V. starb am 28. September 1296 und hinterließ
kinderlos seine Gemahlin Elisabeth von Geldern. „Er hegte, wie
es scheint, friedliche und gerechte Gesinnung und besaß zuletzt das
besondere Vertrauen des Königs. Es muß eine besondere Ursache
gehabt haben, daß er in der Klosterkirche zu Gräfrath, nicht in Altenberg beigesetzt worden[63]." Seine Gemahlin ruht dort neben ihm[64]).

Die Schlacht bei Worringen zählte zu den Mark- und Merk-
steinen der geschichtlichen Entwickelung im Bewußtsein der Mit-
und Nachwelt, weshalb die Erinnerung an dieselbe im Volke fort-
lebte bis zur Gegenwart, namentlich in Brabant[65]). Als Erzbischof Siegfried starb, war das auf Köln lastende Interdikt noch
nicht aufgehoben; dies geschah erst 1298 durch seinen Nachfolger
Wicbold von Holte im Auftrage des Papstes. Der Rat der
Stadt Köln ließ nun zur Erinnerung an die Schlacht die St. Boni-
fatiuskapelle auf der Severinstraße bauen und feierte dort den
Jahrestag, den 5. Juni, alljährlich durch feierliche Teilnahme an
einem Hochamte, ein Beweis, welche Bedeutung man dem Siege
beilegte. Die Stadt trat in den Genuß ihrer Reichsfreiheit und
des vollen Selbstregiments; es begann ihre Glanzperiode. Auch
die Stellung der rheinischen und westfälischen Landesherren wurde
eine mehr unabhängige; der erzbischöfliche Stuhl büßte immer
mehr an Land, Leuten und Rechten ein, seine frühere großartige
Machtstellung erlitt eine bedeutende Schwächung, und die Erzbischöfe
mußten endlich einsehen, wie wenig ihnen ihre antikaiserliche, ja
antideutsche Politik zum Heile gereichte. Freilich wurde der Kampf,
in welchem sich die niederrheinisch-westfälischen Territorialherren
aus ihrer Vasallen-Abhängigkeit von der geistlichen Oberherrschaft
des Erzbischofs befreiten und zu selbständiger landesfürstlicher Hoheit
emporschwangen, durch die Schlacht bei Worringen noch nicht völlig
zum Austrage gebracht; aber sie führte einen bedeutenden Schritt
vorwärts und unwiderleglich datiert von ihr ein Wendepunkt. Die
Wende des Jahrhunderts brachte auch eine Wendung in den Verhältnissen; eine neue Periode unserer Geschichte nahm ihren Anfang.

Sechstes Buch.

Ausgang des Hauses Limburg.
Die Grafen aus dem Hause Jülich.

Vom Ende des 13. Jahrhunderts bis zur Erhebung der Grafschaft Berg zum Herzogtum.
1296—1380.

Wilhelm I.

1. Die Erbfolge.

In unserm Grafenhause war noch immer keine Erbfolgeordnung endgültig festgesetzt; es kam daher, da Adolf V. kinderlos war, bei seinem Tode zu einigen Schwierigkeiten. Von seinen Geschwistern lebten nur noch die Brüder Konrad und Wilhelm, welche beide dem geistlichen Stande angehörten. Seine Schwester Irmgard hatte Söhne hinterlassen, auch sein Bruder Heinrich von Windeck einen Sohn, namens Adolf. Die Ansprüche der Söhne seiner Schwester waren nicht von Belang, da für die eigentlichen Erbgüter der Vorrang des Mannesstammes feststand. Sein Bruder Konrad war alt und vielleicht auch krank, da er bald starb. Es kam mithin nur sein jüngster Bruder Wilhelm, Domherr zu Köln, und sein Neffe Adolf in Betracht, und da war Wilhelm doch wohl wieder am nächsten zur Nachfolge berufen. Dieser wandte sich auch sofort an den Kaiser mit der Bitte, ihm die Grafschaft Berg, soweit sie Reichslehen sei, zu verleihen, und Adolf von Nassau war dazu im Interesse des Reichs gern bereit, obgleich eine solche Belehnung noch nie stattgefunden hatte; er erteilte sie in Koblenz am 10. Februar 1297. Graf Eberhard II. von der Mark, sein Schwager, erklärte am 19. Mai 1298 mit seinen Kindern, wegen aller Ansprüche abgefunden zu sein ¹).

2. Gunstbezeigungen des Kaisers.

Adolf von Nassau wurde am 23. Juni 1298 entsetzt; Erzbischof Wicbold, der mit ihm in keinem guten Einvernehmen stand,
erteilte dazu seine Zustimmung und wirkte bei der Wahl des
Nachfolgers, Albrecht von Österreich, am 27. Juni mit. Seine
Freundschaft mit dem neuen Kaiser hörte aber bald auf, und
seitdem befand sich Graf Wilhelm auf Albrechts Seite; er leistete dem
Kaiser wichtige Dienste, vermutlich in den Jahren 1300—1302,
auf dem Zuge nach Holland, vielleicht auch auf dem Vergeltungs-
zuge gegen die wider ihn verbündeten geistlichen Fürsten am Rhein,
und erlangte dadurch dessen besondere Gunst. Zur Belohnung
dafür umgürtete ihn Albrecht eigenhändig mit dem Ritterschwerte,
sagte ihm Schutz und Hülfe gegen männiglich zu und erklärte sein
Gebiet frei von jedem Landvogte oder anderen Vorständen, die er
am Niederrhein verordnen möchte [2]). An den Fehden, welche
zwischen dem neuen Erzbischof von Köln, Heinrich II. von
Virneburg, und dem Grafen von Jülich u. a. entstanden, hat
er wahrscheinlich nicht teilgenommen.

3. Fromme Werke.

Wilhelm hatte vom Papste die Lossprechung von den geistlichen Gelübben erlangt und sich mit Irmgard der Schönen
von Cleve vermählt. Er blieb aber dem Kirchlichen fromm ergeben, und auch seine Gemahlin war sehr kirchlich gesinnt. In
seinen letzten Regierungsjahren beschäftigte er sich daher vorzugsweise mit kirchlichen Stiftungen.

Durch Urkunde vom 25. März 1297 befreite er die Kirch-
spielsgenossen Hückeswagens, welche zugleich seine eigenen Leute
waren, von den schwersten Diensten und Leistungen, von den
niederen täglichen Arbeiten für den Herrenhof, indem er sie als
Wachszinsige dem Altare der heil. Katharina in der Pfarrkirche
unter der Verpflichtung zu den für das neue Verhältnis herkömm-
lichen Abgaben überwies. Er erhob sie also aus der strengen
Eigenhörigkeit der Vollschuldigen in die höhere Stufe der Wachszinsigen und kann daher als der Wohlthäter der Hückeswagener
Bevölkerung bezeichnet werden.

Der neue Erzbischof, schon im Mai 1304 gewählt, erlangte
erst im Dezember 1305 die Bestätigung vom Papste Clemens V.,
zu dem er sich nach Lyon begeben hatte, und kam im Frühjahr 1306

nach Köln. Bald nach seiner Ankunft erwirkte Graf Wilhelm von ihm die oberhirtliche Bestätigung der Kollegiatkirche zu Düsseldorf, bezw. der Stiftung des Kanonichen-Kollegiums an derselben[3]), welche bisher noch nicht erfolgt war. Mehreren Klöstern erwies er Wohlthaten; zu diesen gehörte Beyenburg.

Im Steinhaus zu Beyenburg befand sich ein Kloster der Kreuzbrüder, welche vielleicht Graf Adolf IV. in sein Land berufen hatte. Laut einer Urkunde von 1304 schenkte er ihnen die dortige Kapelle mit einigen Einkünften. Gleichzeitig erteilte er ihnen die Erlaubnis zur Errichtung eines Klostergebäudes und anderer Bauten. Sie erklärten aber, daß die Stätte beim Steinhause für den Bau eines Klosters unpassend sei. Graf Wilhelm schenkte daher 1309 den Mönchen den Berg „Beyenburg" mit dem am Berge gelegenen Gehölze, damit sie daselbst ein Kloster bauen könnten. Der Orden der Kreuzbrüder wurde in der Mitte des 13. Jahrhunderts in Frankreich gestiftet, und Ludwig der Heilige ließ das erste Kreuzbrüderkloster 1258 in Frankreich errichten; früher kann also das Kloster zu Beyenburg nicht gestiftet worden sein, es ist aber das erste dieses Ordens in Deutschland. Der Konvent bewohnte das Steinhaus bis über die Hälfte des folgenden Jahrhunderts hinaus; gegen Ende desselben wurde die noch vorhandene Klosterkirche gebaut[4]).

4. Tod und Grab.

Graf Wilhelm I. starb am 21. April 1308. Da er keine Kinder hatte, folgte jetzt der obengenannte Sohn seines Bruders Heinrich von Windeck als Graf Adolf VI.

Wilhelm wurde in der Familiengruft zu Altenberg beigesetzt; neben ihm ruht seine Gemahlin Irmgard von Cleve. Das große Grabmal, welches ihre sterbliche Hülle deckt, war ein seltenes Werk altdeutscher Kunst. In die Decke des aus Sandsteinquadern zusammengesetzten Sarkophags, die aus schwarzem Marmor besteht, waren die lebensgroßen Bildnisse des Grafen und der Gräfin mit weißem Marmor eingelegt; dieser weiße Marmor ist jetzt fast gänzlich ausgebrochen, der früher vorhandene Goldschmuck ebenfalls verschwunden.

Auch die Mutter Margaretha ruht in Altenberg; sie soll erst am 2. Februar 1314, Gräfin Irmgard am 12. Mai 1319 gestorben sein[5]).

Adolf VI.

———

1. Ereignisse der äußeren Politik.

Fast gleichzeitig mit dem Tode des Grafen Wilhelm sank auch Kaiser Albrecht ins Grab, getroffen von dem Mordstahle seines verblendeten Neffen Johann Parricida. An seine Stelle trat der von Dante, dem Sänger der göttlichen Komödie, überschwänglich gepriesene Heinrich VII. von Luxemburg, dessen Vater in der Schlacht bei Worringen gefallen war. Als der neue Kaiser nach seiner Krönung im Januar 1309 nach Köln kam, standen die Grafen von Berg, von Jülich und von der Mark ꝛc. in offener Fehde mit dem Erzbischof Heinrich und seinen Verbündeten⁶). Gegen Weihnachten desselben Jahres kam Kaiser Heinrich wieder nach Köln und erteilte die Reichsbelehnungen, worauf eine gegenseitige Beschwichtigung eintrat.

Im Jahre 1312 nach Ostern vermählte sich Graf Adolf mit Agnes von Cleve, die von ihrem Bruder, dem Grafen Dietrich VIII., Duisburg als Aussteuer erhielt. Der ritterliche Kaiser Heinrich VII. wurde am 24. August 1313 in Italien von frühem Tode ereilt; sein siebzehnjähriger Sohn, König Johann von Böhmen, trat zuerst als Bewerber auf und versprach unserm Grafen, der ihm zur Erlangung der Krone seine Hülfe zugesagt hatte, 5000 Mark und die Reichspfandschaft zu Duisburg⁷). Auf seiten der Erzbischöfe von Mainz und Trier, welche in der Voraussicht, die Wahl Johanns nicht durchführen zu können, sich für Ludwig von Bayern geeinigt hatten, stand mit den Grafen von Jülich, Cleve u. a., sowie den Städten Aachen und Köln auch Graf Adolf; er gehörte also wieder zu den Gegnern des Erzbischofs von Köln, der Friedrich den Schönen von Österreich krönte. Letzteres geschah zu Bonn, während die Krönung Ludwigs zu Aachen stattfand. Die Stadt Köln öffnete Ludwig ihre Pforten und huldigte ihm. Zu den Grafen und Herren, welche sich zur Vertretung dieses Schrittes verpflichteten, gehörte auch Adolf VI.⁸). Ihm bestätigte Ludwig die Reichspfandschaft von Duisburg, erhöht um 1000 Mark, und wies ihm außerdem für schon geleistete und künftige Dienste 11000 Mark auf einen Rheinzoll an, den der Graf in seinem Gebiet oder anderswo errichten werde⁹).

Während Köln Mittelpunkt der Partei Ludwigs war, hatte Erzbischof Heinrich Deutz zur Stadt erhoben und dessen Befestigung veranlaßt. Doch schon im März 1317 mußte sich Deutz dem Rate von Köln verpflichten, auf dessen Gesinnen die Befestigungen wieder zu beseitigen, und nur das Siegel der darüber ausgestellten Urkunde giebt uns Kunde von der flüchtigen Erscheinung einer „Reichsstadt Deutz, dem Werke des Erzbischofs von Köln.“ Die Folge davon war ein engeres Bündnis zwischen der Stadt Köln und dem Grafen Adolf, worin dieser gelobte, „jede künftige Befestigung von Deutz, das Einlagern von Feinden daselbst, das Aufstellen von Kriegs= schiffen und die Aufnahme von Gebannten mit seiner ganzen Macht abwehren zu wollen.“ Die Nachkommen Adolfs erneuerten dieses Bündnis [10]).

Am 22. Juni 1317 brachte König Ludwig zwar einen sieben= jährigen Landfrieden zustande, aber dessenungeachtet stiegen Raub und Fehde aufs äußerste.

Durch die Schlacht bei Mühldorf am 28. September 1322 erlangte Ludwig entscheidendes Übergewicht, indem Friedrich besiegt und gefangen wurde. Der Erzbischof von Köln, dieser Stütze beraubt, suchte sich nun in Westfalen zu stärken und schloß mit dem Bischof von Münster ein Schutz= und Trutzbündnis, in welchem Graf Adolf von Berg als befreundet genannt wird; dasselbe war zunächst gegen den Grafen Engelbert von der Mark gerichtet. Im Frühjahr 1323 entbrannte der Kampf; als aber 1524 Engelbert von der Mark die Burg Volmestein zerstörte, leistete Adolf von Berg ihm Hülfe und hatte also die Partei des Erzbischofs wieder verlassen. Anfangs Januar wurde ein Waffenstillstand [11]) geschlossen; aber der Erzbischof sah sich von nun an überhaupt zu einem fried= lichen Verhalten genötigt.

2. Regierungshandlungen und Erfolge.

Graf Adolf verlieh dem Orte Mülheim am Rhein mit Ur= kunde vom 7. März 1322 städtische Freiheit und Verfassung; auch erweiterte er 1325 die Privilegien der Stadt Lennep. — Als Kaiser Ludwig dem Grafen Adolf den Pfandbesitz von Duisburg mit dem Zolle bestätigte und ihm außerdem eine Summe von 11000 Mark verschrieb, die er aus den Gefällen eines in seinem Gebiete zu errichtenden Rheinzolles erheben sollte, hatte der Graf die Wahl des Ortes sich vorbehalten und dabei gewiß an Düsseldorf gedacht. Sichere Kunde von dieser Zollstätte erhalten wir im Januar 1324, indem Ludwig in Form eines Befehles dem Grafen Adolf bewilligte[12]), den bisher vor dem Duisburger Walde erhobenen Zoll künftig bei Düsseldorf einnehmen zu lassen. Dadurch war für diese Stadt am Rhein ein in jener Zeit unentbehrlicher Hebel des Aufschwungs erreicht, obgleich infolge der Anfeindungen von Köln aus noch langandauernde Schwankungen stattfanden; augenblicklich aber konnte der Erzbischof an Einspruch nicht denken. Als Lehnsherr des Schlosses Angermund genehmigte er jetzt, daß[13]) Adolf dasselbe seiner Gemahlin Agnes zum Widum bestellt hatte.

Um den geschwundenen Glanz des Kaisertums und die Ehre des Reichs wieder herzustellen, unternahm Ludwig, von romantischem Geiste beseelt, 1327 einen Zug nach Italien. Trotz des erneuerten päpstlichen Bannfluches zog er 1328 in Rom ein, wo er mit allgemeinem Jubel empfangen und „im Namen des römischen Volkes" zum Kaiser gekrönt wurde. Zu den Fürsten, welche ihn auf seinem Römerzuge begleiteten, gehörte auch Graf Adolf von Berg. Nach seiner Kaiserkrönung gewährte Ludwig unserm Grafen[14]) am 27. Juli 1528 das Recht, in seiner Münze zu Wipperfürth, die ihm vom Reiche bewilligt ist, fortan auch silberne Turnosgroschen prägen zu lassen, den andern Turnosen gleich an Gehalt und Gewicht. Wir ersehen daraus, daß er sich fortgesetzt des Kaisers hoher Gunst zu erfreuen hatte.

Im Jahre 1332 starb Heinrich von Virneburg, und der Papst, um das Haus Jülich und mit ihm das Erzstift Köln sich zu verbinden, ernannte Walram, den Bruder des Grafen Wilhelm VI. von Jülich, ohne vorgängige Wahl seitens des Domkapitels zum Erzbischof. Nach dem 1334 erfolgten Tode des Papstes aber schloß Graf Wilhelm dem Kaiser sich wieder enger an und erhielt von diesem bedeutende Gunstbezeugungen.

Graf Adolf von Berg hatte keine Kinder, seine Schwester Margaretha, Gräfin von Ravensberg, nur Töchter. Eine derselben, auch Margaretha genannt, war mit Gerhard von Jülich vermählt, dem ältesten Sohne des Grafen Wilhelm. Die Dienste des letzteren belohnte nun Kaiser Ludwig im Feldlager bei Scherdingen am 16. August 1336 dadurch, daß er ihn und den genannten Sohn mit der Grafschaft und den zugehörigen Reichspfandschaften für den Fall belehnte, wenn Adolf ohne eheliche Kinder sterben sollte[15]). Fünf Tage später erhob er den Grafen Wilhelm zum Markgrafen, denn derselbe nahm, wie die meisten Fürsten und Städte am Rhein, an des Kaisers Unternehmungen fortdauernd treuen Anteil.

3. Adolfs letzte Regierungszeit.

In seiner letzten Regierungszeit sehen wir den Grafen Adolf VI. hauptsächlich als Schiedsrichter und Friedensstifter auftreten, so in den Verwickelungen, in welche Erzbischof Walram in Westfalen geriet, worüber Urkunden vom 22. Juni 1341, 24. August 1344 und 25. November 1345 vorliegen[16]). Im Jahre 1338 hatten die versammelten Kurfürsten zu Rense erklärt, daß fortan die Wahl des deutschen Königs auch ohne päpstliche Bestätigung Gültigkeit habe; aber diese Einigkeit schwand bald wieder, und ein Teil der Kurfürsten, darunter auch Walram von Köln, wählten auf Betreiben des Papstes am 11. Juni 1346 Karl IV. zum Gegenkaiser, und Walram krönte ihn zu Bonn. Die Mehrzahl des deutschen Volkes hielt jedoch zu Ludwig, der aber am 11. Oktober 1347 auf einer Bärenjagd plötzlich seinen Tod fand. Am 23. Oktober desselben Jahres starb auch Graf Adolf von der Mark, und ein halbes Jahr später, am 3. April 1348, wurde Graf Adolf von Berg ebenfalls zu seinen Vätern versammelt. Er ruht im Dome zu Altenberg unter einem schönen Grabmal, aus großen Stücken von körnigem Sandstein bestehend; dasselbe wurde beim Einsturz des Chores im Jahre 1821 leider zertrümmert, doch ist die lebensgroße Büste des Grafen in völliger Rüstung wieder zusammengefügt. Früher hing neben dem Grabmale eine Holztafel mit einer Grabschrift[17]), welche in lateinischen Versen die Verdienste Adolfs pries.

Gerhard I.

1. Jülich und Ravensberg.

Adolf VI. war der letzte männliche Sproß des bergischen Stammes aus dem limburgischen Hause; mit ihm erlosch also das zweite Regentenhaus von Berg. Wir wissen bereits, daß für diesen Fall Gerhard von Jülich mit der Grafschaft Berg belehnt war. Mit ihm kam nun das dritte Regentenhaus, das Haus Jülich, zur Regierung unseres Landes. Die Grafen von Jülich sind uns schon wiederholt in unserer Geschichte begegnet. Bereits im 11. Jahr=

hundert kommen mehrere Gerharde von Jülich vor; der erste, welcher
unter Heinrich IV. mit Sicherheit als ein Graf von Jülich bezeichnet
werden kann, hieß ebenfalls Gerhard.

1168 tritt Wilhelm I. als Vogt von St. Kunibert zu Köln
auf. Am Ende des 12. Jahrhunderts gehörten die Jülicher Grafen
schon zu den mächtigsten Gebietsherren zwischen Eifel, Maas und
Rhein. Wilhelm IV., 1219—71, war einer der vorzüglichsten
Herrscher seines Stammes, wir haben ihn bereits in seinem denk=
würdigen Kampfe gegen die Erzbischöfe Konrad von Hochstaden und
Engelbert von Falkenburg kennen gelernt. Sein Sohn Wilhelm V.
war es, über dessen Tod 1278 Siegfried von Westerburg jubelte.
Sein zweiter Sohn, Graf Walram, kämpfte bei Worringen mit
gegen Siegfried, und sein dritter Sohn Gerhard, der 1297 als
Graf folgte, blieb in derselben feindlichen Stellung zum Erzstifte.
1328 folgte dessen Sohn Wilhelm VI., der Vater unseres Gerhard.
Dem letzteren war, wie 1348 Berg, so bereits 1346 Ravensberg
infolge seiner Vermählung mit Margaretha zugefallen. Die
Burg Ravensberg wird 1141 zuerst urkundlich erwähnt; seitdem
kommen die Grafen von Ravensberg oft in Urkunden vor. Graf
Ludwig I. überließ, wie wir wissen, 1244 Barmen dem Grafen
Heinrich von Berg; er starb 1249. Ihm folgte Otto II. und
dann Otto III., welcher 1329 starb. Dessen Gemahlin Margaretha
von Berg war, wie wir sahen, die Schwester unseres Grafen
Adolf VI., und seine Tochter Margaretha mit Gerhard von Jülich
vermählt. Graf Bernhard von Ravensberg, welcher Otto III.
nachgefolgt war, hatte Gerhard zum Erben eingesetzt, und dieser
war nach Bernhards Tode vom Kaiser Ludwig am 10. August 1346
mit der Grafschaft Ravensberg belehnt worden[18]).

Die damalige Zeit war eine äußerst trübe. Gesetzlosigkeit
und ein wildes Raub= und Fehdewesen herrschte im deutschen Reiche,
und es wurde zugleich von Heuschreckenzügen, Hungersnot und einer
furchtbaren Seuche heimgesucht. Diese Pest, der „schwarze Tod"
genannt, ähnlich der Cholera unserer Zeit, wälzte sich im Jahre
1349 auch über unsere Gegend. Die Büßenden, welche Deutschland
durchzogen, steigerten die allgemeine Aufregung, und es erhob sich
eine große Judenverfolgung, weil das Volk eine Ursache seines
Elends suchte. Endlich aber erlosch die Seuche, die Empörungen
legten sich, und „die Welt hub wieder an fröhlich zu sein."

2. Sturm und Drang.

Die Nachfolge eines fremden Prinzen infolge Erbeseinsetzung hatte ihre Schwierigkeiten, doch war es dem Grafen Gerhard gelungen, am 1. Oktober 1346 die Stände von Ravensberg zu bewegen, ihn namens seiner Gemahlin anzuerkennen. Gegen den Grafen von Ritberg, der ihn anfeindete, fand er alsbald Stütze und sicherte den ruhigen Besitz der Grafschaft durch einen fünfjährigen Landfrieden, den er am 8. Februar 1348 mit den Bischöfen von Osnabrück und Minden, anderen benachbarten Gebietsherren und mehreren Städten einging. Am 3. April desselben Jahres machte ihn der Tod des Grafen Adolf von Berg zum Nachfolger desselben, und er richtete seinen Blick auf die wichtige Reichsveste Kaiserswerth, welche sein Vater noch inne hatte.

Die bisherigen günstigen Erfolge hatten die Herrschlust in dem jugendlichen Fürsten gesteigert; er ließ sich zu unüberlegten Schritten verleiten, ja sogar zu der Frevelthat, in Gemeinschaft mit seinem jüngeren Bruder Wilhelm gegen den Vater sich gewaltsam aufzulehnen. Der Oheim Walram, erbittert darüber, daß Gerhard von ihm die kölnischen Lehen nicht empfangen wollte, ihn in der Übung der geistlichen Gerichtsbarkeit behinderte und den Zoll zu Kaiserswerth ohne Ermächtigung erhöht hatte, stand dem Vater bei. Doch scheint es bei der gegenseitigen Rüstung geblieben zu sein. Die Söhne, zur Einsicht gekommen, unterwarfen sich dem Schiedsspruche des Vaters, des Oheims und des Grafen von Loß, welcher am 19. Juli zu Köln stattfinden sollte. Eine Urkunde darüber fehlt; als aber Karl IV. am 16. August nach Köln kam, war alles ausgeglichen. Am folgenden Tage verlieh der Kaiser dem Grafen Gerhard die Regalien von Berg und Ravensberg und gestattete ihm, die Zollgefälle zu Kaiserswerth ferner erheben zu lassen. Weitere Zusagen hinsichtlich des Zolles, der kölnischen Pfandschaften u. s. w. folgten[19]). Erzbischof Walram zog sich nach Paris zurück, wo er bald nachher starb; zu seinem Nachfolger wurde am 1. November 1349 Wilhelm von Gennep ernannt, und zwar gegen die Absicht des Kaisers. Das beharrliche Streben des neuen Erzbischofs nach gesetzlicher Ordnung verschaffte ihm Karls Anerkennung.

Um dem Klerus aufzuhelfen, vollzog er mehrere Einverleibungen von Pfarrkirchen; u. a. erhielt die Abtei Siegburg die

Kirche zu Overath, bei welcher Gelegenheit wir vernehmen, daß die Abtei im eigenen Kloster 50 und in ihren Zellen und Propsteien 40 Konventualen ernährte[20]).

Durch ein Schiedsgericht wurden zwischen dem Grafen Gerhard und dem Erzbischof geordnete Verhältnisse hergestellt.

3. Gebietserweiterungen.

a. Hardenberg.

Um die Burg Hardenberg bei Neviges hatte sich eine kleinere Herrschaft gebildet, deren Besitzer um die Mitte des 12. Jahrhunderts zuerst urkundlich genannt werden. Damals muß die Familie sehr angesehen gewesen sein. Hermann I. vertrat 1148 im Keldachgau bei dem Hauptgerichte zu Kreuzberg den Pfalzgrafen Hermann von Stahleck. Dieser Hermann I. war der einzige oder wenigstens der letzte Hardenberger, welcher den Titel Graf führte. Sein Bruder Nivelung I. kommt noch im Jahre 1154 in einer Urkunde als Zeuge vor. „Von da an bis zum Beginn des 14. Jahrhunderts finden sich nur sehr vereinzelte Nachrichten über die Glieder des Geschlechts. Wir erkennen indes soviel daraus, daß dies in seiner Bedeutung sehr herabgesunken sein muß". In einer Urkunde des Jahres 1315 werden Engelbert von Sayn und Nivelung von Hardenberg als „edele lude" zuerst unter den Zeugen genannt. Die Vermögensverhältnisse des Geschlechts gingen so zurück, daß sie genötigt waren, sogar ihre Herrschaft Hardenberg zu verkaufen.

„Am 28. Dezember 1355 verkaufen Heinrich II. Herr von Hardenberg Ritter und sein Sohn Heinrich III. von Hardenberg mit Zustimmung von Alheid, Tochter des ersteren, an den Grafen von Berg und Ravensberg für 6000 Mark ihre freie Herrschaft, Eigen und Gut, nämlich ihre Herrschaft und Wohnung, das Haus zu Hardenberg, und ihre zwei Höfe Neviges und Melmershof nebst allen Höfen, welche in diese zwei zu einigem Rechte zu gehören pflegen in den Ämtern Neviges, Langenberg, Mettmann und Düssel, sowie den Dienstleuten, wachszinsigen Leuten und eigenen Leuten, die in den obigen Ämtern oder im ganzen Land von Berg wohnen. Ausgenommen sind der alte Slyper und seine Kinder, sowie alles, was in den märkischen Lehnhof Bodesfeld gehört[21]).

Seit dem Verkaufe des Stammsitzes wohnten die Herren von Hardenberg auf der Burg Hardenstein an der Ruhr. Heinrich V.

war der letzte männliche Sproß der Familie. Er starb 1463 und hinterließ eine Tochter Christine, welche ihrem Gemahl Ruprecht Stael von Holstein die Besitzungen der Harbenberge zubrachte[22].“

b. Kaiserswerth und Solingen.

Dem Grafen Gerhard und seiner Gemahlin Margaretha wurde von dem Vater Schloß, Stadt und Zoll Kaiserswerth gänzlich überlassen.

Sie kauften sodann von dem Ritter Heinrich von Oest den Stammhof Solingen mit dem Kirchenpatronate und allen Zugehörungen[23]).

4. Gerhards Verhältnis zu Karl IV.

Dem Kaiser Karl IV. verdankt Deutschland die erste deutsche Universität, welche er unter Mitwirkung des ihm befreundeten Dichters Petrarca in seiner Hauptstadt Prag 1348 gründete, sowie das berühmte Reichsgrundgesetz von 1356, welches unter dem Namen „goldene Bulle“ bekannt ist. Auf dem großen Fürstentage zu Metz um Weihnachten des genannten Jahres, wo dieses Reichsgesetz verkündigt wurde, erhob Karl den ihm treu ergebenen Markgrafen Wilhelm von Jülich feierlichst zum Herzoge. „Auch dem Sohne desselben, dem Grafen Gerhard von Berg, der noch kürzlich mit dem Herzoge Johann von Brabant in dessen Kriege gegen den Grafen von Flandern wegen Mechelen tapfer gefochten[24]), erwies der Kaiser seine Gunst. Er bestätigte ihm[25]) die Pfandschaft an dem Reichsorte Remagen, erhöhte den Pfandschilling um 5000 Goldschilde, erlaubte ihm, den Ort zur Stadt zu befestigen und die Baukosten der Pfandsumme hinzuzurechnen.“

5. Die Einteilung der Grafschaft Berg in Ämter.

In dem Jahrzehnt zwischen 1350 und 1360 fand jedenfalls der Zusammenschluß der Ämter im Bergischen statt. Die Drosten, Amtleute oder Kellner, auf den Haupt- und Stammsitzen der Bergischen Grafen zu Altenberg, Burg, Angermund, Windeck und Bensberg zuerst eingesetzt, haben unter Mitwirkung der Kastellane oder Schloßverwalter, Vögte und Richter „in ihrer rechnenden und beaufsichtigenden Thätigkeit langsam aber sicher die Kreise gezogen, in und aus denen sich nach und nach die Ämter des Landes bildeten.“ Im Jahre 1358 werden aufgezählt[26]) sechs Amtleute und fünf Städte: Siegburg, Wipperfürth, Lennep, Ratingen und Düsseldorf. Auch die frühesten Spuren bergischer Kellnerei= rechnungen gehören der Zeit von 1360 an. Kurze Zeit vorher war im Erzstifte Köln die Ämterverfassung zur Durchbildung gelangt. In einer Urkunde[27]) vom 6. September 1363, welche den ganzen Umfang der Grafschaft Berg angiebt, werden als Städte genannt: Ratingen, Düsseldorf, Wipperfürth, Lennep, Radevormwald und Mülheim am Rhein; als Ämter mit ihren Dörfern und Kirchspielen werden aufgezählt: 1. Amt und Land Angermund mit Kreuzberg, Breitebrücke (d. i. Landgerichtsbezirk in der Brügge, nach Erhebung von Ratingen zur Stadt), Mülheim an der Ruhr und Homburg; 2. Amt Monheim mit Monheim, Hitdorf, Rheindorf, Reusrath, Richrath, Himmelgeist, Bilk und Hamm; 3. Amt Mettmann mit Mettmann, Gerresheim und Erkrath; 4. Amt Solingen mit Solingen, Wald, Sonnborn, Gruiten, Düssel, Schöller und Hilden; 5. Amt Miselohe mit Opladen, Neukirchen, Lützenkirchen, Leichlingen, Wiesdorf, Burscheid, Witzhelden, Schlebusch und Bürrig; 6a. Amt Bornefeld mit Thünn, Wermelskirchen, Lüttringhausen, Remscheid und Dabring= hausen; b. Kirchspiel Hückeswagen; 7. Amt Bensberg mit Odenthal, Paffrath, Stammheim, Dürscheid, Bensberg, Porz, Volberg, Lülsdorf, Mondorf und Bergheim; 8. Amt Steinbach mit Wipperfeld, Bechem, Kürten, Olpe, Lindlar, Overath, Engels= kirchen, Keppel (Hochkeppel) und dem Kirchspiel Wipperfürth.

In einer Urkunde vom 8. Juni 1387 werden dieselben Ämter und Ortschaften wiederholt, und noch in Hebelisten aus dem ersten Drittel des 15. Jahrhunderts sind die genannten acht Ämter als die alten Hauptämter des Bergischen Landes allein berücksichtigt. Im Laufe der Zeit aber stieg ihre Zahl[28]).

Ausgelassen sind in der obigen Aufzählung das Amt Beyen= burg mit Remlingrade und Barmen, die Kellnerei Burg und die Vogtei Siegburg.

6. Gerhards Tod.

Zu einer sehr wichtigen Gebietserweiterung wurde noch der Grund gelegt durch die Vermählung von Gerhards Schwester Philippa mit Godart von Heinsberg zu Dalenbroich, dem Bruders= sohne des kinderlosen Grafen Dietrich von Loß, Herrn zu Heinsberg und Blankenberg. Gerhard erlebte dies aber nicht mehr, auch nicht die Nachfolge in Jülich, denn er starb noch zu Lebzeiten des Vaters. Am 18. Mai 1360 fiel der tapfere junge Fürst in einem Gefechte gegen den Grafen Arnold von Blankenheim. Er hinterließ einen einzigen noch unmündigen Sohn, Wilhelm, und zwei Töchter, Elisabeth und Margaretha.

Graf Gerhard I. wurde gleich seinen Vorfahren in der Familiengruft zu Altenberg beigesetzt. Seine Gemahlin Margaretha, die ihn lange überlebte, ließ ihm dort ein prachtvolles Grabmal errichten, welches noch recht wohl erhalten ist. Es ist demjenigen seines Vorgängers Adolf VI. ähnlich, in gleicher Form und aus gleichem Stoffe, aber noch fleißiger gearbeitet, auch noch etwas größer. Auf der Decken ruhen die Büsten Gerhards und seiner Gemahlin, er in voller Rüstung, aber entblößten Hauptes, sie in weitem Gewande nach damaliger Tracht; selbst die Schlüssel fehlen nicht an dem Gürtel der hochgeborenen deutschen Hausfrau. Der Gräfin Füße ruhen auf Hunden, als den Sinnbildern der Häuslichkeit, des Grafen Füße aber auf Löwen, als Sinnbildern der Ritterlichkeit.

Wilhelm II. als Graf.

1. Die Mitregierung seiner Mutter.

Nach dem Tode des Grafen Gerhard I. trat sein Sohn Wilhelm II. die Herrschaft unter der Mitregierung der Mutter Margaretha an. Nach der alten Rechtssitte des Hauses Berg wurde sie zwar nicht bei eigentlichen Regierungshandlungen und neuen Erwerbungen, aber fortdauernd bei Verfügungen über älteres Besitztum zugezogen. So wurde noch 1374 ihre Zustimmung nachgesucht bei der Erwerbung eines Hofes durch die Abtei Deutz, welche der Graf bereits bewilligt hatte²⁰).

Über Anlaß und Sühne des unglücklichen Kampfes, welcher den Grafen Gerhard I. in seinem besten Mannesalter hinweggerafft hatte, fehlen die Verbriefungen; es liegen nur die Zeugnisse vor über den Empfang von 10000 Goldschilden, womit die Gefangenen ausgelöst wurden.

In der Grafschaft Ravensberg wurden durch kräftiges Einschreiten des Grafen Wilhelm die anfangs widerstrebenden Stände willig, der Mutter zu huldigen, die dann den Sohn zum Regenten einsetzte. Wilhelm schloß hierauf ein friedliches Bündnis mit den Bischöfen von Osnabrück und Paderborn, so daß er sich nun ungeteilter der wichtigeren Grafschaft Berg zuwenden konnte[30]).

2. Gebietserweiterungen.

Der oben erwähnte Godart oder Gottfried II. von Heinsberg und Dalenbroich hatte 1361 den Oheim Dietrich von Loß, Herrn von Heinsberg, Blankenberg und Löwenberg beerbt, war aber wegen Loß, einem Lehen des Bistums Lüttich, in Fehde geraten und in große Schulden gekommen. Er sah sich daher genötigt, seine Besitzungen an der Agger und Sieg, nämlich die Kirchspiele Honrath, Altenrath, Sieglar, Rheydt und Oberkassel unserm Grafen zu verkaufen. Diesen hatte er schon beim Ausbruch der Fehde nachgiebig angehen müssen, um betreffs der ihm ferngelegenen Herrschaften Blankenberg und Löwenberg ein friedliches Verhältnis zu Berg herzustellen, da schon seit des Oheims Zeiten wegen Errichtung des Burghauses zu Lohmar Spannung bestand. Jetzt verpfändete er ihm auch Stadt und Land Blankenberg für 60000 Mottunen; obgleich er kurz vorher dem Grafen Johann von Nassau auf dieses Gebiet eine Rente von 400 Goldschilden verschrieben hatte. Mit dem letzteren verständigte sich nun Graf Wilhelm von Berg dahin, daß er ihm versprach, ferner keine Herrschaft Gottfrieds an sich zu bringen und ihm die Rente von 400 Mark nebst einer zweiten von 150 Mottunen jährlich aus dem Zolle zu Kaiserswerth zu zahlen[31]).

Inzwischen hatte Graf Wilhelm sich mit Anna, Tochter des Pfalzgrafen Ruprecht des Jüngern, vermählt und einen Brautschatz von 24000 Gulden auf den Zoll zu Kaub angewiesen erhalten[32]). Dies mochte ihn ermutigt haben, ein so beträchtliches Gebiet zu erwerben, obgleich die verfügbaren Zahlungsmittel nicht ausreichten. Die Folge war, daß er den Hof Solingen wieder veräußern, die Herrschaft Hardenberg verpfänden und auch noch zu Anleihen schreiten mußte, welche nach damals üblicher Weise gegen Verschreibung von Leibrenten beschafft wurden, zu deren Zahlung im Übermaß der Sicherheitsgewährung sich Land und Leute verpflichteten. Die Verschreibungsurkunde[33]) vom 6. September 1363, durch die Graf Wilhelm von Berg mit Gemahlin, Mutter und Schwester, und die Städte und Dorfschaften der Grafschaft dem Sohne des Ritters Johann von Hirsch zu Köln für gezahlte und zum Ankauf von Blankenberg verwendete 400 Goldflorin eine jährliche Leibrente von 50 derselben versichern, enthält die oben bereits angeführte Aufzählung der Städte, Ämter und Dörfer.

Es war ein verderblicher Ausweg, welchen man eingeschlagen hatte; er wurde deshalb auch bald wieder verlassen, indem man wieder zur alten Nothülfe griff. In Gemeinschaft mit Gemahlin, Mutter und Schwester verpfändete Graf Wilhelm im Jahre 1368 seinem Schwiegervater Ruprecht die Burg und Stadt Kaiserswerth mit dem Zolle, der Vogtei und allen Zugehörungen für 57593½ Goldflorin. Dabei war jedenfalls die Erwägung maßgebend, daß man unter allen Umständen verhüten müsse, die von der Grafschaft unmittelbar umgebene Reichsfeste in fremde oder gar feindliche Hände zu bringen. Kaiser Karl IV. genehmigte die Verpfändung, welche noch eine Auseinandersetzung mit Johann von Nassau zur Folge hatte[34]).

3. Fehden und Wirren.

Im Jahre 1371 unterstützte Wilhelm II. den Oheim Herzog Wilhelm von Jülich in einer Fehde gegen des Kaisers Bruder, den Herzog Wenzel von Brabant. Am 22. August wurden die Brabanter bei Baesweiler entscheidend geschlagen, zu welchem Erfolge Herzog Eduard von Geldern wesentlich beitrug. Der Herzog von Brabant wurde zum Gefangenen gemacht. Der Herzog von Geldern fand noch nach beendigter Schlacht seinen Tod durch einen Pfeilschuß. Kaiser Karl IV. vermittelte einen für Jülich günstigen Frieden. Wilhelm, der eben genannte zweite Herzog von Jülich, welcher seinem Vater 1361 gefolgt war, hatte einen Sohn, auch Wilhelm genannt; diesem verlieh der Kaiser das durch den Tod des Herzogs Reinald (der seinen Bruder Eduard nicht lange überlebt hatte) erledigte Herzogtum Geldern und die Grafschaft Zütphen. So kam 1372 Jülich und Geldern in eine Hand.

Der Schwester der Herzogin von Jülich, Mathilde von Geldern, war es jedoch gelungen, als ihr Erbteil an der Nachlassenschaft ihrer Brüder Eduard und Reinald die Hälfte des Herzogtums Geldern auf Lebenszeit zu erstreiten. Durch diesen Erfolg mag Graf Wilhelm von Berg bewogen worden sein, auch seinerseits Forderungen zu erhaben, da er sich ebenfalls an seinem Jülich'schen Erbteile für verkürzt erachtete, und es entspann sich dadurch eine fast zweijährige Fehde, welche im März 1376 beendet wurde. Herzog

Wilhelm[35]) von Jülich übernahm alle Ansprüche an den Vetter Wilhelm von Berg aus dem Kampfe zu Baesweiler, gestattete ihm, Forderungen an den Grafen von Blois, Mathildens Gemahl, in dessen Hälfte von Geldern zu verfolgen, und trat ihm Sinzig und Breisig ab.

Unter den rohen Wirren der Zeit sehen wir die Städte in hoher Blüte; für das Bürgertum und auch für den Bauernstand war das Zeitalter der Kreuzzüge von segensreichen Folgen gewesen. Der Hansabund befand sich auf seiner Höhe; 1364 gehörten 85 Städte demselben an. Aber auch in den Städten tobten die Kämpfe des Handwerkertums gegen das Patriziertum, der Zünfte gegen die Geschlechter. Mit abwechselndem Glücke wurden derartige Kämpfe in Köln von 1269 bis 1396 geführt. Wir haben auch gesehen, welche Kämpfe die Erzbischöfe gegen das aufstrebende Bürgertum führen mußten. Im Frühjahr 1372 zog Friedrich von Saarwerden als Erzbischof in Köln ein. Die Weberzunft, welche sich erhoben hatte, war zwar nach heftigem Kampfe zur Ruhe gebracht worden, aber mit den übrigen Zünften entstanden ebenfalls Reibungen. Der Erzbischof mischte sich in den Streit, und bald traten Zustände ein, wie unter Konrad von Hochstaden und Engelbert von Falkenburg.

Kaiser Karl IV. bestimmte im November 1374 den Erzbischof zu der Zusage, seinen Sohn Wenzel zum römischen Könige zu wählen und zu krönen. Dies geschah auch wirklich; am 1. Juni 1376 fand die Wahl und am 24. Juni die Krönung Wenzels statt. Karl bot nun sein ganzes Ansehen auf, die Stadt Köln in ihrem Streite gegen den Erzbischof zum Vergleiche zu bewegen.

4. Die Erhebung der Grafschaft Berg zum Herzogtum.

Obgleich Herzog Wilhelm von Jülich dem Erzbischof seinen Beistand verweigert hatte, blieb der Kaiser doch demselben zugethan und bewilligte ihm mehrere Zölle; auch schloß sein Bruder, Herzog Wenzel von Brabant, mit ihm und seinem Sohne, sowie dem Grafen Wilhelm von Berg ein Freundschafts- und Hülfsbündnis[36]) auf Lebenszeit. Wir sehen also, daß der Kaiser, von dem jedenfalls die Anregung zu diesem Bündnisse ausging, bemüht war, auch den Grafen von Berg sich zum Danke zu verpflichten; weitere Beweise seiner Gunst folgten.

Im November 1377 ermächtigte Karl IV. unsern Grafen, in Sinzig und Breisig einen Weinzoll zu erheben, bestätigte demselben alle Privilegien und Besitzungen und ernannte ihn zu seinem geheimen Rat und Hausgenossen. Kurz darauf, am 4. Dezember, gestattete er dem Grafen Wilhelm, den Zoll, den dessen Vorfahren zu Duisburg vor dem Walde erhoben, künftig zu Düsseldorf erheben zu lassen. Selbst des Grafen Mutter wurde mit einem Landzolle bedacht[37]).

Am 29. November 1378 starb Kaiser Karl IV.; sein Sohn Wenzel, der das achtzehnte Lebensjahr noch nicht vollendet hatte, folgte ihm. Derselbe brachte zu gunsten des Papstes Urban VI., dem man in Frankreich einen andern Papst, Clemens VII., entgegengestellt hatte, ein Bündnis zustande, dem im September die Herzoge von Jülich und Geldern beitraten; jedenfalls hat auch Graf Wilhelm von Berg dasselbe gethan[78]). Durch den innigen Anschluß des Hauses Jülich an ihn und seinen Oheim Wenzel wurde der junge Kaiser sehr wahrscheinlich bewogen, den Grafen Wilhelm von Berg in besonderer Weise auszuzeichnen. Auf dem Reichstage zu Aachen, am 24. Mai 1380, erhob er[39]) denselben zu einem Fürsten und Herzoge und die Grafschaft Berg zu einem Herzogtum und Fahnenlehen; zugleich verlieh er dem neuen Herzoge die Würde, bei Feldzügen das kaiserliche Streitroß am Zügel zu führen und bei feierlichen Gastmahlen dem Kaiser vorzuschneiden.

Wilhelm nannte sich nun Herzog von Berg und Graf von Ravensberg.

5. Die Vollendung des Altenberger Domes.

Um diese Zeit wurde auch der Bau des Domes zu Altenberg zum Abschluß gebracht. Dem Kloster stand damals der Abt Johann von Schalverburg vor. Wiebold, ein Kölner von Geburt, welcher Bischof von Culm gewesen war, sich aber genötigt gesehen hatte, sein Bistum zu verlassen, zog sich nach Altenberg zurück und wurde des Klosters Wohlthäter. Er verwendete sein ganzes Vermögen auf die Vollendung der Klosterkirche, verlängerte das Schiff derselben zu seiner jetzigen Gestalt und weihte den vollendeten Tempel am 8. Juli 1379 ein.

Das große Fenster über dem Haupteingange rührt ebenfalls von Wiebold her; unter den vielen Bildnissen, welche es enthält, befindet sich auch dasjenige des Grafen Wilhelm II., des damals regierenden und im folgenden Jahre zum Herzog erhobenen Landesherrn.

Siebentes Buch

Die Zeit der Herzoge aus dem Hause Jülich.

Von Erhebung der Grafschaft Berg zum Herzogtum bis zu ihrer Vereinigung mit Cleve-Mark.

1380—1521.

Wilhelm II. als Herzog.

1. Des Herzogs Sorge für die Hauptstadt Düsseldorf.

Nach seiner Erhebung war Herzog Wilhelm eifrig darauf bedacht, das Aufblühen der Stadt Düsseldorf, welche er zur Landeshauptstadt und Residenz erwählt hatte, in jeder Weise zu fördern. Sein Vater Gerhard hatte sein Augenmerk hauptsächlich auf Kaiserswerth gerichtet und war 1358 in den Besitz dieser wichtigen Reichsveste gelangt. Die dadurch erreichte Beteiligung an der Herrschaft über den Strom und an den Rheinzöllen hatte ihm die Sorge für Düsseldorf weniger wichtig erscheinen lassen, sein früher Tod dieselbe auch verhindert.

Da Wilhelm sich genötigt gesehen hatte, Kaiserswerth seinem Schwiegervater zu verpfänden, so hatten sich seine Gedanken naturgemäß auf Düsseldorf richten müssen. Im August 1371 schon hatte er der Stadt, um „sie zu bessern und zu mehren", nicht nur die früher ihr erteilten Freiheiten bestätigt, sondern auch neue hinzugefügt, u. a. einen freien Wochenmarkt; auch war durch ihn Düsseldorf bereits Münzstätte geworden. Ferner hatte er im Jahre 1377 den Pempelforter Hof erworben, aus dem später der Jägerhof nebst dem Hof- und Fasanengarten gebildet wurde. Im Jahre 1383 erwarb er wieder ein Besitztum, aus dem in der Folge der Friedrichsplatz und die Mühlenstraße entstanden. Im Frühling 1384 zog er die Dorfschaften Golzheim, Derendorf und Bilk in den Stadt-verband, mit der Bedingung, daß die Bewohner derselben nach Düsseldorf ziehen, daselbst Häuser errichten und von diesen aus ihre Güter bewirtschaften sollten. Doch schien ihm der Stadt-bezirk noch nicht ausgedehnt genug zu sein, weshalb er 1394 auch die Bewohner des Kirchspiels Hamm veranlaßte, sich in Düsseldorf anzubauen, ihnen die nötigen Erleichterungen gewährte, und die Stadtmauer bis zum südlichen Düsselarme erweiterte.

Wilhelm bewirkte auch den Ausbau des Schlosses am Rhein. Die Südspitze desselben mochte wohl schon im Anfang des Jahr-hunderts entstanden sein, doch nur als Warteturm gedient haben; im Jahre 1386 geschieht die erste urkundliche Erwähnung desselben, und wir erhalten die Kunde, daß der Herzog nun dort häuslich verweile[1]). So war also Düsseldorf zur Residenz erhoben.

Ein Haupthebel für den Aufschwung der Stadt war die Er-richtung der Zollstätte. Diese war früher mißlungen und Graf Adolf wieder zur früheren Stätte vor dem Walde bei Duisburg zurückgekehrt. Am 4. Dezember 1377 bewilligte Karl IV. die Verlegung des Zolles von neuem. Sein Nachfolger hatte sich durch den Erzbischof von Köln bestimmen lassen, die Bewilligung zurück-zunehmen; als er aber den Grafen Wilhelm zum Herzog erhob, gestattete er ihm in einer zweiten Urkunde[2]), die von seinem Vater bewilligte Zollerhebung zu Kaiserswerth nun nach Lülsdorf oder Düsseldorf zu verlegen.

Herzog Wilhelm errichtete nun die Zollstätte, geriet aber bald mit dem Erzbischof in Streit, nicht nur wegen des Zolles, sondern auch wegen gegenseitiger Rechte zu Hilden, zu Deutz und im Königsforste. Nach mehrfachen Reibungen und Verhandlungen kam es am 17. September 1390 zu dem Vergleiche[3]), den Streit drei Jahre lang ruhen zu lassen.

Hierauf wandte unser Herzog der Kollegiatkirche seine Sorg-falt in besonderem Maße zu, wobei auch das Bestreben mitwirkte, dadurch dem nunmehr herzoglichen Hofe einen höheren Glanz zu verleihen. Er baute die Kirche zu einer dreischiffigen Hallenkirche um, stiftete 15 neue Kanonikal-Präbenden und 12 neue Vikarien, so daß die Zahl der Geistlichen auf ca. 40 stieg. Da es in jener Zeit nicht nur in religiöser, sondern auch in materieller Hinsicht von großer Bedeutung war, hervorragende Heiligtümer zu besitzen, so sammelte er für die Kirche auch viele und kostbare Reliquien, und es begannen, laut der „Limburger Chronik", 1394 die Bittfahrten nach Düsseldorf.

Schon im Jahre 1384 hatte Herzog Wilhelm in der Stiftskirche eine Familiengruft herrichten lassen, wo seine Mutter Margaretha zur letzten Ruhe gebettet wurde[4]).

2. Die Schlacht im Cleverhamm.

Am 9. November 1368 war Graf Johann von Cleve kinderlos gestorben, und es war dem Grafen Adolf von der Mark gelungen, die ihm von Johann, seinem Oheim, bestimmte Nachfolge sich zu sichern und gegen die übrigen Erbprätendenten durchzusetzen. Er hatte sich im folgenden Jahre mit Margaretha, Schwester des Grafen Wilhelm von Berg, vermählt. Letzterer hatte mit dem Grafen Engelbert von der Mark wegen beiderseitiger Rechte mehrfach Streitigkeiten, denen zwar eine Sühne am 7. Mai 1389 ein Ende machte, jedoch ohne festere Begrenzung der Rechte. Graf Engelbert war am 21. Dezember 1391 gestorben, ohne einen Sohn zu hinterlassen. Eine Tochter desselben, Margaretha, war seit 1374 mit Philipp von Falkenstein vermählt und besaß Ansprüche auf eine Rente von 2400 Gulden aus dem Zolle zu Kaiserswerth; außerdem war ihr von den Eltern eine Aussteuer von 12000 Gulden verschrieben worden, welche auf der Grafschaft Mark haften sollte, falls ihr die Erbfolge aberkannt würde. Unbekümmert um diese Tochter Engelberts hatten dessen Brüder Adolf und Dietrich über das Erbe derselben verfügt.

Eifersüchtig auf die wachsende Macht des märkischen Hauses, eingedenk früherer Anmaßungen und in gereizter Stimmung über den jugendlichen Mutwillen der beiden Vettern, hielt Herzog Wilhelm einen entschiedenen Schritt für durchaus notwendig. Er selbst trat an die Stelle der Ehegatten von Falkenstein, die ja ihre Ansprüche nicht durchzusetzen vermochten, zahlte ihnen am 26. April 1395 die seit Engelberts Tod rückständige Rente, erwarb am folgenden Tage die Rente selbst käuflich von denselben und erklärte, daß er jeden Anspruch von märkischer Seite abwehren werde. Ein volles Jahr ging aber noch hin, vielleicht mit fruchtlosen Unterhandlungen, ehe wir von Kriegsrüstungen des Herzogs vernehmen. Dann aber warb er Helfer und zog im Mai 1397 mit starker Heeresmacht gegen den Grafen Dietrich von der Mark.

Über den Verlauf dieses folgenreichen Feldzuges fehlt jeder gleichzeitige Bericht; die Erzählung der Chronisten späterer Zeit über den Hergang, voll Widerspruch und Ungereimtheit, kann keine Befriedigung gewähren. Der Ausgang am 7. Juni 1397 war ein wunderbarer. „Herzog Wilhelm, der Kriegs= oder Hauptherr, sämtliche Führer seines Heeres, 90 Ritter und gegen 2000 des reisigen Zuges mit 1900 gesattelten Pferden wurden mit Einem Male gefangen, und von Getödteten verlautet nicht das mindeste.

Wir wissen nun, daß der Zusammenstoß auf dem von Cleve, einem Höhenzuge und dem Rhein eingeengten, tiefen Fruchtfelde, das man Cleverhamm nennt, stattgefunden; was bleibt uns also anders zu vermuten, als daß das herzogliche Heer, unversehens von mehreren Seiten überfallen und gedrängt, seine Streitkräfte nicht hatte entfalten und ordnen können und in völliger Verwickelung die Beute des Feindes geworden?⁵)"

3. Die Folgen des Feldzuges.

Der unglückliche Ausgang des Kampfes hatte für den Herzog Wilhelm die traurigsten Folgen. Er mußte nicht allein sich selbst loskaufen, sondern auch nach der Sitte der Zeit seine Vasallen und Verbündeten entschädigen. Um keine Rücksicht auf den Oheim nehmen zu müssen, hatten die Grafen von der Mark Freunde aus ihrer Ritterschaft bestimmt, welche die Summe festsetzen sollten. Wilhelm mußte als Lösegeld 74000 Goldschilde versprechen und, da er die Summe nicht gleich zahlen konnte, einen großen Teil seines Landes dafür zu Pfand stellen: Sinzig, Remagen, Windeck, Beyenburg, Mülheim an der Ruhr u. s. w., außerdem dem Grafen Dietrich die Rente von 2400 Gulden als rechtmäßigen Besitz zuerkennen.

Aber noch größeres Leid hatte der verhängnisvolle Tag im Gefolge. Auf die Kunde von der Niederlage des Vaters hatten seine Söhne Adolf, Gerhard und Wilhelm sich des Schlosses zu Düsseldorf bemächtigt, alle Habe an sich gerissen und sich huldigen lassen. Schon Jahre lang hatte Adolf nach eigenem Gebiet gestrebt und den Vater mit Anträgen belästigt, um größere Geldmittel zu erhalten und ungebunden zu sein. Er war bereits einmal mit einer Rente von 1000 Gulden abgefunden worden, hatte eine Reise ins Ausland antreten und sich eidlich verpflichten müssen, den Vater in seinem Besitzstande nicht zu stören⁶). Adolf hatte jedoch nicht

geruht, bis ihm derselbe 1395 die Grafschaft Ravensberg abge=
treten hatte[7]).

Jetzt, wo der Herzog in Gefangenschaft geraten war, mußte
er sich entschließen, mit den aufrührerischen Söhnen ein Abkommen
zu treffen, um ihre Einwilligung zur Erfüllung derjenigen Be=
dingungen zu erhalten, durch welche er sich aus der Haft lösen
konnte. Nachdem endlich am 2. September eine Verständigung
angebahnt war, wurde Wilhelm vorläufig aus der Haft entlassen,
und am 24. Oktober schloß er mit·seinen Söhnen den Vertrag ab,
wodurch er Schloß Hückeswagen mit dem Kirchspiele, die Stadt
Wipperfürth mit dem Amte Steinbach, die Stadt Lennep mit dem
Amte Bornefeld ihnen überließ und gelobte, fernerhin eigenmächtig
keine Verpfändung unternehmen zu wollen[8]).

In dem Augenblicke also, wo Herzog Wilhelm ohnehin so
große Opfer zu bringen hatte, wurde er von seinen Söhnen ge=
nötigt, sein Land und dessen Einkünfte in dieser Weise zu schwächen;
letztere reichten überdies nicht aus, die ihm aus der Niederlage
erwachsenen Verpflichtungen zu erfüllen. In dieser Not suchte und
fand Wilhelm Hülfe bei Kaiser Wenzel, der u. a. die Zahlung
seiner Kriegsschulden auf fünf Jahre fristete[9]), sowie auch bei König
Richard von England.

Adolf begann sofort neue Händel mit dem Grafen Dietrich
von der Mark, wobei ihm u. a. Eberhard von Limburg Beistand
leistete. Es handelte sich um die Burg Elberfeld, welche in den
Besitz Eberhards gelangt war, auf die aber Graf Dietrich auch
Anrechte besaß. Dieser war anfangs glücklich gegen seine Feinde
und drang bis gegen Mülheim am Rhein vor; dann aber zogen sich
Adolf und Eberhard in die Burg Elberfeld zurück, welche Dietrich
nun belagerte. Da fiel er, tötlich von einem Pfeil getroffen, am
14. März 1398. Sein Bruder Adolf von Cleve beerbte ihn, ver=
einigte also seitdem Cleve und Mark in einer Hand, und verständigte
sich wegen der Burg Elberfeld mit dem alten Herzoge Wilhelm.

Unterdessen hatte Adolf Verbindungen in Westfalen gegen
Adolf von Cleve und Mark angeknüpft; dieser aber vermählte sich
mit Agnes, Tochter des Pfalzgrafen Ruprecht, welcher der Bruder
unserer Herzogin Anna war und im Jahre 1400 nach Wenzels
Absetzung deutscher Kaiser wurde. Mithin stand nun Adolf in der
engsten Verwandtschaft zu unserm herzoglichen Hause, und eine
allseitige Aussöhnung am 3. November 1399 war die Folge.

Adolf hatte sich mit Katharina von Braunschweig verlobt, aber das Verlöbnis wurde durch den Tod der Braut gelöst. Er ging hierauf mit Jolandis, Tochter des Herzogs Robert von Bar, eine Eheberedung ein, welche im April 1401 vollzogen wurde und ihm eine Aussteuer von 24000 Goldschilden zubrachte.

Herzog Wilhelm hatte ihm bereits 6000 Schild auf Burg verschrieben, worauf die Schloßbeamten ihm gehuldigt hatten; er befand sich ferner im Besitze der an Cleve verpfändeten Ämter Beyenburg und Windeck, die er erobert hatte. Im Januar und März 1402 kam ein Vergleich zustande; Herzog Wilhelm schob die Ansprüche seines Sohnes auf Burg bis zu seinem Tode zurück. Adolf tauschte von seinem Bruder Wilhelm Hückeswagen ein gegen Ravensberg und einen Teil an Wiedenbrügge, und fand seinen Bruder Gerhard mit einer Rente von 150 Gulden ab[10]).

4. Wilhelms Gefangennehmung durch seinen Sohn Adolf.

Adolf, der Jungherzog, wie er sich später nannte, war unersättlich. Das Errungene machte ihm Mut zu weiteren Übergriffen. Die Grenze der Ehrfurcht gegen den alten Vater war einmal überschritten, und er schreckte nun sogar vor einer Frevelthat nicht zurück[11]), wie eine solche in jener wilden Zeit leider auch schon in den Häusern Jülich und Geldern vorgekommen war.

Herzog Wilhelm hatte 1400 seinen Sohn Adolf in einer Fehde dem Herrn von Heinsberg und dem Junggrafen von Sayn entgegengestellt, und dieser hatte die vorgekommenen Verwüstungen durch die Eroberung der Löwenburg gerächt. Wilhelm schenkte nun seinem Sohne volles Vertrauen, als dieser ihm im November 1403 die Nachricht brachte, der Heinsberger nahe wieder mit großer Macht, und ertheilte ihm den Auftrag, zum Widerstande alle verfügbare Mannschaft aufzubieten. Auf den 28. November[12]) wurde eine Zusammenkunft Wilhelms mit dem Herrn von Heinsberg anberaumt, welche in Köln stattfinden sollte. Als aber der im Schloße Benrath weilende Herzog sich in aller Frühe nach Köln aufgemacht und eben zu Monheim das Schiff bestiegen hatte, wurde er nebst seiner ganzen Begleitung von dem mit 400 Berittenen herbeigeeilten frevelmütigen Sohn Adolf gefangen genommen und zunächst nach Düsseldorf gebracht. Letzteres, sowie Ratingen und Angermund kamen rasch in des Jungherzogs Gewalt, Schloß Bensberg wurde für ihn durch Dietrich von Langel genommen, und es war somit klar, daß Adolf den Vater völlig aus Land und Herrschaft verdrängen wollte. Der Jungherzog trat auch thatsächlich als Landesherr auf, indem er der Stadt Düsseldorf, um sie zu beschwichtigen, ausgedehnte Privilegien[13]) verlieh. „Um des gemeinen Besten willen", erklärte er am 16. März 1404 heuchlerisch, „habe er dem Vater Einhalt gethan[14]) und die Regierung an sich genommen." — Auch Ratingen und andere Städte wurden mit Privilegien bedacht.

5. Versöhnung und Friede.

In der Nacht auf den 24. August 1404 gelang es, den Herzog „mit Hülfe des allmächtigen Gottes", wie er in einem Briefe vom 26. August an seinen Sohn Gerhard sagt, aus seinem Gefängnis zu Burg an der Wupper zu befreien[15]). Die Söhne Gerhard und Wilhelm hatten sich schon früher dem Vater wieder zugewandt und traten jetzt gemeinschaftlich gegen Adolf auf. Auch die Mutter stand treu zu ihrem gebeugten Gatten, begab sich nach seiner Einkerkerung sofort zu ihrem Bruder, dem Kaiser Ruprecht, und bewirkte die Reichsacht gegen den ungehorsamen Sohn, welche am 15. Mai 1405 erfolgte[16]).

Adolf, nachdem er die bedenkliche Kunde von der Befreiung seines Vaters vernommen, suchte sich der Ritterschaft zu versichern, indem er ihnen die ausgedehntesten Privilegien angelobte[17]).

Herzog Wilhelm und seine Söhne Wilhelm und Gerhard erweiterten dem Herrn von Heinsberg und Löwenberg und dem Junggrafen von Sayn die Pfandschaft an Blankenberg und Siegburg unter der Bedingung, dem Jungherzog und der Ritterschaft von Berg Fehde anzukündigen. Dann setzten sie sich mit Adolf von Cleve und Mark in die freundschaftlichste Beziehung, und der Sohn Wilhelm schloß mit demselben ein Bündnis. Adolf, der Jungherzog, hatte sich mit dem Grafen Wilhelm von Limburg verbündet und mit dem Junggrafen von Sayn wieder verständigt.

So war auf beiden Seiten zum Kampfe gerüstet und mit Adolf von der Mark die Fehde bereits entbrannt, als die Achterklärung Adolfs erfolgte und zu Neuß und Köln angeheftet wurde. „Da vermochte das Herz des alten frommen Vaters nicht länger zu widerstehen. Er entschloß sich, die erlittene Kränkung zu verschmerzen und sein gutes Recht zu opfern, um den langen Drangsalen im Schoße der Familie ein Ziel zu setzen." Am 2. Juli 1405 besiegelte ein Vergleich[18]) endgültig den Frieden zwischen Vater und Sohn. Herzog Wilhelm behielt nur Düsseldorf mit dem Schlosse und Zolle, in der Ausdehnung, welche er dem Stadtbezirke gegeben, und mit den beiden Höfen Holthausen und Pempelfort; ferner das Amt Monheim mit dem Hause Benrath, den Forst mit dem Amte Miselohe, das Schloß Lülsdorf mit dem Amte Porz, die Kirchspiele Merheim, Flittard und Buchheim mit Mülheim. Alle übrigen Landesteile trat er dem Sohne Adolf ab. Dieser sollte dem Vater eine jährliche Rente von 650 Gulden aus dem Amte Mettmann verabreichen ꝛc., und nach dem Tode desselben dessen Landesanteil antreten, vorbehaltlich was den Brüdern gebühre. Zugleich wurde bestimmt, daß die Mutter Anna das Schloß Benrath samt dem Amte Monheim als Leibzucht erhalten und daß, wenn ihr diese Leibzucht nicht genüge, ihr eine bessere eingeräumt werden solle. — „Nur dem nach Frieden und Versöhnung sich sehnenden Herzen des Vaters verdankte der pflichtvergessene Sohn es schließlich, daß er, anstatt seiner Rechte verlustig zu gehen, den bei weitem größeren Teil des Landes behielt.‟

Gleichzeitig verbriefte der Jungherzog die Sühne mit dem Grafen von Cleve und Mark. Die Ausgleichung mit dem Erzbischofe und der Stadt Köln wurde am 23. März 1406 durch Schiedsfreunde herbeigeführt; dabei erhielt der Jungherzog Solingen zurück und wurde Edelbürger von Köln.

Mit Johann von Heinsberg und Gerhard von Sayn aber entstand eine neue Fehde, wobei Schloß Bensberg 1406 in Flammen aufging. Erst nachdem sie am 27. Januar 1407 bei Bensberg eine Niederlage erlitten hatten, wurden sie nachgiebiger und verzichteten auf einen großen Teil ihrer Pfandsummen; ein Drittel der Gefälle von Blankenberg verblieb dem Jungherzoge, und an Siegburg wurde dem Herrn von Heinsberg nur der Mitbesitz auf seine Lebenszeit zugestanden. Unter diesen Bedingungen kam am 27. Juni 1407 der wirkliche Friede[19]) zustande.

Unterdessen befand sich Herzog Wilhelm wohl wieder auf seinem Lieblingssitze, in der Stadt Düsseldorf, die er emporgehoben, nahe der Kollegiatkirche, die ihm so sehr am Herzen lag. Aber er konnte in seiner jetzigen Lage auf den geschaffenen Grundlagen nicht fortbauen. Der Tiefgebeugte starb am 25. Juni 1408 und erhielt seine Ruhestätte in der Gruft, die er der Mutter in der Düsseldorfer Kirche errichtet hatte[20]). Seine Gemahlin, Anna von Pfalzbayern, starb sieben Jahre nachher, am 30. November 1415.

Aus der Ehe waren vier Söhne und eine Tochter entsprossen. Der älteste Sohn, Ruprecht, war Bischof von Paderborn gewesen und schon 1404 gestorben. Adolf, der zweite Sohn, wurde jetzt des Vaters Nachfolger. Gerhard war Dompropst zu Köln. Wilhelm hatte auch den geistlichen Stand erwählt, resignierte jedoch später, verheiratete sich mit Gräfin Adelhaid von Tecklenburg, und sein Sohn Gerhard wurde nach dem Tode Adolfs dessen Nachfolger.

Adolf VII.

1. Neue Fehden.

Adolf bewegte sich während seiner Regierungszeit fast unausgesetzt in Fehden. Allerdings war dies in der Zeit begründet, großenteils aber auch in seinem Charakter. Sein unfriedlicher Sinn hatte sich schon früher genugsam gezeigt; in ihm erscheint das fehdelustige Zeitalter gleichsam verkörpert.

Kaum war Adolf im Vollbesitze der Herzogsgewalt, als auch schon eine Fehde zwischen ihm und den Grafen von Wied-Isenburg wegen Ansprüchen auf Blankenberg ausbrach, wobei Adolf mit den Herren von Limburg und von Gimborn verbündet war. Ein Gefecht bei Engelskirchen, beiderseits mit Verlust von Gefangenen, blieb ohne Entscheidung[21]).

Es bereiteten sich ferner Streitigkeiten wegen der Erbfolge in Jülich und Geldern vor. Der dritte Herzog Wilhelm von Jülich hatte 1372 auch Geldern erlangt; ihm war als Herrscher beider Länder sein Bruder Reinald gefolgt, und es wurde immer wahrscheinlicher, daß dieser sein reiches Erbe kinderlos hinterlassen werde. Im Mannesstamme war Adolf von Berg der nächste zur Erbfolge; ihm stand Johann II. von Heinsberg gegenüber, da seine Mutter Philippa des ersten Herzogs von Jülich Tochter war. Herzog Reinald gab dem kühn aufstrebenden Adolf den Vorzug, dessen Mut und Macht jedenfalls am ehesten eine Teilung der Gebiete verhüten konnte, und unternahm jetzt schon Schritte in dieser Hinsicht. Zunächst vermittelte er ein freundliches Einverständnis zwischen Adolf und Johann in Bezug auf Blankenberg, und warb Adolf für eine Barsumme zum Vasallen. Nun fanden sich auch die Grafen von Wied-Isenburg bewogen, ihren Zwiespalt mit Adolf frieblich zu lösen. Auch gelang es dem Herzog Reinald, mit Köln, nachbem schon Feindseligkeiten zum Ausbruch gekommen waren, den Frieden zu ermitteln; am 7. Mai 1411 wurde ein Bündnis geschlossen, wobei Adolf die Belehnung mit dem kölnischen Kämmereramte erhielt [22]).

Adolf und Johann machten infolge ihrer Einigung gemein= same Sache gegen Gerhard von Sayn, dessen Ansprüche auf Blankenberg noch fortbestanden, gerieten aber barüber selbst wieder in Fehde, welche ebenfalls durch Reinald beigelegt wurde. Letzterer schenkte Adolf das Schloß und Amt Heimbach, sowie die Stadt Bergheim mit dem Schlosse, Zolle und Amte, welche Zuwendungen für die bevorstehende Erzbischofswahl von Bedeutung waren.

Adolf gedachte einen seiner Brüder auf den erzbischöflichen Stuhl zu bringen, und warb schon 1412 Helfer für seine Pläne. Trotz seiner Bemühungen aber wurde, als Erzbischof Friedrich von Saarwerden 1414 starb, Graf Dietrich von Mörs, ein junger energischer Mann, an dessen Stelle gewählt. Sigismund von Ungarn, der inzwischen zum Kaiser gewählt, aber noch nicht gekrönt war, wirkte wahrscheinlich auf die balbige Entscheidung des Papstes hin, der Dietrich am 29. August 1414 bestätigte. Herzog Adolf verlor jedoch den Mut nicht, sondern fuhr fort sich zu rüsten; dasselbe thaten auch die Gegner.

Dietrich hielt erst am 7. Februar 1415 den Einzug in seine Hauptstadt. Wilhelm von Berg ließ sich von ihm bestimmen, dessen Nichte Adelheid von Tecklenburg zu heiraten, welche der Erzbischof mit 20000 Gulden auszusteuern versprach. Am 19. Februar 1416 verzichtete Wilhelm auf den erzbischöflichen Stuhl und quittierte über den Empfang von 10000 Gulden.

Herzog Adolf aber störte sich daran nicht. Er befestigte Mülheim und Monheim, wodurch die Stadt Köln zu einem Bünd= nisse mit dem Erzbischof veranlaßt wurde, und es entspann sich zwischen beiden Parteien ein verderblicher Krieg, der besonders erbittert den Sommer und Herbst hindurch geführt wurde. Zur Beilegung desselben lud Kaiser Sigismund Fürsten und Herren des Niederrheins nach Aachen ein, und es kam am 13. Dez. 1416 ein vorläufiger Ausgleich zu stande. Am 15. Dezember belehnte Sigismund den Herzog Adolf mit Berg und Ravensberg. Zu Konstanz erfolgte bann am 22. April 1417 der vorbehaltene end= gültige Ausspruch des Kaisers, welcher den Herzog anwies, Köln die Zollfreiheit wirklich zu gewähren, und beide Teile verpflichtete, die errichteten Festungswerke zu schleifen.

Der so hergestellte Friede dauerte jedoch nicht lange. Gegen den am 28. April 1417 zum Herzog erhobenen Adolf von Cleve-Mark schloß unser Herzog mit dessen Bruder Gerhard ein Schutz- und Trutzbündnis auf Lebenszeit, und da er mit dem Erstgenannten in einem Bündnisse stand, welches vorher mit 3000 Gulden gelöst werden mußte, so ermächtigte ihn Gerhard, zum Ersatze Sinzig und Remagen an sich zu ziehen. Auch schloß Adolf von Berg im Dezember 1417 von neuem die alte Verbindung mit der Stadt Köln gegen den Erzbischof, und da dieser zu Deutz ein Bollwerk aufführen ließ, entstand eine Fehde, welche im Mai 1419 durch gütlichen Ausspruch ausgeglichen wurde; das zu Deutz errichtete Bollwerk wurde wieder geschleift. Was aber Vertrag und Eid in jener Zeit bedeuteten, beweist die Thatsache, daß beide Herzoge am 11. November 1419 sich gegen den Erzbischof und gegen Gerhard verbündeten[23]).

2. Adolfs Zug nach Lothringen.

Eine andere wichtige Angelegenheit hatte unterdessen das Einschreiten des Herzogs Adolf von Berg notwendig gemacht. Herzog Eberhard von Bar, der Bruder seiner Gemahlin Jolandis, war 1415 gestorben, und dessen Bruder Ludwig hatte das Herzogtum angetreten. Da dieser auch kinderlos war, eröffnete sich für Adolf von Berg die Aussicht auf Nachfolge, und im Hinblick darauf hatte ihn Kaiser Sigismund 1417 mit der zu Bar gehörenden Mark-grafschaft Pontamousson belehnt. Als nun aber Ludwig 1419 die Lande an den Sohn seiner Schwester, René von Anjou, abtrat, sah sich Adolf plötzlich genötigt, seinem Rechte mit den Waffen Geltung zu verschaffen.

Um nun freiere Hand zu haben, mußte er mit dem Vetter Johann von Heinsberg ein festes Abkommen wegen Jülich und Geldern treffen; diese Einigung, welche dem Letztgenannten Anteil an der Erbschaft einräumte, kam am 1. April 1420 zu stande. Herzog Adolf hatte sich kurz vorher schon zum Zuge nach Lothringen gerüstet, aber erst, nachdem der zum Ausbruch gekommene Krieg zwischen Adolf von Cleve-Mark und dessen Bruder Gerhard am 2. November 1420 beigelegt war, zog er zu Felde. Der Hergang ist uns nicht bekannt, doch Adolf geriet in Lothringen in Gefangenschaft und konnte sich aus derselben nur befreien durch ein Lösegeld von 40000 Gulden unter Verzichtleistung auf Bar.

Erzbischof Dietrich, wegen der Teilnahme am Kriege gegen die Hussiten großer Geldmittel bedürfend, hatte die Abwesenheit des Herzogs von Berg benutzt, um die demselben vom Reiche verpfändeten Orte Sinzig und Remagen an sich zu bringen. Als nun Herzog Adolf im August 1422 die Heimat wiedersah und Miene machte, gegen den Erzbischof vorzugehen, fand dieser es geraten, nachgiebig einzulenken, und es gelang ihm, den Herzog zu einem Bündnis gegen Cleve-Mark zu gewinnen. Adolf versöhnte sich mit Gerhard von Cleve, der in Lothringen gegen ihn und seinen Sohn gekämpft hatte, und veranlaßte seinen Bruder Wilhelm und seinen Sohn Ruprecht, sich mit Gerhard zu verbünden, der nun, am 17. Juni 1423, seinem Bruder Adolf Fehde erklärte[24]).

3. Adolf VII. wird Herzog von Jülich.

Am 23. Juni 1423 starb Herzog Reinald von Jülich und Geldern, und am 30. Juni empfingen Adolf von Berg und Johann von Heinsberg auf Grund ihrer Vereinbarung die Huldigung der Ritterschaft, der Städte und der Landschaft von Jülich[25]). In Geldern aber, wo man die Selbständigkeit wünschte, huldigte man dem Sohne Johanns von Egmont, Arnold, dessen Großmutter die einzige Schwester Reinalds war. Da eine Entscheidung durch die Waffen unvermeidlich schien, traf man für diesen Fall beiderseits Vorkehrungen. Adolf nebst Johann von Heinsberg fanden u. a. in dem Grafen Friedrich von Mörs und dem Erzbischof Dietrich Kampfgenossen, während Arnold von Egmont sich mit Adolf von Cleve verband. Der Erzbischof und Adolf nebst seinem Sohne Ruprecht beschlossen am 12. Dezember 1424, vor Pfingsten nächsten Jahres dem Herzoge von Cleve den Krieg anzukündigen, und wenige Tage nachher trat ihnen u. a. Gerhard von Cleve bei. Nun erreichte Dietrich ein von ihm und seinen Vorgängern sehnlich erstrebtes Ziel: Gerhard verkaufte ihm Stadt und Burg Kaiserswerth mit dem Zolle, der Vogtei und allen Zugehörungen für 100000 Gulden; an diesem Besitz haben die Erzbischöfe bis 1762 zähe festgehalten[26]).

Am 24. Mai 1424 belehnte Kaiser Sigismund den Herzog Adolf in einer von Ofen datierten Urkunde mit Jülich und Geldern und ließ eine Aufforderung an Geldern und Zütphen ergehen,

demselben zu huldigen. Der Kaiser bestätigte ihm ferner von
neuem eine schon früher bewilligte Zollerhebung auf dem Rheine und
verordnete die Aufrichtung einer Münzstätte zu Mülheim am Rhein,
wo Gold= und Silbermünze unter seinem Namen und mit dem
Wappen des Herzogs geprägt werden sollte[27]).

Während der Wirren zwischen Adolf von Cleve=Mark und
dessen Bruder Gerhard gelang es dem Herzog von Berg am
12. November 1427, die Burg und Herrlichkeit Elberfeld von
Adolf Quade und dessen Gattin käuflich zu erwerben, wobei der
Herzog von Cleve, der ein Zerwürfnis zu vermeiden suchte, auf
das ihm zustehende Öffnungsrecht verzichtete. Mit Lubbert von
Galen, einem märkischen Edeln, der im Pfandbesitze war, setzte sich
unser Herzog in der Weise auseinander, daß er ihn zu seinem
Amtmann in Elberfeld ernannte, mit dem Rechte, die Hälfte sämt=
licher Einnahmen für sich zu behalten, solange bis ihm die geliehene
Summe zurückgegeben sei. So fiel Elberfeld an Berg[28]). Seitdem
waren die letzten Bande der Zugehörigkeit zum Erzstifte Köln gelöst;
die Rechte des Erzbischofs als Lehnsherr gerieten völlig in Ver=
gessenheit.

Die fortwährenden Fehden nahmen natürlich große Geldmittel
in Anspruch, und bei den steten Geldverlegenheiten sah sich Adolf
immer wieder zu neuen Pfandverschreibungen genötigt. Schon
bald nach seinem Regierungsantritt hatte er gegen ein Darlehen
von 2500 Goldgulden Schloß und Kirchspiel Hückeswagen den
Eheleuten Hermann Ovelacker und Druda verschreiben müssen und
andere Verpfändungen waren bald nachgefolgt[29]). Auch Elberfeld
mußte andauernd als Pfand dienen. Am 3. Juli erfolgte ein
Ratsgutachten über eine Neuordnung der Finanzen im Herzogtum
Berg, welches von großem Interesse ist[30]).

4. Ereignisse der letzten Lebensjahre des Herzogs-Adolf.

Im Juli 1429 sah sich Herzog Adolf bewogen, mit Arnold
von Egmont einen vierjährigen Frieden einzugehen. Seine Gemahlin
Jolandis war schon während seiner Gefangenschaft in Lothringen
am 10. Januar 1421 gestorben. Seinen Sohn Ruprecht hatte er am
24. Februar 1426 auf Veranlassung des Erzbischofs mit Reinalds
Witwe, Maria von Harcourt, vermählt. Da diese Ehe aber ohne
Nachkommen blieb, so vermählte sich Adolf am 14. Februar 1430
von neuem mit Elisabeth, Tochter des Pfalzgrafen und Herzogs

Ernst von Bayern. Jungherzog Ruprecht starb im August 1433. Um dieselbe Zeit lief der vierjährige Frieden mit Geldern ab. Aber alle Anstrengungen unseres Herzogs in Bezug auf dieses Herzogtum konnten, obgleich sie vom Kaiser in jeder Weise unterstützt wurden, nicht zum Ziele führen. Beiderseits sehnte man sich nach Ruhe. Ende 1435 wurde zu Sittard ein Waffenstillstand geschlossen, und zur Ausgleichung der Hauptsache der 12. Mai 1437 anberaumt, jedoch ohne Erfolg. Auch ein neuer, zu diesem Zwecke festgesetzter Tag blieb resultatlos, wohl weil Herzog Adolf schon zu Köln in der Abtei Groß-Martin krank darniederlag[31]). Dort starb er am 14. Juli 1437[32]).

Mit seinem Tode „war nicht nur die Aussicht auf endliche Schlichtung des Streites um Jülich und Geldern plötzlich abgeschnitten; es war zugleich ein thatkräftiger Fürst, der seine schwierige Stellung zu vertreten und die Aufgabe würdig zu lösen vermocht hätte, zu Grabe gegangen." Ihm folgte Gerhard, der kaum zwanzigjährige Sohn seines verstorbenen Bruders Wilhelm und der Gräfin Adelheid von Tecklenburg. — Im Dome zu Altenberg ruht Adolf von seinen vielen Fehden aus, und neben ihm schläft sein Sohn Ruprecht, der schon vor ihm gestorben war.

Gerhard II.

1. Seine ersten Regierungshandlungen.

Gerhard bestätigte bei seinem Regierungsantritte der Ritterschaft des Herzogtums Berg die Privilegien, welche ihr sein Oheim Adolf 1404 in bedrängter Lage zuerkannt hatte, und bat gleichzeitig den Kaiser um die Belehnung. Da der junge Fürst einer Stütze noch sehr bedürftig war, stand ihm Erzbischof Dietrich, der ja durch seine Mutter mit ihm verwandt war, wahrscheinlich auf Adolfs Fürbitte, zur Seite. Sigismund erteilte daher am 13. September die Belehnung[33]) mit der Weisung, den Lehnseid vorläufig dem Erzbischof zu leisten; er belehnte den Herzog aber nur mit Jülich, Berg und Ravensberg, obgleich er ihn im Eingange der Urkunde auch Herzog von Geldern und Graf von Zütphen nennt.

Die Regierungshandlungen des jungen Herzogs waren zunächst nur auf Frieden nach außen und auf Ordnung im innern Haus-

balt gerichtet, wozu er genötigt war, da durch die vorhergegangenen
Fehden nicht nur die verfügbaren Geldmittel verschlungen, sondern
auch fast alle Einnahmequellen gelähmt oder gänzlich gesperrt waren.
Die nächste Sorge war auf Regelung des Verhältnisses zur Familie
des Hauses Heinsberg gerichtet. Der Sohn Johanns II., Wilhelm
Graf von Blankenheim, hatte 1433 von seinem Vater die Mit=
berechtigung an Jülich erhalten; mit ihm wurde eine Einigung
erreicht. Auch mit Cleve wurde wegen schwebender Streitpunkte
eine Vereinbarung erzielt, und mit der Stadt Köln erneuerte
Gerhard das Bündnis des Oheims; wie dieser wurde auch er
Edelbürger der Stadt.

Als nach Albrechts II. kurzer Regierung Friedrich III. deutscher
Kaiser geworden war, belehnte dieser[34]) zwei Tage nach seiner
Krönung zu Aachen den Herzog Gerhard mit den Herzogtümern
Berg, Jülich und Geldern, sowie den Grafschaften Zütphen und
Ravensberg (19. Juni 1442). Mit Geldern war die bestehende
Waffenruhe durch Vermittelung des Erzbischofs zunächst bis zum
1. April verlängert worden, und wurde dann noch bis zum
10. Oktober 1444 ausgedehnt. In der Zwischenzeit stiftete Gerhard
zu Düsseldorf ein Kloster. Dort bestand außer der Pfarrkirche nur
eine Kapelle, die mit einem Gasthause zur Pflege erkrankter Bürger
und Pilger verbunden war. Der Herzog verlegte das Gasthaus
und überwies dessen Stätte mit Gebäuden, Kapelle und Opierstock
1443 zur Stiftung eines Klosters der Kreuzbrüder oder Kreuz=
herren[35]), die zu Bevenburg bereits ein Kloster besaßen.

Im übrigen war und blieb Herzog Gerhard eifrig auf Ord=
nung und Besserung der inneren Zustände seiner Lande bedacht.
Die größte Sorge bereiteten ihm die zahllosen Verpflichtungen,
welche ihm mit seinem Erbe überkommen waren, und man muß
die damaligen staatlichen Wirtschaftsverhältnisse sich vergegenwärtigen,
um zu ermessen, welch schwere Bürde ihm damit auferlegt war.

2. Die Schlacht bei Linnich.

Der Waffenstillstand mit Geldern hatte zwar sein Ende er=
reicht, doch scheint Herzog Gerhard einen Wiederausbruch der Feind=
seligkeiten nicht besorgt zu haben. Da brach unversehens Herzog
Arnold mit 2200 Rittern bei nächtlicher Weile in das Herzogtum
Jülich ein, brannte 17 Dörfer nieder und drang an der Roer
aufwärts weiter vor. Gerhard, voll jugendlichen Mutes und fest

entschlossen, durch eine kräftige Mannesthat dem Feinde Einhalt
zu thun, empfing den Ritterschlag, den er nun weiter austeilte,
und zog mit einem in aller Eile gesammelten Heere ins Feld.
Am 3. November 1444, am Hubertustage, kam es im Felde zwischen
Linnich und Bracheln zur Schlacht. Herzog Gerhard an der
Spitze seiner Schar, die nur 800 Pferde zählte, leitete selbst den
ersten Angriff, und zwar mit so unwiderstehlicher Tapferkeit, daß
Arnold mit seinem bedeutend überlegenen Heere bald zu weichen
begann und die Flucht ergriff. Eine Anzahl der feindlichen Streiter
wurde teils getötet, teils gefangen, und unter den letzteren befand
sich auch des feindlichen Herzogs Bruder Wilhelm von Egmont[36]).
Zum verherrlichenden Andenken des Sieges stiftete Herzog Gerhard
den Hubertus=Orden, der später von den Regenten aus dem Hause
Pfalz=Neuburg erneuert und nach Bayern gebracht wurde, wo er
noch heute besteht.

3. Der Verzicht Adolfs von Egmont auf Jülich.

Um diese Zeit entbrannte die berühmte Soester Fehde. Herzog
Adolf von Cleve=Mark, von Alter und Gicht gebeugt, rief seinen
Sohn Johann vom burgundischen Hofe, wo derselbe erzogen worden,
zurück, damit er statt seiner die Sache der Stadt Soest verfechte.

Unser Herzog Gerhard war besonnen genug, im Mai 1445
durch eine freundliche und friedliche Einigung mit dem Jungherzoge
von Cleve=Mark sich der Verwickelung zu entziehen, und diese Ab=
sprache bewahrte ihn nicht allein vor den verderblichen Folgen, die
der Soester Streit allen Theilnehmern bereitete, sondern verschaffte
ihm auch die gewünschte Vermittelung gegenüber dem Herzog Arnold
von Geldern, der des Jungherzogs Schwager war. Am 21. Nov. 1445
brachte Johann zwischen Gerhard und Arnold einen Vertrag auf
zehn Jahre zu stande, wodurch Wilhelm von Egmont aus seiner
Gefangenschaft befreit wurde. Dieser verzichtete auch auf Jülich,
aber der Friedensvertrag wurde erst am 4. Juni 1447 besiegelt[37]).

Am 18. und 19. Juli wurde Soest gestürmt; aber sieghaft
stritten die Verteidiger gegen den übermächtigen Feind; dieser mußte
sich zurückziehen und verheerte auf dem Heimwege Ravensberg. Erst
1449 erreichte die Soester Fehde ihr Ende.

4. Verkauf des Herzogtums Berg.

Im Jahre 1445 hatte sich Herzog Gerhard vermählt mit
Sophia, Tochter des Herzogs Bernd von Sachsen=Lauenburg[38]).

Die Thatkraft, welche er bei Linnich bewiesen hatte, zeigte er später nicht mehr; er verfiel für die Folge in eine Geistesschwäche, welche sich später zu völligem Wahnsinn steigerte, so daß die Herzogin Sophia mit den Räten die Regierung führen mußte.

Die Ehe schien anfangs kinderlos zu bleiben; in diesem Falle würde Cleve-Mark erbberechtigt gewesen sein, dann aber für das bedrängte Erzstift eine gefährliche Nachbarschaft gebildet haben. Gerhard war dem Erzbischof zu Dank verpflichtet, und dieser ihm an Geist und Kraft weit überlegen. So ließ sich unser Herzog zu einem Schritte bewegen, bei dem außer den angeführten Beweggründen wohl Eifersucht gegen Cleve-Mark eine Rolle spielte, vielleicht aber auch schon seine beginnende Geistesschwäche in Anrechnung zu bringen ist. Mit Urkunde vom 12. März 1451 schenkte nämlich Herzog Gerhard mit seiner Gemahlin Sophia, in der Einkleidung eines Verkaufes, das Herzogtum Berg mit der Herrschaft Blankenberg, die Grafschaft Ravensberg und die Städte Sinzig und Remagen dem heiligen Peter, d. i. dem Erzbischof Dietrich von Köln, für den Fall, daß die Ehe kinderlos bleiben werde, oder sogar, wenn dies nicht der Fall sei, auch dann, wenn die Kinder ohne Nachkommen sterben sollten[39]). Blankenburg wurde sofort dem Erzstifte eingeräumt, und die Amtmänner, die Ritterschaft und die Städte der gesamten Lande leisteten demselben den auf den bedungenen Fall lautenden Erbhuldigungseid[40]). Durch Privilegien und Bewilligung hatte Gerhard die Städte und die Ritterschaft für diesen Schritt günstig gestimmt.

5. Der Verzicht auf den Erbvertrag.

Erzbischof Dietrich hatte gehofft, den Schaden, welcher ihm der unglückliche Krieg gegen Soest gebracht hatte, durch den Erbvertrag mit dem Herzog Gerhard wieder gut machen zu können; es kam aber anders. Gerhards Ehe wurde noch mit Söhnen und Töchtern gesegnet, und Dietrichs Nachfolger Ruprecht verzichtete 1469, trotzdem der Vertrag bei seinen maßlosen Bestimmungen noch nicht erloschen war, endgültig auf alle aus demselben sich ergebenden Ansprüche[41]). Erzbischof Dietrich starb am 13. Februar 1463. Das Domkapitel und die weltlichen Stände des Erzstifts, längst entschlossen, etwaigen Herrschgelüsten seines Nachfolgers eine feste Schranke vorzuschieben, einigten sich über Satzungen zur Erhaltung ihrer eigenen

Rechte und Freiheiten, und der am 30. März gewählte Ruprecht von der Pfalz, ein Enkel des Kaisers Ruprecht, mußte eidlich geloben, sie zu halten. Er sah sich aber außer stande, dieses Versprechen zu erfüllen und traf Anstalten, die ihn beengenden Schranken zu durchbrechen. Da er Bündnisse schloß und dabei u. a. erklärte, daß diese in Ansehung von Jülich auch gegen Herzog Gerhard gelten durften, sah sich die Herzogin Sophia, welche jetzt mit den Räten für ihren seit 1460 gänzlich in Blödsinn verfallenen Gemahl regierte, hierdurch veranlaßt, in die alte Verbindung der Herzoge von Jülich und Berg mit der Stadt Köln gegen den Erzbischof einzutreten [42]).

Als im Jahre 1468 zufällig Kriegsmannen des Erzbischofs zu Wichterich mit dem Grafen von Virnenburg und dem Grafen Wilhelm von Blankenheim, dem Mitbesitzer von Jülich, zusammenstießen, wurde letzterer erstochen, und zwar angeblich auf Anstiften Ruprechts. Des letzteren Bruder, Pfalzgraf Friedrich, obgleich mit ihm verbündet, hatte sich doch inzwischen mit Gerhard von Jülich-Berg auf freundschaftlichen Fuß gestellt und führte nun eine Vermittelung herbei. Ruprecht, der den Haß, welchen er bereits auf sich geladen hatte, durch die Ermordung Wilhelms von Blankenheim noch bedeutend verstärkt sah, leistete nun gänzlich Verzicht auf die Verschreibung der herzoglichen Lande, jedoch gegen Erstattung von 45000 Gulden.

6. Die Regentschaft des Jungherzogs Wilhelm.

Das Domkapitel forderte den Erzbischof auf, sich des Regiments zu begeben, und wählte, da er darauf nicht einging, den Landgrafen Hermann von Hessen zum Administrator des Stifts; die Wahl wurde am 24. März 1473 öffentlich verkündigt.

Arnold von Egmout hatte Geldern und Zütphen dem Herzoge Karl von Burgund am 30. Dezember 1471 abgetreten, welchem sich die Lande widerwillig unterwerfen mußten. Um sich des Besitzes allseitig zu versichern, faßte nun Karl auch den jülich'schen Anspruch ins Auge. Herzogin Sophia, welche ihren geisteskranken Gemahl vertrat, war jetzt sehr leidend; sie starb am 9. September 1473. Der älteste Sohn, Jungherzog Wilhelm, der nun die Regentschaft übernehmen mußte, befand sich in sehr schwieriger Lage. Er hatte [43]) sich am 19. Oktober 1472 vermählt mit Elisabeth, Tochter des Grafen von Nassau-Saarbrücken, und als reiche Mitgabe die

Lande Heinsberg, Löwenberg, Diest und Zichen, welche seine Braut von ihrer bereits verstorbenen Mutter geerbt hatte, gleich antreten können (auch der Vater war schon tot).

Graf Dietrich von Manderscheid, obgleich er nach dem Tode des Grafen Wilhelm von Blankenheim auf den Mitbesitz von Jülich verzichtet hatte, erhob dennoch Erbansprüche (er stammte mütterlicherseits aus dem Hause Blankenheim), ebenso sein Schwiegersohn Friedrich von Sombref. Beide schritten zu offener Gewaltthat, und Wilhelm sah sich genötigt, ihnen mit Waffengewalt entgegenzutreten; aber zu völliger Ruhe kam es nicht. Der Jungherzog konnte wohl jetzt nicht mehr hoffen, seine Ansprüche auf Geldern gegen den mächtigen Karl von Burgund jemals zur Geltung zu bringen; er entschloß sich deshalb, dieselben auf diesen Fürsten zu übertragen, der ihm dafür 80000 Gulden und steten Schutz mit seiner ganzen Macht versprach[44]). So durfte er wenigstens erwarten, fernerhin Jülich und Heinsberg unangefochten zu besitzen.

Karl der Kühne faßte nun den Plan, seine Herrschaft über den ganzen Niederrhein auszudehnen, und da kam es ihm sehr erwünscht, daß ihn Erzbischof Ruprecht zur Hülfe gegen das Domkapitel ins Land rief. Er drang ins Erzstift ein und belagerte Neuß vom 30. Juli 1474 bis 28. Juni 1475 hart, wurde dann aber durch Kaiser Friedrich III., der mit großen Streitkräften erschienen war, zum Abmarsch bewogen[45]). Unser Herzog hatte sich zwar von dieser Sache ferngehalten, aber auch Karl dem Kühnen den Zug durch sein Gebiet nicht verwehrt; angesichts der gewaltigen burgundischen Waffenmacht, deren Lager seine Grenzen berührte, fühlte sich der Jungherzog sogar veranlaßt, am 31. Dezember 1474 sein Bündnis mit Karl zu erneuern. Der Kaiser, welcher einige Tage später in Köln eintraf, ließ ihn deshalb sogleich vorladen und bestand darauf, daß er persönlich erscheinen und sich ihm unterwerfen mußte.

Am 18. August 1475 wurde Gerhard II. endlich durch den Tod auf der Burg zu Lülsdorf[46]) aus seinem beklagenswerten Zustande erlöst. Seine letzte Ruhestätte fand er im Altenberger Dom. Die große Kupferplatte, welche sein Grab deckt, ist ein wertvolles Werk; sie zeigt des Herzogs lebensgroßes Bild in völliger Rüstung, mit Spieß und Jagdhorn, und um den Rand befindet sich eine sehr deutliche Inschrift, die einzige deutsche im Dom. Seine Gattin Sophia ruht nebst dem zweiten Sohne Adolf zu Nideggen.

Wilhelm III.

1. Neuer Streit wegen des Herzogtums Gelbern.

Der Streit um den Kölner Erzstuhl dauerte noch fort; Ruprecht konnte zur Entsagung sich nicht entschließen. Herzog Wilhelm mußte sein nächstes Bestreben darauf richten, mit dem Kaiser, der ihm noch zürnte, wieder auf guten Fuß zu kommen, und trat deshalb als Vermittler auf. Im Juli 1477 kam es zu gütlicher Verhandlung, aber erst im folgenden Jahre leistete Ruprecht gegen eine Leibrente Verzicht auf das Erzstift,[47]) und zwar bestimmte ihn dazu hauptsächlich die Thatsache, daß Karl der Kühne im Januar des Jahres 1477 bei Nancy gefallen war. Die Vermählung des Erzherzogs Maximilian mit Maria, Karls einziger Tochter, am 26. April 1477 zu Köln, welcher auch unser Herzog beiwohnte, beschwor sogleich wieder einen neuen Kampf um Gelbern herauf.

Die Stände von Gelbern betrachteten nach Karls Tode die Regierung als erlebigt und wählten den Sohn ihres früheren Herzogs, Adolf von Egmont, zum Fürsten. Dieser aber setzte seine Schwester zur Statthalterin ein, und da er schon am 22. Juni 1477 starb, trat ihr Oheim, Wilhelm von Egmont gegen sie auf und wurde von Maximilian unterstützt. Die Stände von Gelbern und Zütphen rüsteten sich gegen den Erzherzog, und es galt daher, alle diesseitigen Landesherren gegen sie zu vereinigen. Maximilian trat in ein Hülfsbündnis mit Johann von Cleve und Wilhelm von Berg, die schon unter sich zu Schutz und Hülfe verbündet waren[48]).

2. Anbahnung wichtiger Beziehungen.

Die jugendliche Gemahlin unseres Herzogs, Elisabeth von Nassau, starb schon im Jahre 1479. Eine Verbindung mit der Tochter Adolfs von Gelbern, wozu ihn König Ludwig XI. ermunterte[49]), hielt er natürlich nicht für ratsam. Die Vermählung Maximilians hatte ihn mit dem Kurfürsten Albrecht Achilles von Brandenburg zusammengeführt; er entschloß sich nun, eine Ehe mit dessen Tochter Sibilla einzugehen. Mit seiner ersten Gemahlin hatte er die Heinsbergischen und Diest'schen Besitzungen erlangt; da sie aber kinderlos gestorben war, so stand der künftige Rückfall an deren Schwester bevor. Mit seiner Braut Sibilla hatte er eine Mitgift von 20000 Gulden zu erwarten und durfte auch auf eine Beisteuer seitens seiner Lande zählen: so kaufte er denn im März 1484 jene Erbrechte für 60000 Gulden. Die Landstände bewilligten auch eine Bede zu diesem Zwecke, und am 14. März desselben Jahres versprach ihnen[50]) Wilhelm mit Sibilla, die jetzt schon mit ihm vermählt war, daß Löwenberg nie von Berg und Blankenberg, und Heinsberg mit Zugehör nie von Jülich getrennt werden solle.

Der frühere Administrator des Erzstifts Köln, Hermann von Hessen, war seit 1480 Erzbischof. Mit ihm, der Stadt Köln und unserm Herzoge Wilhelm kam es zu einem guten Einvernehmen. Auch Herzog Johann II. von Cleve, der am 5. September 1481 seinem Vater in der Regierung gefolgt war, verständigte sich mit Hermann. Als nun im Februar 1488 Maximilian zu Brügge in Gefangenschaft geriet, ließ unser Herzog in Gemeinschaft mit dem Erzbischof ein Heer sammeln und mit Kaiser Friedrich nach Flandern ziehen. Zur Befreiung Maximilians soll Herzog Wilhelm in besonderem Maße beigetragen haben. Der Krieg dauerte aber noch fort bis zum Oktober 1489. Zwar erwarb sich Wilhelm durch diesen treuen Beistand das Wohlwollen des Kaisers und seines Sohnes Maximilian, erhielt auch einige Zuwendungen; aber zur Beschaffung der bedeutenden Geldmittel hatte er doch seine Zuflucht zu einer neuen Bede nehmen müssen[50]).

Maximilian war nur nach langem Kampfe zum vollen Besitz von Geldern und Zütphen gelangt, und der Widerwille gegen seine Herrschaft dauerte fort. Karl von Geldern, der einzige Sohn Adolfs, war im Dienste Maximilians in französische Gefangenschaft geraten; 1492 kehrte er zurück, und sofort wurde ihm in Geldern gehuldigt. Herzog Wilhelm und sein Nachbar Johann von Cleve wurden hierdurch sehr nahe berührt, und es entwickelte sich nun zwischen beiden eine innige Verbindung, welche für die Zukunft von größter Wichtigkeit war.

3. Bündnisse und Verträge.

Wilhelm und Johann erneuerten das bestehende Schutzbündnis, jetzt insbesondere gegen Karl von Egmont gerichtet; da sie aber beide wünschten, in den bevorstehenden Streit selbst nicht verwickelt zu werden, sollte keiner ohne den andern in dieser Sache etwas unternehmen[51]).

Am 19. August 1493 starb Kaiser Friedrich; sein Nachfolger Maximilian übergab nun die Regierung von Burgund seinem Sohne Philipp. Beide beabsichtigten im Juli 1494 Geldern wieder einzuziehen, aber andere Reichsangelegenheiten verhinderten dieses Vorhaben. Den Nachbarn des Herzogtums erwies sich Maximilian selbstverständlich sehr geneigt. Auf dem Reichstage zu Worms belehnte er am 28. Juni 1495 den Herzog Wilhelm mit Jülich, Berg und Ravensberg. Dem Herzog Karl von Geldern, der sich den Titel eines Herzogs von Jülich anmaßte, verbot er dies einige Tage später in einer besonderen Urkunde⁵²).

Mit dem Erzherzog Philipp hatte Wilhelm ein enges Bündnis geschlossen⁵³). Im Sommer 1497 geriet er mit demselben wegen seiner Hoheitsrechte in der Stadt Diest in Spannung, doch wurde die Sache im Oktober wieder beigelegt⁵⁴). Zu gleicher Zeit fand zu Löwen eine Absprache Maximilians und Philipps mit den Herzogen von Jülich und Cleve statt, wobei es an Versprechungen nicht fehlte; es sollte ein gemeinsamer Feldzug gegen Geldern eröffnet werden, aber es war wegen der vorgerückten Jahreszeit zunächst nicht möglich. Im folgenden Jahre wurde der Feldzug wirklich eröffnet. Herzog Wilhelm schritt unter Heinrich von Hompesch sofort zum Angriff, eroberte Erkelenz und ließ sich am 23. August von der Bürgerschaft für gnädige Behandlung 5000 Gulden versprechen⁵⁵). Im ganzen wurde jedoch nichts erreicht, auch im Jahre 1499 nicht, obgleich das Angriffsbündnis am 5. März dieses Jahres erneuert wurde⁵⁶). Maximilian hatte gegen Ende 1498 nach der Schweiz eilen müssen, und wurde durch die Erfolge der Eidgenossen genötigt, seine Truppen aus Gelderland an sich zu ziehen. Die Herzoge von Jülich und Cleve hatten zur Deckung ihrer eigenen Lande gegen Streifzüge auf der Hut zu sein; am 20. Juni 1499 wurde zwischen ihnen und Karl von Geldern ein vorläufiges Abkommen getroffen, auch in der Folge unter Vermittelung des Königs von Frankreich noch mehreres festgesetzt; eine endgültige Entscheidung ist jedoch nicht bekannt. Soviel steht indes fest, daß Karl bis zum Tode des Herzogs Wilhelm den Titel „Herzog von Jülich" nicht mehr geführt hat. Kaiser Maximilian, um unseren Herzog bei gutem Willen für seine Sache zu erhalten, stellte demselben⁵⁷) am 20. März 1503 ein Anerkenntnis über 33000 Gulden aus, die er ihm für geleistete Hülfe gegen Geldern verschulde. Als dann nochmals Rüstungen gegen Karl vorgenommen wurden, zeigte sich Wilhelm, durch Dienstleistung, Verpflegung und Vorschüsse bewogen, Maximilian möglichst ergeben. Letzterer stellte ihm darüber 1505 ein Anerkenntnis aus mit Überweisungen und versprach ihm das nächste Reichslehen.

4. Die Union vom 25. November 1496.

Die Herzoge Wilhelm von Berg und Johann I. von Cleve hatten schon 1478, als sie zuerst ein Schutz- und Hülfsbündnis schlossen, einen Vertrag zur engeren Verbindung ihrer Länder beredet und, da Wilhelm damals noch keine Nachkommenschaft hatte, auf einer Zusammenkunft bei dem Schlosse Angerort, welcher auch der Jungherzog beiwohnte, Einleitungen zu einer Erbfolgeordnung besprochen. Als der Jungherzog 1481 zur Regierung kam, wurden die Unterhandlungen wieder aufgenommen. Trotz der Geneigtheit, die Kaiser Friedrich III. sonst dem Herzoge Wilhelm bezeigte, verlieh derselbe im Jahre 1483 dem Herzoge Albrecht von Sachsen[88] „den Anfall der Herzogthumb Gülich und Berg, wenn Unß (und) dem Heiligen Reich die durch Abgang des Hochgeboren Wilhelms, Herzogen zu Gülich und Berg, oder sonst ledig werden." Maximilian bestätigte 1486 diese Belehnung nicht nur, sondern dehnte sie auch auf den Kurfürsten Ernst von Sachsen aus. Allerdings kann man, da zu dieser Zeit auch die zweite Ehe Wilhelms mit Sibilla von Brandenburg noch kinderlos war, diese Anwartschafts-Erteilung einigermaßen begründet finden; unbegreiflich ist es aber, daß Maximilian dieselbe 1495 nochmals bekräftigte, wo doch 1491 Wilhelms Tochter Maria geboren war, mithin die Erbfolge nicht mehr in Frage stand. Am 3. Februar 1496 gelang es jedoch dem Herzog Wilhelm, von Maximilian das sog. Habilitations-Privilegium[89] zu erhalten, worin festgestellt wurde, „daß, wenn Herzog Wilhelm in seiner Ehe keine Söhne erhalten sollte, das uneingeschränkte Erbfolgerecht seiner Tochter Maria oder, wenn diese stürbe, einer andern Tochter ausdrücklich und feierlich zugesichert wäre."

Wilhelm hielt den Gedanken an eine Familienverbindung, welcher durch das gemeinsame politische Interesse erweckt worden war, fest im Auge; jetzt, wo das Vorhaben durch das Dokument Maximilians neue Kräftigung erhalten hatte, trat er mit seinem Freunde Johann wieder in Verbindung, und am 25. November 1496 schlossen sie den denkwürdigen Erbvertrag, durch welchen die Verbindung sämtlicher beiderseitigen Länder begründet wurde. In zwei Urkunden wurde die Verlobung der fünf Jahre alten

Maria von Jülich-Berg mit dem sechs Jahre zählenden Johann von Cleve-Mark und die Vereinigung der Länder festgestellt. Die Landstände der beiden Länderkomplexe: Jülich-Berg-Ravensberg einerseits, und Cleve-Mark-Ravenstein andererseits bekräftigten diese Verträge durch ihre Zustimmung, wodurch sie den Charakter förmlicher Landesgesetze erhielten.

Das Habilitations-Privilegium hatte nun zwar die Erbrechte der Maria anerkannt, aber es befand sich noch eine Klausel darin, die Bedenken erregte; darum ließ es der Herzog an Bemühungen zu ihrer Beseitigung nicht fehlen. Diese hatten den Erfolg, daß Maximilian das Privilegium zuerst 1498 einfach erneuerte, am 22. April 1508 aber die aufgerichtete Erbfolgeordnung ohne jene Klausel bestätigte, und am 4. März 1509 diese Bestätigung nochmals aussprach mit ausdrücklichem Widerruf der dem Herzog von Sachsen 1483 erteilten Anwartschaft[60]).

Nun erst hielt Herzog Wilhelm die Erbfolge seiner Tochter für vollkommen gesichert, und er erlebte noch die Freude, daß sein sehnlichster Wunsch in Erfüllung ging. Im Jahre 1510 wurde die Hochzeit seiner Tochter Maria mit dem Jungherzoge Johann von Cleve zu Düsseldorf gefeiert.

Wie es den Anschein hat, fühlte sich der Herzog damals schon körperlich schwach; er lebte zurückgezogen in dem stillen Wohnhause eines ihm befreundeten Geistlichen der Düsseldorfer Stiftskirche, des Scholasters Ribeggen, wo er am 6. Sept. 1511 starb. Gemahlin und Tochter schenkten dieses Haus zu einer Scholasterie-Wohnung auf ewige Zeiten, überwiesen der Kirche und dem Hubertus-Hospitale, dem Testamente des Herzogs gemäß, je 1000 Gulden u. s. w.[61]).

Herzog Wilhelm war der letzte Fürst, welcher im Altenberger Dome beigesetzt wurde. Eine Schieferplatte deckt das Grab, in dem auch seine Gemahlin Sibilla ruht; die dasselbe zierenden Bildnisse und Wappen sind unkenntlich geworden. Über dem Grabmal befindet sich noch der eiserne Arm, welcher früher die große silberne Lampe trug. An dem gegenüberliegenden Pfeiler hängen die Wappenschilde des Herzogs und der Herzogin.

5. Die vereinigten Länder.

Durch die Union von 1496 wurden folgende Territorien zu einem Ganzen vereinigt:

1. Das Herzogtum Jülich, ein fruchtbares Ackerbauland, die gesegnete Kornaue des Rheinlandes.

2. Das Herzogtum Cleve, ein Land mit vielen Städten und reich an ausgezeichneten Weiden.

3. Das Herzogtum Berg, in welchem schon damals der Gewerbfleiß eine ziemlich hohe Stufe erreicht hatte.

4. Die Grafschaft Mark, ein viele Rittersitze umschließendes, wald- und erzreiches Gebiet, wo heute „der Märker Eisen reckt".

5. Die Grafschaft Ravensberg, welche später der große Kurfürst „sein Linnenland" nannte.

6. Die Herrschaft Ravenstein, auf dem linken Ufer der Maas, zwischen Grave und Herzogenbusch, rings von Brabant und Geldern umgeben, durch die Schlacht im Cleverhamm zu Cleve gekommen und 1815 an das Königreich der Niederlande übergegangen.

Diese vereinigten Landschaften umfaßten den heutigen Regierungsbezirk Düsseldorf fast ganz, von den Regierungsbezirken Köln, Aachen, Minden und Arnsberg bedeutende Teile, und außerdem noch mehrere 1815 zu Holland gekommene Besitzungen. Vom Siebengebirge bis zur holländischen Grenze durchfloß der Rhein mit mehreren seiner Nebenflüsse den größten Teil dieser Gebiete, während Jülich und Cleve insbesondere von Roer und Niers bewässert wurden. Erstreckten sich die Länder im Westen bis zur Maas, so reichten sie im Osten bis an Weser.

Hinsichtlich der Verwaltung bestand, wie wir wissen, die Einteilung in Ämter. Der an der Spitze des Amtes stehende Amtmann wurde vom Landesherrn aus dem ritterbürtigen eingebornen Adel ernannt. Er führte die Aufsicht in Polizeisachen und hielt für persönliche Rechtsklagen eigenes Verhör unter Beisitz des Richters ab.

Die Verfassung war eine landständische, deren Existenz seit der Mitte des 14. Jahrhunderts nachgewiesen ist. Die Landstände, aus der Ritterschaft und den Vertretern der Städte bestehend, wurden vom Landesherrn zu den Landtagen einberufen. Die Vertretung der Städte wurde allmählich auf eine kleinere Zahl beschränkt; diejenigen, welche die Vertretung behielten, wurden Hauptstädte genannt. Im Herzogtum Berg waren es die folgenden vier Städte: Lennep, Düsseldorf, Wipperfürth und Ratingen, deren Reihenfolge bei den Abstimmungen die hier angegebene war. Weil Lennep dabei den Vorrang hatte, wird es häufig, „die älteste

„Hauptstadt des Bergischen Landes" genannt. Die Propositionen der Regierung wurden den Landständen durch die fürstlichen Räte zur Beratung vorgelegt.

„Die alten Einnahmen des Landesherrn waren teils privater, wie namentlich die Erträge seines Grundbesitzes, teils öffentlicher Natur, wie der Schatz, die Gerichtsporteln, die Münzgefälle u. f. w. Alle diese Einnahmen werden trotz ihres verschiedenen Charakters als eine Einheit den landständischen Steuern gegenübergestellt, als die Einnahmen des Landesherrn den Einnahmen des Landes". Der Landesherr war verpflichtet, die Kosten der Regierung mit eigenen Mitteln zu bestreiten; nur wenn die althergebrachten Einnahmen nicht ausreichten, durfte er die Stände herkömmlich um eine Steuer ersuchen. „Am stärksten wurden die Finanzen eines Landesherrn im Mittelalter ohne Zweifel durch seine kriegerischen Unternehmungen in Anspruch genommen", so daß fast auf jedem Landtage Klagen über zu hohe Anforderungen in dieser Hinsicht laut wurden[62]).

Außer den Leibgarden oder Trabanten und den geringen Besatzungen der Festungen wurden in der Regel keine Truppen auf festem Fuß gehalten. Zur Landesverteidigung wurden Milizen aufgeboten, im Bergischen unter der Benennung „Schützen"; zu diesem Zwecke wurde die waffenfähige Mannschaft in Listen verzeichnet und in verschiedene Klassen eingeteilt: erste, zweite und dritte „Wahl". Die aufgebotene Mannschaft mehrerer Kirchspiele konnte leicht zu einer geschlossenen Kompanie vereinigt werden. Die Führer erhielten auch im Frieden eine gewisse Vergütung, die Mannschaft nur dann, wenn sie eingezogen war. „Von Zeit zu Zeit fanden Musterungen und Übungen statt, welche häufig mit den örtlichen jährlichen Schützenfesten in Verbindung gebracht wurden, und diesen, jetzt lediglich nur dem Vergnügen gewidmeten Festen, den Stempel eines ernsten Zweckes aufdrückten und das Bewußtsein einer Zusammengehörigkeit als Verteidigungs = Genossenschaft für Haus und Herd rege erhielten." Die Reiterei sollte von der Ritterschaft gestellt werden, aber mit der Zeit wurde es üblich, sich von der persönlichen Heeresfolge mit Geld loszukaufen. Die Artillerie in den Festungen bildete eine eigene Korporation; zur Bewachung und Besetzung des Walles waren die Bürger verpflichtet. Bei einem ausbrechenden Kriege wurden die nötigen Truppen angeworben, nach geschlossenem Frieden wieder entlassen.

Achtes Buch

Die Zeit der Herzoge aus dem Hause Cleve.

Von der Vereinigung der Länder bis zum Ausbruch des Erbfolgestreites.
1521—1609.

Johann III.

1. Johann als Herrscher der vereinigten Länder.

Johann, der als Gemahl der Erbtochter Maria 1511 die Regierung von Jülich und Berg antrat, gelangte nicht ganz unangefochten in diesen Besitz, da die sächsischen Häuser das Recht der weiblichen Erbfolge bestritten und die Belehnung Johanns zu verhindern suchten. Ihre wiederholten Beschwerden hatten zur Folge, daß Kaiser Max erst am 18. Juli 1516 seinem Enkel, dem König Karl von Spanien, den Auftrag gab, dem Herzog Johann die Belehnung zu erteilen[1]). Mit Karl, welcher am 22. Juli 1519 zum deutschen Kaiser erwählt worden war, und mit seinem Vater schloß Johann am 25. November desselben Jahres zu Sittard ein Bündnis auf Lebenszeit zu Schutz und Hülfe[2]).

Herzog Johann war ein Fürst von mehr als gewöhnlicher Bildung, wohlwollend, gerecht und friedliebend; man legte ihm daher mit Recht den Namen „der Friedfertige" bei. Dieser milden und friedlichen Sinnesart entsprechend suchte er die Wohlfahrt seiner Herzogtümer im aufgehenden Lichte der Neuzeit allseitig zu begründen und zu fördern. Die eingetretene größere Waffenruhe gestattete ihm, sein Augenmerk auf die Besserung der inneren Zustände zu richten, namentlich dann, als ihn der Tod seines Vaters auch zum Herzog von Cleve und Mark berufen hatte; denn

im Besitze eines so großen Ländergebietes und einer solchen achtung=
gebietenden Machtstellung brauchte er Angriffe von außen nicht
zu fürchten.

Am 15. März 1521 war Johann II. gestorben, und schon
acht Tage später, am 21. März, erließ der neue Herzog an die
Amtleute seiner Lande ein Umlaufschreiben, in welchem er ihnen den
Tod seines „werten, freundlichen, lieben Herrn und Vaters" an=
zeigte. Am 1. April erfolgte seitens der zu Cleve anwesenden
Räte und Freunde des Herzogs und auf seinen Befehl, die Auf=
forderung, das am 15. und 16. die Amtleute dem Begräbnisse des
verstorbenen Landesfürsten beiwohnen möchten, und zugleich die
Übersendung der Trauerkleidung. Ebenso wurden auch die Städte
von dem Tode des alten und der bevorstehenden Huldigung des
jungen Herzogs in Kenntnis gesetzt.

Der junge Herzog nannte sich jetzt: Johann III., Herzog
zu Cleve, zu Jülich, zu dem Berge, Graf zu der Mark und zu
Ravensberg ꝛc., Herr zu Ravenstein ꝛc. So waren denn diese
Gebiete unter einem Herrscher aus dem alten, dem Deutzer Gau
entsprossenen Geschlechte zu einem Gesamtstaate vereinigt, welcher
die meisten deutschen Länder nicht nur an Größe und Einwohner=
zahl, sondern auch namentlich in Bezug auf gewerbliche Thätigkeit
und inneren Wohlstand überwog. Die Landschaften bildeten in
ihrer Vereinigung, welche sie mit Freuden begrüßten, wenn nicht
das mächtigste, so doch jedenfalls das reichste Herzogtum Deutschlands.
In ihm war die Grundlage zu einem mächtigen und einflußreichen
deutschen Staate am Niederrhein gegeben, und dieser würde ohne
Zweifel zu Großem gelangt sein, wenn nicht unser einst so blühendes,
thatkräftiges Fürstengeschlecht einem mehr als traurigen Geschick
verfallen wäre.

Als hätte man geahnt, daß die Vereinigung der Landschaften
nicht von Dauer sein werde, war dieselbe von vornherein nur als
eine äußerliche aufgefaßt worden, als eine Landesunion mit gemein=
schaftlichem Regenten bei übrigens fortdauernder Selbständigkeit
der Gebietsteile³). Schon ein Jahrhundert früher war Jülich mit
Berg und Cleve mit Mark verbunden worden; seitdem bestand in
jeder dieser beiden Landeshälften eine besondere Regierung, deren
Sitz für Cleve=Mark zu Cleve und für Jülich=Berg zu Düssel=
dorf war. Diese Einrichtung behielt Herzog Johann bei und beließ
den beiden Hauptstädten auch für die Zukunft den Charakter als

Residenzen. Von hervorragender Bedeutung war damals wegen seiner vorgeschrittenen Entwickelung das Herzogtum Cleve, dessen eigentlicher Mittelpunkt die Stadt Wesel war, welche an Volkszahl, Reichtum und Gesittung weitaus alle Städte der vereinigten Lande übertraf.

Sobald die Nachricht von dem Tode des alten Herzogs in Wesel anlangte, beeilte sich der Rat, die Huldigung vorzubereiten; diese Feier konnte aber, da noch mancherlei Verhandlungen vorhergehen mußten, erst im folgenden Jahre, und zwar am 4. August 1522 zu Cleve, am 6. August zu Emmerich, am 8. August zu Rees und am 9. August zu Wesel stattfinden. Auch noch in anderen Städten wurde dem Fürsten und der Fürstin feierlich gehuldigt, wobei sich überall, wie von Zeitgenossen versichert wird, eine herzliche Freude kundgab.

2. Konrad von Heresbach.

Zur Erziehung seines 1516 geborenen Sohnes Wilhelm berief Herzog Johann einen jungen Gelehrten, welchen der berühmte Erasmus von Rotterdam empfohlen hatte: Konrad von Heresbach. Derselbe war geb. am 2. August 1496 auf dem Salhofe Hertzbach an der Düssel im Amte Mettmann. Von seinem Geburtsorte trug er den Namen, den er selbst als Hirschbach deutete und deshalb (nach Psalm 42, 1) einen aus dem Bach trinkenden Hirsch als Wappenbild wählte. Vom 7. Lebensjahre ab wurde er auf Schulen geschickt, zunächst nach Werden, zwei Jahre später nach Hamm und 1510 nach Münster, wo er bis zum Herbst 1512 blieb und unter dem ausgezeichneten Johann Murmellius die letzte Vorbereitung auf höhere Studien empfing. Dann ging er nach Köln und schloß dort seine Vorstudien nach der Sitte der Zeit durch die Promotion zum Magister der freien Künste ab. Bei dem Reuchlinischen Streit mit den Kölner Dominikanern stand Heresbach gleich dem größten Teile der deutschen Jugend begeistert auf Seite der Humanisten.

Er studierte noch zwei Jahre Jurisprudenz auf der Universität zu Köln, besuchte hierauf mehrere Universitäten in Frankreich und kehrte 1519 als Baccalaureus der Rechte nach Köln zurück. Er war in Zweifel, welche Laufbahn er nun betreten sollte. Da kam am 1. November 1520 Erasmus, der in Aachen der Krönung Karls V. beigewohnt hatte, mit diesem nach Köln und fand an dem bescheidenen und hochbegabten Heresbach solches Wohlgefallen,

daß er ihn nach Basel einlud. Derselbe begab sich noch im näm=
lichen Jahre borthin, folgte aber schon Ostern 1521 einem Rufe
nach Freiburg, wo er auf die Empfehlung des Erasmus hin als
Professor der griechischen Sprache an der bortigen Universität an=
gestellt wurde. Im folgenden Jahre ging er nach Italien und
wurde am 22. Oktober 1522 zu Ferrara zum Doktor des Civil=
rechts promoviert. Geschmückt mit dem italienischen Doktorhut,
nach damaliger Anschauung der höchsten Ehre des Gelehrten, kehrte
er im Frühling 1523 nach Basel zurück und nahm zu Ostern seine
Thätigkeit an der Universität zu Freiburg wieder auf, wo Johannes
von Flatten großen Einfluß auf ihn ausübte.

Erasmus hatte Heresbach inzwischen bem Herzog Johann zum
Erzieher des Erbprinzen empfohlen, und die Folge davon war
bessen Berufung. Am 1. September 1523 trat Heresbach am Hofe
zu Cleve sein Erzieheramt an; er sagt selbst[4]), daß er diesen Ruf,
der ihm ohne seine Bewerbung zugegangen sei, aus Liebe zum
Vaterlande angenommen habe, obgleich seine Stellung als öffent=
licher Lehrer an einer Hochschule seiner geistigen Richtung mehr
entsprochen hätte.

Seit dieser Zeit hat Heresbach bis zu seinem Tode durch
sein geistiges Übergewicht den Fürstenhof vollständig geleitet und
seine Eigentümlichkeit demselben unverkennbar aufgeprägt, so daß
man seine Schriften als Zeugnis der Denkart betrachten kann,
welche an diesem Hofe fast ein halbes Jahrhundert herrschte.

3. Familienereignisse.

Am 9. Juli 1524 starb des Herzogs Schwiegermutter, Her=
zogin Sibilla von Jülich=Berg, die Witwe Wilhelms II., und
wurde in der bergischen Fürstengruft zu Altenberg beigesetzt. Ihr
Gemahl hatte sie zur Mitregentin bestimmt[5]), aber dies ist sie nie
gewesen, wenn sie auch einen unleugbaren Einfluß auf die Regierung
des Jülich=Bergischen Landes geübt hat.

Nach einer verbreiteten Annahme soll sie seit dem Tode ihres
Gatten ihren stillen Witwensitz auf der Löwenburg im Sieben=
gebirge gehabt haben. Dieser Annahme stehen aber nicht nur die
Verhältnisse entgegen, sondern es fehlt dafür auch jedes gleichzeitige
Zeugnis[6]); dagegen läßt sich urkundlich nachweisen, daß nicht die
Löwenburg, sondern das Schloß Caster bei Bergheim im Jülicher
Lande ihr als Witwensitz gedient hat[7]). Dann und wann hat die

Herzogin zu Benrath sich aufgehalten, zuweilen auch Ausflüge gemacht. Stets war sie der Armen eingedenk und wegen ihrer Frömmigkeit und Charakterfestigkeit bei den Zeitgenossen hoch geachtet.

Ein wichtiges Ereignis war die Vermählung der ältesten Tochter des Herzogs Johann, Sibilla, geb. 1512, mit dem Kurprinzen Johann Friedrich von Sachsen, dem Sohne und Erben des Kurfürsten Johann des Beständigen. Der Ehevertrag wurde am 8. August 1526 zu Mainz abgeschlossen⁸), und die Hochzeit fand am 8. September auf der Burg an der Wupper statt; die Erinnerung daran wurde dort am 17. Juni 1893 durch ein dieselbe darstellendes glänzendes Festspiel der Gegenwart ins Gedächtnis zurückgerufen.

4. Beginn kirchlicher Reformen.

Während der erwähnten Ereignisse waren von Wittenberg her die ersten kräftigen Laute der erwachenden Geistesfreiheit bis in unser Rheinland gedrungen und hier nicht ohne Anklang geblieben. Nach der Überlieferung soll das „Wittenberger Evangelium" bereits im Jahre 1519 in unsern Bergen bekannt gewesen sein.

Herzog Johann war genötigt, seinen Blick und seine Sorgfalt in hohem Grade den kirchlichen Zuständen zuzuwenden. Er war glücklich in Heresbachs Besitz, und dessen Einfluß ließ sich bald im ganzen Lande spüren. Johann betrat den Weg kirchlicher Reformen im Sinne Heresbachs und begann seine desfallsigen Maßnahmen durch ein scharfes Edikt gegen Luthers Lehre, das wie ein Blitz aus heiterm Himmel kam. Dasselbe wurde am 26. März (Lätare) 1525 von Hambach aus erlassen⁹), und es heißt darin u. a.:

„Johan Hertzouch ind Maria hertzochinne zu Cleve 2c So as eyn zytlanck her durch schrifften und lere von Marthinus Luter ind syme anhange . . . vast irrongen ind vprören . . . sich erhauen, ind as wir verstain datselue sich begelichs vermeret ind breidet, auer ynse vnderdanen vnser Furstendomm ind landen syn vnsers wissens noch dauan vnbefleckt." — Weiter sagt die Verordnung, daß den Landdechanten, Kollegiatkirchen und Klöstern befohlen sei, die Geistlichen „ernstlich und flyßlich" zu ermahnen, „de schrifften ind lere M. Luters noch seyns anhangs nyt zu predigen", sondern „dem gemeinen voulck" täglich auf den Kanzeln zu verkündigen und zu sagen, „dat de vorgenante M. Luters ind

ſyns anhangs ſchrifften ybel (eitel), falſch inb keßerye ſy", unb
ſchließlich wirb ben Amtleuten eingeſchärft, wer ſich in ben Ländern
ihres Befehls „heymlich ober offenbaar na M. Luters inb ſyns
anhangs lere hylte ober handelbe", ben anzugreifen unb in bes
Herzogs Haftung unb Gefängnis zu bringen, ba „wir be an lyue
inb gube (Leib unb Gut) ſonber gnabe gebencken zu ſtraiffen."

Dieſer brohenben Verorbnung war wenige Tage vorher ein
Schreiben in ähnlichem Sinne an bie Stabt Weſel¹⁰) vorangegangen,
woraus ſich ergiebt, baß bieſelbe hauptſächlich auch burch bie evange-
liſche Bewegung baſelbſt veranlaßt war. Der Herzog fühlte ſich
namentlich baburch verletzt, baß bie Lehre Luthers in ber bebeutenbſten
Stabt ſeines Lanbes ſich auszubreiten begann. Zur Beſchränkung
ber geiſtlichen Gerichtsbarkeit hatte er ſchon am 23. September 1524
eine Verorbnung erlaſſen. Nachbem er auf bieſe Weiſe einmal bas
kirchliche Amtsgebiet betreten hatte, ſah er balb ein, baß er babei
nicht ſtehen bleiben konnte. Er erließ baher ſchon am 8. Juli 1525
eine fernere ausführliche Verorbnung¹¹), bie eine „Orbinonge" unb
„Beſſeronge" in kirchlichen Dingen bezweckt unb in vier Kapiteln
„von ben Paſtoren, von bem Senbt (Synobus), von ben München
unb von ben Rechten" hanbelt. Dieſe „Orbnung", welche Heresbachs Ibeen in jeber Zeile verrät, iſt faſt nur ein Eingeſtänbnis
ber eingeriſſenen Unorbnung unb bezeugt offiziell bie Notwenbigkeit
ber Reformation. Sie befiehlt bie Abſtellung ber ſchlimmſten Mißbräuche, unb man muß ſich über bie Offenheit wunbern, mit ber
ſie ein Regiſter berſelben mitteilt. Der Name Luthers wirb in
bieſer Verorbnung gar nicht genannt. Im Eingange berſelben
betont ber Fürſt, baß er ſie nur als Lanbesherr vorläufig erlaſſen
habe, bis „ein allgemein chriſtlich Concilium" ober Kaiſer unb Reich
eine Reformation bewerkſtelligt haben würben.

5. Predigt der evangeliſchen Lehre am Hofe.

Die gewaltige geiſtige Bewegung ließ ſich burch herzogliche
Verorbnungen unb beren Konzeſſionen nicht beſchwichtigen unb ein-
bämmen. Es bauerte nicht lange, ſo wurde bie neue Lehre ſogar
auf bem Schloſſe zu Düſſelborf verkünbigt.

Des Herzogs Schwiegerſohn, Kurprinz Johann Friebrich von
Sachſen, ſpäter „ber Großmütige" genannt, beſuchte breimal ben
Nieberrhein unb verſäumte babei nicht, burch ſeinen Hofprebiger
Friebrich Myconius (Mecum), ber ſich in ſeinem glänzenben

Gefolge befand, die lutherische Lehre öffentlich verkündigen zu lassen. Nach seiner eigenen Erzählung[12]) predigte Myconius zu Köln, Jülich, Cleve, Soest, Essen, Düsseldorf „mit großem Zufall des erwählten Volks Christi", und hielt (schon im Herbst 1526) „öffentliche Dis= putation mit den Mönchen und Sophisten aus Köln". Natürlich erhob die Geistlichkeit, namentlich die Ordensgeistlichkeit, ihre Stimme dagegen, und bei der letzten Anwesenheit Johann Friedrichs richtete ein Franziskanermönch aus Köln, Johann Heller genannt Korbach, von der Kanzel der Lambertuskirche herab heftige Angriffe auf Myconius. Auf Veranlassung des sächsischen Edelmannes von Wildenfels fand am 19. Februar zwischen Myconius und Heller eine öffentliche Disputation statt in Gegenwart des Kurprinzen Johann Friedrich, etlicher Jülich=Bergischer Räte und „vieler vom Adel und Ritterschaft, Gelehrten und gemeinem Volk", die nach des Myconius Bericht[13]) zu gunsten der neuen Lehre ausfiel.

Bald aber trat im Bergischen Lande der Mann auf, welcher als der eigentliche Reformator desselben anzusehen ist, und dessen Leben und Wirken wir nunmehr zu betrachten haben.

6. Adolf Clarenbach.

a. Clarenbachs Lehr= und Wanderjahre.

Adolf Clarenbach erblickte das Licht der Welt gegen Ende des 15. Jahrhunderts auf einem Hofe zwischen Lennep und Lüttring= hausen, welcher damals „zum Busch" genannt wurde und in bürger= licher Beziehung zu Lennep, in kirchlicher Beziehung zu Lüttring= hausen gehörte, jetzt aber „Buscherhof" heißt und auch in bürgerlicher Hinsicht der Stadtgemeinde Lüttringhausen zugeteilt ist. Sein Vater, nach seinem Hofgute Dietrich zum Busch genannt, war ein begüterter Ackersmann.

Adolf Clarenbach wurde „zur Schul, dazu er sonderlich Lust getragen", angehalten und besuchte ohne Zweifel zunächst die Stadt= schule zu Lennep. Seine weitere Vorbildung (Gymnasialbildung) erhielt er zu Münster, wahrscheinlich auf der berühmten Domschule, wo er auch die philologische und dialektische Durchbildung empfing, welche ihn auszeichnete. Dann ging er nach Köln zur Universität und ließ sich in die Fakultät der Künste aufnehmen, die aber ganz theologisch zugeschnitten war, und deren Absolvierung für Lehrer an einer lateinischen Schule (Gymnasiallehrer nach heutiger Aus= drucksweise) hinreichte. Er erwarb sich hier die Magisterwürde, aber keine theologischen Grade, weshalb er auch stets entschieden betonte, daß er kein Theologe sei. Es ist möglich, daß er dann noch eine französische Universität besucht hat, aber wir wissen es nicht genau.

Um das Jahr 1520 wurde Clarenbach Konrektor in Münster, wahrscheinlich an der Martinischule (oder an der Ludgerischule). Wenn auch in Münster vielfach Sympathieen für die evangelische Sache vorhanden waren, so mußte er doch anscheinend seiner evangelischen Überzeugung wegen die Stadt verlassen. Im Jahre 1524 war Clarenbach Konrektor zu Wesel, wo er schon einen Kreis evangelisch gesinnter Männer vorfand, unter ihnen Clemens Silvanus aus Rabevormwald. Wesel, welches für die evangelische Kirche von Westdeutschland und Holland von hervorragender Wichtigkeit gewesen ist, wurde von Ostern 1540 ab als eine Stadt augsburgischen Bekenntnisses betrachtet. Die Wirksamkeit Clarenbachs in dieser Stadt war für die Reformation am Niederrhein grundlegend und eine Hauptursache seiner Verfolgung. Schon 1524 wollte man ihn vom dortigen Schulamte entfernen, doch wurde seiner Absetzung seitens der herzoglichen Regierung damals noch keine Folge gegeben. Nachdem aber 1525 die drohende Verordnung gegen Luthers Lehre erlassen war, faßte der Rat den Beschluß, Clarenbach seinen Aufenthalt in Wesel aufzusagen. Er ging nach dem damals Wesel gegenüberliegenden Büderich, wo er mit dem dortigen Vikar Johann Klopreis aufs innigste sich verband und mit ihm und anderen Freunden Zusammenkünfte zur Lektüre der heil. Schrift veranstaltete. Es scheint aber, daß Clarenbach sich ·auch in Büderich nicht halten konnte, weshalb er mit seinen Schülern, die ihm besonders von Weseler Eltern anvertraut waren, unter denen sich aber auch Jünglinge aus Köln und Frankreich befanden, nach Osnabrück auswanderte. Wir haben uns Clarenbach in Osnabrück als einen theologischen Docenten zu denken, der Vorlesungen hielt, die zwar zunächst für Schüler bestimmt, aber auch auf weitere Kreise berechnet waren, wie ihre öffentliche Ankündigung beweist. Die Ankündigung der Vorlesungen Clarenbachs über den Brief an Philemon, vom 8. April 1526 datiert, ist das erste schriftliche Zeugnis, welches wir von ihm besitzen. Das Domkapitel in Osnabrück bewirkte, daß Clarenbach wieder weichen und zum viertenmal aus einer reformatorischen Wirksamkeit scheiden mußte, worauf er nach Meldorp im Lande Ditmarschen als Nachfolger des Märtyrers Heinrich von Zütphen berufen wurde.

b. Clarenbachs Auftreten im Bergischen Lande.

Bevor Clarenbach dem Rufe nach Meldorp folgte, zog es ihn noch einmal in seine geliebte bergische Heimat; er kam dort im Jahre 1527 in der Fastenzeit an, kurz vor Ostern, welches auf den 21. April fiel. Zwei Monate vorher hatte Myconius zu Düsseldorf geprebigt, und durch dessen Auftreten war die Stimmung des Hofes und der Großen unseres Landes gegen Clarenbach noch mehr gereizt, als es früher vor seinem Weggange nach Osnabrück der Fall gewesen. Die Mönche, namentlich die Kreuzbrüder, welche in Köln, Düsseldorf und an der Beyenburg Klöster hatten, hörten nicht auf, den unbequemen Prediger zu verdächtigen und anzuklagen.

Der Aufenthalt Clarenbachs im Bergischen Lande, während dessen er im Familienkreise und in der Öffentlichkeit das Evangelium predigte, dauerte nur wenige Monate, war aber von nachhaltiger Wirkung und machte großes Aufsehen. Die Kreuzbrüder verklagten ihn deshalb bei dem Pfandherrn des Amtes Beyenburg, dem Grafen Franz I. von Waldeck, der 1532 Bischof von Münster wurde. Er hatte nach seines Vaters Philipp II. Tode 1524 Beyenburg als Pfandherr geerbt und war als solcher viel unabhängiger, als wenn er Amtmann oder Droste gewesen wäre, so daß er von dem Amte sogar als von „seinem Gebiete" spricht. Graf Franz ließ am 11. Juni 1527, offenbar von Herzog Johann dazu beauftragt, in der Kirche zu Lüttringhausen durch seinen Gerichtsboten ausrufen, daß bei angedrohter Gefängnisstrafe „Adolf zum Busch nicht mehr in sein Amt und Gericht kommen solle". In gleicher Weise trat der Droste von Elberfeld, Gotthard Ketteler, seinem Zeugnis entgegen.

Den fortgesetzten Verfolgungen Clarenbachs in seiner Heimat verdanken wir seine bedeutendste Schrift, das berühmte Sendschreiben an seine Vaterstadt Lennep[14]), welches beginnt: „Den Ehrsamen, Fürsichtigen, Weisen Herren Bürgermeister, Rat und ganzer Gemeinde der Stadt Lennep wünscht Adolf Clarenbach Gnade und Friede, von Gott dem Vater und unserm Herrn Jesu Christo". Über seine Wirksamkeit im Bergischen Lande sagt er darin u. a.: „Als ich in der letzten Fastenzeit von Osnabrück mit etlichen Knaben und Schülern, so mir von frommen Leuten anvertraut waren zu lehren und wohl zu unterweisen, und als ich von Köln heimkomme, meine Eltern zu besuchen, und mich anschickte, nach Melborff im Ditmarschen zu reisen, dahin ich als Diaconus oder Kaplan berufen war, ist mir in dieser Zeit vorkommen, wie die Pfaffen und Mönche mit ihrem Anhang mich für einen Ketzer hielten und ausschalten darum, daß ich das Evangelium und ewige Wort ... meinen Eltern, Brüdern und Schwestern samt andern Christen-Brüdern und Schwestern verkündete und lehrte.... Auch bin ich gewarnt worden, mich bald hinweg zu machen, daß ich nicht gefangen würde.... Als ich solches erfahren, habe ich wiederum nach Osnabrück, Bremen und ins Ditmarsche geschrieben, daß sie ... möchten Geduld haben, daß ich so lange zurückbliebe, weil es aus der Ursache geschehe, daß hier etliche möchten des Evangeliums teilhaftig werden.... Denen aber, so mir jene Warnung gaben, hab ich den Bescheid erteilt, daß ich bereit sei durch Gottes Gnade, mit allen Mönchen und Pfaffen im Lande der Berge, des Evangeliums halber bis zum Feuer zu disputieren, möchte ich darob siegen oder sterben.... Und so haben sie denn meinen gnädigen Herrn Franz, Grafen zu Walbeck, Domherrn zu Köln ... dazu vermocht und gereizt, daß er durch seinen Hunnen in der Kirche zu Lüttring= hausen hat ausrufen lassen, daß Adolf zum Busch nicht mehr in sein Amt und Gebiet kommen solle; wenn er aber solches thun würde, solle man ihn angreifen und zur Beyenburg hinführen.... Desgleichen bin ich von einem guten Freund gewarnt worden, mich hinführo nicht mehr in Elberfeld sehen zu lassen, weil mein Herr, Godert Kettler, Droste zu Elberfeld, in einer Versammlung des ganzen Kirchspiels gesagt habe, so er mich wieder zu Elberfeld finde, so wolle er solchen Gang mit mir gehen, daß ich sobald nicht wieder predigen sollte". Er knüpft weiter hieran die bringende Bitte an seine Mitbürger, das Wort Gottes zu hören, Bibeln zu kaufen, um ihren Kindern und Hausgesinde daraus das ewige Wort Gottes zu lehren, vor allem aber ihre Kinder zur Schule zu schicken, „damit auch unsere Nachkommen gelehrte und vernünftige Leute haben, die ihnen das Wort Gottes verkündigen und in andern Sachen zu raten wissen". Zum Schlusse erbietet er sich, mit den Pfaffen und Mönchen zu disputieren, so „man es im Lande der Berge begehren würde".

Diese Schrift ist eins der schönsten Denkmale aus der ersten Zeit der Reformation und giebt der bergischen evangelischen Kirche das Recht, Clarenbach als ihren geistlichen Vater zu bezeichnen.

c. Clarenbachs Gefangenschaft.

Nachdem Clarenbach dieses Schreiben erlassen, verließ er, der um seines Glaubens willen zum fünftenmal vertrieben war, wahrscheinlich bald das Bergische Land und ging wieder nach Büderich zu seinem Freunde Klopreis. Dieser war schon einmal wegen seiner Bestrebungen vor das geistliche Gericht in Köln gestellt worden und hatte sich dabei schwach benommen; jetzt, wo Clarenbach wieder bei ihm war, erhielt er aufs neue eine Vorladung nach Köln. Clarenbach that den verhängnisvollen Schritt, ihn dahin zu begleiten, und sollte von dort nicht wieder zurückkehren.

In Köln wurde Klopreis am 3. April 1528 verhaftet und zunächst auf das Trankgassenthor geführt; Clarenbach wurde noch an demselben Tage durch den „Gewaltrichter" vor der Herberge „Zum Bäumchen" ergriffen und auf den Frankenturm gebracht. Die Verhaftung des Klopreis geschah in der üblichen Form zufolge eines Stadtratsbeschlusses; über die Verhaftung Clarenbachs aber liegt ein Ratsbeschluß nicht vor. Man hat ihn wohl einerseits deshalb verhaftet, weil er seinen Freund auf dem Wege zum Gefängnis mit beständigem Ermahnen begleitete, andererseits aber, weil man eine Gelegenheit suchte, sich des unbequemen Gegners zu entledigen. Die herzogliche Regierung zu Cleve muß mit der Gefangennehmung einverstanden gewesen sein, ja, Erzbischof Hermann von Wied erklärte geradezu, daß Clarenbach „auf Ansuchen" seines „freuntlichen lieben Gevatters, Herrn Johannes, Hertzogen zu Cleve, Jülich und Berge seiner Handlung halber gefenglich angenommen" worden sei, doch ist dies jedenfalls nicht wörtlich zu nehmen.

Kölns Blütezeit war damals vorüber; die Tage des letzten Glanzes fielen in die Zeit, innerhalb welcher Clarenbach daselbst studierte. Seit dem Auftreten Luthers nahm der Besuch der einst so glänzenden Universität derart ab, daß sie ihrem Ende entgegen zu gehen schien. Wenn aber auch aus vielen urkundlichen Zeugnissen auf das Vorhandensein einer evangelischen Partei, zu der u. A. Theodor Fabritius und Graf Wilhelm von Jsenburg gehörten, geschlossen werden kann, so stand derselben doch eine noch viel stärkere Gegenpartei gegenüber; das städtische Regiment war entschieden römisch-katholisch gesinnt. Stadtrat, Klerus und Universität bildeten eine dreifache Schnur, die jedem ernstlichen Versuch, die Stadt zu evangelisieren, noch eine bedeutende Widerstandskraft entgegensetzen konnte. Vorkämpfer dieser Richtung waren u. A. Nikolaus Herborn, Johann Romberg 2c. Die evangelische Bewegung erschien in kirchlicher Hinsicht als Ketzerei, in bürgerlicher und staatlicher Hinsicht als Aufruhr und Revolution, eine Anschauung, die von den Machthabern aller benachbarten Territorien geteilt wurde.

Die Gefangenschaft Clarenbachs dauerte vom 3. April 1528 bis zum 28. Sept. 1529, also 1½ Jahr. Diese ganze Zeit hindurch verfolgte die größte Stadt Deutschlands das Ziel, Clarenbach zum Tode zu bringen; immer von neuem beschäftigte sich der Rat mit dieser Angelegenheit. Die Angehörigen, Verwandten und Freunde Clarenbachs ließen es an Bemühungen, ihn aus dem Kerker zu bringen, nicht fehlen. Schon bald nach seiner Verhaftung hatten sich seine Brüder Heinrich und Johann nach Köln begeben, um sich für ihn zu verwenden, waren aber durch Ratsbeschluß abgewiesen worden. Die herzogliche Regierung that natürlich nichts zu seinen gunsten; ein einziges ernstgemeintes Intercessionsschreiben von Cleve hätte hingereicht, um Clarenbach aus seinem Gefängnisse zu befreien. Die Stadt Lennep aber trat für ihren verfolgten Sohn ein, was ihr stets zum Ruhme gereichen muß; sie reichte unterm 20. Mai 1528 auf Bitten von Adolfs Vater ein Gesuch um seine Entlassung aus dem Gefängnisse ein, welches aber unterm 22. Mai ebenfalls abgewiesen wurde. Mit den Evangelischen Kölns blieb Clarenbach während seiner langen Gefangenschaft in steter Verbindung und erfuhr von diesen nach Möglichkeit liebevolle Teilnahme und Handreichung, namentlich seitens des glaubensmütigen Professors Theodor Fabritius. Durch dessen Bemühungen wurde, wie dieser selbst erzählt, zu Clarenbachs gunsten an das Reichskammergericht zu Speier appelliert, doch ohne wesentliches Resultat. Einige seiner Freunde wandten sich auch durch Druckschriften an die Öffentlichkeit, u. a. der vielgenannte Humanist Hermann Buschius, der die Inquisitoren in rührender Weise ermahnte, von der Verfolgung abzustehen. Jedoch alle diese Bemühungen blieben ohne Erfolg.

Clarenbach wurde, nachdem er aus seinem ersten Gefängnis auf den Kunibertsturm und dann auf die Ehrenpforte gebracht worden war, zuletzt in den Gefängniskeller des erzbischöflichen Grafen Hilger vom Spiegel gebracht; hier fand er zu seiner Freude auch seinen, nach neueren Forschungen ihm durchaus ebenbürtigen

Genossen im Martyrium Peter Fliesteden, und beide ermutigten und stärkten sich gegenseitig in gemeinsamer Haft acht Monate lang.

Am 4. März 1529 wurde in einer öffentlichen Sitzung im Hause des Grafen das Verdammungsurteil über Clarenbach durch die beiden Ketzermeister Konrad Köllin und Arnold von Tongern verkündet, das mit den Worten schloß: „So schneiden wir denn diesen Adolf Clarenbach als ein räudiges Schaf und stinkendes faules Glied der Kirche ab und übergeben ihn der weltlichen Obrigkeit, jedoch mit der Bitte, daß sie ihm an Leib und Blut nichts zufüge." Diese Bitte war nur eine heuchlerische Form; denn die Überweisung bezweckte das gerade Gegenteil. Das Volk zeigte Sympathie für die Gefangenen; die Stimmung in der Bürgerschaft war derartig, daß der Rat große Besorgnisse im Falle einer öffentlichen Hinrichtung hegte. So verging, nachdem die Inquisitionsbehörde ihr Urteil gefällt hatte, Monat auf Monat ohne Entscheidung des weltlichen Gerichts. In dieser Zeit wurde, namentlich durch den Pastor von Lennep, vergeblich der Versuch gemacht, Clarenbach zum Nachgeben zu bewegen. Die schließliche Entscheidung wurde endlich durch ein äußeres, aber die Gemüter tief bewegendes Ereignis herbeigeführt, durch die englische Schweißfieberkrankheit, welche wie ein Sturm Deutschland durchzog und von der Geistlichkeit als Strafe für die Langmut gegen die Ketzer bezeichnet wurde. Unter diesem Drucke gab der Rat nach und fällte am 27. September das Urteil über Clarenbach, welches denselben in ungerechtester Weise dem Tode überlieferte.

d. Clarenbachs Märtyrertod.

Am 28. September 1529 wurden Clarenbach und Fliesteden gen Melaten zur Richtstätte abgeführt. Unter Abweisung aller Bekehrungsversuche ermahnten beide unterwegs das begleitende Volk, fleißig in Gottes Wort nach der Wahrheit zu forschen. Als sie den Galgenhügel hinaufgingen, betete Clarenbach: „O Herr, erheb meinen Geist, daß ich meinen Feinden vergeben möge aus Grund meines Herzens." An der eigentlichen Richtstätte angelangt, schieden die beiden Märtyrer mit brüderlichem Abschiedskusse und gingen dann mit wunderbarer Standhaftigkeit in den Tod; Fliesteden starb zuerst. Als das Feuer angezündet wurde, rief Clarenbach laut: „Vater, in deine Hände befehle ich meinen Geist!" Mit diesen Worten des sterbenden Erlösers verschied auch er.

Erzbischof Hermann von Wied befand sich zur Zeit der Hinrichtung wahrscheinlich in Westfalen und ist in dieser Sache gar
nicht befragt worden. Bei den Protestanten Deutschlands wurden
über die Hinrichtung nur ohnmächtige Klagen laut[15]). Aber wenn
die Feinde glaubten, hierdurch der Reformation im Bergischen
Lande einen tötlichen Schlag versetzt zu haben, so täuschten sie sich.
Eine gewisse Einschüchterung trat allerdings ein, so daß die öffentliche Predigt des Evangeliums an vielen Orten verstummte; aber
bald lebte dieselbe, wie wir später sehen, wieder auf. Die Erinnerung
an Clarenbachs Märtyrertod ging in seinem Heimatlande nicht
unter und trug viel zur Ausbreitung der Reformation bei. Am
28. September 1829 wurde zum dreihundertjährigen Gedächtnis
unter großer Feierlichkeit der Grundstein zu einem Denkmal gelegt,
das sich in der Nähe seines Geburtsortes erhebt mit der Inschrift:
„Adolf Clarenbach, dem Zeugen der Wahrheit 1529 den 28. September,
das Bergische Land 1829 den 28. September."

7. Johanns Kirchenreform.

Für die herzogliche Regierung wurde es hohe Zeit, die in
Aussicht gestellte kirchliche Reform durchzuführen. Erasmus weigerte
sich nach Cleve zu kommen, und so mußte man ohne ihn die weiteren
Schritte wagen. Zunächst erhob man sich nur zu einem neuen
Mandat, welches am 18. Juli 1530 erschien[16]), also wenige
Wochen nach der am 25. Juni geschehenen Überreichung der Augs-
burgischen Konfession, und noch zweimal erneuert wurde. Dieses
Mandat, welches nur vorläufig gelten sollte, enthält nach dem
Urteile eines Kenners[17]) solche Thorheiten, daß es nicht von
Heresbach herrühren kann. Es verging aber noch eine längere
Zeit, bis man sich zu der kirchlichen „Ordnung und Berichtung"
entschloß, welche am 11. Januar 1532 erlassen wurde[18]). Sie
wiederholt das vorige Mandat mit erläuternden Vorschriften und
bestimmt, daß in den Pfarrkirchen nur die Pfarrer, in den Klöstern
die vom Obern berufenen Geistlichen zum Predigen zugelassen
werden sollen, und daß kein Schelten seitens der Prediger, kein
Einspruch seitens eines Zuhörers stattfinden dürfe; schließlich giebt
sie eine Anleitung zur Erklärung der zehn Gebote, der Sakramente,
der Messe u. s. w. Diese Kirchenordnung entspricht ebenfalls
Heresbachs Sinn zu wenig; sie war den Protestanten günstiger
als den Katholiken, aber ihren Zweck, die Unruhe im Lande zu

beschwichtigen, erfüllte sie nicht. Es erschien daher eine zweite Kirchenordnung [19]): „Deklaration der vorigen Ordnung", erlassen am 29. Oktober 1532, publiziert am 5. April 1533, welche in einem den Evangelischen noch günstigeren Sinne gehalten ist. Sie zeigt, daß der Einfluß Heresbachs und seiner Freunde zur Geltung gekommen war, und wurde von Erasmus gebilligt.

Nach dem Erlasse der ersten Kirchenordnung wurden die Räte der vier Landschaften zu einer Versammlung nach Düsseldorf berufen. Es wurde eine Kirchenvisitation beschlossen und eine Instruktion für die Visitatoren am 29. Oktober 1532 beraten [20]); aber auch diese Visitation verlief wie die übrigen Maßnahmen im Sande und hatte keine nachhaltigen Folgen.

8. Wiedertäuferische Unruhen.

Eine große Gefahr drohte sowohl der bürgerlichen und staatlichen Ordnung, wie auch dem Wohlstande unseres Landes durch das im Jahre 1533 errichtete Wiedertäuferreich in Münster. Diese Gefahr bestimmte den Herzog Johann, dem Bischof von Münster, Franz von Waldeck (dem früheren Pfandherrn von Beyenburg), die erbetene Hülfe zur Bekämpfung des Aufstandes zu gewähren; er stellte zu dem Zwecke 4000 Landsknechte und war dadurch genötigt, große Schulden zu machen, so daß er selbst von Heresbach Geld lieh. An der Spitze des auch von Reichswegen verstärkten Belagerungsheeres stand Wirich von Dhaun, Reichsgraf von Oberstein und Falkenstein, Besitzer der bergischen Unterherrschaft Broich bei Mühlheim a. d. Ruhr. Der Herzog selbst nahm an der Belagerung nicht teil [21]); er weilte in dieser schweren Zeit mit Heresbach meist auf seinen stillen Schlössern zu Benrath und Hambach. Durch die Nachricht von einem Aufstand der Wiedertäufer in Wesel wurde er jedoch genötigt, im Dezember 1534 bis Ende Januar 1535 in Büderich sich aufzuhalten. Acht Aufrührer wurden hingerichtet, aber erst nachdem der milde Fürst selbst in der Stadt sich persönlich von ihrer Schuld überzeugt hatte. Am 12. Dezember 1534 erließ er ein den Beamten am 4. Januar 1535 mitgeteiltes Edikt [22]) mit geschärften Strafverboten gegen die Vagabonden, Räuber, Sakramentierer, Wiedertäufer rc., Heiden oder Zigeuner, insbesondere auch gegen die Winkelprediger und Lehrer. Am 25. Juni 1535 wurde Münster erobert.

An demselben Tage ernannte Herzog Johann Heresbach zu seinem geheimen Rate. Am 20. Juli 1535 erfolgte die Anordnung[21]) eines breitägigen Landesgebetes zur Danksagung wegen des über die Wiedertäufer erlangten Sieges.

9. Fortsetzung der kirchlichen Reformversuche.

Die Ausschreitungen der Wiedertäufer würden nicht einen so furchtbaren Grad erreicht haben, wenn sich die betreffenden Regierungen von Jülich=Cleve, Kurköln, Münster u. s. w. zu einer wahren und wirklichen Reformation hätten entschließen können. Der münstersche Krieg aber veranlaßte den Erzbischof von Köln, nunmehr eine Reform der Kirche seines Erzstifts ernstlich ins Auge zu fassen. Mit dem Herzoge Johann verband ihn innige Freund= schaft, und beiden war es darum zu thun, die Quellen zu ver= stopfen, aus denen die kirchlichen Mißbräuche stammten. Wie der Herzog einen zu Reformen geneigten Ratgeber an Heresbach hatte, so der Erzbischof an dem Geistlichen Johannes Gropper.

Auf diese beiden Parteihäupter, Heresbach und Gropper, kam es damals vor allem an, und sie kamen zur Beredung einer kirch= lichen Reformation zum erstenmal zu Neuß am 25. Dezember 1535, zum zweitenmal am 7. Januar 1536 zusammen.

Der Erzbischof hatte sich dem Herzoge zuerst genähert durch eine Vereinbarung zu gemeinsamer Abwehr herrenloser Knechte, Verbannter u. s. w., datiert vom 16. September 1533, und etwas später zur Vertilgung der Wiedertäufer u. s. w., wie sich beide auch zur Unterstützung des Bischofs von Münster gegen dieselben ver= bunden hatten. Jetzt, wo er sich mit dem Herzoge zur gemein= samen Abfassung einer Reformations=Ordnung anschickte, traf der kölnische Klerus Vorkehrungen, eine solche weltliche Einmischung in die Angelegenheiten der Kirche zu verhüten, und Gropper bewog den Erzbischof noch vor einer Verständigung mit dem Herzoge, ein Provinzial=Konzil zu berufen, um die Aufgabe der kirchlichen Reform zu lösen[24]). Das Konzil fand im Oktober 1536 statt und löschte in den vereinbarten Propositionen alles, was als eine Konzession an die evangelische Partei aussah. Dies hatte natürlich zur Folge, daß Herzog Johann die Konzilsbeschlüsse nicht anerkannte und ihre Verkündigung in seinen Landen nicht gestattete. Infolge= dessen begannen am 16. Januar 1537 zu Köln neue Verhandlungen der Räte, unter denen sich wieder Heresbach und Gropper befanden;

aber eine Verständigung war nicht zu erzielen, und von einer weiteren Verhandlung verlautet nichts mehr. Die Erlaubnis zu einer allgemeinen Kirchenvisitation erzbischöflicherseits wurde in den herzoglichen Landen beharrlich verweigert.

Die Stimmung des Hofes wurde der Reformation immer günstiger. Der Herzog fühlte sich mehr und mehr der katholischen Partei entfremdet; ein Beweis dessen war schon die Ernennung Heresbachs zum Rat; aber auch außer ihm gab es unter den fürstlichen Räten entschieden evangelisch gesinnte Männer. Der Standpunkt des Erasmus († 1536) wurde allmählich verlassen, und man neigte sich der Richtung Melanchthons zu, mit dem Heresbach seit 1527 ein inniges Freundschaftsverhältnis angeknüpft hatte. Doch ging Heresbach seinen eigenen Weg, und der Herzog stimmte in seinen Ansichten mit ihm überein; beide, Fürst und Rat, beabsichtigten nicht eine ausschließlich kirchliche, sondern eine allgemeine Reform, die das ganze Volksleben umfassen sollte.

10. Johanns Sorge für Besserung der inneren Zustände.

Daß der Herzog nicht bloß auf die Besserung der kirchlichen, sondern auch der sonstigen Zustände bedacht war, zeigen seine Verordnungen. So liegen z. B. Verordnungen aus den Jahren 1533 und 1534 vor, welche beweisen, daß er das Bedürfnis eines guten Unterrichts erkannte, sowohl des allgemeinen auf Volksschulen, wie des höheren auf wissenschaftlichen Lehranstalten. Er selbst war in dieser Hinsicht schon mit gutem Beispiele vorangegangen, indem er Heresbach zum Erzieher seines Sohnes berufen hatte.

Der Herzog hatte auch eine gründliche Verbesserung des Gerichtswesens im Auge; denn er erklärte den jülich'schen Ständen ausdrücklich, daß er eine „Rechtsreformation" beabsichtige. Eine solche war allerdings notwendig; die früheren Rechtsordnungen[25]) (Opladener Ritterrecht, Jülich'sches Landrecht) waren den Fortschritten der Wissenschaft und der staatlichen Verfassung gegenüber unhaltbar. Wie in allen Wissenschaften, so gab sich auch in der Rechtswissenschaft der geistige Aufschwung der Zeit kund. Das römische Recht drang immer mehr ein; die barbarischen Strafen des Mittelalters wurden verlassen. Letzteren gegenüber war die von Kaiser Karl V. erlassene, 1532 auf dem Reichstage zu Regensburg erlassene „hochnotpeinliche Halsgerichtsordnung" ein wohlthätiger Fortschritt, wenn sie auch noch die Folter zuläßt und Strafbestimmungen wie folgende enthält: „Durch den ganzen Leib zu vier Stücken zerschnitten, und sollen solche Vierteile auf gemeinen vier Wegstraßen öffentlich gehangen und gesteckt werden"; „mit dem Rade durch Zerstoßung seiner Glieder vom Leben zum Tode gerichtet und fürder öffentlich darauf gelegt"; „vor der endlichen Tötung öffentlich auf einem Wagen bis zur Richtstatt umgeführt und den Leib mit glühenden Zangen gerissen"; „öffentlich in Pranger oder Halseisen gestellt, die Zunge abgeschnitten und dazu aus dem Lande verwiesen"; „beide Ohren abgeschnitten, fürder mit Ruten ausgehauen und des Landes verwiesen" 2c. Wie mußte es früher ausgesehen haben, wenn eine Gerichtsordnung mit solchen Bestimmungen schon eine Reform des Strafrechts bedeuten konnte! Auch in der bürgerlichen Rechtspflege war sehr viel zu bessern; aber die Abfassung einer „Landes-Rechts- und Gerichtsordnung", wie sie dem Herzog Johann vorschwebte, war für die damalige Zeit eine höchst schwierige Aufgabe und konnte erst später gelingen. Es wurde jedoch eine „Reformation des gerichtlichen Prozesses" im Entwurf ausgearbeitet (1537) und manche wohlthätige Verordnung erlassen[26]). In jener Zeit begannen die schrecklichen Hexenprozesse; aber wie gegen die sog. Ketzer, so scheint man auch gegen die Hexen in unserm Lande milde gewesen zu sein. Wir wissen von einer schon im Anfang des 16. Jahrhunderts im Clevischen angeklagten Hexe; dieselbe legte im Jahre 1516, angeblich ohne Tortur, ein Bekenntnis ihrer Vergehen[27]) ab, welches sich noch in der königl. Bibliothek zu Berlin befindet. Es ist eins der frühesten, welche uns erhalten sind, stimmt aber im wesentlichen mit späteren überein, deren Einförmigkeit wahrhaft ermüdend ist.

Eine weitere Sorge des Herzogs Johann war auf die Beseitigung drückender Übelstände gerichtet. Ein großer Übelstand war u. a. die fortdauernde Verschlechterung des Münzgehaltes, dem schon sein Vater zu steuern gesucht hatte; auch Johann erließ mehrere darauf bezügliche Verordnungen[28]). Da das Übel aber im ganzen Reiche wucherte, so war dasselbe schwer zu beseitigen. — Eine noch weit schlimmere Plage bestand darin, daß infolge der früheren unaufhörlichen Fehden sich große Scharen entlassener Söldner und heimatlosen Gesindels in den niederrheinischen Gegenden umhertrieben, wodurch die öffentliche Sicherheit sehr gefährdet wurde, weshalb die allen Aufsichtsbeamten in dieser Hinsicht zur Pflicht gemachten strengen Maßregeln durchaus gerechtfertigt waren[29]).

Daß auch die Industrie nicht leer ausging, ersehen wir aus dem Privilegium für die Garnbleicherei im Wupperthal[30]) vom Jahre 1527. Herzog Johann und seine Gemahlin Maria sagen darin u. a.: da „schon eine lange Zeit her in unserer Frei= heit zu Elverfeld und in dem Barmen die Garnnahrung gewesen und gebraucht ist", so „haben wir denselben unsern Eingesessenen und unterthanen unserer Freiheit und Kirspel zu Elverfeld und in dem Barmen ... die Gnad und Gunst gethan, und sie mit der Garnnahrung begifftiget, begnadigt und privilegieret ... Zum Ersten, so soll solche Garnnahrung, bleichen und zwirnen, nirgends in unserm Land geschehen, dann in den zweyen vorbeschriebenen unsern flecken, doch mag ein jeder sein eigen Garn, das zu seinem Hause gehöret oder er gemacht hatte, selber bleichen, zwirnen oder thun laßen und gebrauchen nach seinem willen". Für diese be= deutende Vergünstigung, die zu ihrem Aufblühen wesentlich beitrug, zahlten Elberfeld und Barmen dem Herzoge 861 Goldgulden.

Unterm 24. Juni 1534 erließ der Fürst auch eine Hof= ordnung[31]); nach derselben war Spitze und Mittelpunkt der oberen Geschäftsführung der „Hof=Rat" zu Düsseldorf und Cleve, dessen Glieder sich in die sämtlichen Zweige der Geschäfte teilen, aber immer gemeinsam beschließen sollten. Es tritt deutlich das Bestreben hervor, den Geldhaushalt einheitlich zu regeln; strenge Überwachung und Sparsamkeit wird überall empfohlen, womit die Behauptung früherer Chronisten, daß Johann durch verschwenderische Hofhaltung das Land in Schulden gestürzt habe, in grellem Widerspruch steht.

11. Verhandlungen wegen Geldern.

Die Angelegenheiten des Herzogtums Geldern konnten nicht zur Ruhe kommen, und Johann war genötigt, denselben fort= während ein wachsames Augenmerk zuzuwenden. Karl von Egmont hatte das Land abermals in Besitz genommen und 1496 auch den Titel eines Herzogs von Jülich sich wieder beigelegt. Zwar ver= ständigte sich Johann im Jahre 1527 mit ihm[32]) gegen eine Ab= findungssumme; aber damit war die Sache noch keineswegs erledigt. Einem Vertrage ihres Herzogs, wonach Geldern nach dessen Tode an Frankreich kommen sollte, verweigerten die Stände des Landes entschieden ihre Zustimmung und beschlossen auf einem allgemeinen

Landtage zu Nymwegen am 12. Dezember 1537 die Vereinigung mit Cleve. Sie schickten zu dem Ende eine Gesandtschaft an Johann, der ihr Anerbieten unbedenklich annahm, da die auf seine Gemahlin von deren Großvater vererbten Ansprüche weit unzweifelhafter waren als die burgundischen, welche Karl V. vertrat. Am 27. Januar 1538 wurde auf einem zahlreich besuchten Landtage zu Nymwegen die Übereinkunft dahin verbrieft, daß bei tötlichem Abgange des Herzogs Karl das Fürstentum Geldern und die Grafschaft Zütphen an den Jungherzog Wilhelm von Cleve, und niemand anders, kommen solle, daß Herzog Johann und sein Sohn die ganze Landschaft annehme, als Fürst des Reiches, bei Lebzeiten des Herzogs von Geldern als Schirmherr und, nach dessen tötlichem Abgange, als Erbherr. Die einmalige Abfindungssumme wurde auf 60000 Gulden, und die Leibzucht auf jährlich 40000 Gulden festgesetzt. Die Lande sollten auf ewig unteilbar mit den Clevischen Landen verbunden sein. Klarer und bündiger konnte wohl die Übertragung nicht geschehen.

Um den Vertrag schleunigst zu vollziehen, traf der Jungherzog im Vertrauen, daß der Kaiser die Genehmigung und Belehnung erteilen werde, noch an demselben Tage zu Erkelenz ein. Im Laufe des Monats Februar wurde dem Erbprinzen gehuldigt in Erkelenz, Nymwegen, Roermond, Zütphen 2c. Er machte den befreundeten Fürsten Mitteilung von dem Geschehenen und erhielt von mehreren zustimmende Erklärungen. Dem Kaiser machte der Herzog selbst die Anzeige, indem er am 28. April 1538 den Dr. Karl Harst an denselben entsandte. Am Hofe der Königin-Regentin Maria der Niederlande aber rief das Ereignis, welches dort sehr überraschte, großen Unwillen hervor[33]). Herzog Karl starb schon am 30. Juni 1538, und Herzog Johann beauftragte nun den Dr. Karl Harst, die Belehnung beim Kaiser nachzusuchen, welche aber nicht erteilt wurde.

12. Johanns plötzlicher Tod.

Während die Sachen so standen, starb Herzog Johann ganz unerwartet am 6. Februar 1539, nachdem ihn am Tage vorher ein Schlaganfall betroffen hatte. Er wurde zu Cleve begraben.

Aus seiner Ehe mit Maria waren vier Kinder entsprossen, ein Sohn und drei Töchter. Die älteste Tochter, Sibilla, geb. 1512, hatte sich 1526, wie wir wissen, mit Johann Friedrich von Sachsen vermählt. Die zweite Tochter, Anna, geb. 1515, wurde 1540 die vierte Gemahlin des Königs Heinrich VIII. von England, der sich jedoch bald wieder von ihr scheiden ließ; die jüngste Tochter, Amalie, geb. 1517, blieb unvermählt. Wilhelm, der einzige Sohn, geb. 28. Juli 1516, wurde des Vaters Nachfolger.

Wilhelm IV.

1. Regierungsantritt und Huldigung.

Herzog Wilhelm war durch den frühzeitig erfolgten Tod seines Vaters im jugendlichen Alter von 22½ Jahren zum Herrscher unserer gesamten Lande berufen. Seine bei der Besitznahme Gelderns bewiesene Entschlossenheit, seine Einfachheit und Leutseligkeit hatten ihm bereits aller Herzen gewonnen, so daß man allgemein das Beste von ihm erwartete und seinen Regierungsantritt mit Freuden begrüßte. Man wußte, daß er zu Reformen geneigt war, und die Freunde der Reformation gaben sich darum den besten Hoffnungen hin; allein die politischen Verhältnisse nahmen den jungen Fürsten so sehr in Anspruch, daß er vorläufig noch nicht an eine durchgreifende Regelung der kirchlichen Verhältnisse denken konnte. Wo er sich auf seinen Huldigungsreisen sehen ließ, wurde er mit Jubel empfangen; aber auch diese Reisen mußten hinausgeschoben werden, da der Ausbruch eines Krieges wegen Geldern schon jetzt zu befürchten war. So fand z. B. die Huldigung in Wesel, welche zunächst für den September bestimmt in Aussicht genommen war, erst am 14. Dezember 1539 statt, da in dieser gefahrdrohenden Zeit der König Heinrich VIII. sich um die Hand Annas, der Schwester des Herzogs, beworben hatte, und diese Heiratsangelegenheit noch vorher geordnet werden mußte.

Die Regierungszeit Herzog Wilhelms, welche eine der wichtigsten und folgenreichsten Abschnitte unserer Geschichte bildet, zerfällt in drei Perioden. Die erste, die schnell vorübergehende Sturm- und Drangperiode, ist die Zeit des Kampfes um Geldern, 1539—43; dann folgt die Zeit der staatlichen und kirchlichen Reformen, 1539—67, und die dritte Periode umfaßt die Zeit des politischen Stillstandes und des Obsiegens der streng katholischen Richtung bei Hofe infolge der zunehmenden Leibes- und Geistesschwäche des Herzogs, 1567—92.

2. Einigungsversuche wegen Geldern.

Der Streit um Geldern schwebte schon seit mehr als hundert Jahren. Wir erinnern uns, daß Geldern seit 1373 mit Jülich vereinigt war, und daß nach dem Aussterben des dortigen Regenten- hauses im Mannesstamm 1423 die Stände des Herzogtums dem Arnold von Egmont gehuldigt hatten, welcher sich, obgleich von Gerhard II. von Berg 1444 bei Linnich besiegt, doch im Besitze von Geldern zu behaupten wußte. Nach seinem Tode 1473 ver- einigte Karl der Kühne von Burgund, gestützt auf einen Vertrag mit Arnold, Geldern mit seinen Landen. Als Karl 1477 vor Nanzig gefallen war, rief man Adolf, den Sohn Arnolds von Egmont, zum Herzog von Geldern aus, aber auch dieser fand noch in demselben Jahre seinen Tod. Die Geldern'schen, erbittert über die fremde Herrschaft, befreiten 1492 den Sohn Adolfs, Karl von Egmont, der sich in französischer Gefangenschaft befand, und huldigten ihm trotz der Drohungen Maximilians von Österreich, welcher Geldern als sein Eigentum betrachtete, weil er mit Karls des Kühnen Tochter vermählt gewesen war. Mit Maximilian, sowie mit seinem Sohne, Philipp dem Schönen, und seinem Enkel, Karl V., lag Karl von Egmont seitdem fortwährend im Kampfe. Er machte wiederholt den Versuch, das Land dem Könige von Frankreich in die Hände zu spielen; dasselbe gelangte aber, wie wir oben gesehen haben, in den Besitz unseres Herzogs. Da nun schon die Besitzergreifung Gelderns durch Arnold von Egmont anfechtbar gewesen war, die burgundischen Ansprüche aber daraus sich herleiteten, so waren diese jedenfalls nicht über allen Zweifel erhaben. Herzog Wilhelm jedoch besaß außer den Ansprüchen, die ihm von seiner Mutter, Maria von Jülich, überkommen waren, auch noch Ansprüche als Verwandter des Hauses Egmont, da Arnold von Egmont mit einer Tochter des Herzogs von Cleve vermählt gewesen war, und befand sich zudem thatsächlich schon im Besitze des Herzogtums Geldern. Dessenungeachtet erklärte Kaiser Karl V. seine eigenen Ansprüche für entschieden und einleuchtend; doch gestattete er, daß neue Verhandlungen darüber geführt würden, welche vom 6.—17. Mai 1539 zu Brüssel stattfanden. Die Königin- Regentin eröffnete dieselben persönlich, sie blieben aber erfolglos, da der Herzog von vornherein auf Geldern verzichten sollte. Dann wurde ein abermaliger Versuch zur Einigung im Juli desselben

Jahres auf einem Landtage zu Arnheim gemacht, wo Abgeordnete der Regentin mit den Ständen von Geldern zusammenkamen; letztere erklärten jedoch entschieden, daß sie unverbrüchlich bei ihrem Treugelöbnis verharren würden[34]. Als nun im Jahre 1540 ein Aufstand in Gent den Kaiser veranlaßte, dorthin zu kommen, stellte sich Herzog Wilhelm ihm persönlich vor, worauf vom 16.—25. April 1540 abermalige Verhandlungen stattfanden, die aber gleichfalls resultatlos verliefen. König Ferdinand, des Kaisers Bruder, veranlaßte nun eine Berufung der Räte und Stände von Jülich-Berg zu Düsseldorf, ließ denselben am 28. Mai 1540 durch einen Abgesandten die Streitfrage vortragen und den Rat erteilen, dem Herzoge die Einigung mit dem Kaiser zu empfehlen. Sie gaben aber die Erklärung ab, daß der Herzog durch Recht und Ehre verpflichtet sei, an Geldern festzuhalten, und daß sie bereit seien, mit Gut und Blut für ihn einzustehen.

In der Zwischenzeit, und zwar seit dem November 1538, war König Franz I. von Frankreich bemüht gewesen, den Herzog Wilhelm zu einem Schutzbündnis gegen Karl V. zu bewegen, zu dessen Befestigung die Vermählung des Herzogs mit des Königs Nichte Johanna von Navarra dienen sollte. Vorher aber, am 13. Oktober 1537, war schon eine Ehe mit einer Nichte des Kaisers, Christierna, der Witwe des Herzogs Franz Sforza von Mailand, verabredet worden, und Wilhelm hatte sich seitdem bemüht, sowohl Geldern als diese Braut durch gütliche Übereinkunft mit dem Kaiser zu gewinnen. Da aber der Kaiser hinsichtlich Gelderns unerbittlich blieb, so konnte auch von der Vermählung mit Christierna nicht mehr die Rede sein. Unter diesen Umständen widerstand der Herzog den Lockungen des Königs von Frankreich nicht, dabei, wie man wissen wollte, ganz besonders dem Rate seiner Mutter folgend und vergessend, daß „sein Vater sterbend ihm empfohlen, den Kaiser dienstergeben in Ehren zu halten und nach keiner fremden Freundschaft zu trachten."

3. Wilhelms Reise nach Frankreich.

Herzog Wilhelm schickte jetzt eine Gesandtschaft nach Frankreich zur Abschließung des von König Franz ihm angebotenen Doppelvertrages; schon am 16. Juli wurde durch die Bevollmächtigten beider Teile die Eheberedung vollzogen, und am folgenden Tage, am 17. Juli, das Schutzbündnis[35]) abgeschlossen. Der Ehe-

vertrag wurde am 8. September, das Bündnis am 10. September
von König Franz genehmigt [36]).

Der Kaiser, dem diese Vorgänge nicht unbekannt bleiben
konnten, geriet darüber in tiefen Zorn und forderte den Herzog
am 24. Januar 1541 auf, dem Reichstage in Regensburg, der im
Frühjahr zusammentreten sollte und wohin er auch die Stände von
Geldern entboten hatte, persönlich anzuwohnen; bittere Erörterungen
fügte er dieser Aufforderung hinzu [37]).

Herzog Wilhelm hielt es nun für bringend geboten, zur
Befestigung des Bündnisses die Verlobung zu vollziehen, bestellte
seine Mutter als Statthalterin für Jülich und Berg, sowie eine
Statthalterschaft für Cleve, Mark und Ravensberg, und trat am
11. April 1541 abends fast heimlich die Reise nach Frankreich [38])
an, welche anscheinend nach Regensburg ging; am 20. April traf
er in Paris ein. Dort traf auch allmählich sein Gefolge ein,
welches nach seinem Befehle auf anderen Wegen nachgereist war,
bestehend aus den Grafen von Reifferscheidt, von Manderscheid und
von Oberstein, dem Kanzler Johann Gogreve, dem clevischen Marschall
von Wachtendonk, dem geldrischen Marschall von Rossem, dem Gesandten am französischen Hofe Dr. Hermann Crüser und elf Junkern.
Dieselben legten jetzt neue Kleidung an, die Grafen und Junker
von schwarzem Sammet mit Gold verbrämt, die Räte von schwarzem,
die Diener von grauem Sammet, doch ohne Goldkanten. König
Franz sorgte nun zum Behufe der Weiterreise für die Kosten und
die Aufwartung, empfing am 5. Mai den Herzog Wilhelm zu
Amboise, wobei sich in des Königs Begleitung der Dauphin, die
Herzoge von Nevers und von Orleans, sechs Kardinäle und viele
Edelherren befanden. Vier Tage hindurch wurde hier der Herzog
mit großer Auszeichnung und vielen Festlichkeiten beehrt. Dann
ging es weiter nach dem Schlosse Chatellerault, wo die hohe Gesellschaft am 20. Mai eintraf. Dort fanden sich der König, die
Königin und die Prinzessin von Navarra ein, ferner die Gemahlinnen des Königs Franz und des Dauphins, die Tochter des Königs,
sowie viele Herzoge, Edelherren und Edeldamen, auch die fremden
Gesandten. Am 13. Juni fand vor dem Kardinal von Tournon
im Beisein der sechs andern Kardinäle die Verlobung und am
folgenden Tage die Hochzeit statt. Glänzende Feste, ritterliche Spiele,
Mummereien und Aufzüge folgten in reicher Abwechselung bis zum
21. Juni, wo der Herzog die Rückreise antrat. Am 11. Juli kam

er in Trier und am 16. Juli wieder in Düsseldorf an. Im Gegensatze zu der geschilderten Festfreude standen böse Gerüchte über die Absichten des Königs Franz, welche namentlich den treuen Karl Harst sehr besorgt machten.

4. Der geldrische Erbfolgekrieg.

a. Beginn der Feindseligkeiten.

Noch ehe der Herzog in Düsseldorf anlangte, am 3. Juli, erschien der Kaiser auf dem Reichstage zu Regensburg, legte eine Druckschrift vor, welche sein Recht auf Geldern klar beweisen sollte, und erhob schwere Anklagen gegen den Herzog; als dessen Abgesandte den Versuch machten, ihn zu verteidigen, ging er unwillig davon. Sämtliche Fürsten und Stände baten dann den Kaiser am 21. Juli nochmals um gütliche Verhandlung [39]), aber gereizt ließ er erwidern, er habe bei Beratung öffentlicher Angelegenheiten nie so viele Fürsten unter einen Hut bringen können und müsse sich wahrlich wundern, sie jetzt so einig zu finden.

Der geldrische Marschall Martin von Rossem, welcher den Herzog auf der Reise nach Frankreich begleitet hatte und in den Dienst des Königs Franz getreten war, warb in des letzteren Auftrag in Deutschland Soldaten, wobei ihn der Herzog insgeheim unterstützte und im August mit dem Bischof Franz von Münster ein Schutzbündnis abschloß, worauf Rossem auch in dessen Gebiet ungestört werben durfte.

Die eigenen Rüstungen des Herzogs Wilhelm geschahen unter dem Vorgeben der vom Reiche verlangten Türkenhülfe [40]); auch verbanden sich hauptsächlich durch Wilhelms Bemühungen Schweden und Dänemark mit Franz I. So entstand ein großes Bündnis gegen Karl V. Dieser aber hatte bereits Deutschland wieder verlassen, um seinen zweiten Zug nach Afrika anzutreten, der so unglücklich endete. Vor seiner Abreise hatte er dem Kurfürsten Friedrich von der Pfalz den Auftrag erteilt, im Verein mit den andern rheinischen Kurfürsten den Herzog zum Verzicht auf Geldern zu bewegen; ihre Bemühungen hatten jedoch keinen Erfolg, da der Herzog sein gutes Recht betonte und umgekehrt bat, die Fürsten möchten ihn darin unterstützen.

Die Rüstungen unter dem Marschall von Rossem waren in Brüssel nicht unbekannt geblieben. Karl V. ließ daher im Frühjahr

1542 ein Heer zur Verteidigung der Niederlande zusammenziehen und ernannte am 6. März Philipp von Croy, Herzog von Arschot, zum Oberfeldherrn desselben[41]).

Der unglückliche Verlauf des Zuges gegen Algier mochte wohl den König Franz mit der Hoffnung erfüllen, endlich doch noch seinen verhaßten Gegner zu überwinden, und ein Vorwand zum Kriege war für ihn bald gefunden. Die Feindseligkeiten wurden eröffnet, als eben auf dem Reichstage zu Speyer über die geldrische Angelegenheit verhandelt wurde. Ein französisches Corps, mit den Streitkräften unter dem Oberbefehl des Marschalls von Rossem vereinigt, überschritt am 9. Juli 1542 die Grenze und fiel verheerend in Brabant ein, während andere französische Heere Luxemburg, Flandern und Artois heimsuchten; sie richteten aber nicht viel aus und entfernten sich wieder. Dadurch erhielt die Königin=Regentin freie Hand, Rache zu üben; ein brabantisches Heer überrumpelte schnell das Herzogtum Jülich, wo die schwach, oder gar nicht besetzten Städte keinen Widerstand zu leisten vermochten. Düren ergab sich am 8., Jülich am 12. Oktober; auch Sittard, Süstern und Heinsberg unterwarfen sich, während andere Städte niedergebrannt oder geschleift wurden.

Bei dieser Sachlage betrat Herzog Wilhelm den Weg der Vermittelung, und die Königin=Regentin, obgleich von allen Schritten des Herzogs genau unterrichtet[42]), ließ sich bereit finden, in einen Waffenstillstand vom 1. November ab und die Räumung des Herzogtums Jülich zu willigen; aus unaufgeklärter Ursache kam diese Räumung jedoch nicht zustande.

Herzog Wilhelm nahm jetzt keinen Anstand mehr, offen als Gegner aufzutreten. Er ließ seine Truppen abziehen, um die Feinde aus dem Herzogtum Jülich zu verdrängen; diese zogen sich, als sie davon Kunde erhielten, in die festen Plätze Heinsberg, Süstern und Düren zusammen. In Düren zogen auch die Besatzungen von Sittard und Jülich ein; die anrückenden Truppen des Herzogs gaben beiden Orten eine neue Besatzung und versahen Sittard, dessen Festungswerke vor dem Abzuge der Feinde geschleift worden waren, in der Eile mit einem frischen Walle. Sie vereitelten auch einen Versuch, der Besatzung von Düren noch frische Truppen aus Brabant zuzuführen[43]); zu Heinsberg aber gelang es den Feinden, die Besatzung auf diese Weise bedeutend zu verstärken.

b. Der Sieg bei Sittard.

Im Dezember schritten die herzoglichen Truppen zur Belagerung von Düren[44]) und zwangen die dortige Besatzung am dritten Tage nach Weihnachten zum Abzuge. Die starke Besatzung von Heinsberg jedoch behauptete den Platz, blieb indes den Winter über von den Herzoglichen eingeschlossen. Gegen das Frühjahr 1543 aber, als den Belagerten die Lebensmittel auszugehen drohten, eilte der Herzog von Arschot mit einem großen Heere herbei, überschritt am 19. März die Maas, zersprengte die zum Teil nur aus Landleuten bestehenden Belagerer und versah die Festung mit neuen Lebensmitteln und Kriegsbedürfnissen.

Da die herzoglichen Heerführer in der frühen Jahreszeit noch keinen Angriff erwartet hatten und ihre Mannschaften zerstreut lagen, gedachte der Herzog von Arschot das Gebiet von Jülich schnell von neuem zu erobern. Die Herzoglichen aber sammelten sich in größter Eile, doch brachten sie kaum die halbe Stärke des Feindes zusammen. Am Samstag vor Ostern, 23. April 1543, bald nach Mittag trafen sie mit den Kaiserlichen bei Sittard zusammen, welche dort den Berg vor der Stadt besetzt hatten, drängten sie zurück und vereinigten sich mit der Besatzung von Sittard, worauf sie sich insgesamt vor der Stadt in Schlachtordnung aufstellten. Hier erfochten sie, obwohl die Kaiserlichen eine günstigere Stellung hatten, einen glänzenden Sieg[45]) über dieselben. Das gesamte Geschütz, 200 Tonnen Pulver und viele Wagen mit Kriegsbedarf und Lebensmitteln, sowie die Wagen des Herzogs von Arschot und die Maultiere mit den Koffern fielen in ihre Hände; 1600 Tote und 2000 Gefangene hatten die Feinde verloren.

c. Die Niederlage des Herzogs.

Auf dem Reichstage zu Nürnberg führten die Gesandten des Herzogs zu Anfang des Jahres 1543 bittere Klage[46]) gegen die Königin-Regentin wegen Nichtvollziehung des im Herbste vorher geschlossenen Waffenstillstandes. Diese ließ durch den Kardinal Granvella eine Erklärung[47]) abgeben, worin sie den Herzog der versteckten Teilnahme an dem Rossem'schen Unternehmen beschuldigte. Durch die Fürsprache der Fürsten wurde ein neuer Waffenstillstand vereinbart, der am 12. Mai beginnen, aber nur bis zur Rückkehr des Kaisers dauern sollte. Als der Vertrag, am 28. April von Granvella und den herzoglichen Räten[48]) unterzeichnet, dem Herzoge vorgelegt wurde, hatte der Sieg bei Sittard stattgefunden, und hierdurch sowohl, wie durch das Vertrauen auf die französische Unterstützung, ließ derselbe sich verleiten, unverständiger- und ungerechterweise die Genehmigung zu versagen. So wurden denn die Feindseligkeiten [10]) mit gegenseitigen Plünderungen und kleinen Gefechten fortgesetzt bis in den Juli und August. Der Krieg begann sich für den Herzog ungünstig zu gestalten; König Franz und Marschall von Rossem ließen ihn ohne die erhoffte Hülfe.

Der Kaiser war am 25. Mai in Genua gelandet, und nachdem er von Frankreich nichts mehr zu fürchten brauchte, eilte er mit seinem Heere nach Speyer, wo Erzbischof Hermann Fürbitte für den Herzog einlegte, und Mainz, wo der sächsische Gesandte ein Gleiches that. Von Schonung aber wollte der Kaiser jetzt nicht mehr hören; es handelte sich nicht nur um sein Ansehen und seine Macht, sondern auch um die Religion. Nach seiner Ansicht bedrohte die Reformation, welche Erzbischof Hermann beabsichtigte, seine Erblande mehr, als das Bündnis des Herzogs mit König Franz, und er bezweifelte keinen Augenblick, daß der Herzog, so bald es ihm möglich sei, für seine Lande die Reformation des Erzbischofs anerkennen würde; darum galt es beide zugleich zu erdrücken. Das Heer des Kaisers bestand hauptsächlich aus Spaniern und Italienern, die er jetzt gegen deutsche Fürsten ins Feld zu führen beabsichtigte; daß seine Wahlkapitulation ihm vorschrieb, keine fremden Truppen ins Reich zu bringen, störte ihn nicht.

Am 20. August, an welchem Tage die Stadt Montjoie den feindlichen Truppen unter dem Prinzen von Oranien in die Hände fiel, traf Karl V. in Bonn ein und musterte hier sein mächtiges, 40000 Mann zählendes Heer vor den Augen des Erzbischofs, der ja dort residierte, gleichsam um ihm zu zeigen, was er zu erwarten habe. Dann rückte er in das Gebiet des Herzogs ein, vereinigte die ausrückenden niederländischen Truppen unter dem Herzog von Arschot mit den seinigen und stand am 22. August vor Düren. Er ließ die dortige Besatzung zur Übergabe auffordern; diese aber, dem verbreiteten Märchen Glauben schenkend, daß der Kaiser auf seinem afrikanischen Zuge umgekommen sei, wies das Ansinnen spöttisch zurück. Nachdem nun Karl die Festungswerke besichtigt hatte, ließ er schon am 24. August frühmorgens die Beschießung und gegen Mittag den Sturm beginnen. Sein verwildertes ausländisches Kriegsvolk, durch die Aussicht auf Plünderung angefeuert, wurde viermal zurückgeschlagen; dem fünften, verstärkten Angriffe aber vermochten die ermüdeten, nur 2000 Köpfe zählenden heldenmütigen Verteidiger nicht zu widerstehen, und die wütenden Feinde drangen am Kölnthore in die Stadt, wo sie ein gräßliches Blutbad anrichteten und in jeder Weise durch Plünderung, Zerstörung und andere Greuelthaten entsetzlich hausten. Um das Unglück voll zu machen, entstand am folgenden Tage auch noch ein Brand, bei dem nur wenige Häuser gerettet wurden. Zwar schickte Karl Truppen zum Löschen, die es aber, charakteristisch genug, ihre Hauptsorge sein ließen, das Franziskanerkloster und das auf des Kaisers Befehl dorthin gebrachte St. Annenhaupt zu retten. So verfuhr der Kaiser des deutschen Reiches gegen die arme, schon seit einem Jahre belagerte deutsche Stadt! Ihr entsetzliches Loos verbreitete natürlich Furcht und Schrecken rings umher, und die andern Städte des Herzogtums, welche ohnehin an Widerstand gegen solche Übermacht nicht denken konnten, mußten sich ergeben. Am 28. August zog Karl V. in Jülich ein, am 30. August erschien er an der Grenze Gelderns vor Ruremond, dessen Besatzung am 2. September sich ergab. Von dort rückte er vor Venlo, eine sehr feste Stadt, welche bei dem Herzoge anfragte, ob noch Hülfe zu erwarten sei, jedoch den trostlosen Bescheid erhielt, daß sie unter den gegebenen Verhältnissen selbst ermessen möge, was ihr Heil gebiete, und daß er sie darum ihres Eides entbinde.

5. Die Folgen des Krieges.

Von allen Seiten verlassen, blieb dem Herzoge nichts übrig als Unterwerfung. Der Kaiser entbot ihn ins Lager vor Venlo, wohin ihn Erzbischof Hermann und Herzog Heinrich von Braunschweig, welche die Hand zur Vermittelung geboten hatten, durch ihre Gesandten begleiten ließen. In Trauerkleidern — wie es gefordert wurde — erschien er vor dem Kaiser[49]) und bat ihn fußfällig um Gnade. Karl nahm die Demütigung an und erteilte Granvella und dem Prinzen von Oranien den Auftrag, den Friedensvertrag[51]) zu entwerfen, der am 7. September vom Kaiser und vom Herzoge besiegelt wurde und das Geschick des herzoglichen Hauses und Landes entschied.

Herzog Wilhelm wurde durch diesen Vertrag gezwungen, zu bezeugen, „er habe knieend bekannt, aus jugendlichem Leichtsinn und von etlichen überredet und getäuscht, Kaiserliche Majestät schwer

beleibigt zu haben, und sich verpflichtet: 1. in seinen Gebieten den
Katholizismus aufrecht zu erhalten und, wo Neuerungen eingetreten,
den früheren Zustand wieder herzustellen; 2. dem Kaiser, dem deutschen
Könige und dem Reiche Gehorsam zu leisten; 3. dem französischen,
dänischen und schwedischen Bündnisse zu entsagen; 4. auf das
Herzogtum Geldern und die Grafschaft Zütphen gänzlich zu verzichten
und die Bewohner des Huldigungseides zu entbinden; 5. Ravenstein
vom Kaiser als brabantisches Lehen zu empfangen u. s. w."

Jetzt ergab sich auch Venlo, wo der Kaiser am 11. September
einzog. Am folgenden Tage leistete Herzog Wilhelm in Gegenwart
der Abgeordneten aus den Ständen von Geldern und Zütphen
Verzicht auf diese Gebiete, und Karl schloß mit denselben einen
Vertrag ab, worin er die Aufrechterhaltung der Verfassung und
der Privilegien zusicherte[32]).

Der kurze Feldzug hatte hingereicht, „die ihm gefährlichsten
kirchlichen Unternehmungen auf den Tod zu verwunden, seine Erblande durch eine reiche Provinz zu vergrößern, aus einem selbstständigen jungen Herzog einen abhängigen Vasallen zu machen."
Der Mutter des Herzogs hatte er das Leben gekostet. Als sie
sah, wie der Kaiser ihr Stammland verheeren und ihre Witwensitze
zu Süstern und Hambach in Asche legen ließ, und wie ihres Sohnes
Stern erblich, brach ihr vor Kummer das Herz! Sie starb am
29. August 1543 zu Büberich und wurde in der Karthäusergruft
auf der Grafinsel bei Wesel beerdigt; fast von ihrem Grabe mußte
Wilhelm nach Venlo eilen. Heresbach läßt sie in der von ihm
verfaßten Grabschrift klagen[33]): „Aus glücklichem Geschlecht war ich,
reich an Ländern und Kindern — nun aller Güter beraubt! Wozu
schmückte ich den Leib mit feinem Gewand und Geschmeide? Er
ruht in der Erde nun, eine Speise der Würmer. Fest steht einzig
das Heil: der hoffende Glaube an Christus; alles andre vergeht,
ein Staub, ein Schatten, ein Nichts."

Am 14. Oktober 1543 bestätigte Karl V. dem Herzog die
Regalien und Pfandschaften der Lande Jülich, Berg und Ravensberg, die durch den Tod der Mutter nun endgültig ihm angehörten.
Am 2. Januar 1544 schlossen zu Brüssel die Bevollmächtigten des
Kaisers und die Abgeordneten des Herzogs zwischen ihren Herren
und deren Nachkommen ein ewiges Freundschafts- und Schutzbündnis; zugleich bereiteten sie hinsichtlich der verwickelten Lehens-
und Pfandverhältnisse eine endgültige Entscheidung vor. Diese

erfolgte zu Speyer am 25. Mai 1544. Ravenstein, welches der Kaiser im Venloer Vertrage sich vorbehalten hatte, wurde dem Herzog belassen mit der Verpflichtung, die Festungswerke zu schleifen, wofür er Wassenberg erhielt.

6. Die Vermählung des Herzogs Wilhelm.

Die Freude über das errungene Ziel stimmte den Kaiser zur Milde; er scheint eingesehen zu haben, daß es ein Fehler war, den Herzog mit solcher Härte zu behandeln, und suchte diesen wieder gut zu machen. Zunächst verlieh er dem Fürsten zu Speyer am 1. April 1544 eine jährliche Leibrente[54]) von 10000 Pfd. Dann folgte der Plan einer Familienverbindung desselben mit dem kaiserlichen Hause, und zwar der Heirat mit einer Tochter des römischen Königs Ferdinand. Zwar war dem Herzoge die Prinzessin Johanna von Navarra als Kind angetraut worden; aber diese Verbindung wurde von französischer Seite wohl kaum noch als Ernst betrachtet. Schon im Oktober 1543, als der Kaiser noch im Lager vor Venlo sich befand, hatte der Herzog einen Abgeordneten an den französischen Hof gesandt zur Kündigung des Bündnisses und dabei eine Erklärung wegen der ihm trotz wiederholter Bitte noch immer nicht übergebenen Braut verlangt. Die Prinzessin weigerte sich entschieden, die Ehe einzugehen, und nachdem diese Erklärung in urkundlicher Form dem Herzoge zugestellt war, wurde unter dem 30. Juni 1545 Dr. Kaspar Gropper in dieser Angelegenheit nach Rom entsandt, worauf Papst Paul III. mit Bulle vom 12. Oktober desselben Jahres[55]) die Ehe als nichtig löste. Herzog Wilhelm war darüber sehr erfreut, und der längst eingeleitete Plan der Vermählung mit einer Tochter Ferdinands wurde nun verwirklicht. Die älteste Tochter, Anna, welche ihm zuerst zugedacht war, wurde ihm aber nicht zu teil, sondern die zweite Tochter, Maria. Am 17. Juli 1546 wurde die Eheberedung beurkundet[56]) und am folgenden Tage zu Regensburg die Hochzeit in Gegenwart des Kaisers und vieler Fürsten mit großem Gepränge gefeiert.

Karl V. hebt in seinen Aufzeichnungen mit Befriedigung hervor, daß diese Verbindung die Verpflichtungen des Herzogs gegen ihn und die wechselseitige Liebe befestige und erhöhe. Sie band ihn „eben so fest an die Interessen des Hauses Habsburg, als sie ihn von weiteren Verbindungen mit Frankreich fernhielt".

Wilhelm wurde durch dieselbe „ein Spielball der Politik des kaiserlichen Hauses". Die Ehe war übrigens, so viel wir wißen, eine glückliche. Maria zählte bei der Hochzeit erst 15 Jahre.

Zwei Tage nach der Vermählung erteilte der Kaiser das Privilegium Successionis, welches der Herzog, seine günstige Stellung benutzend, für die Töchter dieser Ehe nachgesucht hatte, um den Ansprüchen Sachsens entgegenzuwirken. Dies vom 19. Juli 1546 datierte, unter dem Namen Privilegium Carolinum bekannte Patent³⁵), welches das Recht der weiblichen Erbfolge feststellte und bestätigte, wurde auch von den folgenden Kaisern wiederholt.

7. Die Aufgaben der Friedenszeit.

Nachdem Herzog Wilhelm mit dem Kaiser Frieden geschloßen hatte, konnte er sich ungestört den Werken des Friedens widmen, welche seitdem seine Regententhätigkeit zum Segen des Landes ausfüllten.

Der unglückliche Krieg, welcher dem Lande eine Schuldenlast von 633000 Thalern verursachte, und der demütigende Vertrag von Venlo hatten dem jugendlichen Herzog einen schweren Schlag zugefügt, und wir können leicht ermessen, wie sehr es ihn schmerzen mußte, daß er durch rohe Gewalt zum Verzicht auf Geldern, das ihn einst jubelnd empfangen und ihm nach seiner stets festgehaltenen Anschauung von Gottes und Rechts wegen gehörte, gezwungen worden war.

Das Unglück hatte ihn wohl gebeugt, aber nicht gebrochen, sondern vielmehr zum Manne gereift. Es gelang ihm auch nach dem Venloer Vertrage, sich eine angesehene und einflußreiche Stellung im Reiche zu sichern, sowie die Mehrung und Ausgestaltung der landesfürstlichen Hoheit nach dem Vorbilde seines Vaters ihrer Verwirklichung entgegenzuführen. So wurde die zweite Periode seiner Regierung, welche von 1543 bis 1567 reicht, eine Zeit staatlicher und kirchlicher Reformen; Wilhelm stimmte mit Heresbach in der Überzeugung überein, daß nicht bloß eine kirchliche Reform, sondern eine Erneuerung des ganzen Volkslebens notwendig sei, und wenn auch manches vergebens unternommen wurde, so sind ihre „Neuschöpfungen und Reformversuche in Verwaltung, Rechtsverfassung, Kirche und Schule doch bedeutsam und zum Teil epochemachend".

8. Die Stellung des Herzogs zur Kirchenreform.

Die kirchlichen Angelegenheiten nahmen fortgesetzt des Herzogs Aufmerksamkeit in Anspruch. Die religiösen Gegensätze herrschten in jener Zeit dergestalt vor, daß kaum ein anderes Interesse dagegen aufkommen konnte, und so sehr waren die Gemüter von diesen Glaubensfragen erfüllt, daß sogar Bündnisse mit dem Auslande nicht als unpatriotisch galten und von der öffentlichen Meinung keineswegs so verurteilt wurden, wie sie es nach unserer heutigen Anschauung verdienten.

Die neue Lehre brachte es nicht zu einer neuen Kirche im ganzen Reiche; es trat eine unselige Spaltung ein, welche die deutsche Nation in zwei ihrer Konfession nach scharf geschiedene Parteien teilte. Die protestantische Partei erlangte für ihr Bekenntnis zunächst Duldung, dann allmählich Gleichberechtigung, aber erst nach langen, schweren Kämpfen und leider nur mit Hülfe des Auslandes; zudem entstanden innerhalb derselben immer neue Zerwürfnisse. In Erwägung dieser Umstände müssen wir erkennen, daß gerade jene seltenen Männer, die ehrlich und überzeugungstreu nach Herstellung des Friedens trachteten und jene Spaltung zu verhüten suchten, unserer Teilnahme und Hochachtung wert sind. Zu diesen Männern aber gehörte sowohl Heresbach wie Herzog Wilhelm. Ehe wir auf ihre Bemühungen in dieser Hinsicht näher eingehen, ist es notwendig, einen Blick auf die im Erzbistum Köln versuchte Reformation zu werfen.

9. Die Reformation des Erzbischofs Hermann.

Der Erzbischof von Köln, Hermann von Wied, hatte seit dem Provinzial-Konzil von 1536 eine durchgreifende Reform in seinem Gebiete nicht aus den Augen gelassen; um eine solche vorzubereiten, berief er den ihm bereits persönlich bekannten Martin Bucer, welcher im Februar 1542 auf dem kurfürstlichen Jagdschlosse Buschhofen bei Bonn eintraf. Auf dem Landtage zu Bonn am 10. März 1542 wurde der Erzbischof von den Ständen, denen er seine Absicht kund gab, zur Reformation ermuntert. Da sich von seiten der Kölner Theologen Widerspruch erhob, ließ er den inzwischen nach Straßburg zurückgekehrten Bucer wiederkommen, der am 17. Dezember seine erste öffentliche Predigt in der Münsterkirche zu Bonn hielt. Anfangs Mai 1543 kam auch Melanchthon

dorthin, sowie andere vom Erzbischof berufene evangelische Theologen.
Auf Wunsch des Erzbischofs und auf Grund der gemeinschaftlichen
Beratungen verfaßte Bucer unter Mithülfe Melanchthons eine
„Reformationsordnung", welche 1543 erschien, von Buschhofen
datiert und zu Bonn gedruckt. Melanchthon reiste am 28. Juli
wieder ab, aber die reformatorische Thätigkeit wurde fortgesetzt.
Als jedoch Karl V. mit seinem Heere zu Bonn erschien, begann
die Sache sich zu ändern. Mit dem Siege des Kaisers über den
Herzog Wilhelm war auch des Erzbischofs Sache vernichtet. Kaiser
und Papst verboten ihm unter den stärksten Drohungen jedes fernere
Vorgehen im reformatorischen Sinne; da Hermann aber nicht davon
abließ, entsetzte *) ihn Papst Paul III. am 16. April 1546, doch
wurde dieses Urteil erst unter dem 9. Juli ausgefertigt; mit der
Anzeige dieser Entsetzung erging an den bisherigen Konbjutor
Hermanns, Adolf von Schaumburg, von seiten des Papstes
der Befehl, die Regierung des Erzstiftes zu übernehmen. Karl V.
übernahm die Vollziehung des päpstlichen Urteils. Auf den
24. Januar 1547 wurde der Landtag des Erzstifts nach Köln berufen, um Adolf von Schaumburg als Landesherrn anzuerkennen;
auch clevische Räte mußten auf kaiserlichen „Befehl" zu Köln erscheinen. Obgleich die Stände vier Tage Frist erbaten, wurde
Adolf doch nach dem Willen des Kaisers sofort am 24. Januar
als Landesherr ausgerufen; derselbe erschien schon am 7. Februar
mit 100 Reitern plötzlich zu Brühl, am 9. zu Poppelsdorf, und
zog dann nach Bonn, um die Einrichtungen Hermanns zu beseitigen.
Am 25. Februar 1547 verzichtete Hermann, durch unsern Herzog
dazu bewogen, auf die erzbischöfliche Würde, erließ seinen Unterthanen den Treueid und zog sich nach Altwied zurück. Sein Nachfolger Adolf wirkte ganz in entgegengesetztem Sinne und war eifrig
bemüht, die alte Verfassung wieder herzustellen.

10. Ausbreitung der Reformation im Bergischen Lande.

Inzwischen hatte Karl V. über die seit 1531 zum schmal-
kaldischen Bunde vereinigten protestantischen Fürsten, welche den
Erzbischof Hermann sowohl wie den Herzog Wilhelm ohne Hülfe
gelassen hatten, durch einen kurzen Krieg 1546—1547 gesiegt und
war so auf die Höhe einer fast unbeschränkten politischen Macht
gelangt. Am 15. Mai 1548 diktierte er beiden Religionsparteien
neue Glaubensartikel, das sog. „Augsburger Interim"; in demselben

war zwar der evangelischen Meinung von der Rechtfertigung einigermaßen Rechnung getragen, auch das Abendmahl unter beiderlei Gestalt und die Priesterehe zugestanden, sonst aber alles beim alten gelassen.

Herzog Wilhelm befand sich in der schwierigsten Lage; er konnte dem Kaiser keine Niederlage wünschen, mußte aber auch den Sieg desselben befürchten. Vergebens war er noch am 18. März 1547 zum Kurfürst Johann Friedrich und zum Kaiser gereist, die beide so nahe mit ihm verwandt waren, und am 18. Januar 1548, nachdem die unglückliche Schlacht bei Mühlberg am 24. April 1547 die Führer der Protestanten in die Hände des Kaisers gebracht hatten, auf Bitten seiner Schwester Sibille nach Augsburg, um sich beim Kaiser für die Befreiung Johann Friedrichs aus der Gefangenschaft zu verwenden. Karl aber hörte ihn kaum an und machte ihm am 4. Juli in einem noch von Augsburg datierten Schreiben die schwersten Vorwürfe betreffs der Religionsübung in seinen Landen, nachdem er sogar am 30. Mai mit Umgehung des Herzogs der Stadt Wesel die Annahme des Augsburger Interims befohlen hatte.

Herzog Wilhelm wich trotzdem nur Schritt vor Schritt und ließ es den kaiserlichen Hof deutlich merken, daß er an ihm nur einen widerwilligen Freund habe. Seine innere Überzeugung, nach welcher er zum evangelischen Glauben hinneigte, ließ ihn nicht dazu kommen, den ersten Artikel des Venloer Vertrages, der die Verhinderung der Ausbreitung des Protestantismus von ihm verlangte, vollständig zur Ausführung zu bringen. So war es möglich, daß schon während dieser Zeit in seinen Landen evangelische Gemeinden sich bildeten.

Im Clevischen bereiteten Wesel und Duisburg der evangelischen Lehre am frühesten eine Stätte, und die dortigen Gymnasien dienten dem Werke der Reformation. Der Vorgang dieser Städte blieb nicht ohne Einfluß.

Im Bergischen ging der namentlich durch Adolf Clarenbach ausgestreute Same reichlich auf. Das lutherische Bekenntnis fand Eingang in Lennep um 1540, Remscheid nach 1548, Burg a. d. Wupper 1553, Honrath 1560, Velbert 1560, Volberg um 1560, Leuscheid 1565, Witzhelden um 1565, Waldbröl 1566, Dabringhausen um 1568, Herchen und Lüttringhausen, die reformierte Lehre zu Schöller angeblich schon 1530 (Schöller wäre demnach die älteste evangelische Gemeinde des Bergischen Landes), Düsseldorf, Wald,

Kronenberg, Sonnborn, Solingen, Mettmann 1546, Elberfeld, Hilden 1558, Oberkassel u. s. w.[59]) In allen diesen Orten wurde schon jetzt der Grund zur Entstehung evangelischer Gemeinden gelegt, wenn auch die Bildung derselben sich nicht überall sofort vollzog.

In Elberfeld brachte Peter Lo die Reformation zur Durchführung. Er war geboren 1530 zu Elberfeld, wo sein Vater Schulmeister und Ratsschreiber war, besuchte das Archi-Gymnasium zu Dortmund und trat 1552 in seiner Vaterstadt[60]) als Kaplan des Pastors Petrus Snute ins Amt. Da er hier die Reformation Luthers zu fördern suchte, verklagte ihn Snute bei dem Kanzler Johannes von Flatten. Eine zweite Anklage bezeichnete ihn als Wiedertäufer und Winkelprediger, und es drohte ihm deshalb Einkerkerung und Verbannung. Er nahm seine Zuflucht zu dem Grafen Franz II. von Waldeck zu Beyenburg, einem Sohne der Gräfin Anna, der ihn zu Mengeringhausen als Kaplan anstellte. Bei einem Versuche, nach Elberfeld zurückzukehren, wurde er eingekerkert, entkam aber der Gefangenschaft und nahm im März 1558 seinen Wohnsitz in Beyenburg. Als er nun 1561 wieder in Elberfeld öffentlich auftrat und aufs neue zu predigen versuchte, wurde er am 19. Oktober nach Solingen ins Gefängnis geführt, jedoch auf Fürbitte der Gräfin Anna am 10. November wieder entlassen. 1563 erhielt er sogar vom Herzoge den Auftrag, seine Räte beim Verhöre der in den Ämtern Blankenberg und Bensberg verhafteten Wiedertäufer zu unterstützen. Dies that er, indem er vom 13. bis 24. Juni zu Blankenberg, und vom 28. Juni bis 2. Juli zu Bensberg mit denselben disputierte. Herzog Wilhelm, welcher der Schlußpredigt Lo's beiwohnte, wandte ihm völlig seine Gunst zu und erlaubte ihm, nach Elberfeld zurückzukehren und dort zu predigen. Vom 4. Januar 1564 bis zu seinem am 13. September 1581 erfolgten Tode übte nun Lo, der sich inzwischen der reformierten Lehre zugewandt hatte, in seiner Vaterstadt eine reichgesegnete Wirksamkeit aus.

11. Abwehr der geistlichen Reaktion.

Der neue Erzbischof, Adolf von Schaumburg, dem der Eintritt in die Stadt Köln am 28. Juli 1550 erst durch unsern Herzog ermöglicht wurde, indem dieser mit zahlreicher Ritterschaft vor dem Severinsthore erschien und so jeden Einspruch verhinderte, hielt sich dennoch für berufen, in den herzoglichen Landen die gesunkene kirchliche Oberhoheit wieder herzustellen. Zu der von ihm beabsichtigten Kirchenvisitation erteilte jedoch der Herzog die Genehmigung nicht. Der Erzbischof klagte darüber und erklärte den Abgeordneten aus den herzoglichen Landen in einer Zusammenkunft am 18. Februar 1551, daß er die Entscheidung des Kaisers anrufen müsse[61]). Dies that er auch am 6. März in einem ausführlichen Klagebericht, welcher dem Herzog mit einer freundlichen Ermahnung vom Kaiser zugestellt wurde. Der Herzog aber schickte beim Beginn der Klage seinen erprobten Gesandten Karl Horst zum Kaiser[62]), und da letzterer eine schonende Behandlung des Herzogs für geboten erachtete, brach er das Streitverfahren mit einer ausweichenden Erklärung ab.

Herzog Wilhelm mußte wünschen, die Zustimmung des Papstes zu seinen Maßnahmen zu erlangen, namentlich in betreff der geistlichen Jurisdiktion. Schon im Jahre 1548 sandte er deshalb einen geübten Geschäftsträger nach Rom, den Rat Dr. Andreas Masius. Derselbe war 1512 in Lennich bei Brüssel geboren, Doktor der Rechte rc. und durch Heinrich von Weeze an den Hof Wilhelms gekommen. Er war ein Mann von großer Gelehrsamkeit, in kirchlicher Hinsicht Erasmianer und genoß in hohem Maße das Vertrauen des Herzogs. Masius sollte sich in Rom zunächst nur vertraulich erkundigen; da sich aber das Bedürfnis, in Rom amtlich vertreten zu sein, immer fühlbarer machte, wurde er am 15. April 1549 bei dem Papste und dem Kardinal Farnese förmlich beglaubigt. Als Paul III. bald nachher starb, ließ der Herzog dem neuen Papste Julius III. sofort ein Beglaubigungsschreiben[63]) vom 4. April 1551 durch seinen Gesandten überreichen und letzterem eine besondere Instruktion[64]) ertheilen.

Dem Versuche des Erzbischofs, die geistliche Gerichtsbarkeit in seinen Gebieten wieder einzuführen, widersetzte sich Herzog Wilhelm aufs entschiedenste und erließ, als die Übergriffe der Geistlichkeit sich mehrten, scharfe Mandate dagegen. Das erste Mandat, welches sich auf das von Jubilate 1508 beruft, datiert vom 7. Februar 1551; in dem zweiten, datiert vom 8. April 1551, schaffte er alle Obermacht und Rechtssprüche des Erzbischofs völlig ab und übertrug seinem Landbechanten die ordentliche Aufsicht über Kirchen- und Religionssachen[65]).

Wir sehen also, daß unser Herzog die geistliche Reaktion, welche von Köln aus in seine Lande einzudringen drohte, kräftig abwehrte; hätte er das nicht gethan, so wäre es um das evangelische Leben in unsern Landen ebenso wie in Kurköln geschehen gewesen.

Wir werden dem Herzog für sein festes und entschiedenes Auftreten, welches ihm auch die Achtung der päpstlichen Partei erwarb, unsere Anerkennung nicht versagen können. In Gemein= schaft mit seinem Rate Heresbach suchte er wenigstens zu retten, was noch zu retten war. Während sie den Plan einer eigenen Kirchenreformation, den sie mit unverwüstlicher Zähigkeit festhielten, in dieser ungünstigsten Zeit noch hinausschieben mußten, nahmen sie fürs erste die Schul= und Rechtsreform in die Hand.

12. Die Schulreform.

Heresbach, dem vielseitig gebildeten Schulmanne, war ohne Zweifel die Sorge für die innere Gestaltung des Unterrichtswesens anvertraut, obgleich amtliche Nachweise darüber nicht mehr vorliegen. Auch sein Tagebuch, dessen Originalhandschrift sich im Besitze des Bergischen Geschichtsvereins befindet, läßt uns hierbei im Stich; denn es verzeichnet wohl seine vielen Reisen, auch in Schulange= legenheiten, aber nicht, was er dabei ausgerichtet. Dem Gedächt= nisse der Zeitgenossen indes hatte sich seine Schulwirksamkeit so tief eingeprägt, daß noch lange nach seinem Tode die Stiftung aller größeren Lehranstalten in unserm Lande auf ihn zurückgeführt wurde, so auch der berühmten Düsseldorfer Schule, mit der es sich folgendermaßen verhielt[66]):

Diese Schule wurde auf Betreiben des Kanzlers Gogreve schon im Jahre 1545, also bald nach Beendigung des geldrischen Krieges, zu Düsseldorf als am Hauptsitze des Landesherrn gegründet. Es war die erste große freie Schule des Landes, welche unabhängig von Kirche und Gemeinde ins Leben trat; ihre Lehrer besoldete der Herzog. Ein geräumiges Haus mit Garten in der Nähe der Stifts= kirche war zum Schulgebäude bestimmt; zur Bestreitung der Kosten waren Renten und Gefälle als ständiges Stiftungsgut überwiesen. Diese „herzogliche" Schule, das sogenannte Seminarium reipublicae, war keine gewöhnliche Lateinschule, sondern ein humanistisches oder akademisches Gymnasium mit allen Vorzügen und Mängeln ähnlicher Institute (wie z. B. der Lehranstalt Johann Sturms in Straßburg) und hatte die Bestimmung, die höchste Bildungs= anstalt des Landes zu sein; hier sollten bis zur Gründung einer Landesuniversität die Geistlichen und Juristen außer der allgemeinen wissenschaftlichen Vorbildung auch die spezielle Fachbildung erhalten. Nur für wenige, die in höheren Staats- und Kirchenämtern Verwendung zu finden hofften, war der Besuch einer auswärtigen Universität erforderlich. Es kam mithin außerordentlich viel darauf an, in welchem Geiste die neue Anstalt geleitet wurde. Als Rektor wurde der Humanist Johann Monheim berufen[67]), aus Elberfeld gebürtig, ein ausgezeichneter Schulmann, der schon seit Jahren an der Kölner Universität Vorlesungen gehalten hatte. Der Ruf desselben und der dem Geiste der Neuzeit entsprechende Lehrplan, welcher den öden Pfad der mittelalterlichen Schule gänzlich ausschloß, führte der Anstalt eine Schülerzahl zu, welche auf 1800 bis 2000 angegeben wird. So konnte es nicht ausbleiben, daß auch der Wohlstand der Bürger sich hob und benachbarte Städte sich zur Nachahmung veranlaßt fühlten; es entstanden Gymnasien zu Essen, Wesel, Duisburg u. s. w.

Wir sehen also, daß die Hauptsorge auf die Gelehrtenbildung sich richtete, nicht aber auf die allgemeine Volksbildung. Zwar wurde auch die Förderung der letzteren nicht ganz außer acht gelassen, aber was man darunter verstand, war äußerst gering. Von einem planmäßigen, stufenweise aufsteigenden Unterricht aller durch die Volksschule hatte man zu jener Zeit kaum eine Ahnung[68]).

13. Die Rechtsreform.

An die Schulreform reihte sich die Rechtsreform. Heresbach, von Haus aus Jurist, bewegte sich bei derselben auf seinem eigensten Gebiete. Seine Arbeit in dieser Hinsicht fiel natürlich sehr zu gunsten des römischen Rechtes aus, wie denn die Humanisten überhaupt diesem, für welches sie begeistert waren, den Sieg erringen halfen über das heimische Recht, das ihnen nur ein elender Notbehelf zu sein schien, ohne sich zu fragen, ob nicht doch dessen fruchtbare Keime wenigstens Schonung verdienten.

Herzog Wilhelm hatte schon 1541 den Ständen ein „gleichmäßig bestendig Recht" versprochen; aber der Krieg wegen Geldern hatte die Erfüllung dieses Versprechens verhindert; auch das privilegium de non appellando, welches Karl V. schon am 18. Januar 1530 erteilt hatte[69]), dahin lautend, daß in allen Streitfragen, deren Gegenstand nicht über 200 Gulden wert war, nicht mehr an das Reichskammergericht appelliert werden dürfe, war nicht zur Anwendung gekommen. Wilhelm erhielt es von neuem mit Urkunde vom 23. Juli 1546, worin aber die jedenfalls auch früher gestellte Bedingung wiederholt war, daß in den Landen des Herzogs eine gemeingültige geschriebene Rechtsordnung bestehe. Die endgültige Abfassung einer solchen wurde nun zwar sofort in Angriff genommen; aber die Aufgabe war noch immer sehr schwierig, und der Herzog mußte am 19. Januar 1549 und am 8. Februar 1550 dem Landtage mitteilen: „dieweil die Sache weitläufig und die beschriebenen Rechte mitsamt der landen gebrauch und gewohnheiten darinnen anzumerken, es dan nit allenthalben sobald könnte ins Werk gestellt werden." Ja noch dem Landtage von 1554 erklärte der Fürst: „er habe ohne Zuthun der Landschaft nichts Entscheidendes vornehmen wollen, da seine Reformation der Rechte die Privilegien und Gebräuche der Lande berührten." Als Vorläufer war 1550 eine „Brüchten-, Mannhäuser= (Lehen=) und Gerichtsschreiber=Ordnung" erschienen; doch das Hauptwerk konnte erst im Juli 1554 den jülichschen Ständen in Form einer „Ordnung und Reformation des gerichtlichen Proceß" vorgelegt werden. Diese begrüßten sie als Helferin in der Not, nahmen sie am 6. August an und veranlaßten die Cleve=Märkischen, „um Gleichheit willen" dasselbe zu thun. Schwieriger aber gestaltete sich die Sache im Herzogtum Berg, wo auch der Ritterschaft, dann den Städten und endlich der Landschaft in besonderen Zusammenkünften der ganze Inhalt der Rechtsordnung mitgeteilt wurde. Zwar wünschte die Landschaft nur, daß statt der lateinischen deutsche Ausdrücke, und zwar die „geschicktesten", gebraucht würden; aber die Ritterschaft wollte ihre Privilegien gewahrt wissen und verlangte Aufschub. Der Herzog indes erklärte ihnen am 7. November, sein Gesetz habe keinerlei Privilegien verletzt, das Ritterrecht könne neben der neuen Ordnung nicht fortbestehen, und er sei nicht gewillt, sich die Hand schließen zu lassen. Murrend fügten sie sich und beschwerten sich noch lange Jahre hindurch darüber.

Karl V. bestätigte das Gesetzbuch am 10. Januar 1555 und am 12. Juni desselben Jahres wurde seine Einführung verkündigt[70]. Vom 1. Oktober an wurde nach dem neuen Recht gerichtet.

Der Einführung dieser Jülich= und Bergischen Rechtsordnung, welche ein einheitliches Recht für die beiden Herzogtümer schuf, ging im April und Mai des Jahres 1555 die Erkundigung über die Gerichtsverfassung voraus, die uns erhalten ist und einen Einblick in den damaligen Stand der gerichtlichen Verhältnisse

gewährt. Das Erkundigungsbuch[71]) enthält die von einer herzoglichen Kommission an Ort und Stelle eingezogenen Nachrichten über
die in den einzelnen Ämtern bestehenden Land- und Stadtgerichte,
sowie die Hofesgerichte; es sind darin angegeben die Dingstühle
nebst den zugehörigen Kirchspielen, Honschaften und Dörfern, die
Gerichtspersonen, die gerichtlichen Gefälle und Gebühren, die Gerechtsame und Gebräuche bei jedem Gerichte u. s. w. Als Verwaltungsbezirke sind aufgeführt: Die Ämter Löwenberg, Lülsdorf, Blankenberg, Windeck, Steinbach, Porz (-Bensberg), Miselohe, Bornefeld,
Burg, Hückeswagen, Beyenburg, Elberfeld, Monheim, Solingen,
Mettmann, Angermund, die Vogtei Siegburg, die „Burgerschafft"
Lennep und Düsseldorf. Das Herzogtum Berg zählte damals
4 Hauptstädte: Lennep, Ratingen, Düsseldorf, Wipperfürth; 6 andere
Städte: Blankenberg, Radevormwald, Solingen, Gräfrath, Mettmann, Gerresheim; 6 Freiheiten: Monheim und Erkrath mit
Stadtrecht, Hückeswagen, Burg, Beyenburg und Angermund mit
Landrecht, und 288 Landgemeinden, welche unter 78 Gerichte
verteilt waren[72]).

Am 10. Oktober 1554 wurde eine Jülich- und Bergische
Polizeiordnung[73]) erlassen; dieselbe ist eine Zusammenfassung
aller früher einzeln erlassenen Verordnungen unter Hinzufügung
neuer und umfaßt außer allgemeinen Polizeivorschriften Verfügungen
in Kriminalfällen, Anordnungen in betreff der Gewerbetreibenden,
Ordnung der Amtleute und Bestimmungen über die Handhabung
der Hoheitsrechte. Für die Wirtshäuser und Herbergen wurde
vorgeschrieben[74]): „Den Wirden sall nit zugelassen syn, so dupr
zu tzappen als sie willen. — Des Sommers zu neun uhren und
des winters zu sieven des abents sollen alle geläger nit allein
gerechent, sondern auch uff und uß sin." — Ein gesessener Hausmann soll nur für einen Gulden borgen dürfen, im Nichtvermögens-
falle ein Pfand geben und dieses, bei Strafe der Einsperrung bei
Wasser und Brot, binnen drei Tagen einlösen. — Ein Anhang
zur allgemeinen Polizeiordnung[75]) betrifft Landstraßen u. s. w.; ein
anderer Anhang[76]) enthält strenge Verbote gegen die Wiedertäufer,
Sektierer, Mörder, Fremden, Vagabunden, Bettler und Armen;
diese Vorschriften geben ein Bild der bewegten Zeit. Eine besondere
Armenordnung[77]) wurde schon am 5. Oktober 1546 erlassen;
es gelangte die Ansicht zur Geltung, daß jede Gemeinde für ihre
wahrhaft Bedürftigen sorgen müsse.

In der Erkenntnis, daß die Befestigung nach alter Weise
nutzlos sei, wurde beschlossen, Jülich als Hauptlandesfestung und
außerdem Sittard und Heinsberg als Grenzfestungen den
Fortschritten der Kriegskunst entsprechend herzustellen, kleinere Orte
aber nicht zu befestigen. Für Düsseldorf, als Hauptfestung des
Herzogtums Berg und zugleich Regierungssitz, dessen Befestigung
ungenügend war, wurde der Neubau eines Ringes von Schutz-
wehren beschlossen, wozu 1557 bis 1560 Geldmittel bewilligt wurden.

14. Heresbach in Worms.

Kaiser Karl V., der bis zu seinem Tode an seinem Hasse
gegen die Protestanten festhielt, legte 1556 die Regierung nieder;
ihm folgte sein Bruder Ferdinand I., der Schwiegervater unseres
Herzogs. Seine Stellung zum Protestantismus war eine ganz
andere als die seines Bruders. Er war von einer so milden
Gesinnung beseelt, daß ein neuer Versuch des Ausgleichs zwischen
den Religionsparteien gemacht werden konnte. Herzog Wilhelm
und Heresbach beteiligten sich daran um so lieber, als es ihnen
bei dem Bewußtsein, daß der nahe Brüsseler Hof alle ihre Schritte
scharf beobachtete, damals noch verwehrt war, die beabsichtigte
Reformation der eigenen Landeskirche zur Ausführung zu bringen.
Im Auftrage Wilhelms begab sich Heresbach zu dem vom Kaiser
berufenen Kolloquium nach Worms im Jahre 1557 und wurde
unter die Auditoren der katholischen Partei gewählt. Für die
entmutigenden Verhandlungen, deren nächster Zeuge er dort war,
entschädigte ihn der Umgang mit Melanchthon, den er vor 16 Jahren
bei gleichem Anlaß in Regensburg gesehen hatte. Die Verbindung
beider Männer wurde nun eine noch innigere, aber schon 1560
durch den Tod Melanchthons gelöst.

15. Ausgezeichnete Männer am Hofe Wilhelms.

Herzog Wilhelm liebte möglichste Einfachheit. Fremde Fürsten
empfing er zu Düsseldorf, wo er meistens residierte, und dort
wurden auch die wichtigsten Sitzungen abgehalten, bei denen die
Anwesenheit der Räte und Vertrauensmänner aller Landschaften
erforderlich war, und die er häufig selbst leitete; sonst aber hielt
er sich mit seiner Familie häufig in dem stilleren Cleve oder im
idyllischen Jagdschlosse Hambach auf. Heresbach durfte nirgend
fehlen, obgleich er seit seiner Verheiratung (1536) auf dem Lande

wohnte, und zwar auf der Rheininsel Lorward unterhalb Wesel.
Sehr häufig berief ihn der Herzog zu sich, und wenn er etwa
durch Unpäßlichkeit am Erscheinen verhindert war, sandte Wilhelm
die Räte zu ihm oder kam selbst. Heresbach genoß das unbedingte
Vertrauen des Fürsten, und niemand hat ihm je nachgesagt, daß
er seine mächtige Stellung mißbraucht habe. Neben Heresbach,
der bei vielen Unternehmungen die treibende Kraft war, befanden
sich am Hofe Wilhelms noch andere bedeutende Männer.

Heinrich Bars genannt Olisleger, wohl „der Mächtigste
im Hofkreise, wenn auch nicht der Begabteste", hatte in Köln studiert,
war dort Professor der Rechte gewesen, dann an den Hof gekommen
und durch Heirat in verwandschaftliche Beziehungen zu demselben
getreten. Er stand an der Spitze der evangelischen Bewegung im
Lande, war mit Heresbach innig befreundet und widerstand bis zu
seinem 1575 erfolgten Tode mutig der kaiserlichen Partei.

Johannes Gogreve, der bergische Kanzler, stand ebenfalls
durch Heirat dem Fürstenhause nahe. Auch er hatte seine Studien
in Köln begonnen, dann Italien, Frankreich und Deutschland bereist.
Er wird uns geschildert als ein Mann von großem Reichtum,
inniger Frömmigkeit und umfassender Gelehrsamkeit, der die Bibel
fleißig las, homerische Verse zur Laute sang und durch seine Anmut
die Freunde fesselte. Mit Heresbach war er von Kindheit an
befreundet. Gogreve, der milde Erasmianer, war es, auf dessen
Betreiben 1545 die herzogliche Schule in Düsseldorf gestiftet und
sein Gesinnungsgenosse Johannes Monheim als deren Rektor berufen
wurde. Gogreve starb schon am 17. Februar 1554.

Johannes Herr von Flatten, der jülichsche und nach
Gogreves Tod auch bergische Kanzler, war in Köln Magister der
Künste geworden, hatte dann in Paris, Basel und Freiburg gelebt
und sich den Doktorgrad der Rechte erworben. Er wurde mit
kirchlichen Ehren und Pfründen überhäuft, u. a. erhielt er die
Probsteien von Xanten und Cranenburg. Flatten haßte Luther,
weil sein Freund Erasmus ihn haßte, dem er blindlings folgte;
er hauptsächlich hat auch die Erasmische Richtung am Hofe eingebürgert.

Wilhelm von Ketler, der, nachdem er lange dem Hofe als
Rat gedient, auf Betreiben des Herzogs 1553 Bischof von Münster
geworden, 1557 aber in die bescheidene Stellung eines überzähligen
Rates zurückgetreten war, zeigte sich am meisten der lutherischen

Lehre zugethan. Er war „ein Mann von großem Lobe, der viel den Armen gab um Gotteswillen", und genoß das besondere Vertrauen Wilhelms; von ihm gingen die klar evangelischen Vorschläge für die Kirchenreform meist aus.

Aegibius Mommer, des Herzogs geheimer Rat, († 1570) und der Hofprediger Gerhard Veltius waren ebenfalls für die evangelische Sache thätig, nicht minder die Vertreter der medicinischen Wissenschaft, die Ärzte Solenander, Echt, Lithobius und Weyer.

Reiner Solenander aus Büderich, Leibarzt des Herzogs Wilhelm, geb. um 1525, kam wahrscheinlich 1559 an den Hof. Er gehörte zu den Ersten, welche damals in unseren Gegenden durch hellen Blick und große ärztliche Erfahrung sich auszeichneten; der Herzog hörte gern auf ihn, und er wird noch heute unter den Besten in seiner Wissenschaft genannt.

Johann Lithobius wurde am 1. August 1554 zum herzoglichen Leibarzt ernannt, und zwar, wie der Fürst sich ausdrückt: „also daß er bei uns und unserm Hoflager sein und diesem stets folgen, sowie auch meiner lieben Gemahlin, Kindern und Schwester, wenn sie mit Leibesschwachheit umfangen sind, mit höchsten Treuen und Fleiß soviel wie möglich und durch die Gnade des Allmächtigen geschehen kann, raten und helfen soll wie einem ehrbaren aufrichtigen Medicus zusteht und gebührt." Er erhielt hierfür als Dienstgeld jährlich 130 Thaler und für seine Herberge 12 Thaler, dann jährlich „unsere Kleidung vom Hofe, für ein Pferd Futter und für einen Diener Unterhalt," welcher Diener auch herzogliche Kleidung und Sold empfing[7]).

Johannes Weyer, geboren 1515 oder zu Anfang 1516 zu Grave an der Maas, preist als seinen „verehrten Lehrer" den bekannten Agrippa von Nettesheim, in dessen Hause zu Bonn er 1533 als Schüler sich befand. Er studierte seit 1534 zu Paris und Orleans, wo er sich den Doktorgrad der Medicin erwarb, war wahrscheinlich von 1540 an in seiner Heimat Nordbrabant als Arzt thätig, seit 1545 als Stadtarzt in Arnheim und folgte 1550 einem Rufe des Herzogs Wilhelm, der ihn zu seinem Leibarzt ernannte. Die geistig bedeutenden Männer, in deren Kreis er nun trat, überstrahlte er noch. Den Reformarbeiten zur Anbahnung einer besseren Zukunft war er von ganzem Herzen zugethan. Mit Solenander und Heresbach richtete er seine Aufmerksamkeit auf die gesundheitlichen Verhältnisse der Residenz und des Landes. Es interessierte ihn, dessen ganzes Denken einen religiösen Hintergrund hatte, insbesondere auch die kirchliche Reform; aber das größte Verdienst erwarb er sich als der erste Bekämpfer des Hexenwahns. Die Ideen, welche Agrippa in des Schülers Seele gelegt hatte, gewannen bei diesem feste Gestalt [70]).

Die herzoglichen Lande hatten die ersten Hexenprocesse schon gesehen. In den Jahren 1499, 1500 und 1502 waren in Ratingen und im Amte Angermund vier Frauen wegen angeblicher Zauberei gefänglich eingezogen und gerichtet worden; eine 1516 ins Gefängnis gesetzte Nonne wurde oben erwähnt u. s. w. Dem furchtbaren Aberglauben jener Zeit trat Weyer entgegen, und zwar er zuerst und ganz allein. Seine ärztliche Praxis gewährte ihm aber nur wenig litterarische Muße; erst im Winter von 1561 auf 1562 war es ihm vergönnt, sein Hauptwerk zu vollenden, und zwar auf dem Schlosse Hambach, wo es, während der Herzog mit den übrigen Begleitern sich am edlen Waidwerk vergnügte, wohl wenig Arbeit für ihn gab. Die Schrift, 1563 bei seinem Freunde, dem Verleger Joh. Oporinus zu Basel gedruckt, trug den Titel: „De praestigiis daemonum" und erlebte in 20 Jahren 6 Auflagen. Sie beginnt mit einer warmen, kernigen Ansprache an den Herzog, dem sie gewidmet ist, in welcher es u. a. heißt: „Was können alle theologischen Kontroversen über die ceremoniellen Riten, was alle Streitereien über die Interpretation von Stellen der h. Schrift uns und unserm Glauben frommen, wenn nicht vorab der ärgste Feind des Glaubens, der Aberglauben, besiegt wird.... Aus jenen Zwistigkeiten entsteht doch kein so großes Unheil, als aus der vom Satan eingeflößten Meinung, daß kindisch gewordene alte Weiber, welche man Hexen oder Zauberinnen nennt, Menschen und Tieren Böses anthun könnten.... Fast alle, auch die Theologen, schweigen zu dieser Gottlosigkeit; Ärzte dulden sie; die Juristen hangen an ihren alten Vorurteilen: wohin ich auch blicke, niemand, niemand, der aus Erbarmen mit der Menschheit ... die Hand zum Heilen der tötlichen Wunde erhebt. Da habe ich es denn unternommen, an diese schwere Sache, welche unsern christlichen Glauben schändet, mit meinem geringen Dienst mich zu wagen.... Dir, o Fürst, weihe ich diese Frucht meines Denkens. Seit 13 Jahren dein Arzt, habe ich an deinem Hofe die verschiedensten Meinungen über Hexen aussprechen hören; aber keine stimmte mit der meinigen so sehr, als die deinige, daß die Hexen auch durch den bösesten Willen, durch die gräßlichste

Beschwörung niemanden schaden können, daß sie vielmehr in ihrer durch die Dämonen in uns unverständlicher Weise erhitzten Phantasie und wie von Melancholie geplagt sich nur einbilden, allerlei Übel erregt zu haben". Auch an alle Kaiser, Könige und Fürsten wendet sich Weyer, sie ermahnend, „doch nicht ferner die Verfolgung der Hexen, diese Krankheit des christlichen Europas, zuzulassen". Weyer leugnet nicht die Plackerei des Teufels und führt die Bekenntnisse der Hexen auf Seelenstörungen durch dessen Blendwerke zurück; aber wenn er hierin auch noch im Geiste seiner Zeit befangen blieb, so war er doch den Zeitgenossen unendlich weit voraus. Als Heilmittel schlägt er Glauben, Gebet, Belehrung und ärztlichen Rat vor.

So dämmerte, als sonst überall der finsterste Aberglaube herrschte, in unsern Landen bereits die neue Zeit; ja, während rings umher die Scheiterhaufen brannten, nahm Herzog Wilhelm von seinem Leibarzte die Lehre an, daß auch kein Ketzer mit dem Tode zu bestrafen sei. Wie wohlthuend ist der Blick auf Weyer, der dies aussprach, und auf seinen Fürsten, der solcher Belehrung zugänglich war! „Um seines Aberglaubens, Glaubens oder Unglaubens willen starb, seitdem Weyer geredet hatte und so lange Herzog Wilhelm mit vollem Bewußtsein regierte, in den clevischen Landen kein Mensch mehr, wiewohl begabte Vertreter der entgegengesetzten Richtung auch hier sich hören ließen[30])." Freilich bekamen diese in späterer Zeit auch wieder Gehör; aber seit Weyer starb die humanistische Opposition gegen Hexenwahn und Ketzergerichte nicht wieder aus. Er fand Nachfolger, wenn auch nur wenige; von dem aus nur acht Mann bestehenden Häuflein deutscher schriftstellerischer Vorkämpfer gehören, was für uns von großem Interesse ist, nicht weniger als fünf durch Geburt oder Wohnort den Herzogtümern Jülich-Cleve-Berg an. Außer Weyer sind es folgende: Johann Ewich 1584, Hermann Wilcken 1585, Johann Greve 1622 und Friedrich von Spee 1631. Weyer ließ außer seinem Hauptwerke noch zwei Schriften über denselben Gegenstand erscheinen: das Buch „De Lamiis" und die „Pseudomonarchia daemonum."

Die Nachrichten über sein sonstiges Thun und Lassen sind nur spärlich auf uns gekommen; außer seiner ärztlichen und schriftstellerischen Thätigkeit füllte in seinen späteren Jahren die Sorge um seinen stets kranken Herrn sein Leben aus. Er mußte noch den Schmerz erleben, daß auch die herzoglichen Lande von dem schmachvollen Treiben der Hexenverfolgung nicht frei blieben.

Es sei schließlich noch das Urteil eines seiner Biographen[81]) über Weyer angeführt: „Er war ein Arzt von großem Ruf; er überragte an Klarheit des Denkens, an menschlich mildem Empfinden und an persönlichem Mut im Verfechten einer für ihren Träger gefährlichen Überzeugung seine Zeitgenossen, wie ein stattlicher Baum verkommenes Gesträuch; und er ist verschollen! Nur hier und da kennt noch einer seinen Namen. . . . Die große Menge der gebildeten Welt weiß nichts von ihm, sie hat seinen Namen nie gehört; ja noch mehr: in Wort und Druck wird der Lorbeerkranz, der ihm gebührt, seinen zwar hoch verdienten aber um mehrere Menschenalter jüngeren Nachfolgern, denen er die breite Bahn gewiesen hat, auf das Haupt gesetzt. Die Größe Weyers beruht nicht nur auf dem vollen Freisein vom Aberglauben mitten in einer Zeit, wo die edelsten Geister in dessen Fesseln lagen; dieses Freisein teilte er mit manchem aus der Schule des Erasmus. Sie beruht mehr in dem Mute und der Thatkraft, womit er plan= mäßig ankämpfte gegen den Aberglauben und seinen grauenhaften Auswuchs; und darin ging er über zwanzig Jahre allein seinen Weg. . . Erst Ch. Thomasius, der aus einem kleinen Saulus der Hexen zu deren großem Paulus gewordene juristische Professor in Halle, konnte von 1701 an ungefährdet im Sinne Weyers wirken . . . Wie der erste im Ansturm auf das Übel, so war Weyer auch der mutigste . . . Johann Weyers Verdienst, hervorgegangen aus Einsicht, Mut und Ausdauer, steht eben so groß da wie das Übel, welches er zu vernichten suchte, in der Geschichte einzig dasteht an Wahnsinn, Grausamkeit, räumlicher und zeitlicher Ausdehnung; und darum gebührt dem Manne, was ihm drei Jahrhunderte hin= durch vorenthalten war — in dem Andenken gegenwärtiger und kommender Geschlechter die Unsterblichkeit."

Neben der ernsten Wissenschaft fehlte am Düsseldorfer Hofe bei aller Prosa doch auch die Poesie nicht. Wir finden sie ver= treten durch Karl Uitenhoven, geboren 1536 zu Gent als Sohn des berühmten Johann Uitenhoven, gestorben 1600 zu Köln. In Gefahr, der Inquisition zu verfallen, war er aus seiner Heimat geflohen, und Kanzler Olisleger hatte ihn an den Hof gezogen, wo er namentlich den Freunden Melanchthons sich anschloß. Den Herzog preist er als den „Wiederbringer des goldenen Zeitalters".

Wir sehen also, wie Herzog Wilhelm, durch seinen Lehrer Heresbach mit Liebe zur Wissenschaft und Kunst erfüllt, seinen Hof mit einem Kranze ausgezeichneter Männer schmückte, so daß dieser einem Weimar zu Goethe's Zeit glich. Sein Wahlspruch war: „Spartam quam nactus es, adorna".

16. Die beabsichtigte Stiftung einer Universität.

Die Krone der Schulreform in den vereinigten Ländern sollte eine Universität bilden, und Heresbach betrieb ihre Gründung mit der ihm eigenen Zähigkeit. Es wurde beschlossen, dieselbe in Duisburg zu errichten, „in der Mitte seiner Länder", wie der Herzog sich ausdrückt. Die Zusammenfassung humanistischer Kräfte, wie sie hier beabsichtigt war, hätte im Falle ihres Gelingens von bedeutender Wirkung auf ganz Deutschland werden müssen.

Sobald nach dem Augsburger Religionsfrieden der Herzog freie Hand gewonnen hatte, war er für diesen Plan thätig. Die Vorbereitungen wurden eifrig betrieben und erstreckten sich bis ins Einzelne. Das uns erhaltene Verzeichnis führt namhafte Gelehrte auf, welche zu Professoren ausersehen waren und später, soweit es anging, auch wirklich berufen wurden.

Als Rektor und Professor der Theologie wurde der als Ireniker und Orientalist ausgezeichnete Georg Cassander aus Brügge ernannt. Derselbe folgte dem Rufe und begann, noch ehe Papst und Kaiser die Erlaubnis erteilten, seine Vorlesungen in Duisburg, wirkte für die Wiedervereinigung der Katholiken und Protestanten, zog aber endlich ermüdet und gereizt davon; bald darnach starb er (1566).

Zum Professor der Rechte war Franz Balduin aus Arras ausersehen († 1573).

Der als Geschichtschreiber seiner Zeit allbekannte Johannes Sleidanus (Philipson) aus Schleiden war zum Professor der Geschichte bestimmt, er starb jedoch schon am 31. Oktober 1566.

Johann Sturm, ebenfalls aus Schleiden und als Philologe, sowie als Stifter und Leiter der Schule und späteren Akademie zu Straßburg bekannt, sollte den Lehrstuhl der schönen Wissenschaften bekleiden. Er war ein bewundernder Anhänger der Heresbach'schen Bestrebungen und ein Vorkämpfer der sogenannten Melanchthonischen Lehre.

Auch sollten drei aus den Niederlanden nach Duisburg geflüchtete Reformierte: Johann Molanus, Johann Otto und Heinrich Gelborp (Castritius) Anstellung an der Universität erlangen.

Als Professor der Mathematik wurde der bekannte Gerhard Mercator (Coopmann) berufen*2), der sich in der Geographie einen bleibenden Namen durch die Karten nach seiner Projektion erworben hat. Gleich Cassander folgte auch er dem Rufe nach Duisburg sogleich, nachdem er schon vorher Kosmograph des Herzogs gewesen, und erwarb sich in mancher Hinsicht große Verdienste. Er war ein entschiedener Anhänger der Reformation.

In dem Verzeichnis der Professoren ist auch der Orientalist Andreas Masius aufgeführt, dem noch eine besondere Rolle in dieser Angelegenheit übertragen wurde. In den Jahren 1548 bis 1553 hatte er die Interessen des Herzogs beim Papste vertreten und schien deswegen der geeignete Mann, jetzt auch die päpstliche Erlaubnis zur Eröffnung der Universität zu erwirken. Masius begab sich 1556 nach Rom, wo er zugleich versuchen sollte, die förmliche Bewilligung des Papstes zur Ausübung der herzoglichen Befugnisse in kirchlichen Dingen zu erlangen.

Es war herzoglicherseits beabsichtigt, zur Beschaffung der beträchtlichen Einkünfte für die Universität geistliches Gut zu verwenden; aber Masius erfuhr schon gleich bei der ersten Unterredung in Rom, daß an eine solche Bewilligung nicht zu denken sei, und nachdem er sich von der Fruchtlosigkeit fernerer Schritte überzeugt hatte, reiste er 1559 ab, Georg Gogreve als Stellvertreter zurücklassend.

Von Köln aus wurde der päpstlichen Erlaubnis entgegengewirkt; dort hatte man längst eifersüchtig auf das Emporblühen der herzoglichen Schule in Düsseldorf geblickt und hegte die Besorgnis, daß auch die neue Universität die Kölner verdunkeln werde.

Johann Monheim, dem in Duisburg auch ein Lehrstuhl zugedacht*3) war, und zwar für alte Sprachen und Pädagogik, hatte schon durch die für seine Schüler verfaßten Lehrbücher bei der katholischen Partei sich verdächtig gemacht, und trat 1560 in seinem „Katechismus" ganz offen für die evangelische Sache auf. In Köln befanden sich, nachdem die „Gesellschaft Jesu" 1540 durch Paul III. bestätigt worden war, bereits seit 1542 Jesuiten, durch Gropper eingeführt; diese erhoben sich sofort wider diesen „Schulmeister" in einer dem Herzog gewidmeten „Censur" seines Katechismus. Letzterer wurde auch nebst den andern Schriften Monheims in zahlreichen Exemplaren nach Rom befördert. Im Jahre 1561 forderte Kardinal Commendone den Herzog auf, Monheim zu entlaſſen; dieſer ſchätzte zwar den hochgeehrten Lehrer, aber die Chronik berichtet uns: „Endlich wurde erreicht, worum man bisher ſich vergebens bemüht hatte, daß nämlich auf kaiſerlichen Befehl in der Düſſeldorfer Schule mit Beſeitigung des Katechismus Monheims der Katechismus des Caniſius eingeführt wurde". Seitdem ſiechte die Schule dahin. Monheim, der berühmte „Lehrer von Nieder= deutſchland", ſtarb am 9. September 1564; ſein Tod „vollendete den Sieg des Jeſuitenordens auf dieſem wichtigen Punkte".

Die päpſtliche Bulle, welche die Gründung der Univerſität zugab, war ſchon einmal ausgefertigt, am 19. März 1561 aber dem herzoglichen Geſandten wieder abgenommen worden. Am 10. April 1562 neu ausgefertigt, wurde ſie in der Kurie zurück= behalten. Durch den Abſchluß des Tridentiner Concils war für die Beurteilung religiöſer Lehrſätze ein Maßſtab gegeben; ob auf Grund deſſen Monheim genötigt wurde, den Unterricht einzuſtellen, oder ob ihn der Konrektor Franz Fabricius nur wegen Krankheit vertrat, wiſſen wir nicht. Die Bulle des Papſtes wurde endlich am 20. Juli 1564 überſandt, enthielt aber unerfüllbare Be= dingungen"[4]). So wurde die Eröffnung der Hochſchule, welche beſtimmt geweſen ſein würde, in reformatoriſchem Sinne zu wirken, auf jede Weiſe zu verhindern geſucht.

Obgleich Herzog Wilhelm von dem neuen Kaiſer Maximilian II., ſeinem Schwager, die Erlaubnis zur Eröffnung der Univerſität erbat und auch erhielt, ſcheiterte das Unternehmen doch. Erſt hundert Jahre ſpäter, am 14. Oktober 1655, ſtiftete der große Kurfürſt die reformierte Univerſität zu Duisburg.

17. Letzter Verſuch einer Kirchenreform.

Die Reformation der Landeskirche, vom herzoglichen Hofe Jahrzehnte hindurch mit Ernſt und Eifer verfolgt, von Wilhelm mehr als zwanzig Jahre lang nicht aus den Augen gelaſſen, ſollte um jeden Preis durchgeführt und endlich zum Abſchluß gebracht werden, obgleich es dazu jetzt zu ſpät war, was aber die leitenden Perſönlichkeiten wegen ihrer humaniſtiſchen Anſchauungsweiſe nicht einſehen konnten. Die beharrlich fortgeſetzten mittelparteilichen Beſtrebungen hatten bereits zu einer Reihe von Erlaſſen und Kirchenordnungs=Entwürfen geführt, und der Herzog, welcher ſich perſönlich daran beteiligt[5]) hatte, war in ſeiner wohlmeinenden Abſicht allmählich über die einem katholiſchen Fürſten geſteckte Linie hinausgekommen. Der Passauer Vertrag 1552, der Augsburger Religionsfrieden 1555 und der Regierungsantritt Ferdinands, seines Schwiegervaters, hatten ihn aber mehr und mehr von äußerem Drucke befreit, und es schien, als ob er immer entschiedener der Reformation sich zuwenden wollte[86]). Schon im Jahre 1559 hatte er in einem Schreiben an Ferdinand I. die Gewährung des Abendmahls unter beiderlei Gestalt, sowie die Verehelichung seines Hofpredigers Gerhard Paltius verteidigt, und es liegt ein Zeugnis des letzteren vor, welches besagt, daß der Herzog seit 1558 das Abendmahl selbst regelmäßig unter beiderlei Gestalt empfing[87]). Wenn man bedenkt, daß gerade Laienkelch und Priesterehe diejenigen Stücke waren, welche allgemein als Wahrzeichen des Protestantismus galten, und daß der Herzog dieselben als unerläßlich für seine Reform bezeichnete, so ist leicht einzusehen, daß sein Verhalten der evangelischen Partei zum Vorteil gereichen mußte.

Die herzogliche Lehranstalt zu Düsseldorf war vom reformatorischen Geiste der Selbstforschung durchweht, und aus derselben waren bereits junge Männer in großer Zahl hervorgegangen, denen es gelang, der neuen Lehre überall im Lande Eingang zu verschaffen.

Daß dies bereits um das Jahr 1562 der Fall war, beweist der Bericht des westfälischen Reformators Johann Pollius[88]). Eine „gemischte Weise des Gottesdienstes", die darin bestand, daß die Messe zwar abgehalten, in der Mitte derselben aber Gesang und Predigt im evangelischen Geiste eingeschaltet wurde, war an vielen Orten üblich geworden. Außerdem waren evangelische Gemeinschaften vorhanden, welche heimlich, sogar während der Nacht, religiöse Zusammenkünfte veranstalteten, die selbst durch die härtesten Verbote nicht beseitigt werden konnten[89]).

Das Vorhandensein dieser Thatsachen war auch nach außen hin bekannt geworden, so daß schon seit 1545 Einwanderungen Evangelischer stattfanden, besonders aber von solchen, welche vor der im Jahre 1567 beginnenden Schreckensregierung Alba's aus den Niederlanden flüchteten.

Herzog Wilhelm konnte, nachdem Maximilian II., sein Schwager und Gesinnungsgenosse, 1564 den deutschen Kaiserthron bestiegen hatte, sein kirchliches Reformwerk aufs neue vornehmen. Am 4. Juni 1564 ließ er Kanzler Olisleger und Konrad Heresbach mit anderen Räten, sowie dem nach Duisburg berufenen Theologen Georg Cassander, welcher großen Einfluß auf ihn gewonnen hatte, in Düsseldorf zu Verhandlungen zusammentreten, bei welchen der frühere Bischof Wilhelm von Ketler den Vorsitz führte. Dann folgte noch im August eine Beratung Oliflegers mit Cassander allein in Xanten. Am 23. Juni 1565 erließ der Herzog ein Edikt[90]), welches zwar strenge Maßregeln gegen die Wiedertäufer, Sektierer, Sakramentierer, Winkelprediger 2c. anordnete, dann aber den Pfarrern befahl, sich „bis zu unserm ferneren bescheidt und beuelh (Befehl) unseres Herrn Vaters Kirchenordnung gemäß zu erzeigen" und die Kommunion unter beiderlei Gestalt allgemein gestattete, damit niemand deshalb von der christlichen Gemeinde sich absondere; es heißt darin: „Im Fall sich an einigen Orten zutrüge, daß etliche . . . das heilige Sakrament des Altars unter beiderlei Gestalt begehren würden, mögen wir gnädiglich erleiden, daß es die Pastöre . . . denselben reichen und austeilen. Auch hinwiederum diejenigen, so mit einer Gestalt zufrieden, dabei unbehindert und unbeirrt lassen sollen, da wir niemand desfalls in seinem Gewissen zu beschweren gemeint sind."

Leider wurde gerade in dieser Zeit, wo die Reform zu Ende geführt werden sollte, des Herzogs Gesundheit aufs tiefste erschüttert. Derselbe litt seit Jahren, spätestens seit 1560, an häufigen Anfällen von Wechselfieber, wozu seit 1566 wiederholte Schlaganfälle kamen. Schon Veltius, vom 24. Januar 1558 bis 6. Januar 1566 Hofprediger, mußte bezeugen: Der Herzog war „vunfmal in meinen acht Jaren tödtlich krank".

Zu dem ersten von Maximilian II. ausgeschriebenen Reichstage begab sich Wilhelm im Mai 1566 nach Augsburg. Sowohl auf der Hin= wie auf der Rückreise besuchte er in Stuttgart den ihm befreundeten Herzog Christoph von Württemberg, der ihn zu der Überzeugung brachte, daß er auf dem bisherigen Wege nicht zum Ziele kommen würde, und ihm seinen Hofprediger Brenz als Helfer anbot. Der Fürst, den seine Leibärzte Weyer, Solenander, Echt und Lithobius, sowie seine reformgesinnten Räte, besonders Heresbach und Mommer, wie nicht minder seine Hofprediger längst im Sinne der Reformation beeinflußt hatten, wurde durch die erwähnte Reise den protestantischen Anschauungen bedeutend näher gebracht. Am 11. Juni nach Cleve zurückgekehrt, betrieb er seinen Reformplan mit größter Eile. Er schickte die beiden in den Jahren 1545 und 1556 ausgearbeiteten Kirchenordnungs=Entwürfe an den Herzog Christoph, damit Brenz sie begutachte, der dies auch in kürzester Frist besorgte, dieselben aber nicht gutheißen konnte, sondern als Gegenvorschlag eine neue, vollständig ausgearbeitete Kirchenordnung übersandte.

Das gesamte Material wurde nun vom Herzog Wilhelm an eine von ihm „mit Wissen der Ritterschaft und Städte und auf Ersuchen der Landtage, welche die Vorarbeiten zu diesem Werke gutgeheißen", erwählte Kommission zur endgültigen Feststellung der Reformationsordnung verwiesen, welche aber erst am 7. Januar 1567 zusammentreten konnte. Dieser „große Rat", wie Heresbach die Versammlung in seinem Tagebuche nennt, bestand aus 24 Mitgliedern, einer bunten Gesellschaft „von Grafen, Drosten, Räten, Kanzlern, Marschällen, Priestern, Humanisten", zumeist von protestantischer oder mildkatholischer Gesinnung [91]). Die Beratungen wurden am 20. Januar beendet, und am 21. Januar wurde die aus denselben hervorgegangene neue „Reformation" unterzeichnet [92]). Dieselbe sollte beide Religionsparteien nach Möglichkeit befriedigen, indem sie, unglaublich genug, die Lehre und den Kultus beider billigte, also beiden recht gab [93]). Das Konzept dieser Kirchenordnung wurde nach Abschluß der Beratungen noch drei Geistlichen, zu denen der schon erwähnte Peter Lo gehörte, zur Begutachtung vorgelegt; sie wurde aber nicht publiziert — warum, werden wir im Folgenden sehen.

18. Der Einfluß der spanischen Hofpartei.

Die nun beginnende dritte Regierungsperiode des Herzogs Wilhelm ist geeignet, uns mit gerechter Trauer zu erfüllen; denn statt des bisher beobachteten Fortschrittes trat im Laufe derselben Stillstand und Rückschritt ein, und die streng katholische Richtung gewann bei Hofe wieder die Oberhand. Daß dies möglich war, hatte seinen Grund darin, daß der Herzog je länger je mehr in einen höchst bedauernswerten Zustand geriet; die Bildnisse aus seinen späteren Lebensjahren zeigen uns denselben als tief gebeugt und hinfällig. Am 7. Oktober 1566 wurde schon wegen Krankheit des Herzogs ein allgemeines Landesgebet angeordnet [94]); am 29. Oktober traf ihn ein neuer Schlaganfall, wodurch seine Zunge und seine rechte Hand gelähmt wurde, so daß er zusammenhangend nicht mehr zu reden vermochte, sondern nur einige Worte, und zwar meist dieselben, hervorbringen konnte, wenn er sehr erregt war. Bisher ein Muster der Arbeitsamkeit, sah er sich auf die

Hülfe Fremder angewiesen und wurde ein Spielball in den Händen
seiner Räte. Wenn nun in der Folge häufig das Gegenteil von
dem angeordnet wurde, was früher geschehen war, so können wir
dafür nicht den Fürsten verantwortlich machen, sondern nur die=
jenigen Räte, welche dem Rückschritte huldigten und ihm wohl bei
seinen Unterschriften die Hand führten. Die Anhänger der neuen
Lehre hatten sich zwar sehr gemehrt, aber es hatte sich am Hofe
auch eine spanische Partei gebildet, die im Lande Anhang gewann
und immer mehr erstarkte, so daß es eine Zeitlang zweifelhaft sein
konnte, welche Partei das Übergewicht erlangen werde⁹⁵). Die
katholische Partei wurde zu energischem Einschreiten veranlaßt, als
ein Erlaß Wilhelms von 19. Mai 1567 die Fronleichnamsprozession
im ganzen Lande⁹⁶) mit einem Schlage verbot, und es dauerte
nicht lange, so wurden schon gegenteilige Erlasse publiziert. Am
5. Oktober 1567 erschien eine Verordnung an die Amtmänner⁹⁷),
welche diesen befahl, strenge dafür zu sorgen, daß die Pfarrer keine
Neuerungen in Religionssachen unternähmen; in derselben wurde
der Befehl gegen die Wiedertäufer und Sakramentierer erneuert,
jetzt aber auch auf die Calvinisten ausgedehnt. Ähnliche scharfe Ver=
ordnungen ergingen mehrfach; namentlich wurde verboten, den Feinden
der Spanier in den Niederlanden irgendwie Vorschub zu leisten.

Derartige Erlasse mußten natürlich bei den zahlreichen An=
hängern der protestantischen Partei Unzufriedenheit und Erbitterung
hervorrufen; man fand es deshalb für gut, am 8. April 1568
Folgendes⁹⁸) zu erklären: Herzog Alba (für den der Augsburger
Religionsfriede nicht existierte) habe an die Erfüllung des Vertrages
vom 2. Januar 1544 erinnern lassen. Im Lande selbst bestehe
leider große Ungleichförmigkeit im Religionswesen, und der Herzog
sei vordem darauf bedacht gewesen, dieselbe durch den Erlaß einer
neuen Reformation auszugleichen, „welche doch in itzigen sorglichen
Leuften (Zeitläuften) noch etwas einzustellen auf jüngst gehaltenem
Landtage vor gut angesehen.“

So war es also der katholischen Partei über Erwarten ge=
lungen, die Publikation der Kirchenordnung zu verhindern, und ihr
Einfluß gewann je länger je mehr die Oberhand. Sie hatte es
namentlich auch darauf abgesehen, den geisteskranken Fürsten und
die Prinzessinnen wieder für den Katholizismus zu gewinnen.
Wilhelms Töchter waren nämlich von seiner am Hofe lebenden
unverheirateten Schwester, Amalia, in der lutherischen Lehre,

welcher diese zugethan war, unterwiesen worden und bekannten sich mit ihr öffentlich zu derselben. Die älteste Tochter, Maria Eleonora, geb. 1550, wurde die Gemahlin des evangelischen Herzogs in Preußen, Albrecht Friedrich von Brandenburg, und Herzog Wilhelm brach selbst mit großem Gefolge am 4. August 1573 von Düsseldorf auf, um sie dem Bräutigam zuzuführen; am 10. Oktober fand die Ankunft in Königsberg und am 14. Oktober die Hochzeit statt. Die zweite Tochter, Anna, geb. 1552, vermählte sich am 14. Oktober 1574 mit dem ebenfalls protestantischen Pfalzgrafen Philipp Ludwig von Neuburg. Diese beiden Prinzessinnen waren also seitdem allen Bekehrungsversuchen entrückt; ihre beiden jüngeren Schwestern aber, Magdalena, geb. 1553, und Sibilla, geb. 1557, suchte man auf alle Weise zum katholischen Glauben zu bekehren und es kam zu diesem Zwecke Ende 1575 (oder Anfang 1576) ein Abgesandter des Kaisers Maximilian, der Hofrats-Präsident Philipp von Winnenberg, an unsern Fürstenhof. Maria Eleonora tröstete und ermutigte sie in einem uns erhaltenen Briefe*⁹), worin es u. a. heißt: „Ich gestehe gern, daß ich in der tiefsten Seele die Bedrängnisse mitfühle, in welchen Ihr Euch befindet. Sollte man Euch, wie Ihr mir schreibt, an jemand verheiraten wollen, der nicht von Eurer Religion ist, so habe ich die zuversichtliche Hoffnung, daß Gott es verhindern und nicht gestatten werde, daß Ihr über Euer schwaches Vermögen versucht werdet. Gehorchet, ehret und dienet Eurem und meinem Herrn Vater mit aller kindlichen Zuneigung und Achtung. Betrübet ihn nicht und ertraget seine Schwächen; aber bewahret den obersten Gehorsam Euerm guten Vater, der über alle Dinge ist, dem Gott des Himmels und der Erde, und dienet ihm mit reinem Gewissen. Er wird Euch sicher in seinen heiligen Schutz nehmen, wie er allen denjenigen versprochen hat, welche um seines Namens Ehre und um seines heiligen Wortes willen angefochten werden. Ich flehe zu Gott, er möge Euch, liebe Schwestern, in guter Gesundheit ein langes Leben, dazu Standhaftigkeit und Festigkeit verleihen und Wachstum in der seligen Erkenntnis unseres Herrn Jesu Christi. Königsberg, den 31. Januar 1575. Eure gute und geneigte Schwester Maria Leonora.“ — Die beiden Prinzessinnen erklärten es denn auch „als eine besondere Gnade des Himmels, von dem wahren Worte Gottes erleuchtet zu sein, und als Gewissenssache, darin zu beharren.“ Diese Erklärung wiederholten sie auf Verlangen des Gesandten schriftlich, wobei sie hinzufügten: „in diesem Glauben habe der Vater sie erziehen lassen, der das A. und N. Testament in ihre Kammer gelegt; die Messe müßten sie verabscheuen" u. s. w. Die Räte suchten zwar den Eindruck dieser Äußerungen abzuschwächen; aber die kundgegebene Absicht, die beiden Schwestern an den streng-katholischen bayrischen Hof zu schicken, wurde aufgegeben, als am 15. April 1576 Pfalzgraf Philipp Ludwig in einem Schreiben seine ernste Mißbilligung darüber äußerte, daß dieselben gedrängt würden, der Augsburger Konfession, worin sie doch erzogen seien, zu entsagen. — Magdalena heiratete nicht lange nachher, 1579, den Pfalzgrafen Johann von Zweibrücken, Philipp Ludwigs Bruder und ebenfalls protestantisch; sie wurde dadurch weiteren Anfechtungen überhoben. Bei Sibilla dagegen müssen dieselben von Erfolg ge-wesen sein, denn sie erwies sich später als eifrige Katholikin.

19. Der Tod des Erbprinzen Karl Friedrich.

Herzog Wilhelm richtete sich nebst seinem Hofe bis in den Anfang der siebziger Jahre nach dem Beispiele seines Schwagers Maximilian, für den er große Zuneigung empfand. Eine Zeitlang, etwa 1567 und 68, hatte man an Wilhelms Hofe die Feier der Messe unterlassen, vom Jahre 1569 ab wurde sie wieder gefeiert, jedoch nicht regelmäßig und mit der Maßgabe, daß der Laienkelch gestattet sein müsse. So wohnte der Herzog selbst mit seinen Söhnen zuweilen der Messe bei und gab auf Drängen des Marschalls von Gymnich zu, daß der älteste Sohn Karl Friedrich zu Ostern 1570 seine Erstkommunion unter einer katholischen Messe, aber unter beiderlei Gestalt empfing, bei welchem Entschlusse jeden-falls das Beispiel des kaiserlichen Hofes mitbestimmend war. Vater und Sohn behielten auch nachher diesen Brauch bei.

Das Interesse des Kaiserhauses erforderte es auch, daß das beste Herzogtum nicht noch an die Protestanten gebracht werde; daher galt es, im Erbprinzen sich der Zukunft zu versichern. „Es muß alles geschehen", berichtete Albas Gesandter an König Philipp II., „um Cleve katholisch zu erhalten". Der geistig zwar gut beanlagte, körperlich aber zarte Erbprinz Karl Friedrich, geboren 28. April 1555, war bis zu seinem 16. Lebensjahre mit seinem Bruder Johann Wilhelm von Mathias Venraidt aus Broichhusen (Paludanus) in Cleve erzogen worden. Es war für die katholische Partei die höchste Zeit, ihn jetzt so zu leiten, daß jede Hinneigung zum Protestantismus in ihm erstickt werde. Um dies zu bewerkstelligen, wurde der jülich'sche Marschall Werner von Gymnich zum Haushofmeister oder Gouverneur des Prinzen ernannt. Derselbe war mit dem alten Herzog zugleich von Heresbach erzogen worden und dann viel auswärts gewesen; zurückgekehrt, hatte er lange Wilhelms Reformbestrebungen geteilt, sich dann aber plötzlich umgewandt und zum Haupt der spanischen Hofpartei emporgeschwungen, so daß in ihm Alba eine feste Handhabe am fürstlichen Hofe besaß. Ferner erhielt der Erbprinz einen neuen Erzieher in Stephan Winands, der sich später nur Winandus-Pighius nannte[101]), indem er seinem dunklen Familiennamen den seines als Propst von Utrecht gestorbenen Onkels (Albrecht Pick-Pighius) hinzufügte; er war ein Priester, der ganz im Sinne Philipps, Albas und Granvellas wirkte und beteuerte, daß alles Gute, was er kenne, ihm in das Eine Wort „Rom" zusammenfließe.

Im Einverständnisse mit Alba wurde der bedauernswerte Herzog Wilhelm zu dem verhängnisvollen Schritte bewogen, den Erbprinzen nach Gymnichs Plan außer Landes, und zwar auf zwei Jahre an den kaiserlichen Hof nach Wien ziehen zu lassen. Am 15. Oktober 1571 verließ der Jüngling die Heimat, welche er nie wieder sehen sollte; außer Gymnich und Pighius begleiteten ihn sechs junge Edelleute, nach des Letzteren Versicherung „alle von bewährtem Katholizismus". Der Aufenthalt in Wien wurde von zwei Jahren auf drei ausgedehnt, und dann wurde noch eine Reise nach Rom angetreten, welche das Werk krönen sollte.

Die größten Ehrenbezeugungen wurden dem Prinzen dort zu teil; er mußte im Vatikan absteigen, wo er von Kardinälen und Fürsten besucht und übermäßig bewirtet wurde. Am Christfest 1574 empfing er nebst seinem Vetter Herzog Ernst von Bayern aus der Hand des Papstes die Kommunion unter der Gestalt des Brodes allein; am Neujahrstage 1575 aber überreichte Gregor XIII. auf Beschluß der Kardinäle in der Peterskirche dem vor ihm knieenden Erbprinzen das geweihte goldene Schwert nebst Schwertgurt und Fürstenhut mit den Worten: „Nimm hin das Schwert und werde ein Verteidiger der katholischen Kirche!" — was der Jüngling auch gelobte.

Am folgenden Tage wurde ein Ausflug nach Neapel unternommen, wo den in Rom stattgefundenen kirchlichen Feierlichkeiten weltliche Lustbarkeiten folgten. Vom Vicekönig Granvella wurde er mit königlicher Pracht bewirtet und vom schwelgerischen Adel wider seinen Willen von Fest zu Fest gezogen.

Müde und abgespannt kehrte Karl Friedrich am 24. Januar nach Rom zurück, wo er in der nächstfolgenden Nacht heftig erkrankte; die Blattern stellten sich bei ihm ein, und diesem Anfalle vermochte der mit den Anlagen zur Schwindsucht behaftete Jüngling nicht zu widerstehen. Trotz aller Heilversuche und aller kirchlichen Für=bitten ereilte ihn, noch nicht zwanzig Jahre alt, am 9. Februar der Tod[102]). Mit feierlicher Pracht wurde die Leiche des fürstlichen Jünglings in der deutschen Marienkirche zu Rom, Santa Maria dell' Anima, beigesetzt[103]), so daß auch auf ihn das Dichterwort Anwendung finden konnte:

„Allzufrüh und fern der Heimat mußten hier sie ihn begraben,
Während noch die Jugendlocken seine Schultern blond umgaben".

Zwar richtete der Papst ein eigenhändiges Trost= und Bei=leidsschreiben an den unglücklichen Herzog Wilhelm; aber dieser brach bei der schrecklichen Trauerbotschaft fast zusammen und ver=mochte in seinem Jammer nur hervorzustammeln: „Mal, mal"!

So war der Prinz, auf dem die Hoffnung der herzoglichen Lande beruhte, den unseligen Bemühungen der spanischen Partei zum Opfer gefallen; aber es war nicht das letzte Unglück, welches diese Partei für unser Land heraufbeschwor. Noch manches Unheil=bringende folgte nach, bis schließlich die Sonne unseres Fürsten=hauses gänzlich unterging.

20. Das Übergewicht der katholischen Richtung am Hofe.

Durch den Tod des ältesten Sohnes ging das Recht der Nachfolge auf den zweiten Sohn des Herzogs über.

Johann Wilhelm, geb. 29. Mai 1562, war in keiner Weise zur Regierung befähigt. Weil er sich als schwachsinnig und darum für das öffentliche Leben als unbrauchbar erwies, hatte man ihn schon früh für den geistlichen Stand bestimmt, um ihn zu versorgen, was man in jener Zeit für unanstößig hielt. Seit dem Frühjahr 1571, wo also der Knabe erst 9 Jahre alt war, verfolgte Herzog Wilhelm den Plan, ihm die Koadjutorstelle in Münster zu verschaffen, da der dortige Bischof Johann von Hoya leidend war, und es ist dies der Zeitpunkt, von welchem eine größere Annäherung unseres Fürstenhofes an die katholische Kirche datiert.

1573 brachte man den Prinzen nach Xanten, ließ ihm die Tonsur und die ersten Weihen erteilen und gab ihm einen eifrigen Katholiken, Heinrich von der Recke, als neuen Hofmeister. Zur Erreichung der Absichten auf Münster, mit welchen die spanische Hofpartei den Plan verfolgte, die protestantischen Regungen im dortigen Domkapitel zu ersticken, wurde die Fürsprache des Bischofs von Lüttich, des Erzbischofs von Trier, des Kaisers Maximilian und kaiserlicher Gesandter, namentlich aber, worauf man den höchsten Wert legte, des Herzogs Alba in Anspruch genommen; doch trotz aller Versicherungen setzte man in Rom Mißtrauen in Wilhelms Rechtgläubigkeit, und die Verhandlungen zogen sich in die Länge Ein päpstlicher Nuntius, Dr. Kaspar Gropper, wurde mit maßlosen Forderungen zum Herzog gesandt; dieselben mußten aber bedeutend herabgesetzt werden, wenn auch manches Eingeständnis gemacht wurde.

Als am 5. April 1574 Bischof Johann von Hoya starb, wählte das Domkapitel den bisherigen Koadjutor, Johann Wilhelm, zu seinem künftigen Bischof, behielt sich aber vorläufig selbst die Regierung vor. In Rom schob man die Bestätigung immer wieder hinaus.

Inzwischen war Herzog Wilhelm durch die Heirat seiner zweiten Tochter Anna in freundschaftliche Beziehungen zum Hause Bayern getreten, und schloß sich diesem noch enger an, als nach des Erbprinzen Tod die protestantischen Nachbarfürsten eine Gesandtschaft an ihn schickten, um ihn wieder auf die antirömische Seite zu ziehen, die aber, weil sie es zu plump anfing, das Gegenteil bewirkte.

Nachdem Karl Friedrich gestorben und Johann Wilhelm dadurch Erbherzog geworden war, ließ sich Herzog Wilhelm durch das verwandtschaftliche Interesse bestimmen, nunmehr für die Wahl seines Neffen Ernst von Bayern zum Bischof von Münster zu wirken. Indem man sich bayrischerseits für diese Wahl bemühte, verband man damit das Bestreben, den Herzog der protestantischen Partei immer mehr zu entfremden und zu noch engerem Anschluß an die katholischen Mächte zu bewegen, ein Bestreben, welches nur zu sehr von Erfolg gekrönt war. Manche Umstände kamen der katholischen Partei zu statten. Es gelang, den von Bayern und Spanien empfohlenen jülich'schen Marschall Johann von Reuschenberg zum Hofmeister des Jungherzogs zu machen.

Um dieselbe Zeit, am 15. Februar 1575, starb der einflußreichste Vertreter der Erasmischen Partei, Kanzler Olisleger, der
dem Anschluß an Bayern stets widerstrebte. An seine Stelle trat
der spanisch gesinnte Rudolf von Weeze.

Es war aber nicht der einzige Verlust, der diese Partei traf
— auch die Tage Heresbachs waren gezählt. Zwar erschien er
noch fortwährend bei Hofe; aber es fehlte ihm schon längst die
Freudigkeit zur Mitarbeit im Kabinett, nachdem dasselbe durch Ge-
heimbefehle von spanischer Seite her beherrscht wurde. Er war
jedoch nicht gewillt, dem Treiben der Fremdlinge müßig zuzusehen;
namentlich fühlte er, daß er nicht schweigen dürfe, als Johann
Wilhelm zum Erben der Länder bestimmt war. Er widmete demselben seinen „Kommentar über die Psalmen" und verflocht in
diese Widmung dasjenige, was er zu sagen hatte. Während der
Vorbereitungen zum Drucke aber ereilte ihn der Tod. In seinem
letzten Lebensjahre noch machte er seine gewohnten kleinen Reisen;
am 8. Juni 1575 begab er sich zu seinen Verwandten in Calcar, wo
ihn am 19. Juni der kranke Herzog, dessen Liebe ihm bis zuletzt
blieb, mit seinem Besuche überraschte. „Es war der letzte Sonnen-
blick seines hinsinkenden Lebens;" am 14. Oktober 1576 starb er.

Aegidius Mommer und Andreas Masius waren schon früher
vom Tode hinweggerafft worden. Johann Weyer lebte zwar noch
bis 1588; aber nachdem sein Sohn Galenus 1578 zum herzoglichen
Leibarzt ernannt worden war, zog er sich mehr und mehr auf sein
Landgut zurück. Kaiser Maximilian starb am 12. Oktober 1576.

So sah sich der arme, blödsinnig gewordene und fast verstummte Herzog Wilhelm ganz vereinsamt und fast aller seiner
Stützen beraubt. So lange Heresbach und Weyer noch beständig
um ihn waren, hatten sie wenigstens das Schlimmste verhüten
können; jetzt aber war der katholischen Partei alles erreichbar.

Die von ihr angeordneten strengen Maßnahmen in kirchlichen
Dingen erregten im Lande aufs neue Unzufriedenheit, und die
desfallsigen Beschwerden fanden im Herbst 1577 auf dem jülich-
bergischen Landtage zu Grevenbroich [104]) berechtigten Ausdruck (ebenso
auf dem clevisch-märkischen Landtage zu Essen). Solle das Land,
sagten die Stände, zu den Reichslasten beisteuern, so müsse ihm
auch alle Reichsfreiheit, namentlich in Ansehung der Religion, zugestanden werden. Es werde von einigen Beamten die Kommunion
unter beiden Gestalten, deutscher Kirchengesang u. s. w. verboten;

tüchtige Pfarrer würden, weil sie nicht der römischen, sondern der im römischen Reiche deutscher Nation zugelassenen Religion angehörten, entfernt und durch andere, wenn auch ungeeignete, ersetzt. — Es wurde darauf erwidert, daß nicht jedem, sondern nur den Reichsfürsten das Recht zustehe, die öffentliche Ausübung der Religion zu ordnen. Der Herzog habe sich bisher nie anders als der katholischen Religion zugethan erklärt, wenn er auch das Sakrament des Altars unter beiderlei Gestalt gestattet habe; es solle dies auch fernerhin von neuem befohlen werden, wiewohl ein einheitliches Verfahren wünschenswerter sei. Weiterhin billige der Herzog, daß Vaterunser, Glauben und Gesänge in deutscher Sprache vorgetragen würden. Keinesfalls aber könne geduldet werden, daß ein Pfarrer Ceremonien, schlecht verdeutschte Gesänge u. s. w. nach seinem Gefallen einführe, vielmehr müsse man sich nach seines Herrn Vaters Kirchenordnung und den anderen desfallsigen Edikten richten.

Als zu Ostern 1576 Johann Wilhelm seine Erstkommunion feiern sollte, und zwar unter beiderlei Gestalt, suchte man dies auf alle Weise zu verhindern, wodurch zunächst die Sache hinausgeschoben wurde; die münstersche Wahlsache ließ dann endlich die katholische Partei zu ihrem Ziele gelangen. Um den Herzog Ernst von Bayern auf den Bischofsstuhl zu bringen, hielt man die zeitweilige Übertragung der Administration des Stiftes Münster auf den zum Bischof postulierten Jungherzog Johann Wilhelm für zweckmäßig; dazu des Papstes Zustimmung zu erlangen konnte man nur hoffen, wenn auf den Laienkelch verzichtet werde. Als nun im Spätjahr 1578 die Aussichten für Ernst besonders schlecht standen, entwand man endlich dem alten Herzog das Zugeständnis, daß sein Sohn die Erstkommunion unter e i n e r Gestalt begehen dürfe, was denn auch zu Weihnachten geschah. Nachdem Herzog Albrecht von Bayern diese Freudenbotschaft an den Papst hatte gelangen lassen, wurde am 20. September 1579 der junge Herzog zum „Verwalter der Temporalien des Stiftes Münster" ernannt.

Die völlige Abkehr von der kirchlichen Mittelpartei, welche ihre hoffnungslosen Bemühungen noch eine Zeitlang fortsetzte, war dadurch vollzogen; denn wenn der alte Herzog unzweifelhaft bis zu seinem Tode an der Kommunion unter beiderlei Gestalt festhielt, so war doch durch das Beispiel des jungen Herzogs für die Zukunft der Sieg der römischen Richtung am fürstlichen Hofe entschieden.

21. Fortschritte der Reformation.

Daß die katholischen Räte das Regiment völlig in die Hand bekamen, war für die Reformation in den herzoglichen Landen verhängnisvoll. Gleichwohl nahm, troß der zunehmenden Ungunst der Verhältnisse, die Bildung evangelischer Gemeinden ihren steten Fortgang. Im Bergischen entstanden, nach wahrscheinlichen, wenn auch, namentlich hinsichtlich der Jahreszahlen, nicht überall ganz zuverlässigen Nachrichten [105]), neue lutherische Gemeinden zu: Eckenhagen 1569, Wißhelden 1560—70, Burscheid 1570, Roßbach 1571, Odenspiel 1574, Ruppichteroth, Herchen, Seelscheid vor 1589, Holpe, Leichlingen 1593. — Die Verfassung derselben, die wir aus Mangel an Nachrichten nicht kennen, stimmte wahrscheinlich nur im wesentlichsten überein.

Zu den früher schon vorhandenen reformierten Gemeinden kamen noch hinzu: Neviges 1571, Hückeswagen nach 1570, Wermelskirchen, Dhünn, Langenberg, Haan, Radevormwald 1591, Wülfrath 1594, Urdenbach 1595.

Dietrich Graminäus, geb. 1530 zu Roermond, „der Rechten Licentiat, General-Anwalt und Bergischer Landschreiber", erhielt am 4. Januar 1589 von den herzoglichen Räten den Auftrag, über die kirchlichen Zustände im Herzogtum Berg Erkundigungen einzuziehen. Sein Visitationsbericht ist zwar Bruchstück geblieben [106]), aber dennoch von großem Werte für uns; er „läßt keinen Zweifel darüber, daß die Lehren der Reformation an den betreffenden Orten . . . seit Jahrzehnten Plaß gegriffen hatten, so daß man sich bereits auf feststehende Gewohnheiten berufen konnte". Veranlassung zu dem Auftrage war die Nachricht, daß „man in der Statt Lennep ein Trivial-Schul anzustellen vorhabens, auch der Rector daselbst Lutheri Catechismum und andere dergleichen sectische Bücher", der Kirchenordnung 2c. zuwider „der Jugent zu lesen sich in einer getruckter vermeintlicher Schulordnung vernehmen lassen". Am 21. Januar kam Graminäus in Lennep an und nahm am 22. und 23. Januar die Visitation vor, wobei er u. a. erfuhr, daß „das heil. Abendmahl unter beiderlei Gestalt seit 34 Jahren allsonntäglich bei der Messe ausgeteilt werde, und daß der Exorcismus bei der heil. Taufe gemäß fürstlicher Ordnung stattfinden, sonstige Ceremonien aber abgeschafft seien". Die Visitation erstreckte sich sodann noch bis zum 15. Mai auf die Orte Dhünn,

Tabringhausen, Wermelskirchen, Burg, Sonnborn, Wald, Gruiten, Hückeswagen, Hilden und Haan.

Am 21. Juli 1589 wurde die erste reformierte Synode des Herzogtums Berg zu Neviges in der bergischen Unterherrschaft Harbenberg abgehalten; für das Herzogtum Cleve hatte die erste schon im Jahre 1568 zu Wesel stattgefunden. Zu der ersten Synode in Neviges hatten sich im Hause des Pastors Plange sieben Pfarrer und zwei Älteste versammelt; Präses derselben war Johann Babius, damals Prediger zu Köln. „Seit diesem Zeitpunkte erst lassen sich im Herzogtum Berg die reformierten und lutherischen Gemeinden mit ihren Predigern urkundlich und im Zusammenhange verfolgen"[107]).

In der angrenzenden Herrschaft Gimborn-Neustadt fand die lutherische Lehre in den Jahren 1568 bis 1581 zu Gummersbach, Lieberhausen, Ründeroth, Wiedenest und Müllenbach Eingang. In der Herrschaft Homburg wurde die lutherische Lehre zwischen 1562 und 1570, die reformierte zwischen 1578 und 1580 eingeführt.

Im Erzstift Köln wurde am 5. Dezember 1577 Gebhard Truchseß von Waldburg zum Erzbischof gewählt. Die hart bedrängten Evangelischen der Stadt Köln wandten sich, nachdem alle sonstigen Bemühungen in dieser Hinsicht vergeblich gewesen, an ihn mit der Bitte um Gewährung der evangelischen Religionsübung. Er kam ihren Wünschen entgegen, gestattete ihnen am 19. Dezember 1582 die öffentliche Übung der reinen und unverletzten Lehre, sowie den rechten Gebrauch der Sakramente, und erklärte sich sogar selber für einen Anhänger des Protestantismus. Am 16. Januar 1583 ließ er allgemein bekannt machen, „daß alle augsburgischen Konfessionsverwandten in seinem ganzen Kurfürstentum freie Religionsübung haben sollten". Am 2. Februar beiratete er dann Agnes von Mansfeld, eine Stiftsdame (nicht Äbtissin) von Gerresheim. Er erließ auch eine reformierte Kirchenordnung. Es läßt sich leicht denken, daß nun ein gewaltiger Sturm gegen den Erzbischof losbrach; nachdem der Papst den großen Kirchenbann über ihn verhängt hatte, wurde am 23. Mai Herzog Ernst von Bayern zum Erzbischof von Köln gewählt. Da Gebhard seiner Würde nicht entsagen wollte, entbrannte zwischen ihm und seinem Gegner Ernst der sog. Truchseß'sche Krieg, durch den die niederrheinischen Lande schwer heimgesucht wurden.

Gebhard bot das äußerste auf, um sich zu behaupten, doch mußte er endlich der Übermacht erliegen. Bonn, seine letzte Zufluchtsstätte, wurde durch seinen Bruder Karl von Truchseß tapfer verteidigt, war aber schließlich, durch Herzog Ferdinand von Bauern mit einer großen Streitmacht hart belagert, der Übergabe nahe. Als nun die Kunde erscholl, Gebhards Feldherr Adolf von Neuenar-Mörs komme aus Westfalen über Schönstein mit 500 Mann, um Bonn zu entsetzen, führte Herzog Ferdinand sofort einen Teil des Belagerungsheeres über den Rhein und legte sich mit demselben, durch Bürger Siegburgs und bewaffnetes Landvolk verstärkt, bei Siegburg im Walde an der Agger in den Hinterhalt. Hier gelang es ihm, die zum Entsatze Bonns heranziehenden Mannschaften zu überwältigen und so auch diese letzte Hoffnung Gebhards zu vernichten. Bonn mußte am 19. Januar 1584 kapitulieren. Karl von Truchseß wurde ausgeliefert; Gebhard floh nach Holland und ging schließlich nach Straßburg, wo er 1601 starb[10]).

Noch einmal versuchten es einige Parteigänger, der Sache Gebhards zum Siege zu verhelfen. In der Nacht vom 22. zum 23. Dezember 1587 gelang es dem Obersten Martin Schenk von Nideggen, Bonn zu überrumpeln. Nun sandte Herzog Alexander von Parma dem Kurfürsten Ernst auf dessen Bitte wieder Hulfstruppen unter dem Kommando des jungen Karl von Croy, Prinzen von Chimai, und durch diese wurden die Lande Jülich und Berg schwer heimgesucht. Am 12. und 13. Mai 1588 setzten die Spanier bei Mülheim über den Rhein und quatierten sich in Deutz, Mülheim und den benachbarten Dörfern ein, ohne dazu die Erlaubnis des Herzogs Wilhelm einzuholen. Sie begannen alsbald ihre Plünderungs- und Raubzüge in das Bergische Land, wobei sie in der Umgegend von Bensberg die größten Greuel verübten. Eine zügellose Horde von Lothringern gesellte sich hinzu, die das Elend und den Jammer noch größer machte. Trotzdem waren Fürst und Landstände nicht zu kräftiger Gegenwehr zu bewegen. Die spanischen Truppen rückten dann weiter nach Süden, überall sengend, raubend und mordend; u. a. brannten sie am 23. Mai das Kloster Heisterbach nieder. Eine Gesandtschaft des Herzogs an den Prinzen von Chimai konnte nichts erreichen. Die bergischen Bauern griffen zur Selbsthülfe. Endlich am 26. September gelang es dem Prinzen, Bonn wieder einzunehmen, wodurch die Bedrängnis ihr Ende erreichte.

22. Austritt des Jungherzogs aus dem geistlichen Stande.

Heresbach hatte dem Jungherzoge Johann Wilhelm seinen Psalmenkommentar gewidmet, doch hat die spanische Partei höchst wahrscheinlich demselben das Buch vorenthalten und ihm jedenfalls das Gegenteil von dem beigebracht, was Heresbach beabsichtigte. Pighius, aus Italien zurückgekehrt, beschrieb für Johann Wilhelm als Fürstenspiegel unter dem Titel „Hercules prodicius" das Leben und die Reise des Erbprinzen Karl Friedrich. Diese Lebens- und Reisebeschreibung, deren Quintessenz in der Rechtfertigung der von den antirömisch Gesinnten übelgedeuteten Romreise liegt, sollte als Gegenschrift und Gegengift gegen Heresbachs Buch von der Fürsten-erziehung „de educandis principum liberis" dienen[109]).

Der oben schon genannte Gegner der Reformation, Dietrich Graminäus, wurde am 26. Juni 1580) „als Präceptor des jungen Herzogs Johann Wilhelm angestellt, mit der Weisung, dafür zu sorgen, daß der Prinz in Gottesfurcht aufwachse und in „der alten wahren katholischen Religion konfirmiert werde[110])".

Johann Wilhelm war noch Bischof; als künftiger Landesherr mußte er jedoch dieser Stellung entsagen. Am 12. Mai erklärte indes das Domkapitel samt Rittern und Städten: „der nunmehr Achtzehnjährige möge ihr Bischof sein, bis er sich verheirate, dann solle er resignieren" — und so geschah es in der That: am 8. Mai 1585 verließ er den geistlichen Stand, am 16. Juli heiratete er.

23. Die Vermählung des Jungherzogs.

Die katholische, spanisch-jesuitische Restaurationspartei hatte schon früher die Verheiratung des Jungherzogs Karl Friedrich mit einer gut katholischen Gemahlin beabsichtigt und hielt es jetzt für dringend notwendig, dem schwachen Johann Wilhelm nicht nur eine eifrig katholische, sondern auch kluge Gemahlin als Stütze und Leiterin beizugeben. Zu den eifrigsten Mitgliedern der katholischen Partei gehörten die Herzoge von Bayern, und am Hofe des Herzogs Albrecht V. zu München lebte eine Prinzessin, welche den Erwar-tungen jener Partei zu entsprechen schien: Jakobea von Baden. Sie war, nachdem sie in ihrem zehnten Jahre die Mutter, im zwölften 1569 den Vater, Markgraf Philibert von Baden, ver-loren hatte, an den Hof des Herzogs Albrecht, ihres Oheims und

Vormundes, gesandt und dort veranlaßt worden, zum katholischen Bekenntnisse überzutreten.

Herzog Ernst, der zweite Sohn Albrechts, seit dem 23. Mai 1583 Kurfürst von Köln, hatte ihre Heirat mit Johann Wilhelm zuerst in Anregung gebracht. Am 15. September 1583 meldete Ernst seinem Bruder Wilhelm V., der seinem Vater Albrecht als regierender Herzog gefolgt war, daß der Jungherzog, ehe er nach Düsseldorf zurückkehre, von Münster aus der „bewußten" Heirat wegen zur „Besichtigung" der „bekannten Person" nach Ingolstadt reisen wolle, wohin ihm Wilhelm entgegenkommen möge. Die Begegnung führte zum Beschluß der Verbindung, welche aber in Düsseldorf auf Widerstand stieß. Jakobe wies ebenfalls anfangs die Werbung zurück, da sie sich heimlich mit dem Grafen Hans Philipp von Manderscheid verlobt hatte; ihre Verwandten hielten sich aber für berechtigt, von ihr das Opfer ihrer Jugendliebe zu verlangen, und sie fügte sich dem Drängen derselben. Am 18. September 1584 wurde der Heiratsvertrag in Düsseldorf unterzeichnet, und am 16. Juli 1585, ihrem 28. Geburtstage, fand dort die Trauung statt.

Die Hochzeit[111]) wurde mit einer selbst für jene an plumpem Luxus gewöhnten Zeit ungewöhnlichen Pracht gefeiert. Fürsten und Adelige von nah und fern, selbst ein außerordentlicher Gesandter des Kaisers, sowie der Statthalter der Niederlande, Herzog Alexander von Parma, waren zu derselben erschienen. Acht Tage lang war die Stadt Düsseldorf, welche nie so viele Gäste in ihren Mauern gesehen, der Schauplatz der Festlichkeiten, Bankette und Turniere, und es wurde so viel Pracht und Herrlichkeit entfaltet, daß der Landessekretarius Dietrich Graminäus ein großes, mit Kupfern geziertes Werk über die Hochzeit verfaßte.

Aber aus dem Festestaumel gab es für die Herzogin ein schreckliches Erwachen. Nur zu bald trat man ihr am Hofe feindlich entgegen[112]). In eine trostlosere Lage hätte die lebenslustige Fürstin wohl nicht versetzt werden können. Eine Jugendliebe im Herzen tragend und aus einer heiteren Umgebung an den jetzt so düstern Düsseldorfer Hof versetzt, sah sie sich mit einem Gatten verbunden, der je länger je mehr dem Wahnsinn verfiel. Dennoch scheint das Verhältnis der Ehegatten anfangs ein herzliches gewesen[113]) zu sein. Herzog Wilhelm und seine Räte aber brachten Jakobe keine freundlichen Gesinnungen entgegen. Dieser fehlte es für ihre schwierige Stellung an manchen notwendigen

Eigenschaften; sie wurde, während die Abneigung gegen sie wuchs, mit steigender Erbitterung erfüllt. Die wenigen aus den jülich= bergischen Räten, welche den alten Fürsten beherrschten, waren: der Marschall von Berg Wilhelm von Waldenburg, genannt Schenkern, der Haushofmeister Johann von Offenbroich, der Vizekanzler Harbenrath und der Landhofmeister Werner von dem Bongart. Diese hatten 1583 dem Jungherzog Hoff= nung gemacht, daß der unfähig gewordene Vater ihm die Regierung übergeben würde; da dies aber nicht geschah, so bemächtigte sich Johann Wilhelms eine krankhafte Herrschgier, und er begann auf kirchlichem Gebiete sich selbständige Gewalt anzumaßen. Je= denfalls steckte Jakobe dahinter, welche es verstand, den Willen ihres blöden Gemahls dem ihrigen unterzuordnen, und deren Auf= gabe ja der Schutz des Katholizismus und die Ausrottung der Ketzerei war. Nach einem Besuche in Wesel, wo sie den evange= lischen Glauben ungescheut geübt sah, nahm Johann Wilhelm am 14. August 1586 ohne Vorwissen seines Vaters es sich heraus, den Weselern[114]) nicht allein „ihren vor Gott unverantwortlichen Religions=Verlauf und deshalb (gegen Spanien) erzeigte Partei= lichkeit" bitter vorzuhalten, sondern auch zu verlangen, daß sie die „sektischen Prediger" durch katholische ersetzen sollten. Die Räte traten ihm sofort entgegen, und seine eigenmächtigen Ver= fügungen blieben unvollzogen.

Die protestantischen Landstände, ebenfalls von Besorgnis und Unwillen erfüllt, verlangten im Mai 1587 von den Herzogen, durch schriftliche Erklärung Religionsfreiheit und völlige Neutralität gegen= über den niederländischen Kämpfen zu versprechen u. s. w. Der darauf erfolgende abschlägige Bescheid steigerte die Erregung. Der Jungherzog wandte sich um Beistand an andere Fürsten und an den Papst Sixtus V. Letzterer hatte schon längst den betreffenden An= gelegenheiten seine Aufmerksamkeit zugewandt und der Herzogin Jakobe die geweihte goldene Rose[115]) im Mai 1587 überreichen lassen; er betraute nun seinen Nuntius zu Köln, Frangipani, mit den bezüglichen Verhandlungen und sandte ihn dieserhalb nach Düsseldorf. Im November und Dezember 1587 widersetzte sich Johann Wilhelm den Wünschen der Ständeausschüsse abermals, und es kam zum offenen Bruche. Er quälte sich mit der Sorge, daß man ihm gar nach dem Leben trachte, und setzte seine letzte Hoffnung auf den Kaiser. Eine 1588 von Rudolf II. beauftragte

Gesandtschaft kam aber aus unbekannten Gründen nicht nach Düsseldorf, und die Alleinherrschaft der Räte dauerte fort.

Der Jungherzog und seine Gemahlin empfanden die ihnen bereitete Zurücksetzung um so tiefer, als sie von den Räten, welche für sich selbst vortrefflich sorgten, in schimpflicher Geldnot gelassen wurden. Johann Wilhelm, kränklich und nervös wie er war, vermochte den Kummer über die Abneigung seines Vaters, die Nichtbefriedigung seiner Herrschgier, die fortgesetzten Reibungen mit den Räten und die Verwüstung der heimatlichen Länder durch Spanier und Holländer auf die Dauer nicht zu ertragen, und scheint schon im Frühling 1588 vorübergehend geisteskrank geworden zu sein. Im Sommer 1589 befiel ihn aufs neue angstvolle Schwermut; er glaubte wieder sein Leben bedroht und brachte deshalb Tag und Nacht in voller Rüstung zu. Seine Erregung steigerte sich derart, daß am 1. Januar 1590 völliger Wahnsinn bei ihm zum Ausbruch kam; da er bald darauf tobsüchtig wurde, mußte man ihn in Gewahrsam bringen.

24. Die Parteiverhältnisse am Hofe.

Der Zustand des Jungherzogs rief bei der katholischen Partei begreiflicherweise große Bestürzung hervor; denn es standen für den Katholizismus große Gefahren bevor, wenn bei der wahrscheinlichen Kinderlosigkeit der Ehe Johann Wilhelms die erbberechtigten protestantischen Schwiegersöhne des Herzogs ihre Ansprüche zur Geltung brachten. Diese, welche man von da an die „Interessenten" nannte, schickten auch schon Gesandte nach Düsseldorf, da sie befürchteten, der Kaiser möchte die notwendig werdende Vormundschaft einem katholischen Fürsten übertragen. Auch Herzog Wilhelm V. von Bayern sandte, wahrscheinlich anfangs März 1590, seinen Rat Winkelmair an unsern Fürstenhof, um beide Herzoge in ihrer Krankheit zu besuchen und vorzusehen, „im fahl sie versterben sollten, wie diese landt uff catholische seithen zu bringen".

Die Räte, den Verlust ihrer Macht befürchtend, wandten sich, um dem Vorwärtsdrängen der Interessenten einen Damm entgegenzusetzen und das Übergehen der Regentschaft auf Jakobe zu verhüten, am 4. Februar 1590 an den Kaiser; dieser sandte daher den Freiherrn von Lobkowitz nach Düsseldorf [116], und auf dessen Bericht wurde die Stellung der Räte befestigt. Die protestantischen Landstände aber sahen in dem Vorgehen der Räte eine schwere

Verletzung der ständischen Rechte, und da dieselben auch sonst ihrer
Beschwerden nicht achteten, wandten sich die clevisch-märkischen
Stände schließlich an Jakobe, welche von weiblichem Ehrgeize, von
Haß gegen die herrschenden Räte und von dem Verlangen, der
drückenden Dürftigkeit ein Ende zu machen, beseelt war.

Die Räte, anfangs einig [117]), hatten sich wegen der Ver-
schiedenheit der Religion und der auf sie wirkenden fremden Ein-
flüsse in zwei Parteien geschieden. Die Führer der einen, größeren,
waren Schenkern, Offenbroich und Hardenrath, und als
Anhänger derselben erscheinen vor allem Niklas von dem Broil,
der Kanzler Wilhelm von Orsbeck und Dr. Fabritius. An
der Spitze der andern Partei standen Bongart und der clevische
Kammermeister Werner von Palant zu Breidenbend; neben
ihnen nennt Sibille als „Verführer" Jakobens den Domherrn
Dietrich von der Horst und den Rat Wilhelm von Scheid,
genannt Weschpfennig oder Wißpennink.

Bongart und Palant, sowie der nach Düsseldorf herüber-
gekommene Führer der Protestanten, Graf Wirich von Dhaun,
erlangten jetzt, u. a. durch den Domherrn Horst, bestimmenden
Einfluß auf Jakobe. Sie ließ sich, da sie keinen andern Ausweg
sah, von ihnen überreden, daß sie ohne Nachteil für den Katholizismus in politischen Dingen mit den Protestanten zusammengehen
könne, und ging auf das ihr angetragene Bündnis ein.

„In eigentümlicher Weise verschoben sich hierdurch die Partei-
verhältnisse. Jakobe hatte mit ihrem Gemahl bis dahin als Hort
des Katholizismus gegolten und hatte stets zum Kaiser und zu
Spanien gehalten. Jetzt erschien sie als Vorkämpferin des Protestantismus, als Gegnerin des Kaisers und als Gegnerin Spaniens,
dessen erbitterte Feinde die (vorwiegend protestantischen) Stände
waren. Die herrschenden Räte hingegen, Schenkern und Offenbroich,
welche bis dahin die kirchlichen Absichten Johann Wilhelms vereitelt,
das Emporstreben der Stände begünstigt und im Einverständnisse
mit ihnen, soweit sie es vermochten, Spanien und damit zugleich
in gewisser Weise dem Kaiser entgegengewirkt hatten, gaben sich
nun als Vorkämpfer des Katholizismus und des kaiserlichen Ansehens, bekämpften die Ansprüche der Stände und knüpften, wie es
scheint, mit dem Herzoge von Parma Verbindungen an [118])." „Es
war ein schwerer Fehler, daß Jakobe es dahin kommen ließ."
Schenkern und seine Genossen sandten Niklas von dem Broil zum

Kaiser nach Prag und fanden überdies eifrige und wirksame Unterstützung bei der Herzogin Sibille, der jüngsten Schwester Johann
Wilhelms, welche, jetzt beinahe 34 Jahre alt, noch unvermählt am
Hofe lebte und mit Jakobe zerfallen war. Sie war beschränkt,
fanatisch, rachgierig und von andern schlimmen Eigenschaften beseelt,
besonders aber von bitterem Neide und unversöhnlichem Hasse
gegen ihre Schwägerin erfüllt.

25. Der lange Landtag.

Der Beschluß, den Gesamtlandtag zu berufen, war endlich
gegen den Willen Schenkerns und seiner Anhänger durchgesetzt
worden. Die Interessenten schickten ihre Gesandten oder kamen
selbst, um diesem Landtage anzuwohnen; Pfalzgraf Johann und
seine Gemahlin, wie auch Marie Eleonore erschienen persönlich.
Die Brüsseler Regierung arbeitete ihnen anscheinend sofort entgegen,
Schenkern aber entführte den Jungherzog nach Jülich — warum,
ist nicht genau erwiesen. Jakobe, welche ihren Gemahl natürlich
nicht unter Schenkerns Einfluß lassen wollte, eilte ihm nach und
brachte ihn Mitte September 1591 nach Düsseldorf zurück.

Schenkern und seine Genossen hatten die Vertagung des
bereits ausgeschriebenen Landtages erzwungen, und erst in der
zweiten Hälfte des Monats September, als die Bevollmächtigten
des Kaisers, der Hofkammerrat Ludwig von Hoyos, Freiherr
zu Stirenstein, und der böhmische Appellationsrat Daniel Prinz
von Buchau, in Düsseldorf ankamen, ließen diese die Stände von
Jülich-Berg, die Ausschüsse von Cleve-Mark berufen. Am 25. September wurde der Landtag[119]) eröffnet, welcher bis gegen Ende
Dezember dauerte und darum der „lange Landtag“ genannt
wird. Die Verhandlungen desselben zeigen klar die Trostlosigkeit
der Gesamtlage.

Das anspruchsvolle Auftreten der kaiserlichen Kommissare
war nicht geeignet, eine Verständigung herbeizuführen. Sie legten
bereits am 27. September den Entwurf einer Regierungsordnung
vor; die Gegner der herrschenden Partei aber, statt den Vortrag
der Kommissare zu beantworten, forderten Zugeständnis ihrer Freiheiten und stellten den Antrag auf Absetzung Schenkerns und seiner
Genossen. Mit aller Entschiedenheit wiesen die herrschenden Räte,
die kaiserlichen Kommissare und die katholischen Stände diese
Forderungen zurück, während die Interessenten eine vermittelnde

Stellung einzunehmen suchten. Jakobe hingegen trat mit Leiden=
schaftlichkeit gegen die Räte auf; sie maßte sich die von ihr erstrebte
Gewalt trotz aller Abmahnungen jetzt schon an: sie enthob Harden=
rath seines Amtes und erwirkte vom alten Herzog einen Befehl,
wonach die Amtmannschaft zu Jülich von Schenkern auf einen
Herrn von Nesselrode übergehen sollte. Die kaiserlichen Bevoll=
mächtigten bewogen nun den Herzog zu einem gegenteiligen Erlasse,
mit welchem Schenkern nach Jülich eilte, dem etwas später an=
kommenden Nesselrode die Thore schloß und die Festung gegen
jedermann behaupten zu wollen erklärte.

Nachdem es Jakobe auf diese Weise zum offenen Bruch
zwischen ihr und der kaiserlich=katholischen Partei hatte kommen
lassen, war es vergebens, daß sie den Dr. Dreger zu ihrer Recht=
fertigung nach München sandte. Dort und in Prag gab man nur
noch den Anklagen und Verdächtigungen Gehör, welche von ihren
Gegnern und namentlich von Sibille wider sie erhoben wurden.
Auf kaiserliche Weisung hin, gegen den Willen Jakobens, der evan=
gelischen Landstände und der Interessenten, wurde am 13. Dezember
1591 mit Genehmigung des Herzogs Wilhelm von den kaiserlichen
Bevollmächtigten eine Regimentsordnung als vorläufige Richt=
schnur für die Leitung der Geschäfte aufgestellt, auch Wilhelm V.
von Bayern veranlaßt, einen Gesandten nach Düsseldorf zu schicken,
welcher jedoch dort erst ankam, nachdem der Landtag geschlossen
worden und die kaiserlichen Kommissare und die Interessenten ab=
gereist waren.

26. Der Tod des Herzogs Wilhelm.

Bei seinen körperlichen Leiden und seiner immer zunehmenden
Geistesschwäche erreichte Herzog Wilhelm dennoch ein Alter von
75 Jahren. Endlich, nachdem der Tod seines ältesten Sohnes,
der Wahnsinn seines Erbnachfolgers und das traurige Geschick
seiner ältesten Tochter, deren Gemahl ebenfalls dem Wahnsinn
verfallen war, seinem Vaterherzen schwere Wunden geschlagen, und
ihm auch seit 1581 die Gattin durch den Tod entrissen war, erlosch
am 5. Januar 1592 (26. Dezember 1591 a. St.) in der zehnten
Abendstunde fast unbemerkt das Leben des schwachen, schwergeprüften
Greises [120]).

Sein Sohn, Johann Wilhelm, ließ ihm in der St. Lambertus=
kirche zu Düsseldorf ein schönes Denkmal errichten, welches in Rom

ausgeführt und wahrscheinlich 1603 enthüllt wurde. Auf dem Deckel des Sarkophags ruht die Gestalt des Herzogs, nicht als entseelter Körper oder als Schlafender gedacht, sondern als ein Bild des Lebens, als das Bild eines Mannes, der nach langer, beschwerlicher Wanderung am Ziele ausruht [121]).

Zu seiner Charakteristik mögen noch einige Sätze angeführt sein, mit denen Johannes Weyer, als er ihm sein Werk über die „Blendwerke der Dämonen" widmete, den Fürsten anredete: „Anknüpfend an des Fürsten sorgfältigen und rechtlichen Sinn in der Feststellung schwerer Urteile ruft er aus: Wahrlich, das kommt zu den übrigen ausgezeichneten zahllosen Geistesgaben hinzu, womit du täglich dein Sparta ausschmückest. Die Augen aller Nachbarn hast du auf dich gewendet. Wie viel könnte ich von deiner Frömmigkeit erzählen! Nur kurz will ich erwähnen deine Mäßigkeit im Trinken . . . (und) mit welcher beständigen Sorgfalt und Mühe du die Bittschriften entgegennimmst, die täglich anströmenden Briefe liest und wie rasch du Antwort giebst. Wer sollte solch' unvergleichliches Beispiel, solch' väterliche Gesinnung nicht hochhalten? Und nicht das letzte Lob gebührt dir als dem Mäcenas der Gelehrsamkeit."

Johann Wilhelm I.

1. Neuer Kampf um die Herrschaft.

Johann Wilhelm war nunmehr, im dreißigsten Lebensjahre stehend, regierender Herzog. Nach den Berechnungen der Genealogen war er der 10. Herzog von Jülich, der 6. Herzog von Cleve, der 7. Herzog von Berg, der 19. Graf von der Mark. Selbstverständlich übernahm er die Regierung nur scheinbar, da sein Zustand sich keineswegs gebessert hatte.

Der kaum vertagte Kampf um die Herrschaft entbrannte jetzt aufs neue. Jakobe söhnte sich mit Sibille aus und berief die Ständeausschüsse nach Düsseldorf; diese, fast bis zum letzten Mitgliede protestantisch, erklärten die Regimentsordnung vom 13. Dezember durch den Tod des Herzogs für erloschen und ersuchten die Herzogin, die Regierung zu übernehmen. Nach einigen Schritten in dieser Richtung sah dieselbe aber ein, daß es notwendig sei, den Kaiser für sich zu gewinnen, und bemühte sich deshalb um die Fürsprache des Papstes, des Kurfürsten von Köln und des Herzogs von Bayern.

Inzwischen kam Metternich nach Düsseldorf [122]) und ermahnte die Räte, den Gedanken an die Einsetzung eines kaiserlichen Statthalters, um welche Hardenrath und Ossenbroich gebeten hatten, fallen zu lassen und sich zu verpflichten, wenn Jakobe nichts der Religion und der politischen Einigkeit Nachteiliges vornehme, keine anderen Herren als sie und ihren Gemahl anzuerkennen.

Wirklich kam am 29. Januar 1592 eine Vereinbarung zwischen der Herzogin und den Räten zustande, worauf Metternich befriedigt abreiste; aber er hatte Köln noch nicht verlassen, als er am 3. Februar schon die Nachricht vom Wiederausbruch des früheren Zwiespalts erhielt. Die von ihm und Frangipani dieserhalb an Jakobe gerichteten Briefe steigerten nur deren Unwillen.

Der Kurfürst von Köln hatte seinen geheimen Rat Gottfried von Taris nach Düsseldorf geschickt, welcher dort bald zu der Überzeugung gelangte, daß die Herzogin mit aller Entschiedenheit für den Katholizismus eintreten werde, und daß es sich bei ihrem Streite mit Schenkern, Ossenbroich und Hardenrath nicht um die Religion, sondern um die Macht handele. Sie gab ihm die weitgehendsten Versprechungen und trat damit entschieden auf die Seite des Katholizismus, des Kaisers und Spaniens zurück. Ihre alten Feinde aber waren dadurch nicht versöhnt; sie wurde nach wie vor als Schirmherrin der Ketzer ausgeschrieen, und man ließ es auch an anderen Verleumdungen nicht fehlen, so daß allgemeines Mißtrauen gegen sie entstand. Auch Frangipani, der sich Ende Mai im Auftrage des Papstes nach Düsseldorf begab, wandte sich einer ihr nicht günstigen Ansicht zu.

Der Kaiser erklärte am 12. Mai 1592, daß er nicht beabsichtige, die Regierung an sich zu ziehen, und befahl, bis zur Vereinbarung einer neuen Regimentsordnung keine Änderungen vorzunehmen; doch sollten die Räte alle Regierungsgeschäfte mit Wissen und Willen der Herzogin erledigen [123]). Trotzdem verfuhr Jakobe eigenmächtig gegen Hardenrath und Ossenbroich und übertrug deren Ämter nebst anderen an Widersacher der kaiserlichen Partei; Hardenrath verließ den Hof. Außer Palant und Bongart gehörten zu den Ratgebern der Herzogin ihr Sekretär Arnold und der Landrentmeister Heinrich von Diepenbrock, in dessen Wohnung die Beratungen gehalten wurden; letzterer und Dr. Dreger wurden zu Mitgliedern des geheimen Rates ernannt. Ihre Feinde entnahmen aus diesen Vorgängen Anlaß zu neuen Beschuldigungen, daher bewog Kurfürst Ernst sie zu einer urkundlichen Erklärung, wodurch sie am 30. August dem katholischen Glauben treu zu bleiben und manches im Sinne der katholischen Partei zu gestatten versprach.

Der Kaiser entsandte im Herbst wieder, trotzdem Kurfürst Ernst davor warnte, den Freiherrn von Hoyos nach Düsseldorf, mit ihm den geheimen Rat Dr. Johann Wolf Freymon[124]); sie trafen dort am 17. Oktober ein, während sich Ernst nach Kaiserswerth, Frangipani nach Neuß begab. Die Herzogin zeigte unverhohlen ihr Mißtrauen gegen Hoyos und ließ die Gesandten strenge überwachen. Noch feindseliger zeigte sich Johann Wilhelm gegen dieselben, weil er sich einbildete, der Kaiser habe dem Marschall Schenkern die Herzogtümer Jülich und Berg geschenkt und jetzt seine Bevollmächtigten gesandt, um ihm das Regiment zu nehmen; er spähte ruhelos umher, fiel seine Umgebung mit den Waffen an, ließ die Besatzung schießen und wollte durchaus nach Jülich.

Die kaiserlichen Gesandten begannen ihr Werk am 31. Oktober unter den ungünstigsten Umständen und sahen sich bald genötigt, den Kurfürsten wieder um Rat zu fragen, mit dem sie schon früher Rücksprache genommen hatten; derselbe trat für die Zulassung der Herzogin zur Regierung nachdrücklich ein, kam in der Folge mehrmals nach Düsseldorf herüber und hatte schließlich die Genugthuung, daß eine Regimentsordnung[125]) vereinbart wurde, welche die Herzogin befriedigte und auch die Zustimmung der Räte und der Stände fand. Hoyos aber war mit diesem Verfassungsentwurf, welcher am 11. Dezember 1592 von der Herzogin und den Räten unterzeichnet wurde, durchaus nicht einverstanden; die Protestanten und ihr Führer, Graf Dhaun, traten mit ihm ins Einvernehmen, wandten sich aber bald wieder von ihm ab, und wirkliche Macht vermochte er trotz aller Umtriebe und aller von ihm geschmiedeten Pläne nicht zu erlangen, so daß er wie ein Ausgestoßener zu Düsseldorf saß. Die Herzogin bemühte sich, die Abberufung des Freiherrn und die Bestätigung der Regimentsordnung zu erwirken, wobei der Papst, der Nuntius, der Kurfürst u. a. sie unterstützten.

2. Feindselige Pläne gegen Jakobe.

Jakobe scheint eine Zeitlang die Regierung ziemlich selbständig geführt zu haben, wenn auch vielleicht nur soweit, wie es den Räten beliebte. Auf einem 1593 von ihr berufenen Landtage zu Hambach trat sie entschieden auf; Schenkern sollte Jülich heraus-

geben, da man stets befürchtete, er würde diesen Schlüssel zum
Lande den Spaniern überliefern, aber die Bemühungen der Herzogin
waren vergebens. Hoyos hatte sich im Juni mit der Herzogin
ausgesöhnt, und dies trug vielleicht dazu bei, daß die Ständeaus=
schüsse von Cleve, Mark und Berg im September sich zu einem
Vertrage bewegen ließen, wonach das Vormundschaftsrecht den
Interessenten übertragen werden sollte. Hoyos ging endlich Ende
Januar 1594 nach Prag zurück, aber der Kaiser entschloß sich auch
jetzt noch nicht, der Herzogin die Regentschaft zu übertragen.

Auf dem im Februar folgenden Landtage zu Hambach erscheint
die Stellung der Herzogin infolge ihrer unklugen Politik schon
stark erschüttet. Hier tauchte auch bereits der Antrag auf, den
Herzog nicht länger mehr im Gewahrsam zu Düsseldorf zu dulden,
doch gelang es ihr jetzt noch, sich dieserhalb zu entschuldigen. Sie
hatte sich aber nicht so brauchbar für die Zwecke der katholischen
Partei erwiesen, wie diese bei ihrer Verheiratung erwartet hatte,
und jeder Gedanke an eine Verständigung mit ihr war bereits
aufgegeben; man trug sich sogar schon mit dem Plan, ihre Ehe
aufzulösen und dem Herzog eine andere Gemahlin zu geben, wozu
sowohl Feindschaft als politische Berechnung den Anlaß gab.

Jakobens Privatleben war inzwischen Gegenstand boshafter
Erörterungen geworden, woran sie aber auch selbst die Schuld
trug. Schon während des langen Landtages hatte man ihr mit=
geteilt, daß Schenkern sie in Prag wegen Unkeuschheit verklagt und
Johann Wilhelm die Ehe mit einer Erzherzogin in Aussicht gestellt
habe. Die Herzogin hatte nämlich, als man im November 1592
den Herzog dauernd einsperren mußte, in ihrer trostlosen Einsamkeit
mit einem jungen Adeligen, Dietrich von Hall, einen Verkehr
angeknüpft, welcher von ihren Feinden in schlimmster Weise ge=
deutet wurde. Am 24. Mai 1593 wurde sie bereits von den
Düsseldorfer Räten gewarnt, und im Juli und August wollte
Sibille die Beweise ihrer Schuld erhalten haben.

Vielleicht hatten ihre Feinde, deren erbittertste nach wie vor
Schenkern, Ossenbroich und Harbenrath waren, sich noch nicht klar
gemacht, daß man, um Johann Wilhelm anderweitig zu verheiraten,
Jakobe aus dem Leben schaffen müsse; gewiß aber schraken sie vor
diesem Gedanken von vornherein nicht zurück[138]). Wie die feind=
liche Partei ihren schändlichen Plan verfolgte, läßt sich nicht genau
nachweisen. Es scheint, daß Sibille ihre Schwägerin beim Kaiser

16

verklagte, dieser aber keine Lust hatte, auf den Skandalprozeß einzugehen. Doch die Maschen des Netzes, mit welchem man die
Herzogin umstrickte, fügten sich von allen Seiten; diese war jedoch
zu kurzsichtig, um die nahe Gefahr zu erkennen, lebte vielmehr in
sorglosem Leichtsinn dahin, und auch ihre Ratgeber übersahen das
drohende Verderben.

3. Der stürmische Grevenbroicher Landtag und Schenkerns Staatsstreich.

Am 23. Januar 1595 kamen die Stände von Jülich und
Berg in Grevenbroich zusammen. Dieser Landtag sollte Jakobens
Feinden zur Einleitung ihres Anschlages dienen, nachdem sie schon
vorher geschickt operiert und sowohl Stände als Räte auf ihre
Seite gezogen hatten. Der Führer der Protestanten, Graf Thaun,
machte gemeinschaftliche Sache mit Schenkern und Genossen; beider-
seits hoffte man, durch der Herzogin Sturz die Regierungsgewalt
erlangen zu können. Sie verlangten die persönliche Teilnahme des
Herzogs an den Beratungen, was die erschrockene Jakobe umsonst
für unmöglich erklärte. Am 25. Januar verpflichteten sich alle
Anwesenden, nach Düsseldorf zu ziehen, um den Herzog aus seiner
Haft zu „befreien", brachen auch wirklich in der Frühe des nächsten
Morgens dahin auf.

Durch einen Staatsstreich aber kam Schenkern den Protestanten zuvor, und diese sahen zu spät ein, daß sie überlistet
waren. Mit achtzig Soldaten besetzte der Marschall das Schloß
und die Stadt, so daß er nunmehr wirklich Herr von Jülich und
Berg war, als welchen ihn Johann Wilhelm bezeichnet hatte. Er
betraute ausschließlich seine Anhänger mit der Leitung der Geschäfte
und der Bewachung des Herzogs, gestattete der Herzogin erst, nachdem er ihre Briefschaften mit Beschlag belegt hatte, die Rückkehr
ins Schloß, wo er sie in haftähnlicher Überwachung hielt, auch ihre
vertrautesten Diener, ihre Kammerfrauen und den Dr. Dreger
gefangen nehmen ließ.

4. Der Prozeß gegen Jakobe.

Am 28. Januar 1595 trug Sibille den Räten und Ständen
ihre Anklagen vor, welche darauf protokolliert und dem Kaiser zur
weiteren Veranlassung zugeschickt, auch dem heiligen Stuhle mitgeteilt wurden. Der Kaiser bestätigte Schenkern, dessen Staatsstreich

doch nichts anderes als eine Empörung war, in seiner Stellung und schickte den Reichshofrat Hans Freiherrn von Haimb und den Appellrat Daniel Prinz von Buchau als Bevollmächtigte nach Düsseldorf, wo sie am 27. April eintrafen.

Die Kommissare begannen ihr Werk am 2. Mai damit, daß sie eine vom 6. März datierte neue Regimentsordnung des Kaisers verkündigten, wonach diejenigen von 1592 wieder zurückgenommen und auf die ältere vom 7. Dezember 1591 zurückgegangen wurde, wodurch die Räte zur Regierung unter Aufsicht der Kommissare bevollmächtigt und Jakobe ganz von derselben ausgeschlossen wurde. Ihre bisherigen Regierungshandlungen wurden für nichtig erklärt. Der Kanzler Wilhelm von Orsbeck wurde durch Niklas von dem Broil ersetzt, auch Jakobens Anhänger aus dem Rat entfernt.

Diese Maßregeln riefen einen solchen Sturm hervor, daß eine offene Auflehnung zu befürchten war. Die kaiserlichen Bevollmächtigten wagten zunächst noch nicht, auf die von Sibille vorgebrachten Anklagen einzugehen; es bedurfte dazu erst einer Drohung der Stände. Jedenfalls lag auch kaiserlicherseits nicht das geringste Recht zur Einleitung des skandalösen Prozesses vor[127]).

Sibille hatte bereits am 8. Mai den Kommissaren die Anklageschrift zugestellt, aber erst am 9. Juli begann das Zeugenverhör.

Die „Denunziatorial=Artikel", aus denen die Klage besteht und deren Zahl die erstaunliche Höhe von 91 erreicht[128]), bezichtigen die Herzogin Jakobe der schlimmsten Dinge. Sie werfen ihr u. A. unsinnige Verschwendung vor und gipfeln in der Beschuldigung, sie habe alle Pflichten gegen ihren Gemahl verletzt, insbesondere aber der Verletzung ihrer ehelichen Treue sich schuldig gemacht. Die vorgebrachten Anklagen erscheinen aber im rechten Lichte, wenn man bedenkt, daß unter denselben auch die wegen Zauberei nicht fehlte; man behauptete nämlich, Jakobe habe durch Zaubermittel den traurigen Zustand ihres Gemahls hervorgerufen. Schon dieser eine Punkt belehrt uns in hinreichender Weise, welches Maß von Glaubwürdigkeit den Aussagen der Kläger innewohnt; er beweist zugleich, wie weit man in jener Zeit am Düsseldorfer Hofe schon wieder von dem Geiste Johann Weyers entfernt war.

Die Anklagen sind geeignet, unsere Entrüstung wachzurufen, welche sich aber zumeist gegen die Klägerin selbst und ihren Anhang richtet. Es muß uns peinlich berühren, zu sehen, wie sich diese

noch unvermählte Prinzessin zum Sprachrohr der ehrenrührigsten
Beschuldigungen macht, welche bezwecken, den guten Ruf ihrer
eigenen Schwägerin zu vernichten und den Untergang derselben
herbeizuführen, wozu nicht Pflicht und Gewissen, sondern unreine
Motive, vor allem feindseliger Haß sie anspornen. Die Bemühungen
ihrer Partei waren offenbar darauf gerichtet, die Herzogin um Thron,
Ehre und Leben zu bringen; denn die Kläger wollten ihr, wie einer
gemeinen Verbrecherin, sogar einen Anwalt verweigern.

Wie die Anklagen, so waren auch die vernommenen Zeugen
vielfach höchst zweifelhafter Natur, zudem zu ungunsten der Verklagten beeinflußt[129]); man verhörte auch nur die von Sibille vorgeschlagenen Zeugen. Es kann mithin keinem Zweifel unterliegen,
daß viele Lügen mit untergelaufen sind. Freilich war Jakobe nicht
schuldlos; die früher unternommenen Versuche, sie so darzustellen[130]),
müssen der neueren Forschung als verfehlt erscheinen. Nachdem die
mit großer Parteilichkeit geführte Untersuchung zu Ende war, wurde
ein Abgesandter nach Prag geschickt, um die sofortige Verurteilung
Jakobens zu bewirken. Am 8. August ging Prinz selbst mit den
Untersuchungsakten dorthin; an seine Stelle wurde der frühere
Vicekanzler Harbenrath berufen, aber auch Haimb verließ Düsseldorf bald.

Nicht nur ihre protestantischen Verwandten, sondern auch die
meisten katholischen Freunde und der Papst ließen die Herzogin
im Stich; nur der Kurfürst von Köln, ihr Vetter, und der Herzog
von Leuchtenberg, ihr Schwager, nahmen sich ihrer an. Leuchtenberg kam 1595 dreimal nach Düsseldorf, aber alle seine Schritte
blieben erfolglos. Jakobe blieb in den Händen ihrer Feinde, welche
sie von Anfang an wie eine überführte Verbrecherin auf die un-
würdigste Weise behandelt hatten. Die unglückliche Frau verlor
aber dennoch den Mut nicht, sondern hielt unter eifrigen Andachts-
übungen den Glauben an den endlichen Sieg ihrer Sache fest. Am
19. Mai 1596 übersandte sie dem Kaiser ihre Verteidigungsschrift,
am 30. Juni einen Nachtrag zu derselben; beide Schriftstücke wurden
den jülich-bergischen Räten mitgeteilt und von diesen beantwortet.
Über den weiteren Verlauf des Prozesses aber sind wir nicht unterrichtet; wir wissen nur, daß das Urteil des Kaisers, da man sich
in Prag die Hände reinhalten wollte, von der feindlichen Partei
nicht erwartet werden konnte. So half diese sich denn auf eigene
Hand, womit sie ihre wahren Ziele enthüllte.

5. Der Tod der Herzogin.

Am 3. September 1597 früh morgens fand man die Herzogin Jakobea, in der Fülle ihrer Kraft, noch nicht vierzig Jahre alt, tot in ihrem Bette, nachdem sie sich am Abend zuvor gesund niedergelegt hatte. Sogleich verbreitete sich das Gerücht, daß sie ermordet worden sei; die Räte behaupteten dagegen, sie sei an einem Lungenschlage gestorben. Der Verdacht der Vergiftung, welcher auftauchte, wurde durch ärztliche Untersuchung widerlegt, aber auch nur dieser. Einer der wenigen Zeugen, welche die Leiche zu sehen bekamen[131]), war der Ansicht, daß man die Fürstin mit einem Handtuche erdrosselt oder mit einem Kissen erstickt habe. Aller Wahrscheinlichkeit nach wurde sie erstickt, da alle inneren Organe sich gesund erwiesen. Der Verdacht wurde dadurch bestärkt, daß man, ohne den Dienern und Freunden der Herzogin weiteren Zutritt zu gestatten oder die Verwandten derselben zur Beerdigung einzuladen, die Leiche eiligst in aller Stille beisetzte[132]). Damit war das Geschick der badischen Markgräfin am Niederrhein jäh abgeschlossen; es scheint ausgeschlossen zu sein, dasselbe jemals klar zu enthüllen.

Der Haß ihrer Feinde verfolgte sie bis ins Grab. „Ohne das ihrem Stande gebührende Gepränge wurde die Fürstin, welche einst mit so außerordentlichem Glanze in Düsseldorf empfangen worden war, am 10. Sept. 1597 in der Kreuzkirche beigesetzt[133]). Weder ihr Gemahl noch Sibilla noch das Hofgesinde und die Räte legte Trauergewänder um sie an, und ihre Ruhestätte bezeichnete kein Denkmal."

Der Landgraf von Leuchtenberg protestierte gegen die Unterbringung der Leiche an einem ungewöhnlichen Orte; er suchte auch den Kaiser zu bewegen, eine Untersuchung anstellen zu lassen, jedoch vergebens.

Es war von den Räten noch die Lüge verbreitet worden, Johann Wilhelm selbst habe ein Schreiben unterzeichnet, datiert vom 9. August 1597, enthaltend das Todesurteil über Jakobe; natürlich rührte dasselbe von ihnen her.

Ein paar Jahre nach dem Tode der Herzogin wurde Schenkern gestürzt, und dadurch schien der öffentlichen Meinung auf einmal der Mund geöffnet zu sein, indem man ihn, den unversöhnlichen Feind, als den eigentlichen Mörder Jakobens bezeichnete und dies auf einer Schandtafel am Pranger zu Köln vor aller Augen bekannte. Auch zeitgenössische und spätere Geschichtschreiber sprachen es aus, und jedenfalls ging die allgemeine Meinung darin nicht fehl.

6. Die Spanier im Bergischen Lande.

Die Ereignisse in unsern Landen während der Regierungszeit Johann Wilhelms hingen aufs engste zusammen mit den beiden für das deutsche Reich wichtigsten Bewegungen: nach außen war dies der Abfall der Niederlande, nach innen die zunehmende Glaubenszwietracht. Die Zustände am Niederrhein waren überaus traurige, und was sich hier zutrug, stand im Vordergrunde des Interesses für das ganze Reich. Obgleich aber auf allen Reichstagen von der Verwüstung des niederrheinisch-westfälischen Kreises die Rede war, zeigte sich das politisch zerklüftete Reich doch nicht geneigt, für denselben einzutreten. Mit eigener Kraft die Verteidigung gegen Spanier und Niederländer allein zu führen, war diesem Kreise natürlich nicht möglich, und so geriet derselbe an die Grenze äußerster Erschöpfung. Die von seiten des Reiches bewiesene Indolenz rächte sich durch empfindliche Stockungen im Handelsverkehr. Gerade in dieser Zeit hätten unsere Lande eines thatkräftigen und geistesstarken Fürsten bedurft, und gerade jetzt war es der Mißregierung eigensüchtiger Räte preisgegeben!

Schon früher waren durch die Truppen der spanischen Statthalter der Niederlande häufig Neutralitätsverletzungen unserer Gebiete vorgekommen. Auf Antrieb Spaniens hatte sogar Kaiser Rudolf II. im Jahre 1583 unserm Herzoge Wilhelm und seinem Sohne Johann Wilhelm verboten, die Hülfe evangelischer Fürsten zur Vertreibung solcher Horden anzunehmen. Es war eben in jeder Beziehung darauf abgesehen, die Landesbewohner zum Katholizismus zurückzuführen. Mit den Spaniern zog die katholische Reaktion in unsere Gebiete ein; „die politische Macht gebot über die Gewissen, und diese Herrschaft, die sich mit dem gleißnerischen Gewande der Rechtgläubigkeit zu umhüllen wußte, diente doch einzig und allein dem politischen Zweck.‟

Im Jahre 1597 klagten beispielsweise die Einwohner von Huckingen, Mündelheim, Serm, Reinheim, Bockum, Witlaer und Calkum im Amte Angermund beim Herzog, daß sie „diesen Nachsommer zum vierten Male mit schwerem Kriege überzogen worden seien, so daß ihnen alles Getreide samt allen anderen Futtereien, womit sie sich mit Weib und Kindern neben dem Vieh im Winter ernähren müßten, ganz und gar verätzet sei, und bitten, sie für dieses Jahr mit Steuern und Zinsen zu verschonen[134])‟.

Den höchsten Gipfel erreichte das Kriegselend, als im Jahre 1598 der Admiral (Almirante) von Arragon, Don Francisco de Mendoza, mit einem Heere von 24000 Mann heranrückte, um die nördlichen niederländischen Provinzen, welche den Erzherzog Albrecht nicht als ihren Fürsten anerkennen wollten, zu züchtigen. Mendoza ging im September bei Orson über den Rhein, nahm das Clevische ein, zog dann nach dem Stift Münster, der Grafschaft Mark, dem Herzogtum Berg und legte darauf seine Truppen im Clevischen in die Winterquartiere. Die schlecht bisziplinierten Soldaten verübten unmenschliche Greuel. Die Protestanten sollten mit grausamer Gewalt zum Katholizismus gezwungen werden; wie erzählt wird, hingen die Spanier sie an Händen und Füßen auf, ließen ihnen die Füße abbrennen u. s. w.[135]) Auch der Graf Wirich von Dhaun wurde, obgleich er ihnen sein Schloß Broich übergeben und freies Geleit vom Feldherrn erlangt hatte[136]), von den wortbrüchigen Spaniern ermordet und die Besatzung getötet.

Im Mai 1599 rückte Mendoza gegen Moritz von Oranien und mußte den deutschen Boden räumen. Truppendurchzüge, Einquartierungen und Plünderungen aber dauerten noch fort.

7. Die zweite Ehe des Herzogs.

Johann Wilhelm hatte sich seit Oktober 1595, still vegitierend, aber zeitweise in Tobsucht fallend, mit seiner Schwester auf dem Schlosse Hambach befunden. Um ihn wieder verheiraten zu können, versuchte man auf alle Weise seine Wiederherstellung zu bewirken, und zwar durch die unsinnigsten Mittel, durch Geheimmittel und Wunderkuren; insbesondere aber quälte man den armen Fürsten mit Teufelsbeschwörungen, welche von Jesuiten im Geschmack ihrer Zeit mit allem Ernst vorgenommen wurden. Im Herbst 1597, nach dem Tode Jakobens, behauptete man, er sei genesen, und Sibille erschien wieder öffentlich mit ihm, ihn als Ehrendame begleitend; ja, man trieb die Gaukelei so weit, das Schauspiel einer Huldigung mit ihm aufzuführen, über deren Hergang in Wesel am 25. bis 27. Juni 1598 uns ein genauer Bericht[137]) erhalten ist. Man wollte dadurch beweisen, daß Johann Wilhelm seiner Gedanken und Handlungen mächtig, also zu einer neuen Ehe wohl befähigt sei, um von den Unterthanen, indem man in ihnen täuschende Hoffnungen erregte, möglichst viel zu erhalten.

Am 21. April 1598 richtete Johann Wilhelm ein Gesuch an Kaiser Rudolf um Einwilligung und Unterstützung zu der beabsichtigten Heirat mit der Herzogin Antoinette von Lothringen[138]), in welchem es u. a. heißt: „Ich habe mit ihnen (den Räten) beraten und gefunden, daß mein Vater vor meiner ersten Heirat „zu dem fürstlichen hause Lothringen ganz geneigt gesinnet gewesen, . . . wie dan auch dasselb freulein Anthonette, derhalben der zeit handlung gepflegt, noch dißmale im freien lebigen stand sich verhalten thuet‘. Ich habe deshalb fünf Räte . . . und meinen Leibarzt (Galenus Weyer) nach Lothringen geschickt und insgeheim alle Sachen erkundigen lassen. Aus ihrer einmütigen Relation habe ich vernommen, ‚daß gedachtes furstlich freulein der erziehung, tugent, verstants, gueten lebens, auch leibs- gesund- und geschaffenheit halben dermaßen bei jedermann gepriesen und geruemet, das ich es endlich davor achten und halten musse, da mir dieselbe zur gemalin von dem Almechtigen beschert, das solches . . . mir, meinen landen und underthanen zur ehr und wolstand gedeien wurde.“ Am 8. Juli ließ der Fürst auf der Tagfahrt zu Cleve der Ritterschaft und den Landständen eröffnen[139]), daß man „auff die durchlauchtige hochgeborne Fürstin und Fräulein Anthonina Lorreine gedacht, daß Fräulein Antonia tugendsam, friedliebend und von Leib wohlgestaltet wäre, und daß Kaiserl. Majestät solches nicht allein geraten, sondern auch ihrer f. Gnaden dazu Glück gewünschet.“ Die Stände gingen indes nicht sofort auf die Absichten der Räte ein, da diese bedeutende Geldsummen verlangten, unter denen sich auch die außerordentlichen Kosten für die letzte Kur des Herzogs durch einen „englischen Medicum“ befanden, dem Unsummen versprochen waren in einer Zeit, wo im Hofhalt Dürftigkeit herrschte und die Spanier das Land ausraubten.

Die Vermählung Johann Wilhelms mit Antoinette von Lothringen fand daher erst am 20. Juni 1599 statt.

8. Herzogin Antoinette als Mitregentin.

Antoinette war eine tugendhafte Fürstin, von männlicher Festigkeit, ehrgeizig wie Jakobe, aber ‹eine viel ehrbarere Natur, viel durchgreifender, klüger und in jeder Hinsicht bedeutender als diese. Sie setzte es durch, daß sie im Jahre 1600 als Mitregentin anerkannt wurde. Sie machte auch mit Schenkern, der noch immer Befehlshaber in Jülich war, kurzen Prozeß; plötzlich erschien sie mit Truppen vor der Festung, entzog Schenkern den Befehl und nötigte ihn, das Land zu verlassen und nach Köln zu flüchten. Ein gegen ihn eingeleiteter Prozeß kam jedoch nicht zum Austrage, weil er an das Reichskammergericht in Speyer apellierte.

Eine schlimmere Lage als die unserer Lande ist kaum denkbar. Im Innern religiöse Zwietracht und politische Intriguen, an der Grenze die Kämpfe der Spanier und Niederländer, an der Spitze ein blödsinniger Fürst, für welchen zu regieren unredliche Räte sich gewöhnt hatten, dabei gänzliche Zerrüttung der Finanzen und gänzliche Machtlosigkeit, um die Neutralität zu schützen, blieb dem Volke nichts übrig, als geduldig die ihm auferlegten Lasten zu tragen. Außerdem melden die in dieser Zeit ergangenen Verordnungen[140] von der wegen streifender Rotten ꝛc. im Lande herrschenden Unsicherheit, der Türkengefahr, der Pest u. s. w. Bei alledem befürchtete man noch einen Überfall des Herzogs von Nivers, der wegen seiner vermeintlichen Ansprüche sich der Lande bemächtigen wolle, weshalb durch einen Erlaß vom 11. Oktober 1604 verboten wurde, bei demselben in Kriegsdienst zu treten.

Die im Jahre 1601 erfolgte Vermählung der Herzogin Sibille war auch nicht geeignet, Beruhigung zu erwecken, denn es kam durch dieselbe ein neuer „Interessent" hinzu, der noch dazu katholisch und mit dem Kaiserhause nahe verwandt war; der Gemahl Sibillens war nämlich der Markgraf von Burgau, Karl von Österreich, der Sohn des Erzherzogs Ferdinand und der schönen Philippine Welser.

Die Kriegszüge dauerten fort bis 1609, wo endlich zwischen Spanien und der nunmehrigen Republik der vereinigten Niederlande ein zwölfjähriger Waffenstillstand geschlossen wurde. Im Jahre 1609 erschien General Bucquoy mit neuem spanischem Kriegsvolk, lagerte eine Zeitlang bei Deutz und marschierte dann nach Kaiserswerth, Mülheim a. d. Ruhr, Ruhrort u. s. w.

Antoinette suchte, soweit das eben in ihren Kräften stand, den Landen wieder aufzuhelfen, sie schrieb[141] an die Herzogin Elisabeth von Bayern: „Was aber mich bedreffe, well und werd ich alzeit under der jenigen zal sein, die das hail und wolfart dieser land begeren." Aber kaum war unter ihrer Regentschaft in den inneren Verwaltungszuständen wenigstens einige Besserung fühlbar geworden, als der Tod ihres geisteskranken Gemahls sie zur Rückkehr in die Heimat nötigte. Der Zustand desselben hatte sich trotz aller angewandten Exorcismen[142] stets verschlechtert.

9. Der Tod des Herzogs Johann Wilhelm I.

Es war am 25. März des Jahres 1609; zu Düsseldorf ertönten die Sterbeglocken, und vom Schlosse aus durchlief eine ernste Kunde die Stadt, welche geeignet war, die Gemüter in nicht geringe Bewegung zu setzen: Herzog Johann Wilhelm war nicht mehr! Mit ihm war nicht bloß ein Einzelner dem Tode zum Opfer gefallen, sondern ein ganzes Herrschergeschlecht, welches von Jahrhundert zu Jahrhundert immer mächtiger und bedeutender geworden war, von der Bühne der Weltgeschichte abgetreten.

Des Herzogs Tod hätte kaum in eine schlimmere Zeit fallen können; aber war auch des Landes Zustand schon seit dreißig Jahren ein sehr beklagenswerter gewesen, so entstanden nun doch noch größere Wirrnisse, denn es entbrannte der berüchtigte Erfolgstreit, dessen Verlauf wir weiterhin zu betrachten haben.

Neuntes Buch.

Die Zeit des Erbfolgestreites.

Vom Tode Johann Wilhelms I.
bis zum Beginn der Regentschaft Johann Wilhelms II.
1609—1679.

1. Die Bedeutung des Erbfolgestreites.

Der durch den Tod Johann Wilhelms hervorgerufene Erbfolgestreit gehörte zu den wichtigsten deutschen Angelegenheiten;
in ihm warf der dreißigjährige Krieg seine Schatten schon voraus,
und dabei war er noch von längerer Dauer als dieser. Man
kann wohl sagen, daß er lange vor dem Erlöschen des Regenten-
hauses schon seit Jahrzehnten nicht nur die deutsche, sondern sogar
die europäische Politik beschäftigt hatte. Die erledigten Territorien
betrachtete man als groß und wichtig genug, um ein Königreich
zu bilden. In einem großen Teile derselben hatte der Protestantismus festen Fuß gefaßt und konnte auch, als die katholische
Partei am Hofe wieder die Überhand gewann, nicht unterdrückt
werden. Zwei lutherische Fürsten waren die nächsten Erbberechtigten;
gelang es diesen, ihre Ansprüche zur Geltung zu bringen, so mußte
die Reformation sich immer weiter ausbreiten, der Katholizismus
im Kurfürstentum Köln war bedroht und namentlich die Einheit
des Glaubens und der Besitz der spanischen Niederlande gefährdet.
Spanien und der Kaiser ließen daher kein Mittel unversucht, um
die erledigten Lande womöglich für das Haus Habsburg zu gewinnen. Diesen Plänen arbeiteten aber die aufständischen niederländischen Nordprovinzen, sowie Frankreich und England mit allen
Kräften entgegen und suchten zunächst die erbberechtigten Fürsten
von Brandenburg und Pfalzneuburg zu vereinigen. Dies gelang
auch; beide nahmen mit Unterstützung des Königs von Frankreich
die Lande gemeinschaftlich in Besitz[1]).

2. Würdigung der Erbansprüche.

Als Prätendenten treten folgende Fürsten auf: 1. der Kurfürst Johann Sigismund von Brandenburg im Namen seiner Gemahlin Anna; diese war die älteste Tochter der ältesten Schwester Johann Wilhelms, Maria Eleonora, Herzogin in Preußen. 2. Pfalzgraf Philipp Ludwig von Neuburg, Gemahl der zweiten Schwester des verstorbenen Herzogs, Anna. 3. Der Pfalzgraf Johann von Zweibrücken, der Gemahl der dritten Schwester Magdalena. 4. Karl von Oesterreich, Markgraf von Burgau, Gemahl der jüngsten Schwester Sibilla. 5. Die Fürsten der Albertinischen und Ernestinischen Linie des Hauses Sachsen. 6. Der Herzog von Nevers, der Herzog von Bouillon und noch andere.

Karl V. hatte, wie wir wissen, durch das Privilegium Successionis vom 19. Juli 1546 der weiblichen Linie das Thronfolgerecht von neuem zugesprochen, und dieses Erbgrundgesetz war von Ferdinand I. am 21. Januar 1559, von Maximilian II. am 21. April 1566 bestätigt worden[2]). Ferner war bei der Vermählung Maria Eleonorens mit Albrecht Friedrich im Ehevertrage festgesetzt worden, daß sie, nach Aussterben der männlichen Linie, die väterlichen Lande für sich und ihre Leibeserben empfangen solle, indem es wörtlich hieß[3]): „alsdann sollen unsere Fürstenthumbe rc. an gedachte unsere eheliche Tochter..., unseres zukünftigen Eidams Herzog Albrecht Friederichs Gemahel, und ihrer beyder L. Erben... kommen und geerbet sein." Im Ehekontrakt, welcher vom 14. Dezember 1572 datiert ist, war weiter noch bestimmt worden, daß sie die alleinige Erbin sein solle, und nur ihrer jüngeren Schwester eine Abfindungssumme zu zahlen habe. Diesen Bestimmungen gemäß hatte auch die zweite Schwester, Anna, 1574 bei ihrer Vermählung mit dem Pfalzgrafen von Neuburg erklärt[4]), mit der Entschädigungssumme zufrieden zu sein, und sich, so lange Maria Eleonora und deren eheliche Erben am Leben seien, jedes weiteren Anspruchs auf die Erblande begeben. Mithin lag die Sache bis dahin klar: Maria Eleonora und ihre Erben waren die nächsten Erbberechtigten, sobald der Mannesstamm ausstarb. Maria Eleonora war 1608 gestorben, also war ihre Tochter Anna, die Gemahlin Johann Sigismunds, rechtlich die Erbin der Mutter.

Anna, die Gemahlin des Pfalzgrafen von Neuburg, berief sich auf den Wortlaut des Erbgesetzes, wonach die Lande den Töchtern und ihren männlichen Leibeserben verliehen werden sollten; es komme also die ganze Erbschaft nicht der Tochter ihrer Schwester Maria Eleonora zu, sondern ihrem eigenen Sohne Wolfgang Wilhelm.

Magdalena, die Gemahlin des Pfalzgrafen von Zweibrücken, machte geltend, in dem Privilegium heiße es, die Lande sollten übergehen an Herzog Wilhelms eheliche „Töchter", mithin müsse eine gleichmäßige Erbberechtigung aller Töchter, also Teilung der Lande eintreten.

So erhoben sich also drei einander entgegenstehende Ansprüche: Brandenburg verlangte die Herzogtümer kraft des Erbrechtes der Maria Eleonora, welches auf ihre Tochter Anna übergegangen sei, Neuburg wegen der Bestimmung, daß die männlichen Nachkommen der Töchter erbberechtigt sein sollten; Zweibrücken dagegen verlangte, daß Neuburg mit ihm teile.

Auf den Ausdruck „männliche Leibeserben" konnte kein Gewicht gelegt werden, weil es offenbar nur eine Ungenauigkeit war und der Heiratsvertrag der Maria Eleonora immer nur von „Erben" sprach; zudem hatte Anna mit ihrem Gemahl Philipp Ludwig den oben erwähnten Verzicht geleistet, den dieser später nicht mehr gelten lassen wollte, wozu er aber nicht das Recht hatte.

Was ferner den Ausdruck „die Töchter" anbelangt, so hatte dieser nur den Sinn, daß zunächst die älteste und ihre Erben, dann die zweite und deren Nachkommen, und erst nach Aussterben dieser beiden Linien die dritte Tochter mit ihrer Descendenz erbberechtigt sein sollten. Es war dies auch ausdrücklich wiederholt worden, als Pfalzgraf Johann von Zweibrücken vor seiner Vermählung einen gleichen Verzicht ausgestellt hatte, wie Philipp Ludwig[5]); Johann hatte allerdings 1581 einen anderslautenden Verzicht ausgestellt, der sich aber rechtlich nicht begründen ließ. Die Forderung auf Teilung der Lande war mithin haltlos; es sprach dagegen auch, daß der Unionsvertrag von 1496 durch die Bestätigung der Kaiser zum Gesetz geworden war.

Neuburg machte geltend: 1. weil Maria Eleonora vor Erledigung der Erbfolge gestorben, deren Erbrecht also verfallen sei, so könne dasselbe nicht auf ihre Tochter übergehen, vielmehr müsse nun die zweite Tochter Anna als älteste betrachtet werden, da sie

als Schwester Johann Wilhelms näher stehe als die Schwester=
tochter; 2. der Sohn der zweiten Tochter habe vor den Töchtern
oder weiblichen Nachkommen der ältesten das Vorrecht. Gegen
beide Punkte sprachen sowohl die Rechtsgrundsätze, als auch die
Eheverträge.

Burgau ging so weit, zu behaupten, daß selbst ein Sohn der
Herzogin Maria Eleonora nicht zur Succession zugelassen werden
dürfte, so lange noch eine von den Töchtern Herzog Wilhelms am
Leben wäre, eine Ausführung, die sich nach dem oben Gesagten
von selbst widerlegt.

Von den Ansprüchen des Hauses Sachsen konnte nach dem
Erlaß des Privilegs von 1546 und der Bestätigungen desselben
ernstlich nicht mehr die Rede sein, derjenigen anderer nicht zu
gedenken.

Die Ansicht von der Alleinberechtigung Brandenburgs wurde
damals auch in maßgebenden Kreisen geteilt, wie dies u. a. eine
Schrift beweist, welche die Disposition zu dem Verfahren des Kaisers
enthält und gleichsam als das Programm der Politik des Hauses
Habsburg=Österreich angesehen werden kann; ihr Titel lautet:
„Discours und Bedenken des Kaiserlichen Vice=Kanzlers
Lippold von Strahlendorff über die Jülich'schen Fürstentümer
und Lande, von ihm selbst gemacht, 1609." Der Verfasser spricht
es in Beantwortung der Frage: „Wie das Erzhaus Österreich zum
Besitze der Jülich= und Clevischen Lande füglich gelangen könne?"
— ganz unverhohlen aus: „Über dies alles siehet man schier nicht,
wie dieser Sache zu remedieren sein will, denn die Befugnis der
Jülich'schen Succession auf der Seite so groß, daß kein Recht sein
noch erdacht werden, kein Schein ersehen noch erfunden werden, ja
fast kein Mittel kann vorgeschlagen, dadurch in Wege zu bringen,
daß Brandenburg nicht solle dabei gelassen werden." Dennoch
kommt der Kanzler zu dem Schluß, „daß Kaiserl. Majestät mit
Grunde und Fug dem Brandenburger die Fürstentume, deren
obgedacht, abstricken könne".

3. Der Vergleich zu Dortmund.

Schon am 11. Juli 1604 hatte Johann Sigismund,
damals noch Kurprinz, einen Edelmann aus dem Clevischen, den
„Brandenburgischen Rat und Diener" Stephan von Hertefeldt
zum Rolde, mit Vollmacht versehen, „sonderlich nach göttlichem

Abfall" des Herzogs Johann Wilhelm „Ihrer Fürstl. Durchlaucht habende Interessen zu den letztgedachten Landen in Achtung zu nehmen, deroselben wirkliche possession zu apprehendiren und hierinnen ferner alle nothurst zu verrichten". Als nun der Todesfall eintrat, ging Hertefeldt am 4. April an das Werk der Besitzergreifung, welches später durch Konrad von Brynen fortgesetzt wurde.

Wolfgang Wilhelm hatte sich auf die Nachricht von dem Ableben Johann Wilhelms zu gleichem Zwecke sofort in Person auf den Weg gemacht; er traf in der Nacht vom 5. zum 6. April in Düsseldorf, wo zu seinem Erstaunen die Besitzergreifung von seiten Brandenburgs bereits vollzogen war, ein. Die gerade zum Landtage versammelten Stände bewogen ihn, seinen Aufenthalt nicht in Düsseldorf, sondern auf dem Schlosse Benrath zu nehmen. Von dort aus erließ er einen Protest gegen die Besitzergreifung durch Brandenburg. Wie das Wappen von Brandenburg, so wurde jetzt auch das Wappen von Pfalz=Neuburg an die „Bergerporz" angeschlagen. Die Verwirrung wurde noch dadurch vergrößert, daß auch der Kurfürst von Köln sein Wappen anschlagen ließ.

Die Räte befanden sich in der größten Verlegenheit. Schon am 2. April hatte der Kaiser ein Mandat erlassen, in welchem der Regierung zu Düsseldorf aufgegeben war, „die Verwaltung in des Kaisers Namen bis zu seiner anderen Verordnung fortzusetzen und bei namhafter Strafe keine Neuerung noch Änderung zu ge= statten". Unter dem 5. Mai erhielten die von früher her noch anwesenden kaiserlichen Kommissarien neue Instruktionen, um gegen alle Schritte irgend eines Interessenten zu protestieren, und unter dem 24. Mai noch ein verschärftes Mandat.

Als kurbrandenburgischer Bevollmächtigter war inzwischen Markgraf Ernst eingetroffen, Bruder des Kurfürsten Johann Sigismund. Die gemeinsame Gefahr einigte die beiden Statthalter. Die neuen Befehle des Kaisers mußten ihnen die Augen öffnen und sie zu der Einsicht bringen, daß Zwietracht unter sich nur dazu dienen werde, des Kaisers Absichten zu fördern.

Am 31. Mai 1609 wurde zwischen beiden Fürsten der Ver= gleich zu Dortmund abgeschlossen. Sie beschlossen, „als nahe Verwandte und Blutsfreunde sich mit einander freundlich zu be= gehen und gegen alle anderen Ansprüche zur Erhaltung der Lande gemeinschaftliche Sache zu machen; innerhalb der nächsten vier Monate wollten sie alles besten und möglichsten Fleißes bedenken,

förbern und anstellen lassen, was den rechten Erben des Landes,
wie auch den Unterthanen zu gute kommen und gereichen möge 2c.".
— Der Landgraf Moritz von Hessen war bei den Verhandlungen
zugegen. Pfalzgraf Johann von Zweibrücken erklärte sich unter
dem 29. Juni mit dem Vergleiche einverstanden, der die Rechte
keines der Prätenbenten präjudizieren solle.

4. Die Übernahme der Regierung durch die Possebierenden.

Wolfgang Wilhelm und Ernst begaben sich nun nach Düssel=
dorf, um in Ausführung des Vertrages die Regierung der Herzog=
tümer förmlich zu übernehmen. Die Ansichten der Stände gingen
auseinander. Die jülich'sche Ritterschaft und die Räte erklärten
sich entschieden gegen die Aufnahme; die Stadt dagegen war eben
so entschieden für die Aufnahme, und auf ihre Seite trat auch die
bergische Ritterschaft. „Unter großem Frohlocken des gemeinen
Manns" zogen nun Pfalzgraf Wolfgang Wilhelm und Markgraf
Ernst mit zahlreichem Gefolge in die Stadt Düsseldorf am 16. Juni
ein, von den bergischen Landständen auf dem Schloßhofe feierlich
empfangen. Die jülich'schen wollten sich entfernen; aber die Bürger=
schaft versperrte ihnen die Thore. Nur der Herr von Neuschenberg
entkam zu Fuß und „ungestiefelt!"; er war Amtmann von Jülich,
eilte borthin, verschloß die Thore der Festung und erklärte, sie im
Namen des Kaisers festhalten zu wollen. — Der Magistrat von
Düsseldorf bat nach geleisteter Huldigung um Bestätigung der Privi=
legien und trug den beiden Fürsten eine Reihe von Wünschen vor,
u. a. wegen Wiedererrichtung der Monheimschen Schule⁶).

Der alte Landtag war auseinander gegangen; sogleich wurde
ein neuer ausgeschrieben. Am 3. Juli 1609 trat der jülich=bergische
Landtag zu Düsseldorf zusammen. Die beiden Statthalter, die
Possebierenden, wie sie sich nun im Gegensatz zu den Prä=
tenbierenden nannten, machten den Ständen wichtige Zusagen⁷),
u. a. die nicht hoch genug zu schätzen, in religiöser Hinsicht Parität
üben zu wollen. Der Verlauf der Verhandlungen, welche am
21. Juli beendigt wurden, war indes kein günstiger. In einem
Punkte: „Abfindung der fürstlichen Witwe", wurde jedoch eine
Einigung erzielt. Herzogin Antoinette befand sich nämlich noch
in Düsseldorf; am 20. Juli verließ sie die Stadt mit ihrem Bruder,
dem Grafen von Vaudemont. Wenn es wahr ist, was berichtet

wird, so ist ihr der Abschied nicht sehr schwer geworden: „Sie hat gesackt und gepackt und nicht gewartet auf ihres Herrn seligen Begräbnis, sondern denselben unbegraben stehen lassen. Sie ist doch im Abzug zuvor auf die Kapelle gegangen, hat ihre Andacht verrichtet, aber keine Thräne fallen lassen." Des Herzogs Leiche war nämlich als Symbol fortgesetzten Besitzes noch nicht begraben; der Landtag sollte das Begräbnis anordnen, es geschah aber erst später. Antoinette starb schon am 18. August 1610 in ihrer Vaterstadt Nancy.

5. Die völlige Besitznahme der Lande durch die Possedierenden.

Kaiser Rudolf war im höchsten Grade aufgebracht über den Vergleich zu Dortmund und die Huldigung zu Düsseldorf, denn diese Vorgänge bekundeten nicht nur eine offenbare Nichtachtung seiner Autorität, sondern durchkreuzten auch alle seine Pläne. Sein Zorn wurde noch gesteigert, als König Heinrich IV. von Frankreich sich in die Sache mischte; derselbe ermahnte die Stände wiederholt, einig zu bleiben, und gab ihnen die Versicherung, sie könnten allezeit auf seinen Schutz rechnen.

Der Kaiser sandte seinen Vetter, Erzherzog Leopold, Bischof von Straßburg und Passau, mit dem Auftrage, in seinem Namen die Lande in Sequester zu nehmen. Leopold begab sich heimlich nach Jülich, wo ihm Neuschenberg die Thore öffnete, und proklamierte von hier aus mehrere Mandate, das erste am 7., das zweite am 11. Juli, jedoch mit geringem Erfolge. Ernst und Wolfgang Wilhelm hatten Truppen anwerben lassen, welche in das Herzogtum Jülich einrückten und viele Orte besetzten. Doch war der Monat September herangekommen, ohne daß wirkliche Feindseligkeiten stattgefunden hatten; nur einzelne Scharmützel waren vorgefallen. Die Lage wurde indes immer bedrohlicher. Am 28. September erließ Erzherzog Leopold eine Protestation gegen die von den Fürsten Ernst und Wolfgang Wilhelm wider den kaiserlichen Befehl vorgenommene Besitzergreifung dieser Lande; Kassation der von ihnen erpreßten Huldigung und ihrer gewaltsamen Anmaßung der Hoheits- und anderer Rechte, nebst Befehl an die Unterthanen, bei Vermeidung schwerer Strafen, nur der reichsgesetzlichen Landesregierung Folge zu leisten[8]).

Im Laufe des Monats November ergingen geschärfte kaiserliche Mandate[9]) in gleichem Sinne, sogar unter Androhung der

Reichsacht. Ernst und Wolgang Wilhelm achteten entweder gar nicht darauf, oder erließen Gegenmandate, so u. a. am 9. Dezember ein Verbot an die Unterthanen, die von dem kaiserlichen Kommissarius (d. i. Erzherzog Leopold) ausgeschriebenen Steuern und Kontributionen zu zahlen, mit dem Befehl, die Erheber derselben gefänglich einzuziehen [10]). Außerdem suchten sich die possedierenden Fürsten durch Verbindungen nach außen zu stärken und unternahmen in dieser Hinsicht fortgesetzt erfolgreiche Bemühungen in Paris und im Haag.

Graf Johann von Nassau inspizierte mit mehreren Ingenieuren die Städte und festen Orte im Bergischen, ließ je nach Befund die Befestigungen verstärken und zur Sicherung der Rheinübergänge Schanzen anlegen. Die Feindseligkeiten zwischen den Truppen der Possedierenden und des Erzherzogs Leopold führten am 19. Dezember zu einem ernstlicheren Zusammenstoß zu Düren, wohin Wolfgang Wilhelm selbst geeilt war; die Stadt gelangte in den Besitz der Fürstlichen. Überhaupt war Erzherzog Leopold am Schluße des Jahres 1609 auf die Festung Jülich und einige andere feste Punkte beschränkt.

Die am 4. Mai 1608 geschlossene protestantische Union stellte sich auf die Seite der Possedierenden, während die am 10. Juli 1609 gebildete katholische Liga die gegenteiligen Interessen vertrat und sich für das Haus Sachsen erklärte. Die Union faßte 1610 den wichtigen Beschluß, sich auch thätlich der Sache der possedierenden Fürsten anzunehmen, und bildete zur Durchführung dieses Beschlusses ein Kriegsheer. Zudem wurde unter dem 11. Februar 1610 ein Bündnis mit Heinrich IV. abgeschlossen, und dieser machte sich außer der Zusage von Truppen und Geld verbindlich, den Kaiser zur Zurücknahme der ausgesprochenen Sequestration zu bewegen, sowie die Generalstaaten in das Bündnis hineinzuziehen. Diese gingen auch, da Brandenburg und Neuburg bereits am 25. April 1605 mit Moritz von Nassau-Oranien einen Subsidientraktat geschlossen hatten, bereitwillig darauf ein. Die Unierten bemühten sich nun auf das eifrigste, die Heranziehung der niederländischen und französischen Hülfstruppen zu beschleunigen.

Gerade in dieser kritischen Zeit, am 14. Mai 1610, fiel Heinrich IV. durch Mörderhand. Die Possedierenden schickten einen Gesandten nach Paris, um dort zu kondolieren und zugleich für ihr Interesse zu wirken. Diese Bemühungen hatten auch den Erfolg, daß die unter dem Marschall be la Châtre auf Befehl des ermordeten Königs bereits an der Grenze versammelten Truppen die Weisung erhielten, sich zum Marsch nach Jülich bereit zu halten.

Moritz von Oranien hatte seinen Truppen Schenkenschanz zum Sammelplatze angewiesen, und von allen Seiten zogen dieselben nun dorthin. Wolfgang Wilhelm und Ernst begaben sich mit großem Gefolge ins Lager nach Neuß zum Besuche des Prinzen Moritz, der ihnen zu Ehren eine große Heerschau veranstaltete; am 26. Juli kam derselbe nach Düsseldorf. Am 28. Juli langten die Truppen vor Jülich an, und es wurde schon in der Nacht zum 29. mit den Belagerungsarbeiten begonnen; am 19. August erst trafen die Franzosen ein. Erzherzog Leopold hatte die Festung bereits verlassen; Reuschenberg mußte allein die Verteidigung führen. Es blieb ihm schließlich nichts übrig, als zu kapitulieren; am 1. September 1610 wurde die Kapitulation beiderseits unterzeichnet.

Die Fürsten sprachen dem Prinzen Moritz ihren Dank aus; die Truppen zogen ab. Am 3. September kapitulierte auch die Besatzung des Schlosses Bredenbend, und die Possedierenden waren nun gänzlich Herren im Lande.

6. Versuche zur friedlichen Ausgleichung.

Während Brandenburg und Neuburg sich in Besitz der Länder gesetzt hatten, war Sachsen auch nicht unthätig geblieben, sondern hatte sogar am 7. Juli vom Kaiser die Belehnung erhalten.

Im September 1610 kamen Bevollmächtigte aller Beteiligten in Köln zu einer vom Kaiser ausgeschriebenen Konferenz zusammen, gingen aber im November ohne Erfolg wieder auseinander. Die protestantischen Reichsfürsten hatten hierdurch Gelegenheit gehabt, ihre Gegner kennen zu lernen und einzusehen, daß nur festes Zusammenhalten sie gegen die Liga schützen könne. In diesem Sinne waren sie nun auch darauf bedacht, das protestantische Sachsen auf ihre Seite zu bringen, und veranstalteten deshalb eine neue Zusammenkunft zu Jüterbogk. Nach vielfachen Verhandlungen kam dort am 18. März 1611 ein Vergleich zu stande, wonach Sachsen, Brandenburg und Pfalz-Neuburg die streitigen Lande in gesamtem Namen ungeteilt besitzen und regieren sollten. Der Vertrag kam aber nicht zur Ausführung, da Pfalz-Neuburg, welches überhaupt an den Verhandlungen nicht teilgenommen hatte, seine Zustimmung versagte; ja am 29. Dezember erging von Cleve aus[11]) eine

Warnung vor den kursächsischen Abgeordneten, welche infolge des biesseits nicht approbierten, vom Kaiser aber mutmaßlich genehmigten Jüterbogk'schen Vergleiches das Land in Besitz und Pflicht nehmen möchten. Auch ein neuer Versuch zur friedlichen Ausgleichung auf einer vom Kaiser angeordneten Konferenz zu Erfurt blieb ohne Resultat, und so war, als Rudolf II. am 10. Januar 1612 starb, der Erbfolgestreit noch um keinen Schritt seiner Erledigung näher gerückt.

7. Einmütiges Zusammenwirken der Landesherren.

Weil beide Landesherren protestantisch waren, schien für die Evangelischen der vereinigten Lande eine bessere Zeit zu kommen. Der frühere Druck hörte auf, aus den heimlichen Gemeinden wurden nun öffentliche, und es bildeten sich auch viele neue Gemeinden. Eine hervorragende Wirksamkeit zur weiteren Ausbreitung der Reformation entfaltete in dieser Zeit der Hofprediger des Kurfürsten Friedrich V. von der Pfalz, Abraham Scultetus, der in Begleitung des Fürsten Christian von Anhalt in unsere Lande kam. Er befand sich auch auf der ersten Generalsynode der Reformierten, welche am 7., 8. und 9. September 1610 zu Duisburg stattfand. Den Beschlüssen derselben zufolge traten nun auch Provinzial- und Klassensynoden ins Leben. Die erste Provinzialsynode im Bergischen wurde 1610 zu Elberfeld gehalten. Auf der vierten, welche 1611 zu Düsseldorf stattfand, wurde die Provinz in vier Klassen eingeteilt, nämlich in die Elber-felder Klasse mit 12 Gemeinden, die Solinger mit 10, die Düssel-dorfer mit 13 und die Mülheimer oder Oberbergische Klasse auch mit 13 Gemeinden. So begründeten die niederrheinischen Refor-mierten, die bis dahin eine Klasse der niederländischen Generalsynode gebildet hatten, bereits eine allgemeine Verbindung unter sich nebst einer zweckmäßigen Einteilung; die Lutheraner folgten ihnen darin erst im nächsten Jahrhundert. Letztere wurden indes von Wolfgang Wilhelm offenbar begünstigt. Zur Stärkung des lutherischen Elements berief er am 16. September 1612 eine Synode nach Dinslaken[13]). Markgraf Ernst neigte sich dagegen den Reformierten zu. Die Evangelischen des Bergischen Landes hatten sich überhaupt nur kurze Zeit der Gunst ihrer Fürsten zu erfreuen; schon die nächsten Jahre führten einen vollständigen Umschwung in dieser Beziehung herbei.

In der Zeit des einmütigen Zusammenwirkens der beiden Possidenten wurde Elberfeld zur Stadt erhoben.

Am 10. August 1610 erteilten Markgraf Ernst und Pfalzgraf Wolfgang Wilhelm dem Rat der Freiheit Elberfeld ein Privilegium zur Erhebung von Weg= und Standgeld, wie es die anderen Bergischen Unterstädte besaßen, um aus dem Ertrag die Befestigung des Ortes herzustellen. Die darüber ausgestellte Urkunde sieht man als diejenige an, wodurch dem Orte Stadtrecht verliehen worden sei. Freilich war das Privilegium nur auf 12 Jahre bewilligt, und in der Urkunde selbst wird Elberfeld überall Freiheit genannt. Allein man muß es gleich damals auch von seiten der Landesherrschaft so angesehen haben, als ob Elberfeld dadurch Stadt geworden sei. Denn in der von Wolfgang Wilhelm 1623 ausgestellten Urkunde, welche das Privilegium auf weitere 12 Jahre ausdehnte, wird Elberfeld als Stadt bezeichnet [13]).

Wegen Erweiterung der Freiheit Mülheim am Rhein und Anlage von Befestigungen daselbst, sowie wegen auf dem Rheine errichteter neuer Zölle gerieten beide Fürsten mit der Stadt Köln in Konflikt. Die Kölner machten die Sache beim Reichsgericht anhängig; aber auf das ergangene Urteil wurde von keiner Seite geachtet.

8. Zwiespalt der Possedierenden.

Das friedlich=freundliche Verhältnis der Possedierenden begann allmählich sich zu trüben. Die Generalstaaten mahnten vergebens zur Einigkeit. Kurfürst Johann Sigismund begab sich 1613 selbst an den Rhein, und mit allem Eifer wurde eine gütliche Beilegung der entstandenen Differenzen zu erzielen gesucht. Der Plan einer Vermählung des Pfalzgrafen Wolfgang Wilhelm mit Anna Sophia, der Tochter des Kurfürsten, wurde in Erwägung gezogen. Bei einer Zusammenkunft des Kurfürsten und des Pfalzgrafen im Düsseldorfer Schlosse kam es zwischen beiden zu einem heftigen Wortwechsel, infolgedessen Wolfgang Wilhelm „nach einer erlittenen schweren Beleidigung" sich entfernte [14]), „nicht undeutlich Rache drohend". Nicht lange nachher, im September 1613, starb Markgraf Ernst, und Johann Sigismund ernannte nun seinen ältesten Sohn, den Kurprinzen Georg Wilhelm, zu seinem Stellvertreter in den „westlichen Provinzen", und zwar einseitig, ohne Verständigung mit Neuburg. Wolfgang Wilhelm erblickte darin eine neue Verletzung seiner Rechte und verweigerte die Anerkennung des Kurprinzen als Statthalter Brandenburgs.

Während so die Spannung wuchs, traten noch zwei Ereignisse ein, welche auf den weiteren Verlauf der Dinge den wesentlichsten Einfluß übten. Als infolge der, wenn auch nicht wirklichen, so doch figürlichen Ohrfeige der Bruch mit dem Kurfürsten erfolgt war, und das Projekt der Heirat mit des letzteren Tochter sich zerschlagen hatte, suchte und fand Wolfgang Wilhelm einen neuen Halt in einer ehelichen Verbindung mit einer Prinzessin aus dem stammverwandten bayerischen Hause. Er war schon im April und Mai 1612 in München gewesen und dort durch die Dialektik der Jesuiten in seiner Glaubensüberzeugung wankend gemacht worden; Herzog Maximilian von Bayern wirkte weiter in diesem Sinne auf ihn an, und am 19. Juli 1613 trat er zu München in aller Stille zur katholischen Kirche über [13]). Sein Vater, welcher davon keine Ahnung hatte, warb auf seinen Wunsch im September arglos für ihn um die Tochter des Herzogs Maximilian, Prinzessin Magdalena. Am 10. November fand die Hochzeit statt.

Auch der Kurfürst Johann Sigismund fühlte sich zu einem Wechsel seines religiösen Bekenntnisses veranlaßt. Er bekannte sich zur Augsburgischen Konfession, aber die Intoleranz der Lutheraner gegen die Reformierten war ihm schon längst verhaßt. Da alle seine Versuche zur Versöhnung der beiden Bekenntnisse fehlschlugen, so hielt er einen entscheidenden Schritt seinerseits für nothwendig. Zu Weihnachten 1613 trat er zum reformierten Bekenntnisse über, ebenso der Kurprinz; die Kurfürstin blieb jedoch lutherisch.

Wolfgang Wilhelm kam durch seine Heirat und seinen Übertritt zum Katholizismus in die engsten Beziehungen zu Herzog Maximilian, dem Haupte der Liga, und fand nun natürlich auch die Unterstützung der katholischen Mächte, insbesondere der Spanier; es hat daher den Anschein, als ob sein Glaubenswechsel ebenso sehr durch politische als religiöse Gründe herbeigeführt worden sei. Er selbst gab als ausschlaggebend an seine Überzeugung von der Wahrheit der katholischen Religion, welche er aus dem Buche des Canisius „Summa doctrinae Christianae" geschöpft habe.

Bei Johann Sigismund scheinen ebenfalls politische Motive zu dem Wechsel seines Bekenntnisses mitgewirkt zu haben, denn auch er gewann dadurch mächtige Stützen. In Brandenburg und Preußen verlor er zwar an Popularität, aber in unsern Landen,

wo die Zahl der Reformierten die der Lutheraner bei weitem über=
stieg, gewann er großen Anhang. Da ferner die Mehrzahl der
durch die Union verbundenen Fürsten sich gleichfalls zur reformierten
Lehre bekannte, so bekam er auch da einen neuen gewichtigen An=
halt. Dann aber verschaffte ihm sein Übertritt die unbedingte
Unterstützung der reformierten Generalstaaten, sowie auch der
Engländer.

Jedenfalls wurde die Politik durch die beiderseitigen Glaubens=
wechsel stark beeinflußt, wenn derselbe auch nicht ohne weiteres auf
politische Beweggründe zurückzuführen sein sollte.

9. Wachsende Spannung.

Der Zwiespalt zwischen den beiden Fürsten erweiterte sich
immer mehr, und die Stände sahen mit großer Besorgnis die
Folgen der wachsenden Spannung entgegen. Feindseligkeiten blieben
nicht aus.

Wolfgang Wilhelm war im Januar 1614 mit seiner jungen
Gemahlin nach Düsseldorf gekommen und hatte im Schlosse Residenz
genommen. Der Kurprinz Georg Wilhelm ging aber mit dem
Plane um, sich in den alleinigen Besitz der Stadt zu setzen. In
einer Märznacht erschienen 400 Mann unter dem Oberst von
Schwiegel mit Sturmleitern vor Düsseldorf, um sich desselben durch
Überrumpelung zu bemächtigen. Der Handstreich wurde aber durch
die Wachsamkeit der Posten vereitelt, und als die Bürgerkompanieen
bewaffnet auf den Wällen erschienen, zog das Korps unverrichteter
Sache wieder ab. Nachdem eine Konferenz zu Wesel resultatlos
geblieben war, wurde auf einem Landtage zu Duisburg am 14. Juli
noch einmal eine Verständigung herbeizuführen versucht, aber eben=
falls vergeblich. Die Erbitterung drohte in offenen Kampf aus=
zubrechen. In dieser Voraussicht hatte Wolfgang Wilhelm,
wahrscheinlich um der Sympathie der katholischen Stände sich zu
versichern, am 25. Mai 1614 in der Kollegiatkirche zu Düsseldorf
öffentlich sein katholisches Glaubensbekenntnis abgelegt.
Sein alter Vater, einer der eifrigsten Protestanten, wurde durch
die Nachricht von diesem Schritte seines Sohnes aufs tiefste er=
schüttert; wie man allgemein annahm, starb er aus Kummer darüber
schon im August desselben Jahres.

Es mögen hier einige Bemerkungen über das pfälzische
Haus eingeschaltet sein). Otto von Wittelsbach wurde 1180

mit dem Herzogtum Bayern belehnt; sein Sohn Ludwig erhielt dazu 1214 die Pfalzgrafschaft am Rhein. Es bildete sich nun ein Territorium, welches nach dem Reichsamte der Pfalzgrafschaft den Namen Pfalz erhielt. Die Familie der Wittelsbacher teilte sich in zwei Linien, die der Herzoge von Bayern und die der Pfalzgrafen. Anfangs vereint, trennten sie sich später, und nachdem durch die goldene Bulle der Pfalzgraf, weil er zu Karl IV. hielt, die Kurwürde erhalten hatte, standen sie sich lange schroff gegenüber. Durch die Reformation wurde dieser Gegensatz noch verschärft. Die bayrische Linie gehörte zu den entschiedensten Gegnern der Reformation; die Kurfürsten von der Pfalz und die pfalzgräflichen Nebenlinien wurden ebenso entschiedene Anhänger derselben. Das Kurhaus Pfalz stellte sich an die Spitze der protestantischen Union, während Herzog Maximilian von Bayern die katholische Liga stiftete und zusammenhielt. Eine hervorragende Persönlichkeit des 16. Jahrhunderts war Pfalzgraf Wolfgang, der seit 1544 zur Regierung der drei Ländchen Zweibrücken, Neuburg und Sulzbach gelangte. Er ist durch seine drei Söhne Philipp Ludwig, Johann und Karl der Stammvater der sämtlichen folgenden pfalzgräflichen Linien geworden, auch des jetzt in Bayern regierenden Königshauses.

10. Der Vergleich zu Xanten.

Schon im August 1614 begann der Einmarsch fremder Truppen in die Herzogtümer. Ein spanisches Heer unter Spinola rückte von Mastricht aus heran, und Moritz von Oranien eilte von Norden her mit seinen Niederländern herbei. Der spanische Befehlshaber Graf Heinrich von dem Berge rückte zunächst in Aachen ein und bemächtigte sich dann mehrerer Städte im Herzogtum Jülich, während die niederländischen Truppen Emmerich und andere Plätze im Herzogtum Cleve besetzten. Da Brandenburg und Neuburg aber bald einsahen, daß die fremden Heere die Lande ruinieren würden, versuchten sie nochmals e bliche Lösung. Am 14. November 1614 wurde der V u Xanten geschlossen. Die gemeinschaftliche Regierung o ndominat wurde auf gehoben; Brandenburg sollte Clev Ravensberg und Ra venstein, Pfalz-Neuburg aber J Berg provisorisch in alleinige Verwaltung nehmen. T Truppen sollten ab ziehen. Obgleich nun der Vertra fast in jedem seiner

24 Artikel den Keim zu neuen Streitigkeiten enthielt, nicht ratifiziert wurde, so war doch vorauszusehen, daß es auch in Zukunft im großen und ganzen dabei bleiben würde, und Wolfgang Wilhelm ist daher von da an als der alleinige Herrscher über Jülich und Berg zu betrachten.

Wolfgang Wilhelm.

1. Begünstigung der Katholiken.

Kurz vorher war Wolfgang Wilhelm durch den Tod seines Vaters auch regierender Pfalzgraf und Herzog von Neuburg geworden, während das Herzogtum Sulzbach seinem Bruder August zugefallen war, der dem lutherischen Bekenntnisse treu blieb. Die fremden Truppen räumten unsere Lande nicht, da Spinola aus dem von ihm besetzten Wesel nicht weichen wollte; die Jahreszeit gebot aber einen Stillstand im Waffenhandwerk. Diese Pause benutzte Wolfgang Wilhelm zu einer Reise nach seinem Erblande an der Donau. Er begann daselbst sofort mit der Wiederherstellung des Katholizismus; im Februar 1615 führte er in der Schloßkirche zu Neuburg den katholischen Gottesdienst wieder ein, und die Evangelischen in Jülich und Berg wußten nun, was sie von ihm zu erwarten hatten.

Die Waffenruhe war nur von kurzer Dauer; bald begannen die kriegerischen Bewegungen von neuem. Eine Anzahl spanischer Söldner nahm die hochgelegene und feste Abtei Siegburg für den Herzog von Neuburg mit Einwilligung des Abtes in Besitz. Um den weiteren Zuzug der Spanier zu verhindern, bot der Hauptmann Hatzfeld die Bauern der Umgegend auf und besetzte mit ihnen und einigen Brandenburgischen Söldnern alle Pässe und Übergänge über die Sieg. Hierdurch glaubte sich der Abt in seiner Sicherheit gefährdet und bat den General Heinrich von dem Berge, der mit seinen Spaniern den Rhein überschritten hatte, um Hülfe. Derselbe schickte auch sofort ein großes Heer, und diesem gelang es, die Bauern durch den Hinweis darauf, daß sie ja auch dem Neuburger geschworen und also doch den im Namen dieses Fürsten handelnden Söldnern den Weg nicht versperren dürften, zum Verlassen ihres Postens zu bewegen. So konnten die Spanier nun ungehindert im Namen des Herzogs

Siegburg besetzen. Der Abt erklärte zwar, er werde, falls Brandenburg und die Generalstaaten ihm die Versicherung gäben, daß nichts
gegen das Kloster und die Stadt Siegburg unternommen werden solle,
die Spanier sogleich wieder abziehen lassen, allein sie blieben dort.

Die Grafschaft Mark wurde von den Brandenburgern, die
Grafschaft Ravensberg von den Holländern besetzt. Der Kurprinz
Georg Wilhelm residierte schon seit längerer Zeit meistens in
Cleve, ging aber 1616 nach Berlin und kehrte nicht wieder nach
Cleve zurück; er ließ dort seine Räte schalten, an deren Spitze der
bekannte Graf Adam von Schwarzenberg stand, von dem wir
weiterhin noch mehr hören werden.

Der Katholizismus schritt immer mehr zur gewaltsamen
Unterdrückung der Reformation, wofür man den milderen Namen der
Gegenreformation anzuwenden sich gewöhnt hat. Zur Durchführung derselben in seinen Landen glaubte Wolfgang Wilhelm
sich verpflichtet und ging mit dem Eifer, welcher Neubekehrte zu
beseelen pflegt, energisch ans Werk. Er war einsichtig genug, um
zu erkennen, daß äußere Maßregeln nicht zum Ziele führen würden,
sondern daß es geistiger Kräfte bedürfe, und berief deshalb die
Jesuiten und die Kapuziner ins Land. Im Jahre 1617
kamen die ersten Kapuziner nach Düsseldorf, und gegen Ende des
Jahres 1620 befanden sich dort bereits 13 Jesuiten. Beide Orden
ergänzten sich gegenseitig; denn während die Jesuiten hauptsächlich
auf die vornehmeren Stände einwirkten, entfalteten die Kapuziner
eine mehr volkstümliche Thätigkeit.

2. Der Teilungs-Vertrag zu Düsseldorf.

In dem 1618 ausbrechenden 30jährigen Kriege wußte Wolfgang Wilhelm für seine Lande Neutralität zu erlangen; doch als
1621 der Krieg zwischen Spanien und den Generalstaaten von
neuem ausbrach, erfuhren seine Lande schwere Bedrückungen.

Am 20. März 1619 starb Kaiser Matthias, am 23. September
desselben Jahres auch Kurfürst Johann Sigismund von Brandenburg; ersterem folgte Ferdinand II., letzterem Georg Wilhelm.
War Adam von Schwarzenberg schon früher als einflußreich hervorgetreten, so stieg er unter Georg Wilhelm zu den höchsten Staats-
würden empor und erhielt eine fast unumschränkte Gewalt; er
führte auch durch neue Verträge 1622 und 1624 einen engeren
Anschluß Brandenburgs an die Generalstaaten herbei.

Die Spanier und Niederländer fochten ihren eigenen Streit auf Kosten unserer Lande aus, wobei sie gelegentlich für Neuburg und Brandenburg auftraten. Nachdem die Spanier eine von den Holländern auf einer Rheininsel der Siegmündung gegenüber errichtete Schanze, von ihrer Form „Pfaffenmütz" genannt, am 2. Januar 1623 erobert hatten, drangen sie ins Bergische vor; u. a. wurde im Mai dieses Jahres das Dorf Schlebusch bei Mülheim am Rhein durch die Reiter des Don Gonzales de Cordova niedergebrannt. Die Bedrückungen durch Brandschatzungen, Einquartierungen und Durchmärsche wurden mit der Zeit fast unerträglich, weshalb die possedierenden Fürsten schließlich einer Unterhandlung sich nicht abgeneigt zeigten. Beiderseitige Kommissarien traten zusammen und schlossen am 11. Mai 1624 den Provisional-Teilungs-Vertrag zu Düsseldorf. Unter Zugrundelegung des nicht zur rechtlichen Ausführung gekommenen Xantener Vertrages wurde bestimmt: Der Kurfürst von Brandenburg soll Cleve (mit Ausnahme von Ysselburg und Winnikendonk), Mark, Ravensberg und das bergische Amt Windeck erhalten, dem Herzoge von Neuburg aber Berg (mit Ausnahme von Windeck), Jülich, Ysselburg und Winnikendonk, sowie Ravenstein zufallen. Beiden Teilen wurden die Rechte auf die ganze Erbschaft gewahrt, beide sollten den ganzen Titel und das ganze Wappen führen ꝛc.[17])

So war denn ein neuer Abschnitt im Erbschaftsstreite herbeigeführt, der Trennung der Länder eine rechtliche Grundlage gegeben und der Traktat von Xanten gewissermaßen verwirklicht. Von der endgültigen Ausgleichung aber war man immer weit entfernt, und von seiten Wolfgang Wilhelms erfolgte sogar[18]) am 13. Mai 1624 die Anordnung eines Landesgebetes zur Förderung der mit Kurbrandenburg bevorstehenden Schlichtung des Erbfolgestreites.

3. Kriegsdrangsale. Verfolgung der Protestanten.

Der Krieg zwischen den Niederländern und Spaniern nahm seinen ununterbrochenen Fortgang, und trotz aller Bemühungen der possedierenden Fürsten war der Abzug der fremden Truppen nicht zu erwirken. Spanier und Niederländer, Kaiserliche und Parteigänger, neuburgische und brandenburgische Söldner verzehrten oder vernichteten die Vorräte der bedauernswerten Bewohner. Die lange Dauer des Krieges schuf eine wüste, undisziplinierte Soldateska, und wie diese hier hauste, zeigt beispielsweise eine von vielen Bürgern Barmens am 1. August 1657 unterschriebene Aufzeichnung, welche sich' im Archiv der dortigen reformierten Gemeinde erhalten hat [19]) und worin es wörtlich heißt:

„Als vor ungefehr 30 Jahren die Brandenburgische Soldatesca einige orter und Landen in Contribution gesetzet, hat sich daruber zugetragen, daß einig herrenloß gesindtlein, alß Streiffer, Straßenschender und Knebeler sich untergemischet befunden, welche die Unterthanen dieses Orts bei Nächtlicher weile auß ihren heusern geholet, erhaschet, in die Büsche und Walde gefuhret und mit Schlagen, Stoßen, Binden und Marterisiren ubel zugerichtet und tractiret, auch dieselbe in Schmerzen und peinen so lang nachgeschleiffet, daß sie endlich große Summen geldts mit vielen Hundert Reichsthalern auffsprengen und außlangen müßen, welches dan theilß uns selbsten, auch unsere Eltern, Verwandten und Benachbarten, also hart angetroffen, daß Viele in armuht dadurch gerathen, etzliche auch uber der peinen gestorben, auch bresthafft in ihren gliedern Zeit ihres Lebens verplieben, und solch elendt und gebrechen in ihr grab tragen mußen". Weiter wird dann erzählt, daß der Fürst eine Schanze um die Schule in Barmen habe auffwerfen und mit Soldaten besetzen laßen, daß aber die Buschknebler, nachdem die Soldaten die Schanze wieder verlaßen, 1625 „die Schul in Barmen, welche in gemelter Schantzen gestanden, neben dem gerichtshause, so zusamen ein gebaw gewesen, in Brandt gestecket, daß die Schul- und Gerichtshauß, Glocken und Uhrwerk in den Grund abgebrandt" u. s. w.

Zu den Kriegsdrangsalen gesellten sich die religiösen Zwistigkeiten, sowohl zwischen Katholiken und Protestanten, als auch der letzteren unter sich. Wolfgang Wilhelm, den Intentionen des Kaisers folgend, drückte seine früheren Glaubensgenoßen, wo er nur konnte, und verfolgte sie mit List und Gewalt; den Katholiken ließ er dagegen alle mögliche Fürsorge angedeihen. Am 28. Juli 1621 publizierte er [20]) einen mit dem Erzbischof Ferdinand von Köln geschloßenen Provisional-Vergleich rücksichtlich der geistlichen Jurisdiktion; darin wurde u. a. die auf seine Veranlaßung geschehene Teilung des Dekanats Neuß und die Vereinigung der im Bergischen gelegenen Pfarreien desselben zum Dekanat Düsseldorf ausgesprochen. Die frühere Montheim'sche Schule, das Seminarium reipublicae, überantwortete er den Jesuiten; dem Magistrat der

Stadt wurden seine Rechte inbetreff der Lehrerwahl fast ganz ge=
nommen. Die Andreaskirche in Düsseldorf wurde gebaut und die
Gründung neuer Ordensniederlassungen befördert; 1661 kamen auch
Franziskaner, fanden aber in der ersten Zeit fast gar keinen
Anklang. Ein Jahrhundert reichte hin, um Düsseldorf, wo bis
dahin nur Kreuzherren waren, mit sieben neuen religiösen Genossen=
schaften zu beglücken. Auch an anderen Orten wurden solche heran=
gezogen, so zu Lennep, Wipperfürth 2c.

Für die Evangelischen des Bergischen Landes wurde das
Erscheinen Spinolas mit seinen fanatischen Söldlingen verhäng=
nisvoll[21]). Nachdem er 1615 den Rhein überschritten hatte, wurde
alsbald an manchen Orten das lutherische Bekenntnis gänzlich
unterdrückt, so zu Immekeppel, Geistingen, Eitorf, Much u. a.
In Much soll der Geistliche, der sich für die evangelische Lehre
erklärt hatte, durch aufgehetzte Weiber von der Kanzel gezerrt und
eine Mauer hinuntergestürzt, in Uckerath ein Pastor von fanati=
sierten Männern in Stücke gerissen worden sein. Nach Wipper=
fürth, wo den Evangelischen seit 1610 gestattet war, ein Zimmer
im Rathause für ihren Gottesdienst zu benutzen, kamen gegen
Ende 1621 Spanier ins Winterquartier, „und diese vertrieben“,
laut einer Urkunde des dortigen Kirchenarchivs, „den häretischen
Prediger und destruierten den ganzen Gottesdienst“, wenn dabei
auch nicht die Greuelscenen vorgekommen sind, die von einigen
Schriftstellern erzählt werden[22]).

Die Reformierten wurden noch ärger heimgesucht, so zu
Mülheim am Rhein, wobei die Stadt zum Teil zerstört wurde,
zu Honnef, Benrath, Bensberg, Gladbach u. s. w. Nach der Er=
oberung der „Pfaffenmütz“ 1623 wurden die zur Oberbergischen
oder Mülheimer Klasse gehörigen Gemeinden, Siegburg, Blanken=
berg, Sieglar, Mondorf u. s. w., fast sämtlich unterdrückt; nur
Oberkassel und Mülheim erhielten sich.

Wolfgang Wilhelm duldete das gewaltsame Verfahren der
Spanier nicht nur, sondern ließ auch selbst an vielen Orten den
evangelischen Kultus verbieten, oder suchte ihn durch allgemeine
Mandate zu hemmen. So erließ er am 21. März 1626 den
Befehl: die mit dem landesherrlichen Placitum nicht versehenen
Pfarrer und Seelsorger sollen zur Antretung und Ausübung ihres
Amtes nicht zugelassen werden. Am 6. April 1628 befahl er:
Zur Verhütung der Proselitenmacherei sollen die öffentlichen cal=

vinischen Prediger und Schullehrer an den Orten, wo sie erst
nach Ableben des Herzogs Johann Wilhelm eingeführt worden
sind, nicht geduldet werden, u. s. w.[23]). Den Lutherischen wurden
u. a. zu Seelscheid, Wahlscheid, Volberg, Honrath, Herchen, Ruppichteroth, Waldbröl und Burg die Gottesverehrung verboten, die
Kirchen genommen oder die Prediger vertrieben; den Reformierten
geschah u. a. zu Gruiten, Solingen, Düsseldorf und Elberfeld
dasselbe. Große Verfolgung hatte auch die reformierte Gemeinde
Radevormwald zu erdulden, und ihren beiden Pfarrern wurde
ein überaus hartes Los bereitet. Der eine, Arnold Pollich,
60 Jahre alt, wurde am 5. September 1626 verhaftet und trotz
schwerer Krankheit auf einen Karren gepackt und nach Köln gebracht,
wo er schon am 22. September im Kerker starb; der andere,
Adolf Sundermann, ein achtzigjähriger Greis, wurde am
30. März 1628 durch pfalzneuburgische Soldaten aus seinem
Hause gerissen und bei naßkaltem Wetter nach Kaiserswerth in
einen schmutzigen Kerker geschleppt, wo er bis zu seinem am
3. September 1629 erfolgten Tode verbleiben mußte[24]).

In dieser Zeit stieg überhaupt die Verfolgung der Protestanten aufs höchste. Wo die Prediger nicht vertrieben waren,
fanden die Gottesdienste vielfach in Privathäusern, Scheunen, auf
Feldern, in Wäldern und Höhlen statt; die Synoden versammelten
sich ebenfalls an abgelegenen Orten.

An eine geordnete und regelmäßige Verwaltung des Landes
konnte unter den obwaltenden Umständen kaum gedacht werden.
Allein Wolfgang Wilhelm scheint die Lage benutzt zu haben, um
die Gerechtsame der Stände zu beschränken, weshalb sich die jülich-
bergische Ritterschaft beim Kaiser beschwerte. Dieser erließ daher
am 27. Januar 1627 ein fulminantes Mandat, worin er —
„weil er dem Pfalzgrafen in gedachten Landen einige Possession
nicht geständig sei" — alles für null und nichtig erklärte, was
dieser „als angemaßter Inhabender gedachten Fürstentums und
Länder zur Behauptung derer vermeintlich apprehendierter Possession"
an Handgelübben, Eid, Huldigung, Ausschreibung von Landtagen 2c.
angeordnet habe, und ihn zugleich abmahnte, derartige Regierungs-
akte ferner zu vollführen[25]).

Im Jahre 1628 wurden aber die Zustände so unerträglich,
daß die Stände sämtlicher Lande sich vereinigten und in ihrer
Not eine Deputation an Ferdinand II. nach Wien schickten, dem

die Gelegenheit zur Einmischung sehr erwünscht war. Er erließ am 24. April ein Schutzmandat; dann ließ er das Sequester aus= sprechen, mit dessen Ausführung er den in der Nähe befindlichen General Tilly beauftragte, und ernannte auch neue Kommissarien.

Tilly führte den kaiserlichen Befehl pünktlich aus und ließ es sich dabei natürlich auch angelegen sein, die Evangelischen nach Möglichkeit zu bedrücken. In Jülich und Berg wurden überall Mandate angeschlagen, welche den evangelischen Predigern befahlen, ihre Güter zu Gelde zu machen und binnen zweimonatlicher Frist das Land zu räumen; mehr als 80 evangelische Kirchen wurden gesperrt.

Am 25. September 1628 starb die Gemahlin des Herzogs, Pfalzgräfin Magdalena, welche ebenfalls eifrig für die Wieder= herstellung des Katholizismus gewirkt hatte, zu Neuburg an der Donau; es erfolgte deshalb [26]) am 30. September die Anordnung einer Landestrauer.

4. Neue Verträge.

Das Jahr 1629 führte endlich eine Änderung herbei. Tilly und die neuernannten Kommissarien nahmen von den Landesherren nicht die mindeste Notiz; die Gebiete des Pfalzgrafen wurden nicht weniger als diejenigen des Kurfürsten von Brandenburg heimgesucht. Dieses rücksichtslose Verfahren fand schließlich auch Wolfgang Wilhelm unerträglich, und er reiste deshalb nach Wien; dort fand er jedoch kaum Gehör. Er ging nun mit dem Kurfürsten einen neuen Vergleich ein. Dieser zweite Teilungsvertrag wurde zu Düsseldorf am 19. März 1629 geschlossen [27]); durch denselben wurde der Vertrag von 1624 auf die Dauer von 25 Jahren ver= längert und u. a. dem Pfalzgrafen freigestellt, binnen Jahresfrist sich zu erklären, ob er Cleve oder Berg nehmen wolle. In reli= giöser Beziehung wurde allgemein festgestellt, „daß es in Ansehung der Religion bleiben solle, wie es fürstlich, löblich und den Privi= legien des Landes gemäß sei".

Kurz vorher, am 6. März, hatte Kaiser Ferdinand II. das Restitutionsedikt erlassen, in welchem die Gegenreformation ihren Höhepunkt erreichte. Da war es denn ein Glück, daß am 19. August das von den Spaniern seit langen Jahren besetzte Wesel, ihr Hauptdepot und Waffenplatz, den Holländern unerwartet in die Hände fiel. Schon von Soest aus waren niederländische Truppen burch das Bergische bis nach Siegburg gestreift; jetzt, gegen Ende des Jahres 1629, zog Wilhelm von Nassau in das Herzogtum Berg und die Grafschaft Mark ein. Seine Soldaten bemächtigten sich vieler fester Plätze; ein Versuch, Düsseldorf und Mülheim zu nehmen, scheiterte jedoch an der Wachsamkeit der Besatzungen.

Es fanden nun vielfache Unterhandlungen im Haag statt, um die Bestimmungen des Vertrages von 1629 zur Ausführung zu bringen und endlich die Räumung unserer Lande seitens der fremden Truppen zu erwirken. In einem neuen Vertrage vom 26. August 1630 wurde bestimmt, daß Neuburg das Herzogtum Berg behalten solle, ebenso Jülich und Ravenstein; Brandenburg behielt Cleve und Mark, und für Ravensberg wurde gemeinschaftliche Regierung angeordnet[28]). Am 30. Juni 1630 war Gustav Adolf gelandet. Am 9. Dezember desselben Jahres gab Ferdinand II. endlich den Befehl zum Rückzuge der kaiserlichen, spanischen und ligistischen Truppen aus den Successionslanden unter der Voraussetzung, daß auch die Holländer sich dazu verstehen würden. Die Neutralität der Lande fand auf dem Reichstage eine feierliche Anerkennung, und im April 1631 wurden dieselben endlich auf kurze Zeit wirklich geräumt; es blieben nur noch Büderich, Wesel, Emmerich und Rees von den Holländern, Jülich, Sittard und Orsoy von den Spaniern besetzt.

5. Das Fürstenhaus Schwarzenberg.

In den Verhandlungen zwischen Neuburg, Brandenburg und den Generalstaaten hatte Adam von Schwarzenberg eine bedeutende Rolle gespielt; er wurde dafür in reichem Maße belohnt, indem er 1631 die Belehnung mit Gimborn und Hückeswagen als abgesonderten Herrschaften empfing[29]).

Das Fürstenhaus Schwarzenberg war ursprünglich ein fränkisches Geschlecht und führte in den ältesten Zeiten den Namen Seinsheim. Erkinger von Seinsheim erwarb 1420 die Herrschaft Schwarzenberg in Franken, wurde 1429 in den Freiherrnstand erhoben und nannte sich Herr zu Schwarzenberg. Erkinger II., welcher 1477 mit Maximilian nach den Niederlanden gezogen sein soll, war der Begründer der rheinischen Linie der Schwarzenberge. Sein Sohn Wilhelm I. begab sich 1510 in die Dienste seines Taufpathen, des Herzogs Wilhelm III. von Jülich-Berg; er heiratete 1513 Katharina von Nesselrode und wurde dadurch gleichsam unter den jülich-bergischen Adel aufgenommen. Sein jüngster Sohn Gotthard war Hofmeister des Herzogs Wilhelm IV., mit Anna von Metternich vermählt und der letzte Schwarzenberg im Dienste unserer Herzoge. Sein älterer Bruder, Wilhelm II., befand sich 1547 in kurkölnischen Diensten, vermählte sich 1550 mit Anna von Harff und erhielt mit ihr das zur Grafschaft Mark gehörige Rittergut Gimborn. Er trat 1556 in die Dienste des Königs Philipp von Spanien und wurde im August 1557 in der Schlacht bei St. Quentin tötlich verwundet. Seine Witwe starb 1584 und hat vielleicht in der Kirche zu Gimborn ihre letzte Ruhestätte gefunden. Ihr einziger Sohn Adolf wurde am Düsseldorfer Hofe mit dem Jungherzoge Karl Friedrich auferzogen, begleitete diesen nach Rom, kämpfte in Frankreich gegen die Hugenotten, vermählte sich 1581 mit Elisabeth Margarethe von Wolff-Metternich, wurde 1588 als Statthalter und Landhofmeister an die Spitze des kurkölnischen Staates gestellt, 1590 Oberst in Hispanien, trat 1594 in kaiserliche Dienste, warb Truppen gegen die Türken, wurde 1599 infolge seiner glänzenden Waffenthaten in Ungarn, namentlich der Wiedereroberung der Festung Raab, in den Reichsgrafenstand erhoben und 1600 vor einer ungarischen Festung von seinen eigenen meuterischen Soldaten erschossen. Seine Witwe schlug ihren Witwensitz zu Gimborn auf und ließ das dortige Schloß in den ersten Jahren des 17. Jahrhunderts ganz neu aufbauen. Ihr einziger Sohn war der schon mehrfach erwähnte Graf Adam von Schwarzenberg, auf den alle Güter seines Vaters übergingen.

Der Rittersitz Gimborn hatte ehemals den Herren von Gimborn gehört, war später an die Herren von Nesselrode und 1537 an die Familie von Harff übergegangen. Durch Heirat kam er dann, wie oben bemerkt, an die Freiherren von Schwarzenberg, nebst einigen anderen Gütern. Mit dem Besitze dieser Güter war ursprünglich keine Gerichtsbarkeit verbunden gewesen; sie wurde erst im Jahre 1610 dem Grafen Adam von Schwarzenberg zugleich mit der Gerichtsbarkeit über die unter das Gericht zu Gummersbach gehörige Bauerschaft Nieder-Gelpe und die Höfe Recklinghausen und Dahl übertragen. Dieser Gerichtsbezirk wurde demnächst auch hinsichtlich seiner politischen Verfassung ganz von dem Amte Neustadt, zu welchem er gehörte, abgesondert, von den possedierenden Fürsten Wolfgang Wilhelm und Johann Sigismund zu einer Unterherrlichkeit erhoben und Graf Adam unter Vorbehalt der Landeshoheit der beiden

18

Fürsten damit belehnt. Im Jahre 1616 fügte Johann Sigismund noch die Kirchspiele Gummersbach und Müllenbach hinzu. Dessen Nachfolger Georg Wilhelm trat 1630 auch den ganzen übrigen Teil des Amtes Neustadt ab, worauf 1631 die förmliche Belehnung erfolgte, welche die kaiserliche Bestätigung erhielt.

Durch Urkunden des Pfalzgrafen vom 12. März und des Kurfürsten vom 31. März 1629 war dem Grafen Adam auch, abgesehen von anderen Zuwendungen, „das unweit Gimborn im bergischen Amte Steinbach belegene Kirchspiel Lindlar nebst dem Amthause Neuerburg [30]) übertragen worden. Da sich indessen gegen die Einräumung Lindlars an Schwarzenberg gewichtige Einwände geltend machten, ward ihm an dessen Stelle unter dem 17. Juni 1631 Schloß, Freiheit und Kirchspiel Hückeswagen mit allen und jeden seinen Zubehörungen, Jurisdiktion, Hoheit, Landesobrigkeit, Regalien, Recht, Gerechtigkeit und Nutzbarkeit und in den altherkömmlichen Grenzen als bergisches Mannlehen auch äußerlich durch Marksteine und Wappen von dem übrigen bergischem Territorium abzusondernde Herrschaft überantwortet." Im Jahre 1653 wurde jedoch Hückeswagen wieder mit Berg vereinigt, während die Herrschaft Gimborn-Neustadt unter Schwarzenbergischer Hoheit verblieb und 1651 zu einer reichsunmittelbaren erhoben wurde.

Graf Adam von Schwarzenberg starb am 14. März 1641. So hart wie er ist wohl selten ein Staatsmann beurteilt worden. Große Begabung und Energie ist ihm indes nicht abzusprechen, und es kann ihm eigentlich nur nachgewiesen werden, daß er den Kurfürsten an den Kaiser zu fesseln suchte und einem Bündnisse desselben mit Schweden entgegenwirkte. Weil dies bekannt war, wurden seine Güter von den Schweden hart mitgenommen.

6. Schwierige Lage Wolfgang Wilhelms.

Nicht lange konnte sich Wolfgang Wilhelm der Räumung seiner Lande durch die fremden Truppen freuen, denn das Vordringen der Schweden im Jahre 1633 führte einen völligen Umschwung herbei [31]). Seine „Bemühungen, die Jülich-Bergischen Lande durch die Erhaltung der Neutralität sowohl gegen die Schweden, als gegen die Kaiserlichen zu schützen, bilden von nun an noch mehr als bisher, die Lebensaufgabe dieses Fürsten. Bald sehen wir ihn in den bemütigsten Worten beim Kaiser petitionieren, bald fleht er die schwedischen Führer um Schonung an, bald verlangt er von seinen Ständen Mittel zur Gegenwehr. Alles vergebens. Die Stände, troßig auf ihre Privilegien, wollen sich zu keiner Geld= zahlung verstehen, und der Kaiser wahrte nur sein Interesse, wenn er weder den Schuß des Pfalzgrafen, noch den der Stände ernstlich beabsichtigte." Im Jahre 1635 wurde ein Prozeß der Stände gegen ihren Landesherrn eingeleitet, der erst 1649 seine endgültige Entscheidung fand; Gegenstand der ständischen Klage war die ganze Verwaltung des Pfalzgrafen.

"Wolfgang Wilhelm befand sich in einer gefahrvollen Lage. Mitten in dem Successionsstreite, dessen Ausgang noch niemand berechnen konnte, vor ihm die brennende Kriegsfackel, die er mit allen Kräften von seinem Lande abzuhalten bemüht war, hinter ihm die Stände, die in jeder seiner Maßregeln ein unberechtigtes Eingreifen in ihre geheiligten Privilegien zu erblicken glaubten, und als höchster Richter über ihm der Kaiser, der am liebsten die Lande sequestriert hätte." Als im Jahre 1637 die Schweden, Hessen und Staatischen bis in die Nähe von Düsseldorf vordrangen, fühlte er sich zur Beschüßung der Residenz kaum stark genug. Die Kriegslast wurde wieder unerträglich. Der Feldmarschall Graf Piccolomini überflutete im folgenden Jahre das Bergische mit vier Regimentern. Wolfgang war unermüdlich in dem Bestreben, mit den Ständen ein Abkommen zu treffen; weil diese ihm aber die erforderlichen Geldmittel beständig verweigerten, berief er die Vögte von Jülich und Berg, sowie die Vorsteher und Schultheißen eines jeden Ding= stuhls und Kirchspiels auf den 12. April nach Düsseldorf, um sich von diesen die Bewilligung zu verschaffen. Er täuschte sich aber, wenn er glaubte, die von diesem sogenannten Bauernlandtage bewilligten Geldsummen eintreiben zu können. "Die Dinge nehmen eine so bedenkliche Wendung, daß der Pfalzgraf am 11. April 1641 sich gezwungen sieht, ein Mandat zu erlassen, worin er den Verlauf der Streitigkeiten und sein Verhältnis zu den Ständen vom Jahre 1621 an erzählt und sich von allen Beamten von neuem Treue und Gehorsam geloben läßt." Seine großen landesherrlichen Sorgen lassen die seit 1630 bis zu seinem Tode ergangenen Ver= ordnungen[22]) klar erkennen.

7. Politische und religiöse Verhältnisse um das Jahr 1648.

Nachdem 1637 Kaiser Ferdinand II., 1640 Kurfürst Georg Wilhelm und 1641 Graf Schwarzenberg gestorben waren, begann

ein neuer Abschnitt des Erfolgstreites mit neuen leitenden Per=
sönlichkeiten.

Friedrich Wilhelm, der große Kurfürst, ließ im Jahre
1645 die Ansichten des Pfalzgrafen in einer Staatsschrift wider=
legen und gab an, „daß sein Vater den Vertrag von 1629 nicht
aus eigenem Antriebe, sondern durch Verleitung des Grafen
Schwarzenberg eingegangen sei, der dafür unmäßige Schenkungen
bekommen habe" u. s. w. Wolfgang Wilhelm, im 68. Lebensjahre
stehend, besaß wohl nicht mehr die frühere Energie seines Willens
und war zu einem freundlichen Übereinkommen bereit. So einigte
man sich denn nochmals im Vertrage zu Düsseldorf am 8. April
1647. Wolfgang tritt Ravenstein ab aus „freundväterlicher
Affektion"; Ravensberg kommt durch einen Nebenrezeß an Branden=
burg. Letzteres soll mithin Cleve, Mark, Ravensberg und Ravenstein
besitzen, Neuburg Jülich und Berg nebst den flandrischen Lehen[33]).

Das Jahr 1648 brachte nun den Abschluß des Westfälischen
Friedens. Der große Kurfürst, rechtzeitig einsehend, daß hierbei
in der Erbfolgeangelegenheit keine Vorteile zu erlangen seien, hatte
es dahin zu bringen gewußt, daß von derselben in dem berühmten
Friedensinstrument nur „beiläufig" geredet und bestimmt wurde,
daß „dieser Streit nach geschlossenem Frieden auf dem gewöhnlichen
Rechtswege vor dem Kaiser durch freundschaftlichen Vergleich oder
auf andere rechtmäßige Weise ohne Zögern entschieden werden solle."

In religiöser Hinsicht entstanden mehrfach neue Reibungen
zwischen Neuburg und Brandenburg. Nach dem Vertrage vom
8. April 1647 sollte es in Ansehung der Religionsübung gelassen
werden, wie es 1612 gewesen. Der Westfälische Friede bestimmte
aber das Jahr 1624 als Normaljahr, d. h. die religiösen Ver=
hältnisse sollten überall auf den Standpunkt zurückgeführt werden,
den sie am 1. Januar 1624 einnahmen[34]). Hierauf fußend und
durch seine Ratgeber gedrängt, band Wolfgang Wilhelm sich nicht
an die Vereinbarung von 1647 und begann die Protestanten in
seinen Landen, deren Zahl sich damals auf 60000 belaufen haben
soll, aufs neue zu bedrücken. Seine zweite Gemahlin dagegen,
Katharina Charlotte, aus dem Hause Zweibrücken, mit der er
sich 1631 vermählt hatte, war eine Hauptstütze der Evangelischen.
Sie blieb an dem so streng katholischen Hofe ihrem reformierten
Bekenntnisse unwandelbar treu. Sie ließ in der fürstlichen Hof=
kapelle durch ihren Hofprediger Johannes Hundius, später durch

dessen Sohn Martin Hundius u. a. allsonntäglich evangelischen
Gottesdienst abhalten und nahm sich mit landesmütterlicher Fürsorge
aller bedrängten Glaubensgenossen an. Den schon zur Erschießung
verurteilten reformierten Prediger Johannes Lünenschloß von
Solingen, dem sie auf seinem Transporte nach Düsseldorf in Hilden
zufällig begegnete, rettete sie dadurch vom Tode, daß sie ihn in ihrem
eigenen Wagen mit nach Düsseldorf nahm und bei ihrem Gemahl für
ihn eintrat. Arme Kinder der reformierten Gemeinde zu Düsseldorf
ließ sie auf ihre Kosten durch einen Lehrer aus Zweibrücken unter=
richten. Sie starb am 21. März 1651, von ihren Glaubensgenossen
als „eine hohe Säule der Kirche" und als eine der edelsten Fürstinnen
des 17. Jahrhunderts tief betrauert, und ruht in der Fürstengruft
der Lambertuskirche (Kollegiatkirche) zu Düsseldorf. Die von ihr
der reformierten Gemeinde geschenkten Abendmahlsgefäße befinden
sich noch im Gebrauche der dortigen evangelischen Gemeinde.

8. Feindseligkeiten und deren Beilegung.

Wie berichtet wird, nahm man den Evangelischen Kirchen und
Schulen und „that ihnen alles gebrandte Herzeleid an". Der große
Kurfürst beschwerte sich zunächst darüber und mahnte den Pfalz=
grafen von derartigen Maßnahmen ab; dann aber, da er sonst nicht
zum Ziele zu kommen glaubte, entschloß er sich, die Gewalt der
Waffen zu gebrauchen. Eben erst war der schreckliche dreißigjährige
Krieg beendet; man beobachtete daher die Schritte des Kurfürsten
mit großer Besorgnis, so daß derselbe veranlaßt wurde, sich dieser=
halb zu rechtfertigen. Er richtete deshalb unter dem 13. Juli 1651
ein Edikt an die Ritterschaft, die Städte und die Landgemeinden
der pfalzgräflichen Gebiete, worin er diesen anzeigte, daß „er sich
genötigt sehe, zum Schutz ihrer Rechte und zur Wiederherstellung
der Ruhe im Lande sich einiger Orte zu bemächtigen". Ferner
gab er ihnen auf, an Neuburg keine Steuern mehr zu zahlen, noch
sonst dem Pfalzgrafen Hülfe und Beistand zu leisten; sie möchten
jedoch nichts Böses besorgen, da er nur einschreite, um sie bei allen
Freiheiten und Gerechtigkeiten nach Inhalt der 1609 erteilten
Reversalien zu erhalten, damit sie der unaufhörlichen, von dem
Pfalzgrafen ihnen zugefügten Drangsale, Beschwerden und Pressuren
enthoben würden; er wolle an diesen Reversalien mit Ernst und
Eifer halten, auch seine Ehre, des Vaterlandes Wohlfahrt und die
heilsame Justiz, ohne einig Ansehen und Unterschied der Religion

und deren Differentien, in acht nehmen." Dieses Edikt wurde überall öffentlich angeschlagen.

Ein zweites Manifest, an den Pfalzgrafen Wolfgang Wilhelm gerichtet und von gleichem Datum, vertrat zugleich die Stelle der Kriegserklärung. „Es wurden darin die Ursachen aufgezählt, welche den Kurfürsten zu diesem Schritte bewogen hätten, unter Berufung auf den Dortmunder Vergleich, auf die Reversalien, den Vergleich von Xanten und die nachfolgenden Verträge, kraft derer die Religionen im Lande unangefochten bleiben sollten. Die Berechtigung zu dem Verfahren wurde damit bewiesen, daß Brandenburg ein näheres Recht zu den Landen habe als Neuburg und deshalb wohl hoffen dürfe, bei der Endentscheidung des Successionsstreites dieselben ganz zu erhalten. Der Kurfürst könne auch nicht zugeben, daß die Protestanten in diesen Landesteilen so sehr bedrückt und in ihren Rechten gekränkt würden, woraus dem Lande Schaden erwachsen könne."

Der Kurfürst ließ seinen Worten die That auf dem Fuße folgen. General von Sparr rückte am 15. Juni in das Bergische ein, nahm das feste Schloß Angermund, besetzte Ratingen, ebenso Schloß Angerort und ließ seine Brandenburger sogar bis nach Pempelfort streifen.

Der Pfalzgraf war durch das rasche und entschlossene Handeln des Kurfürsten vollständig überrascht. Mit seinen Ständen hatte er sich zwar wieder geeinigt; aber als er sie jetzt zur Verteidigung des Landes aufrief, hatte dies so wenig Erfolg, daß er sich nach anderer Hülfe umsehen mußte. Er nahm bereitwillig die Hülfe des Herzogs Karl IV. von Lothringen an, der von den Franzosen als Anhänger Österreichs aus seinem Lande vertrieben worden war und mit einer Söldnerschar heimatlos und gleichsam abenteuernd umherzog. Wolfgang Wilhelm veröffentlichte am 21. Juni ebenfalls ein Manifest, worin er die Anschuldigungen des Kurfürsten zu widerlegen suchte und diesen für die Folgen verantwortlich machte, während er sich auf seine Unschuld berief. Zugleich führte er Beschwerde beim Kaiser.

Ferdinand III., dem die Erhaltung des Friedens nach so langen Drangsalen wirklich am Herzen lag, ermahnte unter dem 3. Juli 1651 den Kurfürsten durch ein eigenhändiges Schreiben, die Waffen niederzulegen und sich mit dem Pfalzgrafen zu vergleichen. Friedrich Wilhelm zögerte nicht, sich bei Ferdinand schriftlich zu entschuldigen und schickte zudem den Geh. Rat von Blumenthal nach Wien, der seine Sache dort mit gutem Erfolge vertrat.

Während dieser Verhandlungen hatten zwischen den Truppen beider Fürsten mehrere kleine Gefechte stattgefunden. Die Landstände, welche bei ihren Vorstellungen, mit denen sie sich sowohl bei dem Pfalzgrafen, wie bei dem Kurfürsten über die Kontributionen 2c. beschwerten, kein Gehör fanden, schickten in ihrer Hülflosigkeit, um kein Mittel unversucht zu lassen, eine Deputation nach dem Haag mit der flehentlichen Bitte, die Generalstaaten möchten doch vermittelnd einschreiten. Zu einer solchen Vermittelung kam es denn auch, und da der Kurfürst persönlich ebenfalls Schritte zur endlichen Aussöhnung mit seinem Gegner that, blieb schließlich der Erfolg nicht aus.

Am 19. August 1651 fand eine persönliche Zusammenkunft beider Fürsten statt, und zwar bei dem Städtchen Angerort, auf der Grenze der Herzogtümer Cleve und Berg. Es waren dort drei Zelte errichtet, eins für den Kurfürsten, das andere für den Pfalzgrafen, das dritte für die Abgeordneten der Generalstaaten. Keiner der Fürsten wollte indes nachgeben, und die Konferenz war schon ihrer Auflösung nahe, als die holländischen Abgeordneten eine Verlängerung derselben bewirkten und den Vorschlag eines Waffenstillstandes machten. Zum Abschluß desselben begab sich der Herr von Gendt mit dem Pfalzgrafen nach Düsseldorf, wo aber des letzteren Sohn, Philipp Wilhelm, eine Opposition dagegen hervorrief. Am folgenden Tage erschien Wolfgang Wilhelm nicht wieder zur Konferenz; er ließ sich mit Krankheit entschuldigen, bei seinem Alter und der gehabten Aufregung gewiß nicht zu verwundern. Friedrich Wilhelm fühlte sich beleidigt, weil er dieses Ausbleiben dem bösem Willen des Pfalzgrafen zuschrieb; da dieser aber aus eigenem Antriebe in den Waffenstillstand willigte und zu einer neuen Konferenz in Essen seine Zustimmung gab, mußte er sich vom Gegenteil überzeugen. In Essen bestand der Bevollmächtigte des Pfalzgrafen auf den zu Angerort gemachten Forderungen, und so verlief diese Konferenz wieder resultatlos.

Unter diesen Umständen glaubte Kaiser Ferdinand, sich der Sache ernstlicher annehmen zu müssen, und seinen Kommissarien, die bald in Düsseldorf, bald in Cleve eifrige Bemühungen anstellten, gelang es auch, den Ausgleich herbeizuführen.

Am 18. Oktober 1651 wurde der Traktat zu Cleve abgeschlossen. Zu den Hauptbedingungen dieses Vertrages gehörte die, daß die bisherigen Religionsstreitigkeiten durch ein Schiedsgericht geschlichtet werden sollten. Könnten sich die Parteien nicht einigen, so sollte die Entscheidung des Kaisers angerufen werden. Falls einer der besitzenden Fürsten ben anderen wieder bekriege, so sollte er aller seiner Rechte auf die streitigen Staaten verlustig sein[35]).

9. Charakteristik Wolfgang Wilhelms.

Wolfgang Wilhelm glaubte durch seinen Übertritt zur katholischen Kirche die Verpflichtung übernommen zu haben, für die Wiederherstellung des Katholizismus in seinen Landen zu sorgen. Die strenge Durchführung der betreffenden Maßnahmen mag ihm jedoch persönlich oftmals schwer geworden sein, denn es läßt sich wohl nicht leugnen, daß er im übrigen ein wohlwollender Fürst war, dem das Beste seiner Unterthanen am Herzen lag. Seine eigene Intoleranz kann auch wohl nicht so groß gewesen sein, als sie zuweilen geschildert wird, da er zu seiner zweiten Gemahlin eine reformierte Prinzessin wählte, diese gegen alle Bekehrungsversuche schützte und ihre Gottesdienste duldete. Es scheint demnach, daß er dem Einfluß schlechter Ratgeber zu sehr zugänglich war. Es fehlte ihm zwar nicht an einer gewissen Festigkeit, aber sein Charakter entbehrte der Tiefe. Seine Bildung war nicht so groß und umfassend, wie man wohl gerühmt hat; der Herzog Max von Bayern schrieb über ihn an den Papst: „Er hat nur sehr mäßig studiert." Er galt aber als einer der klügsten und erfahrensten Staatsmänner seiner Zeit, und stand in Verbindung mit allen größeren Höfen. Wolfgang Wilhelm war auch ein kunstsinniger Fürst[36]). Als er seine dauernde Residenz in Düsseldorf genommen hatte, umgab er sich mit Künstlern, Musikern, Malern und Bildhauern. Trotz der bedrängten Zeiten unterhielt er eine tüchtige, in Aufführung von Messen, Kantaten, Motetten und Opern geschulte Kapelle, welche im ganzen 8 italienische Sänger und 20 Musiker zählte und namentlich die großen geistlichen Kompositionen der italienischen Meister vorführen mußte; sie stand unter Leitung des Aegibius Hennius. Am 12. April 1638 sagt der Pfalzgraf in einer Urkunde: „daß Wir in Anerkennung seiner ausgezeichneten Pflichttreue und Anhänglichkeit an Uns ... den Egidio Hennio, Kanonikus und Kantor an der St. Johanniskirche in Lüttich, in Unsern Dienst genommen und ihm die Oberaufsicht über Unsere Musik übertragen haben, so daß er auf besondere Aufforderung hier zu erscheinen hat, oder auch ... hier sich ganz niederlassen darf." Der Pfalzgraf unterhielt nun mit Hennio bis zum Jahre 1650 einen ununterbrochenen Briefwechsel in italienischer Sprache, aus dem interessante Thatsachen zu entnehmen sind. 1644 entschuldigt sich Wolfgang Wilhelm, daß er nicht imstande gewesen, und zwar wegen des noch immer tobenden Krieges, dem Künstler sein Gehalt auszuzahlen. Hennio erwidert, daß er nicht nur überhaupt noch kein Gehalt erhalten habe, sondern ihm auch nicht einmal die Unkosten für Reisen, Notenabschreiben u. s. w. ersetzt worden seien. Der Pfalzgraf weist nun einen Zollpächter an, dem Hennio den rückständigen Betrag auszuzahlen; aber dieser kann erst nach vielen Aufforderungen und Drohbriefen dazu bewogen werden. — Als Bildhauer befand sich um 1647 Franz Perez am Hofe.

Mit dem berühmten Maler Peter Paul Rubens unterhielt Wolfgang Wilhelm nahe Beziehungen, gab ihm Aufträge zu Gemälden und korrespondierte mit demselben während seiner diplomatischen Sendungen an verschiedene Höfe. Ein Teil der vielen Meisterwerke, welche im vorigen Jahrhundert den Rubenssaal der Düsseldorfer Gallerie zierten, war daher vielleicht schon der Vorliebe des Pfalzgrafen für den großen Künstler zu verdanken.

Dem Maler Francesco Rugia bescheinigte Wolfgang Wilhelm am 4. Juni 1632, er habe sich „ehrlich und in Verfertigung unterschiedlicher hier von Unnß anbefholener schilderei und stüchen zu unnserm gnedigsten contento verhalten".

Sein Hofmaler war Johann Spilberg, geboren 1619 zu Düsseldorf. Der Vater, Gabriel Spilberg, war Hofmaler des Königs von Spanien, und dessen Bruder stand im Dienste des Herzogs Wilhelm I. Wolfgang Wilhelm, auf das früh sich entwickelnde Talent Johann Spilbergs aufmerksam geworden, sandte ihn mit einem Empfehlungsschreiben an den ihm befreundeten Rubens, der ihm zu Dank verpflichtet war, weil er einst in Madrid, wo der große Meister als Gesandter der Niederlande weilte und eines Tages durch einen Volksauflauf ernstlich bedroht wurde, demselben durch schnelle Entführung das Leben gerettet hatte. Während aber der junge Spilberg auf der Reise nach Antwerpen begriffen war, starb Rubens, und er wandte sich nun an den berühmten Govert Flink, der ihn vollständig zum Maler ausbildete. Wolfgang Wilhelm ernannte ihn hierauf zum Hofmaler und berief ihn nach Düsseldorf, wo er zahlreiche Porträts malte, sowie mehrere

Historienbilder, u. a. für das herzogliche Schloß die Thaten des Herkules. Er starb 1690.

Pfalzgraf Wolfgang Wilhelm starb zu Düsseldorf am 20. März 1653 im Alter von 75 Jahren an einem Schlagflusse und wurde im Mausoleum der Andreaskirche beigesetzt; eine gut modellierte Büste desselben befindet sich über dem Westausgange der genannten Kirche.

10. Hervorragende Gelehrte.

Unter den berühmten Männern zur Zeit Wolfgang Wilhelms ragt besonders hervor:

Werner Teschenmacher, geboren im Jahre 1590 zu Elberfeld. In seiner Vaterstadt, wo 1598 das Gymnasium begründet wurde, begann er seine Studien, kam dann auf die lateinische Schule zu Siegen, von da nach Herborn und bezog hierauf die Universität zu Heidelberg. Nach vollendetem Studium ward er reformierter Prediger, 1611 zu Grevenbroich, 1613 zu Sittard, dann zu Linnich, 1614 zu Elberfeld, 1617 zu Cleve, später zu Emmerich und die übrige Zeit zu Xanten, wo er am 2. April 1638 starb. Aus seiner Ehe mit Johanna Brunns aus Emmerich hatte er einen Sohn, Peter Teschenmacher, der ebenfalls Prediger wurde. — Werner Teschenmacher verfaßte mehrere ausgezeichnete Werke, die aber nicht alle gedruckt wurden. Unter den gedruckten stehen obenan seine Annalen von Cleve-Jülich-Berg, Annales Cliviae Juliae Montium. Von den ungedruckten seien erwähnt: seine Kirchenannalen, Annales Ecclesiastici Reformationis Ecclesiarum Cliviae etc. und seine Sammlung kurzer Lebensbeschreibungen verdienter Männer der Lande Jülich-Cleve-Berg x., Vitae et Elogia virorum: Abschriften beider Werke befinden sich im Staatsarchiv zu Düsseldorf. Geh. Archivrat Dr. W. Harleß urteilt über Teschenmacher und seine Werke: „So wenig die „Annales Cliviae Juliae Montium" den gegenwärtigen wissenschaftlichen Anforderungen in Bezug auf Quellenforschung und Darstellung entsprechen, für seine Zeit und mit seinen Mitteln hat Teschenmacher Bedeutendes geleistet und bis heute gilt sein Werk als ein unentbehrliches Hilfsmittel für das Studium unserer heimischen Geschichte . . . In seinen geschichtlichen Arbeiten gewissermaßen den Sammelgenies zuzuzählen, an denen das 17. Jahrhundert reich war, dabei des weiten Überblicks eben so sehr als der Kunst der Darstellung ermangelnd, suchte und fand er seine Stärke vor-

nehmlich in der genauen Ermittelung und Wiedergabe der Einzel=
heiten, unter Benutzung, so weit möglich, der besten Quellen. Und
das ist es, was seinen äußerlich recht ungefügen und zur voll=
ständigen Herausgabe wenig geeigneten Kirchenannalen eine dauernde
Bedeutung sichert."

Wie Teschemacher, so war auch der vielgefeierte Theologe
Kaspar Siebel oder Sibelius ein geborner Elberfelder und
ebenfalls 1590 geboren; er kam 1617 als Prediger und Lehrer
der Theologie nach Deventer, wo er 1658 starb.

Von den ersten Rektoren der Lateinschule zu Elberfeld ist
namentlich zu erwähnen: Johann Leonhard Weidner, geb. 1588
zu Ottersheim in der Pfalz. Auf der Universität zu Heidelberg
befreundete er sich u. a. eng mit seinem Studiengenossen Julius
Wilhelm Zincgref. Weidner wurde 1615 Rektor zu Elberfeld,
1619 zu Montjoie, 1622 Konrektor zu Düsseldorf und war dann
an andern Orten amtlich thätig, bis er 1650 erster Rektor des
neuorganisierten Gymnasiums zu Heidelberg wurde, welche Stelle
er bis zu seinem Tode im Jahre 1655 bekleidete. — Er hat „nicht
nur als Schulmann eine bedeutende Wirksamkeit entwickelt; es ist
durch seine Verbindung mit den Kreisen von Zincgref und Opitz
und seine schriftstellerische Thätigkeit sein Name auch in der deutschen
Litteraturgeschichte nicht unbekannt"; u. a. vermehrte er die „Apo=
phthegmata" Zincgrefs durch einen dritten Teil.

Philipp Wilhelm.

1. Hohe Politik.

Auf Wolfgang Wilhelm folgte sein ältester Sohn Philipp
Wilhelm, geb. den 5. November 1615. Die ererbten Lande be=
fanden sich in einem höchst traurigen Zustande, und zwar so, wie
es in unserm ganzen deutschen Vaterlande nach dem schrecklichen
Kriege der Fall war und auch in unserer Heimat nicht anders sein
konnte; denn wie wir gesehen haben, hatte dieselbe durch die fort=
während Einfälle der Spanier und Holländer, sowie der Kaiser=
lichen, Schweden und Hessen unsäglich gelitten. Nahrungslosigkeit
und Pest hatten sich infolgedessen eingestellt, so daß allgemein Jammer
und Elend herrschte. Dazu kamen wiederholte Zerwürfnisse mit
den Landständen, und auch der Erbfolgestreit war immer noch nicht
zum Austrage gekommen.

Philipp Wilhelm war gleich dem großen Kurfürsten ernstlich darauf bedacht, die Wunden des Krieges zu heilen und den Bewohnern der Lande wieder aufzuhelfen.

Nach außen hin gefiel sich Philipp Wilhelm in großen politischen Kombinationen. Als im Jahre 1654 der durch die Siege Cromwell's aus England vertriebene Karl Stuart nach Köln kam, um dort seinen Wohnsitz zu nehmen, lud ihn Philipp Wilhelm nach Düsseldorf ein und empfing denselben bei seinem Besuche mit königlichen Ehren[37]. Diesen Besuch hat der englische Minister Clarendon beschrieben; er bezeichnet dabei den Pfalzgrafen als „einen der gebildetsten Fürsten Deutschlands, als einen Mann, der die feinen Umgangsformen der Franzosen mit dem ernsten Wesen der Deutschen verbinde."

An diesen Besuch knüpfte Philipp Wilhelm einen weitausschauenden Plan zu einem Bunde der katholischen Mächte, einer neuen Liga, welche Karl II. wieder auf den Thron Englands bringen sollte; aber derselbe erwies sich als unausführbar. Da auch seine Bemühungen, den Kaiser Ferdinand III. zu einem energischen Vorgehen gegen den Kurfürsten von Brandenburg zu veranlassen, ohne Erfolg blieben, so wandte er sich aus Erbitterung darüber ganz auf die Seite Frankreichs und trat im Jahre 1657 derjenigen Verbindung bei, welche später „Rheinische Allianz" genannt wurde. Die ihr beigetretenen Verbündeten faßten den Plan, an Stelle des in diesem Jahre gestorbenen Kaisers Ferdinand entweder Philipp Wilhelm oder den Kurfürsten von Bayern zu wählen. Brandenburg und Sachsen erhoben jedoch Widerspruch, und es wurde Leopold I. gewählt, der als Kaiser sich schwach erwies und von den Jesuiten geleitet wurde. Einem andern Plane, der darin bestand, daß Philipp Wilhelm sich zum König von Polen wählen lassen wollte, trat Brandenburg ebenfalls entgegen. Das französische Bündnis brachte aber dem Pfalzgrafen wenigstens einen dauernden Gewinn, nämlich die Räumung der Festung Jülich von den spanischen Truppen im Jahre 1660[38].

2. Der Hauptvergleich zu Cleve.

Zu einem guten Einvernehmen mit Brandenburg wollte es nicht kommen, namentlich in Hinsicht der kirchlichen Verhältnisse; auch legte Philipp Wilhelm feindliche Gesinnung an den Tag. Es kamen wieder vielfach kirchliche Übergriffe vor, die wohl hauptsächlich durch die Jesuiten und andere Orden veranlaßt wurden. Den evangelischen Schulen wurden alle möglichen Hindernisse in den Weg gelegt, die Lehrer an mehreren Orten vertrieben, die Kirchenreparaturen untersagt, Eingriffe in die bürgerlichen Rechte gewagt 2c. Endlich wurden sogar alle Protestanten, welche sich seit 1651 in Düsseldorf niedergelassen hatten, aus dieser Stadt vertrieben. Als die von seiten des großen Kurfürsten ergehenden Warnungen kein Gehör fanden, schritt dieser nochmals zu ernsteren Maßregeln und erteilte den Kapuzinern zu Cleve, ausdrücklich als Repressalie gegen die Ausweisung der Protestanten aus Düsseldorf, den Befehl, ihr Kloster zu räumen.

Bei diesen religiösen Konflikten hatten sich die Evangelischen wieder an die Generalstaaten gewandt. Der Herzog entschuldigte sich damit, daß seine Beamten ihre Weisung überschritten hätten. Philipp Wilhelm war „ein zwar unbedeutender, aber höchst gut= mütiger und freundlicher Herr, seinem Bekenntnis treu ergeben und auf Ausbreitung desselben möglichst bedacht, aber dabei gerecht und leutselig[30]). Er sah auch ein, daß er seinem großen Gegner Friedrich Wilhelm nicht gewachsen war, und neigte daher zur Ver= ständigung. Es kam zu Verhandlungen, wobei der Kaiser und andere Fürsten wieder als Vermittler auftraten. Durch den Ver= gleich zu Dorsten kamen die Religionsstreitigkeiten vorläufig zum Abschluß unter Annahme des Normaljahres 1624.

Am 9. September 1666 wurde endlich zu Cleve der ent= scheidende Teilungsvertrag geschlossen, den man zum Unterschiede von den früheren Provisional=Vergleichen als Hauptvergleich bezeichnet. Durch denselben wurde in 21 Artikeln Folgendes festgesetzt: „Zwischen den beiden fürstlichen Häusern Brandenburg und Neuburg soll eine beständige Allianz und Erbverbrüderung stattfinden. Alles bisher Geschehene soll der Vergessenheit über= geben sein. Die Länder sollen ein Ganzes bilden und zu gegen= seitigem Beistande verpflichtet sein. Die Zwistigkeiten, die wegen Vollziehung dieses Traktats oder wegen anderer Artikel sich erheben könnten, sollen nicht durch die Waffen, sondern im Wege Rechtens oder vor einem Schiedsgerichte zur Entscheidung kommen. — Das Herzogtum Cleve und die Grafschaften Mark und Ravensberg soll der Kurfürst, die Herzogtümer Jülich und Berg nebst den Herr= schaften Winnenthal und Braskesant der Pfalzgraf erhalten. Über den Besitz von Ravenstein soll ein Schiedsgericht besondere Ent=

scheidung treffen. Beide Fürsten sollen Titel und Wappen der sämtlichen Länder führen, sowie beim Direktorium des westfälischen Kreises als eine Person gelten. Der Kaiser soll um Bestätigung des Traktats und die nötigen Befehle ersucht werden[40]".

Durch einen beigefügten Nebenrezeß vom nämlichen Tage[41]) in 9 Artikeln geschah die Ordnung der religiösen Verhältnisse, indem der im vorhergehenden Jahre zu Dorsten abgeschlossene Interim=vergleich im ganzen aufrecht erhalten, in einzelnen Punkten aber abgeändert wurde.

Am 13. September desselben Jahres erfolgte die Einberufung zu einem allgemeinen Landtage nach Mülheim, um wegen des mit Kurbrandenburg geschlossenen Erbvergleiches, wegen der Huldigung u. a. Sachen das Erforderliche zu beraten[42]). Den Landständen wurde dabei wegen der herrschenden Pestseuche befohlen, sich mit ihrem möglichst zu beschränkenden Gefolge 14 Tage lang vor dem Landtage in pestfreien Orten aufzuhalten.

Am 30. Oktober geschah die Publikation des Religionsvergleichs, der von den beiden Fürsten unter Beifügung einiger Erläuterungen am 17. September ratifiziert worden war, nebst Befehl, dessen Inhalt genau zu befolgen; am 26. April 1668 wurde nochmals ein Auszug aus demselben veröffentlicht.

Die Entscheidung über Ravenstein wurde erst im Jahre 1670 getroffen, und zwar wurde diese Herrschaft dem Pfalzgrafen Philipp Wilhelm zuerkannt.

3. Die endgültige Schlichtung der Religionsstreitigkeiten.

Trotz des abgeschlossenen Religionsvergleiches waren die kirch=lichen Schwierigkeiten immer noch nicht ganz beseitigt, sie wurden aber auf freundschaftliche Weise geschlichtet, insbesondere durch den näheren Religionsvergleich zu Cölln an der Spree, welcher von wechselseitigen Deputierten am 26. April 1672 abgeschlossen wurde, und dessen Ratifikation am 11. Juni des genannten Jahres erfolgte. Gleichzeitig wurde ein Nebenrezeß über 12 besondere Punkte ratifiziert[43]).

Der Vergleich, dem längere Verhandlungen und notariell aufgenommene Untersuchungen über die kirchlichen Verhältnisse an den meisten Orten vorausgegangen waren, enthielt genaue Be=stimmungen über die Religionsausübung, den kirchlichen Güterbesitz, die geistliche Jurisdiktion u. a. Rechte der evangelischen und katho=

lischen Konfessions-Gemeinden und Verwandten. Es war darin festgesetzt, daß die Protestanten in den Landen des Pfalzgrafen, die Katholiken in den Landen des Kurfürsten freie Religionsübung haben sollten, und zwar waren die einzelnen Orte, an welchen dieses zu geschehen hatte, im einzelnen namhaft gemacht. Hierdurch war endlich die Schlichtung der so lange bestandenen Schwierigkeiten in Religions- und geistlichen Sachen herbeigeführt, den drei vorhandenen Bekenntnissen, wie im Westfälischen Frieden, Parität (Gleichberechtigung) in kirchlicher und bürgerlicher Hinsicht zuerkannt, und die mannigfachen Bedrückungen, denen die Protestanten vor dieser Zeit an vielen Orten ausgesetzt waren, erreichten damit in der Hauptsache ihr Ende. Es sollte jeder der beiden Fürsten das Schutzrecht über seine im Gebiete des andern wohnenden Glaubensgenossen ausüben und alljährlich eine gemischte Kommission zusammentreten, um die etwa noch vorgebrachten Beschwerden zu untersuchen und freundschaftlich zu schlichten.

Infolge der getroffenen Vereinbarung erhielten im Bergischen die Reformierten an 30, die Lutheraner an 34 Orten freie Religionsübung unter Belassung ihrer Kirchen, Kapellen, Schulen, Wiedenhöfe ꝛc.

Große Verdienste um die evangelische Kirche unseres Landes erwarb sich Johann Scheibler, Pastor zu Lennep. Geboren 1628 zu Dortmund, studierte er zu Rinteln und Jena, wurde 1654 nach Lennep berufen, auch zum Inspektor der lutherischen Kirche in Jülich und Berg gewählt, 1657 von der Regierung seines Amtes entsetzt, 1658 aber wieder eingesetzt, und starb zu Lennep am 5. Oktober 1689. — Aus den Synodalakten geht hervor, daß er sieben neue evangelische Gemeinden stiftete und eine Menge Kollekten auswirkte, deren Ertrag zur Bestreitung der Gemeindebedürfnisse verwandt wurde. Er machte sich besonders um die Verfassung der heimischen Kirche verdient und entwarf hierfür wichtige Satzungen, die „Leges Ministerii Montensis" und den „Summarischen Begriff, wie es der Kirchendisziplin halber . . . solle gehalten werden"; außerdem gab er mehrere Schriften heraus und stand in naher Beziehung zu vielen großen Männern seiner Zeit.

Im Bergischen Lande wirkte auch Joachim Neander, einer der gefeiertsten Liederdichter der evangelischen Kirche, an den uns der Name „Neanderthal" noch fortwährend erinnert; er wurde am 1. Mai 1674 als Rektor in Düsseldorf angestellt, 1679 jedoch schon nach Bremen berufen.

4. Philipp Wilhelm als Landesvater.

Die Zeit war leider noch nicht darnach angethan, den un=
gestörten Genuß der Segnungen des Friedens zu gestatten. Bald
zeigten sich neue Gewitter am politischen Horizont, die von Frank=
reich herkamen"). König Ludwig XIV. von Frankreich griff im
Jahre 1672, also im Jahre des Religionsvergleichs, in seiner
Eroberungssucht ohne Grund die Generalstaaten an, und in dem
nun entstehenden Kriege, der erst 1678 durch den Frieden zu Nym=
wegen sein Ende erreichte, wurde das Jülicherland und auch das
Bergische wieder in starke Mitleidenschaft gezogen, so daß 1672
bis 1676 die evangelischen Synoden ausfallen mußten. Pfalzgraf
Philipp Wilhelm, der Kurfürst von Köln, der Bischof von Münster
u. a. hatten sich zu einem Bündnis mit Frankreich bereden lassen.
Die Holländer wurden aus den festen Plätzen im Clevischen, welche
sie noch immer nicht geräumt hatten, durch die Franzosen vertrieben,
und als nun 1679 der Friede zu St. Germain zustande kam,
gelangte endlich der große Kurfürst in den Besitz derselben.

Philipp Wilhelm hatte sich im Jahre 1668 zum zweitenmale
um die polnische Königskrone beworben, aber wiederum ohne Erfolg,
obgleich er von Brandenburg in diesem Falle unterstützt worden war.
Da er nun einsah, daß es ihm nicht beschieden war, in der europäischen
Politik, wie es seine Absicht gewesen, eine große Rolle zu spielen,
suchte er durch Familienverbindungen eine angesehene Stellung zu
erlangen, und damit hatte er besseren Erfolg.

Er war zweimal vermählt. Seine erste Gemahlin war Anna
Katharina Konstanze, Tochter des Königs Sigismund III. von
Polen, welche aber schon 1651 starb. Seine zweite Gemahlin
war die zum Katholizismus übergetretene Tochter des Landgrafen
Georg II. von Hessen=Darmstadt, Elisabeth Amalia. Mit ihr
lebte er, wie die erhaltenen Briefe bezeugen, in überaus glücklicher
Ehe, und derselben entsprossen 17 Kinder, 9 Söhne und 8 Töchter.
Von den letzteren wurde die älteste, Eleonore Magdalena
Theresia, die Gemahlin des Kaisers Leopold I., eine andere,
Maria Anna, die Gemahlin des Königs Karl II. von Spanien.

Die häufigen Familienfeste gaben Philipp Wilhelm Ver=
anlassung zu größerer Prachtentfaltung; auch war er als zärtlicher
Gatte und Vater bemüht, seine Häuslichkeit durch äußern Glanz und
Komfort zu schmücken. Zudem bewog ihn seine religiöse Gesinnung.

die Feier der kirchlichen Feste recht glänzend zu gestalten. So schützte und förderte er denn sowohl die bildende Kunst, als auch die Musik. An seinem Hofe zu Düsseldorf wurde die italienische Oper verhältnismäßig sehr früh eingeführt und scheint sich dort auch längere Zeit erhalten zu haben, obgleich bestimmte Nachrichten darüber fehlen. Wie erhaltene Briefe bezeugen, setzte sich Philipp Wilhelm in Verbindung mit dem damals an den deutschen Höfen sehr beliebten Komponisten Sebastiano Moratelli, um neue Opern desselben zur Aufführung zu bringen. Ein von demselben komponiertes Musikdrama, Dido, ließ der Pfalzgraf zur Feier der Hochzeit seines Sohnes Karl Philipp mit der Fürstin Ludovica Charlotte Radziwill, für welche es bestimmt war, vor einer glänzenden Versammlung in Scene gehen. Nach dem Berichte eines Augenzeugen (Clarendon) fehlte schon 1654 beim Besuche Karls II. die Musik nicht, und ein Geschichtschreiber[43]) erzählt: „Am 25. Mai 1660 wurde dem Herzoge Philipp Wilhelm ein Prinz Ludwig Anton zu Düsseldorf geboren. Bei seiner Taufe fanden große Lustbarkeiten, Musik von Blas= und andern Instrumenten, Bälle und Feuerwerk statt. Zehn Pferde, welche zwei Jahre dazu unterrichtet worden waren, führten nach dem Schalle der Trompeten Tänze aus; dieses Schauspiel hatte eine Menge Kölner nach Düsseldorf gezogen."

Nach Beendigung des dreißigjährigen Krieges scheint doch recht bald eine Zunahme der Bevölkerung, des Handels und Verkehrs im Bergischen Lande stattgefunden zu haben. Eine Urkunde vom Jahre 1658 besagt z. B., daß Düsseldorf damals ohne die Außenbezirke 648 Häuser hatte, und die Einwohnerzahl nach mehreren Tausenden zählte. Ein Chronist erzählt aus dieser Zeit, daß „in diesem Jahre eine Kommission zum Besten des Handels in Erwägung gezogen habe: daß, da viele Kauf= und Handelsleute neuerlich in die Stadt gezogen, nötig sei, den Bürgern zu mehrerer Sicherheit des Gewerbes die Einquartierung zu nehmen; auch müsse der Hafen vergrößert 2c., und diese und andere Einrichtung den Agenten in Köln, Brüssel, Haag und Mastricht bekannt gegeben werden".

Im Jahre 1668 wurde der erste Postwagenkurs[46]) mit landesherrlichem Privilegium in unserer Gegend errichtet. „Natürlich hat es in Jülich und Berg wie anderswo in gewissem Sinne einen geordneten Verkehr zwischen den Hauptorten vor dieser Zeit gegeben; aber der erste, wirklich Post genannte Wagen erhielt nicht früher als in jenem Jahre sein Privileg. Dasselbe erteilte ihr der Pfalzgraf Wolfgang Wilhelm unter dem 8. Juni 1668 zu Grimlinghausen und bestimmte, daß die Post abwechselnd auf Köln und längs des Rheines in nördlicher Richtung fahre, damit die Passagiere „auf Wesel, Hamm, Minden, Bremen und Hamburg, auch nach Hannover, Magdeburg und Berlin in kurzer Zeit wohl accomodiert überführt werden können. Welcher sich dieser Ge- legenheit gebrauchen will, hat sich anzugeben bei Johannem Mauren- brecher auf der Zollstraße im Kanon" zu Düsseldorf. Zu bemerken ist, daß der südliche Endpunkt, Köln, genau fixiert, dagegen der nördliche unbestimmt gelassen ist; es darf aber mit gutem Grunde angenommen werden, daß der 1668 privilegierte Wagen vorläufig Duisburg als Endziel hatte. „Er hatte augenscheinlich den Zweck, in die große Postlinie Berlin-Wesel-Cleve einzumünden". Diese erste Post „diente hauptsächlich dem Personenverkehr, wenn auch die Beförderung von Gütern keineswegs ausgeschlossen war. Des- halb stellte sie keine Karre, sondern einen Wagen für acht Personen ein, womit eine schnellere Fahrt verbunden war. Ein solcher wurde wenigstens von zwei, meistens von drei oder vier Pferden gezogen". Bald folgten weitere Postverbindungen.

„Die territorialen Fahrposten am Niederrhein sind danach älter als diejenigen der Reichspost", denn diese zog erst „im Anfang des 18. Jahrhunderts auch den Personen= und Güterverkehr durch Errichtung eigener Fahrposten an sich. Jetzt fand sie dort Landes= posten auf den Hauptlinien bereits organisiert. Sie mußte sich daher gefallen lassen, neben diesen und in Konkurrenz mit ihnen zu arbeiten. Weder der Erzbischof von Köln noch der Kurfürst von der Pfalz wollten ihre älteren Wagen dem Fürsten von Thurn und Taxis zu Liebe verbieten".

5. Haupt= und Deklarations=Rezeß.

Dem Clever Hauptvergleich, sowie den nachfolgenden Religions= vergleichen zuzustimmen, hatten den Pfalzgrafen Philipp Wilhelm verschiedene Gründe veranlaßt. Überhaupt scheint er mit dem zu= nehmenden Alter und nach den mancherlei Erfahrungen seiner Regierung zu einer milderen Ansicht in religiöser Hinsicht gelangt zu sein. Nicht zum wenigsten waren es Gründe der inneren Politik, welche ihn nachgiebiger gegen Brandenburg stimmten.

Seit dem Jahre 1658 „lag er in heftigem Streite mit den Ständen von Jülich und Berg. Diese hatten sich geweigert, die

Kosten für den Unterhalt der von Philipp Wilhelm angeworbenen Truppen weiter zu zahlen, und verlangten Verringerung des Heeres, während der Pfalzgraf dies nicht zugeben wollte. Jahr für Jahr wiederholten die Stände ihre Beschwerde; als dies nichts half, erhoben sie beim kaiserlichen Hofe Klage, und es war zu befürchten, daß sie schließlich Hülfe bei den Brandenburgern suchen würden[47]."

Da schloß Philipp Wilhelm am 5. November 1672 „mit dem Corpore versammelter Jülich= und Bergischer Landesstände" den Haupt=Rezeß, „damit zwischen Haupt und Gliedern das vorige alte resp. gnädigst= und unterthänigste Vertrauen wieder rehabilitieret werde". Durch denselben[48]) wurden u. a. folgende Bestimmungen getroffen:

§ 1. Denen bei dem Reichsgerichte klagführenden Landständen wird nach geleisteter Unterwerfungsakte völlige Amnestie bewilligt, und sollen dieselben bei ihren Rechten, Privilegien ꝛc. erhalten werden.

§ 2. Den Landständen wird bewilligt, sich gegenseitig einen (vorgeschriebenen) Verschwiegenheitseid zu leisten, durch welchen sie sich verbindlich machen, die Gegenstände der Beratung „nach bestem Wissen, Gewissen und Verständnis, wie es einem getreuen Patrioten gebühret", zu erwägen, abzuschließen und verschwiegen zu halten.

§ 4. Nach geschehener Aufnahme aller Güter und Grund= stücke soll die Landesmatrikel mit Zuziehung landständischer Depu= tierten rektifizieret werden.

§ 5. Die fürstlichen Räte sollen, falls ihnen der Zutritt „von Guts und Bluts wegen gebühret", auf den Landtagen er= scheinen, für die Zeit der Verhandlungen ihrer Ratspflichten entbunden sein und den Verschwiegenheitseid ausschwören dürfen.

§ 7. Alle Privatzusammenkünfte der Landstände (in bös= williger Absicht) bleiben streng verboten.

§ 8. Alle Unionen zwischen den Landständen, außer jener Union von 1496, sind und sollen aus landesfürstlicher Macht kassiert und annulliert bleiben und werden.

§ 9. Bei Beschließung eines Krieges oder bei Eingang von Friedens= und Allianzverträgen soll den Ständen kein Entscheidungs= recht zustehen, doch sollen dieselben in ihrem Rat vernommen werden. Die Beschaffung der Kriegs= und Verteidigungsmittel soll mit Zuziehung der Stände beschlossen werden. Die Festungsbau= kosten zu Düsseldorf sollen durch das Herzogtum Berg, jene zu Jülich durch das Herzogtum Jülich einseitig bestritten werden.

§ 10. Alle Landes-, Regierungs-, Hof- u. a. Ämter sollen mit tüchtigen Eingebornen besetzt werden.

§ 11. Die Justizpflege soll nach der Jülich- und Bergischen Landes- und Polizei-, wie auch der 1661 aufgerichteten und publizierten Kanzlei-Prozeß-Ordnung verwaltet werden.

§ 12. Die Jülich- und Bergischen Städte und Flecken, welche von alters her das Recht zur Wahl und Präsentation von Scheffen und Rats-Stellen besitzen, sollen dabei erhalten werden.

§ 13. Die Disposition über heimgefallene Lehen soll dem Landesherrn verbleiben.

§ 14. Die von den Landständen bewilligten Steuern sollen der Matrikel nach repartiert, erhoben und an die von den Ständen ernannten, vom Fürsten bestätigten Pfennigsmeister gezahlt und von diesen verwendet werden.

§ 16. Ohne Vorwissen der Landstände sollen die alten Zölle nicht erhöht und keine neuen Auflagen eingeführt werden.

§ 17. Die verschenkten, veräußerten oder verpfändeten Kammergüter sollen wiedererworben werden, und keine dergleichen Güter ohne Not und landständischen Konsens mehr versetzt ꝛc. werden.

§ 18. Alle von früheren Landesherren erteilten Privilegien und Freiheiten werden bestätigt, und es wird bestimmt, daß alles, was „in obgesetzten Artikulen" vereinbart worden, „von dato an" den „Fürstenthümern Jülich und Berg und angehörigen Landen ein perpetuierliches (ewiges) Fundamental-Gesetz sein und verbleiben soll, und alle künftige Landtagshandlungen zu Unserer, des Vaterlands und der Posterität (Nachkommenschaft) Wohlfahrt, darnach reguliert . . . werden sollen. Im Falle aber Wir, oder Unsere Erben und Nachkommen, so doch nie geschehen solle, wider diesen Rezeß handeln", so sollen diese Eingriffe entweder drei Monate nach eingelegter Beschwerde abgestellt werden, oder es soll deshalb bei dem Reichsgericht geklagt werden dürfen.

Unterm 7. November 1672 wurde den [49]) bei dem Abschluß des Hauptvergleiches nicht erschienenen Landständen ein Termin bis zum 3. Januar k. J. gesetzt, um demselben sich anzuschließen. Die ferner im Ungehorsam beharrenden Landstände wurden von den im Hauptvergleiche erteilten Konzessionen und bestätigten Privilegien ausgeschlossen. Wie aber weitere Verordnungen [50]) beweisen, waren die Stände noch nicht alle versöhnt, denn 1673 erfolgte wieder eine Abmahnung der Teilnahme an der von einigen ungehorsamen Ständen nach Köln ausgeschriebenen Zusammenkunft, bei Verwirkung der bestimmten Strafe. Ferner wurde bestimmt: „Die Publikationen, welche verfassungs= und ordnungswidrig von den widerspenstigen und fiskalisch verfolgten Landständen verbreitet werden, sollen verhindert und unterdrückt, auch deren Inhalt nicht beachtet werden."

Am 27. Juli 1675 wurde nun noch ein **Deklarations= und Erläuterungs=Rezeß** vereinbart[31]), der u. a. Folgendes enthielt: Die gegenwärtige Deklaration ist zur Bezeigung der schuldigen Devotion gegen den Kaiser und zur Beruhigung einiger sich noch beschwert glaubenden Landstände erteilt.

Zum § 1 des Haupt=Rezesses wurde bestimmt: Der Inhalt des= selben wird auch auf die bisheran widersetzlich gewesenen Landstände angewendet, auch deren Güter von dem seitherigen Zuschlag befreit.

Zum § 7: Bösliche Absicht bei Privatzusammenkünften der Landstände soll nicht ferner vorausgesetzt werden und sind dieselben unter Erfüllung der früheren Bedingungen, im Inlande und auch in der Stadt Köln, wo die landständischen Archive befindlich sind, gestattet.

Zum § 8: Eine auf den Grund der Union von 1496 neu= errichtete wörtlich eingerückte Verbindung der Landstände wird ge= nehmigt.

Zum § 18: Durch die gegenwärtige Deklaration und Er= läuterung soll aller bisherige Zwist mit den Landständen abgethan und die desfalsige Prozeßführung bei den Reichsgerichten beendigt sein.

So war denn der Friede mit den Ständen wieder hergestellt und zugleich zwischen Fürst und Volk ein **Staatsgrundgesetz** aufgerichtet, welches ein unvergängliches Denkmal der wohlwollenden landesväterlichen Gesinnung Philipp Wilhelms bildet und zugleich Zeugnis von dem Patriotismus der Stände gibt. Dasselbe war bis zur Zeit der Fremdherrschaft die Verfassungsurkunde der Länder Jülich und Berg.

6. Das Ende des Erbfolgestreites.

Eine andere wichtige Sache harrte ebenfalls ihrer vollständigen Erledigung: der Hauptvergleich zu Cleve von 1666 hatte noch nicht die kaiserliche Bestätigung erhalten. Der große Kurfürst sowohl, wie unser Pfalzgraf hatten jedoch nicht aufgehört, sich um dieselbe zu bemühen, und letzterer benutzte die 1676 erfolgte Vermählung seiner ältesten Tochter mit dem Kaiser in geschickter Weise zur endlichen Erreichung dieses Zieles. Nachdem Leopold I., der nun für seinen Schwiegervater günstig gestimmt war, am 5. Januar 1677 den Haupt= und Deklarations=Rezeß von 1672 und 1675 bestätigt hatte[52]), erteilte er am 17. Oktober 1678 auch dem zwischen dem Pfalzgrafen und dem Kurfürsten 1666 geschlossenen Haupt= vergleich von Cleve die Bestätigung[53]). Zwar erhob 1679 Sachsen beim Reichstage zu Regensburg nochmals Protest gegen diesen Vertrag, aber das konnte jetzt nichts mehr ändern. Neuburg und Brandenburg blieben im Besitz der ihnen zugefallenen Lande, und der Erbfolgestreit hatte sein Ende erreicht.

7. Die Erziehung des Erbprinzen.

Der Erbprinz Johann Wilhelm, das vierte Kind und der älteste Sohn Philipp Wilhelms[54]), wurde am 19. April 1658 im Schlosse zu Düsseldorf geboren. Große Freude herrschte am Hofe über seine Geburt. Am heiligen Sonnabend vor dem Osterfeste vollzog der Abt von Altenberg in der Schloßkapelle die Taufe desselben; er erhielt die Namen Johann Wilhelm Joseph Ignatius, und der letzte Name belehrt uns über die damals am Hofe herr= schende Richtung. Eine ausführliche Instruktion des Vaters schrieb den Weg der Erziehung bis auf die geringsten Einzelheiten vor. Der Prinz erhielt zum Gouverneur den Freiherrn Hermann von Wachtendonk; die Lehrer aber wurden vorzugsweise aus den Jesuiten erwählt, wie es auch beim Vater der Fall gewesen war. Das Hauptgewicht wurde auf die religiöse Erziehung gelegt. Hatte diese erziehliche Einwirkung eine gewisse Unselbständigkeit in seinem Charakter zur Folge, so schlug in der glänzenden Umgebung seine große Vorliebe für äußere Pracht ihre erste Wurzel. Genährt wurde letztere auch durch den Besuch, den er in seinem vierzehnten Lebensjahre in Begleitung eines großen Gefolges mit seinem Vater dem Könige Ludwig XIV. machte, der damals (1672) im Kriege mit den Niederlanden vor Herzogenbusch sein glänzendes Hoflager aufgeschlagen hatte.

An Körper und Geist frühzeitig entwickelt, in allen körper= lichen Übungen sehr gewandt, hatte der junge Prinz sich die damals an den Höfen unentbehrlichen sprachlichen und sachlichen Kenntnisse erworben, und es war nun die Zeit gekommen, wo er durch Reisen sich weiter ausbilden sollte. In der Proposition, welche der Vater

wegen Aufbringung der Kosten den Ständen machte, wies dieser
darauf hin, wie nötig es sei, daß „der junge Prinz mit auswärtigen
Potentaten sich persönlich bekannt mache, derselben Regierungs-
principia und manieren beobachten und penetriren, mithin der
institutionem domesticam perfectioniren, Er selbst hernächst seine
aigene Landt und Leuth desto erträglich, fueglich und nützlicher mit
Abstellung des schädlichen und einführung des guten erlernen kann,
zu herrschen und zu regieren". Die Kosten wurden bewilligt, ein
ausführlicher Reiseplan entworfen und das Gefolge bestimmt. Als
Führer sollte der bisherige Gouverneur Hermann von Wachtendonk
fungieren. Von allen Seiten wurde der Prinz zu „der bevorstehenden
peregrination" beglückwünscht, und in jeder Beziehung das Nötige
eingeleitet.

Alle diese Vorbereitungen wurden in Bensberg getroffen.
Am 25. November 1674 kam der Hof nach Düsseldorf, wohnte dort
am 3. Dezember einem feierlichen Gottesdienste bei, und am
4. Dezember 1674 trat der Prinz endlich seine große Reise an.
Sie ging über Cleve, Nymwegen, Utrecht u. s. w. nach dem Haag,
dann nach Antwerpen und Brüssel. Am 20. Januar 1675 langten
die Reisenden in Paris an. Philipp Wilhelm hatte dem Könige
die bevorstehende Ankunft angezeigt und in seiner Empfehlung
den Verwüster deutschen Landes mit den schmeichelhaftesten Ausdrücken angeredet, die eines deutschen Fürsten nicht würdig waren;
der Sohn machte es bei seiner Ankunft nicht besser und gratulierte
demselben sogar zu den Siegen, welche die französischen Waffen
in Deutschland errungen hatten. Die Aufnahme am französischen
Hofe war eine ausgezeichnete; er blieb dort fast zwei Monate und
nahm an allen Festlichkeiten und Vergnügungen teil. Er lernte
die Großen des Hofes kennen, den Prinzen Condé, den Kriegs-
minister Louvois u. a. Alle bewiesen ihm große Ehre. Auch sah
er dort seine Stammesverwandte, die bekannte Elisabeth Charlotte
von der Pfalz, welche einige Jahre später über das dortige Hof-
leben schrieb: „Alles was man in der Bibel liest, wie es vor der
Sündflut und in Sodom und Gomorra zugegangen, kommt dem
Pariser Leben nicht bei!" Auch dem Könige Karl II. von England
hatte Philipp Wilhelm seinen Sohn dringend empfohlen, und nach
London ging nun die Reise, wo man am 21. Mai 1675 glücklich landete.
Karl II. hatte die früher ihm in Düsseldorf gewordene gastliche
Aufnahme nicht vergessen, und suchte dem Prinzen den Aufenthalt

so angenehm wie möglich zu machen. Ein Fest verdrängte das andere, und Johann Wilhelm ergab sich den gebotenen Vergnügungen mit der ganzen Lust der Jugend; doch nahm er auch die Merkwürdigkeiten und Kunstschätze in Augenschein. Es braucht indes wohl kaum bemerkt zu werden, daß die meisten Eindrücke, welche der Prinz an beiden Höfen empfing, nur nachteilig für ihn sein konnten, denn der in London herrschende raffinierte Luxus übertraf fast noch den des Pariser Hofes, und beide Könige boten ihm hinsichtlich der Regierung auch nur ein schlechtes Beispiel. Die Universität Oxford, die er im Juni besuchte, feierte seine Anwesenheit und verlieh ihm den Doktorhut. Nachdem er dann in London noch einer Sitzung des Parlaments beigewohnt und seinerseits ein glänzendes Fest gegeben hatte, nahm er Abschied.

Hierauf reiste Johann Wilhelm mit seinem Gefolge über Rochester und Canterbury nach Dover, fuhr dann über nach Dieppe und durchzog mehr als drei Monate lang das mittlere und westliche Frankreich, ohne jedoch Paris wieder zu berühren. Aller Orten wurde er festlich und ehrenvoll empfangen, namentlich auch von den Jesuiten-Kollegien. Am 15. Oktober 1675 wurde die italienische Grenze überschritten. Der Aufenthalt Johann Wilhelms in Italien dauerte acht Monate; er besuchte die italienischen Höfe, wohnte wieder vielen Festlichkeiten bei, besuchte aber auch die Bibliotheken und Kunstsammlungen, und das Streben nach gediegener Bildung in Wissenschaft und Kunst, welches ihm hier entgegentrat, war von nachhaltiger Wirkung. Nicht vergessen wurde auch hier, die Klöster zu besuchen, so daß der Reisebeschreiber meint: „Eine andächtigere Wallfahrt eines deutschen Prinzen und deutscher Edelleute habe Italien niemals erblickt!"

Am 27. November zog Johann Wilhelm durch die Engelspforte in Rom ein. Auch dort war seine Aufnahme durch Empfehlungsschreiben wohl vorbereitet, und sein Vater hatte dem Papste das Heil des Prinzen bringend ans Herz gelegt. Am 29. November fand die Vorstellung beim Papste statt, der ihn mit großer Freundlichkeit empfing. Während des dreimonatlichen Aufenthalts in Rom wurde alles Sehenswerte in Augenschein genommen; die Kirchen und Klöster sollen dem Prinzen das größte Interesse eingeflößt haben. Er versäumte auch nicht, dem Grabe seines Vorfahren Karl Friedrich in der Anima, der gerade hundert Jahre früher in Rom gestorben war, einen pietätvollen Besuch abzustatten.

Ende Februar 1676 reiste der Prinz nach Neapel; den Schluß der dortigen Festlichkeiten bildete ein feierlicher Redeakt im Jesuiten-Kollegium, und die schmeichelhaften Lobeserhebungen, womit die Zöglinge in acht verschiedenen Sprachen den noch nicht Achtzehnjährigen überschütteten, überstiegen alles Dagewesene.

Mitte März 1676 kehrte der junge Fürstensohn über die berühmte Abtei Monte-Cassino nach Rom zurück, um dort das Osterfest zu feiern. In der Charwoche wurden sämtliche Kirchen Roms besucht.

Nachdem er vielen kirchlichen Festlichkeiten beigewohnt hatte, fuhr er am 9. April zur Abschiedsaudienz beim Papste, der ihn mit reichen Geschenken an geweihten Rosenkränzen, Reliquien und kostbaren Münzen entließ, und am 16. April wurde die ewige Stadt verlassen.

Johann Wilhelm zog nun wieder nordwärts der Heimat zu und wurde auch auf dieser Rückreise überall auf das entgegenkommendste empfangen. Er besichtigte Kunstschätze und andere Merkwürdigkeiten; Festlichkeiten zu seinen Ehren fehlten ebenfalls nicht. Der Hof des Großherzogs Cosmo III. zu Florenz entzückte ihn; in Venedig wohnte er der größten Festlichkeit dieser Stadt, der symbolischen Vermählung der Republik mit dem Meere, bei.

Nach anderthalbjähriger Abwesenheit betraten die Reisenden wieder Deutschlands Boden, feierten dies Ereignis durch ein Festmahl und zogen dann über Klagenfurt ꝛc. nach Wien. Auch hier fand der Prinz durch die Fürsorge seines Vaters alles wohl vorbereitet, und Kaiser Leopold, der seine Schwester zur dritten Gemahlin auserkoren hatte, erwies ihm als künftigem Schwager natürlich die größte Auszeichnung.

Nach einem Aufenthalte in der Kaiserstadt von mehr als vier Monaten eilte Johann Wilhelm nach Neuburg zurück, in die Arme seiner dort weilenden Eltern und Geschwister; am 20. November traf er daselbst ein und fuhr mit seinen Reisegefährten in zwanzig sechsspännigen Wagen unter Kanonendonner und Glockenschall in die Stadt, von der Volksmenge mit lautem Jubel begrüßt. Bei der zärtlichen Anhänglichkeit, welche in der herzoglichen Familie herrschte, war die Freude des Wiedersehens außerordentlich groß. In der Hauptkirche wurde ein Dankgottesdienst für die glückliche Heimkehr abgehalten.

Schon am 2. Dezember reiste Philipp Wilhelm mit seiner Tochter, der Kaiserbraut, seiner Gemahlin und seinen ältesten Söhnen nach Passau, wohin der Kaiser dem Brautzuge entgegenkam; am 14. Dezember wurde die Vermählung glänzend daselbst gefeiert. Dann kehrte der herzogliche Hof nach Neuburg zurück, verweilte dort noch einige Zeit und trat am 14. Februar 1677 die Heimreise nach Düsseldorf an. Diese Reise glich einem Triumphzuge und bot eine ununterbrochene Reihe von Festlichkeiten, da man überall bestrebt war, in dem Herzoge zugleich den Schwiegervater des Kaisers zu ehren. Johann Wilhelm empfand über diese Ehrenbezeugungen große Freude; ganz besonders gefiel ihm der Spruch, mit welchem die Jungfrauen eines kleinen süddeutschen Städtchens ihm den Ehrenwein kredenzten: „Jung', hol' Wein! Jungfrau, schenk ein! Junker, trink aus! Bauer, zahl' den Schmauß!" — ein Spruch, der in der That die Anschauung der damals an den Fürstenhöfen lebenden Gesellschaft widerspiegelt.

Von Mainz aus wurde die Reise zu Wasser auf dem Rheine fortgesetzt. Am 7. März 1677 abends erfolgte die Ankunft in Düsseldorf. Mit unendlichem Jubel wurden die Heimkehrenden begrüßt. Die Bürgerkompanien bildeten Spalier; unter Fackelbegleitung und Illumination zogen sie nach der Andreaskirche, wo ein Dankgottesdienst stattfand, und erst dann zum Schloß.

So war denn Johann Wilhelm in die Heimat zurückgekehrt, nachdem er zwei Jahre und drei Monate abwesend gewesen war. Die Reise hat der ihm für dieselbe als Seelsorger beigegebene, aus dem Jesuiten-Kollegium zu Trier verschriebene Pater Johannes Pakenius, wie früher Pighius die Reise des Erbprinzen Karl Friedrich, genau beschrieben, und zwar gleichfalls unter dem Titel: „Hercules prodicius"[55]). Die Eindrücke derselben waren nicht geeignet, in dem fürstlichen Jünglinge Regententugenden nach heutigen Begriffen zu wecken, sondern mußten eher das Gegenteil hervorrufen. Letzteres war auch wirklich der Fall; das in dem Prinzen vorhandene Selbstgefühl wurde zur Selbstüberschätzung gesteigert, und er war während seiner Regierung bestrebt, in Bezug auf Selbstherrschaft, Prachtliebe und Verschwendung dem Vorbilde Ludwig XIV. und Karl II. zu folgen. Daß diese Wirkung hervorgebracht wurde, können wir indes dem in den Anschauungen seiner Zeit befangenen Vater, der im besten Glauben handelte, nicht zum Vorwurfe machen.

8. Übergabe der Regierung an den Erbprinzen.

Im April 1677 führte Philipp Wilhelm seinen Sohn in die militärische Laufbahn ein, indem er ihm das bisher vom Grafen von Schellaert innegehabte Infanterie-Regiment verlieh, welches unter der Bezeichnung „Leibregiment des Erbprinzen" nach Düsseldorf in Garnison gelegt und auf 1000 Mann komplettiert wurde; es wird jedoch nicht berichtet, daß Johann Wilhelm an der Spitze seines Regiments thätig aufgetreten wäre.

Im Jahre 1678 reiste er abermals mit der Familie nach Wien, um der Taufe des dem Kaiser am 26. Juli geborenen Sohnes beizuwohnen. Die Großmutter, Herzogin Elisabeth Amalie, hielt ihn über der Taufe; es war der spätere Kaiser Joseph I. Der kluge Herzog Philipp Wilhelm wußte die jetzt beim Kaiser vor- handene günstige Stimmung so gut zu benutzen, daß derselbe in die Verlobung seiner Stiefschwester Maria Anna Josepha mit dem Erbprinzen Johann Wilhelm einwilligte. Schon am 25. Oktober vollzog der Bischof Graf Colonitsch in Neustadt die Trauung. Am 3. November kamen die Neuvermählten nach Wien, wo jetzt die Vermählungsfestlichkeiten stattfanden. Als doppelt verschwägert mit dem Kaiser zog dann Johann Wilhelm mit seiner Gemahlin nach Neuburg; dort hielt sich das junge Paar bis zum Sommer des nächsten Jahres auf.

Philipp Wilhelm hatte seinem Sohne noch ein besonderes Hochzeitsangebinde zugedacht, wobei vielleicht des Kaisers Wunsch mitwirkte: durch Patent vom 1. August 1679 sprach er die Über- gabe der Regierung von Jülich und Berg an den Erb- prinzen Johann Wilhelm aus.

In seiner Sorgfalt hatte er auch als Leitfaden für den Sohn eine ausführliche Instruktion für die Verwaltung und Regierung dieser Lande entworfen, die vortreffliche Ermahnungen und praktische Ratschläge enthielt, freilich auch die Weisung „sich besonders die Fortpflanzung der alleinseligmachenden katholischen Religion angelegen sein zu lassen"; die treue Anhänglichkeit an den Kaiser und das Kaiserhaus war zum Schluß als heiligste Pflicht bezeichnet [36]).

Philipp Wilhelm, jetzt 63 Jahre alt, hatte sich nur die Leitung der äußeren Politik vorbehalten und blieb zu Neuburg in seinem glücklichen Familienkreise; Johann Wilhelm aber trat mit seiner Gemahlin die Reise nach Düsseldorf an, wo über die Ankunft, welche noch im August erfolgte, große Freude herrschte.

Zehntes Buch.

Die Zeit der Kurfürsten aus dem Hause Pfalz.

Vom Regierungsantritt Johann Wilhelms II.
bis zum Beginn der Fremdherrschaft.
1679—1806.

Johann Wilhelm II.

1. Seine erste Regententhätigkeit.

Im Alter von 21 Jahren übernahm Johann Wilhelm die Regierung der Herzogtümer Jülich und Berg. Nachdem sein Vater ihn für den Herrscherberuf nach damaliger Anschauung sorgfältig vorbereitet, den Herzogtümern eine Verfassung gegeben und die Religionsstreitigkeiten geschlichtet hatte, konnte ihm derselbe die Regierung mit gutem Gewissen anvertrauen. Ohne Zweifel hatte er auch den guten Willen, die Lehren seines Vaters zu befolgen.

Durch den eben beendeten Krieg des französischen Königs gegen Holland waren unsere Lande schwer heimgesucht worden, besonders Jülich; dort zogen die Franzosen auch noch nicht ab, angeblich weil das Land mit einem Teile der ihm auferlegten Kontributionen im Rückstande war. Das Herzogtum Berg hatte weniger zu leiden gehabt, da es hauptsächlich nur durch Truppenwerbungen und Verteidigungsmaßregeln beteiligt gewesen war[1]).

Die seit dem 18. August in Düsseldorf versammelten Landstände, welche sich am 30. August nach Volmerswerth zur Bewillkommnung des dort zu Schiffe angekommenen neuen Landesherrn begaben, wurden schon durch den ersten Empfang nicht angenehm berührt. Da es sich bald genug zeigte, daß der junge Fürst viel Geld brauchte, steigerte sich die Mißstimmung und es bereiteten sich scharfe Konflikte vor. Sie huldigten ihm erst am 15. Oktober, waren aber einig, daß die fürstliche Resolution wegen Abstellung ihrer vorgelegten „gravamina" in keiner Weise genüge und „daraus wenig zu verhoffen sei". Am 23. Oktober wurde der Landtag beendet; auf den folgenden Landtagen aber wiederholte sich stets die Opposition gegen die zu bewilligenden Geldmittel, sowie das Verlangen nach Abstellung der gravamina, wodurch Johann Wilhelm in immer gereiztere Stimmung geriet und endlich ein unheilbarer Bruch eintrat. Er erkannte die traurige finanzielle Lage des Landes zwar an, war aber trotzdem nicht gewillt, die großen Kosten seines Hofhaltes auch nur einigermaßen einzuschränken, auch nicht diejenigen für Truppen und Festungen. Dabei war die Finanzverwaltung eine möglichst schlechte. Der Kammermeister von Giese machte unterm 9. November dem Fürsten die Anzeige: „Die Söldner seien wegen Nichtbezahlung in solche Armut und Not geraten, daß nicht allein zu befahren, daß dieselben vor Hunger und Kummer häufig daher sterben, sondern sich endlich rottieren und höchst gefährliche sedition anfangen, mithin diese Stadt, welches dero Kommandant Oberstlieutenant von Burgsdorff auch nicht wenig befürchten thut, ausplündern werde 2c." Johann Wilhelm kam denn auch zur Einsicht und entschloß sich, einen Teil der Truppen zu entlassen.

Auf die Ordnung der gerichtlichen und polizeilichen Zustände richtete er sein besonderes Augenmerk[2]). Dies beweist z. B. der Befehl vom 6. Februar 1680, daß einige, welche Duelle vorhaben, wo sie betroffen werden „arrestirt und mit genügsamen Schützen wohl verwahrlich nach Düsseldorf gebracht werden sollen." Ferner eine Verordnung vom 13. Januar 1681 über die Wolfsjagden, woraus hervorgeht, daß in verschiedenen Ämtern selbst im Sommer die Wölfe Kinder bei den Viehherden fortgeschleppt, zerrissen und gefressen haben. Jeder Unterthan erhielt die Erlaubnis, auf Wölfe Jagd zu machen, jedoch nur außerhalb der fürstlichen Wildbahn, und für jedes abgelieferte Stück einen Preis. Eine Verfügung vom 25. Februar 1681 schärft den Gerichtsschreibern ein, die Akten nicht zu weitläufig zu schreiben, sondern auf mittelmäßig ordinari Papier, und die Linien, Zeilen und Wörter nicht „gefährlicher weyß" zu weit voneinander noch allzuwenig auf ein Blatt, auch aller unnötiger öfterer Wiederholung sich gänzlich zu enthalten u. s. w."

Mit schwerem Herzen hatte Johann Wilhelm in die Verminderung der Truppen sich gefügt. Als nun im Jahre 1682 die dem Reiche von den Türken und von Frankreich drohende Gefahr zu neuen Rüstungen, zur Aufstellung von „Kreisvölkern" auf Anordnung des Kaisers führte, gab ihm dies erwünschte Veranlassung, daran das Bedürfnis einer verstärkten Kriegsmacht für die speziellen Zwecke der Herzogtümer Jülich und Berg zu knüpfen, welche ihrer geographischen Lage nach allerdings sehr gefährdet waren. Seine Forderungen beliefen sich auf 254850 Thlr. Die Stände waren durchaus dagegen, doch setzte er schließlich hohe Bewilligungen durch, mit denen er sich für jetzt zufrieden erklärte.

Mit gleichem Interesse suchte Johann Wilhelm aber auch die sonstigen Verhältnisse seiner Länder zu ordnen, in erster Linie die konfessionellen. Trotz aller früher erlassenen Rezesse und Verordnungen kamen immer noch Konflikte vor. Neue Rezesse und Verordnungen[3]) vom 7. März, 10. März und 14. April 1682 schafften Abhülfe und bekundeten eine so vollständige Richtung zur Toleranz und christlichen Parität, wie sie damals wohl nur in wenigen Ländern zu finden war. Juden wurden freilich, wie auch früher, nur gegen Zahlung eines Geleitsgeldes geduldet.

Auch Verordnungen zur Stärkung und Vermehrung der Steuerkraft wurden erlassen[4]). Die von Johann Wilhelm beabsichtigte Regulierung des Rheinlaufs und der Uferbefestigung scheiterte an dem Widerstande der Stände.

Er verstand es meisterhaft, sich volksfreundlich zu zeigen und beliebt zu machen. Dieses Bestreben zeigte sich gleich im Anfange seiner Regierung. Im Mai 1681 nahm er an dem jährlichen Schützenfeste der alten Vogelschützen-Bruderschaft teil und schoß den Vogel ab. Als Erinnerungszeichen schenkte er eine große vergoldete Silberplatte mit dem Wappen und seinem Wahlspruch: „Dominus virtutum nobiscum".

Am 26. Januar 1683 wurde ihm ein Sohn geboren, der aber gleich nach der Geburt starb. Durch dieses traurige Familienereignis wurde er sehr niedergebeugt. Am 4. Juni desselben Jahres starb auch sein Bruder Wolfgang Georg.

2. Die politische Lage der Herzogtümer.

Das deutsche Reich wurde nach wie vor im Westen von den Franzosen, im Osten von den Türken und Ungarn bedroht. Die politische Lage unserer Herzogtümer war ebenfalls sehr bedenklich. Johann Wilhelm war darum nach Kräften für die „Landesdefension" bemüht, und es gelang ihm abermals, den Widerspruch der Stände zu überwinden. In Bezug auf Düsseldorf beabsichtigte er jedoch nicht allein eine bessere Befestigung, sondern er suchte die Stadt in jeder Beziehung zu heben, um sie zu einer seiner Würde mehr entsprechenden Residenz zu machen, und erließ entsprechende Ver= ordnungen[5]).

Nachdem durch die große Schlacht vom 12. September 1683 Wien von den Türken befreit war, wurde am 15. August 1684 auch zwischen Ludwig XlV. und dem deutschen Reiche ein zwanzig= jähriger Waffenstillstand geschlossen. Zum ferneren Türkenkriege aber mußten die Stände wieder 20000 Thlr. bewilligen.

Bald trat ein auch für Jülich und Berg sehr wichtiges Ereignis ein. Am 16. Mai 1685 starb mit Karl V. von der Pfalz die ältere Linie Pfalz=Simmern aus, an welcher die Kur= würde haftete; dieselbe ging auf Pfalz=Neuburg über. So wurde Philipp Wilhelm in seinem 70. Lebensjahre Kurfürst von der Pfalz, Johann Wilhelm also Kurprinz[6]).

Ludwig XIV. beanspruchte nun einen Teil der pfälzischen Erbschaft für seine Schwägerin, die bekannte „Lise Lotte", Schwester des verstorbenen Kurfürsten; sie hatte aber bei ihrer Vermählung auf alle Ansprüche verzichtet.

Der Anfall der Pfalz gab nun schon wieder Veranlassung zu einer neuen Geldforderung. Johann Wilhelm beteuerte dabei, wie leid es ihm thue, da sie erst im Frühjahre so viel bewilligt hätten, „dannenhero Ihro Hochfürstl. Durchl. dieselben ungern auf so frischer That abermahlen belangen", doch sei es unter den jetzigen Konjekturen unvermeidlich — „und da die Stände bisher in derartigen Fällen immer so devot sich erzeigt hätten, daß er wegen ihres bisherigen Verhaltens ein vollkommenes Vergnügen und sonderbare consolation empfinde", so zweifle er nicht, „sie werden ihm zu dem genannten Zweck ohne Zeitverlierung mit baren Geldmitteln erkleklich assistiren", er werde dies „mit Hochfürstl. Hulden und Gnaden, womit Sie ihnen immer wohl= beygethan verbleiben, zu erkennen geneigt sein". Die Stände, anfänglich sehr entrüstet, bewilligten dennoch 50000 Thlr., womit nun Philipp Wilhelm seine Regierung in der Pfalz beginnen konnte. Derselbe bedankte sich in sehr verbindlichen Ausdrücken und hofft, „daß dieser Successions Fall auch zu der darunttigen Lande mehrerem Flor, Lustre und Aufnehmen ersprießen möge,

und werde er nicht unterlassen, seine Landts=Fürst=Bätterliche uner=
müdete Sorgfalt jederzeit dahin, damit dessen wirklicher Genuß
empfunden werden möge, anzuwenden".

Um diese Zeit bekam die Kaiserin einen zweiten Sohn, den
späteren Kaiser Karl VI., und Johann Wilhelm beschloß, mit seiner
Gemahlin und großem Gefolge zur Taufe nach Wien zu reisen.
Bei dieser Gelegenheit entfaltete er zum erstenmal den ganzen
Apparat eines verschwenderischen Hofes. In seinem Gefolge befand
sich auch der Maler Douven, den er schon 1682 als Hofmaler
angenommen hatte. Zur Beschaffung des Geldbedarfs wandte er
sich diesmal an die Städte, und nicht vergeblich; aber dennoch
entfaltete er am Kaiserhofe eine Pracht, welche seine Mittel weit
überstieg. Im Frühjahr 1686 kehrte er nach Düsseldorf zurück,
um dem Landtage neue Geldforderungen vorzulegen, die er eben=
falls wieder durchzusetzen wußte. Er ging dann wieder nach Wien,
um seine noch dort verweilende Gattin abzuholen. Auf der Rück=
reise begab er sich von Passau aus zu seinem Vater nach Heidelberg,
während Maria Anna allein nach Düsseldorf reiste.

Im Jahre 1686 begehrte König Don Pedro von Portugal
die zweite Tochter Philipp Wilhelms, die 20jährige Maria Sophia
Elisabeth, zu seiner zweiten Gemahlin, und den Ständen wurde
abermals zugemutet, 50000 Thlr. zu den Ausstattungskosten zu
bewilligen. Diese „Portugalische Hochzeitsteuer" rief natürlich wieder
die lebhafteste Opposition hervor, doch wurden am 10. März 1687
von Jülich 18000, von Berg 12000 Thlr. genehmigt, ebenso noch
andere Ausgaben, obgleich die Verhandlungen einen stürmischen
Charakter annahmen.

Die Hochzeit in Heidelberg, welcher Johann Wilhelm wegen
Erkrankung seiner Gemahlin aber nicht beiwohnen konnte, verschlang
schließlich die Summe von 159000 Gulden! Auf der Reise in
die Heimat kam die Neuvermählte nach Düsseldorf, und nun gab es
selbstverständlich wieder die glänzendsten Feste. Am 11. August 1687
traf die Königin in Lissabon ein[7]).

Im Westen des Reiches zogen wieder drohende Wolken auf.
Ludwig XIV. suchte begierig eine Gelegenheit, den Waffenstillstand
zu brechen; Johann Wilhelm sah sich daher genötigt, wiederum
auf die Verteidigung bedacht zu sein, und die Stände konnten nicht
umhin, abermals große Summen zu bewilligen.

Ludwig XIV. war bemüht, die Wahl seines Parteigängers, des Domdechanten Wilhelm Egon von Fürstenberg, zum Erzbischof von Köln an Stelle des am 3. Juni 1688 gestorbenen Maximilian Heinrich durchzusetzen. Dies scheiterte aber an dem Widerstande des Kaisers und des Papstes, der den Prinzen Joseph Clemens von Bayern bestätigte. Nun fielen die Franzosen in die Rheinlande ein, und es begann jener schreckliche Krieg, in welchem namentlich die Pfalz so grauenhaft verwüstet wurde. Im Herbst 1688 wurde dem Herzogtum Berg eine Kontribution von 100000 Thlr., Jülich eine solche von 200000 Thlr. auferlegt. Am 19. Dezember hatten Franzosen schon Siegburg besetzt und die Siegübergänge gesperrt; am 20. Dezember plünderten sie Zündorf. Die Ämter Blankenberg und Löwenberg waren bereits mit Sengen und Brennen bedroht, falls die Kontribution nicht schleunigst eingeliefert werde. Verhandlungen und Vereinbarungen sollten weiteres verhüten[8]). Johann Wilhelm brachte seine Gemahlin nach Wien, kehrte aber sofort zurück. Bald liefen von allen Seiten Klagen ein über Gewaltthätigkeiten der Franzosen. Zu den Festungsbauten in Kaiserswerth wurden täglich Arbeiter und Gespanne requiriert. Den Ständen wurde mitgeteilt, sie möchten sich mit den Zahlungen beeilen, da Louvois sehr dränge und wiederholt befohlen habe, mit dem Niederbrennen vorzugehen und ihm die Zahl der Dörfer anzugeben, welche schon eingeäschert worden seien.

Gegen Ludwig XIV. bildete sich nun eine große Allianz, so daß derselbe ziemlich isoliert dastand. Die Truppen des Kurfürsten von Brandenburg setzten dem Vordringen der Franzosen auf dem linken Rheinufer ein Ziel; es kam zu scharfen Gefechten, in denen die Franzosen geschlagen wurden, nur die Festung Rheinberg blieb noch in ihren Händen. Auf dem rechten Rheinufer war Kaiserswerth noch besetzt, ebenso Siegburg; die Bewohner der Ämter Blankenberg und Löwenberg aber, durch die Erfolge der Brandenburger ermutigt, rotteten sich zusammen und widersetzten sich den Requisitionen der Franzosen. Johann Wilhelm machte von neuem große Geldforderungen an die Stände und befahl, alles Geld, was für die Kontributionen bestimmt sei, nach Düsseldorf abzuliefern. Allen Widerstand mußte er wieder zu überwinden und seinen Zweck zu erreichen. Die Franzosen rächten sich dafür, indem sie im Amte Angermund drei Dörfer niederbrannten. Die Stände beharrten zwar noch in der Opposition; aber es half ihnen alles nichts[9]) —

20

schließlich erteilten sie dem Fürsten noch die Ermächtigung zur leih=
weisen Aufnahme von 300000 Thalern.

Während dieser Verhandlungen traf die Nachricht ein, daß des
Fürsten Gemahlin am 13. April in Wien gestorben sei. Sie wurde in
der kaiserlichen Gruft bei den Kapuzinern in Wien beigesetzt. Eine
fürstliche Verordnung am 20. April befahl allgemeine Landestrauer[10]).

3. Die weiteren Ereignisse des Jahres 1689.

Nachdem die Brandenburger das linke Rheinufer von den
Franzosen gesäubert hatten, nahmen sie am 16. Mai 1689 auch
die Festung Rheinberg ein. Weiterhin richteten sich ihre Operationen
auf Kaiserswerth, das sie enge einschlossen. Friedrich III. von
Brandenburg, der Nachfolger des 1688 gestorbenen großen Kur=
fürsten und nachmalige erste König von Preußen, leitete den Angriff
in eigener Person. Er traf am 14. Juni in Wesel ein, ging am
20. nach Duisburg, wo er seine Gemahlin, die ihn begleitet hatte,
zurückließ, nahm am 21. Juni sein Hauptquartier im Schloße
Heltorf, und am 24. begann die Beschießung der Festung, welche
so wirksam war, daß die Franzosen schon am 26. kapitulierten.
Am 28. Juni wurde im Lager ein Dankgottesdienst abgehalten,
welchem auch die Kurfürstin beiwohnte. Spanien, England und
Holland beglückwünschten den Kurfürsten zu diesem seinem ersten
Feldherrnerfolge.

Es wurde nun der Vormarsch auf beiden Rheinufern nach
Bonn beschlossen. Ein Teil des Belagerungskorps marschierte am
29. Juni aus dem Lager ab, erreichte am 1. Juli Lülsdorf, über=
schritt am 7. Juli bei Bergheim die Sieg und besetzte Rheindorf
und Vilich. Dadurch wurden nicht nur die Siegübergänge frei,
sondern auch die französische Garnison in Siegburg zum schnellen
Abzug veranlaßt. Dieselbe plünderte aber vorher noch die Stadt
vollständig aus und schleppte einige angesehene Bürger als Geiseln
mit. Acht Wochen waren sie dort gewesen; die Stadt berechnete
die Kosten der Verpflegung auf 4000 Thaler, die Abtei ihren
Schaden auf 5000 Thaler. Am 11. Juni wurden nach mehrtägiger
Beschießung die Beueler Schanze mit Sturm genommen, ihre Be=
satzung floh nach Bonn, und im Herzogtum Berg war nun kein
Franzose mehr zu sehen.

Der größere Teil des Belagerungskorps, unter eigener Führung
des Kurfürsten, verließ das Lager am 2. Juli, überschritt den Rhein

bei Düsseldorf auf einer Brücke, welche Johann Wilhelm im Mai hatte schlagen lassen, und bezog am 6. Juli ein Lager bei Zons. Johann Wilhelm begleitete den Kurfürsten dorthin und wohnte im Lager dem Kriegsrate bei, ging aber am 12. Juli wieder nach Düsseldorf zurück. Am 16. Juli setzte der Kurfürst den Marsch nach Bonn fort.

Am 23. Juli erhielt Johann Wilhelm die Trauernachricht, daß sein Bruder Friedrich Wilhelm bei der Belagerung von Mainz gefallen war. Seine Leiche wurde nach Düsseldorf gebracht und im Mausoleum der Hof=(Andreas=)kirche beigesetzt[11]).

Am 27. August fand die Hochzeit seiner Schwester Maria Anna mit dem Könige Karl II. von Spanien statt, und zwar in Neuburg, wo Philipp Wilhelm seine ganze Familie um sich versammelt hatte. Johann Wilhelm brachte seine Schwester, die nunmehrige Königin, nach Düsseldorf, wo sie einige Zeit verweilte; der Kurfürst von Brandenburg hatte sie auf der Reise in Siegburg begrüßt, wohin er mit seinen Brüdern aus dem Lager von Bonn zu diesem Zweck gekommen war. Der Aufenthalt in Düsseldorf verlief ohne Festlichkeiten wegen der Familientrauer. Am 14. November geleitete Johann Wilhelm die Braut nach Dortrecht und kehrte dann nach Düsseldorf zurück, während der Bruder Ludwig Anton die Begleitung bis nach Spanien glücklich ausführte.

Am 8. September hatte Mainz kapituliert, am 12. September Bonn. Zu dem glücklichen Erfolge vor Bonn hatte auch Johann Wilhelm durch Geschütz und Truppen mitgewirkt. Die Truppen der Verbündeten kehrten in die Winterquartiere zurück, verübten dabei aber viele Erpressungen; sogar die eigenen Truppen Johann Wilhelms plünderten im Amte Blankenberg Dörfer und Gehöfte aus.

Für den Monat Oktober hatte Johann Wilhelm wieder einen Landtag ausschreiben lassen, um neue Geldmittel zu erhalten für Heiratssteuer seiner Schwester Maria Anna, für das Militär und für sich selbst, u. a. für eine neue Vermählung 20000 Thlr. Trotz großer Opposition wurde das Geld wieder größtenteils bewilligt, für die „Hispanische Hochzeit" 30000 Thlr., für den Fürsten eine Anleihe von 100000 Thlr., welche zu 6 % aufgenommen wurde.

4. Johann Wilhelm wird Kurfürst.

Im Anfange des Jahres 1690 reiste Johann Wilhelm nach Augsburg, wohin der Kaiser einen Kurfürsten=Konvent zusammenberufen hatte mit der Bitte, bei den traurigen Zeiten mit möglichst geringem Hofstaate zu erscheinen. Diese Mahnung hatte aber so wenig gefruchtet, daß Kurfürst Philipp Wilhelm, dessen Lande doch so schrecklich gelitten hatten, und für den auch von unsern Ständen noch Zuschüsse verlangt worden waren, am 18. Oktober mit 24 sechsspännigen Kutschen, einem Gefolge von 335 Personen und 356 Pferden in Augsburg einzog! Dort wurde sein Enkel, der Sohn des Kaisers, Erzherzog Joseph, zum Römischen Könige gewählt und am 9. Januar 1690 die Krönung seiner Tochter, der Kaiserin Maria Eleonore, im Dome vollzogen. Am 4. April desselben Jahres vermählte sich seine sechste Tochter, Sophia Dorothea, mit dem Erbprinzen von Parma. Johann Wilhelm war aber vorher wegen dringender Angelegenheiten nach Düsseldorf zurückgekehrt.

Schon im Dezember 1689 waren wieder Franzosen plündernd in das Jülich'sche eingefallen, so daß militärische Vorbereitungen gegen sie zu treffen waren; sie fanden sich bewogen, nachdem sie bis Düren vorgedrungen waren, angesichts der ihnen entgegenrückenden Verbündeten wieder zurückzugehen.

In dieser Zeit wurde Johann Wilhelm plötzlich abberufen nach Wien, wo sein Vater schwer erkrankt war; er traf dort am 18. August ein, und am 2. September starb Philipp Wilhelm in den Armen seiner geliebten Gattin und umgeben von der Mehrzahl seiner Kinder. Seine Leiche wurde auf der Donau nach Neuburg gebracht und im Dome beigesetzt. Johann Wilhelm verlor an ihm seinen besten Ratgeber, ohne den er bisher nichts Wichtiges unternommen hatte. Bisher war er zwar als Regent von Jülich und Berg von seinem Vater rechtmäßig eingesetzt gewesen, aber nach den Reichsgrundsätzen nicht souveräner Landesherr. Jetzt war er souveräner Herr von Jülich und Berg, sowie Kurfürst von der Pfalz[12]), also wirkliches Mitglied des Kurfürsten-Kollegiums, welches in allen wichtigen Reichsangelegenheiten ein einflußreiches Wort mitzusprechen hatte. So entstand die Verbindung von Jülich-Berg mit Kurpfalz, welche länger als ein Jahrhundert dauerte.

5. Johann Wilhelms verschwenderische Hofhaltung.

Als Johann Wilhelm 1690 in den Besitz der Pfalz gelangte, war das unglückliche Land durch die Franzosen auf das unmenschlichste verwüstet, die Haupt- und Residenzstadt Heidelberg mit ihrem herrlichen Schlosse zerstört. Er begab sich zwar zum Regierungsantritt dorthin und setzte für die Zeit seiner Abwesenheit seinen früheren Gouverneur und Reiseführer, Hermann von Wachtendonk, jetzt Großprior des Malteserordens, als Statthalter von Jülich und Berg ein; aber bald kehrte er aus dem verheerten Lande nach Düsseldorf zurück und überließ die Regierung desselben seinen Beamten.

Er sah sich jetzt nach einer neuen Gemahlin um und sandte den Herrn von Wachtendonk zur Brautwerbung nach Florenz, wo er früher eine so glänzende Aufnahme gefunden hatte. Er ließ um die Hand der Tochter des Großherzogs Cosmo III. von Toscana, Anna Maria Loysia, anhalten, welche er auch erhielt. Am 29. April 1691 fand die vorläufige Vermählung zu Florenz statt, wobei der Erbprinz Ferdinand von Toscana den abwesenden Bräutigam vertrat. Der Oberhofmeister des Kurfürsten, Graf von Hamilton, geleitete dann die Prinzessin nach Deutschland. Johann Wilhelm erwartete sie in Innsbruck, wo sie am 27. Mai eintraf, und führte sie dann nach Neuburg; dort wurde ihm die Braut am 5. Juni persönlich angetraut. Am 19. Juli trafen die Neuvermählten in Düsseldorf ein. Johann Wilhelm erhielt mit seiner neuen Gemahlin keine Millionen, wie wohl behauptet worden ist; aber immerhin war ihre Mitgift eine willkommene Zugabe für seine an fortwährendem Geldmangel leidende Hofhaltung. Die Rücksicht auf die durch Pracht und Luxus verwöhnte Mediceerin gab ihm neben der Erlangung des Kurhutes Veranlassung, den Hofhalt noch auf größerem Fuße als bisher einzurichten. Schon im folgenden Jahre wurde eine Anleihe in Holland nötig, welche aber nicht weit reichte. Im Jahre 1696 machte er mit der Kurfürstin und großem Hofstaate eine Reise nach Holland, welche wieder große Summen verschlang. Bei dieser Gelegenheit besuchte er den berühmten Maler Adrian van der Werff in Rotterdam und engagierte ihn; gegen ein Gehalt von 4000 Gulden trat derselbe 1697 für sechs Monate in seinen Dienst. — In demselben Jahre wurde der Friede zu Ryswick geschlossen und deswegen am 20. Dezember ein feierliches Landes=Dankgebet angeordnet. — Im Jahre 1698 machte Johann Wilhelm wieder eine Reise nach der Pfalz und hielt in Weinheim glänzend Hof. Nach der Rückkehr bot er alles auf, um aus Düsseldorf ein „klein Paris" zu machen. Die steigende Finanznot war nicht im stande, ihn zu einer Einschränkung der Bedürfnisse des Hofes zu bringen; jede Gelegenheit wurde zur Begehung prunkvoller Feste benutzt. So gelangte sein Hof allerdings in den Ruf, einer der glänzendsten Höfe in Deutschland zu sein; aber das Land mußte dadurch schwere Lasten tragen. Die Landessteuern, schon früher zu 900000 Rthlr. veranschlagt, waren bereits bis auf 1021000 Rthlr. hinaufgeschraubt; im Jahre 1699 sollten noch wieder neue Steuern hinzukommen. Den Ständen riß denn doch endlich die Geduld; im Jahre 1701 gingen sie auseinander, ohne das Verlangte zu bewilligen.

Johann Wilhelm suchte sich nun dadurch zu helfen, daß er eine ständische Deputation berief. In einem eigenhändigen Dekret vom 2. Januar 1702 machte er unter der Überschrift: „Vor deputatos will ich haben" — diejenigen namhaft, von denen er glaubte, daß sie willfährig sein würden. Da aber manche derselben gar nicht erschienen und die übrigen auch zur Bewilligung sich nicht verstehen wollten, erließ er am 13. Februar ein neues Dekret. Er rügt darin, „daß vermelte deputati bei ihrer voriger insolenten Einwendung, besserer Gnädigster Zuversicht zuwider, halsstarriger Weise bestehen wollen"; sie sollen deshalb „nach Hause geschickt werden, aus Landesmitteln keine Diäten erhalten und den Ständen nicht referieren"; in Zukunft werde er, „kraft Landesfürstlicher Macht und autorität, ohne Landstände mehr darumb zu beschreiben und zu berathschlagen", die nötigen Summen jährlich ausschreiben und eintreiben lassen, „warzu Sie einzig und allein von ihrer, der Landstände, unerhörter und unverantwortlicher Halsstarrigkeit und Eigensinnigkeit gegen Ihren Willen gezwungen werden". Das Ende vom Lied war, daß von dem Kaufmann Arnold von Beymegh in Köln 150000 Rthlr. aufgenommen wurden, die zur Bestreitung der Kriegsbedürfnisse dienen sollten; dazu kam noch eine zweite Anleihe in Holland. Die Kriegsbereitschaft konnte aber diese Gelder nicht alle verschlingen, da der Kurfürst zu diesem Zwecke viele sonstige Einnahmen hatte, indem er andern Reichsfürsten Truppen für das Reichsheer gegen hohe Geldentschädigung lieferte und außerdem vom Reiche jährlich 400000 Gulden als Subsidiengelder bezog.

6. Die Franzenjagd von 1702.

Es waren allerdings von neuem kriegerische Rüstungen notwendig geworden, denn Ludwig XIV. hatte 1701 nach dem Tode des Königs Karl II. von Spanien, des Schwagers unseres Kurfürsten, den spanischen Erbfolgekrieg veranlaßt, den man auch als seinen vierten Raubkrieg bezeichnet. Wieder kam ein großes Bündnis gegen Ludwig, die dritte Koalition, zu stande, so daß dessen einzige Bundesgenossen nur der Kurfürst Max Emanuel von Bayern und dessen Bruder, der Erzbischof Joseph Clemens von Köln, blieben. Kurfürst Johann Wilhelm stand selbstverständlich auf des deutschen Kaisers Seite, wie die meisten deutschen Fürsten und insbesondere auch der Kurfürst von Brandenburg, der für diesen Beistand die Königskrone erhielt. Johann Wilhelm soll auf den ihm von französischer Seite gestellten Antrag, neutral zu bleiben, die echt deutsche Antwort gegeben haben: „Das giftigste Gewürm im heißen Afrika sei nicht so verächtlich als ein deutscher Fürst, der nicht treu zu Kaiser und Reich stehe". Am 26. Dezember 1701 ließ er persönlich einen Transport von Lebensmitteln und Kriegsbedarf, welcher auf 44 Schiffen rheinabwärts den Franzosen zugeführt werden sollte, bei Grimlinghausen durch seine Truppen abfassen und nach Düsseldorf bringen; auch rief er Brandenburger und Holländer zur Hülfe herbei.

Es begann nun im April 1702 die Belagerung von Kaiserswerth, über welche in den Ratsprotokollen der Stadt sich folgender Bericht erhalten hat [13]): „Anno 1702 auf Ostertag ist von den Kaiserlichen, Holländischen und sämtlichen alliierten Truppen diese Festung Kaiserswerth, welche von den Franzosen besetzt gewesen, dergestalt belagert und bombardiert, daß sogar kein einziges Haus ... verschont worden, sondern diese ganze Stadt ... dergestalt totaliter ruiniert und verdorben, daß seit Menschengedenken solche schwere und neun Wochen lang dauernde Belagerung nicht vorgefallen, also daß billige Ursache haben, Kindskindskinder solchen äußerlichen Schaden zu betrauern und zu beklagen. Demnächst ist nach Eroberung dieser Stadt gleich angefangen, die Pforten, Mauern, Bollwerke, Bastionen, Contreescarpes gesprengt und eingeworfen. Im selbigen Jahr auf St. Laurentii Abend ist hiesiger Schloßturm ... gänzlich in die Luft gesprengt worden".

Der Erzbischof von Köln unternahm im Oktober in Verbindung mit dem französischen Marschall Tallard von Beuel aus den Rhein entlang einen verheerenden Plünderungszug in das Bergische Land, überall raubend, sengend und brennend. Ein Geschichtschreiber [14]) berichtet darüber: „Das schöne herzogliche Schloß zu Lülsdorf mit seinen Kunstschätzen ging in Flammen auf, auch das schöne Handelsdorf Porz, ferner Zündorf, Urbach und unzählbare Wohnstätten. Wer von den Bewohnern nicht in die Berge flüchtete, wurde erschlagen, oder mißhandelt und verstümmelt.

Das war der 4. Oktober 1702, einer der schrecklichsten Schauertage in der Geschichte des Rheinlandes. Wohlhabende Leute führten sie mit nach Bonn, um durch Lösegeld ihre Habgier zu befriedigen. Zu Hunderten wurden die Gefangenen in ungeeignete Räume eingepfercht, wo die meisten schon im Oktober der Ruhrkrankheit erlagen; über 200 starben dort. Drei Tage und drei Nächte hausten der französische Marschall und der Kölner Erzbischof in solch vandalischer Weise im Bergischen. Am 5. Oktober raubten sie in Burscheid alles Vieh und allen Hausrat. Zu Merheim, Flittard, Schlebusch, Glabbach und anderen Orten zündeten sie Häuser und Scheunen an. Weder Kirchen noch Klöster wurden geschont. Die Plünderung war so allgemein und ging so ins Kleinliche, daß viele Familien gar nichts behielten — und das kurz vor dem Winter! Der verwelschte Erzbischof hatte seine Freude daran und drückte diese entsetzliche Freude in einem Briefe aus, welcher der Nachwelt überliefert worden ist; es heißt darin u. a.: „Wir setzten das ganze Land zwanzig Meilen weit in so große Furcht, daß nicht ein einziger Bauer um uns herum zu finden war, also daß wir das ganze Bergerland totaliter ausplünderten. Der Schaden ist allein für Mülheim auf 100 000 Rthlr. zu schätzen, also daß viel Geld, Brokate, Leinwand, Tuch, Seide, enfin sehr kostbare Güter erbeutet worden. In Summa, das ganze Land ist in Kontribution gesetzet und die Furcht so groß, daß es mit keiner Feder zu beschreiben ist". — Aber diese teuflische Freude der Mordbrenner dauerte nicht lange. Die Verbündeten rückten im April 1703 heran, jetzt auch durch englische Truppen unter dem Herzog von Marlborough verstärkt, eroberten Bonn und nahmen den französischen Marschall gefangen. Der unpatriotische Erzbischof, der das Unheil angesponnen hatte, war schon zu dem räuberischen Könige Ludwig XIV. geflüchtet, an den er sein Vaterland verkauft und verraten hatte. Die Franzosen waren gezwungen, den Niederrhein gänzlich zu verlassen. — Es war dies der letzte Krieg, den ein Herrscher unseres Landes und Pfalzgraf des Rheins gegen einen Erzbischof von Köln geführt hat.

7. Johann Wilhelms Stellung zu den Protestanten.

Hinsichtlich seiner Stellung zu den konfessionellen Bewegungen der Zeit hat Johann Wilhelm die verschiedenartigste Beurteilung erfahren. Während er von der einen Seite als ein gehorsames

Werkzeug der Jesuiten geschildert wird, weiß man von der andern seine Toleranz nicht hoch genug zu rühmen. Beide Ansichten haben ihre Berechtigung, je nachdem seine persönlichen Ansichten oder seine öffentlichen Regierungshandlungen in Betracht gezogen werden, und hiernach muß man bei seiner Beurteilung scharf unterscheiden.

Schon in der Regierungs=Instruktion seines Vaters vom Jahre 1679 war auf die konfessionellen Beziehungen ein großer Nachdruck gelegt und ihm aufgegeben, sich „besonders die Fort=pflanzung der alleinseligmachenden katholischen Religion angelegen sein zu lassen".

Aus seinen Briefen[16]) geht hervor, daß Johann Wilhelm persönlich ein Feind der Protestanten war und als solcher nicht verdient, mit dem Glorienschein der Toleranz geschmückt zu werden. Er arbeitete 1692 mit den Kurfürsten von Köln und Trier eifrig gegen die Errichtung einer neuen Kurwürde für das Haus Braun=schweig=Lüneburg, um die Einführung einer neuen protestantischen Stimme in das Kurfürsten=Kollegium zu verhindern. Die sieg=reichen Erfolge der Brandenburger gegen die Franzosen, wodurch doch seine Länder Jülich und Berg gerettet wurden, erregten in ihm die Besorgnis vor einer „Praepotenz der Akatholischen". Die Nachricht von dem Übertritt des Kurfürsten August des Starken 1697 vernahm er mit großer Genugthuung und begrüßte es „als eine unbegreifliche göttliche Gnade", daß Sachsen und Pfalz, einst die festesten Stützen der Religion, nun in katholischen Händen waren. Es ist sogar vermutet worden, daß Johann Wilhelm der eigentliche Urheber der berüchtigten Klausel gewesen sei, welche in den vierten Artikel des Ryswicker Friedensinstrumentes, wo=nach alles in den Stand vor dem Kriege gebracht werden sollte, gesetzt wurde: „so daß jedoch die römisch=katholische Religion in den so zurückerstatteten Orten in dem Stand, wie sie jetzt ist, ver=bleibt;" — wenigstens konnte er seine Befriedigung über dieselbe nicht verbergen. Auf dem Reichstage zu Regensburg war er mit den geistlichen Kurfürsten zur Aufrechterhaltung der Klausel fest entschlossen, wobei er auf die Uneinigkeit der protestierenden Reichs=stände rechnete und dabei äußerte: „Das Nächste wäre noch, daß man die Evangelischen aneinanderhetzte." An seinen Bevollmächtigten schrieb er: „Dadurch werden die Consilia derer zu Boden liegen, die uns in unsern kurpfälzischen Landen in Religionsachen die Hände noch mehr zu binden sich angemaßt haben," und setzte be=

forgt hinzu: „wenn nur die Crone Frankreich bei der Clausula IV beharret und sich durch der Reformirten importunes Anbringen zu schädlicher Interpretation nicht verleiten läßt." „So dachte und schrieb Johann Wilhelm, der fast zu gleicher Zeit die früheren Religions-Rezesse neu publizieren ließ." Dies geschah durch Edikt vom 1. Oktober 1697 unter Hinzufügung einiger Punkte zur Abhülfe der von den Evangelischen aufs neue erhobenen Beschwerden. Auch den Protestanten in der Pfalz hatte er schon am 2. September 1690, vom Sterbelager des Vaters aus, freie Religionsübung gestattet.

Es steht somit fest, daß die öffentlichen Regierungshandlungen Johann Wilhelms den Rechten der Protestanten in Jülich und Berg in keiner Weise Abbruch thaten; man muß daher den Zustand dieser Länder in konfessioneller Hinsicht als zu jener Zeit höchst anerkennenswert bezeichnen und dies um so mehr anerkennen, als der Kurfürst selbst, wie wir gesehen haben, kein Freund der Evange-lischen war. Wenn aber auch seine sog. Toleranz-Edikte[16]) nicht ein Ausfluß seiner persönlichen Gesinnung waren, sondern durch feststehende Verträge bedingt wurden, deren wirkliche Ausführung der Kurfürst von Brandenburg als Protektor der Evangelischen in Jülich-Berg überwachte, so steht doch fest, daß er den Bau vieler protestantischer Kirchen gestattete und daß er französische Protestanten, welche infolge der 1685 geschehenen Aufhebung des Ediktes von Nantes flüchteten, in seine Lande aufnahm. Im Jahre 1704 führten auch die Lutheraner die Einteilung ihrer Gemeinden in Klassen durch. Freilich gelang es noch nicht, den kirchlichen Zwang ganz zu beseitigen, so daß der König von Preußen 1705 mit Ein-ziehung des katholischen Kirchengutes in Magdeburg, Halberstadt und Minden drohte, wenn nicht den Beschwerden Abhülfe geschafft werde, worauf sich Johann Wilhelm rasch zu Unterhandlungen ent-schloß, welche zum Abschluß der Religionsdeklaration von 1705 führten.

8. Luxus am Hofe. Sorge für Düsseldorf.

Die Mißhelligkeiten zwischen dem Kurfürsten und den Ständen dauerten fort; aber trotz der in steter Zunahme begriffenen Geld-not konnte sich Johann Wilhelm nicht dazu verstehen, seinen ver-schwenderischen Gelüsten Einhalt zu thun. Es sei in dieser Beziehung hier nur einiges hervorgehoben. Am 19. Juni 1702 gab er vor der eroberten Festung Kaiserswerth in Zelten den Führern des siegreichen Belagerungscorps ein glänzendes Fest. Im August machte er mit großem Gefolge eine Reise nach Frankfurt. Im Oktober war er mit seiner Gemahlin und dem ganzen Hofstaate in Heidelberg und ehrte dort seinen von der Belagerung von Landau zurückkehrenden Neffen, den Römischen König Joseph, und dessen Gemahlin durch große Festlichkeiten, deren Kosten 20000 Rthlr. betragen haben sollen. Im April 1703 befand sich Johann Wilhelm in Siegburg, um der Belagerung von Bonn nahe zu sein; hier schenkte er dem Herzog von Marlborough, der ihm einen Besuch abstattete, einen Wagen und sechs Pferde. Im September veranstaltete er in Düsseldorf große Festlichkeiten zu Ehren seines Neffen Karl, des jungen Titularkönigs von Spanien, der 13 Tage dort zubrachte. Im Dezember war der Kurfürst schon wieder auf der Reise nach Wien, wo er bis zum August 1704 sich aufhielt. Im November weilt er von neuem in der Pfalz, wo er wiederum den Römischen König Joseph, den Prinzen Eugen und den Prinzen Ludwig von Baden festlich bewirtete. In diesem Jahre wurde auch der Bau des Galleriegebäudes begonnen, dazu kam der Bau des prachtvollen Schlosses zu Bensberg, die Errichtung des Reiterstandbildes auf dem Markte zu Düsseldorf u. s. w. Es ist daher kein Wunder, daß trotz neuer und erhöhter Steuern, sowie vieler anderen Einnahmen die Kassen stets leer waren.

Ein „Geheimes Kriegs=Kommissariat" war neugebildet, in dessen Kassen viele Einnahmen flossen, angeblich vier Fünftel der gesamten Landeseinnahmen, und diese Kassen waren der Kontrole der Stände ganz entzogen; hier war also die Quelle, aus welcher die Mittel für die erwähnten Ausgaben so reichlich flossen! Dazu kam die Errichtung einer Bank in Köln. Als die Mitglieder der Finanz= deputation sich gegen die an sie gestellten Zumutungen sträubten und die Unterschrift der Bankzettel verweigerten, drohte ihnen der Kurfürst a. a., er werde sie allesamt mit gewaffneter Hand nach der Festung Jülich abführen lassen!

Im Jahre 1707 waren für 10788 Rthlr. Kriegskommissariats= zettel im Umlauf, im Jahre 1712 aber war diese Summe auf die ungeheure Höhe von 8 Millionen gestiegen, während die ausge- gebenen landständischen Bankzettel auf noch nicht 2 Millionen sich beliefen. Allerdings waren diese Jahre Kriegsjahre, aber es waren auch die Jahre, in denen der Luxus am Hofe seine größte Höhe erreichte, und wir wissen, daß die Kriegskosten durch die Subsidien= gelder vielleicht ganz gedeckt wurden.

Johann liebte seine Geburts= und Residenzstadt Düsseldorf ungemein, und in seinem gewaltigen Ehrgeiz, seinem auf das Groß= artige gerichteten Sinn faßte er, vor keiner Schwierigkeit zurück= schreckend, grandiöse, fast märchenhafte Pläne, um sie in die Reihe der ersten, berühmtesten Kunst= und Weltstädte zu erheben, ohne zu bedenken, daß dazu weder die Lebenskräfte eines Einzelnen, noch die materiellen Mittel ausreichten. Immerhin entwickelte sich die bis dahin kleine Stadt mächtig unter seiner Gunst und Fürsorge.

Im Jahre 1709 wurde die Neustadt angelegt. Hier beab= sichtigte er, da das alte Schloß zu verfallen begann, einen neuen Palast von kolossalem Umfange zu errichten, dessen in reicher italienischer Renaissance gehaltener Entwurf noch vorhanden ist[17]). Ein Tourist jener Zeit schrieb: „Ich habe den Plan eines neuen Palastes gesehen, dessen Bau beabsichtigt war; derselbe würde, aus= geführt, sicher eines der großartigsten Gebäude Europas geworden sein." Der Kurfürst gab aber diese Absicht wieder auf. Dagegen ließ er große Umbauten am alten Schlosse vornehmen, das Gallerie= gebäude errichten und die Wohnräume so prachtvoll ausstatten, daß Fremde aus weiten Entfernungen sich einfanden, um die innere Einrichtung mit ihren Kunstschätzen und Kostbarkeiten in Augen= schein zu nehmen.

9. Die Errichtung der Düsseldorfer Gemälde=Gallerie.

Die Begeisterung für die Kunst, welche Johann Wilhelm so glänzend bethätigte, hatte schon in seiner Jugend reiche Nahrung erhalten, namentlich durch seinen Aufenthalt in Italien, und ins= besondere am mediceischen Hofe zu Florenz; durch seine zweite Ehe mit der kunstsinnigen und heiteren Mediceerin erhielt dieselbe noch mehr Anregung, und es reifte in ihm ein großartiger Plan, den er auch zu herrlicher Ausführung brachte: die Errichtung der welt= berühmten Düsseldorfer Gemälde=Gallerie[18]).

Gleich nach seinem Regierungsantritt ließ Johann Wilhelm die geeigneten Meisterwerke, welche sich in seinen Landen zerstreut befanden, nach Düsseldorf überführen, u. a. „Die Himmelfahrt Mariä" von Rubens, welches Bild seiner Größe wegen nur in der Stiftskirche untergebracht werden konnte. Dasselbe soll in der Seele des Fürsten zuerst den Gedanken erweckt haben, ein neues Galleriegebäude aufzuführen, wie denn überhaupt die gewaltigen Schöpfungen dieses großen Meisters ihm den ersten Antrieb zur

Sammlung der Werke bedeutender Maler gegeben haben sollen.
Diese enthusiastische Verehrung für Rubens hatte er von seinem
kunstsinnigen Großvater Wolfgang Wilhelm geerbt, dem Freunde
und Lebensretter des Malerfürsten. Als er nun nach dem Tode
seines Vaters in den Besitz der Kunstsammlungen seiner Ahnen
gelangte, und seine zweite Gemahlin aus ihrer kunstgesegneten
Heimat herrliche Schätze mit nach Düsseldorf brachte, ihn auch bei
seinem Unternehmen auf das eifrigste unterstützte, ging dasselbe
immer mehr seiner Verwirklichung entgegen. Im Jahre 1710
erfolgte die feierliche Eröffnung der Gallerie, und sie wurde seit=
dem das Ziel vieler Tausende von Bewunderern, welche dorthin
strömten, um sich an dem Anblicke der wundervollen Meisterwerke
zu erfreuen.

Die Gemäldesammlung füllte fünf Säle in der Beletage des
Gebäudes; ihre kunstgerechte Anordnung war das Werk der Meister
Douven und van der Werff. Einer der Säle enthielt nur Gemälde
von Rubens, ein anderer fast nur solche von van der Werff; auch
Rembrandt und Gerhard Dow waren durch Meisterwerke reich ver=
treten. „Im ersten Saale hing obenan das prächtige Bild von
Douven: ‚Kurfürst Johann Wilhelm hoch zu Roß in voller Rüstung,
mit freundlichem Antlitze seinem Volke Frieden und den Künstlern
Schutz verkündend.‘ In zwei Sälen des Erdgeschosses waren die
Modelle der erhabensten Statuen und Antiken Italiens enthalten.“
Zum Ankauf der Kunstwerke wurden vertraute und bewährte Kunst=
kenner ausgesandt.

Auch in der Berufung berühmter Künstler wetteiferte das
Fürstenpaar. Einer der hervorragendsten war Johann Franz
Douven, später Chevalier von Douven genannt (1656—1727),
der eine hochangesehene Stellung am Hofe einnahm. Er war
geboren zu Roermonde, wurde 1682 vom Kurfürsten, der seine
Werke sehr schätzte, zum Hofmaler ernannt und nahm nun seinen
ständigen Wohnsitz in Düsseldorf, wo er sich vollständig einbürgerte.
Seinen größten Ruf erwarb er sich als Portraitmaler. Von seiner
kunstgeübten Hand entstanden die Bildnisse von drei Kaisern, drei
Kaiserinnen, fünf Königen und sieben Königinnen, sowie einer
großen Zahl von Fürsten, Prinzen, Prinzessinnen und hervor=
ragenden Zeitgenossen. Franz Douven war der vertraute Rat und
Liebling des Kurfürsten, wirkte fördernd auf dessen Sammeleifer
und trug viel zur Errichtung der Gemälde=Gallerie bei.

Neben ihm erfreute sich der größten Gunst des Hofes Adrian van der Werff (1659—1722), geboren im Kralinger Amt bei Rotterdam. Es wurde oben schon erzählt, daß ihn Johann Wilhelm 1696 in Rotterdam besuchte und ihn 1697 auf sechs Monate in seinen Dienst nahm. Seitdem blieb er in dauernder Beziehung zum Düsseldorfer Hofe und zur Stadt. Seine Werke fanden zu jener Zeit übertriebene Bewunderung, die sie zwar heute nicht mehr in dem Maße finden, aber sie konnten immerhin als eine Zierde der Gallerie angesehen werden.

Eine große Zahl von Künstlern und Künstlerinnen standen außerdem noch im Dienste des Kurfürsten; von niederländischen Malern sind zu nennen: Jan Weening, Anton Schoonians, Gottfried Schalken, Johann van Kessel, Hermann van der Meyn u. v. a.; von den italienischen: Antonio Bellucci, Antonio Pellegrini, Domenico Zanetti, Antonio Bernardi ꝛc.

Die zahlreiche und glänzende Sammlung von Gemälden in der Gallerie bildete nur einen Teil der herrlichen Kunstschätze, mit denen der Kurfürst das Schloß zu Düsseldorf zu schmücken wußte. Auch das Schloß zu Bensberg, dessen Bau er in den Jahren 1706 bis 1713 ausführen ließ, wurde in ähnlicher Weise geschmückt. Goethe schrieb 1774: „Deutlicher ist mir eine Fahrt nach dem Jagdschlosse Bensberg, das, auf der rechten Seite des Rheins gelegen, der herrlichsten Aussicht genoß. Was mich daselbst über die Maßen entzückte, waren die Wandverzierungen von Weening. Wohlgeordnet lagen alle Thiere, welche die Jagd nur liefern kann, rings umher wie auf dem Sockel einer großen Säulenhalle; über sie hinaus sah man in die weite Landschaft . . . Man näherte, man entfernte sich mit gleichem Erstaunen[19]).“

10. Johann Wilhelms Reiterstandbild.

Wie Johann Wilhelm auf dem Gemälde Douvens stolz und hoch zu Roß dem in die Gallerie Eintretenden imponierend entgegenritt, so sollte nun auch auf dem Hauptplatze Düsseldorfs, auf dem öffentlichen Markte, sein in Erz gegossenes Standbild als unvergeßliches Wahrzeichen dem Besucher in die Augen fallen. Eine geeignetere Stelle konnte für das Denkmal nicht gefunden werden, als auf dem Marktplatze inmitten seiner Residenz, denn um diese hat er sich wirklich verdient gemacht. Da er sich die

Ausschmückung derselben zum Ziele gesetzt hatte, so konnte er der
Versuchung nicht widerstehen, den Marktplatz durch ein Monument
zu verschönern, welches der Stadt zur Zierde gereichte und zugleich
zur Verherrlichung seiner Person und Würde diente; waren doch
seinem Vorbilde Ludwig XIV. zu seinen Lebzeiten in Paris zwei
Denkmale gesetzt worden!

Nach der Tradition soll die dankbare Bürgerschaft aus frei=
willigen Beiträgen das Denkmal errichtet haben, und es wird
erzählt [20]): „Als die Bürgerschaft das Standbild bei dem Erzgießer
Grupello bestellt hatte und das Erz im Flusse war, da bemerkte
der Künstler, daß des Erzes zu wenig sei. Die Bürger aber
wollten das Bild ihres geliebten Jan Wellem unverkürzt haben
und liefen nach ihren Wohnungen, um zur Füllung der Form bei=
zuholen. Sie brachten die edelsten Metalle, Gold und Silber, um
ihre dankbare Liebe für den Landesvater zu beweisen. Ein Bürger,
der den Antrieb gegeben, soll gerufen haben, das edle Herz des
geliebten Fürsten verlange auch im Bilde ein Herz von klarem
Golde, und so soll im Bilde ein Herz von Gold sein und Silber=
glanz auf dem Antlitz." Heinrich Heine erzählt: „Als Knabe hörte
ich die Sage, der Künstler, der diese Statue gegossen, habe während
des Gießens mit Schrecken bemerkt, daß sein Metall nicht dazu aus=
reiche, und da wären die Bürger der Stadt herbeigelaufen und hätten
ihm ihre silbernen Löffel gebracht, um den Guß zu vollenden — und
nun stand ich stundenlang vor dem Reiterbilde und zerbrach mir den
Kopf, wie viele silberne Löffel wohl darin stecken mögen und wie viele
Apfeltörtchen man wohl für all das Silber bekommen könnte".

Auch die Inschrift auf dem Postamente sagt, die „grata
civitas" habe dem Fürsten das Denkmal gesetzt; aber dieses
Postament ist erst 1830 nach einer Zeichnung des Architekten
Adolf von Vagedes hergestellt und die Inschrift erst infolge viel=
facher Verhandlungen durch Verfügung vom 6. August des ge=
nannten Jahres festgestellt worden. Ein historischer Beweis für
die Sage ist noch nicht beigebracht worden, und es steht wohl
unzweifelhaft fest, daß Johann Wilhelm selbst sich das Denkmal
gesetzt hat. Der ursprüngliche Entwurf zu dem Piedestal der
Statue war viel großartiger; es waren nach demselben im Modell
bereits vier große Löwen hergestellt, von denen in symbolischer
Darstellung die vier Kardinallaster Hoffart, Geiz, Neid und Völlerei
unterdrückt wurden.

Der Meister, welcher die Equesterstatue Johann Wilhelms geschaffen, war der Bildhauer und spätere Chevalier Gabriel Grupello, aus Belgien gebürtig. (1644—1730.) Wie des Standbildes, so hat sich die Sage auch seiner Person bemächtigt, so daß er fast zu einer mythischen Figur geworden ist, während über sein Leben und Wirken wenig Zuverlässiges bekannt ist. Am 3. Mai 1695 wurde er als Hof=Statuarius angestellt. Daß er ein bedeutender Künstler war, beweist eben sein Hauptwerk, das Bronze= standbild des Kurfürsten. Außer derselben stellte Grupello eine hohe Pyramide in Bronze und einen anmutigen Springbrunnen her, sowie eine ganze Anzahl kleinerer Arbeiten.

11. Johann Wilhelms letzte Regierungsjahre.

An der von Johann Wilhelm bekleideten Kurwürde haftete nach der „Goldenen Bulle" das Amt als Reichsvikar (Reichsverweser) im Westen; der spanische Erbfolgekrieg brachte ihm 1708 noch den Kurhut von Bayern und das Amt als Reichs=Erztruchseß[21]).

Er hatte nun auf der Stufenleiter der Reichsfürsten die höchste Sprosse erreicht, und ihm lag es ob, im Jahre 1711 nach dem Tode Joseph I. die Anordnungen zur Wahl eines neuen Kaisers zu treffen. Er erließ sofort die übliche Proklamation und begab sich am 19. September mit großem Gefolge nach Frankfurt, wo er sich vier Wochen lang aufhielt. Während dieser Zeit wurde die Kaiserwahl vollzogen; gewählt wurde sein Neffe, der Bruder Josephs, Karl VI., dem Spanien bestimmt war, und der ihn, wie wir oben sahen, 1703 in Düsseldorf besucht hatte. Im Dezember war Johann Wilhelm wieder in Frankfurt, um die Krönung voll= ziehen zu lassen; obgleich infolge eines Schlaganfalles matt und schwach, waltete er doch am 22. Dezember seines Amtes als Erz= truchseß. Eine Schaumünze, welche dieses Ereignis verherrlichen sollte, zeigte den Kurfürsten im Ornat zu Pferde, und zwar identisch mit dem Reiterstandbilde auf dem Markte. Vielleicht war letzteres inzwischen aufgestellt worden, so daß er es bei seiner Rückkehr nach Düsseldorf vorfand. Das Jahr der Errichtung steht urkundlich nicht fest, modelliert wurde es jedenfalls vor 1708, ehe Johann Wilhelm die Kurwürde von Bayern und die Erztruchseßwürde besaß.

Die Reise nach Frankfurt und der Luxus bei den Krönungs= feierlichkeiten hatten wieder ungeheure Summen verschlungen, doch wurde jedenfalls ein großer Teil derselben vom Reiche gedeckt. Der

Kurfürst, obgleich er nach seiner Rückkehr in seine Residenz sich wieder von den gewohnten Schwierigkeiten umgeben sah, gab aber nach wie vor mit vollen Händen. So erhielt z. B. 1712 Adrian van der Werff für sein „Bad der Diana" 6000 neue Dukaten mit dem Bildnisse des Fürsten, und Frau van der Werff ein reiches Silberservice.

Zu den finanziellen Schwierigkeiten kamen noch Verluste infolge des für Johann Wilhelm sehr nachteiligen Friedens zu Rastatt am 7. März 1714. Er verlor die bayrische Kurwürde mit dem Erztruchseßamte wieder, mußte die Oberpfalz und die Grafschaft Cham an Bayern zurückgeben, und von den ihm in Aussicht gestellten Entschädigungen erhielt er nichts. Diese Verluste empfand er schmerzlich und hat seine Rechte bis zu seinem Tode durch Wort und Schrift unermüdlich verteidigt. Die stete Opposition der Stände gegen sein Schuldenmachen verbitterte ihn ebenfalls, und so zog er sich mißmutig mehr und mehr von den Staatsgeschäften zurück, alles seinen Räten überlassend; er unterschrieb auch nicht mehr, sondern ließ die Schriftstücke mit einem Stempel versehen. Ein Schreiben vom 30. Juli 1715 klagt: „Leider Gottes, so weit hat man es zuletzt mit Sr. Churfürstl. Durchlaucht gebracht, daß Sie alles glaubt, was man Ihre vorgemachet".

Infolge mehrerer Schlaganfälle, welche den Kurfürsten in Bensberg und Hambach trafen, wurde sein Befinden ein höchst bedenkliches. Zu Anfang des Jahres 1716 erlebte er noch die Freude, daß sein Bruder, der Deutschmeister Franz Ludwig, zum Kurfürsten von Trier gewählt wurde. Obgleich schwach und hinfällig, veranstaltete er im April zu Düsseldorf noch ein großes Fest, weil dem Kaiser ein Sohn geboren war. Seit dem 1. Mai wiederholten sich die Schlaganfälle, Wassersucht, Brustbeklemmungen und Fieber traten hinzu, und am 8. Juni, morgens 7 Uhr, erlag Kurfürst Johann Wilhelm seinen Leiden[32]), nur 58 Jahre alt. Die Leiche wurde im kurfürstlichen Ornate auf dem Paradebette ausgestellt und blieb dann sechs Wochen lang in der Hofkapelle stehen, während dieser Zeit wurde täglich dreimal eine Stunde mit allen Glocken geläutet. Am 3. August abends erfolgte die Beisetzung im Mausoleum der Andreaskirche, und wie der dabei entfaltete Pomp, so entsprach auch der reich verzierte Sarg der Prachtliebe des Verstorbenen. Seine Witwe ging im Jahre 1717 wieder nach Florenz, wo sie noch bis 1743 lebte und eine Zeitlang die Regent-

21

schaft führte. Da Johann Wilhelm keine Kinder hinterließ, so folgte ihm sein Bruder Karl Philipp; die andern Brüder waren teils tot, teils geistliche Würdenträger.

12. Zur Beurteilung Johann Wilhelms II.

Wenn wir nun noch einen Rückblick auf sein Wirken und seinen Charakter werfen, so ergiebt sich dieser aus dem Gesagten von selbst. Wir können weder denen beipflichten, welche ihn als ein Muster aller Regententugenden, ja als einen Volksabgott dar= stellen, noch benen, welche ihn ganz verurteilen und keinerlei Ver= dienste ihm zuerkennen wollen. Die Wahrheit liegt vielmehr in der Mitte dieser sich völlig widersprechenden Beurteilungen. Daß dieselben nicht übereinstimmen, liegt zum Teil daran, daß in seinem Auftreten sich große Widersprüche zeigen.

Es läßt sich nicht leugnen, daß wir in Bezug auf diejenigen Eigenschaften, welche wir heute bei einem um das Wohl seiner Unterthanen wirklich besorgten, vortrefflichen Fürsten voraussetzen, bei Johann Wilhelm vieles vermissen. Am meisten widerspricht einer günstigen Beurteilung der Umstand, daß er die Einkünfte des Landes in unerhörtem Luxus verschwendete und eine große Schuldenlast aufhäufte, an der das Land fast ein Jahrhundert lang zu tragen hatte.

Sein Verhalten den Ständen gegenüber kann ebenfalls nicht gutgeheißen werden. Seine Person stellte er überall zu sehr in den Vordergrund; dies zeigte sich beispielsweise darin, daß er mit der Fürstin allein nach allen Vorschriften des spanischen und kaiser= lichen Hofceremoniells Tafel hielt, und zwar öffentlich, unter Zu= lassung von Zuschauern. Seine Stellung zu den konfessionellen Fragen wurde oben schon besprochen; sie wird aber auch dadurch gekennzeichnet, daß seine Lobredner vorzugsweise Jesuiten waren. Andererseits muß jedoch rühmend hervorgehoben werden, daß er trotz seiner Abneigung gegen den Protestantismus Toleranz übte, und diese war eben in jener Zeit nicht hoch genug zu schätzen. Es kann auch nicht in Abrede gestellt werden, daß während seiner Regierung vieles geschah, was dem Lande zum Segen gereichte. Für die Rechtspflege und die Verwaltung gab er weise Gesetze, so z. B. das berühmte Duellmandat[23]) vom 10. Mai 1692, welches die Abschaffung der Duelle bezweckte, die neue Kriminalordnung vom 11. Juni 1695, die Medizinalordnung vom 25. April 1708 u. s. w.

Von früher her bestanden noch die Siechen- oder Leprosen-
häuser, in welche die mit dem Aussatz oder andern Hautkrankheiten
Behafteten verwiesen wurden. Nach dem 30jährigen Kriege hatte
sich aus den Insassen derselben eine Diebes- und Räuberbande
gebildet. Um dem Lande die nötige Sicherheit wiederzugeben, ließ
Johann Wilhelm ein strenges Gericht üben; die Frevler wurden
im Februar 1711 zu Düsseldorf hingerichtet, die wirklichen Siechen
in ein einziges sicheres Haus zusammengebracht, und die sonst noch
bestehenden Siechenhäuser sämtlich abgeschafft.

Die bestehende, vom Jahre 1554 herrührende Polizeiordnung
wurde 1696 u. a. durch ein Kapitel „von den Schulen" erweitert, welches lautet: „Dieweil zu Aufrichtung und Erhaltung
einer ehrbaren beständigen und guten Policey, davon denn Land
und Leuthen, Ehr und Wohlfahrt entstehet, der fürnembsten Weg
und Mittel eins ist, daß die Jugend zu der Ehr und Furcht Gottes,
auch Tugendt, nützlichen und ehrlichen Künsten auferzogen werde,
darzu dan die Lateinischen Schulen ein fürnembst Anfang seyn solle,
so haben Wir für ein sondere hohe Nohturfft, und Forderung des
gemeinen Nutz bedacht, daß ein jede Obrigkeit in den Städten,
Flecken und Dörffern, da von alter, Lateinische Schulen gehalten,
fleissig daran sei, damit solche Schulen, da sie abkommen, wieder
auffgericht, und in ein ordentlich beständig gut Wesen gebracht
werden, und derselben ehrbahre, gelehrte und fleissige Schulmeister,
so die Kinder vom Anfang biß zu mehreren Künsten geschickt werden
unterweisen können, bestellen, auch denselben wohl einbinden, und
daran seyn, damit sie solchem ihrem Schulmeister-Ambt in den
Kirchen und Schulen, wie sich gebührt, fleissig aufwarten, und ob
einem oder mehr Orten der Besoldung halber Mangel erschiene,
daß solche geschickte Persohnen, nicht wohl zu bekommen wären, so
soll dasselbig Uns angezeigt werden, umb Fürsehung zu thun, ob
und wie auß den Bruderschafften, oder sonst in andere wege, zu
solchem guten nutzlichen und hochnohtürfftigem Werk, zimbliche und
leibentliche Hülffrichtung mög gethan werden."

Groß war Johann Wilhelms Hang zur Jagd. Das Schloß
zu Bensberg, wo er sich häufig aufhielt, ließ er mit schönen Ge-
mälben schmücken, welche meistenteils Jagdscenen darstellten. Er
erneuerte auch den Hubertusorden.

In seinen politischen Absichten verstieg er sich zuweilen hoch.
So ging er 1697 auf einen Plan ein, den ihm ein armenischer

Flüchtling vorlegte; darnach sollte Armenien von der Herrschaft der Türken befreit werden unter der Bedingung, daß die Armenier Johann Wilhelm zu ihrem König wählten und römisch-katholisch würden. Es wurden auch weiterhin Verhandlungen in dieser Sache gepflogen, bis der Ausbruch des spanischen Erbfolgekrieges denselben ein Ziel setzte. Als Kurfürst Friedrich III. von Brandenburg König wurde, setzte sich Johann Wilhelm auch in den Kopf, ein König bei Rhein zu werden; da der Kaiser es ihm aber rundweg abschlug, und er auch keine Leibeserben hatte, so bestand er nicht länger auf diesem Plane.

Die einzige kriegerische That Johann Wilhelms scheint der Überfall der Franzosen bei Grimlinghausen am 26. Dezember 1701 gewesen zu sein, ein Ereignis, welchem die Geschichtschreiber der Zeit mit Recht eine große Wichtigkeit beilegten, wenn ihre Behauptung, daß der Kurfürst hierdurch das deutsche Reich gerettet habe, auch zu weit geht.

Nach der mündlichen Überlieferung war er der Liebling des Bergischen Volkes, der Bürger- und Bauernfreund. Vom „Jan Wellem" wurden, wie vom „alten Fritz", viele Stücklein im Volke erzählt, die namentlich seine Leutseligkeit und Gerechtigkeitsliebe hervorhoben²⁴). Wenn nun auch das Urteil der strengen Geschichtschreibung nicht so günstig lautet, so spricht doch die Thatsache, daß Johann Wilhelm noch heute im Volksbewußtsein fortlebt, offenbar zu seinen gunsten.

Karl Philipp.

1. Sein Verhalten gegen das Bergische Land.

Karl Philipp hat als Kurfürst seine Herzogtümer Jülich und Berg niemals betreten, angeblich deshalb, weil hier eine ständische Verfassung bestand; als absolutistisch gesinnter Fürst behagte es ihm besser in der Pfalz, wo es keine Verfassung gab. Aber auch die Hauptstadt Heidelberg verließ er, und zwar aus Ärger darüber, daß er dort seine kirchlichen Ansichten nicht durchzusetzen vermochte; er residierte seitdem in Mannheim und Schwetzingen.

Zu der verschwenderischen Prachtliebe Johann Wilhelms bildete die engherzige Sparsamkeit Karl Philipps einen äußerst scharfen Gegensatz. War die Stadt Düsseldorf in dem Sonnen-

glanze der Gunst des verstorbenen Kurfürsten schnell zu großer
Blüte gelangt, so welkte sie jetzt wieder unter der kalten Abwendung
seines Nachfolgers.

Karl Philipp löste den Hofstaat auf, ebenso den geistlichen
Rat, den Polizei= und Commerzien=Rat ꝛc.[12]). Die gewaltigen
Pläne seines Vorgängers ließ er nicht nur unausgeführt, sondern
war auch nach Möglichkeit bestrebt, das von demselben Ausgeführte
zu vernichten, bezw. zu barem Gelde umzuwandeln. Er ließ den
ganzen Nachlaß des Verstorbenen mit Beschlag belegen und alle
Kostbarkeiten des Düsseldorfer Schlosses in seine Residenzen schaffen;
er hatte sogar den Befehl ergehen lassen, zu diesem Zwecke das
Reiterstandbild auf dem Markte zu zerschneiden, nahm aber diesen
Befehl doch wieder zurück. Die fertigen Teile des für dasselbe
bestimmten Postaments in der Werkstatt Grupellos, die vier Löwen,
sowie der Springbrunnen und die Pyramide wurden weggeführt.
Die von Johann Wilhelm angestellten Künstler wurden entlassen,
so daß das Kunstleben Düsseldorfs keinen einzigen bedeutenden
Vertreter mehr aufzuweisen hatte.

Karl Philipp behandelte mithin Jülich und Berg nur als
Nebenlande; bald aber erschien es fraglich, ob ihre Verbindung
mit der Kurpfalz überhaupt noch länger von Bestand sein würde.

2. Die Erbfolgefrage.

Karl Philipp war zweimal vermählt. Seine erste Gemahlin
war Luise Charlotte, Tochter des Fürsten Bogislaw Radziwill,
welche schon 1695 starb. Des Kurfürsten zweite Gemahlin war
Theresia Katharina, Tochter des Fürsten Karl von Lubomowski;
diese starb 1712, ohne Kinder zu hinterlassen. Die Kinder aus
erster Ehe starben fast alle früh, nur eine Tochter, Elisabeth
Auguste, geb. den 17. März 1692, blieb am Leben und heiratete
1717 den Erbprinzen Joseph Karl von Pfalz=Sulzbach. Die
Linie von Sulzbach stammte, wie wir wissen, von dem Pfalzgrafen
August ab, dem lutherisch gebliebenen Bruder Wolfgang Wilhelms.
Dessen Sohn Christian August trat jedoch auch zum Katholizismus
über, war aber tolerant, ebenso sein Sohn Theodor. Letzterer
hatte zwei Söhne, den obengenannten Joseph Karl und Johann
Christian.

Joseph Karl war der mutmaßliche Erbe des Kurfürsten von
der Pfalz, und dieser, jetzt sein Schwiegervater, an dessen Hofe er

lebte, wünschte ihm auch Jülich und Berg zu übertragen. Seine Gemahlin starb[26]) indes schon im Jahre 1728 und hinterließ keinen Sohn, sondern nur drei Töchter; er selbst folgte ihr im Tode bald nach. So folgte denn sein jüngerer Bruder Johann Christian ihrem Vater, der 1732 starb, in der Regierung des Sulzbacher Ländchens und begab sich ebenfalls als voraussichtlicher Erbe an den Hof des Kurfürsten Karl Philipp; jedoch auch er segnete schon am 20. Juli 1733 das Zeitliche. Jetzt war von der Sulzbachischen Linie nur noch der Sohn Johann Christians, der neunjährige Karl Theodor übrig, und da 1732 auch der letzte Bruder Karl Philipps, Pfalzgraf Franz Ludwig, Kurfürst zu Mainz ꝛc., dem unsere Herzogtümer als künftigem Landesherrn schon gehuldigt hatten[27]), gestorben war, beruhte auf dem jungen Karl Theodor ganz allein die Erbfolge.

Die Frage, wem unsere Herzogtümer zufallen sollten, hatte aber schon längere Zeit, namentlich nach dem Tode der Tochter Karl Philipps (1728), die europäische Politik beschäftigt, und sie gab in der Folge wieder Veranlassung zu vielen Streitschriften. Das Haus Sulzbach beanspruchte die Nachfolge in den Herzogtümern Jülich und Berg, weil dieselben integrierende Teile der Besitzungen des Hauses Neuburg seien. König Friedrich Wilhelm I. ließ dagegen geltend machen, daß die abgeschlossenen Verträge sich nur auf die Neuburger beziehen könnten; mit deren Aussterben im Mannesstamm werde die Erbfolge=Angelegenheit wieder in den Stand von 1609 zurückversetzt, und es müsse wieder das voll= ständige, niemals verleugnete Recht Brandenburgs auf die ganze Erbschaft in Geltung treten. Friedrich Wilhelm wußte es auch zu erreichen, daß Kaiser Karl VI., der wegen der von ihm beab= sichtigten Nachfolge seiner Tochter Maria Theresia alle Fürsten durch freundliche Zusagen gewinnen wollte, am 23. Dezember 1728 mit ihm einen Vertrag abschloß, wonach das Herzogtum Berg und die Herrschaft Ravenstein beim Ableben Karl Philipps an Preußen fallen sollten, obgleich er letzterem schon in einem Vertarge vom 12. August 1726 den Besitz von Jülich=Berg für die Agnaten des Hauses Sulzbach zugesagt hatte.

Der Vertrag zwischen dem Kaiser und dem Könige von Preußen sollte geheim bleiben; dennoch erhielten Karl Philipp und der Kurfürst von Bayern Kenntnis von demselben. Letztere schlossen nun am 15. Februar 1729 einen Vertrag ab mit Frankreich.

welches ihnen darin den Besitz von Jülich=Berg für das Haus
Sulzbach garantierte. Karl Philipp war überhaupt fest entschlossen,
kein Mittel unversucht zu lassen, um vor seinem Tode diesem die
Nachfolge zu sichern. Die Verhandlungen wurden fortgesetzt.

3. Beschreibungen des Bergischen Landes.

Aus jener Zeit, dem ersten Drittel des 18. Jahrhunderts,
besitzen wir zwei geographische Beschreibungen des Herzogtums Berg,
welche für uns von hohem Wert und Interesse sind [28]). Die eine
derselben stammt aus der letzten Zeit des Kurfürsten Johann
Wilhelm II., aus dem Jahre 1715, und rührt von dem Baumeister
und Geographen Erich Philipp Ploennies her, die andere
datiert vom 28. Mai 1729 und hat den Jülich=Bergischen Hof=
kammerrat Johann Wülffing zum Verfasser.

Das Bergische Land muß sich von den erlittenen Kriegs=
drangsalen bald wieder erholt haben, denn beide Beschreibungen
entwerfen ein günstiges Bild von dem Zustande desselben. Ploennies
sagt: „Die Einwohner darinnen sind mehrenteils fleißige Leute,
und gar viel darunter zur Handlung geneigt, daher nahrhaft ihr
Stück Brodt zu gewinnen, sie suchen anderwärts vielfältig mit
fremden Landen zu correspondiren, um, wann sich eine Gelegenheit
zeigen möchte, etwas zu gewinnen, derselben sich bedienen zu können,
weßhalben sie auch fleißig die Zeitungen lesen, und neues zu hören
curieus sind; sonsten sind sie spizz, scharf und nachdenkend von
Verstand ... Übrigens ist das Land mit allem, was zu des Menschen
Nothdurfft oder Subsistenz nöthig, versehen und obgleich kein solcher
Überfluß vorhanden, daß sie damit andere Länder völlig versorgen
können, so mögen sie doch etwas davon denen außer Lands wohnenden
lassen zukommen; dann die am Rhein liegende Ämter sind mit
Korn und anderen Früchten genug gesegnet, und die andern haben
so viel als sie ins Haus jährlich bedürfen. An Viehzucht fehlet
es nicht. .... Obst ist gleichfalls in einigen Ämtern so viel, daß
auch solches nach dem Rhein in Schiffe gebracht wird. ... An
Brennholz fehlet es fast nirgend im Land; das Bauholz haben die
Bauern meistens um ihre Höf her gepflanzet; daß also fast nichts
zu nennen, was dem Lande fehlen möchte, dann was dem einen
Amt abgehet, hat doch das andere. ... Das ganze Landt wird in
13 Ämbter (in welchen 6 Herrlichkeiten, 10 Städt und 8 sogenannte
Freyheiten begriffen), und obgleich die Richter und Beambte ge=

dachter Ämbter über solche Herrlichkeiten und Städte nichts zu
sprechen (weilen dieselbe ihre besondere Richter oder Befehlshaber
haben), so sind sie doch alle der hohen Landes-Obrigkeit unterworfen". — Wülffing urteilt über das Land im ganzen: „Vor-
beschriebenes Bergisches Land besteht mehrenteils in schönen Handwerkern . . ., sehr berühmten und vornehmen Kauffleuthen, welche
aus anderen frembden Landen die Gold- und silberne Müntz herein
führen, Bürgern und Haußleuthen, Handwercks- und Fuhrleuthen
Arbeit geben und ernähren, daß also die benachbarte Landen diesem
nicht beykommen können. In diesem Land hat kein Einwohner
vor den Häusern zu betteln nöthig. . . . So viel wir wissig, so
ist dieses Land (GOtt sey Danck) in einem guten florirenden Stand".

4. Der Ceremonienstreit in Lennep.

Hofkammerrat Wülffing weiß von Lennep viel zu rühmen
und sagt u. a.: „Die Stadt hat in einigen Jahren ihres darin,
von allerhand erbencklichen Farben, bereitenden sehr feinen, auch
mittelen wüllenen Lackens halber sehr florirt; mit diesem starck-
treibenden Handwerck, worzu die Stück-Wircker, Tuch-Scherer und
Arbeiter von allerhand Nationen, ohne Unterscheid der dreyer
Römisch-Catholisch- und Evangelischer Religionen, angenommen
werden, ernähren die Einwohner viele umbliegende Städte, Flecken
und Ämbter; es seynd auch allhier die Häuser, wegen Vielheit der
Handwercks-Leuthen, in grossem Werth: ihr Lacken ist sehr berühmt*),
und wird durch viele Länder geführt. In Summa, es kan diese
Stadt vor eine vornehme Handels-Stadt Bergischen Landes gehalten
werden. Die Einwohner allhier, sowol Mann- als Frauens-Personen,
seynd nicht stolz, halten sich bürgerlich, ihr Geld verwenden sie
lieber zur Handlung, an Spanische und andere Wolle, als zur
Hoffart, derowegen so seynd auch die sülbern und güldene Borden,
weder Reiffen-Röcke, allhier gar in keinem Brauch noch Ansehen."

Im Jahre 1736 aber entstand innerhalb der Bürgerschaft
ein verderblicher Streit[30]), welcher allmählich eine große Ausdehnung
annahm, Handel und Wohlstand untergrub und dem von Wülffing
beschriebenen blühenden Zustande der Stadt ein Ende bereitete.

Lennep war seit Einführung der Reformation hundert Jahre
lang eine rein lutherische Gemeinde, in der kein Katholik lebte;
auch die bürgerlichen Ämter der Stadt durften nur mit Lutherischen
besetzt werden. Im Jahre 1641 erteilte Pfalzgraf Wolfgang Wilhelm

den Franziskanern zu Köln auf ihre Bitte die Erlaubnis, in Lennep ein Haus zu besitzen, angeblich um bei ihren Reisen nach Westfalen dort übernachten zu können. Bald jedoch besetzten sie dieses Haus mit zwei Mönchen, fingen in demselben eine katholische Privatschule an und verwandelten es mit der Zeit, trotz alles Widerspruchs von seiten der Stadtvertretung, in ein Kloster, auch fügten sie dem 1681 vollendeten Klostergebäude bis Ende des Jahrhunderts noch eine Kirche hinzu. Sie gingen sogar noch weiter, indem sie unter Zuziehung der Katholiken aus Burg und Wermelskirchen große Prozessionen veranstalteten und Kontroverspredigten gegen die Lutherischen auf dem Markte hielten.

Die Glaubenseinheit der Gemeinde war hierdurch gestört; dazu trat aber nun auch Zwiespalt der Lutherischen unter sich. Von Dortmund aus wurde die damals in der evangelischen Kirche sich geltend machende pietistische Bewegung nach Lennep getragen. Dort hatte nämlich 1711 Just. Arnold Scheibler, Sohn des früheren Inspektors M. Joh. Scheibler zu Lennep, gegen einen Anhänger Speners gepredigt und war deswegen suspendiert worden. Für ihn traten nun seine beiden Schwäger, die Pfarrer Albert Veltgen zu Remscheid und Franziskus Vogt zu Lennep, in heftigen Schriften auf.

Franziskus Vogt, geb. zu Dortmund 1661, wurde 1686 Rektor der Lateinschule zu Lennep, 1690 zweiter und 1710 erster Prediger daselbst, 1720 auch Assessor der Lenneper Klasse. Seine fünfzigjährige Amtswirksamkeit war von nachhaltigstem Einfluß auf die Gemeinde und verschaffte ihm weit über deren Grenzen hinaus ein hohes Ansehen. Als Kanzelredner war er sehr beliebt; aus den benachbarten Gemeinden strömten viele Andächtige nach Lennep, um seine Predigten zu hören; eine von ihm herausgegebene Evangelien-Postille war lange Zeit das beliebteste Erbauungsbuch der Lenneper Gemeinde. Auch an dem Gesangbuche: „Singende und klingende Berge" hatte er hervorragenden Anteil. In seinen letzten Lebensjahren trübte sich das Verhältnis zur Gemeinde, und es entstanden Parteiungen, bei denen der Gegensatz zwischen Orthodoxie und Pietismus von unverkennbarem Einflusse war.

Im Jahre 1572 war in Lennep, wie auch in andern lutherischen Gemeinden des Bergischen Landes, die sächsische Kirchenordnung eingeführt worden, nach welcher die Einrichtung bestand, daß von den beiden Geistlichen der eine Pastor primarius, der andere aber nur Vicarius war. Letzterer durfte nur des Nachmittags predigen, doch war man von dieser Anordnung schon abgewichen, als Vogt noch zweiter Prediger war, um es allen zu ermöglichen, ihn zu hören; im übrigen aber besaß der erste Prediger noch seine bevorrechtete Stellung, während dies sonst im Bergischen Lande nirgends mehr der Fall war. Durch die sächsische Kirchenordnung waren ferner folgende Gebräuche bei der Abendmahlsfeier eingeführt: 1. die Privatbeichte, so daß jeder Pastor seine besonderen Beichtkinder hatte, welche ihm ihr Sündenbekenntnis ins Ohr sagten und das Beichtgeld in die Hand drückten; 2. das weiße Röcklein, ein Überkleid der Geistlichen; 3. die Wachskerzen, welche auf dem Altare brannten. Diese Gebräuche waren in den andern lutherischen Gemeinden des Landes ganz oder doch bis auf einzelne Reste verschwunden; Lennep war noch der einzige Ort, wo sie sich vollständig erhalten hatten.

Pastor Vogt starb am Osterabend 1736. Bei der nun erforderlichen Wahl eines neuen Predigers machten sich zuerst die in der Gemeinde bestehenden Parteigegensätze geltend. Am 9. Juni beschloß die städtische Vertretung, die Gleichberechtigung der beiden Prediger einzuführen, die oben erwähnten Abendmahlsgebräuche abzuschaffen u. a. m. Am 10. September wurde der bisherige zweite Prediger, Matthias Melchior Hackenberg, zum ersten, und der Kandidat Franziskus Gisbert Mibbendorf von Lünen zum zweiten Prediger gewählt. Letzterer wurde durch seine Vokation verpflichtet, die erwähnten alten Gebräuche nicht mehr beizubehalten. Zur „Regulierung der Gleichheit" zwischen beiden Predigern wurde am 12. Oktober 1736 ein besonderes Protokoll aufgenommen[31]). Die orthodoxe Hackenberg'sche Partei war mit den beschlossenen Veränderungen nicht einverstanden und faßte am 26. Oktober einen gegenteiligen Beschluß; auch wandte sie sich beschwerdeführend an das lutherische Ministerium.

Die lutherische Kirche im Bergischen Lande ordnete, wie auch die reformierte, ihre Angelegenheiten selbständig, und zwar wegen der katholischen Landesregierung, der nur das Aufsichtsrecht zustand, unter dem besonderen Schutze des Königs von Preußen. Das Kirchenregiment wurde vom Ministerium ausgeübt, d. h. von der Gesamtheit der hierzu von den Gemeinden gewählten Prediger: dasselbe war in zwei Teile geteilt, in das Oberbergische und das Unterbergische, und diese wieder in Klassen. Das Moderamen bestand aus einem Inspektor für jede der beiden Hälften des Ministeriums und einem Assessor für jede Klasse. Die letzte Entscheidung ruhte für alle Fälle beim Gesamt-Ministerium.

Nachdem Hackenberg und seine Partei sich an den Inspektor Wüsthoff in Mülheim gewandt hatten, brach der Kampf, der bis dahin innerhalb der Gemeinde verblieben war, zwischen dem Ministerium und dem Magistrate aus. Letzterer wurde geleitet von dem Scheffen Peter Moll und verlangte von Mibbendorf, daß er sich den beschlossenen Anordnungen füge; dieser hielt auch am 4. November eine allgemeine Beichte, ohne das weiße Priesterkleid anzulegen.

Die Führer des Ministeriums traten jedoch auf Hackenbergs Seite, und eine am 15. Mai zu Lennep versammelte Synode beschloß die Beibehaltung der alten Gebräuche. Mibbendorf, durch seinen Berufschein gebunden, wollte sich dem nicht fügen und mußte deshalb am 26. Januar 1741 sein Amt niederlegen. Am 3. August desselben Jahres starb Hackenberg, und das Ministerium setzte es trotz großen Widerspruchs durch, daß an dessen Stelle Siegmund Richard Pollmann trat, welcher 20 Jahre lang Pastor in Burg gewesen war und als solcher schon eifrig am Lenneper Streite sich beteiligt hatte, zu dessen Verbitterung er auch in der Folge viel beitrug.

Gerade in der Zeit, als der Hader und die Verwirrung aufs höchste gestiegen waren, wurde in Lennep die erste Jesuitenmission in Scene gesetzt, welche am 20. September 1744 begann und zehn Tage dauerte.

Der Lenneper Kirchenstreit, bei welchem vielfach persönliche Interessen und Leidenschaften im Spiele waren, entwickelte sich in seinem Fortgange immer mehr zu einem Kampfe um die Bewahrung der bestehenden Religionsfreiheiten gegen die Übergriffe der katholischen Landesregierung; leider aber ließen sich die orthodoxen Führer des Ministeriums, welche als die Verteidiger dieser Freiheiten auftraten, zu sehr von ihrem Haß gegen die pietistische Partei und von andern unlautern Motiven leiten. Die Zerrissenheit im Ministerium nahm daher immer mehr zu; die Gegner desselben, indem sie bei der katholischen Obrigkeit Hülfe suchten, vergaßen des Schutzes, den ihnen ihre Religionsfreiheit gewährte, und so mußte dieser Streit zum Nachteile der lutherischen Kirche ausschlagen.

In Lennep selbst aber trat ein Ereignis ein, welches endlich allem Hader ein Ende machte: es war dies der schreckliche Brand, welcher am 6. Oktober 1746 binnen drei Stunden die ganze Stadt in Asche legte. Da vergaß man des langen Streites, der „die mehrsten Bürger lieblos" gemacht hatte, da führte die Not die entfremdeten Herzen wieder zusammen; auf der Trümmerstätte reichte man sich die Hände zur Versöhnung, baute die Stadt wieder auf und lebte fortan in christlicher Nächstenliebe frieblich zusammen.

5. Innere Zustände.

Im Jahre 1728 war Christian Thomasius in Halle, der mutige Bekämpfer des Hexenwahns, gestorben; aber was er und andere edle Männer seit dem Auftreten Johannes Weyers gelehrt hatten, brach sich nur langsam und allmählich Bahn. Auch im Bergischen Lande, an dessen Fürstenhofe einst Weyer gewirkt hatte, erhielt sich der Hexenglaube noch lange. Einen betrübenden Beweis dafür liefern die Aktenstücke, welche uns bekunden, daß noch im Jahre 1738 hierzulande Hexen öffentlich hingerichtet wurden[32]). Der Richter des Amtes Mettmann, J. W. S. Schwarz, leitete im Jahre 1737 zu Gerresheim einen Hexenprozeß ein und schickte deshalb am 8. Mai einen uns erhaltenen Bericht an die Hofkammer ein, bei dessen Lektüre wir uns in die finstersten Zeiten des Mittelalters zurückversetzt glauben. Weyer und Thomasius waren ihm nicht unbekannt, aber ihre Worte hatten auf ihn keinen Eindruck gemacht, denn er sagt u. a.: „Dahe unser thomasius seine fundamenta aus dem vor einem saeculo gelebten medico Weyero mehrstenteils entlehnet, dieser Weyerus aber den Corneliam agrippa pro suo praeceptore et informatore, welcher Einer von den größten Hexenmeistern gewesen, so dahmals gelebt, gehabt, so habe dehme onangesehen mit der inquisition verfahren".

Über die beiden angeblichen Hexen, Helena Curtens und Agnes Olmans, sandte er unter dem 29. Juni noch einen zweiten Bericht ein. Die Unglücklichen wurden verurteilt und am 19. August 1738 zu Gerresheim öffentlich verbrannt; ja, der genannte Richter lud zu dieser Hexenverbrennung die Einwohner der Nachbarorte noch durch ein besonderes Rundschreiben ein, in welchem der Passus vorkommt: „Also werden allen und jeden Eltern ahnerinnert, ihre das Alter sich dessen zu gedenken habende Kinder dorthin abzusenden, und durch dieses Exempel in ihrer Jugend gleichfalls von solchen unthaten abgeschreckt zu werden."

Ist nun auch nach dem Mitgeteilten nicht zu leugnen, daß die Verurteilung und Hinrichtung von vermeintlichen Hexen zur

Zeit Karl Philipps noch möglich war, so gewährt die damalige Rechtspflege in anderer Hinsicht doch ein erfreulicheres Bild. So wurde u. a. zur Einschränkung der Prozeßsucht verordnet, daß die Advokaten und Prokuratoren auf die wirklich notwendige Anzahl durch Unterlassung neuer Ernennungen successive vermindert werden sollten. Am 14. Februar 1726 wurde eine Wechselordnung, am 17. April eine gerichtliche Revisionsordnung erlassen. Am 6. Dezember 1731 erging ein Edikt über das Verfahren bei Bankerotten und Fallimenten, welches sehr scharfe Bestimmungen enthielt, z. B. „die mutwilligen Bankerottierer sollen zur lebenslänglichen Haft, resp. zur öffentlichen Schanzarbeit verurteilt werden[33])".

Auch auf anderen Gebieten zeigte sich in der gesetzgeberischen Thätigkeit die Sorge für das Wohl des Landes. Am 13. März 1732 wurde eine Buschordnung erlassen, welche die Bestimmung enthielt, daß allenthalben Eichelkämpe angelegt werden sollten. Die früheren Verordnungen wegen Reparatur der Landstraßen und anderer Gemeindewege wurden wiederholt erneuert und erweitert. Zur Verminderung der Fruchtbeschädigung durch die „Müschen" (Spatzen) wurde am 9. Juli 1720 die Bestimmung getroffen, daß künftig jeder Unterthan jährlich vier Spatzenköpfe einliefern, oder in dessen Ermangelung für jeden fehlenden Spatzenkopf einen Groschen erlegen müsse. Die Raupennester in den Wiesen, Hecken, Gärten, Bäumen 2c. sollten laut Verordnung vom 23. Juni 1732 jährlich zur Winterzeit durch die Eigentümer der Grundstücke gesammelt und vertilgt werden[34]).

Zur Vermeidung der Feld- und Gartendiebstähle wurde unter dem 28. Juli 1740 sogar festgesetzt, daß auf die in flagranti ertappten Diebe, wenn kein anderes Mittel zu deren Festhaltung verwendbar sei, Feuer gegeben werden dürfe, und es sollte diese Verordnung alljährlich auf Osterdienstag von den Kanzeln publiziert werden. Sehr scharfe Bestimmungen enthielt auch ein erneuertes Edikt gegen die herumstreifenden Diebesbanden, Zigeuner und anderes herrenlose Gesindel vom 20. Februar 1725. Das Hausieren im allgemeinen und die Einfuhr und Feilbietung von Weinen durch ausländische Handelsleute wurde wiederholt verboten. Am 6. Mai 1726 erging auch ein strenges Verbot der Hazardspiele, wodurch gegen die Wirte und Bankhalter 1000 Rthlr. und gegen jeden Spieler 500 Rthlr. Strafe 2c. verhängt wurde.

6. Die Entscheidung in der Erbfolgefrage.

Die Verhandlungen wegen der Erbfolge in Jülich und Berg dauerten noch fort bis nach dem Tode des Königs Friedrich Wilhelm I. Als im Jahre 1738 der Kaiser mit Frankreich den Frieden zu Wien schloß, ließ er sich zu Verabredungen gegen den König von Preußen gewinnen und verlangte sogar im Einverständnisse mit Frankreich, England und Holland, daß dieser die Ordnung der Erbfolge ihnen allein überlassen sollte. Am 13. Januar 1739 schloß er einen Vertrag mit Frankreich, in welchem gemäß der Übereinkunft zwischen Kurpfalz, Bayern und Frankreich nochmals festgesetzt wurde, daß bei dem Tode des Kurfürsten Karl Philipp Jülich-Berg an Pfalz-Sulzbach übergehen und Frankreich dafür die Garantie gegen einen Angriff von seiten Preußens übernehmen sollte[36]).

Friedrich Wilhelm, in solcher Weise hintergangen und getäuscht, war darüber sehr aufgebracht, und es fehlte nicht viel, so hätte er zum Schwerte gegriffen. Er wandte sich jetzt vom Kaiser ab und sagte: „Ich für meine Person habe alle Veneration für den Kaiser, aber nach meinem Tode wird das Haus Brandenburg den Kaiser und sein Haus abandonnieren und eine andere Partei nehmen, weil das Haus Brandenburg so lädiert ist; das muß Preußen auswetzen."

In solchem Stande mußte er bei seinem am 31. Mai 1740 erfolgten Tode die Angelegenheit seinem Sohne überlassen. Friedrich der Große war anfangs bemüht, das streitige Gebiet für Preußen zu retten; als aber am 20. Oktober 1740 auch Karl VI. verschied, richtete er seine ganze Aufmerksamkeit auf die Erwerbung von Schlesien. Um sich dieser Provinz zu versichern, trat er dem Bündnisse bei, welches jetzt der Kurfürst von Bayern, indem er Ansprüche auf die österreichischen Erbstaaten erhob, mit Kurpfalz und Frankreich gegen das Haus Habsburg schloß, und verzichtete zu gunsten Sulzbachs auf seine Ansprüche an Jülich-Berg im Februar 1742.

Infolge dieser Verzichtleistung wurde die Huldigung für Karl Theodor noch bei Lebzeiten Karl Philipps vollzogen. Am 22. Oktober 1742 erfolgte[37]) die Publikation der dem Herzoge zu Pfalz-Sulzbach, Karl Philipp Theodor, und in dem Falle seines Absterbens ohne Hinterlassung männlicher Erben, den Prinzessinnen Elisabeth Auguste, Maria Anna und Maria Franziska (Töchter

des 1729 gestorbenen Erbprinzen Joseph Karl) am 16. und 17. Ok=
tober durch die Landstände von Ritterschaft und Städten, sowie
von den Civil= und Militär=Behörden und Kriegsmannschaften
geleisteten eventuellen Erbhuldigung. Auch in allen Hauptorten
der Herzogtümer wurde diese Eventual=Erbhuldigung entgegen=
genommen und in welch feierlicher Weise dabei verfahren wurde,
zeigt der Bericht des Hofkammerrats Mülheim, zufolge dessen die
Huldigung zu Hückeswagen[38]) am 18. November bewirkt wurde,
nachdem die Publikation des kurfürstlichen Erlasses „allenthalben
mit ungemeinem Frohlocken der Amtseingesessenen“ begrüßt worden
war. In der katholischen Kirche (der Schloßkapelle) war feierliches
musikalisches Hochamt „mit Absingung des Ambrosianischen Lob=
gesanges und unter beständiger Abfeuerung einiger Geschütze und
höchst lebhafter Erscheinung der mit kurfürstlicher Erlaubnis und
Privilegio gnädigst providierten Junggesellen=Kompagnie“, die ihrer
Freude durch sechsmalige Entladung ihrer Musketen Ausdruck gab.
Nach beendigten Morgens= und Nachmittags=Gottesdiensten erstrahlten
sowohl das durch „Ausstellung des kurfürstlichen Wappens“ als
fürstlicher Sitz gekennzeichnete Schloß, als die ganze Freiheit in
einer „vollkommenen Illumination“, begleitet von weithin sprühendem
Feuerwerk.

7. Karl Theodors Jugend.

Karl Theodor war am 11. Dezember 1724 zu Drogen=
busch bei Brüssel geboren. Die Mutter verlor er schon in seinem
vierten, den Vater in seinem zehnten Lebensjahre. Bis zum Tode
des Vaters erzog ihn seine Urgroßmutter, die verwitwete Herzogin
Maria Henriette von Aremberg; dann kam er zur weiteren Er=
ziehung an den Hof des Kurfürsten Karl Philipp. Hier erhielt
er einen Jesuiten aus Ingolstadt zum Erzieher, namens Franz
Seedorf, der ihm die als notwendig erachteten religiösen und
wissenschaftlichen Kenntnisse beibrachte. Mit diesem Mentor besuchte
er sodann die Universitäten zu Leyden und Löwen, so daß er für
wohlunterrichtet gelten konnte und in dieser Beziehung viele seiner
Standesgenossen der damaligen Zeit überragte. Er gewann einigen
Geschmack an Poesie und Kunst und erlangte sogar selbst in der Aus=
übung der Musik eine anerkennenswerte Fertigkeit. Den erforderlichen
weltmännischen Schliff erhielt er unter der Leitung Karl Philipps
an dessen Hofe. Mithin war Karl Theodor nach der Anschauung
jener Zeit für seinen Regentenberuf in bester Weise vorbereitet.

1741 trat er bereits seine brabantische Besitzung Bergen op Zoom und die Pfalzgrafschaft Sulzbach an. In seinem 18. Lebensjahre vermählte er sich schon, und zwar mit der Enkelin Karl Philipps, Elisabeth Auguste, geb. am 17. Januar 1721 zu Mannheim. Die Vermählung fand am 17. Januar 1742 statt; gleichzeitig vermählte Karl Philipp seine zweite Enkelin, Maria Anna, mit seinem Neffen, Clemens Franz von Bayern. Die Feier dieser Doppelhochzeit dauerte 14 Tage und wurde mit großem Glanze begangen durch Bälle, Schauspiele, Illuminationen und andere Lustbarkeiten. Bei dieser Gelegenheit wurde auch die erste Oper in Mannheim aufgeführt, zu welchem Zwecke ein eigenes Opernhaus erbaut worden war.

Mitten in der Festfeier, am 24. Januar, wurde dem Kurfürsten Karl Albrecht von Bayern, der mit seiner Familie und seinem ganzen Hofstaate zur Hochzeit gekommen war, durch den Reichsmarschall Grafen Pappenheim unter Vorreiten von hundert blasenden Postillonen zu allgemeiner Freude die Nachricht gebracht, daß er in Frankfurt zum Kaiser gewählt worden sei. Bis Ende des Monats blieb derselbe noch in Mannheim und begab sich dann direkt nach Frankfurt zur Krönung.

8. Unwesen der Kleinstaaterei.

Das deutsche Reich befand sich in jener Zeit, der ersten Hälfte des achtzehnten Jahrhunderts, im Zustande tiefster Erniedrigung. Bei dem geringen Ansehen des Kaisers übten die Fürsten ihre Hoheitsrechte fast uneingeschränkt und gefielen sich in der Nachahmung des französischen Königshofes zu Versailles; einer suchte den andern durch Pracht der Hofhaltung und verschwenderischen Aufwand in Festlichkeiten, Bauten, Gartenanlagen u. dgl. zu überbieten. Jeder dieser kleinen „Souveräne" hielt gemietete, durch Werber zusammengebrachte Truppen, sowie ganze Scharen von Hofbedienten. Rohe Sinnenlust herrschte an den Höfen und in den Palästen, während Bürger und Bauern durch Steuern, Zölle und ähnliche Lasten in Armut gestürzt und durch gewissenlose Beamte zur Verzweiflung gebracht wurden. Früher waren die Landstände den Verschwendungen der Fürsten vielfach wirksam entgegengetreten; aber ihr Einfluß hatte je länger je mehr an Macht verloren und war hier und da gänzlich verstummt. Höflinge und Schmeichler entschuldigten die Rücksichtslosigkeit der Regierenden gegen die Unterthanen durch die sog. ratio status, das angebliche Staatsinteresse; es wurde aber darunter nur das Interesse der Fürsten, deren „Glanz" und Vergnügungen verstanden.

Auch die Regenten unseres Landes waren von diesen allgemein herrschenden Anschauungen mehr oder weniger beseelt. Hatte schon Johann Wilhelm II. durch seine Prachtliebe das Land in Schulden gestürzt und die Pfalz der Beamtenwillkür preisgegeben, so war Karl Philipp erst recht ein Herrscher nach französischem Muster. Nach dem Urteile einsichtiger Geschichtschreiber ward er „angestaunt und verehrt vom hohen Adel, der bei ihm Bewirtung und Zeitvertreib fand; denn er bewirtete diesen mit bewunderungswürdiger Kaltblütigkeit, während der Bauer vor seinen Augen unterging". „Mit Genußsucht und Mangel an sittlichem Ernst verband er Bigotterie und Verfolgungssucht."

Karl Theodor.

. . .

1. Die ersten Regierungsjahre Karl Theodors.

Am 31. Dezember 1742 starb Karl Philipp im Alter von 81 Jahren. Mit ihm erlosch die neuburgische Linie des pfälzischen Hauses, und Karl Theodor, der eben erst achtzehn Jahre alt geworden war, folgte ihm in der Regierung der Kurpfalz, sowie der Herzogtümer Jülich und Berg.

Karl Theodor stand in einem noch zu jugendlichen Alter, um seiner Stellung völlig gewachsen zu sein; zudem war er nur mäßig begabt, und es mangelte ihm auch an der nötigen Charakterfestigkeit und Willensenergie. Seine Erziehung am Hofe Karl Philipps war nicht geeignet, ihn mit dem Bewußtsein des Ernstes und der Verantwortlichkeit seines Herrscherberufes zu erfüllen; es wurden ihm vielmehr Grundsätze eingeprägt, welche das Gegenteil bewirken mußten. Einen Beweis dafür liefert z. B. ein Gutachten, welches ihm die Richtschnur seines Handels vorzeichnen sollte[39]). In demselben wird hinsichtlich der Justiz und Verwaltung zugegeben, daß „vielfache Mißbräuche und Gebrechen zu entfernen seien, welche großenteils aus der geringen Besoldung der Beamten entspringen, man müsse auf Abhülfe bedacht sein, aber so, daß dabei die fürstliche Prärogative nicht außer acht gelassen und das herrschaftliche

22

Ärar nicht belastet würde. Was die Einkünfte anlange, so müßten in der Pfalz die Unterthanen im Schweiße ihres Angesichts und mit harter Arbeit sie erschwingen; die Stände seien seit zweihundert Jahren nicht zusammengekommen, man habe also in dieser Hinsicht nichts zu befürchten; in Neuburg bestehe ein ständischer Ausschuß, über den man nicht sonderliche Ursache habe sich zu beschweren; dagegen müsse man in Jülich und Berg mit großer Vorsicht verfahren, weil die Stände dort sehr schwierig seien: man müsse darum eingeborene, zuverlässige und geschickte Männer zu der Verhandlung mit diesen wählen und nötigenfalls die landesfürstlichen Rechte bei Renitenz geltend machen. Besonderes Gewicht legt das Gutachten auf die religiöse Frage. Es führt aus, daß im Augenblick gegen die protestantischen Fürsten nichts auszurichten sei, man müsse sich also, durch die Erfahrungen der früheren Regierungen belehrt, von allen gewaltsamen Schritten fern halten, und die katholische Religion durch gelindere und weniger auffallende Mittel fördern. Als solche werden empfohlen: Ausschluß aller Reformierten und Lutheraner von den öffentlichen Ämtern (was Notabene dem Vertrag von 1705 schnurstracks entgegenlief), Besetzung der Schultheißenstellen mit Katholiken, Gründung einer Konvertitenkasse, Benutzung und Förderung der Uneinigkeit zwischen den beiden protestantischen Konfessionen u. dgl."

Der junge Kurfürst schien anfangs vom besten Willen beseelt, eine Besserung der inneren Zustände herbeizuführen, und zwar begann er mit Ersparnissen in der kostspieligen Hofhaltung, indem er unnötige Hofämter abschaffte, viele Beamte und Diener entließ, Gehälter und Pensionen herabsetzte u. s. w. Um sich persönlich von dem Erforderlichen zu unterrichten, besuchte er die Städte des Bergischen Landes, nahm Einsicht von den Fabriken zu Elberfeld, Barmen, Ronsdorf, Lennep, Hückeswagen, Burg, Solingen ꝛc., ließ sich von den Fabrikanten und Kaufleuten Wünsche und Vorschläge zur Hebung der Gewerbthätigkeit vortragen und gewährte den einzelnen Fabrikzweigen fördernde Privilegien. Auch in anderer Beziehung traf er wohlthätige Anordnungen. So tritt uns hier ein erfreulicheres Bild entgegen als in der Pfalz. Das Bergische hatte seit dem Frieden von 1648 im ganzen weniger durch Kriegsdrangsale zu leiden gehabt, und wenn auch der siebenjährige Krieg wiederholt Truppen ins Land führte und große Belästigungen verursachte, so waren diese doch mit den Schrecken des 30jährigen nicht zu vergleichen.

2. Die Zeit des österreichischen Erbfolgekrieges.

Schon das erste Jahr der Regierung Karl Theodors, 1743, brachte dem Bergischen Lande Einquartierung. Zu den Kriegen um Schlesien war der Erbfolgekrieg um die österreichischen Länder überhaupt gekommen. Bei dem bestehenden Bündnisse zwischen Kurpfalz, Preußen, Bayern und Frankreich wurde Düsseldorf von französischen Truppen besetzt; aber auch andere Soldaten kamen in das Bergische Land, u. a. erhielt Barmen kaiserliche Einquartierung vom Törring'schen Küraffier-Regiment, welche bis zum 11. April 1744 dort verblieb. Eine Barmer Chronik[40]) von R. Beckmann berichtet ferner: „1745 den 20. Dezember sind die königl. ungarische Völker unter dem General Herzog von Ahrenberg aus Brabant gekommen, zu Köln und Mülheim über den Rhein gezogen. Sie haben dabei auch Jülich und Berg durch ihre Husaren in schwere Kontribution gesetzet ... Die Husaren kamen nicht weiter als bis Solingen, Mettmann und Somborn, thaten aber doch nicht viele Gewalt-thätigkeiten, indem alle Ämter ihr Quantum gegen das Churf. Mandatum bezahlten, und man wollte sich denen österreichischen Husaren nicht bloß stellen, weilen deren Feindseligkeiten nicht wohl zu ertragen sind." Eine Chronik aus Gräfrath sagt darüber[41]): „1745 seindt hier zu Gräfrath die Ungarische Fülker zu fuß und zu pferd durchmarschirt nicht mit Hunderten, sondern mit Tausenden Woche auff Woche, Dag auff Dag".

Der Krieg nahm eine für die bayerische Partei ungünstige Wendung, und unser Kurfürst hatte es dem Schuße Preußens zu verdanken, daß er am 25. Dezember 1745 in den Frieden zu Dresden mit eingeschlossen wurde und alle seine Länder behielt. Er konnte nun im folgenden Jahre persönlich die Huldigung ent-gegennehmen.

Die Truppendurchzüge dauerten aber noch fort[42]). Kaspar Beckmann berichtet weiter u. a.: „1746 den 18. März sind die ungarische oder österreichische Völker, so bei Dresden in Sachsen gestanden, hier durchs Amt marschiret. Wir haben hier im Amt Barmen solche schwere Durchmärsche gehabt, als nicht bei Menschen-gedenken gewesen, so daß von Recruten 20 bis 36 Mann in einem Haus auf der Gemarcken gelegen. Die häßlichsten und abscheulichsten waren die Panduren oder Schlavonier, worunter Heiden und Türken waren, solche hatten an Gewehr eine Flinte, 4 Pistolen auf der

Brust stecken, einen großen Säbel und ein langes Messer, welches gräulich aussah. Ich mußte als Gemeins-Mann die Billeter machen und umtheilen und habe mich mit allen, in specie mit den Panduren vieles versuchen müssen . . . . Ich habe während den Durchmärschen in sieben Nächten die Stiefeln nicht von den Füßen gehabt, die Husaren und Panduren wollten viele nicht anders saufen als Branntwein mit Zucker und Honig süß gemacht. In Summa, es ging während diesen Durchmärschen fast alles über und über, daß es nicht zu sagen ist." Der Chronist fügt hinzu: „Gott behüte uns vor dergleichen Durchmärschen und Truppen, absonderlich deren Sprache man nicht verstehet" — und fährt dann fort:

„1746. Im Herbst ist unser gnädigster Landesherr und Churfürst Karl Theodor von Mannheim mit der ganzen Regierung nach Düsseldorf gekommen, woselbst große Anstalten und Illuminationes gemacht wurden. 1747 den 1. August[43]) ist unser gnädigster Landesherr und Churfürst mit dero Gemahlinne und Prinz Friedrich von Birkenfeld-Zweibrücken und sonsten noch einer Suite allhier im Barmen gewesen und hat hiesige Bleichereien und alle Fabriquen besehen. Auf der Gemarken aufm Markte hatten hiesige Junggesellen eine große Ehrenpforte mit allerhand Devisen in güldenen Buchstaben aufbauen lassen . . . Der Churfürst ist mit der ganzen Suite zweimal dadurch geritten und die Churfürstin gefahren. Die Kaufmannschaft von Barmen und Elberfeld haben zu Pferde den Churfürsten jenseit Elberfeld entgegengeritten und empfangen, bis nach Elberfeld und von da nach der Gemarken begleitet. Sie waren alle in Uniform gekleidet, blaue Röcke, rothe Camisöler und Hosen, Hüte mit breitem, goldenem Bord . . . Des Abends ging der Zug wieder nach Elberfeld, den andern Tag zogen der Churfürst und Suite nach Ronsdorf, welches eben im Anbau war, des Abends wieder nach Elberfeld und den anderen Tag nach Düsseldorf." (Ronsdorf war 1737 von dem Sektierer Elias Eller als das „Neue Zion" gegründet und am 13. September 1746 zur Stadt erhoben worden.) „Hiesige sämtliche Kaufmannschaft machten dem Churfürsten ein schön Geschenk: es waren acht Pferde, alle egal, schwarzigte Sandschimmel mit Mohrenköpfen, selbige kosteten über 2000 Rthlr., welche der Churfürst mit allen freundlichen Bezeigungen annahm. Der Churfürstin verehrte man von allerhandt unsern feinesten Fabriquen, dem Prinzen verehrte man 2 Paar galante Pistolen, Flinten und was sonsten war."

„1748. Im Frühling ist unser Churfürst mit der ganzen Hofstatt von Düsseldorf wieder nach Mannheim zurückgekehret, man sagte, die Oberländer, so mit ihm herunter kommen waren, hätten ihn dazu persuadieret".

Am 18. Oktober dieses Jahres wurde endlich durch den Frieden zu Aachen der österreichische Erbfolgekrieg beendigt; aber die Franzosen blieben noch in Düsseldorf und verließen erst einige Jahre später die Stadt, um schon im siebenjährigen Kriege wieder in dieselbe zurückzukehren. Der Aachener Frieden hatte eine voll= ständige Änderung in Österreichs Politik herbeigeführt; die Franzosen kamen diesmal als Verbündete der Kaiserin Maria Theresia mit dem Auftrage, Friedrich dem Großen seine Länder am Niederrhein zu entreißen.

3. Die ersten Jahre des siebenjährigen Krieges.

Der siebenjährige Krieg brachte dem Bergischen Lande empfindliche Leiden, wenn auch größere feindliche Zusammenstöße innerhalb seines Gebietes nicht stattfanden. Das erste Jahr dieses Krieges verlief für unsere Gegend noch ruhig; aber „vom Frühjahr 1757 bis zum Frühjahr 1763, also volle sechs Jahre hindurch, wollten Durchmärsche, Einquartierungen, Kontributionserpressungen, Lebensmittel= und Fouragelieferungen kein Ende nehmen".

Im Frühling 1757 drang ein französisches Heer von mehr als 100000 Mann über den Rhein vor; eine Abteilung desselben unter dem Herzog von Soubise marschierte nach Sachsen, die Hauptmacht unter dem Marschall d'Estrées nach Westfalen. Kaspar Beckmann erzählt: „Im Anfang März kam eine große französische Armee unter Kommando des Herzogs de Soubise mit einigen kaiserlichen oder österreichischen. . . Sie nahmen vorerst Mörs, die Gelbrische und Clevische Länder ein. . . Hier das Amt Barmen, wie auch andere Ämter, mußten sehr viele Fourage nach Düsseldorf an die Franzosen liefern, diese sollten uns alle gut gethan und be= zahlet werden, weilen unser Churfürst ein Alliirter des Königs von Frankreich und Österreichs war, aber niemand hat das geringste bekommen. Den 20. April kamen hierher über Köln, Solingen nach Elberfeld die ersten französischen Truppen unter Commando des Mons. Marechal d'Etrées, als das französische Regiment Royal Suedois in Elberfeld. Das Amt Barmen mußte nach Elberfeld 18 vierspännige Vorstandskarren schaffen" u. s. w. . . . „Den

26. Juni auf einen Sonntag kam der französische Herr Obriste
Fischer mit seinem Freicorps, so in Cavallerie und Infanterie
bestand, aus der Gegend von Lippstadt und Paderborn nach
Schwelm. ... Sie hielten einen Rasttag und marschirten den 28.
dito nach Elberfeld. ... Dieses Corps war über 1000 Mann
stark von allerhand Desertirers und bös Volk. ... Sie führten
sich sehr bös auf, presseten den Leuten vieles ab und nahmen auch
sonsten vieles weg, absonderlich im Märkischen, hier im Bergischen
war es etwas besser".

Am 26. Juli erfolgte bei Hastenbeck unweit Hameln der erste
feindliche Zusammenstoß auf dem westlichen Kriegsschauplatze; dann
aber machte die Konvention von Kloster Zeven am 8. September
hier den Feindseligkeiten vorläufig ein Ende.

Die Franzosen brangen nach ihrem Siege bei Hastenbeck nach
Thüringen vor, wo sie Winterquartiere zu nehmen gedachten; nachdem sie aber durch Friedrich den Großen in der Schlacht bei Roßbach am 5. November nachdrücklich auf's Haupt geschlagen waren,
die Engländer die schimpfliche Konvention von Kloster Zeven
für nichtig erklärt hatten, und der neue Oberbefehlshaber der
hannoverisch-englischen Armee, Herzog Ferdinand von Braunschweig,
wie auch Prinz Heinrich von Preußen auf die Franzosen unter
ihrem neuen Marschall Grafen von Clermont eindrangen, mußten
sie ihren Rückzug antreten; sie retirierten, wie die Beckmann'sche
Chronik sagt, „Hals über Kopf und flüchteten über Hameln bis
nach Münster und Wesel zu. Der französische General Herzog
von Broglio, so mit 20000 Mann bei Kassel im Hessenlande stand,
wollte die große französische Armee verstärken, allein bei Lippstadt und
Soest wurde selbiger durch die hannoverische Alliierten abgeschnitten
und mußte seinen Marsch oder Route ändern und mit aller Eil
und Geschwindigkeit über Unna, Hagen, Schwelm hier durchs Amt
Barmen nehmen. Den 27. März als am Ostermontage kamen
erstlich die Kranken, so sehr miserable aussahen ... Den 29. März
kam wieder ein großer Teil Kranken ... Den 1. April kam
der ganze Schwarm der Franzosen hier durch ... In Summa,
es war diesen Tag und Nacht so ganz voll im Amte, daß es
wimmelte. Den 2. April auf einen Sonntag kam der Herzog von
Broglio selber ... mit 5 à 6000 Mann hier über Rittershausen
und nahm sein Quartier in Elberfeld ... Diese Nacht hatten
viele von Schwelm bis Langerfeld auf allen Feldern campirt, die

Zäune als Stacken und Bretter alles verbrannt, den Leuten auch
sehr vieles abgepresset . . . Den 3. April marschirten solche alle
wieder fort. Diese ganze Armee**) nahm ihren Marsch nach Düsseldorf und Köln über den Rhein."

Bald folgten die Verbündeten. „Den 20. April . . . rückte
eine schwarze und gelbe Kompagnie preußischer Husaren ins
Bergische Land und kamen nach Elberfeld, führten sich doch recht
gut auf, wenn man ihnen alles vollauf gab." Das ganze Bergische
Land wurde aber „in schwere Kontribution gesetzet".

„Im letzten vom Mai brach die ganze hannoverische alliirte
Armee von Münster und dasigen Gegenden auf" und zog über den
Rhein. — „Nachdem sich nun die ganze französische Armee wieder
versammelt und alle kleine Korps zu sich gezogen hatte", brach sie
am 18. Juni auf und „marschirte in Schlachtordnung dem Prinzen
Ferdinand oder der alliirten Armee bis nach Crefeld entgegen . . .
so kam es den 23. Juni zu einer Hauptbataille, so um 11 Uhr
morgens ihren rechten Anfang nahm. Man konnte hier das entsetzliche Canonieren sehr gut hören" . . . Die Franzosen „reterirten
sich diesen Abend und Nacht bis nach Neuß und wieder auf die
Neußer Heide, wo ihr Sammelplatz war . . . Den 24. Juni brach
diese französische Armee von Neuß wieder auf, marschirte auf Köln
zu . . . Den 25. Juni Vormittag um 11 Uhr rückten die Alliirten
in Neuß ein."

4. Belagerung und Eroberung Düsseldorfs
im Jahre 1758.

Düsseldorf blieb auch nach der Schlacht bei Krefeld noch von
vier französischen Bataillonen unter Kommando des Grafen von
Bergenck besetzt; außerdem standen noch fünf kurpfälzische Regimenter
dort in Garnison, deren Kommandant der pfälzische General
von Isselbach war. Die ganze Garnison zählte 10000 Mann.
Ferdinand von Braunschweig sandte den hannoverschen General
von Wangenheim nach Düsseldorf; dieser erschien am 27. Juni mit
vier Bataillonen und vier Eskadrons bei Heerdt und ließ den
Kommandanten der Festung zur Übergabe auffordern, jedoch erfolglos. Nun begann das Belagerungskorps noch am Abend desselben
Tages Batterien zu bauen. Am Morgen des 28. Juni war eine
solche hinter Oberkassel am Rheindamm fertig; dieselbe war mit
sechs schweren Geschützen und vier Mörsern armiert, welche sofort
das Feuer eröffneten.

Die Behörde hatte bereits am 24. Juni den für die Franzosen so unglücklichen Ausgang der Schlacht bei Krefeld erfahren; die Bevölkerung von Düsseldorf war dagegen am 28. Juni noch nicht darüber unterrichtet und wurde durch das beginnende Bombardement vollständig überrascht. Obgleich man seit Anfang des Monats mit der Möglichkeit einer Belagerung gerechnet hatte, wurden jetzt erst die Wälle armiert und Maßregeln für die Sicherheit der Archive und der Gallerie beschlossen, deren Ausführung aber unterblieb, weil das Bombardement bereits begann, als der Beschluß eben gefaßt war.

Die Batterie der Hannoveraner wurde indes von den Belagerten durch die schweren Festungsgeschütze so erfolgreich beschossen, daß sie dieselbe aufgeben und die Kanonen weiter rückwärts postieren mußten. Während am 28. der nördliche Stadtteil viel gelitten hatte, und gegen 180 Häuser nebst einigen Kirchen beschädigt worden waren, fielen am 29., als die Kanonen zurückgestellt waren, die meisten Bomben in den Rhein, und bald wurden die Belagerer durch Mangel an Munition zur gänzlichen Aufgabe des Bombardements gezwungen. Dennoch war, als ein Parlamentär der Hannoveraner in Düsseldorf erschien, der Festungskommandant bereit, über Kapitulation zu verhandeln, er bat nur um Aufschub, damit er vom Hofe in Mannheim Verhaltungsbefehle einholen könne. Ein pfälzischer Major eilte nun nach Mannheim und kam am 5. Juli mit der Zustimmung des Kurfürsten Karl Theodor zurück, worauf am 7. Juli die Kapitulation von beiden Seiten unterzeichnet wurde. Die ganze Garnison erhielt freien Abzug mit allen Kriegsehren. Zu den Bedingungen gehörte auch die, daß die kurfürstlichen Möbel, insbesondere aber die Gallerie freien Transport nach Mannheim erhalten sollte. Die kostbarsten Bilder wurden auch wirklich dorthin abgeführt, kamen aber nach dem Friedensschlusse wieder nach Düsseldorf zurück.

Die Angaben der Schriftsteller über den Tag der Besitznahme Düsseldorfs durch die Hannoveraner sind widersprechend; wahrscheinlich besetzten dieselben am 7. Juli abends das Rheinufer, und die Franzosen und Kurpfälzer werden am 8. morgens abgezogen sein. Nach der Beckmann'schen Chronik hielt der Prinz Ferdinand am 9. Juli seinen Einzug in Düsseldorf. Die Franzosen hatten vor ihrem Abzuge noch die Schiffbrücke in Brand gesetzt und die Munitionsvorräte in den Rhein geworfen. Sie zogen auf das

linke Wupperufer und erlaubten sich dort schwere Bedrückungen
und Mißhandlungen der Bewohner.

Zum Kommandanten der Festung hatte Herzog Ferdinand
den General von Hardenberg bestimmt, welcher mit drei hannover=
schen Bataillonen einzog. Aber schon am 12. August zogen diese wieder
ab, auch die preußisch=hannoverschen Besatzungen von Kaiserswerth
und Deutz, und kaum war dies geschehen, so kehrten die Franzosen
zurück[46]) und blieben nun bis 1762 in Düsseldorf. Viele fran=
zösische Truppen überwinterten außerdem im Bergischen.

5. Das Jahr 1759.

Nach dem Überfalle bei Hochkirch faßten die Franzosen wieder
Mut und wagten im November aufs neue vorzudringen. Die Be=
wohner unserer Gegend hatten nun[47]) abermals schwere Drang=
sale zu erdulden; im Wupperthale folgte ein französisches Regiment
dem andern.

Am 5. Juni 1759 fand zu Elberfeld ein Vorpostengefecht
statt, dessen Verlauf folgendermaßen beschrieben wird: „Den 24. Mai
auf Himmelfahrtstag kam die ganze alliirte Armee, nachdem sie
die Bataille bei Bergen verloren, durchs Waldeck'sche, Pader=
born'sche nach Unna ... Den 3. Juni auf Pfingstabend war der
Erbprinz von Braunschweig mit einem Detachement von circa
7000 Mann ... aufgebrochen und kam des Montags Abend auf
die Enneper Straße und ein Teil in Schwelm. Den 5. Juni
am Pfingstdinstag" kamen Husaren „ganz früh um 4 Uhr über
Rittershausen" und verjagten die französische Patrouille oder Wacht
auf der Grenze, aus „3 Reuters" bestehend. Einige von den
Husaren „waren mit den bloßen Säbeln in vollem Galopp kurz
hinter ihnen drein gewesen. In der Pfalz am Mühlenstrang
hatten sie noch einen gefangen bekommen, sie hätten die andern
beiden auch gekriegt, allein ein Husar war von dem Mühlenstrangs=
brögel ins Wasser gefallen, so Aufenthalt verursachet. Um 5 Uhr
kam der Erbprinz selber mit dem ganzen Trupp und marschirte
durchs Barmen über die Gemarke, woselbst er ein wenig Halt
gemacht, um sich zu erkundigen, gerade nach Elberfeld zu, woselbst
ohngefähr 170 Mann Franzosen, Kavallerie und Infanterie lagen
unter Kommando des Grafen von Montfort. Ein Teil der Husaren
marschirte übers Loh nach der Hardt zu ... Die Hasveler
Brücke war auch mit Franzosen besetzet ... Sobald aber die

Alliirten, die durchs Barmen anmarschirten, Feuer darauf gegeben, haben sich solche nach Elberfeld zurückgezogen, so ist gleich Lärm in die Stadt gekommen. So meineten die Franzosen, als ob die Alliirten von dieser Seite einbringen wollten, allein ehe man es sich versah," drangen Jäger und Freiwillige durchs Jsland her auf sie ein. „So war das Feuer gleich angegangen. ... Darauf reterirten sich die Franzosen auf den reformirten Kirchhof," wo sie sich nach heftigem Gefechte „endlich zu Gefangenen ergeben mußten. Jhr Kommandeur Graf von Montford hat sich mit der Flucht noch wollen salviren, allein er wurde blessirt und beim Schwanen, wie er längst die katholische Kirche gejaget, stürzete er mit seinem Pferde und mußte sich also gefangen geben." Er war „sehr im Dreck herum gewälzet" und „besah immer seine Blessur auf der Brust." Die Gefangenen, unter denen sich 7 Offiziere befanden, wurden über Schwelm nach Unna und weiter fortgeführt. Mehrere Franzosen waren auch getötet worden. „Der Erbprinz blieb mit seinen Truppen bis an den dritten Tag in Elberfeld und die meisten von diesem Corps standen oben auf der Hardt, die anderen patrouillirten in hiesigen Gegenden herum bis über Mettmann und Gräfrath... Ten 7. Juni marschirte der Erb=prinz von Braunschweig mit seinen Truppen von Elberfeld ab nach Langenberg und über Hattingen." Am 9. Juni kamen die Franzosen wieder in ihre Quartiere im Bergischen bis nach Lennep.

Weiterhin brachte auch das Jahr 1759 schwere Bedrückungen für das Bergische Land seitens durchziehender Truppenmassen. Am 30. November kamen 8000 Mann unter dem hessischen General von Gilsa nach Elberfeld, „woselbst es sehr kraus hergegangen. Denselbigen Abend wurde dem Amt Barmen bei Strafe militärischer Exekution anbefohlen, den 1. Dezember Vormittag 5000 komplete Rationes in Elberfeld zu liefern. ... Hier waren aber gar keine Pferde im Amte, und mußte erst die Nacht alles gebunden werden und durch Menschen nach Elberfeld getragen werden." Der General hatte aus allen Ämtern des Bergischen Landes Deputierte nach Elberfeld gefordert; die wenigen, welche erschienen, wurden am 2. Dezember, als das Corps durch Barmen ins Westfälische zog, als Geiseln mitgenommen. Am 11. Dezember forderte der braun=schweigische General Jmhof bei Strafe militärischer Exekution eben=falls Deputierte aus allen Ämtern auf den 14. nach Hamm. Es handelte sich dabei jedesmal um neue Lieferungen für die Truppen.

Am 23. Dezember kam von dem Fischer'schen Freikorps, „so in der Herrlichkeit Hardenburg gelegen und die Einwohner auf das entsetzlichste geschoren und veriret haben", die Halbscheid durch Elberfeld und marschierte durchs Island nach Solingen zu. Den 24. Dezember folgte die andere Halbscheid nach. Zu Solingen ist es dann „auch nicht gut hergegangen".

„Den 29. Dezember rückten einige Regimenter Hannoverische in Elberfeld ein, ein Teil Husaren und Bückeburgische Husaren und Jäger." Denselben Abend noch mußte das Amt Barmen 2500 Rthlr. bezahlen. „Diese Völker, so im Anmarsch nach und über Schwelm gekommen, sind alle nach der Beyenburg, Lennep und dasigen Orten hinmarschieret. Ins Kloster an der Beyenburg sind gleich einige eingefallen"; das Kloster mußte 500 Rthlr. bezahlen; das Amt, von welchem 1000 Rthlr. gefordert wurden, erlegte gleich= falls sofort 500 Rthlr. „Den 31. Dezember sind diese mit denen, die in Lennep waren, wieder nach Schwelm abmarschieret, von dort wieder nach Hagen und über die Ruhr hinaus."

Das Oberbergische blieb von den Leiden des Krieges gleich= falls nicht verschont. In einem Berichte des damaligen Vorstehers Bommert in Wipperfürth *) heißt es beispielsweise u. a.: „Die Hannoveraner haben (1758) das ganze Bergische Land in Kontri= bution gesetzel und so gehaußt, daß man Selbiges nicht hat aus= stehen können. Durch 30 Mann preußische schwarze Husaren ist unser Bürgermeister Stern nach Hameln citieret und dort behalten bei 9 Wochen; darnach ist unserer Stadt Wipperfürth eine Kontri= bution angesetzet worden, ad = 4000 Rthlr. an Geld und 4000 complete Rationen . . . Den Winter durch bis halben Mai hat die Gemeinde französische Husaren im Quartier gehabt. Ebenso schweren Überfall hat hiesige Gemeinde an Durchmärschen der Fran= zosen das Jahr 1759 hindurch leiden müssen. Am 29. Dezember seynd 350 Franzosen, halb zu Pferd und halb zu Fuß, hier in die Stadt eingerücket, am 30. morgens frühe um 5 Uhren aber schleunigst wieder abmarschieret, als die Hannoveraner Jäger zu Lennep ein= gerückt und zwischen Lennep und Hückeswagen 6 Kahren Brod weg= genommen hatten, die den Franzosen hierhin sollten zugefahren werden. Als diese Franzosen dann nach Glebbach (Gladbach) weg= marschieret, eine Stunde darnach hat die Jäger Patrol sich hier in der Stadt sehen lassen und einen solchen Schrecken der Stadt ver= ursachet, daß nicht zu beschreiben, als sie hiesiger Stadt 800 Mann zu billetieren angesagt. Es seynd aber keine davon gekommen, sondern seynd von Lennep und Hückeswagen nach Einnehmung schwerer Exekutionsgelder nach Rath vorm Wald abmarschieret, daselbsten auch schwere Exekutionsgelder mitgenommen, und über Schwelm und Dortmund abgezogen, ohne daß sie Wipperfürth berührten."

Zu den Kriegsdrangsalen gesellte sich auch noch Raub und Mißhandlung durch Räuber- und Diebesbanden.

6. Die Jahre 1760 bis 1762.

Im Januar des Jahres 1760 erschien wieder das Fischer'sche Freicorps in unserer Gegend[49]), und welche Kosten dem Lande erwuchsen, geht aus folgenden Worten der Chronik hervor: „Den 4. Februar mußte auf Befehl von Düsseldorf eine Tabelle von sämtlichen hannoverischen Kriegskosten des hiesigen Amts ausgefertigt werden. Sie beträgt an barem Geld bis hiehin 20739 Rthlr. 38 stbr. und 3967 Rationen Haber, 5070 Rationen Heu und 3864 Rationen Stroh, ohne sonstige Zehrungsunkosten." So berichtet unser Gewährsmann, und es ist unnötig, diesen Zahlen, welche deutlich genug reden, noch etwas hinzuzufügen.

Am 20. Mai kam nach demselben Bericht das ganze Corps des Generals Fischer nach Elberfeld und blieb dort bis zum 5. Juni. Charakteristisch ist, was er vom 26. Mai mitteilt: „Im Marscheid, wo viele wilde Schweine waren und von dem Churfürstlichen Jäger mit Haber und die Hirsche mit Salz ernähret wurden und dadurch auf den herum liegenden Ländereien viel Schaden verursachten, haben diese Jäger von dem General Fischer Corps viele niedergeschossen, indem sie alle Tage dahin auf die Jagd gingen." Nachdem „die Fischerischen" am 5. Juni nach Duisburg abmarschiert waren, erschien gleich wieder ein anderes Freicorps, welches am 19. Juni sich entfernte.

Am 31. Juli bekamen die Franzosen „derbe Schläge von den englischen und hannoverischen Truppen, und ist das ganze Fischer Corps fast ruiniert worden." In diesem Gefechte bei Warburg an der Diemel soll der Verlust der Franzosen 6000 Mann betragen haben, die übrigen flohen dem Rheine zu und kamen zum größten Teile wieder durchs Wupperthal; „Sie führten sich jetzt aber viel besser auf als vorige Malen, sie nahmen nun gerne vorlieb mit dem, was man ihnen gab."

Den Franzosen folgten im September und Oktober wieder die Alliierten. Verfuhren schon die ersteren, obgleich unser Kurfürst Karl Theodor mit Frankreich verbündet war und auch 6000 Mann Hülfstruppen zur französischen Armee stellen mußte, sich in einer Weise, als ob sie in Feindes Land wären, so behandelten die Verbündeten, welche ja als Feinde kamen, die Einwohner des Bergischen Landes selbstverständlich nicht glimpflich. So von Freund und Feind hart behandelt und durch schier unerschwingliche Kriegslieferungen bedrückt, steigerte sich die Not der Bewohner unseres Landes immer mehr und stieg namentlich in den letzten Kriegsjahren bei den fortwährenden Kreuz- und Querzügen der Truppen aufs höchste.

Das Jahr 1761 begann gleich wieder mit Fouragelieferungen und Bedrückungen. Das Fischer'sche Corps hatte Winterquartiere zu Mettmann, Ratingen, Wülfrath, Neviges und anderen Orten bezogen und streifte von da aus durch die Umgegend, auch wieder durchs Wupperthal; ihnen folgten dann wieder Turpin'sche Husaren, ebenfalls Franzosen. Am 15. Februar kam das ganze Korps des Generals Fischer wieder nach Elberfeld, und „die Ämter Barmen, Beyenburg, Solingen, Lennep mußten alle Fourage nach Elberfeld liefern."

„Den 16. März kam Ordre von Düsseldorf in alle Ämter des Bergischen Landes, daß die Obrigkeiten die Heubodens mußten visitieren", und mußte alles Heu, welches die Leute nicht unbedingt selbst nötig hatten, im April nach Düsseldorf geschafft werden für die Franzosen.

Am 14. Mai war das ganze Fischer'sche Korps in Elberfeld beisammen; dasselbe wurde dem Colonel Conflans übertragen und nun mit dem Namen „Volontaires de Conflans" belegt. Dieses Korps lag vom 8. Mai bis 13. Juni zu Elberfeld und Barmen im Quartier. Wie die Mannschaften desselben in dieser Zeit hausten, geht aus folgender eingehenden Schilderung klar hervor: „Die meisten haben sich gar nicht gut aufgeführet. Die Wirte, wo solche im Quartier lagen, mußten selber lauter rheinischen Branntwein und keinen Frantzen Branntwein oder Fusel geben, welches ein jeder fast eine Kanne per Tag aussoff (solche Kanne kostete 30 bis 35 stbr.), ferner den ganzen Tag immer Bier vom allerbesten Bier, Mittags Brühe mit frisch Fleisch (das schlechte Fleisch kostete 6 bis 7 stbr.), dabei Sauerkraut oder eingemachten

Kappes mit Speck, Schinken und trocken Fleisch und gebratenes,
den Tag zweimal starken Kaffee und des Abends Salat mit Braten
oder mit ander Fleisch. Wenn einer auf der Wacht war, so mußten
die Wirte ihnen Essen und Trinken bringen, wenn solche auch bei
Elberfeld stunden. Viele haben solchen vor den Tag ½ Kronthaler
oder 56½ Stüber geben müssen. Wenn selbe auf Patrouille ritten
und blieben 2 bis 3 Tage aus, so man selbigen jeden Tag mit
½ Kronthaler bezahlen. In Summa es ging so her, daß es fast
vor geringe Leute nicht auszuhalten war ... Es wurden auch den
3. Juni fast alle Heubodens im Amt visitieret, ob noch Heu und
Haber und Stroh vorhanden wäre. Das war aber sehr wenig,
und was sie noch fanden, mußte alles herbei nach der Gemarken
geschaffet werden ... Dieses alles, daß keine Fourage vorhanden
wäre, haben hiesige Officiers nach Düsseldorf an die Generalität
berichtet, sonsten hätte das Amt noch viele Durchmärsche bekommen,
gleich wie Mettmann und Wülfrath und dasige Gegenden, die diese
Zeit sehr viel von Einquartierung und Durchmärschen gelitten
haben, noch mehr als hiesige Gegenden."

Am 13. Juni marschierten diese Truppen in's Westfälische,
aber am 19. Juni erschienen schon wieder andere Franzosen; ein
Regiment drängte das andere.

Am 16. Juli wurden die Franzosen zum letztenmal von den
Alliierten trotz großer Übermacht geschlagen, und zwar bei Belling-
hausen zwischen Hamm und Soest. Hierauf traten sie einen allgemeinen Rückzug aus Westfalen an, der zwar langsam von statten
ging, da er durch die Winterquartiere unterbrochen wurde, aber doch
ein endgültiger war; ein Vordringen war ihnen seitdem nicht mehr
möglich. Herzog Ferdinand von Braunschweig, der tapfere und
umsichtige Heerführer der Verbündeten, hatte somit seine Aufgabe
glücklich gelöst, die darin bestand, diesen Feind Preußens vom
eigentlichen Kriegsschauplatze fern zu halten.

Der Rückzug der Franzosen brachte natürlich den Bewohnern
unserer Gegend von neuem die schwersten Drangsale, und über die
Not dieser Zeit möge uns nochmals die Beckmann'sche Chronik
belehren. Da heißt es z. B.: „Den 11. August kamen in Elberfeld von dem General Fischer Korps und Turpinsche Husaren
circa 200 Mann in die Quartiere. Ronsdorf, Lennep, Rade vorm
Wald, Wipperfürth und Hückeswagen wurden alle mit französischen
Truppen besetzet ... Die in Lennep haben sich sehr bös auf-

geführet . . . Den Richter in Lennep H. Daniel Moll nahmen
sie in der Nacht in Arrest und führten ihn selbige Nacht nach
Düsseldorf zu dem Kommandanten. Er kam aber gleich wieder los,
denn er war der unrechte, und es sollte der Richter an der
Beyenburg H. Fabritius sein, den wollten sie den folgenden Tag
holen, aber er war fort und hatte sich absentieret. Sie blieben
in den Quartieren liegen bis den 2. September . . . Den ganzen
Herbst durch lagen kleine Detachementer vom Conflans'schen Korps
in Elberfeld, Ronsdorf, Lennep und anderen Flecken und Städten."

„Den 13. November kamen über 4000 Mann Franzosen
sowohl Kavallerie als Infanterie in Elberfeld in die Nachtquartiere,
und es mußte viele Fourage aus den benachbarten Ämtern hin
geliefert werden. In Barmen kam fast das ganze Conflans'sche
oder Fischer Korps in die Quartiere, der Brigadier Fischer und
Colonel Conflans waren selbst auf der Gemarken. Die Soldaten
wurden durchs ganze Amt einquartieret mit 4, 5, 6 bis 10 Mann
Infanterie und Husaren in ein Haus."

„Den 14. Dezember mußten wir wieder zwei Steuern zu
den Unkosten an die Gemeins-Männer bezahlen. Nun hatten dieselbe seit 1½ Jahr an Steuern . . . empfangen 11880 Rthlr.
NB. Ohne alle die Fouragelieferungen, die wir immer haben thun
müssen, auch ohne einige hannoverische Kontributionen."

Im Januar 1762 „hat das Malter Korn in Elberfeld ge-
golten 9 Rthlr. 30 stbr. gut Geld, ein zwölfpfündig Brod kostete
18½ Stüber gut Geld. Solches machte die starke Ausfuhr ins
Märkische, denn es gingen alle Tage fast bei 200 Malter Roggen
ins Märkische ohne das Brod, das bis Werl getragen und auf
Schubkarren gefahren wurde . . . Im Anfang März kostete das
Malter Korn in Elberfeld 10 Rthlr., das Brod kostete 19½ stbr.
Die Ausfuhr ins Märkische war noch immer sehr stark, daß in
einem Tag 4 bis 500 Malter aus Elberfeld gefahren sind ins
Märkische . . . Den letzten März kostete ein Brod 21½ stbr."

„Den 20. April kamen wieder so viel Franzosen in Elberfeld, Gemarke und Ronsdorf und dasigen Gegenden, daß man nicht
wußte, wo solche herkamen . . . Den 21. April kam es allerwegen
so voll Franzosen, daß es grausam war . . . In Elberfeld war
es so voll, 10 bis 40 Mann in einem Hause. Um Mittag kam
Ordre, daß ein jeder Eingesessene des Amts bei Strafe militärischer
Exekution gleich des Nachmittags nach der Gemarken auf den Markt

zum feilen Kauf sollte bringen all sein trocken und frisch Fleisch,
Butter, Käse, Hühner, Eier, eingemacht Gemüse, Lämmer, Schafe,
Kälber und Kühe, in Summa alles, was der Mann hatte." Es
kam „wegen Angst vor der militärischen Exekution so viel Gemüse
und sonsten allerhand Zeug", daß die meisten ohne zu verkaufen
wieder nach Hause gingen.

7. Die letzte Zeit des siebenjährigen Krieges.

Vom 4. bis zum 12. Mai 1762 unternahm der Erbprinz
von Braunschweig [30]) noch einen letzten Streifzug in das Herzogtum
Berg. Am 6. Mai kamen seine Truppen in Schwelm an. Die
Franzosen „schickten immer Patrouillen aus nach Schwelm zu, und
die Husaren, die dabei waren, hatten sich die Nacht mit den Hannove-
rischen schon vor Schwelm auf den großen Kuhlen scharmutziret."
Am 7. Mai erschienen die ersten hannoverschen Truppen in Barmen.
„Ein großer Trupp von diesen Völkern marschierte auf Rabe vorm
Wald, Lennep, Hückeswagen, Wipperfürth zu", andere über Ritters-
hausen und Gemarke nach Elberfeld. Hier kam es wieder zu einem
Gefechte, worüber Folgendes berichtet wird:

„Der General Erbprinz von Braunschweig ist vorerst bei
H. Wülfing logiret gewesen, hernach ist er in ein klein Haus nahe
beim „letzten Heller" gewesen, daß fast niemand gewußt, wo er
gewesen. Wie die Hannoverische in Elberfeld gekommen, so sind
noch einige Conflans Husaren und Infanterie drin gewesen, so haben
sie stark aufeinander in der Stadt geschossen, und sind auch einige
von beiden Seiten blessiert, bis endlich die Franzosen sich zurückgezogen haben. Unter Elberfeld sind die Patrouillen und kleine
Detachementer den ganzen Tag am scharmutziren gewesen und viele
blessirt, auch viele Pferde liegen geblieben. Die meiste Hannoverische
standen auf der Hardt. Es sind auch von beiden Seiten Gefangene
genommen worden, und von den Hannoverischen sollen viele desertirt
sein. So haben sie angefangen Geißeln wegzunehmen und die
Kontribution zu fordern als von Elberfeld 330 000 Rthlr., vor
Exekutionskosten 25 000 Rthlr., aufs letzte sind circa 13 000 Rthlr.
gleich bezahlt worden, vom Amt Barmen erstlich 150 000 Rthlr.,
die Exekutionskosten vor 12 500 Rthlr. Es ist hierauf nichts be-
zahlet worden, wie man des Abends die Exekutionsunkosten wollte
beisammen machen, so war keine Zeit mehr übrig, sondern die
Alliierten mußten um Mitternacht wieder fort. Sie nahmen hier

aus dem Amt 10 Geißeln mit . . . Aus Elberfeld haben sie 7 Geißeln mitgenommen, als auch von Lennep, Solingen und andern umliegenden Örtern."

Unser Berichterstatter erzählt dann weiter noch u. a.: „Den 24. Juli kam der größte Teil der französischen kleinen Armee unter Kommando des Prinzen Condé, so in der Gegend von Bochum gestanden, über Hattingen auf Elberfeld und Gemarke zu. In Elberfeld sollen über 9000 Mann und auf der Gemarke 3000 Mann gelegen haben, so daß also in den kleinsten Häusern 20 bis 25 Mann gelegen. Man brauchte ihnen nichts zu geben, allein die Soldaten gingen selbsten in viele abgelegene Gärten und nahmen daraus fast alles, sonsten führten sie sich in ihren Quartieren ziemlich gut auf."

Am 9. August kam ein Brief aus „dem alliirten Hauptquartier an mit der fürchterlichen Nachricht, daß, wenn Barmen und Elberfeld bis den 12. dieses das Geld vor das ganze Bergische Land nicht da hätten, so hätten S. Durchl. der Prinz Ferdinand Ordre ertheilet, daß 3 Bataillons hieher sollten und soweit sie ins Bergische Land kommen könnten, alles ausplündern, sengen und brennen sollten." Die Kaufleute und Meistbeerbten beschlossen, daß Geld vorzuschießen, und die Düsseldorfer Regierung billigte den ihr vorgetragenen Wunsch, daß dasselbe vom ganzen Lande zurückgezahlt werden sollte. Es wurden Deputierte ins Hauptquartier gesandt, welche „denn endlich den Accord mit dem Prinzen Ferdinand getroffen, nämlich es sollten vor das Bergische Land 200000 holländische Guldens Kontribution bezahlt werden."

„Den 4. Dezember des Abends sehr spät kam Ordre, daß das ganze Conflans'sche Korps aufbrechen und über Rheins marschieren sollte. Solches geschah auch den 5. des Morgens frühe, da wir Gott Lob diese unangenehme Gäste dann endlich los wurden. Sie marschierten bei Düsseldorf über den Rhein und kamen nach Neuß und umliegende Gegenden ins Quartier.

Den 8. Dezember kam die Besatzung von Limburg, so aus Conflans'schen Truppen bestund, über Langerfeld und Rittershausen herab und marschierte auf Elberfeld, des anderen Tags auch auf Neuß über den Rhein. Sie haben sich auf dem Marsche sehr schlimm aufgeführt. Gott gebe nur, daß selbige niemalen diesseits Rheins wieder kommen werden."

Nach dem Abzug der Franzosen ließ auch der langersehnte Friede nicht lange mehr auf sich warten, und es ist leicht begreiflich,

daß nach den sechs Jahre lang erduldeten Leiden des Krieges
die Friedensnachricht im Bergischen Lande mit außerordentlicher
Freude begrüßt wurde. Dieselbe traf erst acht Tage nach dem am
15. Februar 1763 zu Hubertsburg erfolgten Friedensschlusse in
Schwelm und dann auch in Barmen ein, und wir erfahren
darüber Folgendes:

„Den 21. Februar lief in Schwelm die fröhliche Botschaft
ein." Sobald dieselbe ankam, „ließ der Herr Doktor Elbers
sogleich seine Kanonen abfeuern. Die ganze Bürgerschaft erschien
alsobald unter dem Gewehr, und der ganze Tag wurde mit einem
beständigen Feuern und Vivatrufen zugebracht.

Der Postillon zwischen Schwelm und Elberfeld brachte des
folgenden Tages diese frohe Botschaft nach Elberfeld. Er hatte ein paar
Kerls bei sich, so beständig feuerten, er selbst aber blies auf seinem
Posthorn durch Barmen und Elberfeld, wo sich dann verschiedene
fanden, so ihm mit Schießen nachahmeten.

In Summa, diese Freude war allgemein, daß dieser so lang
gedauerter Krieg, in welchem fast ganz Europa so viel gelitten,
endlich glücklich geendiget wurde. Den 10. März zogen die Franzosen aus Düsseldorf heraus
nach ihrem Vaterlande zurück. Den 10. März kam in Schwelm
sowohl als durch alle preußische Länder der Befehl, daß den Sonntag
darauf als den 13. dieses ein allgemeines Dank- und Friedensfest
sollte gefeiert werden."

8. Peter Hahn, der biedere Schmied von Solingen.

Wie man im Bergischen Lande über die Siege Friedrichs
des Großen dachte, zeigt das Beispiel des von Karl Simrock
besungenen Solinger Schmiedes Peter Hahn. Gleich andern
Jünglingen aus der Gegend von Solingen und Remscheid, die den
Preußenkönig als ihren rechtmäßigen Landesherrn ansahen und
hofften, er werde sein ihm vorenthaltenes Erbe erkämpfen, eilte
auch Peter Hahn schon 1742 zu den Waffen und diente zwölf
Jahre in einem preußischen Infanterie-Regiment. In die Heimat
zurückgekehrt, heiratete er und trieb sein Handwerk als Gabel-
schmied zu Limminghoven. Als es nun im Frühjahr 1757 hieß, Franzosen seien in Solingen eingerückt, um gegen Friedrich II. zu Felde
zu ziehen, begab er sich sofort in ein Gasthaus daselbst und widersprach den anwesenden französischen Soldaten, die unziemlich über

seinen König sprachen; bei diesem Streite wurde er aber, da er, allein gegen so viele war, an die Luft gesetzt. Da rief er: „Der König muß Hilfe haben!" und machte sich auf den Weg, um wieder zum [preußischen Heere zu kommen. Den Bekannten, welche ihm begegneten und ihn fragten: „Wohin so eilig?" antwortete er: „Dem König Hilfe bringen." Sein Vetter Witte suchte ihn von seinem Vorhaben abzubringen und sagte, er solle nicht von Weib und Kind weglaufen um Händel, die ihn nichts angingen; aber Hahn antwortete: „Wohl geht es mich an, der König ist der recht=mäßige Herr dieses Landes und ich hab' geschworen, ihm zu Wasser und zu Lande treu zu dienen. Ich wäre ein Hallunke, wollt' ich sagen, daß mich meines Königs Not nichts anging. Ich bringe ihm ein treues Herz und diese Arme. Sagt meiner Frau, daß es nicht anders sein kann. Sie hat eine Summe Geld in Verwahr, das ich verdient habe. Es wird ausreichen, bis ich wieder komme, und fall' ich, so hat sie einen reichen Bruder, der sie nicht darben läßt".

So sprach er, übergab dem Witte Rock und Schurzfell, sowie eine Reihe Semmel für seine Kinder und eilte dann nach Minden. Dort wurde er in seinem Regimente als Unteroffizier eingestellt, und als das Erzählte durch junge Leute aus Solingen, die als Rekruten ebenfalls zu Minden in Dienst traten, bekannt wurde, kam er in hohe Achtung und erhielt von den Offizieren reiche Geschenke. Alles sandte er seiner Frau, welche stolz auf ihres Mannes Treue und Ehrenhaftigkeit war. Er folgte dem Könige von Sieg zu Sieg, wurde aber in der Schlacht bei Torgau ge=fangen und nach Pettau in Steiermark gebracht, wo er bis zum Frieden von Hubertsburg verbleiben mußte. Groß war die Freude, als er in der Charwoche 1763 in die Heimat zurückkehrte. Der wackere Schmied, welcher Friedrich dem Großen 17 Jahre treu gedient hatte, starb als Vater von 7 Söhnen in einem Alter von mehr als 70 Jahren.

9. Die Friedenszeit.

Dem siebenjährigen Kriege folgte eine dreißigjährige Friedenszeit, in welcher unser Bergisches Land mächtig aufblühte. Dieser Aufschwung war hauptsächlich eben der langen Friedenszeit, sowie dem Fleiße und der Thatkraft des Bergischen Volkes zuzu=schreiben. Da derselbe aber dem Kurfürsten Karl Theodor allein zu verdanken sein sollte, so wurde letzterer übermäßig gepriesen, obgleich seine persönlichen Eigenschaften solches Lob wenig oder gar nicht rechtfertigten. Er besaß zwar eine gewisse Gutmütigkeit und Freundlichkeit, durch welche er die Herzen leicht zu gewinnen im stande war; aber er ließ sich viel zu sehr von den Jesuiten leiten und versank nach und nach in dieselben Laster und Verkehrtheiten, welche er anfangs an seinem Vorgänger Karl Philipp getadelt hatte.

Um aber gerecht zu sein, muß man anerkennen, daß während seiner Regierung doch vieles zum Wohle des Landes angeordnet wurde. Weil Karl Theodor nicht in unserm Lande wohnte, so konnte sein Einfluß auch so groß nicht sein, wie vielfach behauptet wurde. Mancherlei Verdienste scheint sich der Statthalter in Düsseldorf, Graf von Goltstein, erworben zu haben, auf dessen Anregung wohl manches Gute in den Regierungsmaßnahmen zurückzuführen ist; denn er wird uns geschildert als ein Freund der Aufklärung, welcher darauf bedacht gewesen sei, Mißbräuche sowohl im kirchlichen wie im bürgerlichen Leben abzuschaffen. Namentlich hat er sich um die Hauptstadt Düsseldorf verdient gemacht. Im Jahre 1766 beschäftigte er viele infolge der langen Kriegsdrangsale verarmte Leute bei der Anlage des Hofgartens, um denselben Verdienst zu geben. In dankbarer Erinnerung an seine für die Stadt so segensreiche Verwaltung hat man daher in neuerer Zeit der Straße, welche an dem durch ihn angelegten Teile des Hofgartens herführt, mit Recht den Namen „Goltstein-Straße" beigelegt. Graf von Goltstein starb im Jahre 1774.

Es wurden über tausend Gesetze und Verordnungen erlassen, welche größtenteils das materielle Wohl der Landesbewohner bezweckten; doch wurden auch die geistigen Bedürfnisse nicht außer acht gelassen. Es geschah wenigstens vieles, was sich[51]) „auf leichterem Wege von oben herab, durch Kabinetsbefehle, öffentliche Aufmunterung und Geldunterstützungen erreichen ließ. So ward der Landbau wenigsten da aufgemuntert, wo er der Industrie und dem Fabrikfleiß zu Hülfe kam, mancher neue Zweig erhielt seine erste Pflege, der Wiesen- und Kleebau wurde aufgemuntert, und in das ganze Land kam ein Trieb nach Thätigkeit, Handel und Gewerbfleiß".

10. Friedrich Heinrich Jacobi.

Zu den hervorragendsten Männern des Bergischen Landes zur Zeit des Kurfürsten Karl Theodor gehörte der bekannte und berühmte Philosoph Friedrich Heinrich Jacobi. Geboren zu

Düsseldorf am 25. Januar 1743, wurde er von seinem Vater, einem wohlhabenden Kaufmann, für das Geschäft bestimmt und in seinem 16. Lebensjahre nach Frankfurt in die Lehre geschickt. Hierauf kam er nach Genf, wo sein Geist durch den Umgang mit bedeutenden Männern reiche Nahrung empfing, so daß er diese Stadt 1763 nur ungern wieder verließ, um nach Düsseldorf zurück= zukehren. Er mußte jetzt das Geschäft seines Vaters übernehmen, doch setzte er seine wissenschaftliche Beschäftigung eifrig fort und wurde mit den litterarischen Größen jener Zeit bekannt, mit denen er einen lebhaften Briefwechsel unterhielt. Im Jahre 1764 gründete er einen eigenen Hausstand mit einer durch Geist und Schönheit ausgezeichneten Frau. Durch seine Ernennung zum Hofkammerrat im Jahre 1773 ließ er sich gerne zur Aufgabe seines Handelsgeschäfts bestimmen und begann in demselben Jahre mit Wieland die Herausgabe des „Deutschen Merkur", doch zog er sich nach und nach von der Redaktion wieder zurück.

Auf sein späteres Leben und Wirken werden wir noch zurück= kommen; hier interessiert uns zunächst der höchst wertvolle Bericht, welchen er als Hofkammerrat in den Jahren 1773 und 1774 über die Industrie der Herzogtümer Jülich und Berg erstattete[52]). Aus diesem Berichte möge das Folgende hier angeführt sein.

11. Der Stand der Industrie nach Jacobis Bericht.

„Zu allererst boten sich Elberfeld und Barmen meiner Beobachtung dar. Wie beträchtlich die dortigen Manufakturen seien, erhellet aus den Beilagen . . . Eine so starke Consumption kann nicht anders, als die wichtigsten Vorteile über den ganzen Staat verbreiten, indem sie ganz und gar auf Unkosten des Ausländers geschieht, und weit entfernt sich auf die Preiserniedrigung irgend eines in= ländischen Produkts zu stützen, sie vielmehr insgesamt in beständigem Steigen erhält. Erst vor 25 Jahren bezahlte man noch zu Elberfeld das 100 Pfd. Rindfleisch zu 5½ Rthlr., jetzt 8½ bis 9 Rthlr., 1 Pfd. Schweinefleisch 3½ bis 4 Stbr., jetzt 8½ bis 9 Stbr., 1 Pfd. Butter 5 Stbr., jetzt 8 bis 9 Stbr.; die Maß Milch 1½ Stbr., jetzt 2½ Stbr., ein 12pfündig Schwarzbrod 8, 9 bis 10 Stbr., jetzt selbst in fruchtbaren Jahren 13 bis 15 Stbr.; in den letzten drei Jahren hat es 18 bis 25 gekostet.

Vor kurzem noch reichten die um Elberfeld gelegenen Gemüse= gärten hin, die Bürger zu beköstigen; jetzt reisen wöchentlich 2mal ganze Scharen von Bauern aus der Gegend von Düsseldorf hin, um dort Gartengewächse zu verkaufen. Fast alles Korn, was in Elberfeld genossen wird, geht über Düsseldorf dahin . . . Ein gemeiner Bauernhof ist jetzt 50 per Cent mehr wert, als in den Jahren 1740 und 1750. —

Vor hundert Jahren, und von da an seit undenklicher Zeit, sind zu Remscheid und in den umliegenden Kirchspielen nur Eisen=Bergwerke, Schmelzhütten, Stab= und Stahlhämmer gewesen. Nachher hat man in dem Nassau=Siegenschen Eisenerz zu graben angefangen, und zwar mit so gutem Erfolg, daß man von dort aus Stabeisen und Stahl in wohlfeilerem Preis nach Remscheid hat liefern können, als solches auf den Hütten und Hämmern dieses Ortes herausgebracht werden konnte . . . Da nun die Remscheider Schmelzhütten gänzlich, die Stab= und Stahlhämmer aber auf etliche wenige eingingen, so befließ man sich stärker auf die Raffinier=Kunst, und brachte es damit so weit, daß alle Nassau=Siegenschen Produkten zu Remscheid und auf der Wipper bei Wipperfürth ver=arbeitet wurden. Die Remscheider Klein Schmidts=Fabrik trägt zur Aufrechthaltung und Erweiterung dieses Gewerbes nicht wenig bei.

Es verdient besonders angemerkt zu werden, daß man seit einiger Zeit zu Remscheid angefangen, die Steyermarker gebläuete Sensen nachzuahmen, und dergleichen nunmehro in verschiedenen Hämmern mit dem glücklichsten Erfolg fabriciert. Vorhin hatten die Cronenberger das exclusive Privilegium, überhaupt Sensen zu fabricieren, und wollten schlechterdings daran nichts nachgeben. Diese Hartnäckigkeit ist Schuld gewesen, daß eine beträchtliche Anzahl Hämmer im Märkischen errichtet worden sind. Endlich ist diese Sache durch weise und heilsame Veranstaltungen Ihro Churfürstl. Durchl. Statthaltern Tit. Grafen von Goltstein dahin eingelenkt worden, daß den Remscheidern verstattet wurde, ihren Versuch an=zutreten, und wahrscheinlicher Weise wird der Artikel der Steyer=marker Sensen bald der wichtigste und einträglichste des ganzen Bergischen Eisen=Commerzii werden. —

Zu den wichtigsten Gegenständen der mir aufgetragenen Unter=suchung gehöret ohnstreitig die Solinger Klingen=Fabrik . . . Da zu Solingen nicht alle Handwerksleute so viele Arbeit haben, als sie wohl zu verrichten im stande sind, so würde die Einführung neuer, mit den bereits fabriciert werdenden einige Verwandtschaft habender Artikulen für die dortige Fabrik sehr vorteilhaft sein.

Aber diesem Guten stehen ihre barbarischen, heillose, ungereimte Zunft-Gesetze und Vorurteile im Wege … Überhaupt ist die ganze Verfassung dieser Genossenschaft eine unversiegende Quelle von Übeln, Zerrüttungen und Verderben; wie dann dies allemal bei geschlossenen Handwerkern, Zünften und was sonst für Namen dergleichen Narrentheidungen führen mögen, ganz unvermeidlich ist.

In der nächst bei Solingen gelegenen Freiheit Burg befindet sich eine ziemlich ansehnliche Wollendecken-Manufaktur, welche aber auch seit der Einführung ähnlicher Fabriken in Holland, Brabanb und Frankreich einen empfindlichen Abbruch leidet. —

In dem vorigen Jahrhundert fabricierte man zu Lennep nichts anders als grobes Tuch und Töffel. Diese Fabrik war zünftig, das ist verderblichen Einschränkungen unterworfen und geriet gegen Ende des erwähnten Jahrhunderts in Verfall. Die schlechte Qualität der damaligen Lenneper Tücher war zum Sprüch-wort geworden; auswärtige bessere Fabriken mußten also die hiesige verdrängen.

Nach dem Verfall dieser Fabrik unternahmen 7 oder 8 der bemittelsten Fabrikanten, seine Tücher zu Lennep fabricieren zu lassen … Der ganze Versuch lief für die Interessenten so unglücklich ab, daß sie alle, bis auf einen einzigen, der sich noch einigermaßen in der Höhe hielt, darüber gänzlich zu grunde gingen.

Dieser unglückliche Versuch ist der Keim, woraus die Lenneper feine Tuch-Fabrik entstanden. Man machte sich in der Folge die dabei gesammelten wenige Kenntnisse zu Nutz … und so verschwand zuletzt die grobe Fabrik ganz, deren Stelle im Anfang des gegen-wärtigen Jahrhunderts die feine Tuchfabrik einnahm.

Bis fast zu dem Jahre 1740 wurde diese Fabrik mit Glück und Vorteil betrieben; man vernachlässigte aber dabei gänzlich die Vervollkommnung der Färberei und der Appretur. Dauerhaftigkeit und Stärke konnte zwar den Lenneper Tüchern nicht abgesprochen werden; allein das Äußerliche derselben hatte nichts Empfehlendes; den Farben mangelte Lebhaftigkeit und Glanz dem Tuche. Gedachter Mängel wegen ließen sich diese Tücher auf den ansehnlichsten Handelsplätzen … nicht anbringen; man mußte sich begnügen, aus spanischer Wolle nur Mittel- und noch geringere Sorten fabri-cieren zu lassen und den Debit der Waare an kleinen Orten, wo man lange creditieren mußte, zu suchen … Doch fing man damals an, sowohl die Notwendigkeit als die Möglichkeit einer Verbesserung einzusehen, als gegen das Jahr 1736 der berühmte Lenneper Prediger-Prozeß entstand und die Gemüter in eine solche Gährung brachte, daß alle zu einem gemeinsamen Besten abzielende Gedanken darüber verschwanden. Die hiesigen Kaufleute suchten vielmehr sich einander so viel wie möglich zu schaden, und diejenigen Tuch-Bereiter, die mit Treue und Geschicklichkeit arbeiteten, abtrünnig zu machen. Insolenz und Nachlässtgkeit von seiten der Tuch-Bereiter und ein übler Ruf der hiesigen Fabrik waren die Folgen davon, deren Spuren noch nicht ganz erloschen sind.

Die im Jahre 1746 gefolgte Einäscherung der Stadt Lennep gab der dortigen Fabrik den letzten Stoß; alles flog auseinander: einige Familien gingen nach Duisburg, andere nach Hagen u. s. w., und viele derselben kamen gar nicht wieder zurück. Langsam sammelten ein und andere sich endlich wieder, und nach Verlauf verschiedener Jahre hörte man zu Lennep von neuem Webstühle gehen; die Spinnwinkels aber fehlten, und weil man die Wolle bald hier, bald dort spinnen lassen mußte, so gab es ungleiche Gespinnste und folglich auch ungleiches Tuch. Noch sind zum Nachteil der hiesigen Fabrik die Spinnwinkels für die Stühle, die in der Stadt selbst arbeiten, nicht wieder hergestellt.

In den für die Tuchhandlung überhaupt vorteilhaften Jahren zwischen 1750 und 1760 verschlimmerte sich die Appretur des Tuchs zu Lennep noch mehr, ... und so vermehrte sich der schon ziemlich ausgebreitete üble Ruf der hiesigen Fabrik und hemmte den Vertrieb der Waare, als nach dem Kriege der Tuchhandel schwächer zu werden anfing.

Verschiedene der hiesigen Fabrikanten haben seit 1763 diesem Übel zu begegnen gesucht... Hierdurch hat sich die Appretur zu Lennep seit einigen Jahren dergestalt gebessert, daß man jetzt daselbst Tücher fabriciert, wovon die Elle für einen Dukaten und noch höher verkauft wird. Inzwischen geschieht solches nur selten, weil das gegen diese Fabrik einmal gefaßte Vorurteil einem starken Absatz dergleichen hoher Sorten immer noch im Wege steht. Die Lenneper Siamosen-Fabrik ist kein wichtiges Objekt... In dem nicht weit von Lennep liegenden Dorfe Lüttringhausen ist in den Händen von 7 Kaufleuten eine ziemlich ansehnliche Tuch- und Siamosen-Fabrik. — Die ganze Gegend um Rad vorm Wald, von Remscheid und Lüttringhausen an bis nach der Märkischen Grenze hin, scheint im 15. Jahrhundert und im Anfang des 16. stärker bevölkert und nahrhafter als jetzo gewesen zu sein... Besonders muß die Gegend um Rad vorm Wald in einem Bezirk von 2 bis 3 Stunden rund umher ganz mit Stahl- und Eisenschmieden angefüllt gewesen sein. Allenthalben trifft man noch Beweise davon an... Nach dem Zeugnisse der Rad vorm Walder Kirchenbücher wohnten im 16. Saeculo in der dortigen Reformierten Pfarrkirche blos von Stahlschmieden 900 auf einmal der Communion bei, und in der Lutherischen Kirche zu Lennep, wovon aber die Kirchen-Nachrichten verbrannt sind, sollen um die nämliche Zeit ihrer 1300 communiziert haben.

Der blühende Zustand dieser Gegend verschwand bei Gelegenheit der großen Religions-Revolution und in dem 30jährigen Kriege. In dem letztern wurden Städte, Flecken, Dörfer, Häuser und Fabriken abgebrannt, und was an Menschen und an Vieh noch übrig blieb, raffte die Pest und die Hungersnot hinweg. Die ganze Gegend ward ein Raub wilder Tiere und Vagabunden.

Wie wenig an Menschen und Vieh zu jener Zeit übrig geblieben, läßt sich daraus schließen, daß glaubwürdigen Traditionen zufolge damals ein gemeines Bauernmädchen, wenn es etwa ein Kalb in einer im Walde angelegten und bedeckten Grube so lange heimlich ernährет, bis es zween Jahre alt geworden, demselben um seines Rindes willen Ritter aus der ersten Familie ihre Hand angeboten. Verschiedene Urkunden bezeugen, daß Edelleute, die noch itzt als solche in größtem Ansehen stehen, zu jener Zeit Bauerntöchter geheiratet haben.

Nach und nach gewann die Bevölkerung so viel, daß hie und da auf 2 oder 3 nicht bei einander gelegenen Bauernhöfen wieder eine Haushaltung in Ordnung kam; aber die Städte und Flecken blieben noch wüste liegen und dienten nur geistlichen Congregationen zum Aufenthalt. Sogar der Richter zu Hückeswagen, sein Schreiber und sein Gerichtschreiber waren auf 3 verschiedenen Bauernhöfen einquartiert.

Nun brach im Jahr 1672 der französische Krieg aus und mit ihm neue Verwüstung. Alle Einwohner flohen und gaben das Ihrige preis. Der 20. der jetzigen Inhaber der Güter kann nicht behaupten, daß 1672 in dem Besitz des Seinigen einer seiner Voreltern gewesen sei. Die meisten stammen von abgedankten oder verlaufenen Soldaten u. dergl. ab, die sich nach dem Kriege von der Obrigkeit ein Gut zuschreiben ließen gegen das Versprechen, die darauf haftende landesherrliche Steuern und Lasten abzuführen.

Der damalige Preis der Güter läßt sich daraus beurteilen, daß ein Gut aufm Böckel genannt im Kirchspiel Rad vorm Wald, welches jetzt auf 3000 Rthlr. geschätzt wird, für einen Bienenstock mit einer blauen Schürze umbunden verkauft wurde; für ein anderes, jetzt 6000 Rthlr. wert, im Holte genannt, gab man ein junges einjähriges Rind.

Gegen das Ende des verwichenen Jahrhunderts nahm die Bevölkerung langsam wieder zu. Die Städte und Flecken blieben zwar wegen Mangel an Nahrung und Crescenzien noch leer, und im Anfang dieses Jahrhunderts mußten die Prediger zu Rad vorm Wald noch selber die Art führen und ihr Vieh weiden; aber fast alle Bauernhöfe hatten doch wieder ihre Bewohner. Das vornehmste Geschäft dieser Bauern war, ihr Vieh zu weiden und solches als ihr bestes Kleinod gegen die Wölfe zu schützen. Zu diesem Endzweck gesellten sich allemal 3 bis 4 der stärksten und blühendsten Jünglinge zu einander. Nur sparsam baute man das Land. Das stärkste Verdienst eines robusten und fleißigen Tagelöhners, wenn er von Morgens 3 bis in den späten Abend sich quälte, war damals pro Tag 1 ½ Stbr.

Im Anfang dieses Jahrhunderts hatte sich der Zustand der hiesigen Gegend wieder so viel gebessert, daß die Güter ihren bestimmten Geldpreis erhielten, doch war derselbe immer noch sehr gering.

Nicht lange hernach fanden sich die Eisen=Manufakturisten hier ein, welche die vorteilhafte Lage der Gegend zu Eisenhämmern anzog. Auf diese folgten Fabrikanten aus verschiedenen Ländern, die durch die Toleranz der Regierung in Glaubenssachen und durch die ungehinderte Freiheit des Commerzii sich hier niederzulassen bewogen wurden. Die Fabriken kamen nunmehr in starken Betrieb, und zusehends stieg auch der Preis der Gründe und Güter... Kurz, man findet jetzt in diesen Gegenden nicht einen Finger breit Platz, der nicht seinen Eigentümer hätte... Auch ist die Begierde, jedes Fleckchen Land zu nützen, so groß, daß die gemeine Weg und Landstraßen zum Nachteil des Publici gar zu sehr verenget werden.

Nicht früher als im Jahre 1724 hat sich in dieser Gegend und zwar in der Stadt Rad vorm Wald der erste Feil=Bäcker niedergelassen und sein geringer Debet erschöpfte damals nicht mehr als wöchentlich 4 köln. Malter Korn. Erst im Jahre 1730 ließ sich in eben dieser Stadt der erste Metzger nieder; dieser schlachtete wöchentlich nur eine Kuh von 2 à 300 Pfd., wodurch nicht allein die Stadt Rad vorm Wald, sondern auch das Kloster und der Flecken Beyenburg nebst dem Schloß zu Hückeswagen, samt der dasigen Geistlichkeit und Bürgerschaft hinlänglich mit Fleisch versehen waren. Jetzt sind in der dortigen Gegend 3 Metzger, die ohne was auf den Höfen geschlachtet wird zu rechnen, wöchentlich wohl 12 mal so viel schlachten und doch ist diese Quantität Fleisch noch nicht völlig zureichend. Mit den Bäckern hat es eine gleiche Beschaffenheit.

Im Jahre 1737 waren zu Rad vorm Wald nicht allein alle Nebengassen mit Gras bewachsen, sondern sogar auf dem Markte, wo doch die aus dem Märkischen kommende Haupt=Landstraße durchgeht, fanden sich noch verschiedene Grasplätze.

Man kann sicher annehmen, daß die Anzahl der Bewohner dieser Gegenden seit 30 Jahren sich wenigstens um $^3/_4$ vermehrt hat.

Die Stadt Wipperfürth allein betrifft, leider! alles vorhergesagte in keinem Teile. Sie kommt von Tag zu Tag mehr herunter; viele Häuser stehen wüste und sind gegen Abführung der Churfürstl. Steuern unentgeltlich zu haben. Dennoch hat Wipperfürth seiner natürlichen Lage wegen vor allen andern hiesigen Gegenden den Vorzug; aber man giebt den Bewohnern dieser Stadt eine so unvernünftige Unduldsamkeit schuld, daß kein Protestant mehr wagen will, sich dort niederzulassen.“

12. Die Weiterentwickelung der Industrie.

Aus Jacobis Bericht geht hervor, und wir wissen es auch außerdem, daß im Bergischen verschiedene Industriezweige schon seit Jahrhunderten eingebürgert waren und sich gedeihlich entwickelt hatten [63]). Um zur Förderung ihrer Weiterentwickelung beizutragen, konnte sich die kurfürstliche Regierung darauf beschränken, Hindernisse aus dem Wege zu räumen, das übrige aber dem bewährten Gewerbfleiße der Bevölkerung überlassen. So geschah es auch, und bei der wohlwollenden Begünstigung von seiten der Regierung, sowie infolge der segensreichen Einwirkung der langen Friedenszeit nahmen Handel und Industrie einen immer erfreulicheren Aufschwung.

Jacobi zählt auf: Eisenhämmer und Schleifmühlen in Remscheid, Cronenberg und Lüttringhausen, Eisenhämmer in Wipperfürth, Hückeswagen und Radevormwald, Degenklingen= und Messerfabrik in Solingen, Wollentuch=Manufakturen in Lennep, Lüttringhausen, Radevormwald und Hückeswagen, Siamosen-Manufakturen an den vier letztgenannten Orten und in Elberfeld und Barmen, im Wupperthal auch Lind-, Band- und Garn-Manufakturen, Bettziechen-Handlung und Lohgerbereien, in Hückeswagen und Radevormwald Strumpf-Fabriken und in Radevormwald endlich noch „grobe Tuch-Fabrik" und Kappen-Fabrik.

Ein ungefähr zwei Jahrzehnte später erschienener Bericht[54]) von E. F. Wiebeking zeigt einen bedeutenden Fortschritt der bergischen Fabriken und Manufakturen. Nach demselben war um 1736 das Baumwollenspinnrad eingeführt und dadurch die Siamosenweberei erzeugt worden. Als Betriebsgebiete der Handbaumwollspinnerei giebt Wiebeking die Ämter Hückeswagen und Steinbach sowie das Kirchspiel Much im Amte Windeck an, wo im Durchschnitt jährlich 1950 Ballen à 300 bis 350 Pfund rohe Baumwolle versponnen und dadurch an Spinnlohn 195 110 Rthlr. verdient wurden. Derselbe Berichterstatter führt außer den laut Jacobis Bericht vorhandenen noch Wollentuch-Manufakturen zu Wipperfürth, Wermelskirchen und Langenberg, Siamosen-Manufakturen zu Wermelskirchen, Hilden und Haan ꝛc. an; ferner Seiden-Manufakturen zu Elberfeld, Kaiserswerth und Mülheim am Rhein, Essig-, Seifen-, Licht- und Tabak-Fabriken u. s. w.

Es möge hier folgende Ankündigung eines Düsseldorfer Seifensieders[55]) aus dem Jahre 1799 angeführt sein, welche zeigt, wie die Industriellen ihre Fertigkeiten anzupreisen verstanden; es heißt da: „Ein sehr erfahrener und auf die Chemie gegründeter Seifensieder, welcher nicht nur aus zartem Unschlitt, sondern auch aus existierenden Öhlen, sogar aus der verdorbensten Schmierseife die allerbeste harte oder spanische Seife verfertigen lernt . . . und alle verdorbenen Seifen wieder zurecht machen kann, entbietet denjenigen, welche diese Kunst zu erlernen wünschen, seine Dienste an; Liebhaber belieben sich an die Expedition dieser Nachrichten franco zu adressieren."

Zur Beförderung der Lenneper Tuchfabriken[56]) wurde das früher erlassene Verbot[57]) des mit Kleinhandel verbundenen Hausierens fremder Kaufleute mit Wollentuch-Waren, außer den Jahrmärkten wiederholt publiziert. Zugleich wurde befohlen, daß auf allen inländischen Jahrmärkten den Lenneper Fabrikanten die besten Stände zur Aufrichtung ihrer Buden vor allen ausländischen Tuchhändlern ꝛc. eingeräumt werden sollten.

Zur Beförderung der inländischen Papierfabriken wurde das Lumpensammeln durch Ausländer und die Ausfuhr von Lumpen bei strenger Strafe verboten[58]), und den inländischen konzessionierten Papierfabrikanten das Sammeln der Lumpen ausschließlich gestattet[59]).

Gegen die in den Tuchfabriken und Garnbleichereien häufig vorkommenden biebischen Entwendungen und Betrügereien erfolgten scharfe Straferlasse[60]); auf diesen beruhte die Normal=Verordnung wider die Unterschleife und Diebereien in den bergischen Wollentuch=Fabriken[61]) vom 25. Juni 1793, durch welche auf wirkliche Diebstähle Zuchthausstrafen von einem Jahre bis auf Lebenszeit je nach dem Werte des Gestohlenen, Prügelstrafen und öffentliche Ausstellung am Pranger, ja sogar, falls der Wert über 40 Rthlr. betrug, die Todesstrafe durch den Strang gesetzt wurde.

Die „Kommerzienten und Fabrikanten" der Stadt Lennep hatten die Errichtung eines eigenen Handelsgerichts beantragt. Dieses Gesuch wurde ihnen zwar abgeschlagen, gleichzeitig aber (und zwar ebenfalls unter dem 25. Juni 1793) verordnet[62]), daß die in Fabrik= und Handwerkssachen entstehenden Irrungen, sowie die im Fabrikwesen überhaupt einschleichenden Unterschleife vom dortigen zeitlichen Stadtrichter und Gerichtsschreiber mit Zuziehung zweier Handlungs=Deputierten und nötigenfalls zweier zu vereidigenden Werkverständigen im summarischen Wege, ohne Zulassung von Advokaten, untersucht und rechtlich entschieden werden sollten. Diese Verordnung hatte auch für die Ämter Hückeswagen und Bornefeld Geltung.

Auf die Vermehrung und Verbesserung der Verkehrswege als einer notwendigen Vorbedingung für das Gedeihen von Handel und Gewerbe wurde vorzüglich Bedacht genommen, doch konnte die Herstellung regelrechter Kunststraßen nur ganz allmählich ausgeführt werden. Eine Verfügung vom 24. Februar 1748 spricht[63]) bereits von der „stattgefundenen kostspieligen Reparatur der in schlechten Zustand geratenen Wege und Landstraßen in den Herzogtümern Jülich und Berg". Es wurden im Bergischen allein mehr als 400 000 Rthlr. zum Straßenbau verwandt; trotzdem waren selbst zur Zeit des Groß=herzogtums Berg viele Straßenanlagen noch nicht zum Abschluß gekommen, so z. B. diejenige von Hückeswagen nach Wipperfürth.

Die Verkehrsmittel ließen sehr viel zu wünschen übrig, so daß beispielsweise ein Ort wie Hückeswagen noch keine direkte Postverbindung hatte und daher auf Boten angewiesen war.

Wie schnell eine Reise zu jener Zeit gemacht werden konnte, erhellt aus folgenden Mitteilungen[64]). Im Jahre 1783 hatte der Kurier Arnold Weiler für den Kurfürsten Karl Theodor wichtige Briefe von Düsseldorf nach München zu bringen. Am Donnerstag den 6. Februar abends 5 Uhr reiste er in einer Chaise mit zwei Pferden von Düsseldorf ab und fuhr Tag und Nacht durch, so daß die Tour nur durch Umwechseln der Pferde unterbrochen wurde. Nach 77stündiger Fahrt kam er am 9. Februar abends 10 Uhr in München an. 64 Rthlr. 6 Stbr. hatte er an Fahrgeld, Trinkgeld und Barriere ausgegeben. Die Rückreise, welche er am 13. Februar mittags 12 Uhr antrat, war um einige Stüber billiger; die Kosten derselben betrugen nämlich 63 Rthlr. 16 Stbr. Auf der ganzen Tour hatte er 22 Rthlr. 14 Stbr. verzehrt, war dabei aber genötigt gewesen, bei einem Posthalter „wegen Abgang an Geld" seine goldene Uhr für 10 Rthlr. zu versetzen.

Fünf Jahre früher hatte Moritz Freiherr von Gaugreben ebenfalls die Reise von Düsseldorf nach München und zurück gemacht, auf derselben aber bei einem zehntägigen Aufenthalt in München laut spezifizierter Rechnung 284 Rthlr. 50¼ Stbr. verausgabt.

13. Sorge für die Wohlfahrt der Bewohner.

Am 8. Juni 1773 wurde eine umfassende Medizinal-Ordnung erlassen[65]), deren Eingang lautet:

„Nachdem Wir mit besonderem Mißfallen vernommen, welchergestalt allen von Uns hiebevor ergangenen heilsamen Edicten und Verordnungen ohngeachtet bishero in der Medicin, Chirurgie und Pharmacie allerhand schädliche Unordnungen und höchstgefährliche Mißbräuche annoch beibleiben; auch, daß sich Leute von allerhand Stände, Professionen und Handwerkern finden, welche sich zum größten Verderb und Nachtheil Unserer Unterthanen des innerlichen und äußerlichen Curierens anmaßen, und dadurch viele Menschen um ihre Gesundheit, Wohlfahrt, ja gar ums Leben bringen: Als finden Wir höchstnöthig, daß ein solches eingeschlichenes Unwesen und Mißbrauch ein- für allemal abgeschaffet werde, und befehlen dahero aufs ernstlichste, daß Unser Consilium Medicum zur Beobachtung des Medicinalwesens genauere und bessere Aufsicht haben, und zur Aufhebung angezogener Mängel und Ungelegenheiten auf nachgesetzte Medicinalordnung und Instruction fest und unverbrüchlich halten solle. Wir befehlen also hierdurch allen Unseren Land- und Stadtbeamten, wie auch Magistraten, obgedachtem Consilio Medico auf dessen geziemende Requisition gebührlich an Hand zu gehen."

Diese Medizinal-Ordnung handelt in 42 Paragraphen von den Ärzten (§ 1—17), von den Wundärzten (§ 18—24), von den Apothequeren (§ 25—35) und von den Hebammen (§ 36—42); am Schlusse ist der zu leistende Eid eines Medici, eines Chirurgi u. s. w., sowie eine genaue Gebührentaxe beigefügt, über welche hinauszugehen keinem der Betreffenden erlaubt sein soll.

Ferner wurden[86]) aus gesundheitspolizeilichen Rücksichten die Begräbnisse in den Städten allgemein verboten und die Verlegung der Kirchhöfe auf freie, außerhalb der Orte gelegene Plätze befohlen. Nur den Standespersonen und den Klostergeistlichen wurde es gestattet, ihre Toten in besonders dazu (wie Backöfen) einzurichtende und zu vermauernde Grüfte in den Kirchen zu begraben.

Zur Verminderung der Feuersgefahr[87]) wurde im Jahre 1757 verordnet, daß alle neuen Häuser nicht mehr mit Strohdächern gedeckt werden dürften, sondern mit Pfannen, Ziegeln oder Leyen zu decken seien. Diese Verordnung wurde 1771 auch auf Scheunen, Stallungen, Backöfen und andere Gebäude ausgedehnt, sowie auf jene, woran merkliche Reparaturen gemacht wurden. Schon 1753 und 1754 war das Ausdreschen der Früchte bei offenen Lampen, der Gebrauch der letzteren, sowie das Tabakrauchen in Scheunen, Ställen und unter niederen Strohdächern verboten worden. Diese Verordnung erfuhr 1790 noch weitere Ausdehnung, und es wurde überhaupt der vorsichtige Gebrauch des Lichts empfohlen.

Im Jahre 1743 wurde[88]) das Zechen und Schmausen auf Kosten der Gemeinden bei den Versammlungen der Stadt- und Gemeinde-Vorstände verboten und dabei noch besonders eingeschärft, daß die besfälligen Kosten in den Rechnungen nicht aufgeführt werden dürften. Man war nämlich gewohnt, bei jeder Versammlung ein Zechgelage zu halten, dessen Kosten von den Bürgern und Bauern, bei Prozessen aber vom verlierenden Teil bezahlt werden mußten, woher die Redensart stammt: „die Zeche bezahlen müssen." Die Kosten wurden auch berechnet, wenn kein Zechgelage stattfand, und fielen den Beamten unter dem Namen der „trockenen Weinkaufgelder" zu. Mithin war das betreffende Verbot mit Freuden zu begrüßen. In demselben Jahre wurden auch die wieder einreißenden Schwelgereien bei Leichenbegängnissen, Hochzeiten und Kindtaufen wiederholt verboten.

Von wohlthätiger Wirkung war auch die vom Erzbischof zu Köln, Maximilian Friedrich, erlassene, die Zahl der katholischen Feiertage vermindernde Verordnung[69]), deren Publikation durch die kurfürstliche Regierung am 25. April 1770 erfolgte; ebenso die Verordnung vom 27. Juni 1783, wodurch die Abstellung der sog. „blauen Montage" wiederholt ernstlich befohlen wurde.

Am 10. August 1775 wurde eine Verordnung[70]) erlassen „zur Verminderung der auf solchen Grad der Üppigkeit gestiegenen Kleiderpracht, daß dadurch die Zerrüttung und der Untergang mancher häuslichen Wirtschaft verursacht worden". Es wurde durch dieselbe den kurfürstlichen Unterthanen bei 500 Rthlr. Strafe verboten, Civilkleider oder Livreen zu tragen, welche mit Gold oder Silber gestickt seien. Den Männern wurde es höchstens gestattet, goldene oder silberne Knöpfe auf den Röcken und eine dergleichen Borde auf den Hüten zu tragen, und nur den Hofwürdenträgern, den adeligen Dikasterialräten und den Ritterschafts=Mitgliedern sollte es erlaubt sein, ihre Bedienten in Livreen mit seidenen Borden zu kleiden. Die im Auslande befindlichen Unterthanen sollten gleichfalls zur Beobachtung dieses Polizeigesetzes verpflichtet sein. Zum Verschleiß der vorhandenen Prachtkleider wurde eine ein= jährige Frist gestattet, die aber mehrmals verlängert und endlich am 10. Oktober 1778 bis auf anderweitige Bestimmung erweitert wurde.

Am 10. November 1761 wurden die gegen die Hazard=, hohen Karten= und Würfelspiele erlassenen Verbote wieder erneuert und die Polizeibehörden angewiesen, alle Wirts= und Kaffeehäuser dieserhalb wenigstens jede Woche einmal zu visitieren[71]).

Im Jahre 1780 erfolgte eine Verordnung, welche das Mai= geläute und an mehreren Orten übliche Nachtgeläute untersagte[72]). Nach derselben sollte das gewöhnliche Glockengeläute „bei einfallendem Donner und dergleichen schädlichen Ungewittern" noch beibehalten werden; aber schon zwei Jahre später wurde dasselbe vernünftiger Weise verboten.

Im Jahre 1787 erfolgte eine Verordnung gegen den Wucher[73]), in welcher eingangs gesagt wird: „Uns ist mißfälligst angezeigt worden, daß der Wucher in hiesig Unserer Residenzstadt und auf dem Lande zum Verderb Unserer Unterthanen dergestalt gestiegen, daß bei geringen Summen zwanzig bis fünfzig vom hundert ge=

nommen, und daß auf bewegliche Unterpfände Geld auf gewisse Zeit unter allerhand wucherlichen Bedingnissen gegeben werde." Die Verordnung, welche scharfe Bestimmungen enthält, wurde 1795 erneuert.

Den Advokaten wurde wiederholt die Annahme und Führung unrechtlicher Prozesse verboten und 1770 eine General-Taxordnung veröffentlicht, wodurch die Diäten sämtlicher Beamten u. s. w., wie auch die den Advokaten, Notarien und Prokuratoren gesetzlich zustehenden Gebühren genau festgesetzt wurden [74]).

In einer Verordnung [75]) vom 18. November 1769 heißt es: „Nachdem Uns unterthänigst angetragen worden, daß die . . . Verehelichungs-, Tauf- und Sterb-Bücher bis anher teils sehr nachlässig geführet, teils gar verloren worden; Wir aber diesem Unwesen ferner zuzusehen, gnädigst nicht gemeinet seynd," — und es wird deshalb bestimmt, daß fernerhin in jeder Pfarr- und Filialkirche ein „Tauf-, Kopulations- und Sterb-Buch" unverzüglich anzulegen und regelmäßig zu führen sei.

14. Geistige Kultur.

Die Regierung Karl Theodors fiel in das Zeitalter der Aufklärung. An dem allgemeinen geistigen Aufschwunge dieser Zeit nahm auch das Bergische Land regen Anteil.

Es war die Zeit unserer klassischen Litteratur, als deren erhabenste Sterne Lessing, Goethe und Schiller prangen; die Zeit unserer klassischen Musik, welche durch die glänzenden Namen Haydn, Mozart und Beethoven charakterisiert wird, die Zeit der vollständigen Umgestaltung der Philosophie, die durch Kant herbeigeführt wurde, indem er ein Lehrgebäude aufstellte, welches unermeßlichen Einfluß auf die Wissenschaften ausübte, so daß sie nun sämtlich von dem Geiste der Kritik und freien Forschung beseelt wurden, noch wohlthätiger aber dadurch wirkte, daß es den Begriff der „Pflicht", der beinahe allen Klassen der Gesellschaft abhanden gekommen war, in vollster Strenge wieder herstellte, die ewige Bedeutung des Sittengesetzes zum vollsten Bewußtsein brachte und mit der Idee der sittlichen Freiheit in die lebendigste Beziehung setzte.

Die Freunde der Aufklärung bezweckten die geistige, sittliche und soziale Hebung des Volkes, die Befreiung desselben von Wahn, Aberglauben und Vorurteilen; auch der Ärmste und Geringste sollte sich als Mensch fühlen und seiner persönlichen Freiheit und Selbstbestimmung teilhaftig werden.

24

Auf allen Gebieten geistiger Kultur machte ein lebhaftes Streben zum Besseren sich geltend, dem allmählich das Veraltete, Unnatürliche und Verbildete zum Opfer fiel; von größtem Einfluß in dieser Beziehung waren die Schriften der Franzosen Voltaire, Montesquieu und Rousseau, welche von allen Gebildeten Europas gelesen wurden. Die bezeichnete Bewegung war so groß und allgemein, daß kein Land und kein Kreis der menschlichen Gesellschaft sich derselben ganz entziehen konnte.

Naturgemäß mußte in einer solchen Zeit der Blick in hervorragendem Maße sich der Jugenderziehung zuwenden; doch wurden die Stimmen, welche zuerst über diesen hochwichtigen Gegenstand laut wurden, kaum beachtet. Als aber im Jahre 1762 Rousseau in seinem „Emil" die bisherige Erziehung in ihrer ganzen Erbärmlichkeit darstellte und forderte: „Thut gerade das Gegenteil von dem, was gebräuchlich ist, und ihr werdet fast allezeit wohlthun" — da wurde auch in Deutschland der Jugenderziehung größere Aufmerksamkeit geschenkt, wozu namentlich Basedow beitrug. Durch Rousseaus Emil begeistert, faßte derselbe die Idee einer Reformation des gesamten Schulwesens, trat 1768 mit seiner „Vorstellung an Menschenfreunde und vermögende Männer über Schulen, Studien und deren Einfluß" hervor, ließ 1768 das „Methodenbuch", 1774 das „Elementarwerk" folgen und suchte auch durch eine im letztgenannten Jahre eröffnete Schulanstalt, das Philanthropin zu Dessau, sein auf Rousseaus philanthropischen Grundsätzen aufgebautes System praktisch durchzuführen. Seine bedeutendsten Mitarbeiter und Nachfolger waren Campe und Salzmann.

Die besten Männer der Zeit erkannten die hohe Bedeutung der Bestrebungen der Philanthropen (Menschenfreunde), wie man Basedow und seine Jünger nannte, weil sie statt der bisherigen Arbeit des Lernens eine mühelose und freudvolle Aneignung des Wissens und Könnens bezweckten. Die Schulen sollten „zu Sitzen der Gesundheit, des Frohsinns und der Liebe werden"; Milde und Freundlichkeit, Licht und Erkenntnis sollte auch dem verachteten Bauernsohne, auch dem armen Kinde zu teil werden. Laut erscholl der Ruf nach besseren Landschulen und besseren Lehrern für dieselben.

Regierungen und Private begannen mit Eifer in diesem Sinne zu wirken, so der edle Friedrich Eberhard von Rochow, dessen Gutsschule zu Reckahn mit ihrer Konzentration des Unterrichts, ihrer Betonung des Muttersprach= und Religionsunterrichts und ihrem Lesebuch, dem „ersten Kinderfreund", von Rochow 1772 herausgegeben, die Mutter= und Musteranstalt des Landschulwesens, eine Pflanzstätte der eigentlichen Volksschule wurde.

Auch begann zu dieser Zeit schon in der Schweiz der einzige Pestalozzi seine pädagogische Wirksamkeit, die epochemachend werden sollte. Er gründete 1768 seinen Neuhof, eröffnete dort 1775 seine Armen=Erziehungsanstalt in Verbindung mit einer Industrieschule und veröffentlichte 1780 die „Abendstunde eines Einsieders", 1781 den ersten Teil von „Lienhard und Gertrud".

15. Johann Leopold Goes.

Der Bahnbrecher auf dem Gebiete des Schulwesens in unserer Gegend war der lutherische Pfarrer Johann Leopold Goes zu Nünberoth[76]). Das Dorf Nünberoth gehörte zwar damals in staatlicher Hinsicht nicht zum Bergischen Lande, sondern zur Herr= schaft Gimborn=Neustadt; allein seiner geographischen Lage nach konnte es doch vom Oberbergischen nicht getrennt werden, wie denn auch Goes als der „Oberbergische Pestalozzi" bezeichnet worden ist. Daniel Schürmann nannte ihn den „heimatlichen Rochow" und zwar mit Recht, denn schon lange vor Gründung der Rochow'schen Schule zu Rekahn hatte Goes eine derselben völlig ebenbürtige Anstalt zu Nünberoth ins Leben gerufen.

Geboren 1731 zu Nünberoth, wo sein Vater ebenfalls Pfarrer war, wurde er schon während seiner Studienzeit, als sein Vater 1747 starb, zu dessen Nachfolger gewählt, studierte aber dem Wunsche der Gemeinde gemäß noch zwei Jahre zu Halle. Nach Beendigung seiner Studien wurde er dann, erst 19 Jahre alt, zu Ostern 1749 in das Pfarramt zu Nünberoth eingeführt. Er sagt: „Bei meiner Gemeinde nnd bei ihrem Brote hatte ich gelernt und war fröhlich gewesen, es war meine Schuldigkeit, von meiner gesammelten Er= kenntnis ihr das Nützliche mitzuteilen. Meine Absicht war, Erkenntnis und Wissenschaft auszubreiten." Diese edlen Erwägungen führten ihn dazu, sich dem Werke der Erziehung zu widmen.

In den Schulen der damaligen Zeit wurde vielfach nur Lesen und Schreiben gelehrt. Goes faßte den Plan, die Nünbe= rother Gemeindeschule auf eine höhere Stufe zu erheben, und fand in dem an diese Schule berufenen jungen und strebsamen Lehrer Johann Kaspar Mollerus einen eifrigen Jünger und Gehülfen.

Er führte nicht allein das Rechnen, sondern die Mathematik überhaupt, sowie fast alle heutigen Unterrichtsfächer in die Schule ein.

Die Schule zu Nünderoth wurde bald berühmt, und schon vor
dem Jahre 1770 war ihr Ruf als einer Musterschule so verbreitet,
daß ihr von allen Seiten, namentlich aus Berg und Mark, junge
Leute zuströmten, um sich dort für das Geschäftsleben oder den
Lehrerberuf vorzubereiten. In jener Zeit, wo es noch keine staatlichen Lehrerseminare gab, war diese vortreffliche Schule von der
höchsten Wichtigkeit, und viele Lehrer verdankten derselben ihre
Ausbildung. Auch bereits angestellte Lehrer und Pfarrer der Umgegend nahmen an dem Unterrichte teil, und so wurden die dort
gepflegten Ideen einer besseren Schulerziehung in immer weitere
Kreise getragen.

Es wurde Unterricht in der französischen und englischen
Sprache, in Mathematik und Naturkunde, sowie in Musik und
Gesang erteilt. In der französischen Sprache unterrichtete ein geborner Franzose, in der englischen Goes selber, in den übrigen
Fächern Mollerus. Goes gab die nötige Anleitung, half überall
nach und sann stetig auf Verbesserungen in der Methode, um sie
mit seinem treuen Mollerus praktisch zu erproben.

Für die sittliche Bildung wurde besonders dadurch gewirkt,
daß man den damals noch vielfach herrschenden Aberglauben nach
Möglichkeit zu bekämpfen suchte.

In dieser Beziehung, wie überhaupt in dem Werke der
Bildung fand Goes einen eifrigen Genossen[77]) an dem jungen Pfarrer
Johann Löh. Derselbe war 1752 zu Benninghausen im Kirchspiel
Kierspe geboren, studierte in Halle und Göttingen und wurde 1775
Pfarrer zu Neusrath bei Opladen. Goes, der ihn kannte, ver-
anlaßte 1783 seine Berufung nach dem unweit Nünderoth gelegenen
Müllenbach. Goes hatte auch während der Vakanz die dortige
Stelle mit verwaltet und schrieb an Löh: „Die Gespenster und
Nachtgeister habe ich auf der Müllenbacher Kanzel schon so manchmal
tanzen lassen, daß Sie dieselben sicher abschaffen können". Löh
brachte während seiner Amtswirksamkeit in Müllenbach einen großen
Teil seiner Zeit auf der Hardt bei Nünderoth im Hause des Pfarrers
Goes zu und war auch an der berühmten Schule thätig. Doch
ging er schon 1785 als Pfarrer nach Solingen, wo er eine große
litterarische Thätigkeit entfaltete, und 1802 nach Burscheid, der
Stätte seiner Hauptwirksamkeit.

Goes, der eine ungemeine Beredsamkeit besaß, wurde im Jahre 1788, als König Friedrich Wilhelm II. die Grafschaft Mark besuchte, zum Sprecher gewählt, und der König, der seine geographischen und geologischen Arbeiten in Augenschein nahm, ernannte ihn bald darauf zum Mitglied der Akademie der Wissenschaften. Eine ihm aufgetragene Karte der Grafschaft Mark vollendete er 1791. Auch veröffentlichte er wissenschaftliche Abhandlungen und Schriften.

Goes starb am 11. Mai 1795. Die Gemeinde betrauerte noch lange den unersetzlichen Verlust dieses Mannes, dessen ganzes Streben auf die Ausbreitung eines vom Aberglauben gereinigten Christentums und einer sorgfältigen Jugenderziehung gerichtet war. Er war nach dem Urteile eines Zeitgenossen „ein Mann ohne Vorurteile, duldsam, menschenfreundlich und einfach".

16. Daniel Schürmann.

Der bedeutendste und einflußreichste Schulmann des Herzogtums Berg war Daniel Schürmann, ein Lehrer im vollsten Sinne des Wortes[*]). Er war am 11. Februar 1752 auf dem Heidt bei Ronsdorf als Sohn eines Lehrers geboren und wurde von seinem Vater schon früh für den Lehrerberuf vorbereitet. Im Alter von 18 Jahren, am 2. Juni 1770, wurde er bereits als Lehrer zu Hohenhagen bei Remscheid angestellt, wo er bis zum 2. April 1773 blieb. Er ging dann nach Odenspiel im oberbergischen Amte Windeck, um seinen kranken Vater zu unterstützen, und wirkte dann vom 15. August 1773 bis Ende 1776 in Vertretung seines älteren Bruders als Lehrer an der Garnisonschule zu Geldern.

Die Schule in Geldern stand unter der Leitung des Garnisonpredigers Scalla, der früher Lehrer an der Realschule in Berlin gewesen war und sich dort die sog. Berliner Lehrmethode angeeignet hatte. Schürmann hatte also hier die beste Gelegenheit, diese Methode kennen zu lernen, wie denn überhaupt die dort verbrachte Zeit für seine Geistesrichtung, die sich sein ganzes Leben hindurch in ernstlicher Erforschung der Wahrheit bethätigte, von wohlthätigen Folgen war.

Nach einem abermaligen Aufenthalte bei seinem Vater in Odenspiel wurde er am 28. Juli 1777 als Lehrer zu Wiedenest in der Herrschaft Gimborn-Neustadt eingeführt. Er trat daselbst am 24. Januar 1779 in den Ehestand mit der jüngsten Tochter des dortigen Ober-Berg- und Hütten-Faktoren Brölemann. Die Zeit seiner Amtswirksamkeit in Wiebenest wurde ihm in mehrfacher Hinsicht wichtig und lehrreich, denn er trat hier in nahe Beziehungen zu dem Pfarrer Goes und dem Lehrer Mollerus zu Ründeroth. Durch häufigen Umgang mit diesen hochverdienten Männern machte er sich deren Ansichten über eine veredelte Volksbildung zu eigen, durch genauen Einblick in den Unterrichtsbetrieb der Ründerother Schule bereicherte er seine methodischen Kenntnisse und benutzte auch die gebotene gute Gelegenheit, sich in Fächern auszubilden, die ihm bis dahin noch ziemlich fremd waren, so insbesondere in der Mathematik, der er in der Folge sein eifrigstes Studium zuwandte. Die gewonnenen Ansichten und Erfahrungen suchte er in Wiebenest nun auch zur Durchführung zu bringen, stieß aber, da er dabei etwas zu jugendlich ungestüm verfuhr, auf Widerstand und wurde als Neuerer verschrien. Er folgte daher gerne einem Rufe nach Leuscheid im Amte Windeck, wo er am 11. März 1781 einzog.

Hier, wo man sein verdienstliches Streben zu würdigen wußte und dankend anerkannte, fühlte er sich wohl und faßte schon Pläne zu einer dauernden, erweiterten Wirksamkeit. Da traf ihn ganz unerwartet der Ruf nach Remscheid, wo er von seiner früheren Amtsthätigkeit in Hohenhagen her noch im besten Andenken stand, und es bedurfte großer Überredung von seiten seines Vaters und seiner Freunde, namentlich des Pastors Goes, um ihn dahin zu bringen, daß er sein ihm liebgewordenes Leuscheid verließ. Am 31. Oktober 1785 wurde er nach Remscheid abgeholt und am 9. November daselbst ins Amt eingeführt.

Es muß als ein Glück bezeichnet werden, daß Schürmann nach Remscheid kam; denn hier, inmitten der gewerbreichsten Gegend des Bergischen Landes, hatte er die beste Gelegenheit, seine hohe pädagogische Begabung voll und ganz zu entfalten und einen segensreichen Einfluß auf das Volksschulwesen im weitesten Umkreise auszuüben.

Er fand die Remscheider Schule in einem Zustande, der wohl nach den früheren Anforderungen befriedigte, seinen im Lichte einer fortgeschrittenen Pädagogik gereiften Ansichten aber durchaus nicht entsprach. Indem er es nun unternahm, dieselbe nach seinen Ideen umzugestalten, stieß er auf große Schwierigkeiten, allein er wußte alle Hindernisse zu überwinden. Es wurde bald eine neue

Schule erbaut, welche Raum für zwei Klassen bot, und deren innere Einrichtung ganz nach seinen Anordnungen hergestellt wurde. Er führte zweckmäßigere Lehrbücher und Lehrmittel ein und erzielte Unterrichtsergebnisse, die bis dahin unerhört waren. So wurde die Schule als Musterschule berühmt und als solche häufig von Fremden in Augenschein genommen, namentlich von solchen, die ähnliche Schulen einzurichten gedachten.

Um eine Stütze für seine Bestrebungen zu gewinnen und den geläuterten pädagogischen Ansichten allgemeinen Eingang zu verschaffen, machte er bei vorkommenden Lehrerwahlen seinen großen Einfluß dahin geltend, daß solche Lehrer gewählt wurden, die in Ründeroth ihre Vorbildung erhalten hatten.

Von großer Bedeutung wurde sein Wirken für den Rechenunterricht; 1801 gab er sein „Praktisches Schulbuch der gemeinen Rechenkunst und Geometrie" heraus, welches den veralteten Servatius Schlyper gänzlich aus den Schulen verdrängte und noch zu seinen Lebzeiten zehn Auflagen erlebte. „Schürmanns Rechenbuch" wurde im ganzen Lande eine sprichwörtliche Redensart zur Bezeichnung der größten Klarheit und Bestimmtheit. 1805 ließ er eine „Kurzgefaßte Anweisung zur Algebra" folgen.

Seine erste Gattin wurde ihm 1793 durch den Tod entrissen; im folgenden Jahre heiratete er wieder, und zwar die Witwe des Lehrers Hölterhof zu Ehringhausen. Am 2. Juni 1820 legte er nach 50jähriger Wirksamkeit wegen Kränklichkeit sein Amt nieder, doch erholte er sich wieder und lebte noch lange als Emeritus zu Remscheid, bis er am 25. Februar 1838 starb.

17. Das Volksschulwesen.

In jener Zeit, in der es auf dem Gebiete der Pädagogik so gewaltig sich regte, erinnerte sich auch die Regierung unseres Landes ihrer Pflichten hinsichtlich des Schul- und Erziehungswesens. Schon am 2. März 1770 erließ dieselbe eine Verordnung [79]), welche den schlechten Zustand der katholischen Schulen erkennen läßt, da es im Eingange derselben heißt:

„Liebe Getreue! Wir haben mit besonderem Mißfallen zu vernehmen gehabt, wie schlecht in Unseren hieruntigen Herzogtümern es mit denen katholischen Schulmeisteren fast durchgehends bestellet seye, und wollen dahero gnädigst, daß all-diejenige, welche zu einer erledigten Schulmeisters Stelle sich fürohin melden werden, ein Zeugnis des Land=Dechanten wegen der Fähigkeit im Catechismo und Catechizieren beybringen, sodann in dem Teutsch, und Latein, in dem Buchstabieren, Lesen, leßbar schreiben, und denen fünf Rechnungs Speciebus wohl erfahren seyn — und davon vor euch ein Zeugniß ablegen — wo aber deren Candidaten sich mehrere angeben würden, alsdan immerhin die zwey beste zur Wahl aus= gesetzet werden — annebens die Patroni, welche einen Schul= meistern oder einen Cüstern, der zugleich zum Schulhalten ver= pflichtet ist, zu stellen haben, gehalten seyn sollen, die Rücksicht zu nehmen, daß ihr Praesentandus in erwehnten Rothwendigkeiten gnugsam erfahren seye, wan nicht gewärtigen wollen, daß selbiger von euch zur Dienstverrichtung nicht werde zugelassen werden 2c."

Um die evangelischen Schulen war es etwas besser bestellt. Die evangelischen Gemeinden waren sich wohl bewußt, daß es schon zu ihrer Selbsterhaltung notwendig sei, die Jugend zum Lesen der Bibel zu befähigen, und sie sorgten dafür, daß in jedem Kirchdorf auch eine Schule errichtet wurde. Außer diesen Pfarrschulen ent= standen auch viele Hof= oder Außenschulen, deren Zahl die der Pfarrschulen mit der Zeit bei weitem übertraf. Die evangelischen Schulen waren auch durchgängig besser besucht als die katholischen; daß aber ihr Zustand doch noch viel zu wünschen übrig ließ, geht aus einer Schilderung desselben hervor[60]), welche Daniel Schür= mann am Anfang des gegenwärtigen Jahrhunderts entwarf, worin es heißt: „Die Schulgebäude waren, was sie noch an manchen Orten sind, meist elende Hütten, nur notdürftiges Obdach; die Schulstuben nur dunkele, niedrige, enge, mit Tischen und Bänken unbequem eingerichtete Zimmer, die der Gesundheit schädlich und der nötigen Luft und Munterkeit bei den Lehrern und Schülern nachteilig waren, und großenteils leider noch sind. . . Die Be= soldung der Schullehrer war und ist noch in vielen Gemeinden sehr schlecht."

Die Regierung bekümmerte sich wenig um das protestantische Schulwesen; doch erging[81]) am 25. April 1786 eine „gnädigst be= stätigte allgemeine Schulmeister= und Küsterordnung der evangelisch=reformierten Gemeinen in dem Herzogtum Berg", in deren „Vorerinnerung" es heißt, daß aus ihr „nicht nur die Schul= meister und Küster ihre Pflichten und Obliegenheiten erlernen können, sondern worin auch wegen ihrer Anordnung, Aufsicht und Besoldung die nötige Anweisung geschieht". Gegen diese auf Ver=

anlaſſung der Landesregierung von der reformierten Synode ent=
worfene Verordnung gab ſich bei Lehrern und Gemeinden vielfach
eine Oppoſition kund, in deren vorderſter Reihe der Lehrer Johann
Peter Schmitz zu Hückeswagen ſtand.

Am 4. April 1794 verfügte die Landesregierung: „Wir haben
uns gnädigſt bewogen gefunden, dem gemeinen Schulweſen in
Unſern beiden Herzogtümern eine beſſere Richtung zu geben, und
hierdurch Unſern getreuen Unterthanen die gedeihlichſten Mittel zu
verſchaffen, daß die Jugend ſowohl in den Grundſätzen der Religion
und Tugend ſorglich unterrichtet und befeſtiget, als durch nützliche
Kenntniſſe gebildet, mithin zum allgemeinen und ihrem eigenen
Beſten wohl erzogen werden möge.” Die Amtsverwalter ſollten
angeben: 1. Die Beſchaffenheit der Schulhäuſer; 2. die Ortſchaften,
wo keine Schulhäuſer vorhanden und deren doch nötig ſeien; 3. die
Koſten, welche ſowohl die Herſtellung der alten, als Erbauung der
neuen Schulhäuſer erfordern werde, nebſt Beifügung eines ver=
nünftigen, nach dem Bedürfniſſe eines ſowohl für den Lehrer als
die Schüler zulänglich geräumigen und geſunden Schulhauſes zu
bemeſſenden Planes u. ſ. w. — ferner, ob zu den Schulhäuſern
auch Gärten gehörig oder wie dieſelben zu erwerben ſeien, ſowie
die füglichſte Weiſe, wie der Abgang an fixer Beſoldung, die zum
mindeſten 60 Rthlr. betragen müſſe, zu erſetzen ſei.

Freilich war von ſolchen Verordnungen bis zu deren wirk=
licher Ausführung in jener Zeit ein langer Weg; aber man ſieht
doch, daß die Regierung ſich ihrer Pflicht wenigſtens bewußt war.
Daniel Schürmann ſagt: „Das Schulweſen würde noch lange in
einer ſolchen elenden Verfaſſung geblieben ſein, wenn nicht einige
wackere Schulmänner vor etwa 25 bis 30 Jahren mit Verbeſſerung
desſelben den Anfang gemacht hätten. Ohne dazu beſonders und
öffentlich aufgemuntert zu werden, war es bloß eigener Drang, ſich
erſt ſelbſt mehrere und beſſere Kenntniſſe, mehrenteils durch das
mühſamſte Selbſtſtudium, zu erwerben, und durch Anwendung der=
ſelben der Jugend nützlicher zu werden . . . Man fing allgemeiner
an, den großen Vorrat von Schul= und Erziehungsſchriften zu leſen
und zu benutzen; man teilte ſich Bücher, eigene Erfahrungen, Kennt=
niſſe und Methoden, Rat und That mit . . . So iſt es denn
endlich, größtenteils durch eigene Bemühungen der Schullehrer, ſo
weit gekommen, daß gegenwärtig viele gute Schulen im Lande ſind.”
— „Bei dem gänzlichen Mangel an öffentlichen Lehranſtalten für

künftige Lehrer ... entstanden hier und in nahen Umgegenden viele Lehrergesellschaften, von denen ich im Jahre 1794, mit einigen meiner Amtsfreunde, die erste unter meiner Leitung stiftete, die bald Beifall und Nachahmung fand. Der Zweck dieser Lehrergesellschaften war zunächst, sich die Anschaffungen nützlicher Schul- und Erziehungsschriften ... zu erleichtern, und durch gegenseitige Mitteilungen amtsbrüderlich zu unterhalten und zu belehren ... Von diesen Lehrergesellschaften sind auch viele brauchbare Lehrbücher für alle Klassen unserer Schulen ausgegangen."

Ähnliche Konferenz-Gesellschaften entstanden nach und nach in den Kreisen Solingen, Elberfeld, Barmen ꝛc. Daß es trotz alles Eifers mit dem Volksschulwesen und dem Lehrerstande nur langsam vorwärts ging, daran trugen Aberglaube, Vorurteile, Gleichgültigkeit, ja sogar Feindseligkeit gegen alle Aufklärung die Schuld. Gegenüber der großen Masse des Volkes war die Zahl der Aufklärungsfreunde immerhin gering, und gewisse Leute setzten den Bemühungen der Aufklärer heftigen Widerstand entgegen. Manche schöne Hoffnung hinsichtlich einer besseren Volkserziehung mußte daher aufgegeben werden und einer besseren Zukunft vorbehalten bleiben.

18. Bildungsanstalten und Bildungsbestrebungen.

In Düsseldorf befand sich von früher her eine juristische Fakultät. Unter dem 2. Dezember 1785 wurde angeordnet[9]), daß alle dem Studium und dem künftigen Staatsdienst sich widmenden Landeskinder außer dem zweijährigen Besuch der Akademie der Rechtsgelehrtheit zu Düsseldorf wenigstens zwei Jahre auf der Universität zu Heidelberg dem Studium der höheren Wissenschaften obliegen mußten, um Ansprüche auf Versorgung zu erwerben. — Der Universität Heidelberg wandte Karl Theodor anfangs seine Gunst zu; gegen die tiefe Versumpfung derselben in der vorhergehenden Zeit trat eine Besserung ein, die aber weder ausreichend noch nachhaltig war. Die Professoren der theologischen und philosophischen Fakultät waren Jesuiten, Dominikaner ꝛc.

Am 30. März 1770 erfolgte die Gründung der Landesbibliothek zu Düsseldorf. Dieselbe wurde reich mit Büchern ausgestattet, teils durch Neuanschaffungen und Schenkungen, teils durch Zuwendung von Doubletten aus den andern kurfürstlichen Bibliotheken. Um eine weitere Vermehrung des Bücherschatzes zu erzielen, wurde es jedem Staatsbeamten zur Pflicht gemacht, bei

seinem Amtsantritt ein noch nicht vorhandenes Werk und außerdem
vier Rthlr. der Bibliothek zuzuwenden. Bei der späteren Aufhebung
der Klöster wurden mehrere Klosterbibliotheken derselben einverleibt.
So entstand in der Landesbibliothek eine Büchersammlung, die viele
seltene und kostbare Werke, insbesondere einen großen Reichtum
an Inkunabeln enthält[83]).

Im Jahre 1767 errichtete Karl Theodor[84]) die Düsseldorfer
Kunstakademie, und zwar mit unmittelbarem Anschluß an die
von Johann Wilhelm II. gestiftete Gemäldegallerie. Das Statut
der Akademie wurde den Vorschlägen des Grafen von Goltstein
gemäß 1774 vom Kurfürsten bestätigt. Zum Direktor derselben
wurde der Historienmaler und spätere Hofkammerrat Johann
Lambert Krahe ernannt, zu Düsseldorf geboren 1720, gestorben
1790. Er sowohl, wie auch der Sekretär Professor Bruillot
waren ausgezeichnete Künstler. Im Jahre 1780 fungierte als
Inspektor Aloys Cornelius, der Vater des berühmten Peter
von Cornelius, der 1787 im Akademiegebäude geboren wurde. Als
solches war nämlich das seitherige Kriegskommissariat bestimmt
worden, das später als Justizgebäude diente. Krahe hatte eine
reiche Kunstsammlung angelegt, welche u. a. 14000 Handzeichnungen
und 23000 Kupferstiche enthielt; sie wurde ihm vom Kurfürsten
und den Landständen für die Zwecke der Akademie zum Preise von
30000 Thlr. abgekauft. Die Anstalt hatte sich bald eines regen
Besuches zu erfreuen, sogar aus Holland, England und Frankreich
fanden sich Schüler ein; sie war aber, wie alle übrigen der da=
maligen Zeit, eine sogenannte Zopfakademie, und ihre Lehrer mögen
vielleicht nicht die besten gewesen sein, weshalb zunächst keine be=
deutenden Künstler aus derselben hervorgingen.

Je mehr infolge der verbesserten Schulbildung die Lesefertigkeit
zunahm, desto mehr machte sich auch das Bedürfnis nach Lesestoff
geltend, namentlich nach einer periodischen Litteratur. Seit 1745
hatte der Hofbuchdrucker Tilman Liborius Stahl die wöchentlich
zweimal erscheinende „Stadt Düsseldorfer Post = Zeitung"
herausgegeben, doch war dieselbe wieder eingegangen. Nun erhielt
im Jahre 1769 der Steuer=Kanzellist Zehnpfennig die Konzession
zur Herausgabe einer neuen Zeitung, des „Jülich=Bergischen
Wochenblattes", und es wurden seitens der Regierung, nachdem
sie „zu des Publici besten, und jedermanns deutlicher Nachricht ein
den 16. künftigen Monats Mai anfangendes Wochenblatt einzuführen

gnädigst entschlossen", alle Gerichts= und Stadtschreiber angewiesen, „gegen Erlegung eines Rthlr. jährlich ein solches Wochenblatt an=zunehmen", auch befohlen, alle „zum gerichtlichen Verkauf kommende Gründe" dem Verleger behufs Bekanntmachung zeitig anzuzeigen[35]).

Das wachsende Bildungsbedürfnis führte in jener Zeit schon zu Vereinigungen, welche unter dem Namen Lesegesellschaften, ähnlich wie die Bildungsvereine unserer Zeit, Vermehrung der Kenntnisse und Veredelung des Gemüts auf ihre Fahne geschrieben hatten.

Am 5. Januar 1775 wurde die geschlossene Lesegesellschaft in Elberfeld gestiftet, über welche wir sehr genau unterrichtet sind. Einem vom Oberbürgermeister a. D. A. von Carnap über dieselbe erstatteten Bericht[36]) entnehmen wir Folgendes.

Acht Männer, die vom Morgen bis zum Abend unter dem Joche sehr vieler und zum Teil schwieriger Geschäfte standen, wünschten einen Tag in der Woche einer geselligen Freude sich hin=geben zu können, wodurch ihnen neuer Mut und verjüngte Kraft zur Thätigkeit zuwachsen möchte. Diese Erholung sollte nicht in rauschenden Vergnügungen bestehen, nicht in Ausgelassenheit und wilder Freude, wie man bei großen Gelagen sie findet, sondern im Genusse der Schätze, welche die Natur und die Wissenschaften bieten, bestehen, in Vermehrung der Kenntnisse, Veredelung der Sitten und Betrachtungen all des Guten und Schönen, daß jene Zeit darbot.

Ihre Ansichten fanden Beifall; noch 19 Männer gesellten sich zu ihnen. Unter den acht Stiftern war der hervorragendste Abraham Kersten; unter den 19 übrigen befand sich der bekannte Jung=Stilling, damals ausübender Arzt in Elberfeld. Er eröffnete die Gesellschaft mit einer Rede „über die Pflichten des Instituts". Dieselbe versammelte sich Mittwochs von 5 bis 7 Uhr, um die Vorlesung der Abhandlungen in aller Stille anzuhören. Bis zum 1. Januar 1781 zählte sie 46 Glieder. Jung=Stilling folgte am 25. Oktober 1778 dem Rufe als Professor nach Lautern, und der Arzt Dr. Dinkler trat nun als belehrendes Mitglied an seine Stelle.

Da die Zahl der Mitglieder jährlich zunahm und die Biblio=thek viel Raum bedurfte, so wurde ein neues Gesellschaftshaus gebaut und am 24. September 1783 die Zusammenkunft zum erstenmal in demselben gehalten. Am 12. November 1784 hielt Professor Withof aus Duisburg eine Rede, in welcher er u. a. sagte: „den eigentlichen Körper der Gesellschaft machen angesehene

Kaufleute aus, wiewohl auch Gelehrte und sonstige wackere Männer gern mit aufgenommen werden. Das mag denn auch ein Teil der Ursache sein, warum sie zuweilen eine gelehrte Gesellschaft genannt wird. Die Gegensätze sonstiger Weinhäuser, wovon sich dieses Haus durch eine nützliche Sammlung auserlesener Bücher, die immer vermehrt wird, und auch durch die Hintansetzung der Spielsucht, genugsam unterscheidet, sind dieser Benennung sogar zuträglich. Die historischen, moralischen, physischen, statistischen und merkantilischen Abhandlungen werden teils von wirklichen Mitgliedern, teils von Fremden vorgelesen. Sonstige geschriebene Ausarbeitungen werden auch mit Beifall angenommen und sorgfältig verschlossen aufbewahrt. Wer Elberfeld, aber nicht dieses Haus besehen hat, ließ etwas Sehenswürdiges aus der acht. Die urältesten Dichter thaten sich mit dem ungemein anlockenden Gemälde gewisser Inseln, die sie die glückseligen nannten, gar sehr was zu gut. Das Elberfelder Gesellschaftshaus mag eine wirkliche Darstellung dieses sonst bloßen Ideals, und es müsse zum mindestens wöchentlich einmal für alle Mitglieder ohne Ausnahme eine solche glückselige Insel sein."

Am 10. Juni 1785 besuchte Kurfürst Karl Theodor die Lesegesellschaft und erklärte sich zu ihrem Protektor. Man hatte die Namen der Stifter und der Mitglieder in ein schönes, in graue Seide eingefaßtes Buch, samt den neuen Statuten der Gesellschaft, eingetragen und dem Protektor bei seiner Anwesenheit zur Genehmigung vorgelegt, welche denn auch eigenhändig erfolgte. Am 29. Juni hielt Dr. Leidenfrost einen Vortrag über „Karl Theodor, die Liebe seines Volkes".

Vom 12. August 1785 an mußte jeder Fremde seinen Namen in das mit grauer Seide eingefaßte Buch eintragen. Zum Beweise, in welchem Ansehen die geschlossene Lesegesellschaft stand, zeigen u. a. folgende Namen: Max Franz, Kurfürst von Köln; Karl, Fürst von Liechtenstein; Baron von Hompesch; Baron von Loë; Karl, Erbprinz von Thurn und Taxis; Joh. Engelbert Fuchsius, G. und B. Geheimrat; Anselmus Albenhoven, Abt zu Brauweiler rc.

Im Jahre 1788 schenkte Karl Theodor der Gesellschaft sein großes schönes Brustbild, welches seitdem eine Zierde des Saales war. Die Rede des Pastors Franke, „von dem gesegneten bergischen Kanaan" belehrt uns, daß jene Zeit für das Wupperthal eine glückliche war, daß dem Leben daselbst der Segen Gottes nicht fehlte und die Bewohner unter der Regierung des Kurfürsten sich mehrten und fortwährend zunahmen an Wohlstand und Reichtum".

Am 5. Oktober 1791 wurde der letzte Vortrag gehalten. Die Lesegesellschaft war mit dem Ausbruch der französischen Revolution an einem Wendepunkt angekommen, wozu merkwürdigerweise im Jahre 1792 noch äußere Verfolgungen kamen, welche die öffentliche Meinung den bestehenden Lesegesellschaften bereitete. Diese begannen schon im Jahre 1781; sie wurden damals niedergeschlagen, tauchten jedoch 1791 wieder auf, und infolgedessen erschien sogar am 3. Juli 1792 eine hohe Verordnung zur Aufhebung der bestehenden Lesegesellschaften. Gegen diese Verordnung reichte der derzeitige Direktor eine Vorstellung ein. Der Kurfürstprotektor hat es denn auch an dem nötigen Schutze nicht fehlen lassen: die Lesegesellschaft wurde von amtswegen nicht aufgehoben; aber es löste sich der alte Stamm, während die jüngeren Zweige, angesichts der mit der französischen Revolution beginnenden aufgeregten Zeit, zu anderen geselligen Anschauungen gelangten. Aus der geschlossenen Lesegesellschaft gestaltete sich, im Munde des Volkes: „Die Erste Gesellschaft" und mit ihr begann jene denkwürdige Zeit, wo zumeist nur die Krieger aller europäischen Nationen das freundliche Thal und in ihm die gesellschaftlichen Räume betraten.

19. Der Jacobi'sche Freundeskreis.

Noch ehe Goethe nach Weimar ging und diese Stadt zum Mittelpunkt des litterarischen Lebens wurde, gehörte Düsseldorf zu denjenigen Städten, in welcher dieses Leben zur höchsten Bedeutsamkeit heranwuchs. Friedrich Heinrich Jacobi, 1773 Hofkammerrat geworden, wohnte während der schönen Jahreszeit meist in Pempelfort, welches jetzt mit Düsseldorf vereinigt ist, damals aber noch außerhalb der Stadt lag. Dieser Wohnsitz Jacobi's war die geweihte Stätte, wo im traulichen Familienkreise die litterarischen Größen der Sentimentalitätszeit und der Sturm- und Drangperiode sich begegneten und in kürzerem oder längerem Aufenthalt verweilten.

Einer der ersten, welche den Philosophen in Pempelfort besuchten, war Goethe. Es war im Sommer des Jahres 1774, als er mit Basedow und Lavater die bekannte Rheinreise machte, und über den Besuch bei seinem ihm bis dahin nur durch brieflichen

Verkehr bekannten Freunde Jacobi erzählt er[85]) in Anknüpfung an die oft zitierten Verse: „Und, wie nach Emmaus, weiter ging's mit Sturm- und Feuerschritten: Prophete rechts, Prophete links, das Weltkind in der Mitten" — u. a. Folgendes: „Glücklicherweise hatte dieses Weltkind auch eine Seite, die nach dem Himmlischen deutete, welche nun auf eine ganz eigene Weise berührt werden sollte. Schon in Ems hatte ich mich gefreut, als ich vernahm, daß wir in Köln die Gebrüder Jacobi treffen sollten, welche mit andern vorzüglichen und aufmerksamen Männern sich jenen beiden merkwürdigen Reisenden entgegen bewegten ... Schon Sophie la Roche gab uns den besten Begriff von diesen edlen Brüdern; Demoiselle Fahlmer, von Düsseldorf nach Frankfurt gezogen und jenem Kreise innig verwandt, gab uns durch die große Zartheit ihres Gemüts, durch die ungemeine Bildung des Geistes ein Zeugnis von dem Wert der Gesellschaft, in der sie herangewachsen ... Die Treuherzigkeit der jüngeren Jacobi'schen Schwester, die große Heiterkeit der Gattin von Fritz Jacobi leiteten unsern Geist und Sinn immer mehr noch in jene Gegenden. Genannte Damen hatten, bei längerem und kürzerem Aufenthalt in Frankfurt, mit meiner Schwester die engste Verbindung geknüpft, . . . und so war uns denn ein Düsseldorf, ein Pempelfort dem Geist und Herzen nach in Frankfurt zu teil geworden."

„Unser erstes Begegnen in Köln konnte daher sogleich offen und zutraulich sein ... Fritz Jacobi nahm mein Vertrauen herzlich auf ... und er, der im philosophischen Denken, selbst in Betrachtung des Spinoza, mir weit vorgeschritten war, suchte mein dunkles Bestreben zu leiten und aufzuklären. Eine solche reine Geistesverwandschaft war mir neu und erregte ein leidenschaftliches Verlangen weiterer Mitteilung. Nachts, als wir uns schon getrennt und in die Schlafzimmer zurückgezogen hatten, suchte ich ihn nochmals auf. Der Mondschein zitterte über dem breiten Rheine, und wir, am Fenster stehend, schwelgten in der Fülle des Hin- und Wiedergebens, das in jener herrlichen Zeit der Entfaltung so reichlich aufquillt" ...

„Die weitere Fahrt rheinabwärts ging froh und glücklich von statten ... Wir gelangten nach Düsseldorf und von da nach Pempelfort, dem angenehmsten und heitersten Aufenthalt, wo ein geräumiges Wohngebäude, an einen wohlunterhaltenen Garten stoßend, einen sinnigen und sittigen Kreis versammelte. Die Familienglieder waren zahlreich, und an Fremden fehlte es nie, die sich in

diesen reichlichen und angenehmen Verhältnissen gar wohl gefielen...
Die schöne Ruhe, Behaglichkeit und Beharrlichkeit, welche den Haupt=
charakter dieses Familienvereins bezeichneten, belebten sich gar bald
vor den Augen des Gastes, indem er wohl bemerken konnte, daß ein
weiter Wirkungskreis von hier ausging und anderwärts eingriff.
Die Thätigkeit und Wohlhabenheit benachbarter Städte und Ort=
schaften trug nicht wenig bei, das Gefühl einer inneren Zufriedenheit
zu erhöhen. Wir besuchten Elberfeld und erfreuten uns an der
Rührigkeit so mancher wohlbestellten Fabriken. Hier fanden wir
unsern Jung, genannt Stilling, wieder, der uns schon in Koblenz
entgegengekommen war, und der den Glauben an Gott und die
Treue gegen die Menschen immer zu seinem köstlichen Geleit hatte.
Hier sahen wir ihn in seinem Kreise und freuten uns des Zutrauens,
das ihm seine Mitbürger schenkten, die, mit irdischem Erwerb be=
schäftigt, die himmlischen Güter nicht außer acht ließen. Die
betriebsame Gegend gab einen beruhigenden Anblick, weil das Nützliche
hier aus Ordnung und Reinlichkeit hervortrat. Wir verlebten in
diesen Betrachtungen glückliche Tage."

„Kehrte ich dann wieder zu meinem Freunde Jacobi zurück,
so genoß ich das entzückende Gefühl einer Verbindung durch das
innerste Gemüt. Wir waren beide von der lebendigsten Hoffnung
gemeinsamer Wirkung belebt; dringend forderte ich ihn auf, alles,
was sich in ihm rege und bewege, in irgend einer Form kräftig
darzustellen. Es war das Mittel, wodurch ich mich aus so viel
Verwirrung herausgerissen hatte; ich hoffte, es sollte auch ihm
zusagen. Er säumte nicht, es mit Mut zu ergreifen, und wie viel
Gutes, Schönes, Herzerfreuendes hat er nicht geleistet! Und so schieden
wir endlich in der seligen Empfindung ewiger Vereinigung, ganz
ohne Vorgefühl, daß unser Streben eine entgegengesetzte Richtung
nehmen werde, wie es sich im Laufe des Lebens nur allzusehr
offenbarte." —

Daß zwischen Jacobi und Goethe mit der Zeit eine mächtige
Kluft sich bilden mußte, war natürlich; denn Jacobi neigte von
Natur zum Mysticismus und gab sich demselben in der Folge
immer mehr hin.

Bei dem von Goethe erwähnten Besuch in Elberfeld waren
im Jung=Stilling'schen Hause vereinigt: Goethe, Jacobi, Heinse,
Lavater, Collenbusch, Teschenmacher und Jung=Stilling
selbst — gewiß ein höchst merkwürdiges Zusammentreffen bedeutender

Männer von verschiedenster Geistesrichtung. Lavater, der bekannte Züricher Prediger, besuchte auch seine Freunde in Barmen, zu denen u. a. Collenbusch gehörte, und blieb mit ihnen bis zu seinem Tode in geistiger Verbindung[88]). Jung-Stilling, von gleicher religiöser Richtung, übte einen Einfluß auf das Geistesleben im Wupperthale aus, der denjenigen Lavaters noch übertraf. Er war mit Goethe 1770 in Straßburg bekannt geworden, hatte sich 1772 in Elberfeld als Arzt niedergelassen, von wo er, wie schon erwähnt, 1778 nach Kaiserslautern ging.

Jacobi gelangte 1776 in den Besitz des bedeutenden Vermögens seiner Frau, wodurch es ihm möglich wurde, mehr als bisher seiner Familie und seinen Freunden sich zu widmen und ein der Wissenschaft geweihtes Leben zu führen. Er schied jedoch nicht aus seinem Amte und wurde 1779 durch Karl Theodor, der auch Kurfürst von Bayern geworden war und seine Residenz nach München verlegt hatte, dorthin berufen und mit dem Titel eines Geheimrats zum Ministerial-Referenten für das Zollwesen ernannt. Da er in dieser Stellung mit großem Freimut verschiedene Maßnahmen der Regierung bekämpfte, machte er sich Feinde und fiel zuletzt auch beim Kurfürsten in Ungnade, so daß er wieder in seine frühere Stellung nach Düsseldorf zurückkehrte, von wo er dann mehrere größere Reisen unternahm.

Im idyllischen Pempelfort begann von neuem ein reges Leben. Zu den hervorragenden Persönlichkeiten, welche in Jacobis gastlichem Hause verkehrten, gehörten außer den schon genannten Herder, Hamann, die Fürstin Gallizin, Georg Forster u. a. Wilhelm Heinse, der Verfasser des „Ardinghello", war Jahre hindurch ständiger Gast daselbst.

Johann Georg Jacobi, der ältere Bruder des Philosophen, geboren am 2. September 1740, Professor in Halle, dann seit 1769 bei Gleim in Halberstadt, kam 1774 mit Heinse nach Düsseldorf und gab bis 1776 die Zeitschrift „Iris" heraus, wobei ihn letzterer unterstützte. In dieser Zeitschrift veröffentlichte er eine große Zahl seiner Dichtungen, von denen viele der zartesten in Pempelfort entstanden. Durch Kaiser Joseph II., welcher dieselben sehr liebte, wurde er Professor in Freiburg, wo er eine vielseitige Wirksamkeit entfaltete und sich große Liebe und Achtung erwarb. Er starb am 4. Januar 1814 als einer der beliebtesten Dichter seiner Zeit.

Heinse reiste 1781 nach Italien, von Jacobi und Gleim unterstützt, an die er auch bedeutende Briefe über Italien schrieb. Nach dreijährigem Aufenthalt kehrte er wieder nach Düsseldorf zurück und verweilte dort abermals drei Jahre.

Als Goethe im Jahre 1792 aus dem Feldzuge in der Champagne zurückkehrte, besuchte er zum zweitenmal seinen Freund Jacobi in Pempelfort, um in dem Familien- und Freundeskreise desselben nach den Wirrnissen des Feld- und Lagerlebens Ruhe und Erholung zu finden.

Als im Jahre 1798 die Franzosen heranrückten, verließ Jacobi sein geliebtes Pempelfort und ging nach Hamburg, Wandsbeck und Eutin. 1804 wurde er nach München als Professor an die neuerrichtete Akademie berufen und 1807 zum Präsidenten derselben ernannt. 1812 legte er dieses Amt nieder und starb zu München am 10. März 1819.

Friedrich Heinrich Jacobi ist namentlich als Philosoph berühmt geworden; auch seine beiden Romane: „Woldemar" und „Eduard Allwills Briefsammlung", die seine philosophischen und religiösen Betrachtungen enthielten, erregten zu ihrer Zeit großes Aufsehen. Jacobis Sprache ist nach A. W. v. Schlegels Urteil „schön und selbst genialisch, geistreich, kühn und dabei seelenvoll und zart." Bei allen Mängeln enthalten die Romane viel Vortreffliches, zumal in den einzelnen Betrachtungen.

Seit seiner Bekanntschaft mit Lavater, Hamann, Friedrich Leopold von Stolberg und der Fürstin Gallitzin prägte sich der Mysticismus immer mehr bei ihm aus; doch bewahrte ihn seine menschenfreundliche und sittliche Gesinnung vor den Irrtümern desselben. Der Freiheit und der Aufklärung blieb er mit wahrer Liebe zugethan. Er und sein Bruder haben sich um die deutsche Litteratur verdient gemacht und zu ihrem Aufschwunge beigetragen.

Das für die deutsche Geistesentwickelung so interessant und bedeutsam gewordene Besitztum zu Pempelfort, in welchem sich die Beziehungen Jacobis zu Wieland, Sophie von la Roche, Claudius, Lavater, Goethe, Schiller, Fichte, Wilhelm von Humboldt und anderen Berühmtheiten jener Zeit entspannen, mit denen er einen lebhaften Briefwechsel unterhielt, ist erfreulicherweise in das Eigentum des Künstlervereins „Malkasten" übergangen und dadurch seiner Bestimmung als Tempel der Musen erhalten geblieben.

20. Sorge für die Hauptstadt Düsseldorf.

Während in Pempelfort ein reiches Geistesleben blühte, wurden in Mannheim an der Hofbühne unseres Kurfürsten Karl Theodor, der nach dem Ausspruche Goethes „für die Künste und Wissenschaften so viel gethan", die Erstlingswerke Schillers zur Aufführung gebracht. Am 13. Januar 1782 ließ bekanntlich Wolfgang Heribert von Dalberg, der Intendant des Theaters, zum erstenmal „Die Räuber" aufführen und veranlaßte auch, daß Schiller, dessen Stücke außerordentlichen Beifall fanden, 1783 in Mannheim als Theaterdichter mit fester Besoldung angestellt wurde.

In Düsseldorf fehlte noch ein eigentliches Theater. Im Jahre 1747 hatte man[89]) bei der ersten Anwesenheit Karl Theodors die Werkstätte, welche 1706 für Grupello zum Gusse der Reiterstatue Johann Wilhelms erbaut worden war, für kurze Zeit zum Theater umgestaltet. Seit dem Jahre 1751 wurden in diesem alten Gebäude jeden Winter Theatervorstellungen von einer fahrenden Schauspielertruppe gegeben, und hat dasselbe bis zur Erbauung des neuen Theaters im Jahre 1874 diesem Zwecke gedient. 1794 am Karolitage wurde hier zum erstenmal Mozarts Zauberflöte aufgeführt.

Im Jahre 1788 erhielt Düsseldorf einen großen Saal für Konzerte und Bälle, auch ein solches öffentliches Lokal war bis dahin in der Stadt noch nicht vorhanden. Früher fand für die Räte und den Adel von Neujahr bis Fastnacht jeden Donnerstag ein Ball im Rittersaale des kurfürstlichen Schlosses statt, während für die Bürger zu derselben Zeit jeden Sonntag ein öffentlicher Maskenball abgehalten wurde.

Karl Theodor wandte der Hauptstadt Düsseldorf seine Fürsorge in besonderem Maße zu, wie dies schon die Errichtung der Kunstakademie und anderer Anstalten beweist. Unter der Leitung des Grafen Goltstein wurden große Bauten aufgeführt; 1748 u. ff. das kurfürstliche Jagdschloß „Jägerhof" bei Pempelfort, 1764—67 der kurfürstliche Marstall (das jetzige Regierungs-Präsidial-Gebäude). Auch wurde 1755—1775 das Schloß zu Benrath gebaut[90]). Im Jahre 1787 wurde ein neues Stadtviertel angelegt, die Karlsstadt; dieser neue Stadtteil entwickelte sich so rasch, daß er 1791 schon 286 Häuser mit 541 Einwohnern hatte.

21. Politische Ereignisse der Friedenszeit.

Hinsichtlich der äußeren politischen Verhältnisse dieses Zeitraums sind folgende Thatsachen hervorzuheben.

Im Jahre 1768 gelang es dem Kurfürsten Karl Theodor, das Städtchen Kaiserswerth, welches pfandweise zu Kurköln gehörte, durch Vertrag zu erwerben, infolge einer Entscheidung des Reichskammergerichts vom 15. Mai 1762.

Am 30. Dezember 1777 starb Kurfürst Maximilian III. Joseph von Bayern. Mit ihm erlosch die bayerische Linie des Hauses Wittelsbach und die pfälzische Linie trat an ihre Stelle. Dadurch ging die pfälzische Kurwürde ein, und Karl Theodor wurde Kurfürst von Bayern. Er war nun genötigt, seine Residenz nach München zu verlegen, und zwar geschah dies am 2. Januar 1778.

Joseph II., welcher 1765 den deutschen Kaiserthron bestiegen hatte, glaubte die günstige Gelegenheit benutzen zu müssen, um die Macht seines Hauses zu erweitern. Er machte angebliche Ansprüche Österreichs auf Teile von Niederbayern geltend und wußte den Kurfürsten Karl Theodor zu bestimmen, daß dieser in einem Abkommen vom 3. Juni 1778 sich erbot, einen bedeutenden Teil Bayerns an Österreich abzutreten. Weil dies aber den Interessen Preußens zuwiderlief, veranlaßte Friedrich der Große den Herzog von Pfalz-Zweibrücken, als nächstberechtigter Erbe Protest dagegen zu erheben, und zwang Österreich, seine angeblichen Ansprüche vor dem Reichstage zu begründen, wo sie vielen Widerspruch fanden. Beiderseits wurde gerüstet, und es entstand der sog. bayerische Erbfolgekrieg, welcher nur ein Federkrieg war. Ein kriegerischer Zusammenstoß fand nicht statt; am 13. Mai 1779 wurde der Friede zu Teschen geschlossen, worin dem pfälzischen Hause Bayern zugesichert wurde, während Österreich nur das Innviertel mit Braunau erhielt. — Nach dem Tode seiner Mutter, der Kaiserin Maria Theresia, machte Joseph II. einen neuen Versuch, Bayern an Österreich zu bringen; das pfälzische Haus sollte dagegen die österreichischen Niederlande (Belgien) als Königreich Burgund erhalten. Karl Theodor war auch dazu bereit, allein der Herzog von Zweibrücken, durch Friedrich den Großen ermutigt, verweigerte seine Zustimmung.

22. Licht und Schatten.

Den Lichtseiten der Regierung des Kurfürsten Karl Theodor stehen leider auch tiefe Schattenseiten gegenüber.

So wurde zur Hebung und Förderung der Landwirtschaft manches gethan[1]), z. B. durch Gewährung von Vorteilen bei der Pferdezucht und der Bienenzucht, sowie durch Anordnung von wöchentlichen Fruchtmärkten, welche im Gebiete des Bergischen zu Düsseldorf, Elberfeld, Mülheim am Rhein und Uckerath abgehalten werden sollten; auch manche andere Maßnahmen beweisen dies. Aber was wollten diese besagen gegenüber den vielerlei Lasten, welche den Bauernstand drückten; da gab es Zehnten, Grundrenten, Zölle, Naturallieferungen aller Art, Hand- und Spanndienste rc. Am meisten wurden die Bauern geplagt durch die Junker mit ihrer Jagd. Hatte der Bauer sich den Tag über müde gearbeitet, so mußte er nachts das Feld vor Wildfraß schützen, und was der Wildfraß übrig ließ, wurde oft durch den rohen Jägerschwarm zertreten. Das Großwild wurde besonders in den kurfürstlichen Bannforsten bei Düsseldorf und Bensberg gehegt. Kurfürst Karl Theodor hat gegen 200 Verordnungen auf dem Gebiete des Jagdwesens erlassen, um den Schutz seiner Hirsche und Wildschweine zu sichern. Die härtesten Geld- und Leibesstrafen wurden gegen Jagdfrevel in Anwendung gebracht; die letzteren waren zum Teil ganz barbarisch. Der Hunger trieb jedoch die Bauern aufs äußerste und veranlaßte sie zur heimlichen Vertilgung des Wildes. Je häufiger aber die Leute zur Selbsthilfe griffen, um ihre Felder zu schützen, desto strenger wurde die Aufsicht und die Bestrafung, und es kam häufig zu wilden Kämpfen zwischen den Wildschützen und den Waldhütern. Unzählige Bittschriften um Verringerung des Wildstandes liefen bei der Hofkammer und dem Kurfürsten ein; ja im Jahre 1785, als Karl Theodor zum Besuche in Düsseldorf war, kam eine Bauerndeputation deshalb zu ihm, welche 3000 Mann stark gewesen sein soll. Er befahl hierauf, den Wildstand zu zählen; die Zählung wurde aber in einer Weise ausgeführt, welche die Zahl des Wildes als gering erscheinen ließ, so daß die beschwerdeführenden Bauern sogar noch als Querulanten bestraft wurden. Im Jahre 1790 endlich, als die Beamten durch die Ereignisse der französischen Revolution eingeschüchtert waren, gelang es, den kurfürstlichen Befehl zu erwirken, die Zahl der Hirsche im Königsforste bis auf 100 zu verringern. Da war großer Jubel unter den Landleuten, und in den letzten Monaten des genannten Jahres wurden mehr als 7000 Hirsche und 1000 Wildschweine erlegt. Trotz des Protestes der Beamten, welche drohende Verordnungen erließen, feierten die Bauern am 27. Dezember zu Bensberg ein großes Fest, das sog. Hirschfest, um der Freude und dem Danke über die Erlösung von Wildschaden Ausdruck zu geben[92]).

Anzuerkennen war das Streben der Landesregierung, die öffentliche Sicherheit zu erhöhen. Am 22. März 1782 erließ Graf Karl von Nesselrode „aus Ihrer Kurfürstlichen Durchlaucht sonderbarem gnädigsten Befehl" eine Instruktion für ein neu zu errichtendes Sicherheits=Korps[93]) in 18 Artikeln, wodurch hauptsächlich Folgendes bestimmt wurde: Das Korps steht unmittelbar unter dem Jülich= und Bergischen Geheimen Rat, und wird im Bergischen durch einen Hauptmann als Chef und durch einen Leutnant befehligt; seine Verfassung ist rein militärisch; dasselbe hat die Verpflichtung, das ganze Land zu bestimmten und unbestimmten Zeiten zu durchstreifen, alle Vagabunden und alles verdächtige Gesindel zu verhaften, auch die Kirchweihen und andere Volksversammlungen zu beaufsichtigen und alle die öffentliche Sicherheit gefährdenden Ereignisse zu verhindern oder zu stören. Jedes Glied dieses Korps muß sich moralisch und nüchtern betragen und aus dem ihm zugelegten Sold sich seine Mundverpflegung selbst verschaffen.

Zum Hauptmann dieses Landjägerkorps wurde der Major von Zuccalmaglio in Mülheim am Rhein ernannt. Es dauerte fast ein halbes Jahr, bis dieses kleine Korps von 60 Mann und 40 Pferden organisiert war, und es ist leicht einzusehen, daß dasselbe trotz der hohen Anforderungen, welche an den Einzelnen gestellt wurden, die Sicherheit nur in mäßiger Weise aufrecht erhalten konnte. Es wechselte im Laufe der Zeit mehrmals den Namen und wurde schließlich auf 300 Mann gebracht; mit dem kurpfälzischen Militär hatte es nichts gemein.

Diebstähle und Räubereien kamen häufig vor; dieselben wurden vielfach durch Mangel und Nahrungslosigkeit veranlaßt, so daß selbst die härtesten Strafandrohungen wenig fruchteten. Die Strafrechtspflege war eine barbarische; in der Normal=Verordnung[94]) vom 27. April 1744 kommen ganz schauderhafte Strafen vor; für einfache Diebstähle die Todesstrafe durch Schwert und

Strang, für Diebstähle mit erschwerenden Umständen Lebendigver-
brennen, Zwicken mit glühenden Zangen u. s. w. Noch im Jahre 1775
wurden zwei Menschen, Vater und Sohn, lebendig verbrannt; es
waren jedoch die letzten dieser Unglücklichen. Die Tortur wurde im
allgemeinen auf dem Papier am 2. September 1776 abgeschafft[95]);
aber „als Ausnahme von dieser allgemeinen Satzung" blieben drei
Fälle bestehen, welche es ermöglichten, sie auch auf andere Fälle
auszudehnen.

Was eine wirksame Verfolgung der Verbrecher vielfach hin-
derte, war die Immunität (Unverletzlichkeit) der Klöster, Kirchen und
Kirchhöfe. Ein Verbrecher, der sich dorthin geflüchtet hatte, durfte
nicht ergriffen, sondern nur umstellt werden, wobei er gewöhnlich
entkam. Zwar hob Papst Clemens XIV. im Jahre 1773 die
Immunität auf; aber noch im Jahre 1778 kam es vor, daß
sich die Mönche des Klosters zu Beyenburg der Verhaftung von
drei Personen widersetzten, und als die kurfürstliche Regierung
dieselben mit Gewalt wegholte, wurde sie vom Papste Pius VI.
in den Bann gethan, an den sie sich aber nicht störte[96]).

Vom Militärdienst waren die Bergischen frei; aber auch hierzulande trieben die Werber ihr Unwesen. Eine Verordnung vom
29. März 1756 besagte zwar: die für die Landestruppen anzu-
werbenden Rekruten müssen von den Werbern den Ortsbeamten
jedesmal vorgestellt werden, um von diesen über ihr freiwilliges
Engagement vernommen und sodann erst verabfolgt zu werden —
aber man mußte die Betreffenden schon dazu zu bringen, daß sie
sich nicht weigerten. Die Amtsleute und Ortsvorsteher mußten nach
einer andern Verordnung von 1756 unter der Zusicherung ewiger
Verschwiegenheit den Werbern die tauglichen Subjekte insgeheim
angeben[97]); letztere hielten sich dann wohl wochenlang im Walde
auf oder wanderten aus. Oft kam es auch zu harten Kämpfen
zwischen Werbern und Bürgern, wenn erstere ihre Absicht kundgaben,
junge Leute freventlich wegzuführen.

Der bergische Landtag hatte viel von seiner früheren Bedeutung eingebüßt. Schon bei Johann Wilhelm II. haben wir gesehen, wie er seinen Willen trotz des Widerspruchs der Stände
durchsetzte. Der Landtag bestand aus etwa 30 Adeligen und neun
Bürgern; letztere vertraten die vier Hauptstädte Lennep, Düsseldorf,
Wipperfürth und Ratingen. Die übrigen Städte des Landes hatten
noch immer gar keine Vertretung auf dem Landtage. Jeder Junker

bezog 4 Rthlr. Diäten, jeder Bürger 2 Rthlr.; dabei hatten alle zu Theater und Bällen in Düsseldorf freien Zutritt. Ihre einzige Aufgabe war, die Steuern zu bewilligen, welche hauptsächlich von den Bauern getragen werden mußten. Die adeligen Güter waren steuerfrei, ebenso die Klöster, so daß mehr als die Hälfte des Bodens der Besteuerung entzogen war⁹⁵). Der bekannte Freiherr von der Trenk spricht vom bergischen Landtage mit folgenden, aus dem Jahre 1787 stammenden, wenig schmeichelhaften Worten:

„Ich war in Düsseldorf, dort gilt ein alter Brauch:
Der Adel, den sie dort des Landes Stütze nennen,
Verschmaust der Bauern Fett, füllt Beutel und den Bauch
Auf Bauernrechnung und spricht Machtspruch nach Belieben.
Das heißt ein Landtag und des alten Adels Recht;
Dann bleibt das Neue so, wie es die Alten trieben,
Der Junker Souverain, der Bürger nur ein Knecht 2c."

Viele der flüssig gemachten Mittel flossen auch ohne Zweifel nicht in diejenigen Kassen, für welche sie bestimmt waren. Namentlich verschlang die Hofhaltung⁹⁶) unter Karl Theodor ungeheure Summen, besonders seit er Kurfürst von Bayern geworden war, und die dem Volke abgepreßten Gelder wurden für Hoffeste, Maitressen, kostspielige Anlagen u. s. w. vergeudet. Von dem Hofstaate sagten die Schmeichler, daß selbst derjenige Ludwig XIV. nicht glänzender gewesen sei. Der Großhofmeisterstab mit annähernd 100 Personen, worunter ein Hofpfarrer, ein Ceremoniarius, 7 Kapläne, 4 Kapelldiener, 1 Hostienbäcker, eine Kapellwäscherin u. s. w., kostete außer der großen Naturalverpflegung an barem Gelde jährlich 35000 Gulden. Der Obermarschallstab mit 84 meist in der Küche beschäftigten Personen, wozu u. a. ein Oberstküchenmeister, ein Bratmeister, Spickmeister, Backmeister, Schildkrötenverwahrer, Hühnerrupfer, eine Tücherfrau und eine Tafelwäscherin gehörten, kostete ohne Naturalien 32000 Gulden. Der Oberstallmeisterstab, welcher 50000 Gulden verschlang, zählte u. a. einen Oberstallmeister mit 2 Stallmeistern nebst zwei Stabssekretarien, 1 Obertrompeter mit 12 Hoftrompetern, 4 Läufer, 12 Heiducken, 25 Leiblakaien, 1 Sattelknecht mit 35 Reitknechten, 1 Leibkutscher und 1 Viceleibkutscher mit 23 ordinären Hofkutschern, 1 Leibvorreiter, 4 Viceleibvorreiter mit 22 anderen Vorreitern, 1 Senftenmeister mit 10 Senftenknechten; außerdem einen Musikintendanten, einen Hofpoeten, 2 Kapellmeister, 3 Konzertmeister, 4 Sängerinnen, 16 Sänger, 2 Organisten, 16 Violinisten, 5 Violoncellisten 2c. Die

Gehälter waren so bemessen, daß z. B. der Leibkutscher 300 Gld., der Viceleibkutscher 250 Gld., und jeder der 12 Hoftrompter ebenfalls 250 Gld. erhielt. Der **Oberstkammerstab** erforderte **38000 Gld.**, der **Hofstaat der Kurfürstin 31000 Gld. u. s. w.** Noch schlimmer als diese Verschwendung war das böse Beispiel der Unsittlichkeit, welches der Kurfürst und seine Beamten den Landesbewohnern gaben; Schmeichler und Schurken waren obenauf.

Ungeachtet der schönen Phrasen, die öffentlich verkündigt wurden, verfolgte die Regierung Karl Theodors im stillen die Grundsätze kirchlicher Unduldsamkeit[100]). Diese Intoleranz zeigte sich u. a. darin, daß die katholischen Unterthanen den evangelischen gegenüber durchgängig bevorzugt wurden, namentlich bei Besetzung der Beamtenstellen, zu denen fast nur Katholiken zugelassen wurden; in Düsseldorf z. B. bildete Friedrich Heinrich Jacobi die einzige Ausnahme. Klagen mannigfacher Art wurden von den Protestanten erhoben, sowohl über die weltlichen Beamten, als auch über die katholische Priesterschaft; aber die festgefügte Synodalordnung gewährte den einzelnen Gemeinden einen schätzenden Rückhalt, zu welchem sich noch der wirksame Schutz gesellte, der den Evangelischen in Gemäßheit der früheren Religionsverträge, namentlich des Rezesses von 1672, von seiten Preußens zu teil wurde. Wären die Bekenner des evangelischen Glaubens hierdurch nicht vor Vergewaltigung gesichert gewesen, so würden sie viel mehr zu leiden gehabt haben.

23. Zur Beurteilung Karl Theodors und seiner Regierung.

Die angeführten Thatsachen geben zu erkennen, daß Karl Theodor das überschwengliche Lob, welches ihm von seiten der Zeitgenossen und auch noch späterhin zu teil wurde, nicht verdiente. Allerdings herrschte in den Kreisen der Industriellen eine gewisse Anhänglichkeit an den Fürsten, die erklärlich und wohl auch aufrichtig war; auch wurde es von den Bewohnern unseres Landes angenehm empfunden, daß man von manchen Lasten frei war, welche die preußischen Lande zu tragen hatten, wozu u. a. der Militärdienst gehörte. Im übrigen herrschte jedoch sehr viel Scheinwesen, und die Lobpreisungen, sowie der manchmal in Scene gesetzte Festesjubel war nur gemacht und befohlen, wie z. B. im Jahre 1792 bei der Feier des 50jährigen Regierungsjubiläums des Kurfürsten. Der gute Anlauf, den Karl Theodor im Anfange seiner Regierung nahm, erlahmte bald, und die Besuche, welche er anfangs machte, hörten auch bald auf. In der Hauptstadt Düsseldorf ist er nur zweimal gewesen, einmal in seiner ersten Regierungszeit zur Entgegennahme der Huldigung, zum zweiten- und letztenmale im Jahre 1785. Diese Besuche hatten indes auch eine sehr unangenehme Kehrseite, denn sie kosteten ein ungeheures Geld. Der von Karl Theodor an den Tag gelegte Sinn für Litteratur und Kunst war hauptsächlich nur ein Ausfluß seiner eitlen Prachtliebe.

Viele der während seiner Regierung ausgeführten Anlagen und Prachtbauten waren nutz- und zwecklos, so u. a. das Schloß zu Benrath, dessen Herstellung die Summe von 800 000 Rthlr. erforderte, der Marstall zu Düsseldorf, welcher über 75 000 Rthlr. kostete 2c. Trotz der maßlosen Verschwendung wurden jedoch, was zu verwundern, aber auch anzuerkennen ist, die Staatsfinanzen in gute Ordnung gebracht und 947 205 Rthlr. Schulden getilgt.

Wie Karl Theodor über die notwendigen Eigenschaften eines höheren Beamten dachte, geht daraus hervor, daß er jemanden zu einer hohen Stellung erhob, weil er ein Menuet mit seltener Grazie tanzte, einen andern, weil er mit besonderem Anstande eine Prise Schnupftabak zu nehmen verstand. Die Stellen im Civil- wie im Militärdienst wurden überhaupt durch Gunst verliehen, oder auch verkauft. Hatte nun ein Beamter eine solche Stelle zu hohem Preise an sich gebracht, so suchte er natürlich den Kaufpreis so bald wie möglich bei den armen Bauern wieder herauszuschlagen. Auch war die Bestechlichkeit der Beamten ein großes Übel.

Als im Jahre 1785 aus Anlaß des kurfürstlichen Besuches in der Lesegesellschaft zu Elberfeld Dr. Leidenfrost einen Vortrag hielt über „Karl Theodor, die Liebe seines Volkes", mag es dem Redner schwer genug geworden sein, den Beweis für die im Thema liegende Behauptung zu erbringen, wenn auch nicht, wie Zuccalmaglio meint, „alles Dunst und Heuchelei" war.

Freilich war die Regierung Karl Theodors nicht allein zu tadeln, sondern das Übel war bei der herrschenden Kleinstaaterei bekanntlich allgemein. Wenn auch einzelne deutsche Fürsten das erhabene Beispiel des großen Preußenkönigs Friedrich II., der sich für den „ersten Diener des Staates" erklärte, und des ihm nacheifernden Kaisers Joseph II. sich zum Muster nahmen, so waren doch im allgemeinen die kleinen Machthaber noch immer bestrebt, dem verwerflichen Vorbilde der französischen Könige zu folgen, und übten dadurch „auf das öffentliche Leben, auf Sitten und Ansichten, auf Charakter und Bildung" den unheilvollsten Einfluß.

So schlimm nun, wie in vielen deutschen Kleinstaaten, war es in unserm Bergischen Lande allerdings nicht; schon in den ebenfalls unter Karl Theodors Regierung stehenden Ländern Pfalz und Bayern sah es viel trauriger aus, abgesehen von den wahrhaft schrecklichen Zuständen, wie sie beispielsweise in Württemberg, Hessen-Kassel und Kursachsen herrschten. Jedenfalls aber hatte, wenn die Periode Karl Theodors vielfach als „die gute alte Zeit" gepriesen wurde, diese Behauptung ihre Berechtigung nur im Vergleich zu vorangegangenen noch schlimmeren Zeiten und der nachfolgenden Franzosenzeit.

24. Versuche zur Abwehr freiheitlicher Ideen.

Zwei große Volksbewegungen von weltgeschichtlicher Bedeutung übten in jener Zeit den größten Einfluß auf die politischen Anschauungen: zunächst der nordamerikanische Freiheitskampf, mehr aber noch die französische Revolution. Der Geist der Freiheit und der Aufklärung drang immer tiefer in das Volk ein, der Journalismus nahm einen ungeahnten Aufschwung, die öffentliche Meinung erstarkte allmählich, und es gab sich ein Sehnen nach neuen Zuständen kund. Von seiten vieler Regierungen, zu denen auch diejenige Karl Theodors gehörte, wollte man das Eindringen der neuen Regungen verhüten und suchte mit kleinlichen äußeren Machtmitteln Ideen und Anschauungen zu unterdrücken, obgleich ein solches Beginnen noch niemals von Erfolg gewesen ist.

Das Aufklärungszeitalter, welches mit manchem Übel aufräumte, den Aberglauben wirksam bekämpfte und endlich die Herenverfolgungen beseitigte, führte u. a. auch die Aufhebung des Jesuitenordens herbei. Im Jahre 1773 sah sich Papst Clemens XIV. bewogen, „im Vertrauen auf die Eingebung und den Beistand des heiligen Geistes", die Gesellschaft Jesu aufzulösen. Doch die Erjesuiten verfolgten das Ziel der Gesellschaft beharrlich; um ihrem Treiben zu steuern, wurde die geheime Verbindung der Illuminaten gestiftet, welche sich „die über dem Zwiespalt den Konfessionen erhabene Aufklärung des Volkes und die Vervollkommnung der Menschen" zum Zweck setzte (illuminatio-Aufklärung). Unter dem 4. März 1791 erfolgte nun von Düsseldorf aus die Publikation einer zu München am 15. November v. J. ergangenen kurfürstlichen

Verordnung[101]) gegen die Illuminaten und andere Sektierer, wodurch die Teilnahme an solchen geheimen Verbindungen, sowie die Duldung oder Beförderung ihrer heimlichen Zusammenkünfte auf das strengste verboten wurde. Am 9. Juli 1793 wurde zu Düsseldorf ein kaiserlicher Erlaß vom 12. Mai publiziert[102]), welcher eine Warnung vor den französischen Grundsätzen von Freiheit und Gleichheit, den Befehl zur Ausweisung aller Franzosen, welche keine Erlaubnis zum Aufenthalte erhalten, sowie das Verbot aller fremden und inländischen, zur Empörung reizenden Schriften enthielt.

Die als besonders gefährlich erscheinenden Bücher und Zeitschriften wurden dann noch durch weitere Verfügungen[103]) einzeln verboten: 1781 schon die Druckschrift: „Philosophische Betrachtungen eines Christen oder Toleranz in Religion zur Grundlage der Vereinigung sämtlicher Religionen"; 1792 die Straßburger Zeitung und andere ausländische, die „neu aufgestellten, verderblichen Grundsätze" enthaltenden öffentlichen Blätter; unter dem 8. Juli 1794 die 1764 von Nicolai gegründete „Allgemeine deutsche Bibliothek". Schon im Jahre 1790 hieß es am Anfange einer solchen Verordnung: „Gleichwie Unser gnädigstes Augenmerk dahin immer gerichtet ist, daß die allgemein schädliche Preßfreiheit in Unseren Landen nicht einreiße, so erfordert es auch Unsere Landesfürstliche Obsorge, zu verhüten, daß solche von denen im Auslande zum Vorschein kommenden zügellosen Schriften und Zeitungen zum allgemeinen Wohl gereinigt bleiben". Am 16. Dezember 1794 wurde ausgesprochen: „Obwohl mehrmalen verordnet, daß die gefährlichen Bücher und Schriften in hiesigen Landen weder verlegt, weder eingeführt, werden verkauft, noch verbreitet werden sollen: so vernehmen Wir jedennoch höchst mißfälligst, daß diese Unsere heilsame Verordnungen bis dahin in allem auf genaueste nicht befolget werden", und es wurden deshalb die früher erlassenen Verordnungen mit verschärfenden Zusätzen wiederholt.

Im Jahre 1792 wurden auch die, wie es hieß, „bei den gegenwärtigen Zeitumständen verdächtigen, unter dem äußeren Gepräge der Lesegesellschaften stattfindenden Zusammenkünfte, Klubben ꝛc. der Privatpersonen" aufgehoben und verboten[104]), auch wurde dieses Verbot noch mehrmals erneuert.

Aber es half alles nichts — die Tage der Kleinstaaterei waren gezählt. Schon Karl Theodor hörte von Westen her den fernen Donner rollen, unter dessen Schlägen dieselbe zusammen-

brechen und auch für das Bergische Land eine neue Zeit herbei=
geführt werden sollte. Die Horden der französischen Republik
überschwemmten unser Land, und es kamen jene schrecklichen Jahre,
welche wir mit dem Namen Franzosenzeit bezeichnen; von ihr
mußten unsere Vorfahren mit Schaudern zu erzählen.

25. Die Folgen des Champagne=Feldzuges für das Bergische Land.

Im Jahre 1792 bildete sich die erste Koalition gegen Frank=
reich. Der Oberbefehlshaber der verbündeten Armeen, der Herzog
von Braunschweig, ließ sich verleiten, eine von den Emigranten
verfaßte drohende Erklärung, das sog. „Koblenzer Manifest", zu
erlassen, wodurch die französische Nation in die höchste Erbitterung
versetzt wurde. Die zügellose französische Armee war in keiner
Weise derjenigen der Verbündeten gewachsen; Herzog Ferdinand
konnte daher auf dem Wege nach Paris fast ohne Widerstand bis
in die Champagne vordringen[105]). Dennoch erlahmte sein Angriff;
er gab bei Valmy den sichern Sieg aus der Hand[106]) und räumte
sogar den französischen Boden. Goethe schaute mit Seherblick die
Folgen dieser großen Wendung voraus; er sagte am Wachtfeuer
zu den preußischen Offizieren: „Am heutigen Tage beginnt eine
neue Epoche der Weltgeschichte". Die Zeit hat gelehrt, wie richtig
seine Prophezeihung war.

Nachdem der Champagne=Feldzug einen so unerwarteten Aus=
gang genommen hatte, errangen die verwilderten Heere der Republik
ungeahnte, wunderbare Erfolge, und es bildeten sich bei ihnen all=
mählich tüchtige Feldherren aus. Während so die Feinde immer
kräftiger wurden, lockerte sich das Bündnis zwischen Preußen und
Österreich mehr und mehr[107]).

Das Bergische Land war damals neutral. In dem Vertrage
zu München, der die Übergabe von Mannheim zum Gegenstande
hatte, hieß es: „Die pfälzischen Lande diesseit und jenseit des
Rheines nebst den Herzogtümern Jülich und Berg sind neutral
und geben weder Kontribution noch Lieferung". Bis zum Jahre
1794 blieben Jülich und Berg denn auch von jeder feindlichen
Heimsuchung verschont, aber nicht länger.

Im September 1794 sah sich die österreichische Armee ge=
zwungen, ihre Stellung an der Maas aufzugeben und sich zurück=
zuziehen. Die Franzosen folgten ihr auf dem Fuße, standen schon

am 2. Oktober bei Aachen und erzwangen am 2. Oktober auch den Übergang über die Roer. Die Österreicher unter dem Oberbefehl des Grafen Clerfayt gingen nun nach dem Rheine zurück, schlugen bei Neuwied, Bonn, Mülheim und Düsseldorf Kahnbrücken über den Rhein und zogen am 5. Oktober herüber auf das rechte Rheinufer. Während Clerfayt unterhalb Mülheim herüberritt, rückten die Franzosen schon in Köln ein.

Bei Düsseldorf wurden die Deutschen von den verfolgenden Franzosen hart bedrängt, so daß der Rheinübergang nicht ohne Unordnung und Verluste vor sich ging. Die Franzosen besetzten das Zollhaus auf dem linken Rheinufer und pflanzten dort einen Freiheitsbaum mit Jakobinermütze nebst der Revolutionsfahne auf. Der Kommandant der Festung Düsseldorf, der pfälzische General Lamotte, ließ das Zollhaus mit dem Freiheitsbaum beschießen, wodurch ein Kapitain getödtet und mehrere Soldaten verwundet wurden. Diese Herausforderung wurde sofort ins Hauptquartier zu Neuß gemeldet, und der Divisionsgeneral Bernabotte befahl, dieselbe zu züchtigen. Mit Eintritt der Dunkelheit wurden vier schwere Geschütze aufgepflanzt und ein heftiges Bombardement begonnen, welches die ganze Nacht vom 5. auf den 6. Oktober andauerte, indem Bernabotte erst gegen Morgen das Feuer einstellen ließ.

Schrecken und Verderben verbreitete das Bombardement in der Hauptstadt des Bergischen Landes. Um Mitternacht standen schon das Schloß, der Marstall, die Kirche und das Kloster der Cölestinerinnen in Flammen, ebenso viele Privathäuser. Der Einwohner bemächtigte sich eine unbeschreibliche Angst, sie flüchteten nach außen oder in die Keller. Nur mit Mühe gelang es, die Gemäldegallerie zu retten; der letzte Wagen mit Gemälden verließ die Stadt erst, als das Bombardement schon begonnen hatte. Der kostbare Schatz wurde zunächst nach Bremen, dann nach Glückstadt gebracht, von wo er nach dem Friedensschlusse im Jahre 1801 zurückkam. Bei dem Brande des Schlosses waren aber auch manche kostbaren Gemälde ein Raub der Flammen geworden.

Nicht nur der größte Teil der Bürger, sondern auch die kurfürstliche Landesregierung, der Minister von Hompesch an der Spitze, machte sich aus dem Staube, und sogar die pfälzische Besatzung lief davon. Erst als seine Scharen in Elberfeld und Barmen angelangt waren, ließ der Feldherr Lamotte Halt blasen.

Einige der Kurpfälzer waren jedoch zurückgeblieben und begannen bei der allgemeinen Verwirrung in der Stadt zu plündern; brodloses Gesindel und sogar Österreicher gesellten sich ihnen zu. Man hat den durch das Bombardement in Düsseldorf angerichteten Schaden auf mehr als eine Million Thaler berechnet.

Groß war die Besorgnis der Bergischen, die Franzosen würden den Krieg sofort auf das rechte Rheinufer tragen; diese waren jedoch trotz ihres Siegestaumels klug genug, zunächst einmal Atem zu schöpfen. Das linke Rheinufer, welches fortan in ihrem Besitze blieb, wurde von ihnen auf beispiellose Weise ausgesogen.

General Clerfayt, welcher zu Mülheim sein Hauptquartier wählte und sich abwechselnd auch in Düsseldorf und Neuwied aufhielt, ließ die umfassendsten Anstalten zur Abwehr treffen, an den zum Übergange über den Rhein geeigneten Stellen Verschanzungen bauen und eine große Zahl von Geschützen aufpflanzen. In gleicher Weise verfuhren die Republikaner auf dem linken Rheinufer.

Auf der rechten Rheinseite war das ganze Gebiet von Ehrenbreitstein bis unterhalb Kaiserswerth mit Kaiserlichen gefüllt, welche hier in den Winterquartieren lagen und eine wahre Musterkarte der verschiedensten Waffengattungen und Volksstämme bildeten. Teutsche, Böhmen, Ungarn, Wlachen, Kroaten, Panduren und Heiducken zu Fuß und zu Pferd füllten die bergischen Dörfer und Städte[106]), auch Scharen von französischen Emigranten waren in das kaiserliche Heer eingetreten. Die Kommunikation mit dem linken Rheinufer war gesperrt von Düsseldorf bis Basel.

26. Der Rheinübergang der Franzosen und die Übergabe von Düsseldorf.

Die Besorgnis eines feindlichen Überfalles wurde durch den Umstand vermehrt, daß infolge des um Weihnachten eingetretenen heftigen Frostes der Rhein zu Anfang des Jahres 1795 mit einer starken Eisdecke überzogen war. Ende Januar stellte sich Regen ein, die großen Schneemassen schmolzen und es entstand eine Hochflut; auch traten böse Krankheiten auf. Die wohlhabenden Einwohner hatten vielfach ihre Wohnungen verlassen, und auf dem Lande lag die größte Niedergeschlagenheit.

Da traf die Nachricht ein, daß Preußen am 5. April 1795 zu Basel mit der französischen Republik Frieden geschlossen hatte, welche freudig begrüßt wurde, da man sie als die Vorbotschaft eines allgemeinen Friedens betrachtete. In dem Baseler Frieden wurde nicht nur das linke Rheinufer den Franzosen preisgegeben, sondern auch die Festsetzung einer bewaffneten Grenze beschlossen, die man mit dem Namen Demarkationslinie bezeichnete. Was darüber nach Norden und Osten lag, wurde für neutrales Gebiet erklärt und sollte von keiner der streitenden Parteien betreten werden. Durch diese zur Sicherung der Neutralität von Norddeutschland fest-gesetzte Linie wurde die Einheit des Reiches thatsächlich aufgelöst. Dieselbe ging anfangs mitten durch Barmen, so daß ein Teil von Unterbarmen durch die Franzosen besetzt wurde. Da man sich dieserhalb an den König von Preußen wandte, so erfolgte eine Änderung in der Weise, daß Barmen von den Republikanern befreit wurde[109]).

Die Hoffnung, der Friede zu Basel würde die Grundlage eines allgemeinen Weltfriedens werden, ging nicht in Erfüllung. Österreich setzte den Krieg gegen die Franzosen mit großer Anstrengung fort. Ein Teil der Österreicher besetzte den Oberrhein, der andere dehnte sich am Niederrhein bis zur Sieg und Wupper aus. Den Oberbefehl führte noch Graf Clerfayt, der alte Held, der schon im siebenjährigen und im Türkenkriege sich ausgezeichnet hatte.

Die zwischen Wied und Wupper stehende Heeresabteilung befehligte der Prinz von Württemberg, dessen Hauptquartier zu Neuwied war; die Truppen zwischen Wupper und Anger standen unter dem General Grafen Erbach, der sein Hauptquartier unterhalb Kaiserswerth im befestigten Lager bei Mündelheim hatte, wo seine Hauptmacht sich befand. Seine ganze Heeresabteilung zählte etwa 8000 Mann und 1200 Mann Reiterei; letztere war zwischen Wupper und Agger verteilt.

Die Franzosen waren jenseits auch nicht unthätig gewesen, sondern hatten den ganzen Sommer benutzt, um große Truppen-massen zwischen Koblenz und Cleve zusammenzuziehen, so daß die ganze Sambre- und Maasarmee unter dem Oberbefehl des Generals Jourdan und ein Teil der Nordarmee den Rhein bedrohten. Den rechten Flügel befehligte Championnet, den linken Flügel Lefebvre.

In der Nacht vom 5. zum 6. September setzten sich endlich die Franzosen in Bewegung, um den lange befürchteten Rhein-übergang auszuführen, und zwar in drei Kolonnen: bei Neuß, Urdingen und Düsseldorf. Es war eine sternhelle Mondscheinnacht.

doch ging der Mond erst um Mitternacht auf; die Überfahrt begann
schon um zehn Uhr, als es noch dunkel war. Die Kaiserlichen
wurden durch Kanonendonner getäuscht und ihre Aufmerksamkeit
von der eigentlichen Übergangsstelle abgelenkt; letztere war in der
Nähe von Duisburg, wo die zum Bergischen gehörige Ortschaft
Eickelskamp eine Fähre am Rhein hatte. Hier wäre eine Ver=
teidigung leicht möglich gewesen, wenn die Kaiserlichen nicht zu
unbekannt mit den Gebietsverhältnissen gewesen wären; so aber
entschied eine von den Franzosen angewandte Kriegslist den Erfolg.

Graf Erbach dachte nicht an eine Umgehung seiner rechten
Flanke bei Eickelskamp und zersplitterte seine Kräfte. Durch die
bei Düsseldorf erfolgende Kanonade getäuscht, eilte er dorthin, wo
er gegen vier Uhr morgens ankam. Es war aber schon zu spät;
denn die Franzosen waren bereits in der Stadt und unterhielten
ein mörderisches Feuer gegen seine sich tapfer verteidigenden Ba=
taillone. Die pfalzbayrische Besatzung war aus dem Wupperthal
im April wieder nach Düsseldorf zurückgekehrt, und seitens ihrer
Offiziere war Verräterei im Spiele; die Festung wurde auf die
erste Aufforderung hin in schmachvoller Weise dem Feinde übergeben.
Freiherr von Hompesch als kurfürstlicher bevollmächtigter Minister,
General von Zedwitz als Militär=Gouverneur der Provinz und
General von Dalwigk als Kommandant der Festung setzten am
6. September 1795 mit dem Citoyen Denizot, Beigeordneter der
Generaladjutanten für die französische Republik, die Bedingungen
der Kapitulation fest, so sehr auch Graf Erbach widersprach.
Zufolge derselben[110] erhielten die kurfürstlichen Truppen mit Waffen
und Bagage freien Abzug unter dem Versprechen, binnen Jahresfrist
„weder wider die Armee der französischen Republik, noch ihre
Bundesgenossen Waffen zu führen"; die kaiserlichen Truppen aber
wurden als Kriegsgefangene erklärt. Der Kommandant übergab
die Stadt und Festung den Franzosen mit 376 Kanonen, 10000
Gewehren, einer Menge Pferde und Kriegsvorräten aller Art;
2200 Mann stark zog die Besatzung durch das Spalier der 700
Sieger nach Mülheim an der Ruhr. So kam durch diesen feigen
Abzug die Stadt in die Hände der Feinde und blieb darin bis
zum Jahre 1801.

Nachdem dies geschehen und das Lager der Kaiserlichen bei
Mündelheim geräumt war, konnten die französischen Divisionen,
deren Oberbefehl Kleber übernommen hatte, vollends ungehindert

über den Rhein setzen. In Gefahr von allen Seiten eingeschlossen
zu werden, waren die Kaiserlichen zum Rückzuge gezwungen; sie
schlugen sich zwar überall tapfer, aber ihre Stellung war unhaltbar
geworden. Schon am 6. September kamen die Österreicher unter
Erbach durch Barmen und überschritten bei Rittershausen die
preußische Grenze. Um die Mitte September hatten die kaiserlichen
Truppen samt und sonders den Niederrhein verlassen und sich hinter
die Lahn zurückgezogen.

27. Die Franzosen im Bergischen Lande.

Die Scharen der Republikaner ergossen sich nun über das
Bergische Land, welches in zwei Jahren sieben Hin- und Herzüge
derselben erleiden mußte. Die Vorhut befehligte der später so
berühmt gewordene General Ney, welcher mit einer Gesamtmacht
von 6000 Mann in das Oberbergische einrückte. Schon am 6.
und 7. September erschienen die ersten Züge französischer Jäger-
kolonnen vor der am 3. September abgebrannten Stadt Wipperfürth, beraubten die armen Bewohner ihres eben zuvor geretteten
Vieh- und Futterbestandes und unterhielten ihr Lager vom 6. September bis 9. Dezember [111]). Ney selbst kam am 8. September
nach Elberfeld, schlug dann die Straße nach Lennep ein und sandte
am folgenden Tage eine schriftliche Erklärung von Lennep aus an
den in Barmen wachthabenden preußischen Leutnant, des Inhalts,
daß die Armeen der Republik in keiner Weise die Demarkationslinie überschreiten würden [112]).

Lefebvre zog über Solingen, Championnet den Rhein entlang,
und Kleber mit der Hauptmacht auf Benrath zu.

Die Jourdan'sche Armee, an allem Mangel leidend, war auf
das Plündern angewiesen und erwies sich im Bergischen Lande
als eine zuchtlose Bande. Unerschwingliche Brandschatzungen an
Geld und Lebensmitteln legte sie den Bewohnern auf, welche die
„Ohnehosen" von der Fußsohle bis zum Scheitel kleiden und mit
allem versorgen mußten. Die von den Franzosen verübten Räubereien, Gewaltthätigkeiten und Ausschweifungen erinnerten an die
Schrecken der schlimmsten Zeit des dreißigjährigen Krieges. Man
könnte die Schilderungen ihrer Greuelthaten leicht für übertrieben
halten, wenn sie nicht durch unverwerfliche, urkundliche Zeugnisse
bewiesen würden. Statt vieler Beispiele sei hier nur angeführt,
wie sie es im Dorfe Richrath im Kreise Solingen getrieben

haben. Der Pastor Hermann Joseph Ludovici hat darüber
Aufzeichnungen [113]) im Kirchenbuche hinterlassen, deren volle Glaub=
würdigkeit nicht zu bezweifeln ist; er schreibt u. a.:

„Die zahlreiche Armee unter dem Oberbefehl des Generals
Jourdan bestand mehrenteils aus zügellosen Horden und Menschen
ohne Zucht und Ordnung, die, unter das Vieh herabgesunken, Thaten
begingen, vor denen ein Kannibale zurückschaudert. Wohin sie nur
kamen, fielen sie in die Wohnungen, stahlen und raubten mit un=
ersättlicher Habgier alles, was sie nur aufzufinden und fortzubringen
vermochten. In den Häusern der Reichen, wie in den Hütten der
Armen, wurde mit unbeschreiblicher Raubgier alles durchsucht, durch=
wühlt und umgekehrt. Keller und Garten wurden aufgegraben,
und selbst die Gräber der Toten sind hier und dort nicht verschont
geblieben, weil bei jüngstbeerdigten Personen goldene und silberne
Schmucksachen vermutet wurden. Dies alles ist leicht begreiflich,
wenn man erwägt, daß es nur ein Heer ohne Vorräte, gleich den
Hunnen und Alanen, ein Heer ohne Geld und Kleidung und allen
Bedarf; sie kamen großenteils ohne Schuhe und Strümpfe, zerlumpt
und zerfetzt hier an. Bei dem Raub, den Plündereien und Ge=
waltthaten begnügten sie sich nicht einmal, was sie nur konnten
hinwegbringen, zu nehmen, sondern sie verbrannten und vernichteten
auch das, was sie weder gebrauchen noch fortzuschaffen vermochten.
Sie zerschlugen die Bettstellen, streuten die Federn in den Wind,
oder mischten dieselben unter Stroh, Viehfutter oder ausgelassenes
Öl, und Öl und Wein, Bier und Essig gossen sie untereinander,
um jedes und alles völlig zu verderben; sie zerschlugen die Möbel
u. s. w. Die Kirchen wurden erbrochen . . ., heilige Gefäße, Para=
mente und Leinwand geraubt, die heiligen Hostien zur Erde geworfen,
unter das Pferdefutter gestreut, mit dem heiligen Öl die Schuhe
geschmiert u. s. w. Dabei hatten sie ihre Lust daran, zu sengen
und zu brennen, und die Menschen sogar mit Gewalt mitzuver=
brennen, wie sie zwei meiner Pfarrgenossen lebendig verbrannten.
Das wollten sie auch an mir verüben, und mit einem brennenden
Strohwisch mein Haus in Brand stecken, mit Geld aber wandte
ich das Unglück ab. Besonders verabscheuungswürdig machten sich
die Franzosen durch ihre zügellosen Ausschweifungen . . . Kurz,
die Greuel der Zügellosigkeit, der Verwüstung, der Verheerung und
der Barbarei dieser neuen Vandalen sind ohne Maß und Grenze,
ja über allen Glauben, und neben dieser so schändlichen und un=

menschlichen Behandlung wurden wir hier, und wo sie nur hinkamen, durch die härtesten Brandschatzungen und Requisitionen heimgesucht. Das Amt Monheim sollte gleich schaffen: 2000 wollene Decken, 1000 Matratzen, 600 Mützen, ... 1500 Strohsäcke, 1500 Strohpfühle, 6000 Betttücher, 6000 Hemden, 600 Schürzen, 24000 Maß Rotwein, 300 Maß weißen Wein, 12000 Maß Branntwein, 6000 Maß Öl, 500 Pfd. Baumöl, 2500 Pfd. Honig, 10000 Pfd. Reis, 2000 Pfd. Pflaumen, 2500 Pfd. Salz, 10000 Pfd. schwarze Seife, 500 Pfd. Zucker, 4000 Pfd. Puderzucker, und dies noch außer dem Korn, Weizen, Hafer, außer den Kühen und Pferden, die geliefert werden mußten, und dabei wurden alle hochstämmigen Waldungen und alles Schlagholz in Requisition gesetzt u. s. w."

Die erste Wehr gegen die Franzosen versuchten die an der Sülz, in der Nähe des Königsforstes wohnenden Wildbiebe, deren es dort viele gab. Die friedlichen Landleute schauderten noch vor dem Todschlage eines Menschen zurück, endlich aber wurden auch sie so empört, daß sie nicht bloß ihr Leben und ihr Eigentum zu schützen suchten, sondern auch auf die entsetzlichste Rache sannen.

Bald führten auch die österreichischen Waffen eine Wendung herbei. Clerfayt entschloß sich, die Franzosen wieder anzugreifen, und es gelang ihm, sie zurückzuschlagen.

Der Rückzug der Jourdan'schen Armee artete in die schimpflichste Flucht aus; sie eilte dem Rheine zu. Clerfayt verfolgte sie nur bis zur Lahn; seine Vorhut unter dem General Kray aber jagte sie über die Sieg und die Wupper und nahm dort eine abwehrende Stellung ein.

Da mußten die unschuldigen Bewohner des Bergischen Landes die Schmach der Franzosen wieder hart entgelten; jetzt als Besiegte trieben sie es noch viel schlimmer als vorher. Sie bezeichneten ihre Flucht mit Raub, Verwüstung, Mißhandlung und tierischer Ausschweifung, so daß französische Befehlshaber selbst prahlten: „Den Landleuten sei nichts geblieben als die Augen, ihr Elend zu beweinen". Und solches geschah nicht in Feindesland, sondern in unserm ganz neutralen Lande, dem man früher Schonung auf feierliche Weise zugesichert hatte.

Der oben genannte Pastor Ludovici beschreibt im Kirchenbuche[114]) einen Überfall der Franzosen im Pfarrhause zu Richrath wie folgt: „Der 22. Oktober 1795 ... war schrecklich und unvergeßlich, ein Tag der Trübsal und Verwüstung. Um 8 Uhr morgens

kamen die privilegierten Banditen und Raubhorden, Dragoner und
Husaren, an. Wir alle gerieten in Angst und Schrecken, machten
Thüren und Fenster zu. Mit einer Leiter setzten sie über den
Weiher, der das Pfarrhaus umgiebt, mit einer Art schlugen sie
neben der angestürmten aber nicht erzwungenen Hausthüre die
Fenster und deren eiserne Gitterstangen aus, und stiegen herein.
Wir waren auf den Speicher retiriert ... Da plünderten sie einst-
weilen unten alles rein aus und soffen sich voll und toll ...
Endlich nachmittags zwischen 4 und 5 Uhr stiegen die Banditen ...
am Speicherfenster herein. Wir hätten zwar den ersten hinabstürzen
können, jedoch alsdann wäre es um unser Leben geschehen gewesen.
Wir ließen ihn einsteigen, öffneten die Fallthüre, und ein ganzer
Schwarm drang herauf, griff uns an, durchsuchte uns durch Rock
und Hosen bis auf die nackte Haut, öffnete und leerte die mit
Leinwand ... gefüllten drei Kisten, und das Kupfer, 22 beste
Bettdecken, kurz: alles wurde zum Raub. Neun Ohm besten
Bleicharts gingen verloren und wurden zum Teil verschüttet. Der
Keller floß voll Wein, Bier, Öl und Essig, alles durcheinander ver-
mischt. Ich selber wurde sogar gezwungen, einen Topf voll Wein
zu halten, um die Pferde saufen zu lassen; mit Eimern und Kübeln
trugen sie den Wein hinaus. Nichts, weder Trank noch Speise,
weder Brot noch Butter, weder Hemd noch Leinwand, weder Messer
noch Gabel, kein Löffel und keine Schere blieben übrig. Sogar
mein Vogelsörgelchen und mein Lotteriespiel, meine Petschaften
und meine Papierschere gingen zum Raub. Nur das nackte Leben
ließen sie uns, und dieses noch mit großer Not und Gefahr".

Ein anderer Pfarrer, Johann Friedrich Moes zu Leuscheid, sagt in seiner „Beschreibung der seit dem 15. Sept. 1795
erlebten Kriegsfatalitäten" u. a. Folgendes[115]): „Den 16. und
17. September sind im hiesigen Kirchspiele alle Höfe, ausgenommen
Niederleuscheid, Leidhecken und Himmeroth, sonderlich die besten
Höfe geplündert worden. Eine solche allgemeine, gewaltthätige
Plünderung ist was hartes, ich glaube, wer sie nicht selbst erfahren,
kann den damit verbundenen Schrecken und Angst sich nicht vorstellen. — Nachher hat auf obrigkeitlichen Befehl ein jeder seinen
Verlust angeben müssen, da dann der Schade im hiesigen Kirchspiel
auf 4400 Rthlr. angegeben worden. Den 15. und 16. Oktober
hörte man, die Franzosen müßten retirieren... Den 19. ginge ich
des Morgens nach Oberalsen, um Kranke in des Uhrmachers Hause

zu besuchen. Als einige Minuten dort gewesen, kamen schon einige
Franzosen übers Feld herunter, ich hatte so viel Zeit, einen Bauern=
kittel anzuziehen, die Paruque abzulegen und eine Mütze umzuthun,
ich ginge auf das zweite Stockwerk, wo der älteste kranke Sohn
und seine Frau lag. Gleich hörte, daß ein Franzose kam und zum
Uhrmacher sagte: Vater, gebt mir was zu essen. Als er gegessen,
sagte er: Bauer, ziehe mir deine Schuhe aus, das that der Uhr=
macher... Endlich kamen drei Fußgänger herauf, einer sagte zum
Kranken: Bauer, zieh mir dein Kamisol aus; es war neu, von
Franzleinen, mit Ermeln... Darauf kam er zu mir, besah meine
Schnallen, ich sagte, es sind schlechte zinnerne Ringe, er sagte auf
französisch: sie sind besser als die meinigen; also nahm er sie, that
sie auf seine Schuhe, und gab mir die seinige mit den Worten:
die sind vor dich. Ferner sagte er, gibs Geld her; ich sagte, ich
habe kein Geld, er visitierte die Taschen, fand kein Geld. Als von
Hause war gegangen, hatte ein gutes Schnupftuch in die Tasche
genommen, das hatte nachher um den Leib gebunden, damit es
desto sicherer; ein Zippen hing herunter, den sahe der Franzose,
band darauf das Schnupftuch los, schüttelte es, weil er glaubte,
es wäre Geld darin, und thät es in seine Tasche. Darauf gingen
die Franzosen weg... Von Mittag an vernahm man keine Fran=
zosen mehr.... Den 20. morgens 10 Uhr sahe man zuerst
Kayserlich Rohansche Husaren, zuerst geriethe man in Angst, weil
man nicht wissen konnte, obs Freunde oder Feinde waren, das
merkte der Wachtmeister, er rief daher den Leuten zu, erschreckt
nicht... Ich habe so viel Schrecken und Angst erlitten, ich besorge,
mein Leben sei dadurch so geschwächt, verkürzt, daß ich dem ersten
feindlichen Überfalle ausweiche... Das sagt ein jeder, der solche
Angst als ich empfunden, — naseweise, tadelsüchtige Menschen,
welche in keiner oder geringer Angst gewesen, haben gut sagen,
man müsse aushalten... Wenn ich den Schaden der Plünderung, der
Einquartierungen, der Kontributionen, Requisitionen und Lieferungen
an die Kaiserlichen und Franzosen, welchen unser Kirchspiel vom
15. bis zu Ende des Oktober hat erlitten, berechne, beträgt solcher
bis 10000 Rthlr. Wenn die Kaiserlichen die Franzosen im Oktober
hart verfolgt, so hätten sie solche von dieser Seite des Rheines
vertrieben; allein General Clairfait hat dem General Habbik Befehl
gegeben, nur bis an die Sieg vorzurücken, die pfälzischen Lande
hätten es nicht wegen der geschwinden Übergabe von Mannheim

verdient, daß man sich ihrer annähme; ein Vorsteher hiesigen Amts hat diese Ordre gelesen. So hätten die Franzosen im November wieder auf dieser Seite der Sieg vordringen können, wenn sie gewollt; die Zeitung hat zur Ursache angegeben, die schlechten Wege und das Regenwetter... Unter allen Oberbergischen lutherischen Gemeinden und Geistlichen hat Leuscheid und ich am meisten gelitten, Ruppichteroth und Herr Bickenbach vielleicht eben so viel. Gott bewahre uns vor den traurigen Auftritten des Kriegs, und beglücke uns in Gnade baldigst mit der edlen Wohlthat des Friedens."

28. Versuche zur Abwehr.

General Kray war am 23. Oktober in Mülheim eingezogen, andern Tages aber schon wieder über die Sieg zurückgegangen; einzelne Vorposten hatte er noch auf den Höhen zwischen Sieg und Agger zurückgelassen. Das französische Heer aber hatte sich wieder verstärkt; am 6. November rückten ihre Vorwachen von neuem über die Wupper, plünderten an vielen Orten und zogen am 9. November in Mülheim ein.

In Mülheim stand damals der als Mensch und Schriftsteller ausgezeichnete lutherische Pastor Johann Wilhelm Reche und gab ein seltenes Beispiel wahrer Glaubensduldung [116]). Die Franzosen suchten nämlich ein Fracht- und Fourage-Magazin und fanden die katholische Kirche dazu am passendsten. Da trat Reche auf und sagte: „Wir Protestanten in Mülheim haben zwei Kirchen, eine lutherische und eine reformierte, unsere katholischen Brüder haben aber nur eine Kirche, und unsere protestantischen Kirchen sind nicht für deren Gottesdienst eingerichtet. So laßt uns denn unsere lutherische Kirche statt der katholischen zum Magazin hergeben, laßt uns Protestanten die reformierte Kirche, die unserm beiderseitigen Bedürfnisse genügt, gemeinschaftlich benutzen, auf daß wir alle unsern Gottesdienst beibehalten können." Da war niemand in den beiden Gemeinden, der Nein sagte, und ein solcher Edelmut rührte auch sogar die französischen Befehlshaber, daß sie den Katholiken ihre Kirche ließen und sich mit der lutherischen begnügten.

Nachdem die kaiserliche Heerwache an der Sieg am 9. November auch über diesen Fluß zurückgegangen war, folgten ihr die Franzosen und überschwemmten wieder das ganze Oberbergische, am 11. November mußten sie aber schon wieder zurückweichen, wobei sie immerfort plünderten. An diesem Tage wurden mehrere Abteilungen

französischer Jäger, welche das Aggerthal und dessen nähere Umgebung plündernd durchstreiften, von den Bauersleuten zu Seelscheid, Neunkirchen und Lohmar angegriffen und in die Flucht
geschlagen. Wie hier, so wurden auch an andern Orten die Bewohner des Bergischen Landes durch die unerträglichen Mißhandlungen und Schandthaten der französischen Horden dazu getrieben,
zur Selbsthülfe zu greifen und Gewalt mit Gewalt zu vertreiben.
Es wurde auch versucht, einen größeren Landsturm zu organisieren.
Zu diesem Zwecke waren zwei wahrhaft patriotische Männer seit
dem ersten Rückzuge der Franzosen eifrig thätig: der Vikar Johann
Peter Ommerborn zu Offermannsheide und der Rechtsanwalt
Ferdinand Stücker zu Bensberg. Ommerborn, ein Original
und leidenschaftlicher Reiter, förderte die Bildung des Landsturms
besonders dadurch, daß er die Leute zur Teilnahme an demselben
anspornte, und zwar mit solchem Erfolge, daß Stücker schon am
16. November ein Verzeichnis von 200 wackern Männern bei sich trug,
die zu dem Verteidigungswerke bereit waren. Ommerborn wurde
kaiserlicher Feldprebiger, dann Pastor zu Frielingsdorf und 1826
Pastor zu Sand bei Bensberg, wo er am 10. Februar 1837 starb.

Ferdinand Stücker war geboren zu Weyerhoff bei Bensberg am 24. September 1772, übte sich nach vollendeten Studien
in den Waffen, doch hielt ihn der entschiedene Wille der Eltern
noch ab, in den Kriegsdienst einzutreten. Er hielt sich jedoch für
berufen, seine geliebte Heimat von den Fremdlingen zu befreien,
und bereitete dieses Werk insgeheim vor, so daß Eltern und Geschwister nichts davon erfuhren. Er durchstreifte mit seinen Genossen
die abgelegenen Höfe an der Sülz und Agger und verjagte die
Franzosen. In Gemeinschaft mit Ommerborn verrichtete er die
verwegensten Heldenthaten gegen die Feinde. Am 18. November
sollten dieselben durch eine allgemeine Erhebung, an der sich besonders
die Gemeinden Much, Lindlar, Kürten, Overath, Ruppichteroth und Sitorf beteiligten, über die Wupper zurückgeschlagen
werden. Doch die Sache wurde verraten und Stücker gefangen;
von dem Anführer der Franzosen, Richepanse, wurde er aber geschützt,
und nachdem er von den erhaltenen schweren Wunden genesen war,
erhielt er von seinen Eltern die Erlaubnis, in das kaiserliche Heer
einzutreten. Ommerborn trat ebenfalls in dasselbe ein und wurde
Feldprebiger. Stücker zeichnete sich in so ehrenhafter Weise aus,
daß Erzherzog Kari ihm den Namen des „Bergischen Helden"

beilegte; er wurde 1802 zum Reichsfreiherrn von Stücker=
Weyerhoff ernannt, nahm 1810 seine Entlassung, trat aber 1813
als kaiserlicher Oberst wieder in das Heer ein und starb am
28. Dezember 1824 [117]).

In löblicher und erfreulicher Weise standen die Bewohner
des Landes sich gegenseitig bei, sonst hätten ganze Gemeinden ver=
hungern müssen. Die hinter der Friedenslinie liegenden Ortschaften
sandten an Kleidung und Nahrungsmitteln, was sie nur vermochten,
und es gab dort keine Stadt und kein Dorf, wohin sich nicht Frauen
und Mädchen geflüchtet hätten; besonders zeichnete sich in dieser
gastlichen und liebreichen Aufnahme der Geflüchteten Radevorm=
wald aus.

Bis Ende November zogen die Franzosen teils auf das linke
Rheinufer, teils in die Umgegend von Düsseldorf; sie richteten
sich für den Winter ein. Da mußten die Bewohner der dortigen
Gegend, besonders im Amte Monheim, wieder für die Verpflegung
der fremden Gäste sorgen. Die Stadt Düsseldorf und deren nächste
Umgebung mußten außerdem auch noch Schanzarbeiter und Hand=
werker beköstigen, welche den Winter und das Frühjahr hindurch
an den Festungswerken arbeiten mußten. Zu diesen Arbeiten wurden
alle Gemeinden bis an die Wupper herangezogen; Bürger und
Bauern wurden gezwungen, die schweren Schanzarbeiten zu ver=
richten. Auch das Land südlich der Wupper blieb immer noch
gequält und geplagt, indem sogar die pfalzbayerische Landesregierung
sich dazu hergab, die von den Franzosen dem Lande auferlegten
neuen Brandschatzungen auf die Gemeinden zu verteilen und mit
aller Strenge einzutreiben.

Ein niedriges Erpressungsmittel war das republikanische Papier=
geld, die sog. Assignaten, zu dessen Annahme die Leute gezwungen
wurden; freiwillig aber wurde dieses Geld nicht einmal zu Eins
vom Hundert des Nennwertes in bar umgesetzt.

Das Elend der Landbewohner war groß; der sonst so blühende
Landstrich zwischen Sieg und Wupper war buchstäblich zur Wüste
geworden. In Anbetracht dessen schlossen Clerfayt und Jourdan
am 21. Dezember 1795 einen Waffenstillstand mit der Bestimmung,
daß die Kaiserlichen das südliche Ufer der Sieg und Agger, die
Franzosen aber das nördliche Ufer der Wupper besetzt halten sollten.

Was die herrschende Not in etwa milderte, war die Wohlthat
eines höchst gelinden Winters; die Witterung war so milde, daß

Wiesen und Felder grün blieben, auch sogar die Wohnungen nicht geheizt zu werden brauchten.

29. Das Jahr 1796.

Alle Friedenshoffnungen, die man etwa an den Abschluß des Waffenstillstandes geknüpft hatte, mußten wieder zerrinnen, als die im März des Jahres 1796 aus Frankreich kommenden Rekruten von neuen furchtbaren Kriegsrüstungen der Feinde zeugten, und jeder Schimmer einer solchen Hoffnung wurde verdunkelt durch die Nachricht, daß am 21. Mai der Waffenstillstand aufgekündigt worden sei. Die Feindseligkeiten sollten am 31. Mai wieder beginnen, und es wurden zu diesem Zwecke beiderseitig gewaltige Heermassen aufgestellt.

Jourdan hielt am 10. März einen feierlichen Einzug in Düsseldorf; er übertrug den Befehl über die den linken Flügel der Sambre- und Maas-Armee bildenden Divisionen Lefebvre und Collaud dem General Kleber mit dem Auftrage, diese Heeresabteilungen bis zum 29. Mai bei Oplaben an der Wupper zu vereinigen, und so geschah es auch.

Der siegreiche Feldherr Clerfayt, verstimmt über die österreichische Politik und die ihm vom Hofkriegsrate gemachten Vorwürfe, begehrte und erhielt zum allgemeinen Erstaunen seine Entlassung; an seine Stelle trat der jugendliche Erzherzog Karl, des Kaisers Bruder, dessen ausgezeichnetes Feldherrntalent sich bald glänzend bewährte.

Die kaiserliche Hauptmacht stand auf dem linken Rheinufer an der Nahe; der rechte Flügel unter dem Prinzen von Württemberg erstreckte sich von der Lahn bis an die Sieg. Um 12 Uhr in der Nacht auf den 31. Mai begannen die Franzosen über die Wupper zu ziehen, und obgleich General Kleber in einem Aufruf Schonung und Mannszucht verheißen hatte, verbreiteten sie den gewohnten Jammer durch Plünderung und Mißhandlung ringsumher. So forderten z. B. in Lennep die Ney'schen Reiter 300 Karolin und führten, als das Geld nicht sogleich beschafft werden konnte, den Richter Schürmann als Geißel hinweg, bis er losgekauft wurde. In Elberfeld und Ronsdorf verübten sie ebenfalls Erpressungen, und am 1. Juni brandschatzten ihre Nachzügler die Orte Remscheid, Wermelskirchen und Hückeswagen.

Die Kaiserlichen wurden von den Franzosen zunächst über die Sieg und schließlich auch über die Lahn zurückgedrängt. Dann aber schlug Erzherzog Karl die Feinde zurück, so daß Jourdan mit drei Divisionen wieder an den Rhein eilte, denselben am 18. Juni überschritt und dem General Kleber befahl, die übrigen Divisionen nach Düsseldorf zurückzuführen. Diese wurden aber am 19. Juni zwischen Kircheip und Ückerath in einem höchst blutigen Treffen geschlagen, so daß Erzherzog Karl selber sagte, die Kriegsgeschichte habe wenige Gefechte von solcher Dauer und Hartnäckigkeit auf- zuweisen. Dasselbe wurde vom Volke „die Schlacht am Käsberg" genannt. Die Truppen des Generals Kleber führten den Rückzug so eilig aus, daß sie zu dem Wege von Ückerath bis Düsseldorf nur zwei Tage gebrauchten. Da aber Erzherzog Karl seine Siege am Nieder- rhein nicht verfolgte und sich rheinaufwärts wandte, rückten die Fran- zosen wieder vor und überfluteten abermals das Bergische Land[118]).

Zwar verbreiteten die französischen Volksbeglücker ellenlange Plakate, mit schönen Redensarten von Frieden und Menschenrechten angefüllt, in denen sie auf's feierlichste Schutz der Personen und des Eigentums gelobten; aber die Bergischen wußten leider nur zu gut, was es mit diesen Redensarten auf sich hatte, und suchten ihr Heil in der Flucht.

Mitunter kamen aber die Franzosen auch übel an, und namentlich geschah am Peter- und Paultage, dem 29. Juni 1796, eine Reihe von Heldenthaten[119]). So bestand z. B. Johann Häck, „der Franzosendrescher", ein Zimmermann zur Haide bei Odenthal, siegreich einen Kampf gegen 63 französische Husaren, die er in seiner Scheune mit dem Dreschflegel energisch abwehrte und in die Flucht schlug.

In den einzigen Peter- und Paultag drängte sich ein so unbeschreibliches Elend zusammen, daß derselbe in den Erinnerungen der Bewohner aus jener schauerlichen Zeit als der unheilvollste bezeichnet wurde; es wiederholte sich an diesem Tage alles, was die Gegend zwischen Wupper und Sieg jemals zu leiden gehabt hatte. Der Kaufmann Wilhelm Busch zu Leichlingen schrieb darüber[120]) in sein Tagebuch: „Trunken vor Leid schlichen wir durch das Dickicht des großen Grünscheids und beneideten das Wildpret, dessen Loose wir anheimgefallen, um die Schnelligkeit seiner Füße und die Vögel um ihre Flügel, nur um den Verfolgern schneller zu entkommen. Denn nach den entsetzlichen Mißhandlungen,

die vor unſern Augen geſchehen, war es nur die Flucht, um was
ſich alle unſere Gedanken drehten. Statt einander Troſt zu bringen,
trug jeder Begegnende ſtumme Verzweiflung auf bleichem Antlitze
entgegen. Wie Tiere verfolgt, wußten wir nicht mehr, daß wir
Menſchen waren, und mehr noch als der Verluſt unſerer Habe,
und mehr als Mangel und Hunger und Armut ängſtigte die Be-
ſorgnis, den Wüterichen in die Hände zu fallen. Drei Tage und
zwei Nächte habe ich nun wieder im Walde zugebracht. Gott weiß,
wie das enden ſoll; denn bei der erſten Plünderung vermeinte ich,
es könnte nicht ſchlimmer werden, aber wie oft ſind wir ſeitdem
von den Republikanern umhergetrieben worden, und immer iſts
ärger geworden. Geſtern Nacht habe ich mich in meine Wohnung
gewagt und ein halbes Brot geholt, das im Rauchwinkel verſteckt
lag. Sonſt haben wir in drei Tagen nichts gegeſſen, als Wald-
beeren. Von vielen Seiten hört man, daß friedſame Leute erſchlagen
worden ſind, und ſo eben haben ſie noch den Knaben Heinrich Sorg
von Neukirchen, der durch das Getreide zu uns laufen wollte,
erſchoſſen." u. ſ. w.

Der Haß gegen die Franzoſen fand ſeinen charakteriſtiſchen
Ausdruck in dem ſogenannten „Schelmen-Vaterunſer", das in jener
Zeit ſogar die Kinder auswendig wußten[121]).

In raſchem Siegeslaufe befreite Erzherzog Karl die deutſchen
Länder von der Donau bis an den Niederrhein von den fremden
Bedrückern; am 21. September waren die Franzoſen wieder bis
Mülheim am Rhein zurückgetrieben, und die kaiſerliche Vorhut
rückte in Siegburg ein. Der Erzherzog, welcher ſich nun gegen
Moreau wandte, ließ am Niederrhein ein Beobachtungsheer unter
dem General Warneck zurück. Jourdan aber nahm ſeine Ent-
laſſung und trat den Oberbefehl an den General Beurnonville
ab. Faſt drei Monate, vom 22. September bis zum 14. Dezember,
lagerte das franzöſiſche Heer bei Mülheim, während die Kaiſerlichen an der Sieg und Agger und ſeitwärts in den Bergen eine
beobachtende Stellung einnahmen. Mit dieſer Lagerung der Franzoſen, welche nur von Raub und Plünderung lebten, begann für
das Bergiſche Land, insbeſondere für die Rheinebene zwiſchen
Wupper und Agger, der unheilvollſte Zeitraum jener Kriegsjahre.
Die Dörfer jener Gegend ſtanden verlaſſen da; denn die Bewohner
derſelben hielten ſich die ganze Zeit hindurch bis in den Winter
hinein draußen in den Bergwäldern auf.

Ferdinand Stücker, jetzt Husaren-Offizier im Regiment Barko, hatte einen kühnen Überfall des französischen Lagers geplant; Erzherzog Karl hatte den Plan genehmigt und seine Ausführung auf den 1. Oktober befohlen. Durch Verrat wurde dieselbe vereitelt, und Ney erhielt den Befehl, mit 6000 Mann über Opladen und Solingen zu marschieren, sich der Wermelskirchener Straße zu versichern und ein Lager bei Hückeswagen zu bilden, um den linken Flügel auch für die Folge zu decken. Ney nahm sein Hauptquartier auf dem Schlosse zu Hückeswagen, wo er mit 10 Domestiken und 15 Pferden einzog, während die Mannschaft bei den Eingesessenen der Freiheit Hückeswagen den ganzen Winter und das folgende Frühjahr hindurch einquartiert blieb[122]).

Viele Heldenthaten wurden auch in dieser Zeit verrichtet. Noch in der Nacht vom 7. zum 8. Dezember hob Stücker eine Feldwache von 200 Infanteristen in der Nähe des französischen Lagers auf. Am 8. Dezember aber kam zwischen den Ober-Generalen Kray und Beurnonville ein Waffenstillstand zuwege; am 9. Dezember begannen die Franzosen nach Düsseldorf aufzubrechen, und am 14. Dezember war das Mülheimer Lager vollständig geräumt.

Nach der Aufhebung des Lagers zogen die meisten republikanischen Truppen auf das linke Rheinufer, aber es blieben auch noch viele zurück, so daß das Land nördlich der Wupper mit Einquartierung belästigt blieb; die Gegend zwischen Wupper und Agger blieb wie im Winter vorher verschont und konnte sich in etwa wieder erholen. Die Kaiserlichen stellten an der Agger starke Vorwachen aus.

30. Die letzten Jahre des 18. Jahrhunderts.

Der Winter war nicht so milde wie der vorhergegangene, der Schnee blieb lange liegen, und Leid und Not lastete schwer auf den Menschen, welche durch all' die bitteren Erfahrungen der Hoffnung entwöhnt waren.

Beurnonville dankte ab, und an seine Stelle trat Moreau als Oberbefehlshaber der Nord-, Sambre- und Maasarmee, dann aber, als auch dieser bald zurücktrat, wurde Hoche dazu ernannt. Derselbe kam am 8. März 1797 in Köln an, wo er sein Hauptquartier wählte. Er war ein junger, wackerer General, der wirklich auf strenge Mannszucht hielt. Er traf sogleich Vorbereitungen zu

neuem Vorrücken. Am 13. April kündigte er den Waffenstillstand
auf, am 14. sammelten sich die im Bergischen zerstreuten französischen
Truppen bei Opladen und am 16. April in der Osternacht zogen
dieselben über die Wupperbrücke nach Süden. Damit rückte auch
der Kriegsschauplatz nach Süddeutschland, so daß der Niederrhein
von den Kämpfen verschont blieb. Doch die planmäßigen Bedrückungen
dauerten fort und wirkten höchst verderblich. Hoche verstand es
vortrefflich, die deutschen Länder für die Republik auszubeuten, denn
er verschaffte den Bewohnern unseres Landes zunächst die zum
Erwerbe nötige Ruhe, um ihnen dann das Erworbene durch ge-
regelte Brandschatzungen wieder zu nehmen. Monate hindurch wurden
unsere herrlichen Forsten verwüstet, ebenso die Fischereien. Dabei
mußten die Gemeinden die Franzosen beköstigen und kleiden, die
Tafelgelder für die Offiziere bezahlen, Festungsarbeiten verrichten
u. s. w., und außerdem trieb auch noch die Landesregierung die
rückständigen Steuern dreier Jahre ein.

Als Hoche, erst 29 Jahre alt, am 11. September 1797 zu
Wetzlar gestorben war, wurden die Bedrückungen noch schlimmer;
sein Nachfolger wurde Augereau. Anfangs Oktober zogen wieder
mehrere französische Regimenter ins Oberbergische; anfangs November
aber gelangte die Botschaft von dem am 17. Oktober zu Campo
Formio zwischen Oesterreich und der französischen Republik geschlossenen Frieden ins Land, und darauf gingen viele Truppen
über den Rhein zurück.

Die Jahre 1798, 1799 und 1800 waren die traurigsten und
trostlosesten, welche die Gegenden des Niederrheins seit Jahrhunderten
erlebt hatten. Die von den Republikanern niedergetretene Bevölkerung rang nur mit dem Mangel; der Sinn für das Schöne und
Edle schien ganz erstorben zu sein. Wertvolle Kunstdenkmäler wurden
zerstört, verkauft, nach Frankreich geschleppt oder als Baumaterial
zu Verteidigungszwecken benutzt. Die Brandschatzungen wurden
nicht gemindert, sondern immer neue Pressereien ersonnen, wenn auch
zum Glück der Kriegsschauplatz auf den Oberrhein beschränkt blieb.

Einen Beweis von der eingetretenen Verarmung bietet eine
Bittschrift des Amtes Porz an den Kurfürsten Karl Theodor[13]),
worin es u. a. heißt: „Wir sind mehr als zwanzigmal ausgeplündert,
mehrmals für lange Zeit in die Wildnis und Waldung verjagt
und in solch erbärmlichen Zustand versetzt worden, daß wir ohne
Unterschied mit aller Anstrengung nicht mehr imstande sind, unsere

zahlreichen Familien zu ernähren. Ob jemand vordem noch so wohlhabend war, so müssen wir doch jetzt alle betteln und zu unserm Unterhalt die Milde anderer Unterthanen, die ... weniger hart mitgenommen sind, ansprechen ... den meisten fehlt es sogar an hinreichender Kleidung, ihre Blöße zu bedecken ... Unsere Güter sind schon so mit Schulden beschwert, daß wir keine Anleihen mehr darauf machen können. Unsere Hausgeraiden sind längst geraubt und verkauft, und Früchte und Vieh ist keins mehr vorhanden, vielweniger noch Pferde und Karrige."

Die nächste Folge dieser Verarmung waren zahlreiche Räuber=banden, die das Land unsicher machten. So nahm das achtzehnte Jahrhundert im Bergischen Lande sein Ende unter den herbsten Drangsalen.

Mit dem Jahrhundert ging auch Kurfürst Karl Theodor zu Grabe. Der Groll gegen seine Regierung war in Bayern so groß, daß das Volk, als seine Leiche durch die Straßen der Hauptstadt München geführt wurde, mit Steinen nach dem Sarge warf. Im Bergischen Lande urteilte man milder und pries seine Regierungs=zeit nach mancher Richtung hin als eine gesegnete.

Da Karl Theodor aus seinen beiden Ehen mit Elisabeth Auguste von Sulzbach († 17. August 1792) und Maria Leo=poldine von Österreich keine Kinder hinterließ, so folgte ihm nach seinem am 16. Febr. 1799 eingetretenen Tode sein Seitenverwandter Maximilian Joseph aus der Linie Zweibrücken = Birkenfeld=Bischweiler.

Maximilian Joseph.

1. Seine Sorge für des Landes Wohl.

Mit dem Kurfürsten Max Joseph hielt die neue Zeit ihren Einzug, denn er war ein Mann von durchaus modernen Lebens=anschauungen, leider aber auch ein Franzosenfreund. Er hatte die glücklichsten Tage seiner Jugend als französischer Oberst zu Straß=burg verlebt, und die Vorliebe für Frankreich blieb ihm für sein ganzes Leben. Bald nach seiner Thronbesteigung bat er den fran=zösischen Geschäftsträger, er möge ihn als einen Franzosen betrachten, und fügte hinzu: „So oft ich von den Erfolgen der Heere der Republik höre, fühle ich an meiner Freude, daß ich ein Franzose bin".

Durch kurfürstliches Patent vom 16. Februar 1799 zeigte er den Antritt seiner Regierung an[124]) und befahl die Besitzergreifung des Herzogtums Berg in seinem Namen, sowie die Vereidigung sämtlicher Beamten.

Alle Lande, selbst Frankreich, sehnten sich nach Frieden; derselbe kam denn auch am 9. Februar 1801 zu Lüneville zustande. Das Herzogtum Berg wurde aber noch durch die Erhebung der Reste alter Kriegssteuern[125]) hart belästigt und mußte außerdem an der Festung Düsseldorf wieder Frohndienste leisten, indem deren vollständige Schleifung zu den Friedensbedingungen gehörte und bis zum 31. März 1801 ausgeführt sein mußte. Da wurde denn in wenigen Wochen zerstört, was die Republikaner Jahre hindurch mit so großem Eifer hatten herstellen lassen. Am 31. Mai sollten die Franzosen auch das rechte Rheinufer geräumt haben; aber sie machten ihren Abzug von der vollständigen Restzahlung der Kriegsschuld und der gänzlichen Schleifung der Festungswerke abhängig. Letztere konnte erst im Mai vollendet werden, und am letzten Tage dieses Monats verließen die französischen Horden endlich unser Bergisches Land, das sie sechs Jahre lang so beispiellos geplagt hatten!

Die von den Franzosen endlich befreiten Bewohner des Bergischen Landes atmeten erleichtert auf und begannen die Spuren der erlittenen Kriegsdrangsale nach Möglichkeit zu tilgen. Der neue Kurfürst war redlich bestrebt, zur Heilung der dem Lande geschlagenen Wunden beizutragen[126]). Eine segenbringende Neuerung war u. a. die Einführung der Feuer=Versicherung[127]) am 26. September 1801. Die Landesverwaltung wurde neu organisiert. Schon am 3. März 1799 erfolgte die Bekanntmachung[128]) wegen des errichteten kurfürstlichen Ministeriums, welchem die oberste Leitung der Staatsgeschäfte in vier abgeteilten Departements, nämlich 1. der auswärtigen Angelegenheiten, 2. der Finanzen, 3. der Justiz und Polizei und 4. der geistlichen Sachen überwiesen sei. Zufolge einer weiteren Bekanntmachung vom 26. Mai 1801 wurde das Herzogtum Berg noch der alleinigen obersten Leitung des Ministerial= Departements der auswärtigen Angelegenheiten belassen. Am 25. August 1802 geschah die Reorganisation der bisher einzeln bestandenen höheren Verwaltungsstellen im Herzogtum Berg in ein einziges concentriertes Dikasterium unter dem Namen: „Landes= Direktion", sowie die Reorganisation der höheren Justizstellen, welche fernerhin aus einem Ober=Appellations=Gericht und einem

Hofrats-Dikasterium bestehen soll:en[129]). Am 28. September 1802 folgte die Errichtung einer besonderen Schul-Kommission, nach dem schon am 28. August 1801 die Prüfung der Lehrer angeordnet worden war[130]).

Von weittragender Bedeutung für das Land war die Aufhebung der Klöster. Durch den sog. „Reichsdeputations-Hauptschluß", dessen letzte Redaktion am 25. Februar 1803 abgeschlossen wurde, blieb die Verfügung über die geistlichen Körperschaften und Stiftungen den neuen Landesherren überlassen, die Aufhebung der Mönchsklöster ihnen freigestellt u. s. w. Am 27. April folgte noch ein „Jüngster Reichsschluß", durch welchen die Vernichtung von 112 deutschen Staaten ausgesprochen wurde. Diese Fürstenrevolution bewirkte einen gewaltigen Umschwung aller öffentlichen Verhältnisse in Deutschland; weder die Reformation noch der Westfälische Friede hatte den mittelalterlichen Bau des Reiches so sehr erschüttert, und sogar die Revolution hatte den Nimbus des Fürstentums und den Glauben an den Bestand der Gewalten nicht in dem Maße zerstört, wie diese neue Verteilung Deutschlands. Nur das kleinstaatliche Unwesen macht es erklärlich, daß die Bevölkerung die sog. gute alte Zeit ohne Bedauern scheiden sah. — Durch kurfürstliches Immediat-Reskript vom 12. September 1803 wurde die Verordnung, d. d. München den 11. März d. Jahrs, wegen Aufhebung der in den kurfürstlichen Erbstaaten vorhandenen Stifter, Abteien und Klöster jeder Art, mit Ausnahme derjenigen, welche sich der Krankenpflege widmeten, auch auf das Herzogtum Berg erstreckt, und den Behörden ihr Verfahren dabei vorgeschrieben[131]).

2. Herzog Wilhelm.

Max Joseph, der schon im Frieden von Lüneville seine linksrheinischen Besitzungen an Frankreich abtreten mußte, verlor durch den Reichsdeputations-Hauptschluß auch die rechtsrheinische Pfalz, so daß er nur Bayern und das Herzogtum Berg behielt. Am 30. November 1803 übertrug Max Joseph seinem Vetter und Schwager, dem Herzog Wilhelm von Bayern, durch einen besonderen Hausvertrag, wodurch das Herzogtum Berg zur Apanage desselben bestimmt wurde, die Regierung unseres Landes unter Vorbehalt der kurfürstlichen Oberhoheitsrechte[132]). Die Regierung teilte sich von da an in eine herzogliche, deren Präsident der Freiherr von Hompesch blieb, und eine kurfürstliche, an deren Spitze der Freiherr von Bevern stand.

27

Herzog Wilhelm war Chef der nachgebornen, fürstlichen Linie der „Herzoge von Bayern" oder Pfalz-Birkenfeld, 1798 in Birkenfeld zur Regierung gekommen und katholisch geworden. Nach dem Verluste seines Ländchens an die Franzosen hatte er seinen Sitz zunächst nach Landshut und dann nach Bamberg verlegt. Mit Beginn des Jahres 1804 kam er nach Düsseldorf und residierte teils in dem vom Bombardement ziemlich verschont gebliebenen Corps de Logis des Marstallgebäudes, teils im Schlosse zu Benrath. So erhielt also Düsseldorf nach langer Unterbrechung jetzt wieder einen Hof.

Von Benrath datiert u. a. eine unter dem 2. August 1804 erlassene Verordnung des Herzogs Wilhelm, welche bezweckt, die Impfung der Kuhpocken oder Schutzblattern im Herzogtum Berg zu verbreiten; es heißt darin: „Im ganzen scheint diese für die gesamte Menschheit so wohlthätige Erfindung den allgemeinen Eingang noch nicht gefunden zu haben, den ihr mit Uns jeder Freund des Vaterlandes wünschen muß. Indem Wir es nun als eine Unserer ersten Regierungspflichten ansehen, die Aufnahme derselben mehr und mehr zu befördern . . ., so befehlen Wir: 1. den Medicinal-Räten, Stadt- und Land-Phisicis, wie auch sämtlichen Ärzten dieses Herzogtums, die Vorzüglichkeit der Schutzblattern den Einwohnern desselben bei jeder Gelegenheit begreiflich zu machen, 2. den Pfarrern, daß sie in ihren Kanzel-Vorträgen . . . dieses Geschenk der Vorsehung ihren Pfarrgenossen mit Nachdruck und Wärme ans Herz legen, und 3. sämtlichen Beamten . . ., daß sie ihr Zutrauen und Ansehen . . . zur weiteren Verbreitung der Schutzblattern benutzen sollen. Entzückend schön ist ihr Lohn, dadurch Kinder ihren Eltern, den Bruder dem Bruder, und Bürger dem Vaterlande zu erhalten."

Unter dem 22. Dezember 1804 ließ der Herzog über die Fortschritte der Forst- und Ackerkultur, über die Obstbaumzucht, die Stallfütterung, den Kleebau und über die stattgefundene Verlegung der Kirchhöfe statistische Nachrichten einfordern[133]). Diese und andere Verordnungen beweisen, daß Herzog Wilhelm ernstlich auf das Wohl des Landes bedacht war. Als er aber seine Herrschaft antrat, da konnte er nicht ahnen, daß dieselbe von so außerordentlich kurzer Dauer sein sollte. Ihm war das traurige Los beschieden, das Bergische Land schon nach Verlauf zweier Jahre den Franzosen ausliefern zu müssen.

Elftes Buch.

Die Zeit der Fremdherrschaft und der Befreiung von derselben.

Von der Abtretung an Napoleon bis zur Einverleibung in Preußen.

1806—1815.

Erster Abschnitt.

Die Fremdherrschaft.

---

1. Die Abtretung des Bergischen Landes an Napoleon.

Durch den Vertrag zu Schönbrunn, welchen der alles vaterländischen Sinnes ermangelnde Vertreter Preußens, Graf Haugwitz,
am 15. Dezember 1805, nachdem Napoleon am 2. Dezember in
der „Dreikaiserschlacht" von Austerlitz gesiegt hatte, mit Talleyrand
verabredete, wurde eine ganz unerwartete Wendung der Dinge in
unserm Lande herbeigeführt. Nach diesem ohne Genehmigung des
Berliner Hofes abgeschlossenen Vertrage sollte Preußen ein Schutz-
und Trutzbündnis mit Frankreich eingehen, an Bayern die Mark-
grafschaft Ansbach, an Frankreich das Fürstentum Neuenburg, den
rechtsrheinischen Rest von Cleve und die Festung Wesel abtreten,
für diese Abtretungen aber das Kurland Hannover erhalten; Bayern
sollte Preußen für Ansbach mit einem Gebiet von 20000 Seelen
entschädigen und an Napoleon als Gegengabe für Neuenburg das
Herzogtum Berg abtreten. In dem Frieden zu Preßburg am
26. Dezember 1805 erhielt Maximilian Joseph von Napoleon den
Königstitel. Die amtliche Proklamation der neuen Königswürde
geschah am 1. Januar 1806; sie lautet [1]: „Da durch die Vorsehung

Gottes es dahin gediehen ist, daß das Ansehen und die Würde des Herrschers in Bayern seinen alten Glanz und seine vorige Höhe zur Wohlfahrt des Volkes und zum Flor des Landes wieder erreicht, so wird der Allerdurchlauchtigste und großmächtigste Fürst und Herr, Herr Maximilian Joseph, als König von Bayern, und allen dazu gehörigen Ländern hiemit feierlich ausgerufen, und dieses seinen Völkern allenthalben kund und zu wissen gemacht. Lange und glücklich lebe Maximilian Joseph, unser allergnädigster König! Lange und glücklich lebe Karoline, unsere allergnädigste Königin".

Die Einwohner des Bergischen Landes, welche keine Ahnung von der beschlossenen Änderung ihres Schicksals hatten, wurden durch das am 21. März 1806 um 11 Uhr vormittags am Rathause zu Düsseldorf angeheftete Kabinets-Dekret ihres Königs Max Joseph überrascht²), indem dasselbe besagte:

„Infolge einer zwischen Sr. Majestät und dem Kaiser der Franzosen, und dem Könige von Italien, und Uns geschlossenen Übereinkunft geht das von Uns und Unserm Königlichen Hause bisher besessene Herzogtum Berg an Seine Französisch-Kaiserliche und Königliche Majestät über. Wir eröffnen dieses Unsern bisher getreuen Landständen, Unterherrn, Lehnsleuten, Dienern, Mediatkorporationen, und sämtlichen Unterthanen des erwähnten Herzogtums, und indem Wir sie der gegen Uns und Unser Königliches Haus aufgehabten Unterherrn-Dienste und Unterthans-Pflichten, förmlich und feierlich entbinden, auch sie damit unbedingt an die Bestimmungen Sr. Französisch-Kaiserlich-Königlichen Majestät verweisen, machen Wir es Uns zur besondern Pflicht, Unsern Regierungshandlungen in gedachtem Herzogtum mit dankbarer Anerkennung der Uns und Unserm Hause darin von den gesamten Unterthanen so vielfach gegebenen Beweise ihrer unverrückten Treue und Anhänglichkeit und ihres willfährigen Gehorsams zu beschließen, und sie zu versichern, daß Wir ihnen mit Königlicher Huld und Gnade in andern Wegen jederzeit beigethan bleiben werden. — Gegeben in Unserer Königlichen Haupt- und Residenzstadt München den 15. März im Jahr 1806, Unseres Reiches im ersten Jahre."

Herzog Wilhelm³) sprach am 20. März „den guten Bergern" seinen wärmsten Dank aus für die ihm bisher bewiesene Anhänglichkeit, die sie bei seinem Nachfolger im Besitze und in der Regierung des Landes nicht anders als wohl empfehlen könne.

In Düsseldorf wuchs damals ein Knabe auf, dessen Name heute weltbekannt ist: Heinrich Heine. Er erzählt u. a.: „Als wir eines Morgens zu Düsseldorf erwachten, und „Guten Morgen, Vater!" sagen wollten, da war der Vater abgereist, und in der ganzen Stadt war nichts als stumpfe Beklemmung, es war überall eine Art Begräbnisstimmung, und die Leute schlichen schweigend nach dem Markte und lasen den langen papiernen Anschlag auf der Thür des Rathauses . . . Alles gestaltete sich so beängstigend öde, es war, als ob man eine Sonnenfinsternis erwarte . . . Ich ging weinend zu Bette, und in der Nacht träumte mir, die Welt habe ein Ende . . . Als ich erwachte, schien die Sonne wieder wie gewöhnlich, auf der Straße ging die Trommel . . . ich trat vor die Hausthür und besah die einmarschierenden französischen Truppen . . . und ich eilte nach dem Marktplatz. Da sah es jetzt ganz anders aus, es war, als ob die Welt neu angestrichen worden, ein neues Wappen hing am Rathause . . . französische Grenadiere standen Schildwache . . . Der lange Kunz sagte uns, daß heute keine Schule sei, wegen der Huldigung. Wir mußten lange warten, bis diese losgelassen wurde. Endlich füllte sich der Balkon des Rathauses . . . und der Herr Bürgermeister hielt eine Rede . . . und manche Redensarten konnte ich ganz deutlich vernehmen, z. B. daß man uns glücklich machen wolle . . . und zu meiner Mutter sagte ich: Man will uns glücklich machen, und deshalb ist heute keine Schule. Den andern Tag war die Welt wieder ganz in Ordnung, und es war wieder Schule nach wie vor."

So hatten denn die Franzosen das Bergische Land vollständig in ihrer Gewalt, nachdem es noch nicht volle sechs Jahre sich der Befreiung von ihnen erfreut hatte, und jeder Gedanke an eine spätere Zurückgabe schien aufgegeben zu sein.

2. Die Besitzergreifung des Landes durch Joachim Murat.

Am 9. März 1806 hatte Napoleon einen Brief an seinen Schwager Joachim Murat gerichtet und ihm darin genau vorgeschrieben, sich so einzurichten, daß er am 15. in Köln sei, wohin ihm die Ermächtigung des Königs von Bayern zur Besitzergreifung des Bergischen Landes geschickt werden solle; von dort aus sollten auch die Bewegungen zur Occupation geleitet werden. Am 15. März gab er ihm die bestimmte Weisung: „Sie werden in allen ihren

Alten sich Joachim, Prinz und Groß-Admiral von Frankreich, Herzog von Berg und Cleve nennen, niemals den Namen Murat annehmen."

Am 15. März⁴) übertrug auch Napoleon im Palast der Tuilerien die ihm „in ihrer ganzen Souveränität überhaupt mit allen Gerechtsamen, Titeln und Prärogativen abgetretenen beiden Herzogtümer, um darüber zu gunsten eines Prinzen nach seiner Wahl zu disponieren; dem Prinzen Joachim, seinem vielgeliebten Schwager, damit er sie in der Eigenschaft als Herzog von Cleve und Berg in ihrem ganzen Umfange vollkommen besitze und auf seine Nachkommen erblich übertrage."

Von seinem Hauptquartier in Köln aus⁵) ernannte „Joachim, Prinz und Großadmiral von Frankreich, Leutnant Sr. Maj. des Kaisers der Franzosen ꝛc." am 19. März den „General Dupont zum Kommissar, um von dem Herzogtum Berg, welches der Frei- herr von Hompesch, mit Vollmacht von seinem Souverän versehen, ihm übergeben werde, Besitz zu nehmen", und verordnete am 21. März, daß die kaiserliche Übertrags-Akte vom 15. März im ganzen Umfange der beiden Herzogtümer den 23. März verkündigt und angeheftet werde; dabei versprach er: „In der bürgerlichen und gerichtlichen Administration der Herzogtümer Cleve und Berg wird nichts geändert."

Freiherr von Hompesch, Präsident des Bergischen Geheimen Rates, hatte inzwischen zu Düsseldorf die Eid-Entlassung der Verwaltungs- und Gerichtsbehörden vorgenommen. Die königl. bayerischen Hoheitszeichen wurden entfernt; die bayerischen Truppen blieben aber ruhig in ihren Garnisonen.

Am 24. März 1806, mittags, hielt Joachim einen glänzenden Einzug in seine Haupt- und Residenzstadt Düsseldorf und begab sich direkt in seinen Palast, das jetzige Regierungs-Präsidialgebäude. An der Treppe desselben empfingen ihn die bergischen Landstände und sämtliche Civilbehörden, wobei er es an schönen Redensarten nicht fehlen ließ, indem er u. a. sagte: „Sie sollen darauf rechnen, daß ich die geheiligte Pflicht erfülle werde, nichts zu vernachlässigen, Sie glücklich zu machen." Aber welche Bürgschaft boten die Worte „dieses vom Glück emporgeschnellten Kavallerie-Generals" dem Lande.

Murat, damals 39 Jahre alt, war der Sohn eines Gastwirts und aus der Umgegend von Cahors in Südfrankreich gebürtig.

Anfangs zum Geistlichen bestimmt, hob ihn gleich andern die Revo=
lution auf ihren Wogen empor. Zum Brigadechef ernannt, schloß
er sich dem General Bonaparte an und zeichnete sich als deſſen
Adjutant in Italien vielfach aus. Seine ungemeine Tapferkeit, die
er besonders durch die geschickte und verwegene Führung der Reiterei
bewährte, trug viel zu den Siegen des Feldzuges nach Ägypten
bei, weshalb er zum Divisionsgeneral emporstieg. Nachdem er sich
am Staatsstreich vom 18. Brumaire 1799 lebhaft beteiligt hatte,
gab ihm Napoleon seine jüngste Schwester, die schöne Karoline
Annunciata Bonaparte, zur Gemahlin. In Italien erntete
er neue Lorbeeren, namentlich bei Marengo, und wurde, nachdem
er einige Zeit an der Spitze der cisalpinischen Republik gestanden,
von Napoleon nach Frankreich zurückgerufen und zum Gouverneur
von Paris ernannt. Für seinen Beistand bei Aufrichtung des
Kaiserreichs 1804 machte ihn Napoleon zum Marschall von Frank=
reich, sowie im folgenden Jahre zum Prinzen und Großadmiral der
Flotte. Im Feldzuge von 1805 verrichtete er wieder glänzende
Thaten, u. a. bei Austerlitz. So hatte sich das Geschick des merk=
würdigen Mannes gestaltet, als er zum souveränen Fürsten von
Cleve=Berg ernannt wurde. „Er war nicht ununterrichtet, von
persönlich einnehmendem Charakter, neigte zur Milde und ging mit
dem Vorsatze an die Regierung, sich dieselbe möglichst selbständig
zu wahren.“

Die rechtliche Besitzergreifung des Herzogtums Berg wurde
vollendet durch die am 26. März 1806 vor dem Thron Sr. Herzog=
lichen Durchlaucht in der Residenz zu Düsseldorf stattgefundene Ab=
legung des Huldigungseides, des „Eides der Treue und des Gehor=
sams gegen den gnädigsten Landesherrn und die Landeskonstitution“
von seiten der versammelten bergischen Landstände und der bisherigen
Behörden[6]).

Als Schlußakte erfolgte dann noch am 31. März, gemäß
kaiserlicher Ermächtigung[7]), in Joachims Namen die Besitzergreifung
der Ländchen Homburg, Gimborn=Neustadt und Wildenburg.

Die Herrschaft Homburg bestand aus den jetzigen Bürger=
meistereien Nümbrecht, Marienberghausen, Wiehl und Drabender=
höhe im Kreise Gummersbach. „Das Amt Nümbrecht gehörte schon
früh dem Hause Sayn eigentümlich, während die übrigen Bestand=
teile, den Herren von Homburg zugehörig, durch die Vermählung
der Erbtochter Jutta mit Gottfried von Sayn nach der Mitte des

13. Jahrhunderts dazukamen." — „Gottfried teilte seine Besitzungen im Jahre 1294 unter seine Söhne Johannes und Engelbert, so daß Johannes die Grafschaft Sayn und die Hälfte von Homburg, und Engelbert die andere Hälfte von Homburg und Vallendar erhielt. Die Herrschaft Homburg hatte von der Zeit an bis 1606 zwei Herrscher. Von diesen wurde Ludwig der Ältere, † 1605, der Stammvater aller späteren Grafen und Fürsten zu Sayn und Wittgenstein, und durch sein Testament von 1593 der Stifter der jetzt noch blühenden drei Hauptlinien des Hauses: Sayn-Wittgenstein-Berleburg, Sayn-Wittgenstein-Sayn- und Sayn-Wittgenstein-Wittgenstein. Durch seinen Sohn Georg kam Homburg 1606 an die Linie Sayn-Wittgenstein-Berleburg. Der letzte Regent über Homburg aus dem genannten Hause war Albrecht 1800—1806, der die Herrschaft an Murat abtreten mußte[6]).

In der Herrschaft Gimborn-Neustadt war auf den Grafen Adam von Schwarzenberg dessen einziger Sohn Johann Adolf gefolgt; er nahm wie seine Nachkommen dauernd den Wohnsitz in Österreich, wurde 1670 in den Reichsfürstenstand erhoben und starb 1683. Ihm folgte sein Sohn, Fürst Ferdinand, † 1703, dann dessen Sohn Adam Franz, † 1732. Diesem folgte sein noch minderjähriger Sohn Joseph Franz, welcher bis 1782 lebte. Er verkaufte die Herrschaft an den Freiherrn Ludwig von Wallmoden, starb aber vor Abschluß des Geschäftes; am 6. April 1782 wurde von seinem Sohne Johann Nepomuk, dem Vater des bekannten österreichischen Feldmarschalls Karl Philipp von Schwarzenberg, der Kauf vollzogen. Wallmoden wurde in den Reichsgrafenstand erhoben und nahm seinen Wohnsitz zu Gimborn[9]).

3. Die Bildung des Großherzogtums Berg.

Am 12. Juli 1806 wurde die Urkunde über den, zwischen dem Kaiser von Frankreich als Protektor und 16 deutschen Fürsten, worunter sich auch Murat als Herzog von Berg befand, geschlossenen Rheinischen Bund vollzogen. Die wichtigsten Bestimmungen dieser Rheinbundsakte in Beziehung auf die Herzogtümer Cleve und Berg waren folgende[10]):

Art. 5. Der Herzog von Berg nimmt den Titel eines Großherzogs an und genießt die mit der königlichen Würde verknüpften Rechte, Ehrenbezeugungen und Prärogative.

Art. 16. Der Herzog von Nassau tritt an den Großherzog von Berg die Stadt Deutz mit ihrem Gebiete, die Stadt und das Amt Königswinter und das Amt Bilich ab[11]).

Art. 24. Die Mitglieder der Konföderation werden alle Rechte der Souveränität ausüben, und zwar: der Großherzog von Berg über die Herrschaften Limburg-Styrum, Broich, Harbenberg, Gimborn-Neustadt und Wildenburg; über die Grafschaften Homburg, Bentheim, Steinfurt und Horstmar; über die Besitzungen des Herzogs von Looz; über die Grafschaften Siegen und Dillenburg mit Ausschluß der Ämter Werheim und Burbach, über die Grafschaft Hadamar, die Herrschaften Westerburg, Schadeck und Beilstein und über den auf dem rechten Ufer der Lahn gelegenen Teil der eigentlich sogenannten Herrschaft Runkel.

Art. 26. Die Rechte der Souveränität sind jene der Gesetzgebung, der obersten Jurisdiktion, der hohen Polizei, der Militär-Konskription oder der Rekrutierung und endlich das Recht der Besteuerung.

Art. 38. Das von dem Großherzog von Berg im Fall eines Krieges zu stellende Kontingent ist auf 5000 Mann bestimmt.

Zwischen dem 26. Juli und 2. August fand schon die Besitznahme aller dieser Gebiete statt, abgesehen von Homburg, Gimborn-Neustadt und Wildenburg, welche bereits occupiert waren.

Als bezeichnend für die Kleinstaaterei möge hier folgender Umstand angeführt sein: Als den Grafen von Alt- und Neu-Leiningen bei dieser Gelegenheit die schwere Regierungssorge ihrer Staaten Westerburg und Schadeck von Herzen genommen wurde, befand sich in der gemeinschaftlich geführten Landeskasse nicht etwa ein Bestand, sondern ein Vorschuß von — 45 Gulden aus der Tasche des Rendanten. Das Militär-Kontingent bestand dem entsprechend aus 10 Mann: 1 Unteroffizier, 1 Gefreiten und 8 Gemeinen, „welche Leute dazu noch", wie es in dem amtlichen Berichte heißt, „teils wegen Altertum unbrauchbar, und teils wegen sonstiger Gebrechen sehr wenige Dienste leisten können". Bei solch jämmerlichen Zuständen war es wirklich eine Wohlthat, daß derartige reichsunmittelbare Gebiete zu existieren aufhörten. — Merkwürdigerweise waren ganze Strecken unfern der Sieg zwischen Berg und Sayn hinsichtlich der Landeshoheit gleichsam herrenlos, so daß sich die Grenzregulierung bis 1813 hinzog und erst unter der preußischen Herrschaft erledigt wurde[12]).

In seiner Eigenschaft als Marschall mußte Murat seinen kaiserlichen Schwager immerfort auf dessen Kriegszügen begleiten. Im Bergischen Lande hat er sich deshalb nur zweimal vorüber- gehend aufgehalten, und zwar die ersten sechs Wochen nach seinem Regierungsantritt und von Ende Juli bis in den Oktober 1806. Gewöhnlich residierte er während dieser Zeit in Schloß Benrath; den Weg von dort bis Düsseldorf und umgekehrt legte er als aus- gezeichneter Reiter in unglaublich kurzer Zeit zurück. Die ihn be- gleitende Ehrengarde ließ er weit hinter sich; nur der Ober-Post- direktor Maurenbrecher vermochte ihm auf dem Fuße zu folgen. Besonders an Sonn- und Festtagen erschien der prachtliebende Reiterführer in ebenso auffallendem als glänzendem Kostüm in der Stadt, um dem Gottesdienste beizuwohnen.

4. **Das Großherzogtum Berg unter Murats Verwaltung.**

Der aus so mannigfaltigen Bestandteilen gebildete neue Staat stellte in seinem Innern eine so unharmonische Vereinigung dar, daß das Bedürfnis einer übereinstimmenden Verwaltungs- organisation sich sofort fühlbar machte. Schon durch die Dekrete[1]) vom 14. und 24. April 1806 wurde eine Centralverwaltung ge- bildet und die oberen Gewalten bestimmt, welche den neuen Geschäfts- gang leiten sollten. In dem ersten Dekrete hieß es u. a.:

Art. 1. Die Herzogtümer Cleve und Berg sind unter einer und der nämlichen Verwaltung vereinigt.

Art. 2. Es werden drei Minister sein: Der erste unter dem Titel Kanzler-Staatssekretär, der zweite unter dem Titel Finanz- minister, der dritte unter dem Titel Minister des Innern.

Durch das zweite Dekret wurden zu den infolge der neuen Organisation errichteten obersten Landesbehörden die Personal- ernennungen publiziert, nämlich eines Finanzministers, eines interi- mistischen Ministers des Innern, der Staatsräte und der Ver- waltungsräte ꝛc.

An die Spitze des neuen Staatswesens wurde Agar provisorisch als Kanzler-Staatssekretär gestellt und zugleich zum Finanzminister ernannt. Agar, ein Franzose, der anfänglich ein kleines Amt im öffentlichen Unterricht hatte, war ein geschäftstüchtiger Mann und erfreute sich der besonderen Gunst Murats.

Das Ministerium des Innern erhielt provisorisch der streng büreaukratische Fuchsius, ein bergischer Jurist; am 3. Juni aber wurde dasselbe mit einem repräsentationsfähigeren Manne besetzt, dem letzten Erbdirektor der altbergischen Ritterschaft, Karl Joseph Graf von Nesselrode-Reichenstein, Chef der alten Diplomatenfamilie. Unter „den Männern, welche damals, soviel an ihnen lag, für des Landes Wohl zu wirken redlich bestrebt waren, verdient Graf Nesselrode besonders genannt zu werden"; er war[14]) „ein Mann, in dem persönliches Wohlwollen und Billigkeitsgefühl sich mit Sachkenntnis und Geschäftsgewandtheit verbanden". Er mußte zu leben und leben zu lassen und erfreute sich daher einer gewissen Popularität. In den Fällen, wo es nach Lage der Dinge anging, trat er mit allem Nachdruck den Anmaßungen französischer Beamten entgegen[15]).

„Unleugbar kam von jetzt ab ein strammerer, festerer Zug in die Verwaltung, und es darf zugegeben werden, daß auf manchen Gebieten des öffentlichen Lebens, auch in den Einrichtungen des Finanzwesens und der Gemeindeverfassung durch die organisatorische Thätigkeit der neuen Regierer Ansätze äußerlich geordneterer Zustände, gewiß nicht immer zum Schaden des Landes, hervorgerufen wurden[16])." Der Hauptgesichtspunkt hinsichtlich der Landesverwaltung in der Korrespondenz Napoleons und Murats war aber der, die Einkünfte des letzteren zu vermehren.

Zunächst war es notwendig, neue Verwaltungsbezirke zu bilden. Durch die Verwaltungsordnung[17]) vom 3. August 1806 wurde das Herzogtum Berg nebst dessen Enclaven in die vier Arrondissements Düsseldorf, Elberfeld, Mülheim und Siegburg eingeteilt. (Aus dem Herzogtum Cleve wurden zwei Arrondissements gebildet: Duisburg und Wesel; aus den übrigen Gebieten ebenfalls zwei: Steinfurt im Norden und Dillenburg im Süden.) Jedem dieser Bezirke wurde ein Beamter unter dem Titel Provinzialrat als Chef der Verwaltung vorgesetzt. Damit war die alte Ämterverfassung im Grunde beseitigt, doch erfolgte die Durchführung der neuen Verwaltungsorganisation im einzelnen erst allmählich.

Der bisherige überaus personenreiche Magistrat der Stadt und des Amtes Düsseldorf wurde am 27. Oktober 1806 aufgehoben und an dessen Stelle eine Munizipalverwaltung, unter einem Stadtdirektor nebst einem Beigeordneten, einem Polizeikommissar und einem Stadtsekretär als Gehülfen, und einem Stadtrat von zwölf Gliedern mit beratender Stimme, eingesetzt.

Die allgemeine Einführung der Munizipalverwaltung ge=
schah durch ein aus Fontainebleau vom 13. Oktober 1807 datiertes
Dekret des Großherzogs; dasselbe bestimmte, daß in allen Städten,
Flecken und an den übrigen Orten, wo gegenwärtig die Verwaltung
durch Bürgermeister oder andere Munizipalagenten geführt worden
sei, dieselbe einem Direktor mit einem oder mehreren Beigeordneten
anvertraut werden solle. Artikel 2 besagte, daß an allen Orten,
wo ein Direktor die Verwaltung habe, ein Munizipalrat sein solle [18]).

Die letzte Instanz in allen Rechtssachen wurde dem Ober=
appellationsgerichte zu Düsseldorf zugewiesen, sowie für die beiden
Senate desselben zwei Präsidenten und sechs Räte ernannt [19]).
Damit hatte es im Gebiet der Gerichtsreformen vorläufig sein
Bewenden.

Hinsichtlich der Militärverhältnisse hatte Napoleon schon
zu Anfang an Joachim geschrieben, daß er eine kleine Armee halten
solle. Nachdem der Bruch mit Preußen erfolgt war, verfaßte Na=
poleon ausführliche Instruktionspunkte für die möglichen Kriegs=
vorfälle im Großherzogtum Berg [20]).

In Bezug auf Wirtschaftspolitik geschah unter Murat
manches Erwähnenswerte, so z. B. was das Münzwesen, den Ver=
kauf der Domainen und geistlichen Güter, die Ablösung von Zehnten,
den Straßenbau u. s. w. betraf.

5. Der letzte Bergische Landtag.

Der Umstand, daß Murat bei seinem Regierungsantritt die
Stände noch versammelt vorfand, gab ihm Veranlassung, dieselben
auch noch einmal zu einem Landtage zu berufen, dem einzigen
unter der fremdherrlichen Regierung und zugleich dem letzten [21]).
Unter dem 22. August 1806 verfügte Joachim im großherzoglichen
Palast zu Benrath: „Die Mitglieder des Adels und die Deputierten
der Städte, welche gegenwärtig das Stimmrecht auf den Landtagen
der verschiedenen Provinzen Unseres Großherzogtums besitzen, werden
am 1. September künftig in Düsseldorf erscheinen und sich in eine
einzige Versammlung vereinigen . . .“ Gegenstand der Beratung
sollten die Angelegenheiten dieser Provinzen und die Maßregeln
sein, wie sie unter eine und dieselbe Konstitution gebracht werden
könnten. Zu Landtagskommissaren ernannte er die Minister Agar
und von Nesselrode, sowie den Staatsrat Fuchsius.

Zur bestimmten Zeit fanden sich die Landstände der verschiedenen Provinzen ein. Um 2 Uhr nachmittags traf der Großherzog in Begleitung der Ehrengarde ein. Ihnen folgten die Civil- und Militär-Hofbeamten; die Minister und die Staatsräte empfingen ihn am Wagen, wie auch die Landstände, und begleiteten ihn in den Saal des Staatsrates. Joachim setzte sich auf den Thron, umgeben von den Hofbeamten und der Ehrengarde. Zur Seite standen die beiden Minister und neben diesen die Staatsräte. Die Mitglieder der Ritterschaft und die Deputierten der Städte standen weiter im Saale. Der Großherzog eröffnete vom Throne herab die Versammlung mit einer Rede, worin er die Mitwirkung der Stände zur Herbeiführung einer gleichförmigen, gemeinsamen Verwaltung in Anspruch nahm, und worauf er die Sitzung verließ. Der Minister Agar legte nun die großherzoglichen Propositionen vor. Die Landstände drückten in zwei Erklärungen ihre Wünsche aus, die im allgemeinen gutgeheißen wurden. Am 8. September erfolgte die Entlassung der Stände. Auf den 3. Februar 1807 wurden dieselben wieder einberufen und ihnen nun in einem großherzoglichen Dekret der Bedürfnis-Etat für das Großherzogtum vorgelegt, der sich auf die Summe von einer Mill. Rthlr. belief, wovon der Großherzog 100000 Rthlr. aus seinem Schatze vorschießen wolle, u. s. w. Die Verhandlungen des Landtages ergaben kein nennenswertes Resultat, und die Deputierten wurden durch die Kommissare wieder entlassen. „Es ist demnach die frühere ständische Verfassung nie urkundlich und förmlich aufgelöst worden."

6. Gebietserweiterungen.

Die drei alten Reichsabteien Werden, Essen und Elten, zu Cleve gehörig, waren durch den Reichsdeputations-Hauptschluß vom 25. Februar 1803 Preußen zugesprochen worden. Schon lange hatte es Murat auf dieselbe abgesehen und geriet mit Preußen in Zwist über ihre Besitznahme; oft standen französische und preußische Truppen als Besatzung zu gleicher Zeit in demselben Orte. Endlich erfolgte aber doch die förmliche Besitzergreifung und Vereinigung dieser Gebiete mit dem Großherzogtum Berg; dieselbe wurde unterm 25. Oktober 1806 von Murat verordnet und durch den großherzoglichen Kommissar am 4. November bekannt gemacht[22]. Im folgenden Jahre wurde diese Besitznahme durch den Tilsiter Frieden gutgeheißen.

Einen weiteren Zuwachs erhielt das Großherzogtum Berg infolge des Vertrages zu Paris zwischen Murat und Napoleon vom 21. Januar 1808. Darnach übertrug Napoleon seinem Schwager zu vollem Eigentum: 1. die erwähnten Abteien Essen, Werden und Elten; außerdem noch: 2. die Grafschaft Mark mit der Stadt Lippstadt; 3. einen Teil vom Fürstentum Münster; 4. die Grafschaften Tecklenburg, Rheda, Lingen, Kappenberg und Dortmund.

7. Die Übernahme der Regierung durch Napoleon.

Schon am 2. Mai hatte Napoleon von Bayonne aus ein Schreiben an Murat gerichtet, worin er ihm statt des Großherzogtums Berg ein Königreich anbot und ihm die Wahl zwischen Neapel und Portugal ließ. Er forderte schnellen Entschluß, denn er schrieb: „Antworten Sie mir auf der Stelle, was Sie davon denken, denn das muß in einem Tage abgethan sein." Murat entschied sich für Neapel und nahm seitdem den Namen Joachim Napoleon an. Die Abtretung seines deutschen Landes an den Geber wird ihm jedenfalls nicht sehr schwer geworden sein. Der gemeinschaftliche Staatsvertrag hierüber wurde beiderseits erst am 15. Juli 1808 zu Bayonne unterzeichnet, die kaiserlichen Besitzergreifungskommissare trafen aber schon in Düsseldorf ein, ehe die erstaunten Einwohner irgend eine offizielle Kunde von dieser Abtretung erhalten hatten. Ihrem bisherigen Großherzoge war es wichtiger, daß ihm die Revenuen bis zum 1. August reserviert blieben.

Am 7. August verabschiedete er sich dann[25]) als „Joachim Napoleon, von Gottes Gnaden König von beiden Sicilien" in einem wehmütig klingenden Abschiedsschreiben von „seinen geliebten und getreuen Unterthanen", indem er sie von dem Eide der Treue, wie auch von allen Verpflichtungen entband. Weiter hieß es darin: „Da Wir jede Verbindung auflösen, welche sie gegen Unser Königliches Haus hatten, so können Wir dennoch das Band der Zuneigung nicht trennen, mit welcher Wir ihnen zugethan sind. Diese wird nie in Unserm Herzen erlöschen, bei dem Andenken an die gewissenhafte Rechtschaffenheit, welche ihren Charakter auszeichnet, an die Ergebenheit, welche sie Uns bewiesen haben, und an die Treue, mit der sie Uns dienten. Sie waren Unsere Kinder, und Unsere väterlichen Gesinnungen gegen sie werden nie aufhören. Nur der Gedanke an die großen Vorteile, welche sie von dem Genie und der Macht des Gebieters über ihr Schicksal, der gewohnt ist, über alle ihm unterworfenen Völker Wohlthaten und Ruhm zu verbreiten, zu erwarten haben, kann das schmerzhafte Gefühl lindern, mit dem Wir von ihnen scheiden." Das unterschrieb Murat im Palaste zu Paris, und damit war er fertig.

Der feierliche Akt der Übergabe fand am 31. Juli 1808 durch den Minister Agar, der damals noch ganz ohne Instruktion von seiten Joachims war, an den Chevalier und Staatsrat des französischen Reiches, Beugnot, unter Assistenz Pipins von Belleisle statt. Es wurde dabei nur „dem Kaiser der Franzosen, König von Italien, Protektor des Rheinbundes" Gehorsam und Treue geschworen; doch führte Napoleon von da ab den Titel eines Großherzogs von Berg in allen darauf bezüglichen Staatsakten und nahm das Land zunächst unter seine Verwaltung. Am 3. März 1809 aber übertrug er dasselbe[24]) nominell seinem kleinen Neffen, dem Prinzen Napoleon Ludwig, dem ältesten Sohne seines „vielgeliebten" Bruders, des Königs von Holland, erblich und mit voller Souveränität.

Napoleon machte seinem Bruder erst am 6. März durch ein kurzes Billet Anzeige von dem Geschehenen. Auf seinen Befehl wurde am 8. März dem französischen Senate die betreffende Mitteilung gemacht, dem Lande aber, welches doch zunächst dabei beteiligt war, offiziell erst am 3. April[25]). Zur Vornahme der Huldigung wurde eine Deputation nach Paris beordert, da der kleine Großherzog erst fünf Jahre alt war. Bis zur Großjährigkeit desselben behielt sich Napoleon die Regierung des Landes vor, ebenso die Aufsicht über den Minderjährigen und seine Erziehung.

Napoleon Ludwig war der ältere Bruder des nachmaligen Kaisers Napoleon III. und verlor 1831 im Carbonari-Aufstande zu Rom sein Leben.

Als Napoleon die Regierung des Großherzogtums übernahm, hatte dasselbe seine größte Ausdehnung erreicht, indem es 305 ☐ M. mit 928000 Einwohnern umfaßte[26]). Seitdem aber beschnitt er seine Grenzen mehrfach; so trennte er durch das organische Senatus-Konsult vom 10. Dezember 1810 ein Areal von 60 ☐ M. ab und durch Dekret vom 6. August 1811 zwei Gemeinden. Doch fand auch im letztgenannten Jahre noch eine kleine Gebietserweiterung statt durch Hinzufügung der seit 1802 Arembergischen Grafschaft Recklinghausen und eines Teiles vom Lande Dülmen.

8. Das Großherzogtum Berg unter Napoleons Verwaltung.

Ein ganz anderer Schwung kam in die Verwaltung des Großherzogtums, als der gewaltige Kaiser diese selbst in die Hand nahm. Nur einmal, und zwar vom 2. bis 5. November 1811, war Napoleon persönlich in unserm Lande anwesend[27]), und der kleine Großherzog Napoleon Ludwig hat dasselbe sogar niemals gesehen. Nach den von seinem Oheim ihm gegebenen Lebensregeln hatte er zuerst auf diesen und seine kaiserliche Person, dann auf Frankreich und zuletzt erst auf sein Land zu sehen.

Als kaiserlicher Regierungs-Kommissar in Düsseldorf war der Graf Jaques Claude Beugnot mit einer Civilliste von 100000 Frs. von Napoleon angestellt, auch das Ministerium Agars ihm übertragen. Beugnot befreundete sich schnell mit den Bewohnern des Landes und gehörte zu den verhältnismäßig besten Beamten des Kaisers, obgleich er nicht frei von französischen Vorurteilen, abergläubisch und eitel war. Was den Einwohnern schmeichelte, suchte er zu konservieren, und es war sein oberster Verwaltungsgrundsatz, mit Reformen möglichst langsam vorzugehen[28]). Der Minister-Staatssekretär, welcher seinen Sitz zu Paris hatte, vertrat vielfach andere Prinzipien; diesen Posten bekleidete anfangs Gaudin, seit 1809 Marat, und vom 24. September 1810 an Graf Röderer.

Zunächst wurde von Beugnot eine ordentliche Statistik und ein Organisations-Projekt des gegen früher bedeutend erweiterten Großherzogtums verlangt.

Am 14. November 1808 erfolgte dann vom kaiserlichen Lager zu Burgos aus eine neue Territorial-Einteilung des Großherzogtums Berg[29]) in vier Departements: des Rheins, der Sieg, der Ruhr und der Ems, in 12 Bezirke oder Arrondissements: Düsseldorf, Elberfeld, Mülheim und Essen im Rhein-Departement, Dillenburg und Siegen im Sieg-Departement, Dortmund, Hagen und Hamm im Ruhr-Departement, Münster, Coesfeld und Lingen im Ems-Departement, und in 78 Kantone, deren das Rhein-Departement allein 26 enthielt. Das ganze Land zählte 91 Städte und 1706 Gemeinden.

Die Einführung einer Provinzial- und Gemeinde-Verwaltungsordnung geschah vom kaiserlichen Lager zu Madrid aus am 18. Dezember 1808. Es wurden gebildet: 1. Die Departements-

Behörden, bestehend in einem Präfekten, einem General-Sekretär der Präfektur, einem beständigen Präfektur-Rat und einem General-Departements-Rat; 2. die Distrikts-(Arrondissements-)Behörden, bestehend in einem Unterpräfekten und in einem Distrikts-Rat; 3. die Munizipal-Behörden, bestehend in einem Maire, in Beigeordneten, in Polizei-Kommissaren und in einem Munizipal-Rat. Die Zahl der Gemeindebeamten in den Mairien, ihre Amtsverrichtungen, ihre Gehälter ꝛc. wurden genau geregelt. Am 10. März 1809 wurde durch Ernennung der Präfekten, der General-Sekretäre, der Präfekturen, der Präfektur-Räte und der Unter-Präfekten der Anschluß an das Verwaltungssystem Frankreichs vervollständigt[30]).

Obgleich diese Umgestaltung einen großen Teil des historischen Zusammenhangs verletzte und fürs erste sehr empfindlich sein mochte, so ist sie doch als Grundlage einer besseren Landeseinteilung für die Folgezeit sehr segensreich geworden.

Von außerordentlicher Wichtigkeit war die von Napoleon vorgenommene durchgreifende Reform der Rechtspflege. Schon früher war durch eine Kommission unter Agars Präsidium die Einführung des Code Napoleon eifrig vorbereitet worden; ein von derselben ausgearbeiteter Begutachtungs-Entwurf kam zu dem Ergebnis, daß das Volk am Niederrhein durch dieses Gesetzbuch das „größte Kleinod" geschenkt erhalte.

Am 12. Dezember 1808 erfolgte dann[31]) zunächst die Abschaffung der Leibeigenschaft, indem Napoleon vom kaiserlichen Lager zu Madrid aus verordnete: „Die im Großherzogtum Berg und Cleve bisher bestandene Leibeigenschaft, welcher Art sie auch sein mag, ist abgeschafft. Die ehemaligen Leibeigenen und Kolonen sollen alle bürgerlichen Rechte in ihrem ganzen Umfang wie jeder andere Einwohner genießen. Das Kolonat und die unter diesem Titel bestehende Teilung zwischen dem Gutsherrn und dem Kolonen ist aufgehoben. Letztere sollen das Kolonat . . . als volles und unbeschränktes Eigentum besitzen ꝛc."

Weiter verfügte Napoleon am 11. Januar 1809 die Aufhebung des Lehnswesens im Großherzogtum Berg. Alle bestehenden Lehen wurden aufgehoben mit der Bestimmung: „Das damit verknüpfte Territorial- oder andere Eigentum geht in freies Eigentum des ehemaligen Vasallen über."

Am 31. März 1809 folgte auch die Aufhebung der im Großherzogtum Berg noch geltenden Verordnungen des preußischen

Landrechts, welche die Heirat der Männer aus dem Adelstande mit
Frauenzimmern aus dem Bauern= oder niedern Bürgerstande verbot,
nebst Abschaffung alles Unterschiedes zwischen dem Bauernstande
und einem höhern und niedern Bürgerstande[32]).

Das Civilgesetzbuch Frankreichs trat erst seit dem 1. Januar
1810 auf der rechten Rheinseite in allgemeine Geltung.

Eine neue allgemeine Justizverfassung war nun natürlich
zur Notwendigkeit geworden, doch kam dieselbe erst zwei Jahre
später zu stande; das Justiz=Organisationsdekret datiert vom
17. Dezember 1811. Durch dasselbe[33]) wurden alle früher be=
standenen Patrimonial= und andere Jurisdiktionen ohne Ausnahme
aufgehoben. In jedem Kanton wurde nun ein Friedensgericht, in
jedem Arrondissement ein Tribunal erster Instanz und in Düsseldorf
ein Appellationsgerichtshof eingesetzt. Seitdem traten auch die
französischen Gesetzbücher über die Civil- und Kriminal=Prozedur,
über Verbrechen und Strafen und das Handelsgesetzbuch für das
Großherzogtum in kraft. Am 6. Juli 1812 fand zu Düsseldorf
unter dem Vorsitz des Appellationsrates, späterem Geh. Ober=
revisionsrates und Ersten Generalanwaltes des Rheinisches Appella=
tionsgerichts zu Köln, Bölling, die erste Sitzung des Assisenhofes
für das Rhein=Departement statt[34]).

9. Das geistige Leben unter der Fremdherrschaft.

Napoleons Absichten waren die eines Tyrannen; sie gingen
dahin, jeden geistigen, selbständigen Trieb der unterjochten Völker
zu ertöten und sie zu willenlosen Werkzeugen zu machen. Schon auf
dem Schlachtfelde von Austerlitz faßte er den Plan, alle Schulen in
seinen Staaten einheitlich zu gestalten. Der ungeheure Mechanismus,
welcher in der Armee und in der Verwaltung so wunderbar wirkte,
sollte auch auf die Schulen sich erstrecken, aber nicht um die Völker
zu heben, sondern um sie zu knechten. Durch ein Dekret vom
17. Dezember 1811 gab er Bestimmungen über die neue Organi=
sation des öffentlichen Unterrichts, wonach in Düsseldorf
eine Universität und ein Lyceum, außerdem im Großherzogtum
12 Sekundärschulen erster Klasse, 20 Sekundärschulen zweiter Klasse
und für je 80 Schüler Primärschulen (d. h. Elementar= oder Volks=
schulen) errichtet werden sollten. Darauf folgte am 20. Juni 1812
von seiten des Ministers des Innern eine Instruktion für die Ein=
teilung der Schulbezirke, welche u. a. das Gehalt eines Primär=

lehrers außer freier Wohnung ꝛc. auf 250 Frs. als Minimum
festsetzte; das Schulgeld sollte in städtischen Bezirken 50, auf dem
Lande 40 Cent betragen, ohne eine Erhöhung desselben auszuschließen[35]). Es war dies eine für die äußere Lage der Lehrer
höchst wohlthätig wirkende Instruktion, die zum Teil bis in die
neuere Zeit nachgewirkt hat. Es wurden auch noch andere segensreiche Bestimmungen getroffen über Prüfung der Lehrer, Lehrkurse
für Schulamtskandidaten, Schulferien, Sanitätspolizei, Lehrerwahl
u. s. w. Die Regierung war bestrebt, die Schule zu einer Angelegenheit der weltlichen Gemeinde zu machen und die staatliche
Schulaufsicht weit mehr als bisher zur Geltung zu bringen. So
wurde wenigstens, äußerlich betrachtet, eine bessere Organisation
des Schulwesens angebahnt. — Die Verhandlungen wegen Errichtung einer Universität zu Düsseldorf zogen sich in die Länge,
und nach der Besiegung Napoleons wurde jeder Gedanke daran
aufgegeben.

In kirchlicher Hinsicht gehörte das Großherzogtum, dessen
Bewohner zumeist katholisch waren, teils zur Erzdiöcese Köln, teils
zur Diöcese Münster. Die Regierung befleißigte sich im ganzen
einer löblichen Parität, und suchte auch bei den Anhängern der
verschiedenen Konfessionen die Toleranz zu fördern. So erließ u. a.
der Präfekt des Rhein-Departements ein scharfes Verbot gegen die
Kontroverspredigten[36]), welche sich noch erhalten hätten, „ungeachtet
man glauben sollte, daß diese Art von Religionsvorträgen auch
dort, wo kein Gesetz sie verbietet, beim Fortschreiten der Aufklärung und des reinen religiösen Sinnes von selbst aufgehört
haben würden." Es heißt weiter in der Verordnung: „Diese
sog. Kontroverspredigten, in denen die Religionsgrundsätze fremder
Konfessionen bestritten und oft unter lieblosen und kränkenden Be-
leidigungen lächerlich gemacht werden, sind unverträglich mit dem
echten Geiste des Christentums; sie können nur dazu dienen, die
Unduldsamkeit zu befördern, die Bürger verschiedenen Glaubens von
einander zu entfernen, und indem sie die Bande der friedlichen
Einigkeit locker machen, den Gemeinsinn unter den Bürgern eines
Staates zu zerstören." Zum Schluß werden die Geistlichen daran
erinnert, „daß der Grund zur Beförderung des religiösen Sinnes
nur in den Grundwahrheiten und dem inneren Werte der eigenen
Religion liege, und dieselbe nur durch eine warm überzeugende
Darstellung derselben erreicht werde" ꝛc.

In jener Zeit der tiefsten Erniedrigung unseres Vaterlandes waren musikalische Gesellschaften die einzig geduldeten Vereine, da sie politisch ungefährlich zu sein schienen. Daraus erklärt sich die überraschende Erscheinung, daß im Jahre 1812 so viele Musik= vereine gestiftet wurden, so zu Elberfeld, Köln, Aachen 2c. Auch zu Burscheid trat ein solcher unter dem Namen „Musikalische Akademie für Burscheid und Schlebusch" in's Leben, gegründet durch Jakob Salentin von Zuccalmaglio zu Schlebusch[37]). Diese Musik= vereine haben trotz ihrer scheinbaren Ungefährlichkeit zu dem geistigen, sittlichen und politischen Aufschwunge, der sich ungeachtet alles Druckes der Fremdherrschaft vorbereitete und zu der Erhebung von 1813 führte, vieles beigetragen.

10. Volksstimmung unter der Fremdherrschaft.

Obgleich auf manchen Gebieten, u. a. auch in Hinsicht der öffentlichen Wohlthätigkeit, manches Anerkennenswerte geschah, so wurde dennoch der Druck der Fremdherrschaft von den Landes= bewohnern schwer empfunden; die „eiserne Kralle" blickte überall durch. Die endlose Steuerschraube wurde unerträglich; namentlich wurde die Regie verhaßt, die Errichtung von Depots zum Ver= kauf von Salz, Tabak, Kaffee, Zucker und anderer Kolonialwaren zum ausschließlichen Vorteile des Staates. Ein anderes großes Übel war die Handelssperre gegen England, die sog. Kontinental= sperre, welche für die Industrie des Bergischen Landes von den traurigsten Folgen war[38]). Eine drückende Last war endlich die französische Militär=Konskription, und diese ertrug das Volk am widerwilligsten. Sie führte die Jugend unseres Landes bis zu den Schlachtfeldern von Spanien und Rußland, so daß von denen, welche einmal ausgerückt waren, wenige wiederkamen. Kein Wunder daher, daß Desertionen und Widersetzlichkeiten vielfach vorkamen.

Zu diesen Übeln gesellte sich der Umstand, daß dem Lande bei der erstaunlichen Fülle gesetzgeberischer Aufgaben, deren Lösung die fremde Regierung unternahm, bei den so tief einschneidenden Reformen aller Verwaltungszweige gar kein Anteil an der Mit= wirkung eingeräumt wurde. Der Landtag wurde seit dem Februar 1807 nicht wieder berufen, und eine von Beugnot aus= gearbeitete konstitutionelle Verfassung war ein totgebornes Kind.

Die Frage nach der Volksstimmung ist nicht so einfach zu beantworten. Die Beamten, unter denen sich viele deutsche, besonders adelige befanden, zeigten leider große Kriecherei; der Kern des Volkes aber hüllte sich meistens in beredtes Schweigen und nahm dabei im Anfange, wo noch Hoffnungen erweckt wurden, eine andere Stellung ein als zu Ende, wo diese Hoffnungen sich als trügerisch erwiesen.

Wenn bei öffentlichen Festen eine freudige, franzosenfreundliche Stimmung sich kundzugeben schien, so muß man bedenken, daß dieselbe doch meistens eine gemachte, von oben herab befohlene war. So z. B. am 3. April 1809, wo die Übertragung des Großherzogtums an Napoleon Ludwig gefeiert werden mußte, stellten die Minister ein Muster-Programm auf, in welchem der bezeichnende Passus sich fand: „Die Polizeibeamten werden selbst den freien Ausdruck der Freude und öffentlichen Dankbarkeit anfeuern"[39]).

Als Beugnot im Jahre 1811 zu Paris war, fragte ihn Napoleon lakonisch: „Alles ruhig im Großherzogtum?" Der Minister antwortete: „Vollkommen ruhig, sonst wäre ich nicht hier." Der Kaiser bemerkte darauf befriedigt: „A la bonne heure!" Diese Stimmung dauerte auch, wenigstens anscheinend, noch während des Jahres 1812 fort; mit dem Beginn des Jahres 1813 aber nahm dieselbe einen feindlichen, für die Franzosen bedrohlichen Charakter an.

11. Das Ende der Fremdherrschaft.

Die Nachricht von der Niederlage der Franzosen in Rußland erfüllte auch im Bergischen Lande die Menschen mit froher Hoffnung, obgleich es wohl wenige Familien gab, die keine Angehörigen im Heere Napoleons hatten.

Als am 9. Januar 1813 durch kaiserliches Dekret[40]) im Großherzogtum Berg eine neue Aushebung von 2500 Mann angeordnet wurde, brach offener Widerstand aus, der die wahre Volksstimmung deutlich genug erkennen ließ. Die Konskribierten rotteten sich vor den Amtsgebäuden zusammen, vertrieben die Aushebungsbeamten, erstürmten die Wohnungen der Rentbeamten, wie auch der Kommunalbeamten, leerten die Steuerkassen, zerstreuten die Verwaltungsakten und rissen die französischen Adler als Zeichen der Fremdherrschaft von den betreffenden Gebäuden; insbesondere richtete sich die Volkswut gegen die Salz- und Tabaksdepots, die

Domainenbüreaus, die Personenstandsregister, das Stempelpapier u. s. w. Die Aufrührer zogen unter dem Rufe: „Tod den Franzosen! Es leben die Russen!" von Ort zu Ort; sie trugen als Abzeichen ein R (Russen) auf der Mütze und waren meist nur mit Stöcken bewaffnet, weshalb man sie Knüppelrussen oder Klöppelsjungen nannte. Weil sie sich überall in militärischer Manier einquartierten und gut aufwarten ließen, wobei sie der Jahreszeit gemäß vielfach mit Speck und Sauerkraut bewirtet wurden, nannte man sie auch wohl Speckrussen. Die Unruhen begannen am 22. Januar, indem zu Ronsdorf die Konskribierten der drei Mairien Ronsdorf, Remscheid und Cronenberg sich widerspenstig zeigten, doch reichten einige Gendarmen hin, um die Ruhe wieder herzustellen. In Lennep und Solingen verlief die Aushebung am 23. und 25. Januar noch ruhig; am 28., 29. und 30. aber brachen auch in diesen Städten Unruhen aus, welche indes auf gütlichem Wege durch die Bürger beigelegt wurden. In Wermelskirchen kam es am 26. Januar zu ernsten Auftritten, wobei das Haus des Maire zerstört wurde. Am 27. Januar brachen zu Ronsdorf neue Unruhen aus; das Rathaus wurde erstürmt und der Waffenvorrat erbeutet. Die Tumultuanten zogen dann nach Barmen und rückten am 30. Januar zum Teil auch in Elberfeld ein; ein von Düsseldorf beordertes Kommando, aus Lanciers und Gendarmen bestehend, zerstreute dieselben jedoch bald.

Im Oberbergischen vermochte der Aufstand sich mehr zu entwickeln. In Wipperfürth sollte die Aushebung am 28. Januar beginnen; es kam jedoch nicht dazu, denn die Beamten mußten flüchten. Am selben Tage begann auch der Aufstand zu Gummersbach, wo die Mairie gestürmt wurde; zu Waldbröl kam es ebenfalls zu Unruhen, desgleichen zu Eitorf, Siegburg, Königswinter und Honnef. Am 2. und 3. Februar zogen die Mannschaften über Uckerath, Lindlar und Overath auf Bensberg zu, doch wurden sie hier durch wenige Ulanen und Gendarmen zersprengt.

Leider schloß sich den Jünglingen, die es gut und redlich meinten, viel schlechtes Raubgesindel an; die besseren Elemente zogen sich von der anfänglich in patriotischer Begeisterung entbrannten Bewegung zurück; die Tumulte arteten in groben Unfug aus und bedrohten das Eigentum und die Sicherheit der Personen. Man kann diesen ungezügelten und planlosen Ausbruch des steigenden Hasses gegen die Fremdherrschaft zwar nicht als eine großartige

Erhebung hinstellen; gleichwohl war man in Paris schon stutzig geworden und sandte den General Lemarrois als Kommandanten aller Truppen im Großherzogtum nach Düsseldorf, wo derselbe am 3. Februar eintraf. Es waren viele der Aufständischen gefangen genommen worden; doch wurden nur einige Anführer erschossen. Die vom General Lemarrois ergriffenen Maßregeln führten hierauf bald das Ende der Bewegung herbei[41]).

In Düsseldorf war es während dieser Zeit ruhig geblieben, denn dort war es wegen der militärischen Besatzung nicht ratsam, Teilnahme für die deutsche Sache zu bezeugen. Noch am 11. Februar faßte der Gemeinderat den Beschluß, dem Kaiser Napoleon ein freiwilliges Opfer von 12 Kavalleriepferden darzubringen und Bei= träge für die Landesverteidigung zu sammeln.

Während der Zeit der glorreichen Erhebung Preußens im Jahre 1813, vom Aufrufe des Königs Friedrich Wilhelm III. an sein Volk bis zur Leipziger Schlacht, seufzten die Bewohner des Bergischen Landes noch unter dem Joche der Fremdherrschaft. Erst nachdem Napoleon in der dreitägigen Völkerschlacht bei Leipzig gänzlich besiegt und am 1. und 2. November mit seinem zer= trümmerten Heere über den Rhein geflohen war, um Deutschland auf Nimmerwiedersehen zu verlassen, schlug auch für unsere Heimat die Stunde der Befreiung.

Schon am 4. November verließ Beugnot, dem es sofort klar geworden war, daß es um die Niederlassung der Franzosen in Deutschland geschehen sei, die Hauptstadt Düsseldorf. Der preußische Major von Arnim, welcher in das Märkische einrückte, richtete unter Bekanntmachung des königlichen Aufrufs vom 6. April am 10. November 1813 eine Proklamation an das Volk von Berg und Mark; es wurde darin u. a. gesagt, daß von den öffentlichen Beamten die Maires als Bürgermeister, die Unterpräfekten als Landräte, die Departementspräfekten als Landesdirektoren ihr Amt fortführen sollten. Als nun gleichzeitig ein Kosaken= detachement unter General Jussejowitsch in Düsseldorf einzog, wurde dasselbe mit solcher Freude empfangen, daß ein Augenzeuge schreibt: „Herzlicher waren diese rauhen Krieger wohl noch nirgends umarmt, redlicher nicht bewirtet worden, als die ersten Kosaken in Düsseldorf." Bald folgten auch preußische Truppen[42]).

Nicht allein in Düsseldorf, sondern allenthalben im Bergischen Lande wurden die Kosaken freudig begrüßt, da sie ja als Freunde

und als Retter des Vaterlandes kamen, und wie ernstlich man es
versuchte, ein freundliches Verständnis mit ihnen anzubahnen,
beweist der Umstand, daß ein deutsch=russisches Handbüchlein erschien,
welches die Unterhaltung mit ihnen ermöglichen sollte. Das Wesen
der rauhen Kosacken mußte aber den Deutschen in vieler Hinsicht
abstoßend erscheinen; sie liebten die starken Speisen und hatten es
namentlich auf Sauerkraut, Pfeffer und Branntwein abgesehen.
Überhaupt nahmen sie, wie früher die Franzosen, alles, was sie
brauchten, Lebensmittel, Holz, Stroh, Decken, Betten u. s. w., ohne
weiter zu fragen; man erzählte sich auch höchst ergötzliche Dinge
von ihnen, und die Erinnerung an die fremden Gäste hat noch
Jahrzehnte lang in unserm Volk gelebt⁴³).

Am 15. November 1813 verkündigte der russische General=
leutnant von St. Priest von Düsseldorf aus das Ende der
Fremdherrschaft durch folgende Bekanntmachung⁴⁴): „Da das
Großherzogtum Berg und die Stadt Düsseldorf bereits von den
vereinigten Mächten besetzt ist, so wird allen oberen Landes= und
Stadtbehörden bekannt gemacht, daß von nun an alle Verhältnisse
und Verbindungen mit dem Feinde, unter strengster Ahndung, und
nach den Umständen, den darüber publizierten Gesetzen gemäß, bei
Todesstrafe verboten. Alle Lieferungen, Truppenbildungen u. dgl.
werden sogleich eingestellt, und es wird keine andere höchste Behörde
anerkannt, als nur die, welche die hohen Alliierten bestimmen, und
welche sie bis aufs weitere vertreten. — Die Gesinnungen, welche
die Obrigkeit und die Einwohner des ganzen Großherzogtums Berg
und der Grafschaft Mark bei der Ankunft der alliierten Truppen
geäußert haben, sind die größten Beweise des allgemeinen Gefühls
für die gerechte Sache. Die vorhandenen Autoritäten in diesen
Ländern werden also in ihren vorigen Rechten bestätigt, und die
bisherigen Anordnungen ohne Veränderung beibehalten . . .‟

Zweiter Abschnitt.

Das General=Gouvernement.

1. Das Volk steht auf, der Sturm bricht los.

Nachdem der Fremdherrschaft ein Ziel gesetzt war, wurden
die vormals nichtpreußischen Gebiete des Großherzogtums Berg
unter die für die Länder der Rheinbundsfürsten von den Ver=

bündeten eingeſetzte Centralverwaltung genommen. An der Spitze dieſer Verwaltung ſtand der vormalige, durch Napoleon entfernte Miniſter vom Stein; ihre Wirkſamkeit blieb aber auf wenige Länder beſchränkt.

Die vormals nichtpreußiſchen Gebiete des Großherzogtums Berg mit einigen Ausnahmen, ungefähr zwei Drittel desſelben, nämlich die altbergiſchen Beſtandteile mit den umgrenzten Herrſchaften, ſollten vorläufig das General=Gouvernement Berg bilden. Freiherr von Stein ernannte zum proviſoriſchen General=Gouverneur desſelben den ruſſiſchen Staatsrat Juſtus Gruner. Geboren 28. Februar 1777 zu Osnabrück, ließ ſich Gruner nach Vollendung ſeiner Studien 1798 als praktiſcher Juriſt in ſeiner Vaterſtadt nieder und gab mehrere Schriften heraus. Er trat 1802 in den preußiſchen Staatsdienſt, wurde zuerſt Kammerrat in Franken, 1804 in die oberſte Verwaltung nach Berlin berufen und im folgenden Jahre, 28jährig, Direktor der Kriegs= und Domainenkammer in Poſen. Als der Krieg von 1806 ſeiner dortigen Thätigkeit ein Ende machte, ging Gruner nach Oſtpreußen, wo Stein und Hardenberg ihn ſchätzen lernten. 1807 wurde er Direktor der Kriegs= und Domainenkammer in Pommern, 1809 Polizeipräſident von Berlin, dann zum Wirklichen Geheimen Staatsrat ernannt und Chef des geſamten Polizeiweſens in Preußen. Er fügte den Franzoſen großen Schaden zu und ſtand im Mittelpunkt der Vorbereitungen für die Erhebung des deutſchen Volkes. 1812 nötigte ihn das Bündnis Preußens mit Napoleon, aus dem preußiſchen Staatsdienſt auszuſcheiden; am 10. März entlaſſen, begab er ſich nach Prag zu Stein und war eifrig für deſſen Plan einer Volkserhebung thätig; er wurde nun auch zum ruſſiſchen Geh. Staatsrat ernannt. Am 12. Auguſt wurde er von der öſterreichiſchen Regierung plötzlich nach der Feſtung Peterwardein gebracht, um ihn nicht an Napoleon ausliefern zu müſſen. Am 13. November 1813 traf er in Düſſeldorf ein.

Gruner machte am 25. November[45]) die unterm 23. Oktober zu Leipzig namens der verbündeten Mächte erlaſſene Verordnung des Miniſters von Stein bekannt, worin es hieß: „Den Ländern werden General=Gouverneurs vorgeſetzt werden, als die höchſte Behörde und der Vereinigungspunkt aller Militär= und Civil=Adminiſtration" — und knüpfte daran folgenden Erlaß: „In Verfolg vorſtehender hohen Verordnung iſt der unterzeichnete Wirkl. Etats=Rat Sr. Maj. des Kaiſers aller Reußen mit der Organiſation und

provisorischen Leitung des General-Gouvernements für das bisherige
Großherzogtum Berg beauftragt worden. Der Wirkungskreis dieses
General-Gouvernements erstreckt sich auf alle diejenigen Gebiete,
die vor Bildung der 32. Militärdivision des französischen Reichs
zu demselben gehörten, jedoch mit gänzlicher Ausnahme aller vormals
königlich-preußischen Distrikte, welche sogleich unter die Regierung
Sr. Maj. des Königs von Preußen zurückkehren" u. s. w. Am
Schlusse hieß es: „Vertraut mit dem guten Geiste dieses durch
Biederkeit, Fleiß und Treue seiner Bewohner so achtungswürdigen
Landes, darf ich mit Sicherheit erwarten, daß dasselbe zu dem
alleinigen großen Zwecke der siegreichen Mächte, zur Befreiung
Deutschlands, kräftigst und herzlichstes mitwirken werde. Mögen
sich alle Gutgesinnten mit Vertrauen um mich sammeln, um dieses
große und heilige Ziel in unserm Lande durch würdige und un-
erschütterliche Anstrengungen baldigst erreichen zu helfen."

Am 26. November folgte[46]) die Aufforderung Gruners an
die Einwohner des Bergischen General-Gouvernements, sich an-
gelegentlichst zu beeifern, die Lieferungen, welche für die verbündeten
Armeen erforderlich seien, mit Freude, Eifer und unermüdeter Anstrengung zu leisten.

Am 29. November[47]) erging die ewig denkwürdige „Auf-
forderung an deutsche Jünglinge und Männer zum Kampfe für
Teutschlands Freiheit"; sie wurde sofort an den Kirchthüren und
Gemeindehäusern angeschlagen und in allen Dörfern und Höfen
verteilt; sie flog von Mund zu Mund, da sie die tiefsten Gefühle
der Bevölkerung ausdrückte. An ihrer Abfassung hatte großen
Anteil ein eingeborener Düsseldorfer Beamter: Johann Heinrich
Kühlwetter, ein durchaus deutscher, für alles Edle begeisterter
Mann[48]). Geboren am 14. Oktober 1757, wurde er nach zurück-
gelegten Studien Professor an der Düsseldorfer Akademie, dann
auch Richter, wirkte im Jacobi'schen Freundeskreise für deutsche
Sprache und Litteratur, wurde 1787 Landessekretär und von 1794
bis 1801 als Marsch-Kommissar beschäftigt, als welcher er die
Verpflegung der Truppen und ihren Verkehr mit der Bevölkerung
zu vermitteln hatte. Er führte dieses Amt mit solcher Umsicht
und Uneigennützigkeit, daß ihm die Hochachtung der fremden Generale
und die Dankbarkeit der Heimatgenossen, sowie der Name des
„getreuen Eckart des Bergischen Landes" dafür zuteil wurde. Seit
1801 in verschiedenen Stellungen für das Wohl des Landes thätig.

wurde er 1813 zum General-Sekretär des General-Gouvernements berufen, und die damals von Justus Gruner unterzeichneten Aufrufe und Erlasse entstammen zum Teil seiner Feder. Nachdem Preußen unser Land in Besitz genommen, wurde er Kreissekretär in seiner Vaterstadt und bekleidete diese untergeordnete Stelle bis 1832, wo er in den Ruhestand trat. Er starb am 5. Mai 1835.

In der Aufforderung vom 29. November hieß es: „Die Stunde der Rache hat geschlagen! Die Morgenröte der Freiheit ist aufgegangen. Nach einer langen, dunkeln Nacht voll Druck und Elend, voll Schmach und Not, voll Verfolgung und Entehrung, bricht endlich der helle Tag eines neuen kräftigen Lebens an. Deutschland ist frei, Deutschland ist wiedergeboren. Von den Ufern des Niemen bis zu den Fluten des alten ehrwürdigen Rheins tönt der einstimmige Ruf der Freude, der Freiheit, der Liebe, der alten Treue, der neuen Einigkeit. Untergegangen ist in dem bodenlosen Meere fremder Unterjochung jegliche Zwietracht, jede kleine Eifersucht. Die deutschen Zungen sind gelöset, die deutschen Herzen haben sich wiedergefunden und für immer vereint. Ein Bund ist geschlossen, ein heiliger hehrer Bund, ohne Wort und Formen, nicht durch das Äußere erstanden, noch für das Äußere gebildet. Er ist ausgegangen von dem Höchsten und Herrlichsten, was die Welt gesehen, von dem dreifachen Bunde der erhabenen Beherrscher der Erde. Er hat die Gemüter erfaßt und über das irdische Dasein erhoben. Freudig opfern sie dieses, um ein Höheres zu erringen, und unsterblich glänzen die Namen beispielloser Helden in dem Geschichtsbuche unserer Zeit.

Ein fremdes tapferes, treues, selbständiges Volk hat Deutschland den Anklang gegeben. Freudig sind seine Völker gefolgt. Österreich und Preußen, Sachsen, Bayern und Hessen, alle Teile des gemeinsamen Vaterlandes haben sich mit begeisterter Kraft und Heldenmut erhoben für die gemeinsame Freiheit. Gott, der unwandelbar ewige gerechte Gott, hat sie gesegnet und bis hierher geführt. Sie sind gekommen und haben die schmachvollen Fesseln zerbrochen, unter denen dieses Land so jammervoll seufzte. Sie haben die fremden Räuber verjagt, welche das Mark des Volkes aussogen, das Recht zu leerer Form entwürdigten, keinen Zweck der Verwaltung hatten, als ihre Geldgier zu befriedigen, mit frevelnder Hand bei ihrer schimpflichen Flucht alles, selbst der Witwen geheiligtes Gut mit sich schleppten und kein Andenken hinterließen, als den tiefsten Schauder vor den unnatürlichen Verfolgern deutscher

Freiheit, Wohlfahrt und Ehre. Der Fluch ist ihnen gefolgt, die
Thränen der Verzweiflung haben sie begleitet. Sie haben uns
nichts gelassen, als die Kraft und den Entschluß der Rache.

Auf denn, meine Mitbürger! eilen wir, ihn auszuführen.
Befreit sind wir, aber noch nicht für immer frei. Wollen wir
bewahren, was die siegreichen Heere uns gewährt, so müssen wir
selbst es sichern. Nur der verdient der Freiheit heiliges Geschenk,
der es zu erhalten wagt und weiß. Dies ist jetzt unsre Pflicht.
Sie sei unser angestrengtes und schleuniges Bemühen. Was
unsere deutschen und russischen Brüder gethan, das müssen auch wir
thun. Wie sie uns, so müssen wir unsern Brüdern jenseit des
Rheins Freiheit und Friede bringen. Ihre Wiedervereinigung mit
uns ist die alleinige sichere Basis unserer Selbständigkeit, ihre
Freiheit die einzige Bürgschaft der unsrigen.

Auf denn! zum Kampfe, zum freiwilligen Kampfe für des
Vaterlandes Rache, Ehre und Sicherheit! Viel haben wir zu rächen,
viel haben wir zu schützen. Kein Jahrhundert wird das Andenken der
tiefen Leiden verwischen, welche dieses deutsche Land erduldet. Sein
tief gesunkener, einst so blühender Gewerbfleiß, sein zerrütteter Handel,
seine zahllosen Steuerbedrückungen, die lange Vertilgung unserer
Nationalsprache, die Entehrung unserer Sitten, die Verfolgung der
Teutschen durch Teutsche und Fremdlinge bis in unsere geheimsten
und teuersten Verhältnisse, — sind diese greuelvollen Erinnerungen
nicht hinreichend, zum ernsten blutigen Kampfe uns zu mahnen?

(Giebt es einen Deutschen am Rheine, an der Sieg, Wupper,
Dill und Lahn, der jene Greuel, der die verflossenen furchtbaren sieben
Jahre wieder erleben möchte? Wäre nicht der Tod für Vaterland, für
Weib und Kind, für Eigentum und Ehre, für Wahrheit und Tugend
tausendmal willkommener, denn ein solches Leben voll Schande,
Furcht und Elend? Brüder, Söhne des Vaterlandes, eilet herbei! ...
Wir alle kämpfen für e i n e Sache — für der Menschheit heiligste
teuerste Güter — für Freiheit und Vaterland! Wer leben und
sterben will für diese, der trete freiwillig herzu! Alle, die so
kommen, werden den Kern unserer Verteidiger unter dem Namen
„Schar deutscher Freiwilligen vom Rhein und der Sieg"
bilden ... Wer teil an ihnen nehmen will, eile! Schon haben
sich viele dazu gemeldet ... Wie die unsterbliche Schar jener drei-
hundert Helden, die einst unter dem unsterblichen Leonidas für ihr
Vaterland fielen, so sei und handle auch unsere Schar der Frei-

willigen. Fallen dann auch diese unsere Brüder wie die heldenmütigen Thebaner, so leben sie doch ewig, so lange Deutschland
besteht und ein Männerherz in deutscher Männerbrust schlägt."

Diese begeisternden Aufrufe, die erhabenen Worte Ernst Moritz
Arndts, die Lieder Körners und anderer Freiheitssänger entflammten
auch in unserer Heimat die Herzen, und es begann die wirkliche
Erhebung des bergischen Volkes, deren Vorspiel die Unruhen im
Anfange des Jahres gewesen waren. Die Jünglinge eilten zum
freiwilligen Waffendienste herbei, und aus den ältern Männern
wurde der Landsturm gebildet. Vermochten die Eltern der Freiwilligen die Ausrüstung nicht zu beschaffen, so sorgte die Nachbarschaft,
das Dorf, die Gemeinde dafür. Schon am 4. Dezember⁴⁹) konnte
Gruner bezeugen: „Der echt deutsche Sinn, welcher die Bewohner
dieses Landes beseelt, hat sich in den verflossenen Tagen auf eine
herrliche Weise bestätigt. Schon ist eine bedeutende Anzahl von
Freiwilligen vorhanden, schon sind ansehnliche und manche, der individuellen Verhältnisse wegen, höchst rührende Opfer für selbige
dargebracht worden". Dieser Anerkennung fügte der General-
Gouverneur am 15. Dezember noch hinzu, „daß wohl von keiner
deutschen Provinz mehr Beweise von Vaterlandsliebe und wahrem
deutschen Sinn gegeben sein, als von den biedern, braven Bewohnern
des Bergischen Landes".

Die Bildung des Landsturms wurde durch Verordnung vom
25. Dezember eingeleitet⁵⁰); das Landsturmgesetz war also gleichsam
das Christgeschenk des Jahres 1813 für unser Volk. Der General-
Gouverneur Gruner sagte: „Um die künftige Unabhängigkeit Deutschlands zu sichern, ist von den hohen verbündeten Mächten bestimmt
worden, daß da, wo es zur Erreichung jenes großen Zweckes nötig
sei, außer den regulären Truppen, auch der Landsturm gebildet
und in Thätigkeit gesetzt werden solle. — Die Lage des hiesigen
Landes, die Nähe des Feindes, die Möglichkeit partieller Invasionen,
der eigene lebendige Wille des wahrhaft deutsch gesinnten Volkes
— alles fordert laut zur schleunigen Bildung des Bergischen
Landsturms auf . . . Ich füge dieser öffentlichen Bekanntmachung
keine Aufforderung zu deren treuer Erfüllung bei. Ich weiß, daß
es nur der obrigkeitlichen Autorisation bedarf, ganze Scharen ehr-
würdiger Männer und kraftvoller Jünglinge zu den Bannern des
Landsturms eilen zu sehen, wie es schon im Siebengebirge geschehen
ist und zu unsern Freiwilligen im ganzen Lande geschah und täglich

geschieht" 2c. Der Landsturm wurde in Banner eingeteilt, und diese wieder in Unter-Banner zu 5, 6 und 8 Kompanien, jede 80—100 Mann stark.

Um die Errichtung des Landsturms machte sich namentlich der Freiherr von Hallberg-Broich verdient[51]). Er war am 8. September 1768 auf dem Schlosse Broich bei Jülich geboren, wurde unter dem Kurfürsten Karl Theodor Hauptmann zu Jülich, trat 1793 nach seines Vaters Tode die Verwaltung der väterlichen Güter an, machte große Reisen, suchte schon in den 90er Jahren das Volk zur Vertreibung der Franzosen anzuspornen, vermählte sich 1800 mit der schönen und gebildeten Freiin Karoline von Olne, wurde dann als politischer Gefangener nach Paris geführt, auf die Fürbitte seiner Gemahlin aber wieder freigelassen. Hallberg zog nun mit seiner Befreierin in die Nähe von Siegburg, wo er mehrere Güter besaß, und wohnte auf der Burg zu Lohmar, als die Nachricht von der Schlacht bei Leipzig durch die Lande scholl. Er durfte nun seinen Franzosenhaß, der ihn zeitlebens beseelte, nach Herzenslust auslassen und entwickelte eine eifrige Thätigkeit für die Bildung des Landsturms; er reiste zu diesem Zwecke überall im Lande umher, gefolgt von seiner Gattin, die er zu seinem Adjutanten gemacht hatte. Im übrigen war er ein großer Sonderling und unter dem Namen des „tollen Hallberg" allgemein bekannt.

„Es herrschte in jenen Tagen ein freudiges Leben im Volke wie nie zuvor. Die arbeitslose Winterzeit wurde zur eifrigsten Kriegsübung verwandt. Jeden Morgen riefen die Trommeln und Hörner zu den Schießständen und Übungsplätzen". Die Frauen zupften währenddessen Charpie und stickten große Bannerfahnen. In keiner Gegend Deutschlands wurden Linie, Landwehr und Landsturm schneller und thatkräftiger organisiert, als im Bergischen.

2. Gruners erste Verwaltungsperiode.

Mit vielen französischen Einrichtungen, die man gründlich verabscheute, wurde aufgeräumt, und die früheren deutschen Namen für die Verwaltungsbeamten wieder eingeführt. Unter dem 3. Dezember 1813 verordnete Gruner[52]): „Um dem allgemeinen Wunsche gemäß jede gehässige Erinnerung auszulöschen und das öffentliche Vertrauen nicht länger durch fremde Namen und Formen zu beleidigen, ist beschlossen worden, den französische Titel führenden Behörden dieses deutschen Staates deutsche Namen zurückzugeben." Die Präfekten wurden nun Regierungspräsidenten, die Sous-

präfekten **Kreisdirektoren** (Landräte), die **Maires** Bürger=
meister (und in der Hauptstadt Düsseldorf Oberbürgermeister), die
Munizipalräte in den Städten **Stadträte** und in den Landge=
meinden **Schöffen** genannt. Die Kommune hieß wieder Ge=
meinde, das Arrondissement Kreis, das Tribunal Landgericht
u. s. w. Auch eine neue **Nationalkokarde** wurde eingeführt.
Am 1. Januar 1814 machte Gruner dem bergischen Volke ein
„seiner würdiges Neujahrsangebinde, wodurch die gehässigsten und
drückensten französischen Gesetze in diesem deutschen Lande für
immer aufgehoben" wurden; darnach hörten auf: das Tabaksmonopol,
die Salzregie, das Enregistrement und die Zollquälereien. Am
9. Januar folgte eine provisorisch festgesetzte Zollordnung[53]).

Am 27. Januar 1814 erließ der General=Gouverneur eine
neue „**Verwaltungsordnung** für das Herzogtum Berg, den
Kanton Gummersbach und die Gemeine Friesenhagen"; dieselbe[54])
besagte u. a.: „Da nach der Auflösung des Großherzogtums Berg
in seine ursprünglichen Bestandteile die bisherige Verwaltungsart
nicht weiter bestehen kann, so wird darüber nachstehendes verordnet.
§ 1. Das Herzogtum Berg nebst dem Kanton Gummersbach und
der Gemeine Friesenhagen wird in vier Kreise eingeteilt, den
Düsseldorfer, Elberfelder, Mülheimer und Wipperfürther. § 2. Die
drei ersten Kreise bleiben in ihrer bisherigen Größe, nur werden
die Kantons Wipperfürth und Lindlar von dem Elberfelder und
Mülheimer Kreise getrennt. § 3. Der Wipperfürther Kreis, welcher
neu gebildet worden, besteht aus den Kantons Wipperfürth, Lindlar,
Eitorf, Waldbröl, Gummersbach und Homburg. § 4. Der bisher
zum Kanton Siegen gehörig gewesene Gemeindebezirk Friesenhagen
wird mit dem Kanton Waldbröl vereinigt. § 5. Jeder Kreis wird
von einem Direktor verwaltet . . . § 6. Die Kreisdirektoren . . .
stehen in unmittelbarer Korrespondenz mit und Subordination unter
dem General=Gouverneur . . . § 11. Die ganze Verwaltungs=
polizei . . . wird von den Kreisdirektionen und den Ämtern der
Bürgermeister getrennt. Zur Ausübung derselben ist ein eigener
Polizeidirektor zu Düsseldorf niedergesetzt, welchem in den Kantons
Vögte, nebst einer hinlänglichen Anzahl von Kantons= oder Polizei=
soldaten untergeordnet sind" 2c.

Am folgenden Tage, 28. Januar, nahm Gruner Abschied
von den Bewohnern des Bergischen General=Gouvernements, um
einer andern Bestimmung seine Kräfte zu widmen.

3. Der Rheinübergang.

Die Nachricht, daß der alte Held Blücher in der Neujahrs-
nacht 1814 über den Rhein gegangen sei, um den Feind im eigenen
Lande anzugreifen, vernahm man im Bergischen mit größter Freude
und versuchte hier einen Handstreich auf Köln[56]). Am 4. Januar
sollte nämlich der russische General Jussefowitsch mit russischen und
preußischen Truppen bei Mülheim über den Rhein gehen. Weil
nun verlautete, daß Köln von französischen Truppen bereits ent-
blößt sei, gedachte Boltenstern, der tapfere Befehlshaber des
ersten preußischen Jägerbataillons, welcher in einem Alter von
26 Jahren schon zum Range eines Majors gestiegen war, Köln
schon vor Ankunft der Russen einzunehmen. Das Unternehmen
mißglückte aber gänzlich; als der tollkühne Boltenstern am 3. Januar
mit seinen Soldaten über den Rhein setzte, sah er sich von allen
Seiten her mit bedeutender Übermacht angegriffen und mußte sich
schleunigst wieder zurückziehen, wobei viele getötet oder gefangen
wurden. Major Boltenstern, der mit seinem Pferde den Strom
durchschwimmen wollte, erhielt einen Schuß in den Rücken und
versank in der Flut. Als am Morgen des 4. Januar der russische
General zu Mülheim ankam, sah er seinen Rheinübergang vereitelt, da die Franzosen jetzt das Ufer scharf bewachten, und wandte
sich deshalb zum Zwecke des Übergangs nach Düsseldorf.

Der Landsturm von Burscheid-Schlebusch unter seinem Feld-
obersten Jakob Salentin von Zuccalmaglio hatte zu Wiesdorf beinahe eine Kahnbrücke über den Rhein vollendet und wollte dort
am 12. Januar den Strom überschreiten; aber die Franzosen
hatten davon Kunde erhalten und zerstörten die Brücke durch ihre
Kanonen, so daß aus diesem Übergang auch nichts werden konnte.

Am 12. und 13. Januar aber setzte das russische Armee-
korps unter Winzingerode unterhalb Düsseldorf unbehindert über
den Rhein. Am 14. Januar zog die französische Wache jenseits
Mülheim ab, und am 15. Januar verließen die Franzosen auch
die Stadt Köln.

Dem gefallenen Major Boltenstern und seinen Gefährten
wurde ein Denkmal auf dem Drachenfels in Form einer Spitzsäule
gesetzt, die jetzt von dort in das befreite Rheinthal herniederschaut.

4. Die Verwaltung des Prinzen zu Solms.

An die Stelle Gruners trat am 4. Februar 1814 als General-Gouverneur Alexander Prinz zu Solms-Lich und richtete an die Einwohner des Bergischen General-Gouvernements eine Aufforderung[36]) zur Fortsetzung ihres bisher bewiesenen Eifers und guten Willens für die allgemeine Angelegenheit der Teutschen 2c. während der ihm übertragenen Landesverwaltung.

Prinz Alexander zu Solms machte am 16. Februar auch bekannt, daß er provisorisch das General-Gouvernement des Nieder-rheins, welches infolge der Befreiung des linken Rheinufers gebildet und dem Geh. Staatsrat Sack verliehen worden war, bis zu dessen Ankunft übernommen habe. Letzterer trat sein General-Gouvernement am 10. März an[37]).

Am 1. März erfolgte durch den General-Gouverneur die Festsetzung der Grundsätze und Formen, nach welchen der bergische Landsturm zur Erfüllung seines dreifachen Zweckes: als Kriegsmiliz, als Polizeimiliz und als kriegerische Nationalerziehungsanstalt, un-verzüglich, organisiert werden solle, nebst einer Dienstvorschrift für die Schutzdeputationen des Landsturms[38]).

Um dem Streben der bergischen Frauen und Jungfrauen, für die Bedürfnisse der Kranken und im Kampfe für das Vaterland verwundeten Streiter, nach ihren Kräften zu sorgen, mehr Einheit und organischen Zusammenhang zu geben, wurde folgende Einrichtung getroffen[39]): § 1. In jeder Gemeinde sind freiwillige Frauen-vereine, welche aus patriotischem Sinne die Einsammlung aller Beiträge an Geld und Sachen übernehmen, die das deutsche Gemüt der bergischen Frauen und Jungfrauen zu jenem frommen Zwecke auf dem Altare des Vaterlandes opfernd niederlegt. § 4. Der Frauenverein des Hauptortes des Kreises, nämlich zu Düsseldorf, Elberfeld, Mülheim am Rhein und Wipperfürth, ist der Central-verein des Kreises; mit ihm korrespondieren die übrigen Vereine des Kreises und liefern ihre Beiträge dahin ab. § 5. Auf gleiche Weise korrespondieren die Vereine zu Elberfeld, Mülheim und Wipperfürth mit dem Frauenverein zu Düsseldorf, welcher der Centralpunkt aller bergischen Frauenvereine ist.

5. Gruners zweite Verwaltungsperiode.

Bei der, zufolge einer Übereinkunft zwischen den verbündeten Mächten stattgefundenen Übertragung der Verwaltung des Herzogtums Berg an die Krone Preußen, welche vom 15. Juni 1814 an gerechnet wurde, verließ Prinz Alexander zu Solms am gleichen Tage „in Erwartung des von Sr. Majestät dem Könige ernannten Civilgouverneurs" seinen Posten schon wieder und brachte, indem er dies bekannt machte, den Bewohnern des Landes sein Lebewohl dar[60]).

Justus Gruner übernahm am 1. Juli von neuem das General=Gouvernement und erließ folgende Proklamation[61]) an die Bewohner des Bergischen Landes:

„Durch das gnädigste Vertrauen Sr. Majestät des Königs von Preußen zu der Verwaltung des Herzogtums Berg zurück= berufen, schätze ich mich glücklich, das Organ des gerechtesten und gütigsten Monarchen gegen ein Volk zu sein, welches verdient hat, einst das seinige zu werden, und sich würdig an die Reihen seiner Tapfern anschließt, die Deutschland so glorreich verfechten. Keine einseitige üble Nachrede wird jemals den hochverdienten Ruhm des Mutes, der Vaterlandsliebe, der freien Begeisterung und der reinsten Aufopferung der braven Berger in der großen Geschichte unserer Tage verdunkeln können. Mir selbst ist es die schönste Belohnung eigner Thätigkeit und unveränderlicher Anhänglichkeit an die Sache Deutschlands, wieder unter und mit einem Teile des gemeinsamen deutschen Volkes zu sein, das ich in der Stunde der Not und der Gefahr fest erfunden, innig achte, brüderlich liebe, und im Namen eines väterlichen Regenten ganz glücklich zu machen unermüdet trachten werde. — Berger! Was uns damals zusammen gebunden, halte uns für immer vereint — die einige treue Gesinnung. Im Frieden wollen wir voll Eintracht in allen Ständen, durch deutschen Kunst= und Gewerbefleiß, durch Wissenschaft und Handel, in deutscher Sitte und Recht, unsere Ehre und unsere Kraft be= festigen, auf daß, wenn Krieg einst wiederkehre, das Vaterland auf= neue uns da stehen sehe, als würdige Söhne des freien Rheines und des unerschütterlichen Siebengebirges."

Gruner verstand es, durch besonnenes Auftreten und weise Maßnahmen die Einwohner des Bergischen Landes für die deutsche Sache zu gewinnen. Insbesondere richtete er seinen Blick auf das Schulwesen, in welchem er einige weitreichende Verbesserungen einführte. Am 6. Mai 1814 hatte schon der Prinz zu Solms eine darauf bezügliche Verordnung erlassen, deren Eingang besagt: „Die wohlthätigen Veranstaltungen der vormaligen Königlich= Bayerischen Regierung, um dem öffentlichen Unterricht in diesem

Lande eine bessere Gestalt zu geben, sind während des folgenden unglücklichen Zeitraums durch die Einziehung der diesem Zwecke gewidmeten baren Mittel, durch den Druck, der auf allen Gemütern lastete, und durch das Streben der Machthaber, in allen Teilen das Fremde an die Stelle des Einheimischen zu setzen, teils entkräftet worden, teils ganz eingegangen. Dieser höchst wichtige Zweck der gesellschaftlichen Einrichtungen ist daher dergestalt verkommen, daß es die höchste Zeit ist, demselben beizuspringen". In dieser Absicht wurde verordnet: § 1. Die Leitung des öffentlichen Unterrichts und der demselben gewidmeten Anstalten, in dem ganzen Umfange des Großherzogtums, ist, unter der höheren Obsorge des zum Kurator des Schulwesens bestellten Gouvernements-Rates, einer Schul-Kommission (späterhin Schul-Rat genannt) anvertrauet... § 9. Die bestehenden Verordnungen über die Verpflichtung der Gemeinen zu der anständigen Versorgung der in ihren Bezirken gesetzlich bestellten Schullehrer werden ausdrücklich bestätigt. § 12. In den einzelnen Landes-Bezirken sollen Inspektoren, und, wo es zur Sache dienlich, Lokal-Schul-Kuratelen angeordnet werden, welche unter der Leitung der Schul-Kommission die Aufsicht über die daselbst befindlichen Schulen und Unterrichts-Anstalten in dem ihnen angewiesenen Geschäftskreise zu führen haben.

In Beziehung auf diese Verfügung verordnete Gruner unter dem 15. Juli weiter: § 1. In jedem Gerichtsbezirke werden eigene Schulbeamte, unter dem Namen Schulpfleger, und zwar in der Regel einer für die Schulen der katholischen, und einer für die der evangelischen Gemeinen beider Konfessionen, angestellt. § 2. Zum Geschäftskreise der Schulpfleger gehört alles, was die Verbesserung der Erziehung überhaupt, und insbesondere die Verwaltung und das Emporkommen des Schulwesens in ihren Bezirken angeht. — § 4. Den Schulpflegern untergeordnet, wird für jede Gemeindeschule, welche nach der im Jahre 1812 oder später vorgenommenen Einteilung der Schulbezirke im ganzen Lande, beibehalten oder errichtet werden soll, ein eigener Schulvorstand bestehen. .... Eine genaue Dienstvorschrift für die Schulpfleger, sowie eine solche für die Schulvorstände waren der Verordnung beigefügt[82]).

Gruner hat in seinen Schulverordnungen, die zum Teil heute noch Geltung haben, nach dem Urteil eines hervorragenden Schulmannes „eine Arbeit hinterlassen, die im Gebiet der Schulgesetzgebung ihresgleichen sucht". Er ließ die seitherige Schulgemeindeeinrichtung als wertvoll bestehen, suchte dieselbe weiter auszubauen, eine organische Verbindung zwischen Schule, Kirche und bürgerlicher Gemeinde herzustellen und der Staatsregierung die Oberaufsicht zu sichern. Die Schulvorstände, welche von der Schulgemeinde selbst gewählt wurden, sollten daher für die Folge von der Behörde ernannt werden, Pfarrer und Bürgermeister zum Schulvorstande gehören, und die Lehrer nicht mehr von sämtlichen Familiengliedern gewählt, sondern von einem repräsentiven Wahlkollegium in Vorschlag gebracht werden. Charakteristisch für den Geist seiner Verordnungen sind viele Bestimmungen derselben, welche hohe Achtung vor dem Schulamte und wohlwollende Teilnahme für die Lehrer beweisen. So sollte es eine Hauptaufgabe der Schulvorstände sein, dem Lehrer Achtung bei der Gemeinde zu verschaffen, und die Kreisaufsichtsbeamten sollten nicht Schulinspektoren heißen, sondern Schulpfleger, da es sich nicht bloß um Aufsicht, sondern um Pflege der Schule handele. Zu Schulpflegern wurden nicht ohne weiteres die Superintendenten, sondern solche Geistliche ernannt, die Interesse und Verständnis für die Schule zeigten, auch in geeigneten Fällen hervorragende Schulmänner, so z. B. für einen Teil des Kreises Elberfeld Johann Friedrich Wilberg. Die Gruner'schen Verordnungen enthalten zudem einen systematischen, auf pädagogischen Grundsätzen beruhenden Lehrplan, wie er in solcher Vollständigkeit für die preußischen Schulen erst durch die Falk'schen Bestimmungen vom Jahre 1872 eingeführt worden ist.

6. Patriotische Kundgebungen.

Regierungsseitig war man auf eine verbreitete Opposition der Bevölkerung gegen die neue Ordnung der Dinge gefaßt und die Bürgermeister und Polizeivögte mußten an den Polizeidirektor Schnabel in Düsseldorf über die herrschende Stimmung regelmäßig berichten. Diese zeigte sich aber günstiger, als man erwartet hatte. Trotz der schweren Opfer, welche infolge der Fortdauer des Krieges dem schon von den Franzosen ausgesogenen Lande auferlegt werden mußten, gab sich in vielen Kreisen eine patriotische Begeisterung kund, welche deutlich zeigte, daß die von den einseitigen und gefärbten französischen Berichten behauptete französenfreundliche Gesinnung der Bevölkerung nur ein Trugbild gewesen war.

Der Polizeivogt Mische zu Lennep berichtete wiederholt an den Polizeidirektor über die vorzüglich gute Stimmung im dortigen

Kanton. So z. B. gedachte er am 20. September 1814 der kürzlich stattgehabten Kirmessen zu Hückeswagen, Radevormwald rc., welche in früheren Zeiten selten ohne Blutvergießen oder Todschlag abgelaufen; diesmal aber habe er sich mit der größten Befriedigung persönlich überzeugt, daß „alle Anwesenden sich bloß ... ungestörter Freude überließen, wobei häufige Gesundheiten in frohen Kreisen von den Ackersleuten, Handwerkern, Fabrikarbeitern, Schmieden und Köhlern auf das Wohl der hohen Verbündeten, vorzüglich auf das Sr. Majestät des Königs von Preußen und dessen hohen und niederen Beamten ausgebracht wurden".

Bei verschiedenen Gelegenheiten offenbarte sich der patriotische Enthusiasmus mit ganz besonderer Macht. Die Nachricht, daß Paris am 31. März von den Verbündeten eingenommen sei, erregte z. B. in Düsseldorf, wo dieselbe unter den damaligen Verhältnissen erst am 5. April eintraf, eine so freudige Stimmung, daß neben anderen Feierlichkeiten von der Bürgerschaft aus freiem Antriebe eine allgemeine Illumination veranstaltet wurde. Auch aus den anderen Orten des General=Gouvernements, aus Elberfeld=Barmen, Lennep, Lüttringhausen, Hückeswagen, Ronsdorf, Remscheid, Mülheim, Schlebusch u. s. w., berichteten die Vögte, die Bevölkerung äußere ungeteilte Freude über die Niederwerfung Napoleons. Ein großartiges, begeisterndes Volksfest war die Fahnenweihe des Landsturms, welche am 3. September 1814 auf der Bürriger Heide unter allgemeinster Teilnahme gefeiert wurde, ein Fest, wie am Niederrhein seit Jahrhunderten keins erlebt worden war.

Namentlich aber machte sich die patriotische Begeisterung am 18. Oktober 1814 bei der Feier des ersten Jahrestages der Schlacht bei Leipzig bemerkbar; an jenem Tag wurde das deutsche Volk seit langer Zeit zum erstenmale sich seiner Gemeinschaft wieder bewußt. Die Beamten entwerfen von dieser Feier hinsichtlich der herrschenden Stimmung ein höchst erfreuliches Bild. Die Schilderung dieser Feier in Lennep ist besonders dadurch interessant, daß hier die Anzahl der anwesenden Landsturmmänner angegeben wird, welche die in der That beträchtliche Höhe von 600 Mann erreichte; die Zahl der Teilnehmer am Festzuge wird auf 4000 geschätzt.

Unter dem 20. Dezember berichtete der Vogt Mische: „Wenn die Bewohner des Kantons Lennep eine Klage hätten, so sei es diese, daß sie der so lange und so sehnlich erhofften Nachricht von der definitiven Einverleibung des General = Gouvernements in

Preußen noch immer mit beängstigender Ungewißheit entgegensehen müßten"[83]).

Wir ersehen hieraus, daß der Wunsch, mit Preußen vereinigt zu werden, im Kanton Lennep sehr stark hervortrat; derselbe machte sich namentlich in den protestantischen Teilen des Bergischen Landes geltend, und zwar zuerst in und um Elberfeld und Barmen. In anderen Gebieten des Landes war dies weniger der Fall, wobei vor allem der Umstand ungünstig wirkte, daß der preußische Staat gerade in jener Zeit immer neue finanzielle Opfer von den ohnehin so schwer heimgesuchten Bewohnern fordern mußte. Abgesehen von den Klagen über die hohen Kriegssteuern, gestaltete sich die Stimmung allmählich jedoch immer günstiger für die neue Ordnung der Dinge. Die industrielle Thätigkeit hob sich wieder und man hoffte zuversichtlich, derselben sich jetzt ganz ungestört hingeben zu können; aber es kam anders.

7. Die Teilnahme der Bergischen an der völligen Besiegung Napoleons.

Am 1. März 1815 war Napoleon von Elba nach Frankreich zurückgekehrt. Am 24. März wandte sich der General-Gouverneur mit folgendem Aufruf an die Bewohner des Bergischen Landes:

„Bonaparte ist zurückgekehrt! In verbrecherischem Taumel hat ihn das großmütig verschonte Babylon empfangen. Schandvoller Jubel hallt von seinen verbrecherischen Mauern nieder, hinauf zum Throne des Weltenrichters. — Zweifelt Ihr? Zagt Ihr? Nicht doch! Glaubet! Vertrauet! — Das Böse soll seinen Kreislauf vollenden. So will es der Ewige. Das Maß der Strafe ist voll. Der Tag seines Gerichtes ist nahe. Babel wird fallen, und unter seinen rauchenden Trümmern den ewigen Feind der Menschheit erschlagen. — Land des Fleißes, der Treue, der frommen Sitte, des stillen bürgerlichen Glückes! Deine Güter sind aufs neue bedroht. Dein Verfolger ist erstanden, um seine räuberischen Horden in deine gesegneten Fluren, deine kunstreichen Thäler plündernd zurückzuführen. — Nahe waren die höchsten Segnungen des Friedens. Ein edler deutscher König, eine gesetzliche Verfassung, milde Verwaltung. Verbunden mit den Nachbarlanden zu einem Staat würde der eurige der reichste und glücklichste geworden sein. — Wollt Ihr dieser großen Hoffnung entsagen, oder sie behaupten? — Die Stunde der Prüfung hat geschlagen. Der Ewige selbst sendet sie. Zeigt

Euch ihrer würdig! — Erstehet, Bewohner des Bergischen Landes! Kehrt zurück, Freiwillige seiner tapfern Schar! Der neue Kampf beginnt, die alte große Sache zu verfechten. So finde er Euch gerüstet mit dem alten Glauben, dem alten Mute und der alten Treue! — Auf denn! Es gilt den Kampf des Guten gegen das Böse. Die Menschheit ruft. Die heilige Fahne weht. Das heilige Kreuz ist aufgerichtet. Hinaus zum heiligen Kampfe, wer Gott fürchtet. — Für sein ewiges Wort starb einst an diesem Tage der Heiland am Kreuze. Unter seinem Kreuze wollen auch wir streiten und sterben für Wahrheit und Tugend, für das ewige Recht. Mit Gott ziehen wir aus, mit Gott werden wir heimkehren. Der Herr wird mit uns sein, und mit dem teuren Vaterlande".

Am 25. März ließ Gruner einen Aufruf an den bergischen Landsturm folgen, in welchem es heißt: „Als der Feind an unsern Grenzen stand, und wir uns selbst verteidigen mußten, da erhoben sich, im Gefühle wieder erwachten deutschen Mutes und deutscher Kraft, die treuen Bewohner des Siebengebirges und bildeten den ersten freiwilligen Landsturm. Mit Blut besiegelten die tapfern Männer jener hochherzigen Banner des Vaterlandes Freiheit und Ehre. Und wie ein Feuerstrom ergoß sich die Begeisterung über das ganze Bergische Land und bewaffnete alle Stände und Alter. — Noch besteht dieser bergische Landsturm und soll Deutschland beweisen, daß er mit Ehre besteht. — Eine neue Gefahr ist aufgegangen für uns und das gemeinsame Vaterland. . . . Thut Euch zusammen, Männer, Jünglinge und Greise, die Ihr den heiligen Fahnen des Vaterlandes in den Reihen der tapfern Krieger noch nicht zu folgen berufen seid. Banner und Fähnlein rottet Euch! Übet Euch in den Waffen! Schützet des Landes Sicherheit und bereitet Euch, den frevelnden Feind abzuwehren, wenn er Eure Grenzen zu bedrohen wagen sollte. — Es gilt die Vollendung des großen Kampfes, den Ihr schon ehrenvoll mit bestanden. Erhaltet, was Ihr so teuer errungen, Freiheit und Ehre. Und unerschütterlich, wie der wahre Mut, sei Eure Losung: „Mit Gott für's Vaterland"[84]).

Eine allgemeine Bewaffnung war die Folge. Die Beurlaubten wurden einberufen und neue Rekrutierungen vorgenommen. Gruner berichtet an den Staatskanzler Fürsten Hardenberg: „Diese Einberufung ist ein harter Schlag für das Fabrikland." Handel und Industrie erlitten auch sofort wieder eine empfindliche Stockung, und

so wurden die durch den Wiederausbruch des Krieges notwendig
werdenden neuen Geldopfer doppelt schwer empfunden; aber die
Bergischen ließen es an Opferwilligkeit nicht fehlen und thaten ihre
Schuldigkeit voll und ganz bis zum Siege von Belle=Alliance.

8. Die Einverleibung in Preußen.

Die Länder am Niederrhein waren auf dem Wiener Kongreß
Gegenstand langer Verhandlungen, bis sie schließlich definitiv an
Preußen abgetreten wurden. Ein am 5. April 1815 von allen
versammelten Mächten gefaßter Beschluß enthielt die Feststellung
und Anerkennung des Gesamtumfanges der preußischen Monarchie
mit den neuerworbenen Provinzen, worunter auch das Herzogtum
Berg begriffen war.

An demselben Tage erschienen[65]) die betreffenden Erlasse
König Friedrich Wilhelms III. Der erste derselben war das „Patent
wegen Besitznahme der Herzogtümer Cleve, Berg, Geldern, des
Fürstentums Meurs und der Grafschaften Essen und Werden.“
Es heißt darin u. a.: „Vermöge der Übereinkunft, welche Wir mit
den, am Kongresse zu Wien teilnehmenden Mächten abgeschlossen
haben, sind Uns zur traktatmäßigen Entschädigung und zur Ver=
einigung mit Unserer Monarchie das vormalige Großherzogtum
Berg und ein Teil der Provinzen am linken Rheinufer überwiesen
worden, auf welche Frankreich durch den Friedens=Traktat vom
30. Mai 1814, Art. III, Verzicht geleistet hat. (Folgt genaue
Angabe der einverleibten Länder und Ortschaften.) . . . Wir
gebieten allen Einwohnern dieser von uns in Besitz genommenen
Länder, jedes Standes und Ranges, Uns forthin als ihren recht=
mäßigen König und Landesherren anzuerkennen, Uns und Unsern
Nachfolgern den Eid der Treue zu leisten, und Unsern Gesetzen,
Verfügungen und Befehlen mit Gehorsam und pflichtmäßiger Er=
gebenheit nachzuleben. — Wir versichern Sie dagegen Unseres
wirksamsten Schutzes ihrer Personen, ihres Eigentums und ihres
Glaubens, sowohl gegen äußern feindlichen Eingriff, als im Innern
durch eine schnelle und gerechte Justizpflege, und durch regelmäßige
Verwaltung der Landespolizei und Finanzbehörden. Wir werden
sie gleich allen unsern übrigen Unterthanen regieren, die Bildung
einer Repräsentation anordnen, und Unsere Sorge auf die Wohl=
fahrt des Landes und seiner Einwohner gerichtet sein lassen . . .
Da die Verhältnisse Uns nicht gestatten, die Erbhuldigung per=

sönlich einzunehmen, so haben wir Unsern General-Leutnant, Grafen von Gneisenau, und Unsern geheimen Staatsrat Sack hierzu beauftragt, und sie bevollmächtigt, in Unserm Namen die deshalb erforderlichen Verfügungen zu treffen. — Des zu Urkund haben Wir dieses Patent eigenhändig vollzogen und mit Beidrückung Unseres Königlichen Insiegels bestärken lassen. — Gegeben Wien den 5. April 1815." Das gleichlautende Patent von demselben Tage über die Besitznahme des Großherzogtums Niederrhein nennt noch, als zu diesem gehörig, die in dem andern Patent fehlenden Kantone (im Oberbergischen): Mülheim, Bensberg u. s. w.

Der andere Erlaß des Königs vom 5. April 1815 war die Proklamation: „An die Einwohner der mit der preußischen Monarchie vereinigten Rheinländer"; dieselbe lautet: „Als ich dem einmütigen Beschluß der zum Kongreß versammelten Mächte, durch welchen ein großer Teil der deutschen Provinzen des linken Rheinufers meinen Staaten einverleibt wird, meine Zustimmung gab, ließ ich die gefahrvolle Lage dieser Grenzlande des deutschen Reichs, und die schwere Pflicht ihrer Verteidigung nicht unerwogen, aber die höhere Rücksicht auf das gesamte deutsche Vaterland entschied meinen Entschluß. Die deutschen Urländer müssen mit Deutschland vereinigt bleiben, sie können nicht einem andern Reich angehören, dem sie durch Sprache, durch Sitten, durch Gewohnheiten, durch Gesetze fremd sind. Sie sind die Vormauer der Freiheit und Unabhängigkeit Deutschlands, und Preußen, dessen Selbständigkeit seit ihrem Verluste hart bedroht war, hat eben so sehr die Pflicht als den ehrenvollen Anspruch erworben, sie zu beschützen, und für sie zu wachen. Dieses erwog ich, und auch daß ich meinen Völkern ein treues, männliches, deutsches Volk verbrüdern, welches alle Gefahren freudig mit ihnen teilen wird, um seine Freiheit, so wie sie und mit ihnen in entscheidenden Tagen zu behaupten. So habe ich denn im Vertrauen auf Gott, und auf die Treue und den Mut meines Volkes, diese Rheinländer in Besitz genommen und mit der preußischen Krone vereinigt.

Und so, ihr Einwohner dieser Länder, trete ich jetzt mit Vertrauen unter euch, gebe euch euerm deutschen Vaterlande, euerm alten deutschen Fürstenstamme wieder, und nenne euch Preußen, kommt mir mit redlicher, treuer und beharrlicher Anhänglichkeit entgegen.

Ihr werdet gerechten und milden Gesetzen gehorchen. Eure Religion, das heiligste, was dem Menschen angehört, werde ich ehren und schützen. Ihre Diener werde ich euch in ihrer äußern Lage zu verbessern suchen, damit sie die Würde ihres Amtes behaupten.

Ich werde die Anstalten des öffentlichen Unterrichts für eure Kinder herstellen, die unter den Bedrückungen der vorigen Regierung so sehr vernachläßigt wurden. Ich werde einen bischöflichen Sitz, eine Universität und Bildungsanstalten für eure Geistlichen und Lehrer unter euch errichten.

Ich weiß, welche Opfer und Anstrengungen der fortgedauerte Kriegszustand euch gekostet. Die Verhältnisse der Zeit gestatten nicht, sie noch mehr zu lindern, als geschehen ist. Aber ihr müßt es nicht vergessen, daß der größte Teil dieser Lasten noch aus der früheren Verbindung mit Frankreich hervorging, daß die Losreißung von Frankreich nicht ohne die unvermeidlichen Beschwerden und Unfälle des Krieges erfolgen konnte, und daß sie notwendig war, wenn ihr euch und eure Kinder in Sprache, Sitten und Gewohnheiten deutsch erhalten wolltet.

Ich werde durch eine regelmäßige Verwaltung des Landes den Gewerbfleiß eurer Städte und eurer Dörfer erhalten und beleben. Die veränderten Verhältnisse werden einem Teil eurer Fabrikate den bisherigen Absatz entziehen; ich werde, wenn der Friede vollkommen hergestellt sein wird, neue Quellen für ihn zu eröffnen bemüht sein.

Ich werde euch nicht durch die öffentlichen Abgaben bedrücken. Die Steuern sollen mit eurer Zuziehung reguliert und festgestellt werden, nach einem allgemeinen, auch für meine übrigen Staaten zu entwerfenden Plan.

Die Militär-Verfassung wird, wie in meiner ganzen Monarchie, nur auf die Verteidigung des Vaterlandes gerichtet sein, und nur durch die Organisation einer angemessenen Landwehr werde ich in Friedenszeiten dem Lande die Kosten der Unterhaltung eines großen stehenden Heeres ersparen. Im Kriege muß zu den Waffen greifen, wer sie zu tragen fähig ist. Ich darf euch dazu nicht aufrufen. Jeder von euch kennt seine Pflicht für das Vaterland und für die Ehre.

Der Krieg droht euern Grenzen, um ihn zu entfernen, werde ich allerdings augenblickliche Anstrengungen von euch fordern. Ich werde einen Teil meines stehenden Heeres aus eurer Mitte wählen, die Landwehr aufbieten, und den Landsturm einrichten lassen, wenn die Nähe der Gefahr es erfordern sollte. Aber gemeinschaftlich mit meinem tapfern Heer, mit meinen andern Völkern vereinigt, werdet ihr den Feind eures Vaterlandes besiegen, und teilnehmen an dem Ruhm, die Freiheit und Unabhängigkeit des deutschen Reiches auf lange Jahrhunderte dauernd gegründet zu haben".

Am 15. April erhielten die königlich preußischen Besitz=ergreifungs=Kommissarien von Aachen aus die Weisung, die beiden Erlasse des Königs zu publizieren, und es geschah dies zu Düssel=dorf am 3. Mai des Jahres 1815.

So war denn Preußen endlich in den Besitz unserer Länder=gebiete gelangt, die schon vor 200 Jahren an Brandenburg hätten fallen müssen, und die ihm damals nicht zu teil geworden waren, weil die Wirrnisse der Zeit es vermocht hatten, sein gutes Recht zu verdunkeln.

Dritter Teil.

Das Bergische Land als Bestandteil Preußens.

Von der Einverleibung in Preußen bis zur Gegenwart.

1815 bis 1895.

Zwölftes Buch

Die Zeit der preußischen Herrschaft.

Von der Einverleibung in Preußen bis zur Gegenwart.
1815—1895.

-

1. Die Huldigung der Rheinlande.

Am 15. Mai 1815 fand zu Aachen die Huldigung der Rheinlande statt. Das offizielle „Journal des Nieder- und Mittelrheins" brachte eine ausführliche Beschreibung der Huldigungsfeierlichkeiten. Nach diesem Berichte[1]) wirbelten schon am Morgen des 14. Mai die Trommeln der Bürgermiliz durch die Straßen der Stadt, in denen sich wegen der von allen Seiten eintreffenden Deputierten und Gäste eine erhöhte Regsamkeit kundgab. Hell und freundlich schien die Frühlingssonne auf die von einer dichten Volksmenge belebten Straßen, deren frequenteste sich mit grünen Maien u. s. w. zu schmücken begannen. Abends zeigte sich im Theater eine lebhafte patriotische Stimmung. Als das Orchester die preußische Nationalhymne anstimmte, sang ein sehr großer Teil des Publikums mit und bald brach das ganze Auditorium in ein lautes Hoch auf den König aus, das sich bis zum Ende der Vorstellung stetig erneuerte. „Am Montag den 15. Mai ging die Sonne herrlich auf, als ob auch die Natur das schöne Fest mitfeiern wollte. Der Tag war und blieb heiter. Leuchtend strahlte des Tages Königin in der Umgegend: der Himmel war, nachdem er bis zum 14. bewölkt und trübe gewesen, plötzlich heiter und wolkenlos geworden; nur im Südwesten ruhte ein düsterer Saum am Horizonte Frankreichs, als ob der Vergangenheit Sünden seit 26 Jahren sich dort himmelhoch aufgetürmt hätten."

Um 7 Uhr gaben zwölf Kanonenschüsse vom Lousberge her das Signal zum Beginn des Festes. Gegen 9 Uhr war die gesamte Bürgermiliz auf dem Marktplatze aufgestellt. Eine dichte Volksmenge füllte den übrigen Raum und die umgebenden Häuser. An der Vorderseite des Rathauses war die Huldigungstribüne angebaut; in der Mitte derselben erhob sich unter dem preußischen Adler der königliche Thron.

Punkt 10 Uhr erschienen die königlichen Kommissarien, durch Militär-Detachements abgeholt, auf der Erhöhung; voran schritten die schon versammelten Deputierten und stellten sich im Halbkreise vor dem Throne auf; der den Grafen von Gneisenau vertretende Militär-Gouverneur von Dobschütz stand rechts, der Geheime Staatsrat Sack zur Linken des Thrones. Ernstes Schweigen herrschte, als General-Gouverneur Sack seine Rede begann, worin er, unter ergreifender Darlegung der hohen Bedeutung des Momentes, am Schluße die Deputierten, Mitbürger und Staatsgenossen aufforderte, vor dem Allmächtigen und Allwissenden feierlichst zu geloben „willigen Gehorsam und unverbrüchliche Treue dem Könige, ihrem neuen Landesherrn, und Seinen rechtmäßigen Nachfolgern auf Preußens Throne". Im Namen der Deputierten erwiderte, aus der Versammlung hervortretend und sich vor des Thrones Mitte stellend, in beredten und begeisterten Worten Tribunals-Präsident Fischenich. Darauf verlas der Gouvernements-Rat Koppe die königliche Vollmacht, die Substitutions-Urkunde des Grafen von Gneisenau auf den General-Major von Dobschütz, die königliche Proklamation nebst den Besitznahme-Patenten, sowie die Vorhaltung zum Eide und diesen selbst. Das heilige Gelübde ward von allen Anwesenden und dem Volke mit entblößtem Haupt und aufgehobenen drei Fingern der rechten Hand feierlichst nachgesprochen. Auf die vorhergegangene Publikation der königlichen Gnadenerweisungen verkündigte der Herold mit lauter vernehmlicher Stimme, daß Seiner Majestät dem Könige von Preußen als Großherzog vom Niederrhein, Herzog von Cleve, Berg und Geldern, Fürsten von Mörs, Grafen von Essen und Werden gehuldigt worden sei. Jetzt erscholl ein allgemeines Lebehoch auf den väterlichen Beherrscher. Die Bürger und Volksgruppen stimmten ein, aus allen Fenstern wehten weiße Tücher, Trompeten schmetterten, Pauken wirbelten und es war, als ob auch das Standbild Karls des Großen über dem Springbrunnen wohlgefällig auf die Scene herabschaue.

Noch hallte vom Lousberge her der den Vivatruf begleitende
Donner des Geschützes, als sich die Masse vom Amphitheater her
in Bewegung setzte. In festlichem Zuge ging es zur Münsterkirche.
Am Hauptportale war das gesamte Domkapitel des damaligen
Bistums Aachen zum Empfange versammelt. Nach einem feierlichen
Hochamte, womit die Absingung des Tedeum verbunden war, ging
der Zug in derselben Ordnung wie vorher nach dem Rathause
zurück, wo dann in den unteren Sälen, von der dazu bestimmten
Kommission, die schriftliche Verhandlung über die vollzogene Huldigung
unterzeichnet und die Aushändigung der Reverse bewirkt wurde.

Hierauf fuhren die Kommissarien nach dem Theresianerstifte,
in dessen Räumen eine festliche Speisung von 331 Armen und
Waisen auf Kosten der Regierung stattfand; sodann nach dem
Militärspital in der Marschierstraße, um hier gleichfalls der Be=
wirtung der Rekonvaleszenten anzuwohnen. Nachmittags vier Uhr
begann in dem Kaisersaale des Rathauses das große Festmahl, zu
welchem 395 Personen Einladungen erhalten hatten. Im Theater
wurde vor einer zahlreichen und glänzenden Versammlung abends
das Schauspiel „Käthchen von Heilbronn" von Heinrich von Kleist
mit einem passenden Epiloge gegeben. Aus dem Schauspielhause
strömte die Menge ins Freie, um das Feuerwerk vor dem
St. Adalbertsthore anzuschauen. Eine allgemeine Illumination und
ein Ball im Saale der neuen Redoute beschlossen die schöne und
unvergeßliche Feier.

An demselben Tage wurde auch die vom Präfekten Ladoucette
auf der Spitze des Lousberges errichtete Pyramide, welche am
2. April 1814, als der Senat in Paris die Absetzung Napoleons
dekretierte, herabgestürzt war, zu einem Zeugnisse der Wiedergeburt
Deutschlands wieder aufgerichtet. Auch reihte sich an diese Feier
in Aachen noch ein großes Mittagsmahl, welches die Stadt zum
Andenken der Huldigung am 25. Mai den Behörden gab, und dem
250 Personen in patriotisch begeisterter Stimmung beiwohnten.
Als Prinz Wilhelm von Preußen im Juni Aachen besuchte,
ward er überall vom Volke auf das herzlichste begrüßt. In dem=
selben Monat wurden auch Huldigungsdeputationen nach Berlin
entsandt, um die Versicherung der Treue und Ergebenheit dem
Landesvater persönlich darzubringen.

Allenthalben wurden Huldigungsfeierlichkeiten veran=
staltet, die mit patriotischer Freude begangen wurden. Ohne Frage

30

freuten sich die Rheinländer in ihrer großen Mehrheit aufrichtig, wieder Deutsche zu heißen und zu sein. Das zeigte sich auch bei den Sieges= und Dankfesten nach der Schlacht bei Belle=Alliance, bei dem Geburtsfeste des Königs am 3. August, sowie bei dem zweiten Jahrgedächtnis der Leipziger Schlacht am 18. Oktober.

Schon am 30. Mai hatte Gruner in seinem Berichte an Hardenberg gesagt: „Seit der definitiven Besitznahme des Herzog=tums Berg hat dasselbe einen entschiedenen und ruhigen Charakter angenommen. Die Erfüllung lange gehegter Wünsche, Entschiedenheit des Zustandes, Vereinigung mit einem Volke, das sich neuerdings so kräftig ausgezeichnet, und Vertrauen auf dessen gerechte, milde Regierung sind die Elemente der jetzigen Stimmung."

2. Die neue Verwaltungsorganisation.

Die Periode des General=Gouvernements ging nun zu Ende. Justus Gruner wurde am 15. Juni 1815 abberufen, das General= Gouvernement von Berg mit dem des Nieder= und Mittelrheins vereinigt, und die obere Leitung beider vom General=Gouverneur Sack übernommen.   .

Justus Gruner war kurze Zeit Chef der deutschen Polizei in Paris und leitete als solcher die Rückgabe der Kunstschätze. Er wurde zwar geadelt, aber seiner liberalen Gesinnung wegen wollte man ihn nicht im innern Staatsdienst verwenden und machte ihn zum Gesandten in der Schweiz. Nachdem er diesen Posten vier Jahre lang bekleidet hatte, ging er nach Wiesbaden und starb dort am 5. Februar 1820, noch nicht 43 Jahre alt.

Am 22. Juni 1815 wurde der Wirkungskreis des General= Majors von Dobschütz als Militär=Gouverneur auf fast alle preußischen Besitzungen am Rhein ausgedehnt.

Am 10. August erfolgte die Bekanntmachung der neuen Ein= teilung und Organisation der Verwaltung für die Rheinlande. Diese waren bei der Besitznahme am 5. April in zwei Haupt= bestandteile gesondert worden. Der eine derselben, für den durch Art. 25 der Wiener Kongreß=Akte der Name „Großherzogtum Niederrhein" vereinbart worden war, umfaßte u. a. auf dem rechten Rheinufer 11 Kantone des Großherzogtums Berg oder das Ober= bergische. Der zweite Hauptteil umfaßte außer Cleve u. a. auf dem rechten Rheinufer den nördlichen Teil des alten Herzogtums Berg oder das Niederbergische. Indem der neue Organisations=

Plan diese Sonderung festhielt, wurden zwei preußische Rheinprovinzen gebildet, die Provinzen Cleve-Berg und Großherzogtum Niederrhein, und zwar erstere mit der Regierung
des Herzogtums Berg zu Düsseldorf, und der Regierung der
Herzogtümer Cleve und Geldern und des Fürstentums Mörs zu
Cleve, letztere mit der Regierung des Herzogtums Jülich zu
Köln, und der Regierung des Mosellandes zu Koblenz.

Mit der näheren Feststellung des Organisations-Plans war in
Köln der Graf von Solms-Laubach, in Koblenz der Geheime
Regierungsrat von Pestel betraut. General-Gouverneur Sack
führte als Ober-Präsident die oberste Administration beider Provinzen
bis zum 23. März 1816, dann bis zum 22. April desselben Jahres
der Präsident von Reimann. An diesem Tage übernahm für
jede der beiden Provinzen ein Ober-Präsident die Verwaltung, und
zwar für Cleve-Berg zu Köln, für das Großherzogtum Niederrhein zu Koblenz; gleichzeitig traten, nachdem mehrere Änderungen
in der Abgrenzung der einzelnen Distrikte stattgefunden hatten,
sechs Regierungen ins Leben, nämlich zu Cleve, Düsseldorf,
Köln, Aachen, Koblenz und Trier. Die Regierung zu Cleve
wurde jedoch im Jahre 1821 aufgelöst und ihr Departement der
Regierung zu Düsseldorf zugeteilt.

Das Ober-Präsidium zu Köln bestand nur bis zum Jahre
1822; in diesem Jahre, nach dem Ableben des Ober-Präsidenten
Grafen von Solms-Laubach zu Köln, übernahm der Ober-Präsident
zu Koblenz, Staats-Minister von Ingersleben, die Verwaltung
beider Provinzen[2]).

Die Regelung des Verhältnisses zu den früheren Herren von
Homburg und von Gimborn-Neustadt nahm noch eine geraume
Zeit in Anspruch[3]). Dem Artikel 14 der deutschen Bundesakte
vom 8. Juni 1815 entsprechend wurde durch Edikt vom 21. Juni
1815 die Wiederherstellung der standesherrlichen Rechte innerhalb
der preußischen Monarchie angeordnet.

In Homburg wurden am 23. Juli 1815 große Festlichkeiten
veranstaltet, da erwartet wurde, der Fürst Albrecht werde als
regierender Herr zurückkehren; aber es kam anders. Durch Vertrag
vom 16. Juli 1821 entsagte der Fürst von Wittgenstein-Berleburg
den standesherrlichen Rechten zum größeren Teile, und dieser
Vertrag wurde unter dem 23. August jenes Jahres vom König
Friedrich Wilhelm III. ratifiziert.

In Gimborn=Neuſtadt war am 10. Oktober 1811 Graf Karl von Wallmoden ſeinem Vater Ludwig in dem Beſitz der Herrſchaft gefolgt. Er hatte ſchon am 29. April 1815 den ganzen Grundbeſitz an den Grafen Paul von Merveldt veräußert, ſo daß ihm die Fortführung einer ſtandesherrlichen Regierung kaum noch thunlich blieb; er wünſchte daher dringend, ſich ſeiner Rechte zu entäußern. Durch Vertrag vom 21. November 1818 verzichtete Graf Wallmoden gegen eine Abfindungsſumme von 75000 Thalern auf alle ſtandesherrlichen Rechte über Gimborn=Neuſtadt; der Staatskanzler Fürſt Hardenberg ratifizierte am 22. Januar 1822 dieſen Vertrag.

Durch Verfügung vom 14. Mai 1816 war angeordnet worden, daß das Gebiet der Herrſchaft Gimborn=Neuſtadt einen eigenen landrätlichen Kreis zu bilden habe, ebenſo das Gebiet der Herrſchaft Homburg. Am 26. Februar 1819 aber wurden beide Kreiſe proviſoriſch zu einem einzigen Kreiſe vereinigt, und am 12. Februar 1825 wurde dieſes Verhältnis endgültig beſtätigt. Beide Herrſchaften zuſammen bilden ſeitdem den Kreis Gummersbach.

3. Volkstümliche Männer.

Mit dem Eintreten der preußiſchen Verwaltung begann für das Bergiſche Land eine neue Zeit. Es dauerte jedoch noch lange, bis alle Elemente mit der neuen Geſtaltung der Dinge vollſtändig ausgeſöhnt waren. Manche Einrichtung aus der Zeit der franzöſiſchen Herrſchaft hatte am Rhein feſte und bleibende Wurzeln geſchlagen, und auf mehreren Gebieten mußten ſich die Rheinländer eine gewiſſe Selbſtändigkeit zu wahren.

Zum Glück gab es eine große Zahl volkstümlicher Männer im Lande, deren Wirkſamkeit vom wohlthätigſten Einfluſſe auf die Bevölkerung war. Mit bergiſchem Freimut bekämpfte namentlich der bekannte Profeſſor und ſchlagfertige Polyhiſtor Benzenberg zu Düſſeldorf die Vorurteile der Rheinländer gegen Preußen.

Johann Friedrich Benzenberg wurde am 5. Mai 1777 zu Schöller bei Mettmann geboren, wo ſein Vater Pfarrer war. Dieſer erteilte ihm den erſten Unterricht und ſchickte ihn auf die Univerſität zu Marburg, damit er Theologie ſtudiere. Der Sohn aber wandte ſich den mathematiſchen Wiſſenſchaften zu und ging nach Göttingen, wo er Lichtenberg und Käſtner hörte. Nachdem er 1799 von Göttingen zurückgekehrt war, bereicherte er ſeine

Kenntnisse in der Astronomie durch Umgang und Briefwechsel mit Johann Löh, dem späteren Burscheider Pastor, der damals noch Pfarrer in Solingen war. Unter dessen Anleitung schrieb er gegen die Erklärung der Apokalypse Jung=Stillings, u. a. 1799 das Schriftchen: „Saul unter den Propheten oder Hofrat Jung unter den Astronomen." Er wurde hierauf zu Düsseldorf als Lehrer der Mathematik angestellt und befaßte sich dort viel mit Untersuchungen über die Schnelligkeit des Falles, die Bahnen der Sternschnuppen und die Umdrehung der Erde. Im Jahre 1805 ernannte ihn der Kurfürst Maximilian Joseph zum Professor und übertrug ihm die Leitung der allgemeinen Landesvermessung zur Herstellung eines neuen Katasters. Er entwarf eine Landmesserordnung, die von der Regierung eingeführt wurde, und schrieb ein Lehrbuch der Geometrie in drei Bänden.

Nach der Abtretung des Bergischen Landes an Napoleon zog Benzenberg in die Schweiz, kehrte aber nach dem Aufhören der Fremdherrschaft in die Heimat zurück und schrieb manches im Geiste der Zeit für den „Rheinischen Merkur", den „Hermann" und andere vaterländische Blätter; daneben bemühte er sich für Gewinnung des Zuckers aus Rüben ꝛc. Als Napoleon von Elba zurückkehrte, bot er den Verbündeten seine Dienste an und zog mit in Paris ein.

Benzenberg hielt sich dann einige Zeit in Berlin auf, ver= kehrte mit Gneisenau und dem Staatskanzler Hardenberg, welchem er seine unabhängige Feder lieh. Er schrieb u. a. über Verfassung und 1818 über die Notwendigkeit der Anlegung eines neuen Katasters. Darauf erschien sein Buch „über Provinzial=Verfassung, mit be= sonderer Rücksicht auf die niederrheinischen Herzogtümer". Bei wiederholtem Aufenthalte in Berlin im Jahre 1820 schrieb er u. a.: „Wünsche und Hoffnungen eines Rheinländers", sowie über die Verwaltung des Staatskanzlers Hardenberg. Seine Schrift über Friedrich Wilhelm III. wurde aber höheren Orts sehr un= günstig aufgenommen. Als Mitarbeiter am „Westfälischen Anzeiger" und ähnlichen Blättern bekämpfte er freimütig das Philistertum und die Reaktion.

Die letzten Jahrzehnte seines Lebens verbrachte Benzenberg auf seinem Gute zu Bilk bei Düsseldorf, wo er eine Sternwarte eingerichtet hatte, mit astronomischen und mathematischen Arbeiten. Mit Alexander von Humboldt stand er in steter Verbindung, der im „Kosmos" seine Beobachtungen ehrend erwähnt. Er starb zu Bilk am 8. Juni 1846. Sein Grabmal auf dem Friedhofe zu Düsseldorf, welches er sich selber hat errichten lassen, trägt die einfache Inschrift: „Benzenberg".

„Er war ein durchaus tüchtiger Mann von vielseitigen gediegenen Kenntnissen und edler Gesinnung, ein Freund des Vaterlandes, dem er in guten und schlimmen Tagen in Treue hingegeben. Seine mit dem Alter zunehmenden Eigentümlichkeiten sprechen sich auch in seiner Schreibweise aus, deren selbstgefällige Keckheit und geistvolle Derbheit von tüchtigen Kenntnissen unterstützt wurde, so daß er seinen Aussprüchen trotz aller Spöttereien gesinnungsloser flacher Kritiker immerfort bei allen Einsichtigen Geltung verschaffte. Die Wissenschaft und das praktische Leben verdanken dem treuen braven Manne manches Gute". Seine Aussprüche: „Alles, was alle angeht, muß öffentlich sein!" und: „Zahlen beweisen!" sind sprichwörtlich geworden und erhalten ihn bei seinen dankbaren Landsleuten in bleibendem Andenken[4]). —

Andere Männer, deren segensreiche Thätigkeit in jener Zeit rühmend zu erwähnen ist, waren: „Der Herr Rat zu Opladen", Vincenz Deycks, der Förderer der Landwirtschaft in all ihren Zweigen, insbesondere des Gartenbaues und der Obstbaumzucht, gestorben am 12. Januar 1850; „der Burscheider Pastor", Johann Löh, ein Bekämpfer des Aberglaubens, Pfleger wahrer Bildung und Prediger christlicher Duldung, gestorben am 29. März 1841, und „der Doktor zu Schlebusch", Jakob Salentin von Zuccalmaglio, der Stifter der ersten Musikvereine auf dem Lande, seit 1830 Notar in Krefeld, seit 1834 in Barmen, wo er 183x starb[5]). Diese „Reformatoren der Heimat" sind uns schon von früher her auf das beste bekannt; ihnen ließen sich noch viele andere anreihen.

4. Das Hungerjahr.

Leider trat in den ersten Jahren der preußischen Herrschaft eine Zeit großer Not ein[6]), entstanden durch die vollständige Mißernte des Jahres 1816. Schon 1815 waren die Ernteergebnisse mangelhaft gewesen, so daß hinreichende Vorräte nirgendwo hatten angesammelt werden können. Im März 1816 trat große Dürre ein, welche bis in den Mai anhielt; am 12. Mai aber fing es an zu regnen, und der Regen strömte fast unaufhörlich den ganzen Sommer hindurch bis zum Herbst hinein. Bloß um Allerheiligen

hörte es so lange auf zu regnen, bis infolge der plötzlich ein=
tretenden Kälte Kartoffeln und Rüben erfroren waren. Dann
fing es mit neuen Kräften wieder an; Tag auf Tag, Woche auf
Woche strömte abermals Regen hernieder.

Bereits im Juli klagte man über die ungeheuren Preise der
Lebensmittel; weder Korn, noch Kartoffeln und Gemüse sei mehr
vorhanden. Dazu kam nun die entsetzliche Mißernte im Herbst;
das Getreide wurde faul im Felde, die Kartoffeln erfroren, und
das Gemüse war bald aufgezehrt. Auf die Märkte in den Städten
kam nichts, weil die Landleute selber nichts hatten, und Eisen=
bahnen gab es noch nicht. Die Preise stiegen höher und immer
höher. Schon im Sommer 1816 wurde in Elberfeld ein „Verein
gegen Kornteuerung" mit einem Betriebskapital von mehr als
100 000 Thlrn. gegründet, welcher in den Ostseehäfen direkt
Getreide einkaufen und unter seiner Aufsicht verarbeiten ließ, um
das Brot zu billigerem, festem Preise zu verkaufen. Dieser Verein
stiftete großen Segen, doch nur in der nächsten Umgebung, und
auf dem Lande war die Bildung derartiger Vereine nicht möglich,
weil das Kapital dazu fehlte; hier wuchs die Not mit jedem Tage.
Noch im Juni 1817 liefen am Rhein Menschen weinend umher,
weil sie bei den Bäckern sogar für bares Geld kein Brot bekommen
konnten. Reis und Fleisch war noch das wohlfeilste, was man
kaufen konnte, aber auch viel teurer als jetzt. Da blieb kein
Heckenmus unbenutzt, und sogar die elendesten Surrogate, besonders
Flechten und Moose, wurden als Ersatz für Lebensmittel in Vor=
schlag gebracht. Eine in volkstümlichem Tone geschriebene Zu=
sammenstellung von solchen Ersatzmitteln, das „Not= und Hülfs=
büchlein" des Lehrers Voß zu Strombach bei Gummersbach⁷),
wurde seitens der Regierung dringend empfohlen.

Das darbende Volk war durch die voraufgegangene schwere
Zeit des französischen Joches und der durch die Befreiung von
demselben entstandenen schweren Opfer an Entbehrungen gewöhnt;
es nahm auch jetzt das furchtbare Elend des Hungerjahres als
eine göttliche Fügung geduldig hin; war doch nun Frieden und
Ordnung im Lande! Einer half dem andern getreulich, und wer
Geld hatte, ließ dafür arbeiten. Viele hundert Arbeiter wurden
an den Festungswerken zu Deutz beschäftigt. Auch hatte die
Regierung schon vor Eintritt des Winters 1816 Getreide nach
Wesel geschafft, um dem Mangel in den Rheinprovinzen abzu=

helfen. Über diese Fürsorge der Regierung für die „neuerworbenen, trotz guter Behandlung mißvergnügten Rheinländer" beschwerten sich die altangestammten Westfalen, denen erst im Mai 1817 Hülfe zu teil wurde, und da man zudem noch bei der Verteilung mit großer Ungeschicklichkeit verfuhr, erlitt das Ansehen der preußischen Beamten einen schweren Stoß.

Da war es denn ein Glück, daß die Ernte des Jahres 1817 eine in jeder Beziehung günstige war, so daß diese beklagenswerten Erscheinungen ihr Ende fanden. Die Teuerung hielt aber noch lange an; zu Martini 1817 stand das Korn noch eben so hoch, wie an demselben Tage des Notjahres 1795. Erst allmählich sanken die Preise, bis sie im Jahre 1823, einem Jahre nie dagewesenen Überflusses, den niedrigsten Satz dieses Jahrhunderts erreichten und und noch nicht ein Zwölftel der furchtbaren Hungersnotpreise des Frühlings 1817 erreichten.

5. Die politische Reaktion nach den Freiheitskriegen.

Dem Volke, welches mit unerhörter Begeisterung und unwiderstehlicher Kraft das französische Joch abgeschüttelt hatte, war statt des erhofften Lohnes seiner Siege, wie wir gesehen haben, das Los herber Entbehrung zugefallen; aber schlimmer noch als die wirtschaftliche Not war die politische Reaktion, welche nach den Freiheitskriegen sich geltend machte. Das deutsche Volk hatte nicht nur das Vaterland von den Franzosen befreien, sondern auch das deutsche Reich in lebenskräftiger Form wieder herstellen wollen. Doch diese schönen, stolzen Hoffnungen, so berechtigt sie auch waren, trat der Wiener Kongreß unbarmherzig zu Boden. Man stiftete den „Deutschen Bund", einen Fürstenbund ohne Berücksichtigung des Volkes, und gab dem letzteren statt der verheißenen nationalen Verfassung die deutsche Bundesakte vom 8. Juni 1815. Der deutsche Bundestag war nichts anderes als das gefügige Werkzeug der von Rußland diktierten Politik der sog. „heiligen Allianz", und wenn auch einzelne deutsche Fürsten an der nationalen und liberalen Politik festzuhalten suchten, so wurden sie doch bald genötigt, davon abzulassen.

König Friedrich Wilhelm III. hatte in dem Besitzergreifungs-Patent vom 5. April 1815 die „Bildung einer Repräsentation" in Aussicht gestellt und in einer besonderen Kabinetsordre vom 22. Mai desselben Jahres versprochen, die alten und die neuen

Provinzen durch das Band einer gemeinsamen Verfassung mit Reichsständen enger mit einander zu verknüpfen. Als er nun im Herbst 1817 seine neuen Länder am Rhein besuchte, überreichte ihm in Koblenz eine Anzahl von Bewohnern derselben eine Adresse, in welcher die Bitte um baldige Einführung der Reichsstände ausgesprochen war. Der König aber erwiderte, „er habe keinen Termin für die Erfüllung seiner Zusage gesetzt; ihn daran zu mahnen, sei frevelhafter Zweifel; Pflicht der Unterthanen sei es, ruhig abzuwarten". Zwar wurde eine „Verfassungskommission" niedergesetzt, an deren Spitze Wilhelm von Humboldt stand; aber ihre Beratungen blieben ohne Resultat, und sie wurde wieder aufgelöst.

Die Männer der Reaktion, die das Vertrauen des Königs zu gewinnen wußten, suchten jede Spur der glorreichen Erhebung von 1813 auszutilgen. Die patriotische Begeisterung jener Zeit lebte insbesondere in den Herzen der deutschen Jugend. Die von den deutschen Studenten gegründeten „Burschenschaften", welche eine tüchtige Ausbildung der Persönlichkeit nach Geist und Körper bezweckten, und deren Mitglieder als Symbol vaterländischer Gesinnung die Farben Schwarz-Rot-Gold (die angeblichen Farben des alten deutschen Reiches) trugen, wurden unter Anklage gestellt, das Turnen wurde verboten, der „Turnvater" Jahn in peinliche Untersuchung genommen u. s. w. Erwünschten Vorwand für ihr weiteres Vorgehen gab der Reaktion schon die von den Burschenschaften am 18. Oktober 1817 veranstaltete Wartburgfeier, mehr aber noch die Ermordung Kotzebue's durch den Studenten Sand. Am 20. September 1819 erließ der deutsche Bund die sog. „Karlsbader Beschlüsse", welche die Einführung der Censur, Überwachung der Universitäten, Beschränkung der parlamentarischen Öffentlichkeit und die Einsetzung einer Central-Untersuchungskommission zur Verfolgung der sog. „demagogischen Umtriebe" anordneten. Diese Kommission hat im ganzen 1800 Männer und Jünglinge vor ihren Richtstuhl gezogen. Vincenz von Zuccalmaglio, auch „der alte Fuhrmann" genannt, sagt darüber: „Die besten, edelsten Jünglinge wurden ergriffen und in strengste vieljährige Kerkerhaft gebracht aus keinem andern Grunde, als weil sie ihr Vaterland liebten und ein edles freies Wort gesprochen oder gesungen hatten. Was 1813—15 für die höchste Tugend gegolten hatte und jetzt seit vielen Jahren wieder . . . gepriesen wird . . ., galt seit 1818 und eine lange Schmachzeit hindurch als todeswürdiges Verbrechen, und die Väter

warnten ihre Söhne vor der strafwürdigen Bethätigung am vaterländischen Streben. Aus vielen dem alten Fuhrmanne befreundeten
Familien wurden Söhne in Gefängnisse geschleppt, sein älterer
Bruder, viele seiner Anverwandten von der heimlichen Polizei ergriffen und viele nach Spandau, nach Wesel und Gott weiß wohin
auf die Festung geschleppt. Viele Familien kamen in Trauer, es
war ein Elend so schmachvoll fast als die fremde Unterdrückung ...
In welches geistige Elend unser deutsches Volk damals zu versinken
begann, bewiesen nicht nur die flachen französischen Romane und
die Lüggeschichten und Denkwürdigkeiten über den ersten Bonaparte
und über und von den französischen Generalen, die in zimperlicher
Eitelkeit mit allerlei Schönpflästerchen ihr durch Brand und Blut-
flecken geschändetes Antlitz vor der richtenden Nachwelt zu bekleben
suchten, sondern auch die Bilder jener modernen Raubritter im
großen, die in allen Gastzimmern an anschaulichster Stelle, zumal
im Rheinlande, aufgehängt waren. Gott sei Lob und Dank, daß
dennoch die Glut für das Vaterland auf den Hochschulen wirkungs-
voll genährt wurde, und daß jene Schandbilder heutzutage verschwunden und die Gestalten und die Thaten wahrhaft deutscher
Helden an ihre Stelle getreten sind[8]."

Das deutsche Volk, damals hoffnungslos in die Zukunft
schauend, büßte die Teilnahme am öffentlichen Leben in dem Jahrzehnt von 1820 bis 1830 immer mehr ein, es versank den öffentlichen Dingen gegenüber fast in vollständige Gleichgültigkeit, und
der Deutsche gewöhnte sich wieder, nur „Weltbürger" zu sein.

6. Fortschritte auf geistigem Gebiete.

Das Jahr 1817 erlangte eine große Bedeutung für die
evangelische Kirche, da in demselben die Vereinigung der Lutheraner
und Reformierten angebahnt wurde. Aus Anlaß der in dieses
Jahr fallenden 300jährigen Jubelfeier der Reformation erließ
nämlich König Friedrich Wilhelm III. unter dem 27. September
eine Aufforderung zur Union der beiden evangelischen Konfessionen[9],
welche mit so großer Zustimmung aufgenommen wurde, daß die
meisten Gemeinden derselben allmählich Folge leisteten. Das
Jubiläum der Reformation wurde im Bergischen Lande allgemein
festlich begangen.

Die katholische Kirche feierte im Jahre 1817 in besonderer
Weise den Todestag des hl. Suitbert, da derselbe nach der irrtüm-

lichen Angabe des Pseudo=Marcellinus 717 gestorben sein soll, und
der Wundarzt Dr. J. A. Diemel zu Elberfeld legte im nämlichen
Jahre auf der Hardt daselbst den Grundstein zu einem Denkmale
desselben [10]).

Das evangelische Kirchenwesen befand sich zu jener Zeit
in einem provisorischen Zustande. Schon 1814 hatte der General=
Gouverneur Alexander zu Solms eine Verordnung [11]) erlassen und
dadurch statt der bestehenden Synodal=Presbyterial=Verfassung pro=
visorisch ein Ober=Konsistorium zu Düsseldorf als Centralbehörde
für das protestantische Kirchenwesen beider Konfessionen errichtet.
Die Synoden protestierten vergeblich gegen diese Anordnung. Mit
der Einführung der preußischen Verwaltung im Jahre 1816 hörte
aber das Ober=Konsistorium zu Düsseldorf wieder auf, und es wurde
am 23. April desselben Jahres für den Ober=Präsidialbezirk Köln,
wozu auch das Herzogtum Berg gehörte, ein Provinzial=Kon=
sistorium zu Köln angeordnet, und diesem nebst den Königlichen
Regierungen die Aufsicht und Leitung der kirchlichen Angelegenheiten
übertragen. Zur Beratung über die künftige Verfassung der
evangelischen Kirche der Provinz wurde im Jahre 1817 die Ab=
haltung von Kreis=Synoden und zu demselben Zwecke im Jahre
1818 auch eine Provinzial=Synode zu Duisburg angeordnet. Am
26. Februar 1826 wurde das Konsistorium zu Köln aufgehoben
und dasjenige zu Koblenz als oberste Verwaltungsbehörde sämtlicher
evangelischen Gemeinden der Rheinprovinz bestimmt.

Im Jahre 1829 machte sich im Bergischen Lande der Wunsch
geltend, den 300jährigen Todestag des Reformators und
Märtyrers Adolf Clarenbach festlich zu begehen [12]). Am 30. Juli
des genannten Jahres wurde von einer Anzahl Pfarrer zu Neuenhof
bei Lüttringhausen der Beschluß gefaßt, diese Festfeier am
28. September in der Kirche zu Lüttringhausen zu veranstalten und
„auf dem Grund und Boden des Buscherhofes als der Geburtsstätte
des Märtyrers" demselben ein würdiges Denkmal aus freiwilligen
Beiträgen zu errichten. Die Regierung glaubte diesem Beschlusse
ihre Genehmigung versagen zu müssen, weil „bei Ausführung dieser
Absicht Anstoß und Ärgernis bei den katholischen Konfessionsgenossen
kaum zu vermeiden" sei; aber König Friedrich Wilhelm III. gestattete
durch eine Kabinetsordre vom 17. September, daß „eine gemein=
schaftliche Feier des dritten Säkular=Todestages des Bergischen
Reformators Clarenbach in der Kirche zu Lüttringhausen gehalten

und daß demselben das beabsichtigte Monument, zu welchem man Beiträge gesammelt, errichtet werde". Infolgedessen fand am 28. September die Feier statt, die sich bei allgemeinster Teilnahme zu einem wirklichen Landesfest gestaltete. Nach der Feier in der Kirche zu Lüttringhausen, bei welcher der damalige Superintendent der Elberfelder Kreissynode und spätere preußische Oberhofprediger Snethlage die Festpredigt hielt, bewegte sich ein unabsehbarer Zug zu der Stätte in der Nähe des Buscherhofes als des Geburtsortes Clarenbachs, wo der Grundstein zu dem Denkmale gelegt wurde, welches noch jetzt an den großen Mann erinnert.

Dieser Feier folgte im Jahre 1830 das 300jährige Jubel= fest der Augsburgischen Konfession[13]), bei welcher Friedrich Wilhelm III. die Freude erlebte, daß sein Lieblingswerk, die Agende, durch welche er das Werk der Union sichern wollte, im größten Teile des Landes angenommen und damit, wie er selbst sagte, „die Union der Vollendung näher geführt" wurde. Man sah aber in Berlin ein, daß in Jülich=Cleve=Berg und Mark, wo die Protestanten einst aus eigener Kraft unabhängig von der Landesregierung sich eine freie Verfassung geschaffen hatten und also der Selbständigkeit gewohnt waren, auf Annahme der Agende nicht zu rechnen sei, wenn man nicht die Presbyterien und Synoden wieder herstelle. So wurde denn im Jahre 1835 zugleich mit der Agende, welcher besondere Bestimmungen und Zusätze für Westfalen und die Rhein= provinz beigefügt wurden, die unter Berücksichtigung der bisherigen Kirchenordnungen, sowie der Gutachten und Anträge der Synoden abgefaßte und vom König unterm 5. März bestätigte neue „Kirchen= ordnung für die evangelischen Gemeinden der Provinz Westfalen und der Rheinprovinz" eingeführt.

Damit war der Zusammenschluß sämtlicher evangelischen Ge= meinden des Rheinlandes zu einer Provinzialkirche verwirklicht. Im August 1835 tagte die erste „Rheinische Provinzialsynode" zu Neuwied.

Auch auf dem Gebiete des Rechts mußten die Rheinländer eine gewisse Selbständigkeit zu behaupten. Am 9. Dezember 1824 befahl Friedrich Wilhelm III. die Aufhebung des französischen Civil= gesetzbuches. Die Ritterschaft war zwar damit einverstanden, aber die anderen Stände wollten sich dieses Gesetz nicht nehmen lassen und führten einen energischen Kampf um die Beibehaltung desselben, so daß es auf dem Provinziallandtage zu stürmischen Debatten kam. Hierdurch bewogen, lenkte der König ein und verordnete, daß erst die Revision des Landrechts abgewartet werden solle. So blieb das französische Recht bis heute für uns bestehen.

Ein großer Franzosenhasser und entschiedener Gegner des französischen Rechts war der aus den Freiheitskriegen bekannte Freiherr von Hallberg-Broich, der in seinen Schriften bitter über die Beibehaltung desselben spottete. Er war aber auch mit manchen Schritten und Maßnahmen der preußischen Regierung nicht einverstanden und schrieb u. a. im Jahre 1819 das „Deutsche Kochbuch", in welchem er die damaligen Zustände geißelte[14]); auch hatte er schon früher den roten Adlerorden, der ihm für seine Verdienste um die Bildung des Landsturms verliehen worden war, zurückgesandt und dadurch den König gekränkt. Infolge der Herausgabe des Kochbuches erging ein Verhaftsbefehl, Hallberg aber, durch Freunde gewarnt, entzog sich der Ausführung desselben durch die Flucht und ging nach Bayern, wo er freundliche Aufnahme fand. In der Gemeinde Gauting bei München kaufte er mehrere Güter an und setzte seine Schriftstellerei fort unter dem Namen: „Der Eremit von Gauting". Er starb am 17. April 1862.

Besondere Sorgfalt wandte die preußische Regierung dem Schulwesen zu. In unserer Gegend wirkten zu jener Zeit zwei Schulmänner, welche durch Wort und Schrift zu dem Aufschwunge des Schulwesens außerordentlich viel beitrugen und zu den größten und einflußreichsten Pädagogen aller Zeiten gehören: Wilberg und Diesterweg.

Johann Friedrich Wilberg, der „Meister am Rhein", geboren am 5. November 1766 zu Ziesar im Regierungsbezirk Magdeburg, erhielt, da seine Eltern in dürftigen Verhältnissen lebten, von seinem Großvater, der Lehrer zu Carow in der Nähe von Ziesar war, die erste Erziehung, besuchte später ein halbes Jahr lang die Musterschule des Herrn von Rochow zu Reckahn, dann das Lehrerseminar zu Berlin und wurde 1789 als Lehrer nach Bockum in Westfalen berufen. Er erhob die dortige Schule zu einer Musterschule, stiftete die Gesellschaft der Schulfreunde in der Mark und schrieb seinen Märkischen Kinderfreund. Im Jahre 1802 wurde er als Lehrer und Inspektor der Armenanstalt zu Elberfeld berufen. Er schrieb u. a. ein „Lesebuch für Elementarschulen", welches in 20 Auflagen verbreitet wurde. Um den bedeutenden Mann dauernd an Elberfeld zu fesseln, übertrug man ihm die Gründung einer ihm zusagenden Schulanstalt, die unter dem Namen „Bürgerinstitut" bekannt wurde. Im Jahre 1814 wurde er auch zum Schulpfleger des Bezirks ernannt. An der von ihm gestifteten Schule wirkte er bis 1829, wurde dann als Schulinspektor angestellt und trat 1837 nach 35jähriger, ungemein segensvoller Wirksamkeit zu Elberfeld in den Ruhestand. Er zog nach Bonn, wo er am 17. Dezember 1846 in einem Alter von 80 Jahren starb. Auf der Hardt wurde ihm ein Denkmal errichtet.

Adolf Diesterweg, geboren am 29. Oktober 1790 zu Siegen, kam am 13. Mai 1818 als zweiter Rektor an die lateinische Schule zu Elberfeld, hatte hier mit dem geistesverwandten Wilberg täglichen Umgang und wurde durch ihn für das Volksschulwesen gewonnen. Im Jahre 1820 wurde er als Direktor des Lehrerseminars nach Mörs berufen; am 3. Juli hielt er dort die Eröffnungsrede.

———

Die Düsseldorfer Gemäldegallerie war 1805 auf Befehl des Kurfürsten nach München gebracht worden, und alle Bemühungen um Rückgabe derselben sind bis jetzt erfolglos geblieben.

Die von Karl Theodor gestiftete Kunstakademie zu Düsseldorf war unter der Fremdherrschaft in Verfall geraten; im Jahre 1819 aber erfolgte die langersehnte Reorganisation derselben[16]). Zum Direktor derselben berief man den in Rom weilenden Peter Cornelius, der als geborner Düsseldorfer ganz besonders hierfür geeignet erschien. Er trat die Stelle im Jahre 1821 an und mit seinem Eintreffen erwachte sofort neues Leben in der rheinischen Kunstschule. Hochbegabte Schüler sammelten sich um ihn, darunter Kaulbach. Das künstlerische Schaffen mußte sich um so glücklicher gestalten, als Cornelius gleichzeitig den Auftrag erhalten hatte, die Glyptothek zu München mit Wandgemälden zu schmücken. Er machte nun in den nächsten Jahren mit seinen Schülern im Winter zu Düsseldorf die Vorarbeiten, deren Ausführung im Sommer zu München erfolgte. Als Cornelius dann im Jahre 1824 als Direktor der Akademie nach München berufen wurde, folgten ihm die meisten seiner Schüler dorthin.

Im Jahre 1826 wurde Wilhelm Schadow Direktor der Düsseldorfer Akademie, dem seine talentvollsten Schüler: Karl

Friedrich Lessing, Julius Hübner, Theodor Hildebrandt, Karl Sohn, Christian Köhler, Heinrich Mücke und Eduard Bendemann von Berlin nach Düsseldorf folgten, wo sich nun ein so frisches und fröhliches künstlerisches Leben und Streben entfaltete, wie es in der Kunstgeschichte fast einzig dasteht. Dazu wirkten mehrere Umstände aufs günstigste zusammen. Eine Kreis der hervorragendsten Geister, wie Immermann, Uechtritz, Schnaase, Felix Mendelssohn-Bartholdy u. a. lebte damals in Düsseldorf, dessen Bekanntschaft mit den Künstlern Schadows gastliches Haus vermittelte. Zudem wurde der leutselige Prinz Friedrich von Preußen, an dessen Hof sich im Winter der größte Teil des rheinischen Adels versammelte, der fördernde Beschützer der jungen Künstler, deren Zahl sich stetig vermehrte.

Schadows Zugänglichkeit nahm mit den Jahren ab und es entstanden Streitigkeiten, durch welche die äußere Einheit der Düsseldorfer Schule gebrochen wurde. Nach der Auflösung des Schadow'schen Kreises wurde den nun getrennt von einander arbeitenden Künstlern der Mangel eines gesellschaftlichen Vereinigungspunktes schmerzlich fühlbar, bis endlich die Einheitsbestrebungen des Jahres 1848 bei Gelegenheit einer Feier der deutschen Einheit am 6. August jenes denkwürdigen Jahres zur Stiftung eines Vereins führten, der auf Vorschlag Karl Hübner's den originellen, aber bezeichnenden Namen Malkasten erhielt, da in ihm alle Farben und Schattierungen nach Charakter, Bildung, Befähigung und Ansichten reichlich vertreten sind. Im Anfang vielfach verdächtigt und angefeindet, hat sich der Malkasten immer herrlicher entwickelt und ist das Vorbild vieler auswärtiger Vereine geworden; seiner Anregung verdankt auch die Allgemeine Deutsche Kunstgenossenschaft ihre Entstehung.

In Düsseldorf aber hat sich der Malkasten noch ein besonderes Verdienst erworben durch den Ankauf des herrlichen Jacobi'schen Gartens, der durch die Besuche Goethes u. a. zu allgemeiner Berühmtheit gelangt ist. Eine Verlosung geschenkter Bilder gewährte die Mittel, nicht nur den Garten als Vereinslokal zu erwerben und so in seiner Integrität zu erhalten, sondern auch noch ein stattliches neues Haus zu bauen. Hierdurch erfreut sich der Malkasten jetzt eines Besitztums, um das ihn mancher Künstlerverein beneiden kann.

Aus unbedeutenden Anfängen hat sich die Düsseldorfer Kunstschule durch die Neugestaltung der Akademie im Jahre 1819 zu verheißungsvollem Aufschwunge erhoben, ist zu immer glänzenderer Entwickelung gelangt und wird auch in Zukunft ihren Ruhm, der sich auf eine ehrenvolle Vergangenheit gründet, zu bewahren wißen.

7. Fortschritte auf materiellem Gebiete.

Industrie, Handel und Verkehr nahmen einen Aufschwung[16]), namentlich in den dreißiger Jahren, wie man ihn nicht hatte ahnen können. Es sei hier nur einiges hervorgehoben.

Nach 16jährigem Federkriege kam am 31. März 1831 die Rheinschiffahrts=Konvention zustande, wodurch der Rhein für die Schiffahrt frei wurde „bis in die See". Preußen sah sich in dieser Zeit auch veranlaßt, den deutschen Zollverein ins Leben zu rufen, welcher 1834 entstand und um 23 Millionen Deutsche ein Band handelspolitischer Vereinigung schlang.

Auf gemeinsame Anregung der Handelskammern zu Elberfeld und Düsseldorf wurde am 22. September 1836 die Dampf=schiffahrts=Gesellschaft für den Nieder= und Mittelrhein gegründet. Zwar florierte noch bis zur Mitte der vierziger Jahre die Segelschiffahrt, konnte dann aber der Dampfschiffahrt gegen=über ihr Übergewicht nicht länger behaupten. Auch in den Fabriken begannen die Dampfmaschinen damals Eingang zu finden.

In Hinsicht des entstehenden Eisenbahnwesens stand das Bergische Land unter allen deutschen Ländern mit in erster Linie. Zwar waren im J. 1816 an die Stelle der Thurn= und Taxis'schen Posten die preußischen Posten getreten, und es war auf deren Vermehrung und Verbeßerung stetig Bedacht genommen worden, aber dem fortwährend wechselnden Verkehr vermochten sie auf die Dauer nicht zu genügen. Schon im Jahre 1832 tauchte das Projekt einer Eisenbahnverbindung zwischen Düsseldorf und Elberfeld auf und fand in den interessierten Kreisen all=gemeinen Anklang. Bei dem ausgedehnten Verkehr zwischen diesen beiden Handelsplätzen konnte an der Rentabilität des Unternehmens nicht gezweifelt werden, und so wurde dasselbe mit großer Energie durchgesetzt. Die Strecke von Düsseldorf bis Erkrath wurde bereits im Jahre 1838 fertiggestellt, und am 15. Oktober, dem Geburts=tage des damaligen Kronprinzen, fand die erste Fahrt auf derselben statt; am 1. Dezember desselben Jahres wurde die Strecke dem allgemeinen Betriebe übergeben. In dem folgenden Jahre 1839 wurde die Bahn noch wenig benutzt; während der günstigen Jahres=

zeit wurde zweimal wöchentlich, sonst aber nur an den Sonntagen gefahren. Am 10. April 1841 war der Bau der Teilstrecke Erkrath=Vohwinkel vollendet, und am 3. September des genannten Jahres konnte die ganze Strecke Düsseldorf=Elberfeld dem Betriebe über=geben werden.

Bald darauf wurde durch eine über Kettwig führende Eisen=bahn die Verbindung zwischen Düsseldorf und dem Ruhrkohlen=revier hergestellt, sowie eine Bahn von Düsseldorf nach Köln gebaut.

8. Zerstörung und Wiederaufbau des Domes zu Altenberg.

Die Abtei Altenberg war im Laufe der Jahrhunderte zu großen Reichtümern gelangt. Zwar gingen ihr zur Reformationszeit viele Güter und Gerechtsame in den evangelisch gewordenen Ge=meinden verloren, doch erhielt sie dieselben zur Zeit der Gegen=reformation größtenteils wieder zurück; vor der Franzosenzeit besaß sie mehr als 200 Güter. Die Strenge der Ordensregeln kam in den letzten Jahrhunderten selten mehr zur Anwendung; es war fast die einzige Tendenz des früher so ehrwürdigen Ordens geworden, den Ertrag der Güter zu vergrößern und in Ruhe zu verzehren. Als die Franzosen das linke Rheinufer in Besitz nahmen, verlor die Abtei alle ihre linksrheinischen Güter, 107 an der Zahl; unter ihnen befanden sich z. B. der Hof Isenkrath, wo 24 Ackerpferde gehalten wurden, und der Altenbergerhof in Köln. Infolge der Aufhebung der Klöster im Jahre 1803 wurden ihre Güter für Staatseigentum erklärt.

Die Zahl der Mönche hatte mit der Zeit bedeutend ab=genommen; im Anfang des letzten Klosterjahrhunderts betrug die=selbe etwa 50. Bei der Aufhebung der Abtei waren aber außer dem Abte nur noch 26 Mönche dort. Die Dienerschaft zählte ungefähr 50 Köpfe; da waren Jäger, Fischer, Kutscher, Lakaien, Köche, Schneider u. s. w., alle im ausschließlichen Dienste des Klosters und sich seines Reichtums erfreuend. Die wenigen Insassen des Klosters hatten die Einkünfte eines kleinen Fürstentums; außer den Naturallieferungen an Vieh, Getreide, Wein und Hausrat be=trugen die sämtlichen Einkünfte etwa 50000 bergische Reichsthaler, eine für jene Zeit höchst beträchtliche Summe. Bei der Aufhebung mußten Abt und Mönche die Abteigebäude räumen und der süßen

Gewohnheit eines unbesorgten Zusammenlebens entsagen; sie erhielten nur eine knappe Pension, so daß die meisten genötigt waren, sich nach einer andern Erwerbsquelle umzusehen.

Zu der in das Eigentum des Staates übergegangenen Abtei Altenberg gehörten ca. 700 Morgen Bodenfläche, größtenteils Waldungen. Letztere wurden unter Administration gestellt, und die Ländereien, Gärten, Wiesen u. s. w. einem Johann Hamm aus Lindlar in Pacht gegeben. Unter dem 4. Februar 1806 aber verkaufte die Landesregierung den ganzen zum Kloster gehörigen Güterkomplex nebst Jagd und Fischerei dem Kaufmann und Weinhändler Pleunissen in Köln für die Summe von 26415 Rthlr. In dem Kaufakte wurden die meisten Kunstwerke ausdrücklich vorbehalten, da dieselben nach Düsseldorf gebracht werden sollten, und der Ankäufer machte sich verbindlich, die Kirche stehen zu lassen, um den Gottesdienst darin beibehalten zu können.

Die leichtbeweglichen Sachen wurden wirklich nach Düsseldorf gebracht, manches in die Max-Josephskirche daselbst. Die Klosterbibliothek und das Archiv wurden mit der Landesbibliothek zu Düsseldorf vereinigt; erstere umfaßte 1178 Werke, darunter 38 Manuskripte, die zum Teil von hohem Werte waren.

Die Abtei vererbte sich von dem Besitzer Pleunissen in Köln auf dessen Tochter, eine Witwe Hirn, welche bald nachher die beiden Gebäudeflügel an der Dhün mit etwa 25 Morgen Bodenfläche verkaufte, die dann zur Tuchfabrikation benutzt wurden. Ein schönes, 1267 vollendetes Gebäude, das alte Dormitorium, wurde an einen Chemiker aus Remscheid, Peter Kaspar Mannes, verpachtet und — zu einer Fabrik für Farbstoffe und ähnliche chemische Erzeugnisse eingerichtet. Wiederholt brach darin Feuer aus, das aber anfänglich immer wieder gelöscht wurde, bis in der Nacht vom 6. zum 7. November 1815 ein so großer Brand entstand, daß viele Abteigebäude zerstört und auch die Kirche schwer beschädigt wurde. Vincenz von Zuccalmaglio giebt von dem Brande folgende Schilderung: „Um Mitternacht war das Feuer entstanden, welches Vorübergehende erst dann bemerkten, als schon ein Teil des Daches in Flammen stand. Ehe eine hinreichende Anzahl Menschen herbeieilen konnte, war dem Verderben nicht mehr zu steuern, denn durch die leichtverbrennlichen Fabrikmaterialien genährt, griff das Feuer so schnell um sich, daß am Morgen schon das ganze Dormitorium, die Priorat und alle Dächer bis an die Kirche in hellen Gluten standen. Der Feuerlärm rief nach allen Seiten um Rettung, und die benachbarten Banner des damals bestehenden Landsturmes eilten zur Hülfe herbei; die Brandspritzen von Burscheid und Gladbach wurden in Thätigkeit gesetzt, mit der größten Anstrengung und Kühnheit suchte man zu retten; allein das Verderben wuchs, und nachdem man die beweglichen Gegenstände aus den brennenden Gebäuden weggeschafft hatte, konnte man wenig mehr als zuschauen. In den Klostergebäuden war der Brand zu mächtig, als daß er sich vertreiben ließ, und das hohe Dach der Kirche, welches auch von den Flammen ergriffen wurde, konnten die Spritzen nicht erreichen. Die einbrechende Nacht wurde nicht bemerkt, eine Stunde Weges umher wurde sie zum Tage und viele Meilen weit leuchtete die große Fackel gleich dem blutroten Norblichte. Die Mauern und Gewölbe der beiden Dormitorien krachten unter den prasselnden Gluten zusammen — der schöne Kreuzgang und so manches herrliche Denkmal der Vorzeit war nicht mehr. Das Kirchendach, zum Schutze gegen das entgegengesetzte Element bestimmt, wurde vom Feuer verzehrt und hoch um den Glockenturm schon schlugen die Gluten zusammen; gleich einem bläulichen Schwefelregen triefte das Blei und das Messing des Kirchturmes herab, verheerend und versengend . . . Von außen war die Kirche Eine Glut, Dampfwolken wälzten sich schon durch das Innere, bis . . . zwei beherzte Männer sich in den Tempel wagten, wo Rauch und Hitze sich verbreiteten. Ihnen gelang es, die schon brennenden Bretter der Orgel zu löschen, und sie haben damals das meiste zur Rettung der Kirche beigetragen. Nachdem die Flammen in den Wohngebäuden und auf dem Kirchengewölbe alles Verbrennliche verzehrt hatten, wurden die Feuerspritzen wirksamer, und nach einer dreitägen Anstrengung sah man den Dom außer aller Gefahr; in den anklebenden Gebäuden aber glühte es noch fort, bis endlich nach mehreren Tagen die Trümmer zu dampfen aufhörten. Ohne die Thätigkeit des Landsturmes würden sämtliche Gebäude ein Raub der Flammen geworden sein; doch war leider der Verlust schon unersetzlich. Das Dach der Kirche war verzehrt, ihre Gewölbe durch die Hitze angegriffen und locker gemacht; das Chor trug auch im Innern Brandmale, und die Mauer am Dormitorium war teils eingestürzt, teils stark beschädigt; die Sakristei, das Kapitelhaus, das alte Dormitorium — die merkwürdigsten Abteigebäude, sowie das prachtvolle neue Dormitorium, die Prälatur und Priorat mit allen

Nebengebäuden bis zur Kellnerei lagen in Schutt und Trümmern.
— Trauer verbreitete diese Nachricht durch das Land; von allen
Seiten wurde der Wunsch laut, daß wenigstens das Gerettete noch
forthin erhalten werde."

Es wurde eine allgemeine Kollekte angeordnet, welche aber
dem Bedarf nicht entsprach. Um das beschädigte Kirchengewölbe
zu schützen, errichtete man ein schlechtes Ziegeldach. Am 10. August
1817 besuchte der damalige Kronprinz Friedrich Wilhelm den
Dom, von dem Oberpräsidenten von Solms=Laubach u. a. begleitet,
und man gründete darauf die Hoffnung, daß nun zur Erhaltung des
herrlichen Denkmals der Vorzeit das Erforderliche veranlaßt werde.

Nach dem Brande verkaufte die Witwe Hirn den ihr noch
gehörenden Komplex, und er kam dann an verschiedene Besitzer;
aus Eigennutz wurde schon in dieser Zeit vieles zerstört. Die
Kirche geriet immer mehr in Verfall; das schlechte Ziegeldach ließ
den Regen überall durch. Am 1. Oktober 1821 brachen die Haupt=
pfeiler durch, ein Teil des Chores wurde mit hinabgerissen und
schmetterte nieder auf die Gräber, alle Gewölbe der Kirche erschütternd.
Tags nach dem Einsturze schon erschien der Rentmeister des Frei=
herrn Leopold von Fürstenberg, um die Kirche nun, nachdem sie zur
Ruine geworden, für das Eigentum seines Herrn, der auch die
übrigen Gebäude angekauft hatte, zu erklären: „Was Brand, Raub
und Einsturz bisher verwüstet hatten, war noch nicht alles, was
die Kirche treffen sollte!" Drei Tage hindurch waren 14 Arbeiter
mit Losbrechen beschäftigt; die bemalten Fensterscheiben wurden aus=
gehoben, die Geschichtstafeln weggenommen 2c., und sogar die Gräber
geöffnet, um sie nach Kostbarkeiten zu durchwühlen. Am 6. Oktober
wurde endlich diesem Unwesen gesteuert und die Kirche unter polizei=
lichen Schutz gestellt; auch wurde manches Weggeschaffte zurückgebracht.
Da stürzte im Winter von 1830 auf 1831 wieder ein Teil des Chores
ein, so daß nun der Hauptaltar und verschiedene Gräber unter
freiem Himmel standen. Von diesem traurigen Zustande der
Kirche entwirft Zuccalmaglio als Augenzeuge folgende ergreifende
Schilderung:

„Das Kirchenschiff stehet noch fest; allein überall zeigen sich
die Spuren einer gewaltsamen Entweihung; übereinandergetürmte
Bretter, Balken, Bilder u. s. w., Sand= und Schutthaufen decken
den Fußboden ... Nur die Phantasie oder die Erinnerung vermag
die vormalige Herrlichkeit des hohen Chores wieder hervorzuzaubern.

Der südöstliche Turmpfeiler und fünf Säulen des Chores sind ein=
gestürzt; Wolken ziehen über die geöffneten Hallen, und Sonne
und Sterne sind die ewigen Lampen, welche über dem Altare
strahlen. Regen befruchtet den aufgerissenen Boden, auf welchem
grünes Leben aus Veröbung sprießt; an den Gewölben hinter dem
Altare sieht man Spuren des Brandes und der Nässe, Schlamm=
moos, zerbröckelten Mörtel und Mauerritzen. Grausenhaft ist der
Aufenthalt in dem Chore, wenn ein Sturm oder ein Gewitter tobt:
dann sauset der Wind schaurig in dem hohen Dache, welches
einsturzdrohend über dem hohen Gewölbe vorspringt, von welchem
Steine und Mörtel stündlich niederschmettern; und wenn die schwarzen
Wolken über die offenen Hallen, diese fast berührend, hinjagen,
Schloßen herunterprasseln, Blitze sich durch die Lüfte schlängeln und
das Rollen des Donners, der gewaltige Chorgesang und Orgelton
des Himmels, die Gräber erschüttert — so glaubt man die Stimme
des jüngsten Tages zu hören, welcher die schlafenden Helden erweckt,
und man schauet erwartungsvoll nach ihren ehrfurchtgebietenden
Steinbildern, ob sie sich nicht aufrichten. — Prachtvoll und traurig
zugleich ist der Anblick der Kirche im Winter, wenn der Schnee
durch die verwaisten Hallen flog und die Gräber ein blendend
weißes Leichentuch überdeckte, aus welchem hier und dort das starre
Haupt eines Fürsten sichtbar wird. Dann trägt auch der Altar
den weißen Schmuck, und Krystalle glänzen, wo einst die silbernen
Lampen der Herzoge flimmerten. Doch jeder Frühling schmückte
bisher das Chor und die Gräber wieder mit lebendigem Grün;
zwischen den zerbröckelten Heldengliedern von Adolphs VI. Büste
sproßt dann rotblühender Weiderich, und an Wicbolds Grabe, an
der Stelle, wo früher der massive Leuchter stand, hob sich noch jeden
Sommer mit unzähligen Blüten eine hohe Wollkerze. Schweiget
auch jetzt der Chorgesang, so lispeln in der Morgenfrühe die Lieder
der Schwalben um den Hochaltar, und der Zaunkönig nistet dort
unter der Büste der Himmelskönigin."

Derselbe Berichterstatter fügt hinzu: „Die übrigen noch
erhaltenen Abteigebäude sind verschieden benutzt. In dem westlich
sich an die Kirche anlehnenden Gebäudeflügel fand eine Normalschule,
eine Gastwirtschaft 2c. Raum; die alte Marienkapelle am Brücken=
thore mit den anklebenden Gebäuden sind jetzt zu einer Wollspinnerei
eingerichtet; gegenüber wohnt der Eigentümer dieser Fabrik und der
Gebäudeflügel bis zur Markuskapelle ist an Familien vermietet,

welche von der Fabrik Arbeit und Nahrung haben. In den ehemaligen Ställen und andern Ökonomiegebäuden befinden sich eine Färberei, Webestühle u. s. w. Die altertümliche Markuskapelle ist zu einem Trockenhause benutzt, und auf dem Wildhofe steht eine Holzessig-Siederei". (1835.)

Vincenz von Zuccalmaglio und Friedrich Harkort erhoben nachdrücklich ihre Stimme für die Wiederherstellung des Domes, und sowohl der Kronprinz Friedrich Wilhelm, wie auch Prinz Wilhelm von Preußen, der Gouverneur in Köln und Bruder des Königs Friedrich Wilhelm III., nahmen sich derselben wirksam an. Prinz Wilhelm besuchte den Dom mehrmals, auch der Kronprinz war im Jahre 1833 zum zweitenmale dort, und es wurde darauf der Wiederaufbau beschlossen. Im Frühling des Jahres 1835 wurde damit begonnen, doch trat bald, da es noch an dem nötigen Baufonds mangelte, eine Stockung ein, so daß man schon befürchtete, der Bau würde liegen bleiben. Als aber Friedrich Wilhelm IV. im Jahre 1840 als König den Thron bestieg, wurde durch seine Freigebigkeit die Wiederherstellung aufs neue begonnen und im Jahre 1846 vollendet. Zuccalmaglio hielt es für angemessen, daß das Bergische Land dem Bauherrn seinen Dank dafür ausspreche, und erzählt darüber selbst u. a. Folgendes: „Er lud den König ein, den Dank der Bergischen Heimat in einer würdigen Kunstleistung entgegenzunehmen, und die Bergischen Sängervereine, dem schuldigen Danke den zukömmlichen Ausdruck zu geben. Der König bestimmte den 22. September 1847 zu seinem Besuche, und alle kamen trotz des ungünstigsten Regenwetters, in welchem der König mit seinem hohen Gefolge, da noch keine fahrbare Straße gebaut war, von Straßerhof aus eine halbe Meile zu Fuß gehen mußte. Da hatte der Bergische Dom seine Bestimmung wiedererlangt. Volk und Fürsten sah man im Heiligtum versammelt, das Gotteshaus, das Jahrhunderte größtenteils leer gestanden, war von dankfreudigem Volke bis zum letzten Raume gefüllt, das Thal dichtgedrängt voll Menschen, wie wohl nie. Mit dem Könige kamen sein Oheim der Prinz Wilhelm und dessen Söhne Adalbert und Waldemar, der Thronfolger Alexander von Rußland, der Kronprinz Max und Prinz Karl von Bayern und viele andere Fürsten und höchste Beamten. 30 Sängervereine und die durch heimische Musikfreunde verstärkte Tonbühne des nachbarlichen Burscheid führten unter Leitung des Kapellmeisters

Heinrich Dorn, damals zu Köln, einen Festgesang auf, wozu
Dorn den schwunghaften Tonsatz und Montanus die Liederworte
gemacht hatte... Wie über das Bauwerk sprach sich der König
auch über die musikalische Aufführung aufs günstigste aus, wobei er
seine besondere Anerkennung ausdrückte, daß hier keine Musiker
von Beruf, sondern nur Dilettanten mitgewirkt hatten". Zuccalmaglio
erinnerte daran, daß gerade 700 Jahre nach der Gründung des
Klosters im Thale verflossen seien, „da Fürsten und Volk hier im
Thale versammelt gewesen, den ältesten Altenberger Kirchenbau
einzuweihen. Mit sichtbarer Freude nahm der König diese geschicht=
liche Notiz entgegen und nannte dies unbeabsichtigte Zusammen=
treffen eine glückverheißende Vorbedeutung, die sich mit dem in eben
gehörter Festkantate ausgesprochenem Wunsche für die Einheit des
deutschen Vaterlandes bewähren möge. (Und es hat sich gottlob
bewährt in der Wiederherstellung des deutschen Reiches unter seinem
gleich edlen Bruder, unserm Heldenkaiser Wilhelm.)" Beim Abschied
sagte der König: „Nach sechs Monaten soll in diesen Hallen Gottes
Lob erschallen". Es dauerte jedoch noch zehn Jahre, bis die Kirche
wieder für den Gottesdienst geöffnet wurde. Durch Kabinetsordre
vom 11. September 1856 ordnete der König an, daß ein Simultan=
gottesdienst in Altenberg eingerichtet werden solle; am 3. Juli 1857
wurden die Pastoren von Odenthal und Bergisch-Gladbach mit der
Abhaltung des Gottesdienstes betraut. Am 26. Juli 1857 wurde
der katholische, am 13. August desselben Jahres der evangelische
Gottesdienst im Dome eröffnet. Im Jahre 1859 wurde in Alten=
berg ein eigener katholischer Geistlicher angestellt; der evangelische
Gottesdienst wird jetzt durch den in Schlebusch angestellten Pfarrer
verrichtet [17]).

9. Das Wiedererwachen des deutschen Nationalgefühls.

Durch die Pariser Julirevolution wurde das deutsche Volk,
welches politisch ganz gleichgültig geworden zu sein schien, im
Jahre 1830 mit einemmale in eine Erregung versetzt, die sich an
vielen Orten bis zu Aufständen steigerte. Am 27. Mai 1832
wurde auf dem Schlosse Hambach in Rheinbayern ein „Fest der
Verbrüderung freier Völker" gefeiert. Alle, die sich mit den öffent=
lichen Dingen beschäftigten, schieden sich in zwei große Parteien,
die „Liberalen" und die „Konservativen"; die Liberalen nannten
sich die einzigen und wahren Vertreter des Volkes, die Vorkämpfer

für Recht und Freiheit, und bezeichneten ihre konservativen Gegner als „Reaktionäre".

Der deutsche Einheitsgedanke erhielt durch die Entstehung der Eisenbahnen, wodurch die Deutschen von Nord und Süd, Ost und West einander näher gebracht wurden, sowie durch die Bildung des deutschen Zollvereins, der einen großen Teil des deutschen Volkes handelspolitisch einte, eine wesentliche Förderung. Der Widerstand gegen den Verfassungsbruch des Königs von Hannover, die Opposition gegen die Danisierung Schleswig-Holsteins, die Reformversuche auf kirchlichem Gebiete belebten die Hoffnungen der Liberalen wieder, namentlich aber that dies die Thronbesteigung Friedrich Wilhelm IV. Aus Pietät gegen den alten König hatte man die Wünsche für eine freiere Gestaltung des Staatswesens zurückgedrängt; von dem neuen Könige aber erwartete man ein Eingehen auf dieselben. Seine ersten Regierungshandlungen schienen auch dahingehende Hoffnungen zu ermutigen; er milderte die Preß- und Theatercensur, hob die Untersuchungskommission auf, machte das gegen Arndt und Jahn begangene Unrecht wieder gut, berief auch andere durch die Reaktion verdrängte Männer wieder auf wichtige Posten u. s. w.; aber er wurde von seinen anfänglich freieren Anschauungen allmählich abgebracht. Er war zwar nicht abgeneigt, die Provinzialstände weiter zu entwickeln, von einer Volksvertretung im modernen Sinne wollte er jedoch nichts wissen.

Infolge der drohenden Haltung Frankreichs im Jahre 1840 erwachte das deutsche Nationalgefühl mächtig. In Köln, der Hauptstadt des Rheinlandes, wurde bei der Feier des Königs-Geburtstages am 15. Oktober als Prolog zu einer Festvorstellung im Theater ein patriotisches Lied gesungen, das „Rheinlied" von Nikolaus Becker: „Sie sollen ihn nicht haben, den freien deutschen Rhein!" Bald erklang es in ganz Deutschland, und es erwachte der Gedanke der „preußischen Hegemonie". Im Jahre 1846 erhielt derselbe eine neue Anregung durch die Bedrängung des Deutschtums im Norden, und abermals fand das dadurch entflammte Nationalgefühl seinen Ausdruck in einer poetischen Kundgebung, dem „Schleswig-Holsteinliede": „Schleswig-Holstein, meerumschlungen".

Am 3. Februar 1847 wurden dann ganz unerwartet durch ein königliches Patent die preußischen Provinzial-Landtage zu einem „Vereinigten Landtage" nach Berlin zusammenberufen, worin die Einleitung zur Einführung von Reichsständen zu liegen schien; allein der König wollte auf eine Erweiterung der dem Landtage gesteckten Grenzen nicht eingehen, und an eine Verfassung war noch nicht zu denken. Die deutschen Regierungen traten den im Volke sich kundgebenden Wünschen nach einer zeitgemäßen Neugestaltung des Staatswesens meistens schroff entgegen, so daß allgemein eine tiefgehende Verstimmung entstand, die sich in den politischen Dichtungen jener Zeit widerspiegelt.

10. Das Jahr 1848 und seine Folgen.

Unter den erwähnten Umständen war es nicht zu verwundern, daß die französische Februar-Revolution des Jahres 1848, wie anderwärts, so auch in Deutschland einen gewaltigen Rückschlag hervorbrachte. Die Regierungen sahen sich zu Zugeständnissen gezwungen; selbst der Bundestag erließ am 1. März eine Proklamation an das deutsche Volk, beschloß am 3. März die Einführung der Preßfreiheit, erhob am 9. März die so lange verfolgten „deutschen Farben“ Schwarz, Rot, Gold zu den Farben des Bundes und versprach am 10. März eine Revision der Bundesverfassung.

König Friedrich Wilhelm IV. entschloß sich, da immer dringendere Bitten an ihn ergingen und in Köln, Düsseldorf, Berlin und Königsberg Unruhen ausbrachen, endlich auch zur Gewährung einer Verfassung, wobei er zugleich den Anstoß zu einer Neugestaltung des deutschen Bundes zu geben gedachte. Er gab diesen Entschluß bei der Einberufung des Vereinigten Landtages durch Patent vom 14. März kund; aber es zeigte sich, daß er damit schon zu lange gezögert hatte. Wie groß die Unzufriedenheit im Volke war, bewies der erbitterte Straßenkampf, welcher am 18. März bald nach Mittag in Berlin begann und bis nachts 3 Uhr dauerte, infolgedessen das Militär die Stadt verließ, ein „Märzministerium“ gebildet und eine allgemeine Amnestie für politische Vergehen erlassen wurde.

Inzwischen hatte sich das sog. „Vorparlament“ gebildet, welches am 31. März in Frankfurt am Main zusammentrat, und am 18. Mai wurde daselbst das erste deutsche Parlament oder die „verfassunggebende deutsche Nationalversammlung“ eröffnet. Diese setzte eine „provisorische Centralgewalt über Deutschland“ in der Person eines „Reichsverwesers“ ein und wählte dazu am 29. Juni den österreichischen Erzherzog Johann, welcher diese Würde vom 12. Juli 1848 bis zum 20. Dezember 1849 bekleidete. Mit seiner

Erwählung hörte der Bundestag auf zu existieren; derselbe hielt am 13. Juli 1848 seine letzte Sitzung.

Friedrich Wilhelm IV. hatte, dem wiederholten Drängen nachgebend, in die Berufung einer „konstituierenden National-Versammlung" zur Vereinbarung einer Verfassung gewilligt; sie war eine „urerwählte" und wurde am 22. Mai eröffnet. Am 14. Juni wurde bei einem Aufstande in Berlin das Zeughaus erstürmt und beraubt. Am 7. Juli rückte das Militär wieder in Berlin ein, wodurch große Aufregung entstand.

Am 13. August tagte ein Kongreß der Demokraten der Rheinprovinz zu Köln. Am folgenden Tage fand dort das 600jährige Domjubiläum statt; zu demselben erschien sowohl König Friedrich Wilhelm IV., wie auch Erzherzog Johann, und es nahmen außerdem viele Mitglieder des Frankfurter Parlaments daran teil. Als Friedrich Wilhelm IV. auf seiner Reise zum Kölner Domfeste in Düsseldorf ankam, gab es dort stürmische Auftritte; die Bürgerwehr hatte mit Stimmenmehrheit den Beschluß gefaßt, sich bei dem festlichen Empfange des Königs nicht zu beteiligen.

Der Gang der Ereignisse führte allmählich zur entschiedensten Reaktion, welche mit dem Ministerium Brandenburg-Manteuffel in Preußen ihren Einzug hielt; die preußische Nationalversammlung wurde am 27. November nach Brandenburg verlegt und am 4. Dezember aufgelöst, worauf am 5. Dezember die Oktroyierung der Verfassung folgte.

So kam das Jahr 1849 heran. Am 28. März dieses Jahres wurde vom deutschen Parlament in seiner 196. Sitzung König Friedrich Wilhelm IV. zum „Kaiser der Deutschen" erwählt und die beschlossene „Deutsche Reichsverfassung" publiziert. Am 30. März reiste die Kaiserdeputation nach Berlin; am 3. April aber lehnte Friedrich Wilhelm die ihm angetragene Kaiserkrone, sowie seine Zustimmung zur Reichsverfassung ab.

Schon am 5. April hatte Österreich seine Deputierten von Frankfurt abberufen; am 14. Mai that Preußen dasselbe. Am 19. Mai erließ das Parlament eine von Uhland verfaßte Ansprache an das deutsche Volk, das „Schwanenlied des Frankfurter Reichstages"; am 30. Mai fand seine 230. Sitzung statt — es war die letzte. Das nach Stuttgart übergesiedelte „Rumpfparlament" wurde am 18. Juni von der württembergischen Regierung aufgelöst.

11. Die Unruhen der Jahre 1848 und 1849 im Bergischen Lande.

Die geschilderten Ereignisse riefen im deutschen Volke eine große Erregung hervor, und die politischen Leidenschaften entbrannten auf das heftigste; in Dresden, in der Pfalz, in Baden kam es zu bewaffneten Aufständen, die mit Militärgewalt niedergeschlagen wurden.

Auch in unserm Bergischen Lande kam es zu Unruhen und Aufständen[18]), die zwar meistens unblutig verliefen, zuweilen aber doch Blut kosteten. Die Menschen, welche sich daran beteiligten, waren zumeist höchst zweifelhafte Elemente, dem niedersten Pöbel entstammend, die man sehr mit Unrecht „Demokraten" nannte, denn sie vertraten umstürzlerische Ideen, und vor allen Dingen war ihnen der Gedanke des „Teilens" sympathisch.

In dieser Zeit entfaltete unser teurer Volksmann Vincenz von Zuccalmaglio, damals Notar in Hückeswagen, eine höchst segensreiche Wirksamkeit. Schon im März 1848 schrieb er einen politischen Katechismus, betitelt: „Die deutsche Kokarde"; dieses Volksbuch, welches in drei Monaten 14 Auflagen erlebte und in mehr als 100000 Exemplaren durch ganz Deutschland flog, wirkte vielfach belehrend und beruhigend. Weitere Belehrungsschriften: ein „Kaiserbüchlein", ein „Arbeiterbüchlein", „Der neue Eulenspiegel" 2c. folgten bald nach, auch ein großes Spottgedicht: „Die Olympiade, oder die elf Stück vom Glück der Rheinischen Social-Republik"; in einem besonderen Büchlein beschrieb er 1849: „Die große Schlacht bei Remlingrade", von dem 12 Auflagen erschienen, deren letzte mit Holzschnitten geziert waren.

———

Am 29. April fand auf dem Engelnberge zu Elberfeld eine große Volksversammlung statt, an welcher mehr als 3000 Bürger aus allen Schichten der Gesellschaft teilnahmen, und in welcher einstimmig folgende Erklärung angenommen wurde:

„Die versammelten Bürger Elberfelds erklären einmütig: . . . daß die überwiegende Mehrheit des deutschen Volkes von dem unabweisbaren Verlangen nach der Einheit und Freiheit des gemeinsamen Vaterlandes tief durchdrungen ist, daß sie mit ihrer ganzen Kraft und mit ihrer ganzen Entschiedenheit an den Beschlüssen der Nationalversammlung zu Frankfurt a. M. festzuhalten entschlossen ist."

Die Versammlung faßte ferner den Beschluß, durch eine Deputation den Regierungspräsidenten zu Düsseldorf zu ersuchen, diese Erklärung schleunigst zur Kenntnis des Königs zu bringen. Die Deputation begab sich am folgenden Tage, von nahezu tausend Personen begleitet, nach Düsseldorf, wo ihr aber am Bahnhof durch Soldaten der Zugang versperrt wurde; es gelang ihr jedoch, das Regierungsgebäude zu erreichen, ob aber der Regierungspräsident ihre Bitte erfüllt hat, ist nicht bekannt geworden.

Am 2. Mai wurde zu Lüttringhausen eine Volksversammlung unter freiem Himmel gehalten, bei welcher etwa 5000 Personen anwesend waren und Hecker den Vorsitz führte.

Am 6. Mai, einem Sonntage, fand zu Elberfeld wieder eine Volksversammlung statt, welcher eine besondere Versammlung der Landwehr vorherging. Es hatten sich zu derselben Landwehrdeputationen aus elf Städten der Umgegend versammelt, nämlich aus Ronsdorf, Lüttringhausen, Lennep, Hückeswagen, Solingen, Neuß, Essen, Mülheim an der Ruhr, Dortmund, Hagen und Schwelm. Als Ergebnis der Beratung wurde am Nachmittage des 7. Mai ein Plakat angeheftet, welches eine von vier Landwehrleuten als „Komitee" unterzeichnete Proklamation enthielt, deren wesentlichster Inhalt folgender war:

„Aufruf an alle Landwehrmänner des Großherzogtums Berg und der Grafschaft Mark: Das volksverräterische Ministerium Brandenburg = Manteuffel benutzt jedes ungesetzliche Mittel, um die errungenen Freiheiten zu unterdrücken. Wir betrachten insbesondere die Einberufung der Landwehr ersten Aufgebotes als ein solches, da dadurch nicht allein Massen von Familienvätern ohne allen Grund ihren Angehörigen entrissen, sondern die beste Stütze des Volkes benutzt werden soll, gegen ihre Angehörigen, gegen alle Freiheitsbestrebungen die Waffen zu kehren, um der Gegenrevolution der preußischen Kamarilla zu dienen. Wir vertrauen der Ehrenhaftigkeit aller unserer Kameraden, daß keiner der Aufforderung Folge leistet, und jeder entschlossen ist, wie ein Mann zusammenzuhalten und gegen diese ungesetzliche Aufforderung nötigenfalls mit den Waffen in der Hand zu protestieren" ꝛc.

In Köln war an demselben Tage ein Kongreß der verbündeten konstitutionellen Vereine Rheinlands und Westfalens versammelt, welcher sich für die deutsche Reichsverfassung und gegen das preußische Ministerium erklärte.

Am 8. Mai fand daselbst eine Versammlung von Abgeordneten rheinischer Gemeinden statt, in welcher 303 Städte und Ortschaften vertreten waren. Die Versammlung erklärte, daß das von der Regierung erlassene Verbot der Zusammenkunft ungesetzlich sei, da die Verfassung freies Versammlungsrecht gewähre, daß sie die deutsche Reichsverfassung anerkenne und bei dem von der preußischen Regierung erhobenen Konflikt auf seiten des Parlaments stehe; sie forderte alle waffenfähigen Männer auf, ihren Willen zur Durchführung der Reichsverfassung auszusprechen, und beschloß, das Parlament zu ersuchen, schleunigst kräftige Maßregeln zu treffen, um dem Widerstande des Volkes gegen die Gegenrevolution Einheit und Stärke zu geben.

Hierauf erklärte an vielen Orten die Landwehr, der Einberufung nicht folgen, sondern sich der deutschen National-Versammlung zur Verfügung stellen zu wollen. Es kam an manchen Orten zu tumultuarischen Auftritten; in den größten Städten des Bergischen Landes, Elberfeld und Düsseldorf, brach offener Aufruhr aus.

In Elberfeld stand schon am 8. Mai die Landwehr, entschlossen, der auf den 10. Mai festgesetzten Einberufung nicht zu folgen, mit den Waffen in der Hand am Engelnberge, um sich dem zu erwartenden Militär zu widersetzen. In der Stadt wurden Barrikaden errichtet, und es fanden fortwährend Zuzüge aus den benachbarten Orten statt. Am 9. Mai rückte eine Eskadron Ulanen aus Düsseldorf, sowie ein Bataillon Infanterie aus Köln nebst zwei Geschützen in Elberfeld ein. Gegen Abend rückten die Truppen endlich zum Kampfe gegen die Bürger vor. Um 8½ Uhr ertönte auf der Herzogsstraße der erste Kanonenschuß. Ein eigentlicher Kampf fand jedoch nicht statt; die Soldaten beschränkten sich darauf, den Königsplatz und die nach Düsseldorf führende Straße besetzt zu halten. Auf diejenigen, welche sich blicken ließen, wurde die Nacht hindurch geschossen; im ganzen verloren dabei fünf Bürger ihr Leben. Bald nach 4 Uhr morgens rückte das Militär wieder nach Düsseldorf ab.

Als am 9. Mai das Militär aus Düsseldorf nach Elberfeld marschieren sollte, suchte ein Haufen Proletarier demselben den Abmarsch zu verhindern, wurde aber durch Gewehrfeuer auseinander getrieben. Die Zersprengten zogen sich nun in die Stadt Düsseldorf zurück, bauten Barrikaden und läuteten Sturm. Die Truppen griffen die Barrikaden an, und es entstand ein Kampf, welcher bis nachts 3 Uhr dauerte und 15 Personen das Leben kostete. Am Morgen des 10. Mai war das Militär vollkommen Herr der Stadt.

Auch in der Universitätsstadt Bonn machte sich die politische Aufregung geltend. Gottfried Kinkel, schon seit längerer Zeit als Agitator durch Wort und Schrift thätig, leitete den dortigen demokratischen Verein, der in der Gegend zahlreiche Filial=Vereine hatte, und redigierte die im radikalsten Sinne geschriebene „Bonner Zeitung". Am 10. Mai fand im „Römer" zu Bonn eine Ver= sammlung der Landwehrmänner und Reservisten statt, um zu beraten, wie man sich bei der Einberufung zu verhalten habe. Diese Versammlung faßte um 10 Uhr abends den Beschluß, den kämpfenden Brüdern in Elberfeld und Düsseldorf zu Hülfe zu eilen. Es war ungefähr Mitternacht, als die Leute sich zu diesem Zwecke vor dem „Römer" aufstellten; der Lieutenant a. D. Friedrich Anneke, aus Dortmund gebürtig, ordnete als militärischer An= führer den Zug, worauf derselbe sich in Bewegung setzte; Kinkel ging als Flügelmann im Gliede. Als der Zug auf der andern Seite des Rheins angekommen war, schloß sich ihm u. a. auch Karl Schurz an, der damals als zwanzigjähriger Student in Bonn weilte und ebenfalls agitatorisch wirkte.

Vor dem Orte Beuel kommandierte Anneke „Halt" und hielt eine Ansprache an seine Mannschaft, deren Stärke zu 112 Mann befunden wurde. Zwischen Beuel und Hangelar kamen noch drei Personen nachgeeilt, welche die Nachricht brachten, daß Dragoner von Bonn hinter ihnen im Anmarsch seien; es waren 34 Mann unter Leutnant Pfeffer. Als diese nun zwischen Hangelar und Siegburg=Mülldorf die Freischärler erreichten, liefen letztere sofort auseinander, und Anneke soll selbst der erste gewesen sein, welcher den Weg ins Feld nahm. Kinkel aber wich nicht, sondern marschierte allein auf Siegburg zu; dort gesellte sich Anneke wieder zu ihm, und beide gingen dann nach Elberfeld. Nachher kamen sie bekanntlich im pfälzischen und badischen Aufstande wieder zum Vorschein.

Karl Schurz ging mit Friedrich Kamm, einem Wirte aus Bonn, nach Siegburg. Dort sah es gefährlich aus; denn Tausende aus den umliegenden Gemeinden lagen um die Stadt und harrten auf das Signal, um hereinzubrechen. Die Bonner Demokraten hatten sich auf den Weg begeben, um zur Erlangung von Waffen das Zeughaus in Siegburg zu plündern, und wenn ihre Absicht nicht vereitelt worden wäre, so würde es bei der Plünderung des Zeughauses nicht geblieben sein. Am 11. Mai sollte in Siegburg die Landwehr eingekleidet werden, und das Direktorium des demokratischen Vereins hatte auf den Nachmittag dieses Tages durch Plakate eine Versammlung einberufen, welche im Gasthofe zum Reichenstein stattfand; es redeten in derselben Karl Schurz, Hermann Bleibtreu u. a. Das Direktorium gab aber das Zeichen zum Losschlagen nicht, und die vor der Stadt lagernden Haufen verliefen sich gegen Abend wieder.

In Elberfeld standen noch die Barrikaden und waren durch Landwehr, Bürgerwehr und Freischärler besetzt. Es hatte sich daselbst am 10. Mai ein Sicherheitsausschuß gebildet mit einer besonderen Militärabteilung. Von seiten der letzteren wurde die oberste Leitung der Verteidigung der Stadt einem ehemaligen Ingenieuroffizier, von Mirbach, übertragen, dessen Bruder Oberregierungsrat in Düsseldorf war.

Am 13. Mai ging eine Deputation der Aufständischen zum Oberpräsidenten nach Köln und versprach Niederlegung der Waffen, wenn eine allgemeine Amnestie gewährt, der Befehl zur Einberufung der Landwehr zurückgezogen und die Stadt Elberfeld mit militärischer Besatzung verschont würde; der Präsident ging aber nicht darauf ein. Eine Deputation der Bürger von Elberfeld ging nach Berlin und erklärte bei ihrer Rückkunft am 16. Mai, der König nehme die deutsche Reichsverfassung an und bestehe nur auf einer Veränderung des Wahlgesetzes, sowie auf dem absoluten Veto. Eine Depesche von Kammermitgliedern aus Berlin an den Chef der Elberfelder Bürgerwehr berichtete, es sei den Bemühungen Preußens gelungen, die deutsche Frage unter wesentlicher Zugrundelegung der Frankfurter Verfassung zur vollständigen Einigung mit den bisher widerstrebenden Königreichen zu führen. Die Elberfelder Bürgerschaft erklärte hierauf, daß jetzt kein Grund mehr zu einer Volkserhebung bestehe, und suchte die Freischaren zum Abzug zu bewegen. Mirbach, welcher die von seiten der Bürger kundgegebene Auslegung der Verhältnisse nicht als richtig anerkannte, ließ sich schließlich doch zum Abzug bereit finden, wenn ihm die nötigen Mittel dazu verschafft würden, und die Elberfelder ließen es sich 6000 Thlr. kosten, daß sie das aus aller Welt zusammengelaufene Gesindel los wurden. Der schon am 16. Mai mittags beschlossene Abzug der Freischaren erfolgte endlich nach einer Nacht, in welcher das Leben vieler Menschen in Gefahr schwebte, am Morgen des 17. Mai zwischen fünf und sechs Uhr. Damit änderte sich plötzlich die Lage der Dinge. Die Bürgerwehr nahm sofort vom Rathause Besitz, die Barrikaden wurden weggeräumt, so daß dieselben schon um acht Uhr sämtlich verschwunden waren, und um zehn Uhr übernahm der Gemeinderat wieder das Regiment der Stadt.

So hatte denn die Elberfelder Erhebung für die deutsche Reichsverfassung ihr Ende erreicht. Mirbach wollte sich mit seinen Freischärlern nach der Pfalz durchschlagen; aber dieses Unternehmen nahm einen schmählichen Ausgang. Vincenz von Zuccalmaglio beschrieb den mißglückten Freischarenzug ausführlich in seinem Schriftchen: „Die große Schlacht bei Remlingrade oder der Sieg der Bergischen Bauern über die Elberfelder Allerwelts-Barrikadenhelden am 17. Mai 1849." Der Hergang war kurz folgender:

Als die Helden sich zum Abzuge anschickten, waren ihrer etwa 600; vor der Stadt aber schwenkten schon viele ab, so daß nur etwa 300 Mann übrig blieben. Diese zogen über Ronsdorf auf Lüttringhausen zu, bogen dann aus und nahmen ihren Weg auf Dahlerau zu. Die Lüttringhauser Bürgerwehr eilte ihnen nach, und auch die Bürgerwehr von Lennep zog heran und marschierte bis Grünenthal. Von der andern Seite der Wupper aber war eine große Schar von Bauern mit allerlei Waffen im Anzuge. Die Freischärler gingen nun über die Wupperbrücke und dann nach Vogels-mühle, wo sie in der Gaststube des Wirtes Düssel wohl zwei Stunden zechten; als jedoch die Bürgerwehr von Spieker und Dahlerau heranrückte und die Bauernschar sich vermehrte, wurde es ihnen unheimlich und sie zogen über den Berg auf Remlingrade zu. Ihr Führer von Mirbach geriet in Gefangenschaft; ein Mitglied des Sicherheitsausschusses von Elberfeld, welches ihn begleitet hatte, war bereits in der Hardtbach festgenommen worden. Auf der Waldhöhe bei Remlingrade nahmen die Aufrührer eine feste Stellung in einer Steingrube und sandten ihren Verfolgern mehrere Salven Kugeln entgegen, aber ohne zu treffen. Die Bauern stutzten und waren unschlüssig, ob sie den noch 200 Mann starken Feind in der festen Stellung angreifen, ob sie Halt machen oder zurück-gehen sollten. Da trat vor der alte Hans Peter Dürholt von Eistringhausen, ein 82jähriger Bauer. Die weiße Mütze auf dem Kopfe, einen Haselstock in der Hand, sprach er: „Es wäre eine

Schande für uns, wenn wir nicht tapfer drauf los gingen. Die Aufrührer haben gerufen: das Militär sei übergelaufen, und der König habe keine Soldaten mehr. Wohlan, ihr Männer, so zeigt ihnen, daß der König noch brave Bauern hat!" So rief der alte Dürholt, und das nicht in den Wind. Er schritt tapfer vorwärts, alle folgten ihm, und wie sie so unerschrocken vordrangen, da nahmen die Volkshelden Reißaus; viele derselben warfen die Waffen fort, die ihnen beim Laufen nur hinderlich waren. Die Bauern feuerten ihnen nach, jedoch nur auf ihre Füße, wie der alte Dürholt ihnen geboten hatte; darum wurden nur einige Stiefel und Beinkleider verwundet... Sie erbeuteten aber 2 Fahnen, 150 Gewehre, sowie eine große Menge Patronen, und machten 37 Gefangene, welche unter großem Jubel nach Elberfeld gebracht wurden.

12. Das Bergische Land in der neuesten Zeit.

Gedrängt von Österreich und Rußland, entsagte die preußische Regierung zu Olmütz am 29. November 1850 ihrer ganzen bisherigen Politik. Am 30. Mai 1851 erfolgte die völlige Wiederherstellung des alten Bundestages, und dieser begann alsbald, abermals im Geiste der Karlsbader Beschlüsse zu schalten; eine der vielgepriesenen „Errungenschaften" von 1848 nach der andern ließ sich das deutsche Volk wieder entreißen.

Nachdem auf diese Weise, um mit Uhland zu reden, „der gewaltige Strom der deutschen Volkserhebung kläglich im Sande verlaufen" war, blieb nichts anderes übrig, als was eben seit jener Zeit eingetreten ist. Der unglückselige, preußisch-österreichische Dualismus wurde 1866 zerschmettert, und die glorreichen Thaten des Jahres 1870 führten endlich die so lange ersehnte und erstrebte Wiederaufrichtung des deutschen Reiches herbei.

Zur Vollbringung dieser Großthaten hat das bergische Volk in thatkräftigster Weise mitgewirkt und auch seitdem seine Liebe und Begeisterung für das geeinte deutsche Reich mannigfach bewiesen. Dabei hat aber die Liebe zur bergischen Heimat nicht ab- sondern zugenommen, und infolgedessen das Interesse für deren Geschichte eine mächtige Anregung erfahren.

Den größten Anteil an der erfolgreichen Belebung dieses Interesses hat der

Bergische Geschichtsverein,

über dessen Gründung und Weiterentwickelung Folgendes hier angeführt sein möge[19]).

Eines Tages des Jahres 1863 hatte sich der Gymnasialdirektor Dr. K. Wilh. Bouterwek in Elberfeld auf den Bahnhof begeben, um behufs wissenschaftlicher Studien nach Düsseldorf zu fahren. Im Wartesaal trifft er den Pastor K. Krafft und läßt sich mit ihm in ein Gespräch ein. Sie kommen auf ihre Studien zu sprechen und beschließen, einen historischen Verein zu gründen, welcher das Interesse für die Geschichte des Landes wecken und nähren, die vereinzelten Bestrebungen der schon vorhandenen Geschichtsfreunde konzentrieren und eben dadurch diese selbst fördern und unterstützen solle. In ihrem Vorhaben bestärkte sie die Zusicherung thätiger Mitwirkung, welche sie von dem damaligen Archivsekretär, jetzigen Geh. Archivrat und Staatsarchivar Dr. Harleß in Düsseldorf erhielten, und die Bereitwilligkeit der Behörden, die Benutzung des Düsseldorfer Staatsarchivs sowie anderer öffentlicher Anstalten für die Zwecke des Vereins erleichtern. Unverweilt nahmen nun beide die Ausführung des gemeinsamen Beschlusses in die Hand. Am 12. Juni desselben Jahres richten sie eine Einladung an verschiedene Herren, die schon vorher ihre Teilnahme an der Gründung eines Geschichtsvereins für Jülich-Cleve-Berg in Aussicht gestellt hatten; und am folgenden Tage, also am 13. Juni, fand im Konferenzzimmer des Gymnasiums zu Elberfeld eine Versammlung zu diesem Zwecke statt. Anwesend waren Gymnasialdirektor Dr. Bouterwek, Peter von Carnap, Mitglied des Herrenhauses und Beigeordneter; Gymnasiallehrer Dr. Crecelius; Realschullehrer Dr. P. Döring; Archivsekretär Dr. Harleß aus Düsseldorf; Freiherr Aug. von der Heydt: Pastor Krafft; Julius Möller; Aug. be Weerth sen.

Die Versammlung beschloß, ausgehend von der Überzeugung, daß ein solcher Mittelpunkt für die Bestrebungen zur Erforschung der Landesgeschichte von großer Bedeutung werden könne, zu einem Vereine in diesem Sinne zusammenzutreten und für die Ausbreitung desselben und die Förderung seiner Tendenzen nach Kräften zu wirken. Alsdann wurde der Vorstand konstituiert, bestehend aus Direktor Prof. Dr. Bouterwek als Vorsitzenden, Peter von Carnap als Kassierer, Dr. Crecelius und Dr. Döring als Schriftführer; auch wurden die Statuten festgesetzt.

Bei dem hohen Aufschwung, den der junge Verein nahm, konnte man bereits in der Sitzung vom 9. September 1863 die Herausgabe einer Zeitschrift beschließen und neben derselben größere Publikationen in Aussicht stellen. Schon im Dezember 1863 konnte das erste Heft an die Mitglieder verteilt werden. Infolge zahlreicher Zuwendungen konnten bereits im ersten Vereinsjahre das Archiv, die Bibliothek, die Münz= und Siegelsamm= lung begründet werden.

Die warmen Strahlen der Begeisterung lockten an dem jungen Baume Blüte an Blüte hervor. Am 10. September 1869 wurde ein Ortsverein für Barmen gegründet, der unter der rührigen Leitung von Adolf Werth bald zu hohem Flor gelangte. Am 20. Juli 1881 veranstaltete der Hauptverein die erste Festfahrt zum Besuche der geschichtlich denkwürdigen Punkte des Bergischen Landes. Am 12. Juni 1882 bildete sich nach dem Muster des Barmer Lokal=Geschichtsvereins ein Düsseldorfer Lokalverein. Am 8. Dezember 1882 fand im „Siegeskeller" zu Elberfeld die erste Ausstellung statt. Seit Beginn des Jahres 1894 erscheint die Monatsschrift des Vereins, als deren Gründer, Leiter und Gönner Prof. H. Hengstenberg, O. Schell und Fr. Bayer zu nennen sind.

Zwei der Gründer des Bergischen Geschichtsvereins, Geh. Archivrat Dr. Harleß und Pastor em. Dr. Krafft, stehen noch heute als Ehrenpräsidenten an der Spitze desselben; aber zweimal schon wurde dem Verein der Vorsitzende durch den Tod entrissen; am 22. Dezember 1868 starb Bouterwek, am 13. Dezember 1889 Crecelius. Das Amt übernahm nun Gymnasialdirektor Professor Scheibe, unter dessen bewährter Leitung der Verein auf das erfreulichste fortschreitet.

Dem Bergischen Geschichtsverein erwuchs eine neue Aufgabe durch den

Wiederaufbau des Schlosses Burg.

Für das alte Fürstenschloß, von Mitte des 12. Jahrhunderts bis tief in das 14. Jahrhundert hinein Hauptsitz der bergischen Dynasten, waren vom 17. Jahrhundert ab, als die bis dahin noch vorgekommenen fürstlichen Besuche aufhörten, Zeiten des Verfalls und der Zerstörung gekommen. Während des 30jährigen Krieges wurde 1641 die hessische Besatzung auf der Burg durch den kaiser= lichen Oberst Sparr zur Übergabe gezwungen; abwechselnd lagen dann schwedische, hessische und kaiserliche Truppen daselbst. Nach einer Aufzeichnung aus dem Ende des 17. Jahrhunderts soll um 1648 die Zerstörung des Hauptbaues erfolgt sein, und zwar durch ein Kommando kaiserlicher Truppen unter dem Obersten Heinrich von Plettenberg, welches bis dahin die Besatzung des Schlosses gebildet hatte. Diese Demolition befaßte angeblich alle Umfassungs= mauern und Türme, auch sogar „Pferdsstall, Backhaus und Brau= haus, also daß nichts mehr unter Dach stehet als das hohe Gebew, so man von der Solinger seithen her siehet, neben der Kellnerey, so allein noch bewohnet und brauchbar ist". In einem Verzeichnis der Schlösser in den Jülich=Bergischen Landen vom Jahre 1695 wird unsere Burg ausdrücklich bezeichnet als „das Schloß, nunmehro Kellnerey=Hauß zur Burg"; es diente also fürstlichen Beamten zur Wohnung. Eine Abbildung in der Beschreibung des Bergischen Landes von Plönnies vom Jahre 1715 zeigt uns die Burg in ihrer damaligen Gestalt. Die schönen Fachbauten, welche diese Ansicht noch erkennen läßt, wurden aber bald darauf abgetragen, weil sie baufällig geworden waren, und das Dach wurde nun, dem nüchternen Geschmacke der Zeit entsprechend, glatt aufgeführt. In der Landes= beschreibung von Wülfing vom Jahre 1729 heißt es ergötzlicherweise über diese Verunstaltung, „das Schloß sei in schöne Reparation gestellt worden". Ein der Kommende des Johanniterordens 1362 überlassener Turm wurde im Jahre 1800 abgetragen und zum katholischen Pfarrhause umgestaltet. Und als auch die alten Beamten ihr Haus verlassen, zu Anfang dieses Jahrhunderts, wurde der Haupt= bau zu einer Fabrik und darnach zu einer Schule eingerichtet. „Zu diesem Zwecke wurden die unteren Fenster an der Westseite aus= gebrochen und widerwärtige große Öffnungen hergestellt, welche den Charakter des Baues total veränderten. Im Jahre 1849 endlich ward das Dachwerk abgebrochen und das Holzwerk zum Bau des Landgerichts in Elberfeld verwendet. Durch diese Behandlung ging der ehrwürdige stolze Bau rasch seinem Verfall entgegen, und mit Schmerz sahen die Freunde der bergischen Geschichte die Zeit schon herannahen, wo die letzten Spuren dieses ehrwürdigen Bauwerks vom Erdboden vertilgt sein würden."

Aber man erinnerte sich doch je länger je mehr, daß an dieser geschichtlichen Stätte „die Wiege eines wackeren deutschen Helden= geschlechts gestanden, dessen Sprossen unter Deutschlands that= kräftigsten Fürsten in der Geschichte glänzen, die selbst in den schwierigsten Zeitverhältnissen dem Lande den Frieden und dem Kaiser die Treue hielten, in deren Schutz und Pflege die Erwerb= thätigkeit, die das Herzogtum Berg seit Jahrhunderten auszeichnet, sich entfaltete".

„So entstand der kühne Gedanke, das Schloß nach und nach wieder aufzubauen. Dieser Plan selbst ist durch Zusammenwirken mehrerer Faktoren entstanden. Im persönlichen Verkehr mit einzelnen Männern des Bergischen Landes, die mit großem Eifer für die Erhaltung der Ruine eintraten, hat Architekt Fischer seit einer Reihe von Jahren bereits technisch die Möglichkeit einer teilweisen Wiederherstellung ins Auge gefaßt und durch seine bezüglichen Nachweise in den beteiligten Kreisen den Plan des Wiederaufbaues mit Erfolg vertreten".

Fabrikant Julius Schumacher in Wermelskirchen, einer der begeistertsten Freunde der Sache, veranlaßte im Juni 1887 die Bildung eines Komitees für die Erhaltung der Schloßruine, welches am 3. Juli einen Mahnruf ins Bergische Land hinaus erschallen ließ. Seiner Einladung folgend, tagte am 3. August des genannten Jahres eine große Versammlung aus allen Teilen des Bergischen Landes in Schloß Burg, welcher u. a. Geh. Oberbaurat Lieber aus Düsseldorf, Baurat Bormann aus Elberfeld und Landrat Königs aus Lennep beiwohnten. Nach einer Besichtigung der Ruine und einem Vortrage des Architekten Fischer wurde beschlossen, für die Erhaltung der ehrwürdigen Baureste, womöglich auch für den Wiederaufbau zu sorgen, zu diesem Zwecke ein Verein gegründet und zum Vorsitzenden desselben Julius Schumacher, zum Schriftführer Rektor Wilhelm Jdel in Wermelskirchen gewählt. Die Versammlung war einmütig von dem Gedanken bewegt, daß dieser Bau, mit dem, wie außer Altenberg mit keinem andern, die ältere Geschichte unseres Landes verknüpft ist, wieder erstehen müsse als nationales Denkmal, zur Zierde und zum Schmuck unseres Bergischen Landes.

Was man damals nur zu hoffen wagte, ist jetzt schon, dank des von unserm Volke hierbei bethätigten opferfreudigen Gemeinsinnes, zur Wirklichkeit geworden. Private, Gesellschaften und Verein haben es sich zur Ehre angerechnet, Bausteine zu diesem Landesdenkmal herbeizuschaffen und durch Einsendung reicher Gaben ihre Liebe und ihr Interesse für das alte Residenzschloß des Landes zu bekunden.

Nach der Versammlung vom 3. August 1887 wurde sogleich mit den Vorarbeiten begonnen, indem man zunächst durch Ausgrabungen den Grundplan der alten Burg aufdeckte. Nach Beendigung dieser Arbeiten, welche drei Jahre in Anspruch nahmen, wurde am 12. April 1890 der Wiederaufbau begonnen und unter der umsichtigen Leitung des Baumeisters Fischer so gefördert, daß am 22. Juni der Thorturm, ein Treppenturm und der Wehr-gang zum nördlichen Turm sich in den Hauptzügen fertig darstellten. Der Bergische Geschichtsverein, welcher es sich angelegen sein läßt, nach Kräften zur Wiederherstellung des Schlosses beizutragen, unter-nahm an diesem Tage seine Festfahrt dorthin, um dadurch im ganzen Lande Anregung für das schöne Werk zu geben. Auf dem Helm des Treppenturmes wurde eine Kugel aufgesetzt, enthaltend die Dokumente, Drucke und Zeichnungen über die Wiederherstellung, sowie eine von den Festteilnehmern unterschriebene Urkunde. „Seit Jahrhunderten hatte wohl Schloß Burg nicht einen solchen Tag gesehen, an dem eine so imposante Festversammlung in seinen Mauern tagte."

Am 13. August desselben Jahres fand dann unter lebhafter Beteiligung eine erhebende Vollendungsfeier auf der Burg statt. Am 21. Oktober 1891 wurde der wiederhergestellte Palas, am 10. August 1892 die neuerbaute Pankratiuskapelle feierlich eingeweiht. 1894 wählte der Bergische Geschichtsverein abermals Schloß Burg als Ziel seiner Festfahrt, und es fand bei dieser Gelegenheit in dem prächtigen Rittersaal die feierliche Eröffnung des neueingerichteten Bergischen Landesmuseums statt[20]).

Der Altenberger Domverein.

Nachdem das Interesse für die altehrwürdige Burg an der Wupper sich in so erfreulicher Weise bethätigt hatte, konnte auch Altenberg an der Dhün, welches in Bezug auf ehrwürdiges Alter, historische Bedeutung und landschaftliche Schönheit der Burg eben-bürtig ist, nicht vergessen werden. Frau Maria Zanders in Bergisch-Gladbach war es, welche die Aufmerksamkeit zuerst wieder auf den Bergischen Dom lenkte und die Gründung eines Vereins behufs Erhaltung und Vollendung dieses herrlichen Bau- und Ge-schichtsdenkmals veranlaßte[21]). Sie forderte dazu am 13. November 1893 durch eine kleine Druckschrift auf, und ihre Aufforderung fand vielfachen Anklang. Der Bergische Geschichtsverein hatte bereits in seiner Sitzung vom 10. November zu Elberfeld beschlossen, zu der Sache des Altenburger Domes genau dieselbe Stellung wie zu Schloß Burg einzunehmen. Es konstituierte sich dann am 20. Juli 1894 in Köln der Altenberger Domverein, dessen Vorstand einen engeren Ausschuß wählte, bestehend aus folgenden Mitgliedern: Richard Zanders in Bergisch-Gladbach, Vorsitzender; Landgerichts-direktor C. Reichensperger in Köln, stellv. Vorsitzender; Rechts-

anwalt Dr. Victor Schnißler in Köln, Schriftführer; Theodor
Guilleaume in Mülheim am Rhein, Schaßmeister; Kommerzien=
rat O. Andreae in Köln; Provinzial=Konservator Dr. Paul
Clemen und Geh. Justizrat Prof. Dr. Loersch in Bonn. Dem
Vorstande gehören viele namhafte Persönlichkeiten in Köln, Düssel=
dorf, Elberfeld und anderen Orten an. Nach § 1 der Statuten
hat der Verein den Zweck, die künstlerische Ausschmückung des
Domes zu Altenberg und die würdige Gestaltung seiner Umgebung
zu fördern und hierzu Mittel zu beschaffen.

Es wurden so namhafte Summen gezeichnet, daß der Gesamt=
betrag bald 30000 Mark überstieg. Auch durch Konzerte in Köln,
Elberfeld und im Altenberger Dome selbst wurden Gelder zusammen=
gebracht. Kaiser Wilhelm II. bewilligte ein Gnadengeschenk von
9762 Mark zur Wiederherstellung der Denkmäler im Dom, welche
dem Dombildhauer Prof. Fuchs in Köln übertragen wurde; der
preußische Kultusminister stellte 25000 Mark zur Verfügung für
Arbeiten am Domgebäude, z. B. die Wiederaufrichtung des fehlenden
Giebels am nördlichen Querschiff. Der Domverein hat, außer
einem im September 1894 erlassenen Aufruf, eine Schrift von
Vincenz von Zuccalmaglio über den Dom zu Altenberg[22]) neu
herausgegeben; in der Vorrede bemerkt Dr. Clemen: „Es fehlt
der eine Giebel, es fehlt der Abschuß an der Chorseite, es fehlt
vor allem der kühne und schlanke Dachreiter, der, über der Vierung
thronend, dem Bau erst die Krönung und die Spitze verlieh. Und
im Innern hat ein einfarbiger gelber, kalter Anstrich die Wände,
die Säulen und die Gewölbe verkleidet, die kostbaren Glasgemälde
sind verstümmelt und zerstückelt, die alten Reste sind durch den
Schmuß der Jahrhunderte trübe geworden, durch die Zusammen=
sezung mit schlechten modernen Nachbildungen und Ergänzungen
entwertet. Grelle Scherben in harten und kalten Tönen sind mitten
in die zierlichsten und graziösesten Grisaillemuster, die in der ganzen
Geschichte der Glasmalerei nicht ihresgleichen finden, gesetzt".

Demgegenüber konnte in der Sißung des Vorstandes vom
9. Juli 1895 berichtet werden, daß im nördlichen Seitenschiff 3
der großen Fenster restauriert und 2 nach den vorhandenen Resten
neu angefertigt worden, im Querschiff und im Chorumgang 4 Fenster
restauriert, 4 neu hergestellt und hierfür an den Glasmaler Linne=
mann in Frankfurt a. M. 21000 Mark gezahlt worden seien.
Zwar bedarf man noch bedeutender Geldmittel, aber von den ver=
schiedensten Seiten wird für die Sache gewirkt. In Elberfeld

hat sich auch unter dem Vorsitze von **Willy Blank** die erste, Elberfeld und Barmen umfassende **Ortsgruppe** des Altenberger Domvereins gebildet. Im allgemeinen ergiebt sich die höchst erfreuliche Wahrnehmung, daß historischer Sinn allerorten erwacht und in immer weitere Kreise dringt, so daß daraus das Streben erwächst, alles Große und Schöne, welches unsere Vorfahren uns hinterlassen haben, zu schützen und zu pflegen, und namentlich die geschichtlichen Denkmäler, welche die Stürme der Vergangenheit überdauert haben, nun auch für die Zukunft zu erhalten.

Historische Museen,

dem in Rede stehenden Zwecke dienend, sind bereits an mehreren Orten gegründet worden; hervorgehoben seien hier die Sammlungen des Bergischen Geschichtsvereins zu Elberfeld, das „Bergische Landesmuseum" zu Burg und das „Historische Museum" zu Düsseldorf.

Unter dem glorreichen Scepter der Hohenzollern ist das Bergische Land zu ungeahnter Entwickelung gelangt; erst seit der Vereinigung mit Preußen hat dasselbe die ihm innewohnende Kraft zu rechter Entfaltung bringen können.

Die letzten Jahrzehnte

namentlich haben in mancher Beziehung einen gänzlichen Umschwung herbeigeführt. Die Städte des Landes haben ein völlig verändertes Aussehen erhalten, sowohl durch die schönen und zum Teil prächtigen Gebäude, welche allerorten entstanden sind, als auch durch den lebhaften Verkehr, der sich jetzt in ihnen entwickelt. Die Zahl der Einwohner ist außerordentlich gestiegen[23]); so zählte z. B. Düsseldorf 1816 nur 14000 Einwohner, 1871 erst 63000, jetzt aber 150000; Elberfeld 1816: 21700, 1871: 71300, jetzt 126000; Barmen 1816: 19000, 1871: 74500, jetzt 117000; Remscheid 1816 nur 1200, jetzt über 40000; Solingen 1816: 3100, jetzt 37000. In gesundheitlicher Beziehung ist ungemein viel geschehen durch Einrichtungen zur Straßenreinigung, Kanalisation ꝛc., namentlich auch hinsichtlich der Wasserversorgung. Die Stadt Remscheid, welche früher zur Sommerzeit stets großen Mangel an Wasser hatte, ist mit dem Bau einer Thalsperre, der ersten im preußischen Staate, in energischer Weise vorgegangen, und die Stadt Lennep ist ihr darin bald nachgefolgt; 1892 wurde die Remscheider, 1894 die Lenneper Thalsperre in Betrieb gesetzt. Andere Thalsperren innerhalb des Wuppergebietes werden demnächst zur Ausführung gelangen. Nicht nur die großen Städte erfreuen sich jetzt einer besseren Wasserversorgung, sondern auch viele kleinere Orte haben sich dieser Wohlthat teilhaftig gemacht. Verschönerungs= vereine sind entstanden, deren Wirksamkeit es u. a. zu verdanken ist, daß an größeren Orten Parkanlagen geschaffen worden, in denen jeder nach des Tages Sorgen und Mühen Erholung und Stärkung finden kann. Badeanstalten, Schlachthöfe, Kranken=, Waisen= und Armenhäuser, Feuerwehren ꝛc. vervollständigen die Einrichtungen zum Wohle der Gesamtheit.

Viele Wohlfahrtseinrichtungen verdanken der jüngsten Zeit ihr Entstehen, und zur Weckung und Förderung derartiger Be= strebungen ist der „Bergische Verein für Gemeinwohl" ins Leben gerufen worden, der schon eine große Zahl segensreicher Einrichtungen getroffen hat.

Zu den vielen Eisenbahnen, welche schon längere Zeit das Land durchschneiden, haben sich neuerdings Schmalspurbahnen, Drahtseilbahnen und elektrische Bahnen gesellt, zu den vielverzweigten Telegraphenverbindungen ist ein ausgedehntes Fernsprechnetz er= gänzend hinzugetreten, so daß selbst für die kleinsten und ent= legensten Orte der Verkehr mit der weiten Welt ermöglicht ist. Die Bahnstrecke Remscheid=Solingen wird durch ihre Riesenbrücke über die Wupper demnächst eine große Sehenswürdigkeit aufzu= weisen haben.

Die Gewerbthätigkeit des Bergischen Landes, schon seit Jahrhunderten von Bedeutung, hat sich in einer Weise entwickelt, daß das früher auf diesem Gebiete Erreichte verschwindend ist gegen das, was heute hervorgebracht wird. Die Erzeugnisse der bergischen Industrie, z. B. der Textil=Industrie des Wupperthals, der Lenneper Tuch=Industrie und der Remscheider und Solinger Kleineisen= und Stahl=Industrie, haben sich einen Weltruf erworben und finden Absatz in allen Erdteilen.

Nicht allein in den Städten pulsiert ein anderes Leben als früher, sondern auch auf dem Lande ist die ganze Lebenshaltung eine bessere geworden. Bei der wohlwollenden Fürsorge, welche seitens der preußischen Regierung der Landwirtschaft stets zu teil geworden ist, hat sich auf diesem Felde ein reges Leben ent= wickelt, wovon die große Zahl landwirtschaftlicher Kasinos beredtes Zeugnis ablegt; durch häufige Ausstellungen wird der Wetteifer angeregt, und durch landwirtschaftliche Schulen theoretische und praktische Fachbildung verbreitet.

Mit den erwähnten Fortschritten ist die Förderung der geistigen Kultur Hand in Hand gegangen. Schulanstalten aller Art sind allerwärts errichtet worden, und die Bildung der Jugend durch die Volksschule hat gegen früher eine bedeutende Verallgemeinerung erfahren. Zudem wird in unserer Zeit auch auf die Weiterbildung der Erwachsenen ein hoher Wert gelegt. Volksbildungsvereine sind in unserm Lande schon gegründet worden, z. B. zu Barmen, Elberfeld und Lennep, noch ehe die Gesellschaft für Verbreitung von Volksbildung bestand. Volksunterhaltungsabende, Volksbibliotheken, Lesezirkel zc. tragen weiter zur Aufklärung der Massen bei, woran auch die Zeitungspresse, welche bei uns ebenfalls zu hoher Entwickelung gelangt ist, großen Anteil hat. In der deutschen Litteratur hat das Bergische Land Vertreter aufzuweisen, die sich einen allgemein geachteten Namen erworben haben; es sei nur an die Wupperthaler Dichter: Emil Rittershaus, Friedrich Roeber u. v. a. erinnert. Die Kunst in ihren mannigfaltigen Formen erfährt in unserm Lande nicht minder reiche Pflege. Während eine große Zahl musikalischer Vereine sich die Aufgabe gestellt hat, die tönenden Künste zu pflegen, wirken andere Vereine, wie z. B. der Barmer Kunstverein, für die Entwickelung der bildenden Künste und die Verbreitung des Kunstverständnisses.

Diese kurzen Andeutungen mögen genügen; die Entwickelung unserer Heimat in der jüngsten Zeit eingehend zu schildern, würde hier zu weit führen und ein besonderes Werk erfordern. Wie würden unsere Vorfahren erstaunen, wenn sie, plötzlich in unsere Zeit versetzt, die gewaltigen Errungenschaften der unter preußischer Herrschaft in Frieden verbrachten Jahre mit eigenen Augen wahrnehmen könnten! Unser Volk ist sich dieser Segnungen bewußt und weiß den Wert der Zugehörigkeit zum großen Vaterlande voll und ganz zu würdigen. Daß dem so ist, beweist die große Zahl der im Bergischen Lande errichteten Kaiser- und Krieger-Denkmäler; davon hat auch in diesem Jahre wieder die begeisterungsvolle Jubelfeier der glorreichen Tage von 1870 beredtes Zeugnis gegeben.

Möge unser liebes Bergisches Land auch fernerhin als Glied des Gesamtvaterlandes der Segnungen des Friedens und einer gedeihlichen Entwickelung sich erfreuen!

Anhang.

I.

Anmerkungen.

Erklärung der gebrauchten Abkürzungen.

Annalen Annalen des Histor. Vereins für den Niederrhein. — Archiv
Archiv für die Geschichte des Niederrheins von Lacomblet und Harleß. —
Beiträge Jahrbuch des Düsseldorfer Geschichtsvereins. — W. Z. West-
deutsche Zeitschrift für Geschichte und Kunst. — Ztschr. Zeitschrift des Berg
Geschichtsvereins. — Lac. UB. — Lacomblet, Urkundenbuch für die Geschichte
des Niederrheins. — Scotti Sammlung der Gesetze und Verordnungen für
Jülich-Cleve-Berg.

Einleitung und vorgeschichtliche Zeit.

[1] Die falsche Ansicht vertritt z. B. Vorbeck in seiner Geschichte der Länder
Cleve, Mark ꝛc. Bd. I, S. 373.

[2] A. v. Lasaulr. Wie das Siebengebirge entstand. Heidelberg, Winter 1884.

[3] Dieser Fund ist seit seinem Bekanntwerden vielfach Gegenstand wissenschaftlicher Untersuchungen gewesen. Die verschiedenen, im Laufe der Zeit
darüber aufgestellten Ansichten sind wiedergegeben in dem Buche von Prof.
Schaaffhausen in Bonn: Der Neanderthaler Fund. Bonn, 1888.

[4] Auf der 49. Generalversammlung des Naturhistor. Vereins für Rheinl. u.
Westf. in Düsseldorf 1892 wies Konstantin Koenen nach, daß die Lehmlager
im Neanderthal, weil sie nur tertiäre Gerölle aufweisen und von den diluvialen Geschieben und Lößlagen oben abgeschlossen sind, deshalb nicht mit
Sicherheit der Diluvialzeit, sondern eher dem Tertiär angehörig seien, mit
ihnen der von denselben eingeschlossene homo neanderthalensis, und setzte
letzteren in die zwischen dem oberen Pliocän und dem Quartär liegende
Übergangszeit.

[5] Früher unterschied man Steinzeit, Bronzezeit und Eisenzeit; L. Lindenschmit
hat jedoch überzeugend dargethan, daß nur die metalllose und die Metallzeit
zu unterscheiden sind.

[6] Keltischen Ursprungs sind z. B. die Städte Bonna Bonn, Moguntiacum
Mainz, Borbetomagus Worms, vielleicht auch Köln und Koblenz; ferner
der Name Rhein selbst der Weg, der Pfad. — 1884 fand man bei Haan
ein keltisches Bronzeschwert.

7) Die Einwanderung der Germanen aus Asien wird jedoch auch bestritten, z. B. von Lindenschmit.

8) Ubier: Caes. de bello gall. IV, 16. Auf dem linken Rheinufer war Gelduba (Dorf Gellep unweit Kaiserswerth) ihr nördlichster, Tolbiacum (Zülpich) ihr südlichster Ort.

9) Tenkterer: Caes. f. unten; Tac. germ. 32; hist. IV, 64; Zeuß S. 8x; Grimm Gesch. d. d. Sprache S. 373 rc. Daß sie den Ubiern (Köln) gegenüber wohnten, sagt Tac. hist. IV, 64: „die Tenkterer, ein durch den Rhein von den Ubiern geschiedener Stamm".

10) Sigambern: Tac. germ. 2; Strabo IV, 3. VII, 1; Ptol. II, 11; Dio Cass. LIV, 32. Essellen S. 11—24.

Erstes Buch.

1) Caes. de bello gall. IV, 1, 4—15; Dio Cass. B. 39, K. 47, 48.

2) Menapier, ein keltischer Stamm, der zum Teil noch auf dem rechten Rheinufer seine Sitze behauptet hatte.

3) Den Winter von 56 auf 55 vor Chr.

4) Cäsar sagt: „ad confluentem Mosae et Rheni"; er nennt die Waal hier wohl Rhein, weil sie ein Arm desselben ist, B. IV, K. 10 aber richtig: Vahalis.

5) Caes. de b. g. IV, 16—19. Über die Örtlichkeit seines Rheinüberganges gehen bekanntlich die Meinungen sehr auseinander. Wenn vielfach angenommen worden ist, daß die erste Brücke bei Koblenz gestanden habe, so beruht diese völlig haltlose Annahme wohl nur auf irriger Deutung des Ausdruckes „ad confluentem" und auf Verwechselung der Mosel mit der Maas, veranlaßt durch eine mißverstandene Stelle des Florus. Die Niedermetzelung der Usipeter und Tenkterer geschah am Zusammenfluß der Maas und der Waal, nicht der Mosel und des Rheins, und was sollte Cäsar veranlaßt haben, von dort nach Koblenz zu marschieren, um in das Land der Sigambern zu gelangen? — ganz abgesehen von vielen andern Gründen, welche für die Gegend von Köln sprechen. (Was Essellen S. 11—18 anführt, scheint mir überzeugend zu sein.) Napoleon III. hat sich in seinem Werke über Cäsar für Bonn entschieden; Zeuß S. 88 ebenfalls für Bonn oder für die Gegend zwischen Bonn und Köln; Prof. Dr. J. Schneider nimmt bei Bestimmung des Weges, den Cäsar nahm, Mülheim als Ausgangspunkt an, und dürfte dies das wahrscheinlichste sein. Die zweite Brücke, welche „etwas oberhalb" der Stelle des ersten Rheinüberganges geschlagen wurde, befand sich dann wohl bei Bonn.

6) Caes. de b. g. VI, 9, 10 und 19; dazwischen K. 11—18: Schilderung der Germanen im Vergleich mit den Galliern; — „er zuerst unterschied die Germanen von den Kelten".

7) Caes. de b. g. VI, 35—44.

8) Dio Cass. B. 48, K. 49; Strabo IV, 3 und VII, 1; Tac. ann. XII, 27.

9) Dio Cass. B. 53, K. 26; Vellejus II, 104; Florus IV, 12; Strabo VII, 1.

10) Dio Cass. B. 54, K. 20; Vellejus II, 97; Sueton, Octav. 23. Der Ort der Niederlage wird im westlichen Teile des Herzogtums Cleve angenommen.

11) Dio Cass. B. 54, K. 32; Strabo VII, 1.

12) Dio Cass. B. 54, K. 33; Florus IV, 12.

13) Es war dies wohl das Treffen bei Arbalo, nach Plinius hist. nat. B. 11, K. 18; aber die Lage dieses Ortes ist uns ganz unbekannt.

14) Dio Cass. B. 55, K. 6.

15) Dio Cass. B. 55, K. 8; Vellejus II, 97.

16) Sueton, Tib. 9, Octav. Aug. 21; Strabo VII, 1, IV, 3; Eutrop VII, 9. In Gallien werden sie später unter dem Namen Guberni vermutet und lebten wahrscheinlich in den salischen Franken fort. (Müllenhoff bestreitet dies.)

17) Dio Cass. B. 56, K. 18 und 22—24; Vellejus II, 117—120; Florus IV, 12; Sueton, Octav. Aug. 23, Tib.; Orosius VI, 21.

18) Tac. ann. I, 31 ff.

19) Sueton. Caj. 45.

20) Tac. ann. IV, 47.

21) Tac. hist. IV und V.

22) Herodian. „Daß das Heer auf jener Schiffbrücke wirklich über den Rhein gegangen sei, wird nicht gesagt."

23) Herodian.

24) Vopiscus berichtet von einem Einfalle der Franken in Gallien, welchen man in die Jahre 242—241 verlegt. — Vgl. ferner Aur. Victor, Treb. Pollio, Ammian. Marc., Procop.

25) „Nicht nur mit dem Schwert, sondern mit dem gründlicheren Eroberungs-werkzeug — dem Pflug." Leider verstatten die Quellen uns nicht, jene Vorschiebungen zu verfolgen.

26) Eutrop. X, 2: Ascarich und Ragais. Konstantin nannte dies ein heilsames Beispiel der Strenge üben; es war aber mehr als Strenge, es war Un-menschlichkeit.

27) Eumenius, panegyr.

28) Ammianus Marcellinus.

29) Julian schilderte selbst den Zustand in einem Schreiben an die Athener. — Amm. Marc. XV, 8; XVI, 3; XVII, 2.

30) Gregor. Tur.: Sulpicius Alexander.

31) Ebd.

32) Zosimus IV, 53, 55.

Zweites Buch.

1) Der Name „Franken" bedeutet: die „Freien". Vgl. Grimm, Gesch. d. d. Spr. I, S. 358, 368; Waitz, Deutsche Verf.-Geschichte II, S. 10: Zeuß S. 325 ff.

2) Auf der Peutinger'schen Tafel, einem Verzeichnis der Straßen im römischen Reiche, werden die Franken zuerst genannt, wenn sie, wie man gewöhnlich (nach Mannert) annimmt, unter Severus Alexander, also noch vor 235 entstanden ist, und nicht, wie andere wollen, erst nach 271.

3) Gregor. Tur. II, 9, 12, 18; III, 7; Waitz, D. Verf.-Gesch. II, 38 ff.

4) Jornand. 36. Ripuarien umfaßte wohl ungefähr das Gebiet der Erzdiöcese Köln.

⁵⁾ Gregor. Tur. II, 10, und vor ihm andere; VI, 24.

⁶⁾ Gregor. Tur. II, 27.

⁷⁾ Man hat bezweifelt, daß Zülpich das als Ort der Entscheidungsschlacht genannte Tolbiacum sei; diese Zweifel sind aber widerlegt. Vgl. Sugenheim, Gesch. d. d. Volkes I, S. 188.

⁸⁾ Die Lex Rip. s. Pertz, M. G., Legg. I, p. 169; Waitz, Sal. Recht S. 82.

⁹⁾ Pippin nannte sich seitdem dux et princeps, Herzog und Fürst der Franken.

¹⁰⁾ Dahn, Urgesch., Bd. III, S. 532, 649.

¹¹⁾ In einigen besonders begünstigten Orten der linksrheinischen Seite, so in Köln und Trier, hatte sich das Christentum durch die Zeiten der Bedrängnis bis ins 5. Jahrh. erhalten. Ammian. Marc. XX, 10.

¹²⁾ Beda, Hist. eccles. gentis Angl., lib. V, cap. 12.

¹³⁾ Bouterwek, Swibbert, S. 26.

¹⁴⁾ 1508 erschien zu Köln eine ausführliche Lebensbeschreibung Suitberts, angeblich auf Grund von Aufzeichnungen des Marcellinus, einem Begleiter Suitberts, eine bewußte Fälschung und als solche längst erkannt. Nach diesem Pseudo-Marcellinus soll Suitbert am 1. März 717 gestorben sein. Man beging 1817 die Säcularfeier dieses angenommenen Todestages besonders festlich, und der Wundarzt Dr. Diemel zu Elberfeld legte daselbst auf der Hardt den Grundstein zu einem einfachen Denkmal Suitberts, das im J. 1858 durch eine vom Bildhauer Baverle in Düsseldorf angefertigte Statue ersetzt wurde.

¹⁵⁾ Bouterwek S. 24.

¹⁶⁾ Hilden: Archiv B. 11, S. 100 ff.; Richrath: Lac. UB. I, 257. „Die Kirche gehörte seit unvordenklichen Zeiten der Domküsterei." (Binterim und Mooren.)

¹⁷⁾ Binterim und Mooren, Die alte und neue Erzdiöcese Köln, S. 36: „Man kann die Einrichtung der Dekanate in unserm Erzbistum sicher auf den Anfang des 9. Jahrhunderts setzen." — „Die Dekanate bildeten ihre Grenzen nach den Gauen." — S. 19, 20: Unsere ältesten Pfarrkirchen waren ursprünglich Taufkirchen, (außer dem Baptisterium der Hauptkirche, in denen der Bischof die Taufe vollzog. „Die Kapellen waren ursprünglich nur Oratorien, Bethäuser, zu Privatandachten bestimmt. Solche Kapellen hatten anfangs bloß die Könige . . . Die vornehmen Franken ahmten bald den Königen darin nach und gründeten auch auf ihren Gütern dergleichen Kapellen."

Drittes Buch.

¹⁾ Giesebrecht, Gesch. d. d. Kaiserzeit, Bd. I, S. 147 u. a.

²⁾ Lotharii regnum (Lothars Königreich): Reginonis chronicon bei Pertz Mon. Germ.

³⁾ Lac. UB I, 68; Kaffel, Der selige Gerrich, S. 70: 873, nicht 874.

⁴⁾ Lac. UB. I, 83.

⁵⁾ Auch das Bergische hatte unter diesen furchtbaren Raubzügen zu leiden; so wurde z. B. Gerresheim 917 von den Ungarn zerstört, 970 aber war Kloster und Kirche wieder aufgebaut.

⁶⁾ Giesebrecht, Bd. I, S. 212.

[7) Bruno, „der große Bischof", so nennt ihn Widukind; über seine Thätigkeit in Lothringen: Flodoard, Ruotger, Richer ꝛc.; Aschbach in Lersch, Niederrh. Jahrb. 1843, S. 21—41; Pieler, Bruno I., Arnsberg 1854 ꝛc.; Giesebrecht, Bd. I, S. 431—446.

[8) Ficker, Engelbert der Heilige, S. 10.

[9) Ficker, Engelbert d. H., S. 10: „Wie weit die Herzogsgewalt sich erstreckte, ist mit Bestimmtheit nicht zu beantworten; man wird sich vielleicht mit der Antwort befriedigen müssen: ihre Herzogsgewalt reichte so weit, als es gelang, sie geltend zu machen."

[10) Lac. UB. I, 119; 1019 bestätigt: I, 155.

[11) Thietmar, bei Pertz, Mon. Germ., Script. III, 768; Gesch. d. b. Vorz.

[12) Giesebrecht, Gesch. d. b. Kais., I, S. 809: „Freilich ist die Pfalzgraf=schaft nie das geworden, was sie ihrer Idee nach werden sollte; sie wurde vielmehr früh zu einer Territorialgewalt neben den andern Territorial=gewalten."

[13) Lac. UB. I, 103: Erzbischof Wichfried bestimmt den Sprengel und Zehnt=bezirk der Kirche zu Oberpleis im Auelgau in der Grafschaft des Grafen Hermann. — Über seinen Sohn Ezo vgl. Archiv Bd. IV, S. 164—217, Vita Ezonis, von Harleß.

[14) Lac. UB. I, 153.

[15) Wie Kreuzberg bei Kaiserswerth Sitz des Hauptgerichts auf der rechten Seite der Wupper.

[16) Lac. UB. I, 136.

[17) Ebd. I, 161.

[18) Vita Annonis 10.

[19) Vita A. 19; Lac. UB. I, 202, 203.

[20) Vita A. 32.

[21) Jocundi Translat. s. Servatii. — Aeg. Müller, Anno II.: etwas abweichend.

[22) Lac. UB I, 202, 203 und Anm. dazu. — 208, 213, 214, 221.

[23) Ebd. I, 211.

[24) Ebd. I, 205: Urk. Kaiser Heinrichs IV von 1065.

[25) In Lothringen, nicht aber im ganzen Reiche.

[26) Vgl. Kap. 1 des zweiten Buches; Archiv III, 34.

[27) So war z. B. auch Herzog Gozelo I. und sein ganzes Haus den Cluniacensern ergeben.

[28) Lac. UB. I, 12, 68, 83 ꝛc.

[29) Ebd. I, 83.

[30) Den Sieggau schied die Wied vom Engers= oder Lahngau.

[31) Giesebrecht, Gesch. d. b. Kais., II, S. 280.

[32) Anfangs sollte der Graf nicht selber Vogt sein, später war er es aber fast regelmäßig.

Viertes Buch.

[1) 1093 wird Adolf noch Knabe (puer) genannt, für den ein anderer Graf die Vogtei von Werden verwaltete: Lac. UB. I, 247; um 1099 nennt sich Adolf nur „vom Berge", noch nicht Graf: ebd. I, 258; am 3. Aug. 1101 aber comes de Monte: Martene. ampl. Coll. I, 586.

2) Die richtige Zählung verdanken wir Lacomblet.

3) Adolfus, advocatus de Monte: Lac. UB. I, 211; später de Berge: ebd. I, 229.

4) „Gelenius in der hist. s. Engelberti 299 war wohl der erste, der, die alten Fabeln von der Abstammung der Grafen von Berg und Altena von den römischen Ursinern beseitigend, sie auf die alten Vögte von Deutz zurückführte.

5) Vogt Hermann: Lac. UB. I, 137, 146; sein Bruder Adolf erwähnt ebd. I, 146, 153.

6) 1080 zuletzt: ebd. I, 244: Adolfus de Monte.

7) Adelheid von Lausen war eine Verwandte des Kaiserhauses, weshalb diese Heirat das Ansehen des Grafenhauses hob.

8) Lac. UB. I, 294.

9) Ebd. 260, 300, 291.

10) „Eines Stammes sind die Grafen vom Berge, die von Altena und Mark, die von Isenburg und Limburg.“ Ficker, Engelbert der Heilige, S. 15.

11) Das Jahr der Erbauung der Burg steht nicht urkundlich fest; nach einer Altenberger Aufzeichnung geschah sie im J. 1118, und es steht dieser Angabe auch nichts entgegen. Sicher ist, daß die Burg im J. 1133 schon existierte.

12) Bei Erwähnung des Klosters kommen in den Urkunden die Namen vor: vetus mons (Altenberg), monasterium bezw. conventus de veteri Monte oder veteris Montis, Berge ecclesia oder conventis Bergensis, monasterium s. Maria de Berge, abbas de Berge oder de Monte (von 1130 bis 1193); de Monte veteri, de veteri Monte (1195). Lac. UB. I, 546, 548, 551.

13) Die erste urkundliche Erwähnung der Burg 1160: Lac. UB. I, 401; in der Urkunde heißt es ausdrücklich, daß verhandelt wurde „in novi montis castro“, also auf der neuen Burg. — Weitere Namen für die Burg in Urkunden sind: 1228: novum castrum de monte; 1231: mons; 1292 und 1303: novum castrum; 1442: Burgh.

14) Die Sage von der Gründung Altenbergs ist in zwei Versionen erhalten: die eine findet sich in einer Handschrift der ehemaligen Klosterbibliothek, jetzt in der Landesbibliothek zu Düsseldorf, und ist ziemlich wörtlich wiedergegeben in Levold von Northofs Chronik, sowie in dem Werke von Jongelinus über die Abteien des Cistercienserordens. Die andere Version enthält ein Gedicht, das spätestens aus dem 15. Jahrhundert stammt. (Vgl. Anm. 19). — Bestätigungsbulle des Papstes Innocenz II. vom 26. Febr. 1139, worin es heißt: Graf Adolf von Berg habe sein gleichnamiges Erbe zur Gründung eines Klosters auf demselben der kölnischen Kirche übergeben: Lac. UB. I, 331.

15) Lac. UB. I, 330, Anm. 1; — Ztschr. 29. Bd., S. 171—191: Eine Abtchronik von Altenberg, von Dr. Fr. Küch.

16) Zeitschrift Band XX; Nitzsch. — Der Orden 1118 bestätigt vom Papst Paschalis II.: Lac. UB. I, 288.

17) Lac. UB. I, 345, 348.

16) Da so gründliche Forscher wie Lacomblet und Harleß die Thatsache als gewiß annehmen, so kann man ihnen darin folgen, obgleich sie urkundlich nicht erwiesen ist. Sie ist aus dem Grunde wahrscheinlich, weil von dem späteren Leben der Brüder nichts bekannt ist. — Jongelinus I, c. 32.

19) Das Gedicht ist von Harleß vollständig mitgeteilt im 11. Bande der Ztschr., S. 73—80; vgl. Harleß, Zur Gründungssage von Altenberg im 29. Bande der Ztschr., S. 161—170.

20) Die Angaben über die Todestage schwanken.

21) Lac. UB. I, 401.

22) Ebd. I, 427: Urk. vom 26. Juli 1168.

23) Ebd. I, 448.

24) Ebd. I, 455.

25) Ebd. I, 517.

26) Ebd. I, 520.

27) Ebd. I, 521. — Düsseldorf zuerst erwähnt in einer Urk. von 1159.

28) Ebd. II, 66, Urk. von 1217. Über die ursprüngliche Stiftung scheint keine Urkunde aufgenommen zu sein.

29) Ebd. II, 155.

30) Ztschr. Bd. XXII, S. 241.

31) Caes. Heisterbac. dial. miracul. I, 1 und VIII, 91, Ztschr. XXII, S. 225.

32) Lac. UB. I, 497.

33) Ebd. I, 503.

34) Ztschr. Bd. XXII, S. 253. — In den Urkunden des Erzbischofs Philipp erscheint Engelbert häufig als Zeuge, so u. a. 1172 unter dem Namen: Ingelbertus com. de Berge und Engilbertus de Berge; 1175: Comes Engelbertus de Monte u. s. w.

35) Daß seine Gemahlin eine Tochter des Grafen von Geldern war, bezeugt Caes. Heist. vita 1, 2; ihr Name beruht wohl nur auf alten Traditionen. Gelen. 9; Kremer 3. (Ficker).

36) Caes. Heist. dial. mir. II, 16.

37) Ebd. IV, 65.

38) „Die Geschichtschreiber der Zeit, Cäsarius von Heisterbach, Gottfried von Köln, Christian von Mainz und der Verfasser des Chronicon Urspergense entwerfen, übereinstimmend mit Walther von der Vogelweide, der damals sein berühmtes Lied vom Klausner sang, ein trauriges Bild der allgemeinen Zerstörung. Acht Jahre lang wälzten sich die Kriegsscharen den Rhein hinauf, den Rhein hinab." (Kaufmann, Cäsarius von Heisterbach).

39) God. Col. ad. 1205.

40) Lac. UB. II, 14.

41) Ebd. II, 28.

42) Caes. Heist. dial. V, 21. — Im Jahre 1210 sagt Adolf in einer Urkunde, Lac. UB. II, 30, schon im Hinblick auf den beabsichtigten Zug gegen die Albigenser: „Eingedenk des Berufes, den das ererbte väterliche Schwert uns auferlegt". Im folgenden Jahre erwähnt er dieses Zuges, als ein Kampfgenosse die Abtei Siegburg beschenkt: Lac. UB. II, 34.

43) Im Juli 1218: Oliver. Scholast. hist. Damiat. ap. Eccard. Die Todesursache ist nicht sicher, vielleicht erlag er dem ungewohnten Klima Ägyptens.

Sein Vater war auf dem Kreuzzuge Friedrichs I. gestorben; dessen Bruder fiel in den Gärten von Damaskus nach tapferem Kampfe durch das Schwert der Saracenen: God Col. ad. 1148.

[44] Es kommen dafür in den Urkunden folgende Ausdrücke vor: Lac. UB. II, 128: Comitia nostra; ebb. II, 126: dominium castri de Monte; Kremer II, S. 252: Bergense dominium; Lac. UB. II, 95: terra nostra.

[45] Lac. UB. II, 34, 66, 67, 109.

[46] Caesarii Heisterb. Vita S. Engelberti I, 4.

[47] Lac. UB. II, 61.

[48] Ebb. II, 87.

[49] Ebb. II, 87; Vita I, 5.

[50] Ebb. II, 107; Dr. Franz Funcke, Beiträge zur alten Geschichte der ehemal. berg. Hauptstadt Wipperfürth, Krefeld, J. B. Klein'sche Buchdr. 1889, gibt das „Privilegium Wipperfurdensium" nach Gelenius lateinisch und in deutscher Übersetzung. — Die Abdrücke bei Lac. und Gelen. sind aber fehlerhaft: s. Annalen 51. Heft, wo L. Korth S. 32 die Urkunde in richtiger Wiedergabe bringt.

[51] Lac. UB. II, 128.

[52] Ebb. II, 79, 165.

[53] Ebb. II, 79: Schutzbrief für die Siegburger Propstei Oberpleis, 1218.

[54] Vita I, 9.

[55] Ebb. I, 5. Engelbert wird als Reichsverweser zuerst erwähnt in einer Urkunde Kaiser Friedrichs vom Jahre 1222: Lac. UB. II, 98.

[56] Lac. UB. II, 122.

[57] Die Hauptquelle für die Geschichte Engelberts ist, abgesehen von den Urkunden, des Cäsarius von Heisterbach „vita sancti Engelberti". Die beste neuere Darstellung seines Lebens und Wirkens besitzen wir in der trefflichen Monographie „Engelbert der Heilige" von J. Ficker, worin auch Regesten und ausführliche Quellennachweise enthalten sind. S. 257 heißt es da: „Die Geschichte Engelberts ist bei neueren Schriftstellern mannigfach entstellt . . . durch konfessionelle Befangenheit . . . und märkischen Lokalpatriotismus — Über die Ermordung Engelberts und ihre Ursachen sind wir so genau unterrichtet, wie wir dies von wenigen anderen Ereignissen seiner Zeit behaupten können. Außer . . . kürzeren Erwähnungen . . . liegen uns drei Hauptberichte von Zeitgenossen vor, der des Cäsarius, wo die Sache am ausführlichsten geschildert ist, der des Abtes Emo von Werum . . . und der des Gottfried von Köln. Alle Hauptsachen stehen nach den übereinstimmenden Zeugnissen dieser Quellen fest. In unerheblichen Einzelheiten weichen sie ab; es ist das ein Beweis, daß ihre Berichte durchaus unabhängig von einander entstanden sind. . . . Es schien mir hier das einzig Richtige, den Bericht des Cäsarius, der ganz kurz nachher schrieb, . . . und sich ausdrücklich auf Augenzeugen beruft, als wahrheitsgetreue Schilderung, soweit uns solche überhaupt erreichbar ist, zu grunde zu legen, das Ergänzende . . . damit zu verbinden, das Abweichende aber in die Anmerkungen zu verweisen."

[58] Ficker S. 262: „Die übereinstimmenden Daten VI feria post festum omnium sanctorum, die b. Willebrordi, VII idus Novembris haben

Vita II, 5. God. Col., Emo. Necr. eccl. maj. . . .; Necr. Gladb. . . . hat Nov. 8.

49) Der Ausdruck „Hund", den andere Schriftsteller haben, kommt aber hier nicht vor.

50) Fider S. 263: „Nach der abweichenden Erzählung Emo's hätte Friedrich selbst den Erzbischof ermordet."

51) Ebd.: „Nach Emo hätte Konrad von Dortmund bis zuletzt ausgeharrt. Nach God. Col. wäre nur ein kleiner Knabe bei ihm geblieben".

52) Dort fand man sie 1846 bei der Wiederherstellung des Altenberger Domes in einem bleiernen Schrein; dieser wurde in die Kirche zu Odenthal gebracht, wo er sich jetzt noch befindet.

Fünftes Buch.

1) Lac. UB. II, 150.

2) Kurfürst Ferdinand ließ 1622 das Grab Engelberts im Dome öffnen und die Gebeine erheben; am 7. Nov. 1633 wurden sie in einem silbernen Sarge hinter dem Hochaltar wieder beigesetzt.

3) Dietrich, der Bischof von Münster, starb bald; Engelbert erhielt 1227 jährliche Einkünfte angewiesen und erlangte 1239 sein Bistum Osnabrück wieder. Ztschr. 27. Bd., S. 65.

4) Fider S. 186.

5) In der Folge ist für mehreres die einzige, aber auch sehr zuverlässige Quelle: Levold's von Northof Chronik der Grafen von der Mark und der Erzbischöfe von Köln; — Ausgabe von Troß, Hamm 1859.

6) Fider S. 275: „Bergische Geschichtschreiber lassen um diese Zeit Heinrich den Kreuzzug Kaiser Friedrichs mitmachen, wodurch sich noch leichter erklärte, weshalb er nicht für seine Neffen einschritt. Aber die Annahme ist irrig. 1228 Sept. 7. (vgl. Böhmer, Reg. Frid.) wird allerdings von englischen Quellen die Anwesenheit eines dux de Limburg zu Akon erwähnt; vielleicht war es Heinrichs Bruder Walram, sicher nicht er selbst, da er Sept. 1228 eine Urk. in novo castro ausstellt: (Lac. UB. II, 155)." — Auch Lacomblet sagt: „Heinrich schloß sich 1227 dem Kaiser Friedrich zum Kreuzzuge an . . . Im September des folgenden Jahres sehen wir ihn aber in der Heimat, auf dem Schlosse Burg, wieder."

7) Lac. UB. II, 165.

8) Fider: God. Col. a 1230 und 1232.

9) Die überaus große Dürftigkeit der Quellen läßt das Ineinandergreifen beider Fehden nicht genau erkennen.

10) Levold von Northof.

11) Levold erzählt manche einzelne Episode, aber eine klare Übersicht über die Fehde gewährt seine Erzählung nicht.

12) Archiv Bd. III, S. 50: Butkens, Trophées I, 229.

13) Lac. UB. II, 249.

14) Lac. UB. II, 274.

15) Ebd. IV, 663.

16) Kremer, Akademische Beiträge II, S. 124 ff.

17) Lac. UB. II, 278.

18) Ztschr. 2. Bd., S. 317, 318. (Lac. UB II, 289.)

19) Archiv Bd. III, S. 54. — Lac. UB. II, 290.

20) Lac. UB. II, 312.

21) Ztschr. 27. Bd., S. 271.

22) Lac. UB. II, 303.

23) Ebd. 328, 329.

24) Ebd. 443.

25) Ebd. 357.

26) Ebd. 444; vgl. Ztschr. 27. Bd., S. 78.

27) Daß Konrad von Hochstaden bei der Grundsteinlegung zugegen gewesen, wie die meisten Schriftsteller behaupten, ist nicht zu beweisen und auch nicht wahrscheinlich.

28) Lac. UB. II, 461.

29) Ebd. 472.

30) Archiv Bd. III, S. 111.

31) Ztschr. 19. Bd. S. 175 aus dem Orig. (Lac. UB. II, 599; Kremer.)

32) Lac. UB. II, 493.

33) Ebd. 514, 515, 516.

34) Kremer, Akad. Beiträge, III, UB. S. 169.

35) Lac. UB., II, 544.

36) Annalen 51. Heft, S. 35.

37) Lac. UB. II, 573; Hagens Reimchronik der Stadt Köln.

38) Ebd. 515.

39) Ebd. 516.

40) Lac. UB. II, 543, 544.

41) Ebd. 628.

42) Ebd. 544.

43) Ebd. 644, 655, 656, 657.

44) Ebd. 641.

45) Ebd. 665; Annalen, 51. Heft, S. 38.

46) Annalen, 51. Heft, S. 39, 40.

47) Levold von Northof berichtet dies.

48) Lac. UB. II, 684.

49) Ebd. 696.

50) Ebd. 700.

51) Ebd. 712 ff.

52) Ebd. 781, 782, 793.

53) Ebd. 820

54) Dr. Ernst Weyden, Die Schlacht bei Worringen, Köln 1864, Backem (Programm der Realschule 1. Ordnung zu Köln). Diese gründliche Arbeit giebt die Quellen an; es heißt da u. a.: „Die Denkwürdigkeit der Begebenheit selbst macht die Menge der Quellen zu ihrer Geschichte erklärlich ... Daher aber auch die Widersprüche der Quellen selbst.“ Als die vorzüglichsten sind aufgeführt:

1. Jan van Heelu's Reijmkronijk, von welcher Willems in Gent 1836 eine kritische Ausgabe veranstaltete mit einem Urkundenbuche.

Van Heelu war, wie man als wahrscheinlich annimmt, Augenzeuge
der Schlacht, ein Edelmann und Panegyrist des Haupthelden, des
Herzogs Johann von Brabant. Unparteilichkeit darf man daher
nicht bei ihm suchen und nie vergessen, daß er Dichter war.

2. Ottokars von Horneck Österreichische Chronik, eine um 1300,
höchstens 20 Jahre nach der Schlacht in deutscher Sprache geschriebene Reimchronik, welche die Schilderung des Kampfes mit
vielen Nebenumständen giebt.

3. Die Cronica van der billiger Stat van Coellen ... hait
gedruckt mit groißem ernst ind vlyß Johann Koelhoff Burger in Coellen.
(1499.) — Die sog. Koelhoff'sche Chronik, mehr Dichtung als Wahrheit.

4. Geschiedenis van Hertog Jan I. van Braband door K. F. Stallaert.
Brüssel 1861.

5. De Sifrido II. Archiepiscopo von H. Lenfers. Münster 1861. —
Außer diesen natürlich Lacomblets Urkundenbuch und Archiv.

⁵⁵) Lac. UB. II, 892; Archiv Bd. III, S. 126.

⁵⁶) Das Original der Stadterhebungsurkunde ist verloren gegangen. Lac.
UB. II, 846 giebt den Wortlaut derselben nach späten und bedenklichen
Quellen; Ztschr. 18. Bd., S. 153—157 teilt Endrulat den genaueren Text
nach der Abschrift von Redinghoven mit, welche mit großer Sorgfalt nach
der Originalurkunde bewerkstelligt ist. — Annalen, Heft 18, S. 205; Beiträge Bd. III, S. 26, 66.

⁵⁷) Lac. UB. II, 847.

⁵⁸) Ottokar von Horneck sagt: „Nu furt man in (den Erzbischof) in ein
chematen (Kemnate, besseres Wohnzimmer) hin und lie in sitzen an
einer stat in aller der sarabat (vollständ. Rüstung)", und erzählt weiter,
daß man ihm nur zum Essen und Trinken Helm und Handschuhe abgenommen habe.

⁵⁹) Lac. UB. II, 689, 865, 869; Archiv IV, S. 1.

⁶⁰) Ebd. 871.

⁶¹) Kaum ein Jahr und nicht sieben Jahre, wie die Cronica van Cöllen
u. a. berichten.

⁶²) Lac. UB. II, 885.

⁶³) Archiv Bd. IV, S. 15.

⁶⁴) G. Pieper, Gräfrath. Düsseldorf 1887: „Adolf V. starb (nach der Inschrift seiner Grabstätte) den 29. Sept. ... Seine Witwe nahm über dem
Grabe ihres Gemahls den Schleier und wohnte fortan im Kloster zu
Gräfrath, ist daselbst auch begraben, vermutlich in der damaligen Kloster-
kirche; später sind wohl beide Särge in die neue Kirche übertragen worden.
und dort ruhen sie seitdem, wahrscheinlich vor dem Hauptaltare. Ihre
Grabsteine sind nicht mehr vorhanden." Die uns von Redinghoven über-
lieferten Inschriften lauten aus dem Lateinischen übersetzt also: „Im
Jahre 1296 am Feste des Erzengels Michael schied aus diesem Leben der
edle Herrscher Graf Adolf von dem Berge. Seine Seele ruhe in
Frieden. Amen. — Im Jahre 1313 den 31. März starb die hochwürdige
Frau, Frau Elizabetha, geldrischen Stammes, vormals Gräfin von

dem Berge. Jeder bete für ihre Seele ein „Vater unser" und „Ave Maria", damit ihre Seele ruhe in Frieden. Amen."

[65]) Dies beweisen Jan van Heelu, der Gesang von Jan Bortuut u. a. Ztschr. 2. Bd., S. 84 ff. und 27. Bd., S. 105, 106.

Sechstes Buch.

1) Lac. UB. II, 968; 987, 988.
2) Kremer, Akad. Beiträge, III, 233; Lac. UB. II, 1059, 1060, 1061.
3) Lac. UB. III, 10, 28; Ztschr. 25. Bd., S. 15, 16.
4) Lacomblet, Archiv Bd. IV, S. 30, behauptet, gestützt auf Kremer III, 236, daß er die Kanonie Bevenburg gestiftet habe. — In Ztschr. 2. Bd., S. 34 heißt es: „Nach Brosius war es Graf Adolf V., der von 1247 bis 1296 regierte. Das ist wahrscheinlich. Derselbe schenkte ihnen nämlich, wie aus einer Urkunde von 1304 (Kremer III, S. 244) hervorgeht, die hiesige Kapelle mit einigen dazu gehörigen Einkünften. Zu gleicher Zeit gab er ihnen die Erlaubnis, ein Kloster und andere Gebäude zu errichten." (J. W. Cligischläger). — Crecelius, Ztschr. I, S. 275, sagt: „Das Kloster im Steinhaus wurde von Graf Adolf V. gegen das Ende des 13. Jahrhunderts gestiftet oder erweitert, die Stiftung bestätigte sein Bruder und Nachfolger Graf Wilhelm und ließ sie durch den Erzbischof von Köln im Jahre 1300 konfirmieren, wie die nachfolgende Urkunde beweist." (Folgt diese). — Alle Angaben über eine schon im Anfange des Jahrhunderts erfolgte Stiftung sind also irrig, ebenso die, daß es 1298 gestiftet worden sei.
5) Ztschr. 25. Bd., S. 17: „Nach Aufzeichnungen, welche anscheinend dem Altenberger Memoirenbuche entlehnt sind." (Harleß.)
6) Lac. UB. III, 80.
7) Ebd. 125.
8) Ebd. 141.
9) Ebd. 144.
10) Ebd. 156, 167.
11) Ebd. 205.
12) Ebd. 199.
13) Ebd. 226.
14) Ebd. 234; Annalen Heft 51, S. 45.
15) Ebd. 306.
16) Ebd. 363, 426 und Levold von Northof, S. 193, 194.
17) R. v. Zuccalmaglio, Geschichte und Beschreibung des Klosters Altenberg, 1836, S. 149—151, enthält die Grabschrift nebst Übersetzung.
18) Lac. UB. III, 435.
19) Ebd. 480, 485, 487.
20) Ebd. 485.
21) Ebd. 548 und Ztschr. 8. Bd., S. 213—216.
22) Ausführlich hierüber Crecelius in Ztschr. 8. Bd., S. 193—233.
23) Lac. UB. III, 582, 596.
24) Nach Levold von Northof: Archiv IV, S. 77.
25) Lac. UB. III, 566.

26) Lac. UB. III, 582.

27) Archiv Bd. IV, S. 147—158.

28) Ebd. S. 93; Ztschr. 19. Bd., S. 112.

29) Lac. UB. III, 757.

30) Ebd. 607, 626.

31) Ebd. 634, 608, 642, 637, 647.

32) Ebd. 639.

33) Archiv Bd. IV, S. 147—158.

34) Lac. UB. 684, 702, 756.

35) Ebd. 777.

36) Ebd. 794.

37) Ebd. 803, 806.

38) Ebd. 832.

39) Ebd. 848.

Siebentes Buch.

1) Lac. UB. III, 901 und Note, wo der Herzog sagt: „zu Duysseldorp up unse huyss".

2) Ebd. 849.

3) Ebd. 948.

4) Archiv, Bd. IV, S. 107.

5) Lacomblet im Archiv, Bd. IV, S. 116, 136—139: „Den Chronisten späterer Zeit war ein freies Spiel der Phantasie gelassen. Gert von der Schüren, dem die Aufzeichnungen über das Ergebnis des Kampfes vor-lagen und die erwähnten Zahlenangaben entnommen sind, meldet mit keiner Silbe von Getöteten. Er, der in der Vorrede sagt, Herzog Johann von Cleve habe ihm die Abfassung einer Chronik, aber keiner Reimchronik auf-getragen, um nicht auf Kosten der Wahrheit Verse zu machen, bemerkt, daß zu seiner Zeit (in der zweiten Hälfte des 15. Jahrhunderts) keine unver-stümmelte Cleve'sche Chronik vorhanden gewesen und daß er aus Schriften, Registern, Briefen, Karten und Rechnungen des Archivs geschöpft habe. Was berichtet er nun von jenem Kampfe? Zwischen dem Herzoge Wilhelm und dem Grafen Dietrich von der Mark sei es zu Fehde und Krieg ge-kommen und Graf Adolf sei Helfer des Bruders geworden. Der Herzog habe das Cleveische Land mit Rauben, Brennen und Fangen (nach all-gemeiner Kriegssitte jener Zeit) durchzogen; dann seien die Grafen Adolf und Dietrich bis Kellen entgegen gerückt, wo von beiden Seiten trefflich gestritten worden, bis Gott den Cleve-Märkischen Herren den Sieg verliehen. Mehr wußte der Archivar nicht anzuführen".

6) Lac. UB. III, 960.

7) In dem Bündnisse mit dem Erzbischof von Köln 1396 erscheint er als Graf von Ravensberg: ebb. 1015.

8) Lac. UB. III, 1032, 1033.

9) Ebd. 1055.

10) Die Belege für das Gesagte finden sich sämtlich im UB. von Lacomblet. Wegen der Eroberung von Beyenburg durch Adolf berichtet die Koelhoff'sche Chronik, daß dieselbe am 15. Mai 1398 stattgefunden habe.

11) Archiv, Bd. IV, S. 121—125; Ztschr. 15. Bd., S. 227—240.

12) Nicht am 11. Dez. 1403, wie es Archiv Bd. IV, S. 121 heißt.

13) Am 17. Dez. 1403: Archiv, Bd. IV, S. 162, 163.

14) Lac. UB. IV, 24: „den Vater „upgehalden", heißt es sehr fein in der Urkunde

15) Angeblich durch einen Diener, Heinrich von Are oder von Oor, wie die Koelhoff'sche Chronik sagt. Sie erzählt, Heinrich, ein Rat des Erzbischofs von Köln, habe mit dem Jungherzog Adolf wegen einer Forderung in Feindschaft gestanden, mittels eines Nachschlüssels das Gefängnis geöffnet und den Herzog nach Zons geleitet, wo er von dem Erzbischof empfangen und nach Köln gebracht worden sei. Als den Ort seiner Gefangenschaft nennt sie das Schloß Burg.

16) Lac. UB IV, 29.

17) Ebd. 27.

18) Ebd. 38.

19) Ebd. 47.

20) Nach andern soll er in Altenberg ruhen.

21) Lac. UB. IV., 54, 56.

22) Ebd. 58, 60, 62, 63.

23) Ebd. 70, 72, 94, 99, 117, 122.

24) Ebd. 104, 124, 141, 145—148.

25) Ebd. 149.

26) Ebd. 158, 160.

27) Ebd. 166, 167.

28) Ebd. 182; Ztschr. 1. Bd., S. 235—238 und 27. Bd., S. 157—159.

29) Ztschr., 25. Bd., S. 19, 152—257.

30) Ebd. S. 264—266.

31) Lac. UB. IV, 191, 195, 219.

32) Archiv Bd. IV, S. 323.

33) Lac. UB. IV, 226.

34) Teschenmacher, C. D. S. 229.

35) Lac. UB. IV, 249.

36) Archiv Bd. IV, S. 257 nach der Koelhoff'schen Chronik.

37) Lac. UB IV, 232, 2737.

38) Archiv Bd. IV, S. 325; „Der Tag der Vermählung ist nicht ermittelt; als Gemahlin des Herzogs tritt Sophia in einer Urkunde vom 27. Jan. 1445 auf."

39) Lac. UB. IV, 294. Die Urkunde ist dadurch besonders interessant, daß in derselben alle Orte einzeln aufgeführt sind, so daß sie ein klares Bild von dem Gebietsstande des Herzogtums gewährt.

40) Z. B. Wipperfürth am 18. März: Annalen, Heft 51, S. 187.

41) Lac. UB. IV, 344; Beiträge, Bd. V, S. 48: Erzb. Ruprecht zeigt im Februar 1469 der Stadt Düsseldorf an, daß die geschehene Verschreibung wieder aufgehoben und deswegen die Huldigung der Stadt wieder erlassen sei.

42) Lac. UB. IV, 337.

43) Ebd. 362; Kremer, Akad. Beitr. I, S. 80.

44) Lac. UB. IV, 367.

45) Annalen, Heft 51, S. 29: Urt. vom 26. Febr. 1475. Die Stadt Köln bittet genannte bergische Städte, dem Ersatzheere vor Neuß den Ankauf von Lebensmitteln zu ermöglichen. — (An Bürgermeister, Schöffen und Rat zu Ratingen, Kettwig, Gerresheim, Wipperfürth und Lennep.)

46) Nach der Grabschrift zu Altenberg.

47) Lac. UB. IV, 392, 396.

48) Ebd. 898, 402.

49) Ebd. 425.

50) Ebd. 440, 444, 447.

51) Ebd. 457.

52) Ebd. 469.

53) Ebd. 465.

54) Ebd. 470.

55) Ebd. 481.

56) Ebd. 483.

57) Ebd. 491.

58) Ebd. 411.

59) Ebd. 474.

60) Ebd. 500.

61) Ebd. 504; Wilhelms Testament: Archiv, Bd. VI., S. 225—229.

62) Dr. G. von Below, Die landständische Verfassung in Jülich und Berg bis 1511, Ztschr. 21. und 22. Bd.; ders., Geschichte der direkten Staats-steuern, Ztschr. 26., 28. und 29. Bd. — E. v. Schaumburg, Johann Wilhelm II., Ztschr. 8. Bd., S. 2—22.

Achtes Buch.

1) Lac. UB. IV, Nr. 512.

2) Ebd. Nr. 517.

3) Ebd. Nr. 474.

4) In seiner Schrift: „Über Erziehung und Unterricht der Fürstensöhne, die zur Regierung bestimmt sind."

5) Archiv VI, S. 225 ff.; vgl. Archiv IV, S. 316 und Lac. UB. IV, Nr. 405.

6) Annalen Bd. 46, S. 16—20: Harleß, Zur Gesch. des Siebengebirges.

7) Lac. UB. IV, Nr. 414.

8) Brosius III, S. 41; Teschenmacher II, 135, 327.

9) Scotti I, Nr. 20.

10) Krafft, Ad. Clarenbach, S. 18.

11) Scotti I, Nr. 21.

12) In seiner Reformations-Geschichte.

13) Ztschr. Bd. 29, S. 193—213: „Das Düss. Religionsgespräch" von O. R. Redlich.

14) Abgedruckt in der Schrift: „Alle Acta Adolphi Clarenbach", der ausführ-lichsten über die beiden Märtyrer, und in der andern: „Wahrhaftige Historia von den wolgearten und beständigen mennern Adolpho Clarenbach und Petro Fliesteden", gedruckt zu Wittenberg 1560; letztere ist „im wesent-lichen nur ein etwas modernisierter Abdruck" der ersteren und rührt wahr-scheinlich von Th. Fabritius her.

[15] „So z. B. Melanchthon in einem Briefe an Spalatin vom 1. Jan. 1530."
(Krafft S. 113.) „Über den letzten Tag der beiden Märtyrer haben wir
zwei ... gleichzeitige Berichte, einen kürzeren von dem in Köln lebenden
Rechtsgelehrten Johann Lumpius, und einen sehr ausführlichen, welcher in
den Märtyrerakten enthalten ist." (S. 102).

[16] Scotti, Clevisch-Märkische Verordnungen I, Nr. 25.

[17] Wolters.

[18] Scotti, Clev.-Märk. V. I, Nr. 31.

[19] Ebd. Nr. 33; bei Berg, Ref.-Gesch., hrsg. von Troß in clevischem Dialekte;
bei Deders, Hermann von Wied in neuhochdeutscher Sprache.

[20] Archiv Bd. V, S. 92—94; S. 94—98; S. 98—102.

[21] Dies wird von den älteren Chronisten behauptet.

[22] Scotti I, Nr. 27.

[23] Ebd. Nr. 29.

[24] „Die ganze Vorgeschichte des Kölnischen Konzils von 1536 ist bisher noch
zu wenig erforscht." (Wolters). Wenige Bruchstücke s. Archiv Bd. I, S. 117.

[25] Archiv Bd. I, S. 79, 111.

[26] Ebd. S. 157; Scotti I, Nr. 19; Nr. 21: „Von den Rechten."

[27] Ztschr. 9. Bd., S. 103 ff.

[28] Scotti I, Nr. 22, 23, 24, 30.

[29] Ebd. Nr. 32.

[30] Ztschr. Bd. 16, S. 73 ff.; Bd. 17, S. 11 ff.

[31] Archiv Bd. V, S. 103—116.

[32] Lac. UB. IV, Nr. 526, 527.

[33] Archiv Bd. V, S. 126: Schreiben des Dr. R. Harst.

[34] Eine in Geldern geplante Verschwörung gegen den Herzog wurde entdeckt
und streng bestraft. Ztschr. 23. Bd., S. 52.

[35] Lac. UB. IV, 538.

[36] Ebd. 539.

[37] Der Herzog entsandte am 23. Febr. nochmals Abgesandte zum Kaiser. Ebd. 540.

[38] Archiv Bd. V, S. 129—157 und Ztschr. 1. Bd., S. 1—38 ist der gleichzeitige Bericht abgedruckt.

[39] Archiv Bd. V, S. 158—168.

[40] Ztschr. 23. Bd., S. 93—105.

[41] Lac. UB. IV, 542.

[42] Ztschr., 23. Bd., S. 114—119.

[43] Ebd. S. 119—120.

[44] Ebd. S. 121: Brief Spalatins.

[45] Ebd. S. 122—136: eine Reihe von Berichten über das Treffen bei Sittard.

[46] Ebd. S. 112—114.

[47] Ebd. S. 114.

[48] Lac. UB. IV, 543. — Der Sachverhalt ist nicht genügend aufgeklärt;
s. Wolters S. 106.

[49] Ztschr., 23. Bd., S. 137—151: eine Reihe von Berichten über die Begebenheiten nach dem Treffen bei Sittard bis zum Anrücken des Kaisers.

[50] Ebd. S. 153—155.

[51] Lac. UB. IV, 547; Teschenmacher.

52) Ztschr., 23. Bd., S. 840: Tagebuch Heresbachs zum 11. Sept.

53) Teschenmacher, S. 331.

54) Lac. UB. IV, 549.

55) Ebd. 551.

56) Ebd. 553.

57) Ebd. und Anm.

58) Ebd. 552.

59) J. A. von Recklinghausen, Reformationsgeschichte der Länder Jülich ꝛc.

60) Ztschr., 4. Bd., S. 273—336: Die Reformation im Wuppertal und Peter
Lo's Anteil an derselben, von Bouterwek.

61) Archiv, Bd. V, S. 176—191.

62) Ebd. S. 198—201: Instruktion für K. Harst.

63) Ebd. S. 193—194.

64) Ebd. S. 192—193.

65) Wolters S. 120: Scotti, I 41, kennt nur das erste aus späteren Drucken
und datiert es falsch.

66) Tönnies, Die gelehrte Schule in Düsseldorf im 16. Jahrh. unter dem
Rektorat von Joh. Monheim. — Beiträge, Bd. III, IV.

67) Wolters S. 159: „Catechismus. Dused. 1560, neu herausgegeben von
Dr. C. H. Sack (Bonnae 1847), welcher zu einer Zeit, als die Clevische
(Bergische) Geschichte noch mit handgreiflicher Finsternis bedeckt war,
zuerst wieder auf diesen Verschollenen aufmerksam machte. — S. 162:
„Seine Lebensbeschreibung von Bouterwek (in Herzogs Realencyklopädie
Bd. 20) hat vielen Faseleien ein Ende gemacht und endlich in scharfen
Zügen einen Mann gezeichnet, der unsrer Geschichte fast entkommen war."

68) Dies wird auch bei Heresbach nicht anders gewesen sein: seine Gedanken
darüber kennen wir aber nicht genau, da sein Werk „Von der Einrichtung
der Schulen" verloren gegangen ist.

69) Lac. UB. IV, 528.

70) „Ordnung und Reformation des Gerichtlichen Proceß . . . im Jahre 1555
ausgangen", zuerst 1555 gedruckt; 1556 erschien die 2. Ausg. und Recension
mit Änderungen und Zusätzen; es ist diese Ausgabe das älteste Düsseldorfer Druckerzeugnis, aus der Offizin von Jakob Baethen. (Beiträge,
Bd. III.) 1557 erschien die 3., noch mehr geänderte Auflage. „Diese
Änderungen mehrten sich ins maßlose, bis 1729 das Gesetzbuch fast bis
zur Unkenntlichkeit umgestaltet war." (Wolters.) — Scotti I, 51.

71) Ztschr., 20. Bd., S. 117—202 und 9. Bd., S. 48—51.

72) Archiv Bd. I, S. 288.

73) Scotti I, 46. „Das Edikt erwuchs von einem Polizeigesetz, das gegen die
Sacramentierer ꝛc. so milde gehalten war, als die Zeit es litt, durch die
spätere spanische Hofstimmung zu einem wahren Ketzerfänger. Die späteren
Titel nennen es Herzog Wilhelms Polizeiordnung von 1554 „mit etlichen
kleinen Verenderungen" (es ist schon 1666 von 14 auf 204 Seiten Folio
gestiegen!). Viele Irrtümer sind daraus entstanden, daß man die lügen-
hafte Angabe dieser Titel glaubte und so Bestimmungen der späteren Hofpartei auf Wilhelms Rechnung setzte (z. B. Lac., Archiv V, S. 69 wegen
der Schulen)." (Wolters.)

74) Scotti I, 47.

75) Ebd. 48.

76) Ebd. 49.

77) Ebd. 42.

78) Beiträge Bd. VI, S. 188.

79) Ztschr. 21. Bd., S. 1—171; Beiträge, Bd. I, S. 57 ff. und Bd. II, S. 49 ff. Wolters S. 149—155.

80) Wolters S. 155.

81) Binz in Ztschr. Bd. 21, S. 169—171.

82) Picks Monatsschrift II.

83) S. oben Anm. 67.

84) Archiv V, S. 201—209.

85) Archiv, Bd. V, S. 172—176: Des Herzogs Entwurf vom J. 1545.

86) Ztschr. Bd. 20, S. 42—45: Brief Ferdinands an seine Tochter vom 12. März 1557.

87) Ztschr. 3. Bd., S. 369—375.

88) Ztschr. 9. Bd., S. 162—174.

89) Edikte vom 12. Febr. 1584, 1. Okt. 1585.

90) Scotti I, Nr. 66.

91) Wolters S. 176: „Sie in Protestanten und Katholiken gruppieren wollen ist vergebene Arbeit".

92) Das vollständige Protokoll der Verhandlungen befindet sich im Düsseldorfer Staatsarchiv.

93) Wolters S. 177—179.

94) Scotti I, Nr. 72.

95) Archiv Bd. V, S. 210—217: Bericht von Joh. Bapt. de Taffis.

96) Wolters S. 266.

97) Scotti I, Nr. 77.

98) Archiv Bd. V, S. 208.

99) Das Original ist in französischer Sprache geschrieben; s. die seltene Schrift: „Näherer Bericht über dem Religionswesen im Hgt. Jülich, Cleve und Berg ff., Amsterdam 1664."

100) S. Anm. 95: de Taffis (Taffy).

101) Die von Hassel, Lacomblet, Crecelius u. a. vertretene Meinung, Stephan Winands und Corona Pighius seien zwei verschiedene Personen und letzterer habe den Erbprinzen nach Italien begleitet, ist grundlos: s. Wolters S. 191 u. Ztschr. 24 Bd., S. 28.

102) Ztschr. 23 Bd., S. 168—177: Berichte des Hofmeisters Werner von Gymnich über Krankheit, Tod und Begräbnis des Erbprinzen. — Ztschr. 13. Bd., S. 199—204: Bericht des Herzogs Ernst.

103) Im Chor der Kirche wurde dem Jungherzog ein Denkmal errichtet, ausgeführt von den niederländischen Meistern Aegidius von Rivière und Nikolaus von Arras. Crecelius ließ dasselbe 1885 photographieren: s. Ztschr. 23. Bd., S. 167, und Beiträge I, S. 145 ff. mit Abbildung.

104) Archiv Bd. V, S. 217—221: Beschwerdeschrift und Resolution.

105) J. A. von Redlinghausen, Reformations-Gesch. der Länder Jülich rc.

106) Ztschr. 25. Bd., S. 214—262.

[107] Harleß, Aus Hückeswagens Vorzeit: Ztschr. 25. Bd., S. 117.

[108] Scotti I, Nr. 121.

[109] Hercules prodicius, seu principis juventutis vita et peregrinatio per Stephanum Pighium Campensem. Antwerp. 1587. (Colon. 1609.) — De educandis erudiendisque principum liberis. Francofurti ad. M. Joann. Feierabend 1570. Die zweite Ausgabe ebb. 1592 in einem Sammelbande Heresbach'scher Schriften.

[110] Harleß, Aus Hückeswagens Vorzeit: Ztschr. 25. Bd., S. 118.

[111] Fürstliche Hochzeit, so der durchlauchtige hochgeborene Fürst und Herr, Herr Johann Wilhelm, und die durchl. hochg. Fürstin, Fräulein Jakobea, geb. Markgräfin zu Baden ꝛc. in ihrer F. G. Stadt Düsseldorf gehalten, Köln, 1587. Mit vielen Kupfern. — Das bekannteste Werk des Graminäus, interessant und lehrreich für die damaligen Zustände am Hofe.

[112] Über Jakobea sind von Wichtigkeit:
1) Die Abhandlung: „Zur Geschichte der Herzogin Jakobe von Jülich" von Felix Stieve in Ztschr. 13. Bd.;
2. „Zur Prozeßgeschichte der Herzogin Jakobe von Jülich" von Rudolf Goede in: „Zeitschrift für Preuß. Geschichte und Landeskunde", hrsg. von C. Rößler, Berlin 1878 (15. Jahrg.).
3) „Jakobe, Herzogin von Jülich, und der Jülicher Regimentsstreit. Nach röm. Archivalien". Von Karl Unkel. Annalen, Heft 54, S. 96 ff.
Die Abhandlung von Stieve ist die gründlichste Erörterung des schwierigen Gegenstandes, welche wesentlich zur Aufhellung der betreffenden Ereignisse beigetragen hat; die Abhandlungen von Goede und Unkel liefern Ergänzungen zu Stieves Arbeit. Die älteren Darstellungen sind dadurch überholt und überflüssig geworden. Einzelnes bieten noch die „Original-Denkwürdigkeiten eines Zeitgenossen", Düsseldorf 1834, die aber wenig kritisch gesichtet sind.

[113] Ztschr. 2. Bd., S. 197—200: „Ein Autographon".

[114] Ebb. S. 178 ff.

[115] D. Graminäus verfaßte zu Ehren der Verleibung die selten gewordene Schrift „Güldener Rosen Geheimnis", Köln, 1587: Ztschr. 25. Bd., S. 118.

[116] Doch wohl nur einmal: Annalen Heft 54, S. 104.

[117] Ztschr. 3. Bd., S. 336 ff. — 13. Bd., S. 25—27.

[118] Frangipani bezeichnet seitdem Schenkern und seine Genossen kurzweg als die Katholiken.

[119] Ztschr. 5. Bd., S. 236—251; Lac. UB. IV, 591 Anm.

[120] Ztschr. 2. Bd., S. 172—175: Solenanders Bericht; auch in Archiv Bd. VI., S. 168—179. — Ebb. S. 180—191: Inventar des Nachlasses Herzogs Wilhelm vom 3. Aug. 1593.

[121] Beiträge I, S. 145 ff. Das Denkmal, eine schöne und bedeutende Arbeit, rührt aller Wahrscheinlichkeit nach von Gilles (Aegidius) de Rivière her. Vgl. Anm. 103. — Clemen, Kunstdenkmäler, III., 1. Heft, S. 40, mit 2 Tafeln.

[122] Ztschr. III., S. 327—351: Metternichs Bericht.

[123] Auch früher schon, 28. Jan. und 6. März. Lac. UB. IV, 591.

[124] Auch Freymond und Freyman geschrieben.

[125] Dieselbe ist mitgeteilt in Ztschr. 2. Bd., S. 215 ff.

[126] Den vielcitierten Brief Solenanders hält Goede nicht für echt; er sagt darüber: „Nach späteren Zeugnissen hätte man schon vor dem gegen Jakobe angestrengten Prozeß auf eine Ermordung derselben (durch Gift) gesonnen; Beweis dafür soll der bekannte Brief sein, welchen der Marschall von Waldenburg im Januar 1595 unter dem Vorgaben eines Urteilsschlusses an ihren Leibarzt Dr. Solenander gerichtet hätte, und nur an der Rechtlichkeit dieses Mannes soll dies gescheitert sein, der in seinem angeblichen Antwortschreiben ihrem Charakter ein sehr günstiges Zeugnis ausstellt. Ich kenne jedoch keine andere ursprüngliche Quelle für diesen Briefwechsel, als die wenig Vertrauen erwedende Historia arcana, deren Verfasser eine schnell von dem Arzt gefertigte Kopie nebst seiner Antwort 1640 von Solenanders eigener Tochter Johanna in Cleve erhalten haben will." (Anm.: „Stieve citiert den Brief nach dem Historischen Portefeuille, 1782, wo er wohl sicher nicht original ist.")

[127] Ztschr. 2. Bd., S. 111; ich kann Hassel darin nur beipflichten.

[128] Original-Denkwürdigkeiten S. 26 ff.

[129] Goede a. a. O. S. 286, 287.

[130] J. B. Haupt, Jacobe u. s. w. Biographische Skizze, Coblenz 1820, ein „Rettungsversuch, der überhaupt nur mehr einen antiquarischen Wert hat." (Goede.)

[131] Ztschr. 13. Bd., S. 191, 192: Georg Weikart von Frankenreut an den Landgrafen von Leuchtenberg, d. d. 5. Sept. 1595.

[132] Die Verdachtsgründe bei Stieve in Ztschr. 13. Bd., S. 99.

[133] Als diese Kirche 1819 zu einem Montierungsdepot eingerichtet wurde, brachte man ihre Gebeine in die Lambertuskirche. — Beiträge Bd. V, S. 140: Drei Briefe.

[134] Beiträge Bd. V, S. 161.

[135] Redlinghausen, Reformations-Gesch., III. Teil, S. 116.

[136] Ztschr. 23. Bd., S. 179 ff.

[137] Ztschr. 2. Bd., S. 162—172.

[138] Ztschr. 16. Bd., S. 7. — Antoinette war die Tochter des Herzogs von Lothringen und Bar.

[139] Ztschr. 2. Bd., S. 170.

[140] Scotti I, Nr. 135—169.

[141] Ztschr. 16. Bd., S. 12; — S. 14—72.

[142] Ztschr. 2. Bd., S. 201—211: Exorcizatio, an Johann Wilhelm geübt.

Neuntes Buch.

[1] Von den vielen Schriften über den Erbfolgestreit seien nur folgende angeführt:

    1. C. v. Schaumburg, Die Begründung der Brand.-Preußischen Herrschaft am Niederrhein und in Westfalen oder der Jülich-Clevische Erbfolgestreit. Wesel 1859, A. Bagel. (Mit Quellenangaben.)

    2. Dr. J. P. Hassel, De imperio Brandenburgico ad Rhenum fundato sive de primordiis belli Juliacensis Commentatio historica.

Berlin 1863. Vgl. Ztſchr. 1. Bd., S. 113 ff.: Die Rechtsanſprüche der … beteiligten Fürſten u. ſ. w. von Dr. Haſſel: 2. Bd., S. 102 ff.: Denkſchrift u. ſ. w, ebenfalls von Haſſel; 3. Bd., S. 12—49, von C. v. Schaumburg; 25. Bd., S. 24—36, von Harleß; 27. Bd., S. 107 ff., von Crecelius.

3. L. v. Strahlendorff, Discours und Bedenken. 1609.

4. Lucii Veronensis de Sucessione in jura ditionesque Juliae, Cliviae, Montium, Marchiae et Ravensbergae etc. Dissertatio, Refutatio. Apologia. 1653. (Die vollſtändigſte Sammlung von Aktenſtücken, im Intereſſe Pfalz-Neuburgs.)

5. Hiſtoriſcher Schauplaß aller Rechtsanſprüche auf Jülich, Cleve, Berg, Mark u. ſ. w.; auch dazu nötigen Urkunden. 1 Aufl. Frankfurt u. Leipzig 1739; 2. Aufl. Bremen 1740. (Eine ſehr vollſtändige Zuſammenſtellung, aber mit manchen falſchen Angaben, und ſehr fehlerhaft gedruckt.)

6. Außerdem die allgemeinen Schriften: Jac. Franci, Relat. Histor. Contin., verlegt durch Sig. Latomum, 1609 ff.; Lünig, Europäiſche Staats-Conſilien, Emanuel van Meteren, Beſchreibung des Niederländ. Krieges.

[2] Das Privileg Karls V. und die Beſtätigungen desſelben ſtehen bei Teſchenmacher, C. D. von Ditbmar, S. 169, 172, 177.

[3] Ebd. S. 189; Ztſchr. 1. Bd., S. 162.

[4] Ebd. S. 194.

[5] Ebd. S. 195—198.

[6] Beiträge Bd. VII, S. 52.

[7] Scotti I, 181; Ztſchr. 3. Bd., S. 16—19.

[8] Scotti I, 183.

[9] Ebd. 184, 185, 186. Die ſämtlichen Mandate finden ſich in Franci Relat., auch als Beilagen zu dem v. Cynatten'ſchen Manuſkript.

[10] Scotti I, 187.

[11] Ebd. 193.

[12] Ebd. 194.

[13] Ztſchr. 19. Bd., S. 149 ff.

[14] Pufendorf de reb. gest. Fr. Wilh. erwähnt von der hiſtoriſch gewordenen Ohrfeige nichts, deutet aber auf etwas hin, was er verſchweigen will; Meteren hat nichts davon, ebenſo der „Hiſtor. Schauplaß.“ (Schaumburg.)

[15] Daß Wolfgang Wilhelm bereits vor ſeiner Eheſchließung konvertiert habe, berichtet A. Räß, Konvertiten ſeit der Reformation.

[16] Ausführlicher darüber Crecelius im 27. Bde. der Ztſchr. S. 108—114.

[17] Londorp, Acta Publ. II, p. 815.

[18] Scotti I, 215.

[19] Ztſchr. 27. Bd., S. 305—308.

[20] Scotti I, 206.

[21] Reclinghauſen, Reform.-Geſchichte.

[22] Joeſten, Von Reclinghauſen, von Mering und Montanus, oder: Eine geſchichtliche Unwahrheit.

[23] Scotti I, 223, 229, 271, 278.

[24] Recklinghausen, Ref.-Gesch. S. 354, 355, 475; Paul Kind, Gesch. der ev.-reform. Gemeinde Radevormwald S 35–50.

[25] Meteren, Niederl. Krieg II, S. 518.

[26] Scotti I, 231.

[27] Histor. Schauplatz S. 169.

[28] Londorp, Act. Publ. III.

[29] Harleß, Aus Hückeswagens Vorzeit: Ztschr. 25. Bd., S. 25–36; Möralb, Beiträge zur Geschichte der rheinischen Linie des Fürstenhauses Schwarzenberg: Ztschr. 12. Bd., S. 201–235, und 16. Bd., S. 204–215; Fr. v. Sybel, Chronik und Urkundenbuch der Herrschaft Gimborn-Neustadt, S. 17. ff.

[30] Von Neuerburg, auch Neuenberg genannt, sind noch jetzt Ruinen vorhanden. Die Chronisten haben es zu einem Fürstenschlosse gestempelt, wo schon Graf Engelbert I. seine Hochzeit gefeiert haben soll; diese Annahme „beruht lediglich auf irriger Deutung des Wortes Nuemberge in der Urk. vom 28. Juni 1168“. Das Gebäude war „vielmehr bis in die zweite Hälfte des 17. Jahrhunderts Dienstwohnung der Amtsverwalter und Kellner des Amtes Steinbach“. Harleß in Ztschr. 25. Bd., S. 251.

[31] Hegert, Einige Aktenstücke zur Geschichte des Pfalzgrafen Wolfgang Wilhelm: Ztschr. 5. Bd., S. 289–326.

[32] Scotti I, 234–419.

[33] Londorp, Act. Publ. VI, S. 241.

[34] Osnabrücker Friedensinstrument, Art. V, § 2.

[35] Londorp, Act. Publ. enth. die betreffenden Schriftstücke.

[36] Archiv Bd. VI, Beiträge Bd. III.

[37] Beiträge Bd. III, S. 40 ff.

[38] Scotti I, 448: Die Landstände sollen sich zum 7. August versammeln, um dem Eintritt des Herzogs in die Stadt Jülich beizuwohnen.

[39] Crecelius im 27. Bde. der Ztschr., S. 117.

[40] Londorp, Act. Publ.; Histor. Schauplatz; Scotti I, 520, 523.

[41] Ebd. Scotti 521, 523, 540.

[42] Scotti I, 522.

[43] Ebd. I, 586, 587.

[44] Ebd. I, 644. — Montanus, die Vorzeit, S. 86–90.

[45] Brosius S. 168.

[46] Beiträge Bd. I, S. 13–56: „Die kurpfälzischen Posten am Niederrhein“ von Dr. Tönnies.

[47] Beiträge III.

[48] Scotti I, 591; vollständig in: Lenzen, Beiträge zur Statistik des Herzogtums Berg, 2. Heft, S. 37–70.

[49] Scotti I, 592.

[50] Ebd. 593, 596, 603.

[51] Ebd. 614.

[52] Ebd. 627.

[53] Pufendorf, S. 408.

54) E. v. Schaumburg, Die Jugendjahre Johann Wilhelms, in Ztschr. 5. Bd., S. 327—358.

55) Pakenii, J., S. J., Hercules prodicus. Col. 1679.

56) Mitgeteilt von Häusser in seiner „Geschichte der Rheinischen Pfalz".

Zehntes Buch.

1) Eine quellenmäßige Darstellung der Regierungszeit Johann Wilhelms II. ist noch nicht vorhanden. Den Anfang einer solchen giebt E. v. Schaumburg im 8. Bde. der Zeitschrift, S. 1—179; die treffliche Arbeit geht aber leider nur bis zum Jahre 1690. Was Vincenz von Zuccalmaglio über Johann Wilhelm geschrieben hat, u. a.: „Ein reichstreuer Bürger- und Bauernfreund unter den rheinischen Kurfürsten", Kleinere Schriften S. 186—204, enthält zwar einiges Gute, kann aber im ganzen wissen- schaftlichen Anforderungen nicht genügen.

2) Scotti I, 664, 673, 679.

3) Ebd. 686, 687, 689.

4) Ebd. 691, 692, 693.

5) Ebd. 711.

6) Ebd. 725.

7) Ebd. 742, 743, 744, 751.

8) Ebd. 754 bis 758.

9) Ebd. 760.

10) Ebd. 761, 763.

11) Ebd. 763.

12) Ebd. 788.

13) Beiträge Bd. V, S. 161.

14) Vincenz von Zuccalmaglio, Kleinere Schriften, S. 198, 199; Vor- zeit S. 91—96.

15) Häusser, Geschichte der Rheinischen Pfalz.

16) Scotti I, 865

17) Der Plan wird im Historischen Museum zu Düsseldorf aufbewahrt.

18) Beiträge Bd. III, S. 298—303.

19) Goethe, Aus meinem Leben. Wahrheit und Dichtung. III. Teil, 14. Buch.

20) Vincenz von Zuccalmaglio, Kleinere Schriften, S. 187. — E. von Schaumburg. Zur Charakteristik Joh. Wilhelms, S. 65—74.

21) Scotti I, 1042.

22) Ebd. 1150.

23) Ebd. 807, 839, 1004, 1009, 1036.

24) Vincenz von Zuccalmaglio, Kleinere Schriften, S. 188—192.

25) Scotti I, 1153, 1154.

26) Ebd. 1277.

27) Ebd. 1308, 1333; Ztschr. 25. Bd., S. 37.

28) Ztschr. 19. Bd., S. 81—170, mit Anmerkungen u. s. w. von Harleß und Crecelius.

29) Scotti I, 1314.

30) A. W. Frhr. von der Golz, Der Ceremonienstreit in Lennep und die damit zusammenhangenden Zerwürfnisse in der Unterbergischen Lutherischen Synode: Ztschr. 12., 13. und 14. Bd.

31) Ebd. Bd. 12, S. 16—18.

32) Ztschr. 14. Bd., S. 211—221; Beiträge Bd. VI, S. 201.

33) Scotti I, 1383, 1259, 1268, 1322.

34) Ebd. 1330, 1326, 1456, 1207, 1325.

35) Ebd. 1462, 1253, 1185, 1262.

36) Dohm, Denkwürdigkeiten meiner Zeit, Bd. III.

37) Scotti I, 1503.

38) Harleß, Aus Hückeswagens Vorzeit: Ztschr. 25. Bd., S. 38.

39) Ztschr. 27. Bd., S. 122.

40) Ztschr. 26. Bd., S. 85—212: Barmen im siebenjährigen Kriege. Eine Beckmann'sche Chronik, herausgegeben von Dr. Karl Spannagel. „Sorgfältig sammelte Kaspar Beckmann alle hierauf bezüglichen Nachrichten, und sorgfältig brachte er sie, ohne viele Reflexionen, im schlichten Ton ruhiger Erzählung zu Papier. Sein ältester Sohn ... brachte die Chronik zum Abschluß ... Wo die Verfasser von selbsterlebten oder von Vorgängen im Amte Barmen berichten, deren Kenntnis sie Mitteilungen von Augenzeugen verdanken, trägt ihre Darstellung den Stempel unbedingter Glaubwürdigkeit an der Stirn".

41) G. Pieper, Gräfrath die Abtei und die Stadt, S. 48: aus zwei Erb-Bibeln.

42) Scotti I, 1611.

43) Pieper a. a. O.

44) Scotti I, 1837.

45) C. v. Schaumburg, Historische Wanderung durch Düsseldorf, S. 52 ff. — Beiträge Bd. II, S. 1—40: Dr. Tönnies, Die alliierten Truppen vor und in Düsseldorf.

46) Scotti I, Nr. 1845, 1846, 1850, 1854.

47) Ebd. 1863.

48) Funke, Wipperfürth, S. 72, 73.

49) Scotti I, 1874—1877.

50) Ztschr. 26. Bd., S. 117: „Karl Wilhelm Ferdinand, geb. 9. Okt. 1735, Neffe des kommandierenden Generals Herzog Ferdinand von Braunschweig-Lüneburg, seit 1780 regierender Herzog von Braunschweig-Wolfenbüttel, der bekannte spätere preußische Feldmarschall und Oberbefehlshaber der preußisch-österreichischen Armeen gegen Frankreich 1792—94, sowie der preußischen Armee 1806, gest. den 10. Nov. 1806 in Ottensen an den Folgen seiner in der Schlacht bei Auerstädt erhaltenen Wunden. Im siebenjährigen Kriege zeichnete er sich bekanntlich ebenso sehr durch seine Energie und Tapferkeit, wie später durch seine Bedächtigkeit und Unentschlossenheit aus".

51) Häusser, Geschichte der Rheinischen Pfalz.

52) Ztschr. 18. Bd.

53) Paul Clemen, Die Kunstdenkmäler der Rheinprovinz, dritter Band, II. Heft, S. 175: „Die älteste unter den bergischen Industriezweigen, die

Montaninduftrie, fetzt fchon im 13. Jahrhundert ein. Die Kronenberger weißen Senfen und Futterklingen find fchon um 1240 zur Zeit der Hanfa hochberühmt. Ungezählte verlaffene Pingenzüge und Frifchfchladenhalden im Gebiet des jetzigen Kreifes Lennep weifen auf eine frühe Entwidelung der Kleineifeninduftrie. Remfcheid und Solingen treten bald in die erfte Linie. Im Remfcheider Induftriebezirk ... werden Senfen, Sicheln und Stabeifen verfertigt, erft am Ende des 17. Jahrhunderts tritt die Fabrikation der unzähligen feineren Handwerkszeuge dafür ein. Der Solinger Induftrie-bezirk daneben ... erwirbt fich durch die Klingenfchmiederei und die Meffer-fabrik rafch Weltruhm. Das erfte erhaltene Privilegium für die Klingen-fabrikanten vom Jahre 1401 erzählt fchon von einer weitgehenden zünftigen Gliederung. ... Aus dem Anfang des 16. Jahrhunderts ftammen dann die erften Nachrichten über die Entwidelung der Textilinduftrie im Bergifchen. Der bergifche Löwe auf Garnbündeln, das Siegel der Schöffen in dem Barmen vom Jahre 1516, das jetzige Barmer Stadtwappen, fteht als Sinnbild über der ganzen fpäteren Gefchichte der Schwefterftädte Barmen und Elberfeld. Im 16. Jahrhundert wird nun das Garnbleichen für das obere Wupperthal die Haupterwerbsquelle ... Im 18. Jahrhundert wird die Baumwolle hinzugezogen. Die erfte Flechtmafchine wird in Barmen erfunden, und endlich fetzt jetzt im ganzen Bergifchen Lande die Bettziechen-manufaktur, die Floret- und Halbfeidenmanufaktur, die Siamofeninduftrie, zuletzt die Seideninduftrie ein, die im Laufe unferes Jahrhunderts einen ungeahnten Auffchwung nehmen follte. Um 1785 erhielt das Wupperthal das Geheimnis der Türkifchrotfärberei".

⁵⁴) C. F. Wiebeling, Beiträge zur Churpfälzifchen Staatengefchichte, 1792.

⁵⁵) Beiträge Bd. III, S. 467.

⁵⁶) Scotti II, 2012: 1. Sept. 1767.

⁵⁷) Ebd. I, 1000.

⁵⁸) Ebd. I, 1995: 20. Sept. 1776.

⁵⁹) Ebd. II, 2295: 8. Sept. 1789.

⁶⁰) Ebd. II, 2258, 2338, 2347.

⁶¹) Ztfchr. 25. Bd., S. 209—213.

⁶²) Scotti II, 2366.

⁶³) Ebd. I, 1653.

⁶⁴) Beiträge Bd. VI, S. 202.

⁶⁵) Scotti II, 2096.

⁶⁶) Ebd. II, 2227: 4. Mai 1784.

⁶⁷) Ebd. 1807, 2067, 1756, 1779, 2322.

⁶⁸) Ebd. I, 1521, 1533.

⁶⁹) Ebd. II, 2048, 2212.

⁷⁰) Ebd. II, 2116.

⁷¹) Ebd. I, 1909.

⁷²) Ebd. II, 2161, 2207.

⁷³) Ebd. II, 2269.

⁷⁴) Ebd. I, 1539, 2046.

⁷⁵) Ebd. II, 2040.

⁷⁶) Montanus, Die Vorzeit, Bd. II, S. 280—286.

77) Ebd. und: Drei Reformatoren der Heimat, Bourscheid 1863, S. 35 ff.

78) P. Jaßbender, Daniel Schürmann, ein Bergischer Schulmann. Elberfeld 1834, Sam. Lucas. — Derselbe, Beobachtungen und Erfahrungen aus meinem Leben. Wesel, A. Bagel. — Montanus, Die Vorzeit, S. 312—314.

79) Scotti II, 2044, 2388.

80) (Daniel Schürmann,) Kurze Geschichte des Schulwesens zunächst in Rücksicht der Lutherischen Volksschulen im Herzogtum Berg. Schwelm, M. Scherz. (1806), S. 6 ff.

81) Mülheim am Rhein, gedruckt bei Joh. Conr. Eyrich, 1786.

82) Scotti, II, 2246.

83) Archiv Bd. VII, S. 373—431: Die Königl. Landesbibliothek zu Düsseldorf. Von Dr. Pfannenschmid.

84) Ztschr. 27. Bd., S. 132, 133; Beiträge Bd. III, S. 304; Schaumburg, Histor. Wanderung.

85) Scotti II, 2033: vom 7. April 1796 ab. — Beiträge Bd. II, S. 42 ff.: Düsseldorfs älteste Zeitung, von Dr. Tönnies.

86) Ztschr. I. Bd., S. 54—104: Die geschlossene Lesegesellschaft in Elberfeld. Vom früheren Oberbürgermeister A. von Carnap.

87) Goethe, Aus meinem Leben. Wahrheit und Dichtung. III. Teil, 14. Buch.

88) Lavater blieb bis zu seinem Tode mit den Barmer Freunden verbunden und sandte ihnen noch von seinem Sterbelager aus seine Grüße.

89) Beiträge III, S. 390.

90) Paul Clemen, Die Kunstdenkmäler der Stadt und des Kreises Düsseldorf, S. 62 ff.

91) Scotti II, 2287, 2069, 2080; 2049, 2171 ff.

92) V. v. Zuccalmaglio, Kl. Schriften, S. 218—220, 237—244; Scotti I, 1906.

93) Scotti II, 2196, 2202; Beiträge IV, S. 199 ff.: Mitteilungen zur Geschichte des Bergischen Sicherheits-Korps und der Gensdarmerie im Großherzogtum Berg 1782—1809, von Hauptmann Mobß. — Zuccalmaglio, Kl. Schriften, S. 215, 216.

94) Scotti I, 1561.

95) Ebd. II, 2116.

96) Zuccalmaglio, Kl. Schriften, S. 216.

97) Scotti I, 1797.

98) Zuccalmaglio, Kl. Schriften, S. 217, 218.

99) Ebd., S. 222; Ztschr. 27. Bd., S. 131, 132.

100) Zuccalmaglio, Kleine Schriften, S. 210, 224.

101) Scotti II, 2324.

102) Ebd. 2364.

103) Ebd. 2179, 2342, 2396, 2318, 2425.

104) Ebd. 2349.

105) Goethe hat als Augenzeuge den Zug in der „Champagne in Frankreich" beschrieben. — Treitschke, Bd. I, S. 128. — Vgl. Anm. 50.

106) Die Kanonade von Valmy am 20. Sept. 1792; Rückzug der Preußen.

107) B. v. Zuccalmaglio, Die Helden der Republik ꝛc.; Die Vorzeit, S. 118 ff. — Häusser, Bd. 1, S. 573; Bd. II. S. 28 ff.

108) Funcke, Wipperfürth, S. 98: „So erlitt denn auch die Stadt Wipperfürth ... aus der vorab vom 29. Sept. bis zum 15. Dez. dauernden Einquartierung ... viele Auslagen und schwere Einbuße ihres materiellen Besitzes."

109) Ztschr. 16. Bd., S. 146—161.

110) Beiträge III, S. 445—447, wo die Kapitulationsbedingungen vollständig mitgeteilt sind. — Scotti II, 2448, 2449.

111) Funcke, Wipperfürth, S. 99.

112) Zuccalmaglio, Die Helden der Republik ꝛc., S. 18.

113) Ebb. S. 30, 31.

114) Ebb. S. 55, 56.

115) Ztschr. 23. Bd., S. 209—221.

116) Zuccalmaglio, Die Helden der Republik ꝛc., S. 58.

117) Ebb. S. 63 ff., 225 ff.; die Vorzeit S. 214—227.

118) Ebb. S. 113—120.

119) Ebb. S. 129—138.

120) Ebb. S. 121, 122.

121) Ebb. S. 117—119.

122) Ebb. S. 150 ff.; Harleß, Aus Hückeswagens Vorzeit: Ztschr. 25. Bd., S. 39, 40.

123) Ebb. S. 217.

124) Scotti II, 2511, 2517.

125) Ebb. 2575.

126) Ebb. 2619, 2625, 2641, 2817 ff.

127) Ebb. 2599, 2612, 2618, 2629 ff.

128) Ebb. 2515, 2582.

129) Ebb. 2650, 2651.

130) Ebb. 2656, 2591, 2840.

131) Ebb. 2715, 2765, 2766.

132) Ebb. 2727: Urkunde über den Hauptapanagialrezeß vom 30. Nov. 1803; 2742: Auszug aus dem Apanagialrezeß, bekannt gemacht am 20. Febr. 1804; 2744: Bestimmung der Titulatur ꝛc., welche von den Beamten an die herzogliche Regierung zu beobachten ist: erste im Namen des Herzogs erlassene Verordnung, vom 7. März 1804.

133) Scotti II, 2772, 2792.

Elftes Buch.

1) Scotti II, 2845, 2854.

2) Ebb. 2859.

3) Ebb. 2862.

4) Ebb. 2860.

5) Ebb. 2861, 2863.

6) Ztschr. 7. Bd., S. 191—194.

7) Fr. v. Sybel, Chronik und Urkundenbuch der Herrschaft Gimborn-Neustadt, S. 54.

8) Hüssen, Geschichte der Herrschaft Homburg, S. 26—31.

9) Fr. v. Sybel, Gimborn-Neustadt, S. 29—54.

10) Scotti II, 2800.

11) Ehemals kurkölnisch: an Nassau-Usingen durch Säkularisation des Erzstifts nach § 12 des Reichsdeputations-Hauptschlusses gekommen.

12) Goede, das Großherzogtum Berg.

13) Scotti II, 2882, 2883.

14) Harleß, Aus Hückeswagens Vorzeit: Ztschr. 25. Bd., S. 43.

15) Dies hat Wachter bewiesen; Beiträge VI. Bd., S. 168.

16) Harleß a. a. O., S. 42, 43.

17) Scotti II, 2886.

18) Scotti II, 2925, 2987.

19) Ebd. 2882, 2883.

20) Ebd. 2924.

21) Archiv VI. Bd., S. 219—224; Scotti II, 2912.

22) Scotti II, 2928.

23) Ebd. III, 3013.

24) Ebd. 3057.

25) Goede, Das Herzogtum Berg.

26) Mülmann, Statistik des Reg.-Bez. Düsseldorf Bd. 1, S. 383.

27) Goede, Das Großherzogtum Berg.

28) Ebd.

29) Scotti III, 3030.

30) Scotti III, 3044, 3058.

31) Ebd. 3042.

32) Ebd. 3048, 3060.

33) Ebd. 3279.

34) Beiträge VI. Bd., S. 153.

35) Scotti III, 3248, 3249.

36) Ebd. 3131.

37) Drei Reformatoren der Heimat, S. 68 ff.

38) Harleß, Aus Hückeswagens Vorzeit: Ztschr. 25. Bd., S. 46, 47.

39) Die Helden der Republik 2c., S. 222: Vorschriften für das Napoleonsfest.

40) Scotti III, 3382.

41) Harleß a. a. O., S. 48—50; Fr. v. Sybel, Gimborn-Neustadt, S. 57, 58; Hüssen, Homburg S. 169—171; Funde, Wipperfürth S. 102—104; V. v. Zuccalmaglio, Kl. Schriften S. 56, 57; ders., Vorzeit S. 133—136; Drei Reformatoren S. 75—78; ders., Der neue Eulenspiegel S. 71.

42) Harleß a. a. O., S. 51.

43) Zuccalmaglio, Kl. Schriften, S. 58—60 u. a.; Funde, Wipperfürth S. 105—107.

44) Scotti III, 3443.

45) Ebd. 3446.

46) Ebd. 3447.

47) Ebd. 3452.

48) Die Vorzeit von W. v. Waldbrühl u. Montanus Bd. II, S. 227—230.

49) Scotti III, 3460.

50) Ebb. 3467.

51) Die Vorzeit S. 204—208.

52) Scotti III, 3458.

53) Ebb. 3463, 3470.

54) Ebb. 3475.

55) B. v. Zuccalmaglio, Kl. Schriften S. 66—71; derf., Die Vorzeit S. 129—132.

56) Scotti III, 3479.

57) Ebb. 3482, 3490.

58) Ebb. 3489, 3629.

59) Ebb. 3498.

60) Ebb. 3574.

61) Ebb. 3585.

62) Ebb. 3585, 3592.

63) Harleß, Aus Hückeswagens Vorzeit S. 53.

64) Scott III, 3716.

65) Ebb. 3735; Gesetz-Sammlung für die königl. preuß. Staaten, 1815 S. 21 ff., S. 25 ff.

Zwölftes Buch.

1) Ztschr. 2. Bd., S. 289—304.

2) Ebb.

3) Kr. v. Sybel, Gimborn-Neustadt, S. 60, 61; Hüssen, Homburg.

4) Die Vorzeit, S. 270—272.

5) (Vincenz von Zuccalmaglio), Drei Reformatoren der Heimat. Als Manuskript für Freunde gedruckt. Bourscheid bei G. Erlenkötter, 1863.

6) Ebb.; Der neue Eulenspiegel, S. 94; L. Berger, Der alte Harkort.

7) Not- und Hülfsbüchlein für das Mangeljahr 1817 und seine Nachfolger. Seinem Vaterlande gewidmet von J. H. Voß, Schullehrer zu Strombach bei Gummersbach. (Gedruckt bei J. C. Eyrich zu Elberfeld.

8) B. v. Zuccalmaglio, Kl. Schriften, S. 101—103.

9) J. A. v. Recklinghausen, Reformationsgeschichte, III. Teil, S. 401—404.

10) Ztschr. 27. Bd., S. 17 (vergl. Anm. 13) zum 2. Buch).

11) Scotti III, 3494; v. Recklinghausen III, S. 399—401.

12) Krafft, Adolf Clarenbach, S. 116, 117.

13) v. Recklinghausen III, S. 401, 405.

14) Deutsches Kochbuch für Ledermäuler und Guippers, von Theodor, Karl, Alexander, Franz (Gebrüder) Freiberrn von Hallberg zu Broich. 1819. Düsseldorf, Johann Wolf. Zwei Teile.

15) M. Blancarts, Die Kunstakademie zu Düsseldorf und die Düsseldorfer Schule: Unsere Zeit V. Bd., 1869, S. 39 ff.

16) Beiträge, Bd. III.

17) Vincenz von Zuccalmaglio, Geschichte und Beschreibung des Klosters Altenberg. Barmen, 1836, Fallenberg'sche Verlagshandlung; derf., Das Kloster Altenberg im Dhüntbale und das Mönchswesen. Von Montanus. Solingen, Fr. Amberger, 1838; derf., Altenberg im Dhüntbale. Festbeitrag

zur Eröffnungsfeier. Köln, Feilner. (Neu herausg. vom Altenb. Domverein.) — Aeg. Müller, Beiträge zur Geschichte der Cisterzienserabtei
Altenberg. Bensberg, W. Haale, 1882. — Rob. Keller, Altenberg und
seine Merkwürdigkeiten. Bensberg. 1882.

[18]) V. v. Zuccalmaglio, Kl. Schriften, S. 1—10, 31—39, 45—47; ders.,
Die große Schlacht bei Remlingrade. Koblenz, Karl Bädecker, 1849. —
C. Hecker, Der Aufstand zu Elberfeld im Mai 1849 und mein Verhältnis
zu demselben. Elberfeld, 1849, Jul. Bädecker. — K. Ch. Belz, Elberfeld
im Mai 1849, ebd. — Der Zug der Freischärler unter Kinkel, Schurz und
Annede, behufs Plünderung des Zeughauses zu Siegburg. Bonn 1886,
P. Hanstein.

[19]) Festschrift zum 25jährigen Jubiläum des Berg. Geschichtsvereins; —
Jahresberichte des Vereins.

[20]) Dr. W. Harleß, Zur Geschichte des Schlosses Burg a. d. Wupper: Ztschr.
23. Bd., S. 249—259; — ders., Zur Geschichte von Schloß Burg a. d.
Wupper bei Einweihung des Palas am 21. Okt. 1891. Barmen, D. B.
Wiemann. — Der an das Ministerium gerichtete Bau- und Erläuterungs-
bericht zum Wiederaufbau der Schloßruine, erstattet vom Erbauer, Architekt
Fischer in Barmen. — Verhandlungsberichte über die Hauptversammlungen
des Vereins zur Erhaltung der Schloßruine. — Jahresberichte des Bergischen Geschichtsvereins.

[21]) Das Nähere über den Domverein verdanke ich gütiger Mitteilung des
Vorstandsmitgliedes Prof. H. Hengstenberg in Elberfeld.

[22]) Die Festschrift zur Eröffnungsfeier, s. Anm. [17]).

[23]) Die bevorstehende Volkszählung am 2. Dez. d. J. wird voraussichtlich wieder
eine bedeutende Vermehrung der Bevölkerung dieser Städte nachweisen.

II.
Quellen und Hülfsmittel.

—

1. Urkunden.

Die Urkunden sind größtenteils gesammelt im Staatsarchiv zu Düsseldorf; viele sind aber auch noch zerstreut. Eine Übersicht des gesamten Urkundenmaterials, so weit eine solche zur Zeit möglich ist, giebt folgendes Werk:

1. **Rheinisches Archiv.** Wegweiser durch die für die Geschichte des Mittel- und Niederrheins wichtigen Handschriften. Erster Teil: Der Niederrhein, bearbeitet von Dr. Th. Ilgen. Trier, Linß'sche Buchhandlung. 1885. (Auch als Ergänzungsheft II zum Jahrgang 1885 der Westd. Zeitschrift.) Vgl. C. v. Mülmann, Statistik des Reg.-Bez. Düsseldorf, Bd. I, S. 465 ff.; Ztschr. Bd. III, S. 301 ff., sowie das „Archiv" in der Westd. Zeitschrift 1882 ff.

Eine für die Zwecke des Historikers ausreichende Sammlung der wichtigsten Urkunden bietet:

2. **Urkundenbuch für die Geschichte des Niederrheins.** Hrsg. von Dr. Theod. Jos. Lacomblet. 4 Bände. Düsseldorf 1840—58. gr. 4.

Ilgen, Rh. Archiv, nennt es ein „einstweilen noch unersetzbares Werk, in dem Urkunden in chronologischer Folge von 779 bis 1609 abgedruckt sind" und sagt u. a.: „Ist gleich dem Herausgeber noch nicht die minutiöse diplomatische Forschung des letzten Jahrzehnts eigen gewesen, und leiden daher auch die Urkundenabdrücke an Auslassungen, so wird man dieselben immerhin in den meisten Fällen als völlig ausreichende Grundlage für die historische Untersuchung ansehen dürfen. Ein dankenswertes Unternehmen würde es sein, ein Supplement zu Lacomblets Urkundenbuch herzustellen."

Im VI. Bande des Archivs für den Niederrhein heißt es in einem Nachruf: „Das Niederrheinische Urkundenbuch, jenes unvergängliche Denkmal rühriger Fleißes und urteilsvoller Behandlung der alten Urkunden, die gediegene Frucht eines durch 35 Jahre fortgesetzten mühevollen Studiums vieler Tausend oft schwer zu entziffernder Pergamente, ein Werk, dessen klassischer Wert überall da anerkannt ist, wo echte, vorurteilsfreie Forschung gilt, das noch in fernen Zeiten als Vorbild und Muster ähnlichen Arbeiten vorleuchten wird."

Wichtig ist auch nachstehende Sammlung, an der Lacomblet ebenfalls mitgearbeitet hat:

3. Sammlung der Gesetze und Verordnungen, welche in den ehemaligen Herzogtümern Jülich, Cleve und Berg und in dem vormaligen

Großherzogtum Berg über Gegenstände der Landeshoheit, Verfassung,
Verwaltung und Rechtspflege ergangen sind. Vom Jahre 1475 bis
16. April 1815. Zusammengestellt von J. J. Scotti. 3 Bände.
Düsseldorf. J. Wolf. 1821. 1822.

II. Wertvolle Sammlungen von zuverlässigem Material.

4. Archiv für die Geschichte des Niederrheins, hrsg. von Dr. Theod.
Jos. Lacomblet. 5 Bände in 10 Heften. Düsseldorf. Schaub'sche
Bchhdlg. 1831—66.

—, fortgesetzt von Geh. Archivrat Dr. Wold. Harleß. 2 Bände in
4 Heften. Köln. Heberle. 1868—71.

Lacomblet's Urkundenbuch und dieses Archiv stellen alles früher auf
dem Gebiete unserer Geschichte Erschienene in Schatten, und alles folgende
von Wert beruht auf diesen Werken; sie sind grundlegend, epochemachend.

5. Zeitschrift des Bergischen Geschichtsvereins. 1. bis 26. Band:
Bonn, in Kommission bei A. Marcus, 1863—90; 27. bis 30. Band:
Elberfeld, in Kommission bei B. Hartmann, 1891—1894.

6. Beiträge zur Geschichte des Niederrheins. Jahrbuch des
Düsseldorfer Geschichtsvereins. 8 Bände. Düsseldorf, C. Kraus.
1886—94.

Vorläufer dieses Jahrbuches waren: Monatsschrift, 1881, und Zeitschrift
des Düsseldorfer Geschichtsvereins, in Heften, 1882—1885.

7. a. Monatsschrift für die Geschichte Westdeutschlands. Hrsg.
von K. Pick. 1. bis 7. Jahrgang. 1875—81.

b. Westdeutsche Zeitschrift für Geschichte und Kunst. Hrsg. von
Dr. Fr. Hettner und Dr. K. Lamprecht. Trier, Verlag der
Lintz'schen Buchhdlg. Jährlich 4 Hefte und 12 Korrespondenz-Blätter.
1. bis 14. Jahrgang. 1882—95.

8. Annalen des historischen Vereins für den Niederrhein, insbesondere die alte Erzdiöcese Köln. Heft 1—59. Köln, J. u. W.
Boisserée, 1855—1895.

9. Jahrbücher des Vereins von Altertumsfreunden im Rheinlande.
Heft 1—95. Bonn, 1842—94, A. Marcus in Kommission.

10. Niederrheinisches Jahrbuch für Geschichte und Kunst, hrsg. von
Dr. Laurenz Lersch. 2 Jahrgänge. Bonn, Henry u. Cohen. 1843. 1844.

III. Bearbeitungen.

a. Gesamtdarstellungen.

Ein vollständiges Werk auf Grund der neueren Forschungen existiert
bis jetzt nicht; das vorliegende ist der erste Versuch dieser Art.

b. Teilweise Bearbeitungen.

11. Lacomblet. Düsseldorf. Mit stetem Hinblick auf die Landesgeschichte,
aus urkundlichen Quellen dargestellt. Archiv, Bd. III, IV, V.

Unter diesem bescheidenen Titel verbirgt sich eine allen wissenschaftlichen Anforderungen genügende Darstellung der Geschichte des Nieder-

rheins, doch ist dieselbe leider Torso geblieben, da sie nur bis zum
Jahre 1575 reicht.

12. **Wilhelm Crecelius**, Beiträge zur Bergisch-Niederrheinischen Geschichte.
Aus dessen litterarischem Nachlasse herausg. von W. Harleß. Ztschr.
des Berg. Geschichtsvereins, 27. Band.

Diese gesammelten Vorträge des um unsere Landesgeschichte hochverdienten Crecelius, soweit sie nicht bloß das Wupperthal betreffen,
schließen schon mit der Schlacht bei Worringen im Jahre 1288; aus der
neueren Zeit ist nur ein Vortrag über Karl Theodor vorhanden.

c. Monographien.

13. **W. Harleß**, Aus Hückeswagens Vorzeit. Ztschr. des Berg. Geschichtsvereins, 25. Band.

„Aus umfassendster Sachkenntnis heraus, wie sie nur dem seit Jahrzehnten mit den Quellen zur Geschichte des Niederrheins so innig ver-
trauten Vorsteher des Staatsarchivs zu Düsseldorf möglich sein konnte,
hat der Verfasser durch diese Specialuntersuchung anerkanntermaßen eine
Musterleistung geschaffen. . . Der Schwerpunkt der Darstellung liegt in
der Schilderung der inneren Zustände." (Beiträge, Bd. VI, S. 185.)

14. **A. Dederich**, Geschichte der Römer und der Deutschen am Niederrhein.
Emmerich, 1854.

15. **M. J. Essellen**, Geschichte der Sigambern und der von den Römern
bis zum Jahre 16 n. Chr. im nordwestlichen Deutschland geführten Kriege.
Leipzig, Fr. W. Grunow, 1868.

16. **K. W. Bouterwel**, Swidbert, der Apostel des Bergischen Landes.
Elberfeld 1859.

17. **Joh. Hub. Kessel**, Der selige Gerrich, Stifter der Abtei Gerresheim.
Düsseldorf, J. Schwann'sche Buchh., 1877.

18. **Max Schmitz**, Die Geschichte der lothringischen Pfalzgrafen bis auf
Konrad von Staufen, Inaugural-Dissertation. Oberhausen 1878, Adolf
Spaarmann.

19. **Jul. Ficker**, Engelbert der Heilige, Erzbischof von Köln und Reichsverweser. Köln 1853, J. M. Heberle (H. Lempertz).

20. **Alexander Kaufmann**, Cäsarius von Heisterbach. Köln 1850, ebd.

21. **Karl Krafft**, Die Geschichte der beiden Märtyrer der evangelischen Kirche
Adolf Clarenbach und Peter Fliesteden. Elberfeld 1886, Buchhandl. der
Ev. Gesellschaft.

22. **Derselbe**, Die Stiftung der Bergischen Provinzialsynode am 21. Juli
1589 zu Neviges bei Elberfeld. Ebd.

23. **Albr. Wolters**, Konrad von Heresbach und der Clevische Hof zu seiner
Zeit, nach neuen Quellen geschildert. Elberfeld, Sam. Lucas, 1867.

24. **C. von Schaumburg**, Die Begründung der Brandenburgisch-Preußischen
Herrschaft am Niederrhein und in Westfalen oder der Jülich-Clevische
Erbfolgestreit. Wesel 1859, A. Bagel.

25. **Derselbe**, Historische Wanderung durch Düsseldorf. Düsseldorf 1866,
Voß u. Comp.

26. (Vinzenz von Zuccalmaglio,) Die Helden der Republik und Bürger und Bauern am Niederrhein in den letzten Jahren des vorigen Jahrhunderts aus dem Munde von Augenzeugen und aus handschriftlichen Nachrichten und Urkunden zusammengestellt vom Verfasser der deutschen Kokarde. Elberfeld 1851, Wilh. Hassel.

27. Rudolf Goede, Das Großherzogtum Berg unter Joachim Murat, Napoleon I. und Louis Napoleon 1806—1813. Ein Beitrag zur Geschichte der französischen Fremdherrschaft auf dem rechten Rheinufer. Meist nach den Akten des Düsseldorfer Staatsarchivs. Köln 1877, DuMont-Schauberg'sche Buchhandlung.

d. Ältere Werke.

28. Werneri Teschenmacheri ab Elberfeldt, Annales Cliviae, Juliae, Montium . . . Ed. nov. cur. J. Chr. Dithmarus. Francofurti et Lipsiae, apud Chr. G. Nicolai. 1721. (Vgl. oben S. 282.)

29. J. Th. Brosius (et Mappius), Juliae, Montiumque comitum marchionum et ducum annales. III tomi. Col. Agr. 1731.

30. Ch. J. Kremer, Akademische Beiträge zur Gülich- und Bergischen Geschichte. 3 Bände (3. Bd. herausg. von Lamey). Mannheim 1769—81.

Diese 3 Werke sind im ganzen zwar veraltet, wie alle vor Lacomblet's Urkundenbuch erschienenen, aber sie haben doch für den Forscher immer noch einen gewissen Wert.

IV. Allgemeine und vermischte Schriften.

31. Felix Dahn, Urgeschichte der germanischen und romanischen Völker. 4 Bände. Berlin, Grote, 1881—89.

32. Georg Pfahler, Handbuch deutscher Altertümer. Neue vermehrte Ausgabe. Frankfurt a. M., Chr. Winter, 1868.

33. K. Zeuß, Die Deutschen und die Nachbarstämme. München, Leutner, 1837.

34. Aug. Bened. Wilhelm, Germanien und seine Bewohner. Nach den Quellen dargestellt. Weimar, Geogr. Inst., 1823.

35. Georg Weber, Germanien in den ersten Jahrhunderten seines geschichtlichen Lebens. Berlin, Brigl u. Lobeck, o. J.

36. Minola, Übersicht dessen, was sich unter den Römern seit Cäsar bis auf die Eroberung Galliens durch die Franken am Rheinstrom Merkwürdiges ereignet. 2 Teile. 2. Aufl. Köln 1816—18.

37. Karl Lamprecht, Skizzen zur Rheinischen Geschichte. Leipzig, Alphons Dürr, 1887.

38. Joh. Arnold von Recklinghausen, Reformationsgeschichte der Länder Jülich, Berg, Cleve, Meurs, Mark, Westfalen und der Städte Aachen, Köln und Dortmund. 1. und 2. Teil. Elberfeld, J. C. Eyrich, 1818; 3. Teil herausg. von C. H. E. von Oven. Solingen und Gummersbach. Fr. Amberger, 1837.

39. Eb. Demmer, Geschichte der Reformation am Niederrhein. Aachen, M. Jakobi'sche Buchh., 1885.

40. Wilhelm von Waldbrühl und Montanus, Die Vorzeit. Sagen und Geschichten der Länder Cleve-Mark, Jülich-Berg und Westfalen. In wissenschaftlicher Umarbeitung. 2 Bände. Elberfeld, S. Lucas, 1870—71.

41. Vincenz von Zuccalmaglio, Kleinere Schriften. Zusammengestellt und herausgegeben bei Gelegenheit der Enthüllung seines Denkmals am 26. Mai 1881 in Grevenbroich. Bonn, Max Cohen, 1881.

42. Otto von Mülmann, Statistik des Regierungsbezirkes Düsseldorf. 2 Bände in 3 Abt. Jserlohn, J. Bädeker, 1864—67.

43. Fr. Halm, Statistik des Regierungsbezirkes Köln. Köln, J. u. W. Boisserée, 1865.

44. Paul Clemen, Die Kunstdenkmäler der Rheinprovinz. Im Auftrage des Provinzialverbandes der Rheinprovinz herausgegeben. Düsseldorf, L. Schwann. Dritter Band, I. Heft: Die Kunstdenkmäler der Stadt und des Kreises Düsseldorf. II. Heft: Die Kunstdenkmäler der Städte Barmen, Elberfeld, Remscheid und der Kreise Lennep, Mettmann, Solingen. 1894.

NB. Nähere Quellenangaben finden sich in den Anmerkungen. — Es sind in obiger Übersicht nur solche Quellen und Hülfsmittel aufgeführt, deren Studium auch wirklich von Nutzen sein kann. Die veralteten und unbrauchbaren Schriften sind absichtlich nicht namhaft gemacht, weil sie nur zur weiteren Verbreitung von Irrtümern beitragen können.

Sabrina Bonanati
Christian Greiner
Nicole Gruchel
Heike M. Buhl

Lesekompetenz fördern

Ein Manual für das LIFE-Programm zur Stärkung der
Zusammenarbeit von Schule und Elternhaus

 Springer

Dr. Sabrina Bonanati
Pädagogische Psychologie und
Entwicklungspsychologie
Universität Paderborn
Paderborn, Deutschland

Christian Greiner
Grundschule Thune
Paderborn, Deutschland

Nicole Gruchel
Pädagogische Psychologie und
Entwicklungspsychologie
Universität Paderborn
Paderborn, Deutschland

Prof. Dr. Heike M. Buhl
Pädagogische Psychologie und
Entwicklungspsychologie
Universität Paderborn
Paderborn, Deutschland

ISBN 978-3-658-28342-1   ISBN 978-3-658-28343-8   (eBook)
https://doi.org/10.1007/978-3-658-28343-8

Die Deutsche Nationalbibliothek verzeichnet diese Publikation in der Deutschen Nationalbibliografie;
detaillierte bibliografische Daten sind im Internet über ▶ http://dnb.d-nb.de abrufbar.

Illustrationen: Ricarda Kurock, Lippstadt, Deutschland

Planung/Lektorat: Eva Brechtel-Wahl
Springer ist ein Imprint der eingetragenen Gesellschaft Springer Fachmedien Wiesbaden GmbH und ist
ein Teil von Springer Nature.
Die Anschrift der Gesellschaft ist: Abraham-Lincoln-Str. 46, 65189 Wiesbaden, Germany

Geleitwort Caroline Villiger Hugo

Wenn Sie sich dafür interessieren, wie Schule und Eltern bei der Leseförderung noch besser zusammenarbeiten können, dann halten Sie das richtige Buch in den Händen. Das Programm LIFE, das in diesem Buch vorgestellt wird, überzeugt in mehrerer Hinsicht:

Es setzt inhaltlich in einem enorm wichtigen Bereich, nämlich dem Lesen, an. Lesen gilt als Schlüsselkompetenz in unserer Informations- und Kommunikationsgesellschaft und ist bei weitem nicht nur für den schulischen Erfolg, sondern auch für die gesellschaftliche Teilhabe, die berufliche Integration und die Persönlichkeitsentwicklung von hoher Bedeutung. Während der Schule bei der Vermittlung der Lesekompetenz die Hauptrolle zukommt, haben Eltern einen nicht weniger wichtigen Auftrag bei der Leseförderung: Sie können dem Kind die Bedeutung des Lesens im Alltag aufzeigen, indem sie es an unterschiedlichen Orten mit Schriftsprache bewusst in Berührung bringen, ihm den Reichtum und die Vielfalt der Bücherwelt zugänglich machen und als Leser oder Leserin im Alltag und in der Freizeit Vorbild sind.

LIFE bringt diese beiden Lebenswelten – Schule und Familie – zusammen, nutzt ihre Komplementarität und stärkt zudem die Zusammenarbeit zwischen den beiden Instanzen. Dieses Vorgehen birgt ein Potenzial an Wirkkraft über den Bereich des Lesens hinaus: Es wird nicht nur angestrebt, Förderbemühungen im Bereich des Lesens aufeinander abzustimmen und an gemeinsamen Zielen auszurichten, sondern die Veranstaltungen bieten Gelegenheit für informelle Gespräche und Begegnungen zwischen Lehrkräften, Eltern und Kindern außerhalb von Elternsprechtagen. Für eine gelingende Zusammenarbeit von Schule und Eltern sind derartige Begegnungen ganz zentral. Weil das Programm im ersten Grundschuljahr durchgeführt wird, kann somit ein solider Grundstein für eine konstruktive Zusammenarbeit zwischen den beiden Instanzen gelegt werden.

Das Konzept von LIFE orientiert sich an einschlägigen Theorien zum Schriftspracherwerb, zu Leseförderung und Family Literacy und ist evidenzbasiert, d. h. es stützt sich auf empirische Erkenntnisse darüber, welche Maßnahmen im Bereich der Leseförderung zielführend sind. In den vergangenen Jahren haben bereits ca. 350 Kinder und ihre Eltern am Programm teilgenommen. Die Evaluation der Durchführungen hat positive Effekte auf das Leseverständnis, auf das Leseverhalten und auf das Selbstbewusstsein der Eltern hinsichtlich der Unterstützung ihrer Kinder nachweisen können. Die Programmziele können somit als eingelöst betrachtet werden.

Das Buch bietet einen systematischen Einblick in das Konzept von LIFE, erklärt den theoretischen Hintergrund und beschreibt konkret und anschaulich, wie das Programm durchzuführen ist. Ausführliche Anleitungen, detaillierte Planungsvorlagen für jede Veranstaltung und Hinweise auf Materialien zum Download bieten alle nötigen Grundlagen, um LIFE erfolgreich umzusetzen.

Das Programm LIFE legt insgesamt ein erfolgversprechendes Konzept vor, wie der Schriftspracherwerb bei Kindern des ersten Grundschuljahres gefördert und die Zusammenarbeit von Schule und Eltern in diesem spezifischen Bereich der Leseförderung gestärkt werden kann. Die gleichzeitige theoretische Fundierung und detaillierten Hinweise zu der Programmumsetzung inklusive nutzbarer Materialien machen daraus ein verlässliches, unverzichtbares Instrument für die Schulpraxis, das nicht zuletzt zukunftsweisenden Charakter für die Schulentwicklung hat.

Prof. Dr. Caroline Villiger Hugo
Professorin an der Pädagogischen Hochschule Bern (Schweiz) und
Leiterin des Schwerpunktprogramms „Familie – Bildung – Schule"

Geleitwort von Beate Schäfers

Sie möchten wissen, was Löwen unternehmen, wenn sie nicht schreiben können, wie ein Obstsalat zur richtigen Silbentrennung verhelfen kann, warum eine Glücksnuss eine abenteuerliche Weihnachtsreise gut ausgehen lässt, vom Winde verwehte Buchstaben am Baum zu Wörtern werden oder eine Königin der Farben kleine Theaterstücke entstehen lässt?

Die Antworten können Ihnen viele hundert Grundschulkinder in Paderborn geben. Sie haben in den letzten Jahren die erste Klasse besucht und an dem LIFE-Projekt der Universität Paderborn teilgenommen. Diese Kinder werden Ihnen erklären, dass sie mit ihrer Mutter, ihrem Vater, ihrer Oma oder ihrem Opa im Laufe des ersten Schuljahres nachmittags in die Schule gekommen sind, um sich mit anderen Schülerinnen und Schülern und Familienmitgliedern zu treffen und um in der LIFE-Gruppe das **LESEN zu ERLEBEN**. Sie werden Ihnen verständlich machen, dass Bücher nicht nur zum Vorlesen da sind, sondern genauso zum Basteln, Backen, Malen, Singen, Theaterspielen, Puzzeln, Spielen und einfach nur zum Staunen. Für all diese Dinge brauchten sie einen lieben Menschen an ihrer Seite, eine vertraute Person aus ihrer Familie. Sie erfahren, dass das **Lesenlernen** und **Lesenerleben** nicht ausschließlich im Unterricht stattfindet, sondern genauso gemeinsam in ihrer Familie. Kinder, Familie und Schule bilden bei diesem Prozess eine Einheit.

Auch in Wewer treffen sich jedes Jahr ungefähr 20–30 Erstklässler mit jeweils einem Familienmitglied an sechs bis acht Nachmittagen, um das Lesen zu erleben. Unter der Leitung eines Teams, das aus Uni-Mitarbeitern und Lehrkräften besteht, nehmen sie an den Veranstaltungen teil, die über das ganze erste Schuljahr verteilt sind. Die Motivation vonseiten der Kinder ist jedes Mal sehr hoch, sie genießen die Lese- und Schreibaktivitäten, an denen sie gemeinsam mit einem Familienmitglied in ihrem Klassenraum teilnehmen können. Jede Veranstaltung basiert auf einem ausgewählten Bilderbuch, zu dem die Kinder gemeinsam mit den Erwachsenen unter Anleitung basteln, spielen, schreiben, lesen, singen und kreativ sein können. Die angenehme und ungezwungene Atmosphäre regt die Kinder und die Eltern an, sich mit Büchern auf vielfältige Weise auseinander zu setzen. Die Zusammenarbeit von Schule und Elternhaus wird durch diese regelmäßigen Veranstaltungen intensiviert. Im Laufe des Nachmittags entstehen viele lockere Gespräche zwischen Kindern, Eltern und Lehrkräften. Das gemeinsame Ziel des Lesenlernens aus dem schulischen Kontext wird in eine fast familiäre Situation übertragen. Mit viel Freude erstellen die Teilnehmer zum Abschluss ein gemeinsames Kochbuch, das an die Zeit im LIFE-Projekt erinnert. Die häufigen Anfragen von Kindern und Erwachsenen, warum LIFE nicht auch noch im 2. Schuljahr stattfindet, zeigen, dass es sich lohnt, auf diese Art Kinder auf dem Weg zum selbstständigen Lesenlernen zu fördern, Eltern als Begleiter beim Lesenlernen ihrer Kinder zu unterstützen und die Zusammenarbeit von Schule und Elternhaus ab der ersten Klasse zu stärken.

Eins ist sicher, nach den LIFE-Veranstaltungen wissen die Eltern, was ihre kleinen „Löwen" brauchen, um Lesen zu lernen!

Beate Schäfers
Konrektorin der Almeschule in Paderborn-Wewer
(eine von vier Paderborner Kooperationsschulen des LIFE-Projekts)

Vorwort

Lesen und Schreiben sind zwei wichtige Basiskompetenzen, die eine aktive Teilhabe am gesellschaftlichen und kulturellen Leben ermöglichen. Zu Beginn der ersten Klasse sind die meisten Kinder motiviert, Lesen und Schreiben zu lernen. Viele Kinder kommen sogar bereits mit ersten Lese- und Schreibfertigkeiten in die Schule. Vor der Bildung durch Sie als Pädagogen und Pädagoginnen, die die ersten Ansprechpersonen für den formalen Schriftspracherwerb in die Schule sind, machen Ihre Schüler und Schülerinnen bereits eine Vielzahl an Erfahrungen, die das Lesen- und Schreibenlernen unterstützen. Kindergarten, Schule, Familie und auch Freunde sind damit gleichermaßen bedeutende Sozialisationsinstanzen beim Lesekompetenzerwerb. Vor der Einschulung kommen Kinder besonders im familiären häuslichen Umfeld mit verschiedenen Möglichkeiten, Sprache, Schrift und Literatur kennenzulernen, in Kontakt. Je anregungsreicher diese familiäre Umwelt ist, d. h. je mehr und vielfältigere Erfahrungen Kinder bereits vor der Einschulung mit Sprache, Schrift und Literatur gemacht haben, umso leichter fällt Kindern häufig das Lesen- und Schreibenlernen. Allerdings sieht die häusliche Lernumwelt in Deutschland sehr unterschiedlich aus und hängt stark von Herkunft und Bildungshintergrund ab. Mit der Einschulung übernimmt die Schule den formellen Schriftspracherwerb. Das heißt, nun beginnen Kinder strukturiert, je nach Lese- und Schreibdidaktik der entsprechenden Schule, das Lesen und Schreiben zu lernen. Der Unterschied zum häuslichen Lernen besteht darin, dass das Lernen nun geplant ist, wohingegen in der Familie Lernsituationen oft spontan und sehr alltagsorientiert entstehen. Beides hat seine Vorteile und seine Berechtigung.

Um die Vorteile des Lesen- und Schreibenlernens beider Sozialisationsinstanzen zusammenzubringen, wurde seit 2012 das Family Literacy-Programm „LIFE – Lesen in Familie erleben" entwickelt. Im Laufe der sechs vergangenen Programmjahre sind eine Reihe von Family Literacy-Veranstaltungen konzipiert und in unterschiedlichen Programmreihen und Grundschulen erprobt worden. Ziel aller Veranstaltungen ist es, Schule, Eltern und Kinder zum Thema Lesenlernen zusammenzubringen und Kommunikation zu diesem Thema zu fördern. Eltern erhalten durch die Veranstaltungen sofort zu Beginn des ersten Schuljahres einen Einblick in die Grundschulen und den Schriftspracherwerb ihrer Kinder. Kindern wird durch die Veranstaltung neben dem regulären Unterricht und der häuslichen Lernumgebung eine weitere schriftsprachbezogene Förderung ermöglicht. Schulen haben die Chance, Kinder mit ihren Eltern in einem unbefangenen Raum – anders als am Elternsprechtag und Elternabend – bei der aktiven Auseinandersetzung mit Sprache, Schrift und Literatur kennenzulernen sowie die Kooperation mit Eltern informell zu stärken. Letztere hat grundsätzlich einen hohen Wert für die schulische Entwicklung des Kindes, da sie dazu dient, schulische, elterliche und kindliche Bemühungen und Erwartungen aufeinander abzustimmen und somit an gemeinsamen Zielen auszurichten. Vor dem Hintergrund der seit Jahren schwelenden Diskussionen um Sinn und Erfolg aktueller Didaktik des Schriftspracherwerbs und der damit verbundenen Sorgen und Vorbehalte bei vielen Eltern erscheint ein solches Vorgehen umso notwendiger.

Im vorliegenden Veranstaltungsmanual werden neun Veranstaltungen des Family Literacy-Programms „LIFE – Lesen in Familie erleben" vorgestellt und beschrieben. Ziel des Manuals ist es, die Veranstaltungskonzeption und das Material Schulen und weiteren Bildungsinstitutionen möglichst leicht zugänglich zu machen, sodass ohne viel Vorbereitungsaufwand Family Literacy-Veranstaltungen geplant und durchgeführt werden können. Dies kann in einer Einzelveranstaltung geschehen, aber auch wie im Programm „LIFE – Lesen in Familie erleben" schuljahresbegleitend innerhalb einer Veranstaltungsreihe.

Im Manual erfolgt zunächst eine kurze Einführung in das Konzept „Family Literacy", auf dem das Programm „LIFE – Lesen in Familie erleben" basiert. Darauf aufbauend werden die theoretischen, empirischen und praktischen Hintergründe des Programms erläutert. Im zweiten Teil des Manuals finden sich Beschreibungen zu jeder Veranstaltung. Diese Beschreibungen werden ergänzt durch eine Materialsammlung in ▶ Kap. 5 am Ende des Manuals und durch Material, das auch unter ▶ https://link.springer.com/book/10.1007/978-3-658-28343-8 heruntergeladen werden kann.

Sabrina Bonanati
Christian Greiner
Nicole Gruchel
Heike M. Buhl

Danksagung

Dieses Manual ist unter der Mitarbeit vieler verschiedener Personen seit 2012 entstanden. Wir danken insbesondere der Almeschule Wewer, der Grundschule Sande, der Lutherschule und der Bonifatiusschule in Paderborn. Sie haben uns stets ihr Vertrauen entgegengebracht, uns unterstützt und in der Organisation und Konzeption des Programms kompetent und mit großem Engagement begleitet. Wir danken außerdem, Dr. Benjamin Uhl für die hilfreiche Beratung zu fachdidaktischen Themen.

Des Weiteren danken wir allen Studierenden der Universität Paderborn, die ebenfalls sehr engagiert und immer interessiert an der Programmdurchführung beteiligt waren.

Alle Illustrationen stammen von Ricarda Kurock. Dafür danken wir ihr vielmals.

Großer Dank gilt Caroline Villiger Hugo und Beate Schäfers für die Geleitwörter.

Inhaltsverzeichnis

Family Literacy

1

Dieses Kapitel enthält einen Überblick über die theoretische Fundierung des Family Literacy-Programms „LIFE – Lesen in Familie erleben". Das Konstrukt „Family Literacy" wird erklärt sowie grundlegende theoretische Annahmen zur Lese- und Schreibkompetenzförderung durch Zusammenarbeit von Schule und Elternhaus erläutert. Im Zentrum steht das ORIM-Modell, welches verschiedene Ebenen veranschaulicht, auf denen elterliche Unterstützung beim Lesenlernen ansetzen kann.

Der Begriff „Family Literacy" setzt sich zusammen aus zwei Aspekten. Der erste Aspekt beschäftigt sich mit der Familie (Family), der zweite mit der Lesekompetenz (Literacy). Im Konstrukt Family Literacy wird die Bedeutung der Institution Familie für den Lesekompetenzerwerb reflektiert. Unter Family Literacy werden grob drei unterschiedliche Bereiche verstanden (Nickel 2007; Rodríguez-Brown 2011; Villiger 2011; Wasik 2004; Wiescholek 2018), die für das vorliegende Programm relevant sind und daher im Folgenden vorgestellt werden:

1. Family Literacy umfasst die Beschreibung literaler Praktiken in der Familie.
2. Family Literacy umfasst die Beschreibung der Zusammenarbeit, Kommunikation und Überlappung von Verantwortlichkeiten beim Erwerb von Lesekompetenz zwischen Elternhaus und Schule.
3. Family Literacy umfasst generationsübergreifende Interventionsprogramme mit Bezug auf den Lesekompetenzerwerb.

Mit dem ersten Bereich von Family Literacy wird die Bedeutung von Familie als informelle Sozialisationsinstanz für das Leselernen der Kinder betont. Damit wird herausgestellt, dass Lesenlernen nicht erst mit dem Eintritt in die Schule, sondern als Sozialisationsprozess schon vor Einschulung im Elternhaus beginnt. Der Einfluss der Familie oder genauer des häuslichen Anregungsgehaltes der Familie auf verschiedene Aspekte des Lesekompetenzerwerbs von Kindern (Entwicklung des Wortschatzes, phonologische Bewusstheit, Leseleistung, Lesehäufigkeit und Lesemotivation) konnte mittlerweile in vielen Studien aufgezeigt werden (Baker und Scher 2002; Hilkenmeier et al. 2019; McElvany et al. 2009; Niklas et al. 2013; Wiescholek et al. 2018). Eine positive Unterstützung der Eltern vor und bei Schuleintritt kann dabei den Kindern das Lesenlernen erleichtern. Diesbezügliche Unterstützungsmöglichkeiten werden am ORIM-Modell am Ende des Kapitels sowie in den jeweiligen Veranstaltungszielen konkretisiert. Viele Eltern sind jedoch unsicher, wie das Lesenlernen des Kindes überhaupt funktioniert und wie sie ihr Kind dementsprechend ausgehend von ihren Fähigkeiten und Ressourcen in angemessener Weise unterstützen können. Besonders nach der Einschulung kommen weitere Unsicherheiten aufseiten der Eltern hinzu, zumal viele Eltern mit neuen Formen und Konzepten des Schriftspracherwerbs nicht vertraut sind oder diesen sogar eher skeptisch gegenüberstehen.

Um die Unterstützungsfähigkeiten der Eltern zu stärken, ist eine gute Zusammenarbeit zwischen dem Elternhaus und der Schule sehr wichtig. Bei „LIFE – Lesen in Familie erleben" erwerben Eltern auf der einen Seite Wissen über den Leselernprozess und erhalten Tipps und Anregungen zur Unterstützung. Auf der anderen Seite wird Eltern aber auch ein Einblick in die schulische Arbeit zum Schriftspracherwerb ermöglicht, um so schon zu Beginn der ersten Klasse auf der Basis von möglichst viel Transparenz eine produktive Kooperation zu stärken (Wiescholek et al. 2016).

Mit dem zweiten Bereich von Family Literacy, der Zusammenarbeit von Eltern-haus und Schule beim Lesekompetenzerwerb der Kinder, wird die Bedeutung der Kooperation zwischen diesen beiden Institutionen angesprochen. Auf der einen Seite steht die Schule als formeller Bildungsort, auf der anderen Seite die Familie als informeller Bildungsort. Eltern können zu Hause in schulische Belange ihrer Kin-der involviert sein, indem sie diese zum Beispiel bei ihren Hausaufgaben unterstützen. Eltern können sich aber auch in der Schule für ihre Kinder und das Schulleben ein-setzen. Eine gute Kooperation und Kommunikation dieser Institutionen kann das elter-liche Unterstützungsverhalten bei schulischen Belangen des Kindes stärken und somit auch die Leistung, soziale Entwicklung und Motivation von Kindern fördern (Hill und Tyson 2009; Jeynes 2005; Jeynes 2011).

Eine Möglichkeit, eine solche sehr inhaltsspezifische Kooperation zwischen Eltern-haus und Schule zu fördern bzw., wenn nicht vorhanden, zu initiieren und eine Ver-bindung zwischen formellen und informellen Lernorten zu schaffen, sind Family Literacy-Programme. Sie umfassen Interventionsprogramme zum Schriftspracherwerb,

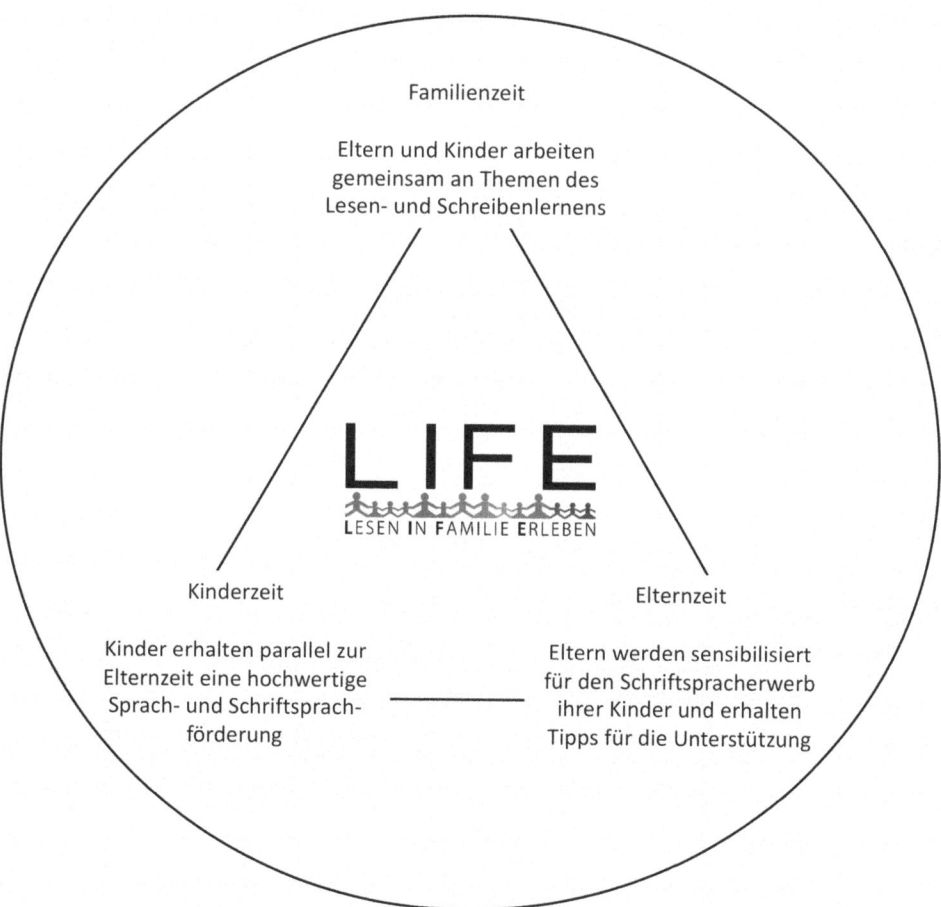

▣ Abb. 1.1   Bausteine der LIFE-Veranstaltungen aus Wiescholek (2018). (Abbildung nach Nickel 2007)

1

mit denen generationsübergreifend Bildung und Lernen von Kindern und Erwachsenen (Eltern und Lehrkräften) verknüpft wird (Ouane 2007). Auf der Grundlage der Basic Skills Agency (BSA), die im angelsächsischen Sprachraum Anfang der 1990er erste große Pilotprojekte zur Family Literacy-Förderung startete, verfolgen Family Literacy-Programme folgende Ziele:

- Auf direkte Art und Weise sollen Kinder in ihren schriftsprachlichen Kompetenzen gefördert werden.
- Des Weiteren sollen Eltern in ihren Unterstützungsfähigkeiten für die schulische Begleitung ihrer Kinder gestärkt werden.
- Die Förderung der sprachlichen Fähigkeiten und des Wissens über den Schriftspracherwerb der Kinder selbst soll bei Eltern zu einem größeren Selbstbewusstsein führen.
- Auf indirekte Art und Weise soll in interaktiven Lese- und Schreibaktivitäten Nutzen auf der Seite der Kinder entstehen (No Child Left Behind Act of 2001. P.L. 107-110, 2002).

Umsetzung finden diese Ziele in drei Programmbausteinen, die auch als Grundlage für das Family Literacy-Programm „LIFE – Lese in Familie erleben" dienen: der Familienzeit, in der Eltern und Kinder in gemeinsamer Interaktion auf spielerische Art und Weise schriftsprachliche Themen bearbeiten, der Kinderzeit, in der Kinder an schriftsprachlicher Förderung teilnehmen, und der Elternzeit, in der Eltern die Möglichkeit erhalten, ihr eigenes Wissen über den Schriftspracherwerb zu erweitern, alltägliches Wissen zu reflektieren und neue Anreize für Unterstützungsverhalten geboten bekommen (vgl. ◘ Abb. 1.1; Nickel 2007).

Eine weitere Grundlage für die Gestaltung von Family Literacy-Förderung bietet das ORIM-Modell von Nutbrown und Hannon (1997) sowie Nutbrown et al. (2005). Auf vier verschiedenen Ebenen wird veranschaulicht, wo elterliche Unterstützung beim Lesenlernen ansetzen kann. Zugleich wird dargestellt, welche Aspekte der elterlichen Unterstützung beim Lesenlernen gestärkt werden können. Diese Ebenen und ihre Bedeutung sind in ◘ Tab. 1.1 dargestellt.

◘ **Tab. 1.1**   ORIM-Modell von Nutbrown et al. (2005), Hannon et al. (2007)

Ebene	Erläuterung
Opportunities	Die Aufmerksamkeit der Eltern stärken, Möglichkeiten im Alltag zu entdecken, bei denen sie sich mit ihrem Kind zusammen mit Sprache, Schrift und Literatur beschäftigen können
Recognition	Durch Erweiterung des Wissens der Eltern über den Schriftspracherwerb ihren Blick für schon kleine Lernfortschritte beim Lesen- und Schreibenlernen ihrer Kinder sensibilisieren, sodass sie ihren Kindern an passenden Stellen die nötige Anerkennung und Wertschätzung zeigen können
Interaction	Förderung der Interaktion zwischen Eltern und Kind durch das Kennenlernen und Ausprobieren von neuen Interaktionsformen rund um Sprache, Schrift und Literatur
Model	Eltern ihre Vorbildfunktion in der Lesesozialisation der Kinder bewusstmachen und diese bei der Interaktion während Family Literacy-Veranstaltungen bewusst einfordern und Eltern ausüben lassen

Literatur

Baker, L., & Scher, D. (2002). Beginning reader's motivation for reading in relation to parental beliefs and home reading experiences. *Reading Psychology, 23*(4), 239–269.

Hannon, P., Brooks, G., & Bird, V. (2007). Family Literacy in England. In M. Elfert (Hrsg.), *Gemeinsam in der Sprache baden. Family literacy; internationale Konzepte zur familienorientierten Schriftsprachförderung* (S. 10–31). Barcelona: Klett Sprachen.

Hilkenmeier, J., Bonanati, S., & Buhl, H. M. (2019). Bedingungen elterlichen Schulengagements beim Lesen im Grundschulalter. Eine Untersuchung relevanter Prozessmerkmale. *Zeitschrift für Soziologie der Erziehung und Sozialisation, 39*(1), 24–40.

Hill, N. E., & Tyson, D. F. (2009). Parental involvement in middle school: A meta-analytic assessment of the strategies that promote achievement. *Developmental Psychology, 45*(3), 740–763.

Jeynes, W. H. (2011). *Parental involvement and academic success.* New York: Routledge.

Jeynes, W. H. (2005). A meta-analysis of the relation of parental involvement to urban elementary school student academic achievement. *Urban Education, 40*(3), 237–269.

McElvany, N., Becker, M., & Lüdtke, O. (2009). Die Bedeutung familiärer Merkmale für Lesekompetenz, Wortschatz, Lesemotivation und Leseverhalten. *Zeitschrift für Entwicklungspsychologie und Pädagogische Psychologie, 41*(3), 121–131.

Nickel, S. (2007). Family Literacy in Deutschland. In M. Elfert (Hrsg.), *Gemeinsam in der Sprache baden. Family literacy; internationale Konzepte zur familienorientierten Schriftsprachförderung* (S. 65–84). Barcelona: Klett Sprachen.

Niklas, F., Möllers, K., & Schneider, W. (2013). Die frühe familiäre Lernumwelt als Mediator zwischen sturkturellen Herkunftsmerkmalen und der basalen Lesefähigkeit am Ende der ersten Klasse. *Psychologie in Erziehung und Unterricht, 60*(2), 94–111.

No Child Left Behind Act of 2001. P.L. 107-110. (2002), U.S. Department of education. Zugriff am 30.03.2017. ► https://www2.ed.gov/nclb/overview/intro/execsumm.pdf.

Nutbrown, C., & Hannon, P. (1997). *Early literacy education with parents: A professional development manual.* Nottingham: NES-Arnold.

Nutbrown, C., Hannon, P., & Morgan, A. (2005). *Early literacy work with families: Policy, practice and research.* London: SAGE.

Ouane, A. (2007). Vorwort. In M. Elfert (Hrsg.), *Gemeinsam in der Sprache baden. Family literacy; internationale Konzepte zur familienorientierten Schriftsprachförderung.* Barcelona: Klett Sprachen.

Rodríguez-Brown, F. V. (2011). A current view of research on parents and children learning together. In M. L. Kamil (Hrsg.), *Handbook of reading reasearch* (pp. 726–753). New York: Routledge.

Villiger, C. (2011). *Familiäre und schulische Beiträge zur Leseförderung: Eine vergleichende Interventionsstudie.* Dissertation zur Erlangung des Doktorgrades. Göttingen: Universität Göttingen.

Wasik, B. H. (Hrsg.). (2004). *Handbook of family literacy.* Mahwah: Erlbaum.

Wiescholek, S. (2018). *Lesen in Familien mit Family Literacy. Elterliche Unterstützung beim Lesekompetenzerwerb in der ersten Klasse.* Wiesbaden: Springer VS.

Wiescholek, S., Hilkenmeier, J., & Buhl, H. M. (2016). Transparenz im Schriftspracherwerb durch Family Literacy am Beispiel von „LIFE – Lesen in Familie erleben". In K. Moegling & S. Schude (Hrsg.), *Theorie und Praxis transparenten Unterrichts und transparenter Schulorganisation* (S. 267–275). Immenhausen: Prolog.

Wiescholek, S., Hilkenmeier, J., Greiner, C., & Buhl, H. M. (2018). Six-year-olds' perception of home literacy environment and its influence on children's literacy enjoyment, frequency, and early literacy skills. *Reading Psychology, 1*(39), 41–68.

LIFE – Lesen in Familie erleben

© Springer Fachmedien Wiesbaden GmbH, ein Teil von Springer Nature 2020
S. Bonanati et al., *Lesekompetenz fördern*, https://doi.org/10.1007/978-3-658-28343-8_2

2

Kap. 2 gibt eine Einführung in das Family Literacy-Programm „LIFE – Lesen in Familie erleben". Neben einem Überblick über die Entstehung und Wirkung des Programms werden die zentralen Programmelemente erläutert. Es werden die didaktischen Ansätze und die inhaltliche Ausrichtung dargestellt sowie prototypische Vorschläge für den Programmaufbau und den Ablauf einzelner Veranstaltungen gegeben.

„LIFE – Lesen in Familie erleben" ist ein Family Literacy-Programm, das vom Fach Pädagogische Psychologie und Entwicklungspsychologie der Universität Paderborn entwickelt wurde. Das Programm wurde 2013 an einer Paderborner Grundschule pilotiert und ist mittlerweile an mehreren Grundschulen etabliert. ◘ Abb. 2.1 veranschaulicht die Entwicklung der Programmanmeldungen der letzten sechs Jahre. Insgesamt nahmen bislang ca. 350 Eltern mit ihren Kindern am Programm teil. Die Anzahl der Anmeldungen von Eltern stieg in den vergangenen sechs Jahren (bis auf Jahrgang 2018/2019) stetig an.

Als Vorbild für die Konzeption bzw. Entwicklung von „LIFE – Lesen in Familie erleben" diente das Family Literacy-Programm FLY aus Hamburg (Elfert und Rabkin 2007). Ähnlich wie bei FLY sind die oben beschriebenen drei Elemente der Basic Skill Agency (BSA) und des National Center for Family Literacy (NFCL) – die Familienzeit, die Kinderzeit und die Elternzeit – grundlegend für die Gestaltung jeder Veranstaltung (vgl. ◘ Abb. 1.1). Anders als bei FLY oblag die Organisation und Konzeption der einzelnen Veranstaltungen nicht den am Programm teilnehmenden Schulen selbst. Die Veranstaltungen wurden von dem Projektteam der Universität Paderborn unter Mitarbeit der Sprachdidaktik Deutsch und der am Programm teilnehmenden Schulen entwickelt. Wichtig war uns eine theoretische Fundierung im Hinblick auf den Schriftspracherwerb der Kinder in der ersten Klasse und in Bezug auf Forschungsergebnisse zur elterlichen Unterstützung. Das Curriculum der neun Veranstaltungen orientiert sich deshalb am Lesekompetenzerwerb der ersten Klasse und bezieht sich auf elterlicher Seite auf die im ORIM-Modell veranschaulichten Unterstützungsaspekte von Eltern (siehe ◘ Tab. 1.1). Die Ziele und Inhalte jeder einzelnen Veranstaltung werden bei den Veranstaltungsbeschreibungen weiter erläutert.

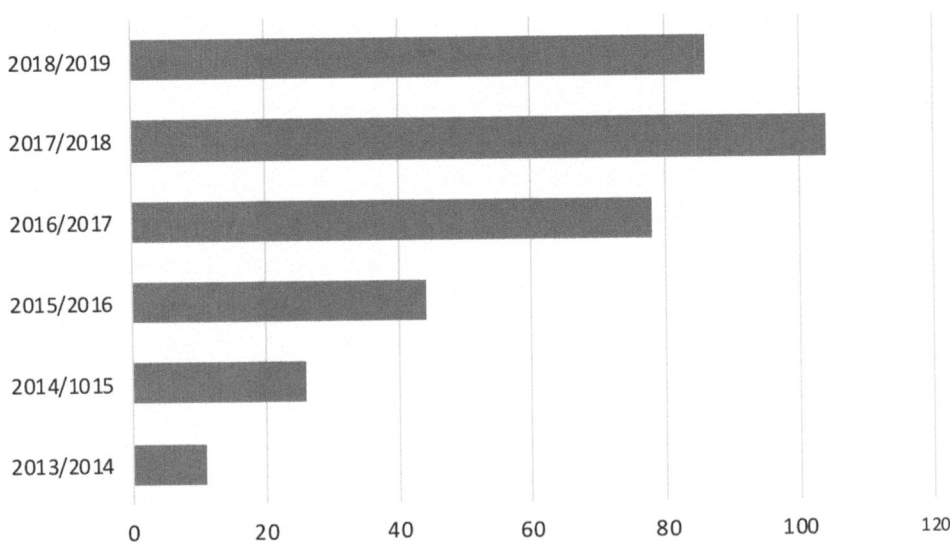

◘ **Abb. 2.1**   Anzahl der Anmeldung beim LIFE-Programm

Dieses Manual gibt eine Einführung in die Inhalte und Umsetzung dieser neun Veranstaltungen von LIFE. Sie sind gezielt dazu konzipiert, Eltern und Kinder während des Schriftspracherwerbs der Kinder zu begleiten. Die LIFE-Veranstaltungen finden im Gegensatz zu im Elternhaus stattfindenden Family Literacy-Programmen in der Schule statt. Dadurch wird nicht nur der Schriftspracherwerb der Kinder und das elterliche Schulengagement gefördert, sondern auch die Zusammenarbeit von Elternhaus und Schule. Eltern und Kinder nehmen dazu gemeinsam am Programm teil, Lehrkräfte sind entweder eingeladen oder in die Moderation eingebunden. Eine Gruppengröße von acht bis 15 Eltern-Kind-Paaren hat sich in den vergangenen Jahren als günstig erwiesen. Es ist aber auch möglich, die Veranstaltungen mit 20 Eltern-Kind-Paaren durchzuführen. Hier bietet es sich jedoch an, einen Ausweichraum für die interaktiven Arbeitsphasen zur Verfügung zu stellen. Neben den Eltern können auch Großeltern oder andere Bezugspersonen am Programm teilnehmen, auch in wechselnder Konstellation mit dem Kind. Dabei stehen folgende Ziele in Bezug auf die einzelnen Akteure im Vordergrund:

- Kinder sollen in ihrem Lesekompetenzerwerb unterstützt werden. Dabei sind zentrale Inhalte die Förderung des Leseverständnisses (Wort-, Satz-, und Textverständnis), die Förderung der Vertrautheit und des Umgangs mit Büchern, die Stärkung der Lesemotivation und Lesehäufigkeit sowie die Förderung der phonologischen Bewusstheit als wichtiger Vorläufer für das Lesefertigkeit.
- Eltern sollen als Begleiter ihrer Kinder beim Lesekompetenzerwerb in ihrer Unterstützerrolle gestärkt werden. In den Veranstaltungen erhalten Eltern Einblicke und Anregungen, wie sie ihr Kind beim Leselernen unterstützen können, und werden dadurch in ihrem Selbstbewusstsein bei der Unterstützung gestärkt. Programmziele für Eltern orientieren sich an dem ORIM-Modell (vgl. ◘ Tab. 1.1).
- Für Schulen bietet LIFE die Möglichkeit, einen informelleren Raum zum fachspezifischen Austausch mit Eltern zu schaffen, neben formalisierten Kontakten, die bspw. an Elternsprechtagen und Elternabenden stattfinden. Gerade durch die in den Veranstaltungen herrschende entspannte und lockere Atmosphäre stärkt LIFE die Zusammenarbeit zwischen Elternhaus und Schule ab der ersten Klasse, bietet Raum für an die individuellen Voraussetzungen der Eltern angepassten Austausch und zeigt dafür neue Perspektiven auf.

2.1 Baukastenprinzip bei LIFE

Da LIFE verschiedene didaktische Ansätze, aber auch – allein durch die unterschiedlichen Akteure (Eltern, Kinder, Lehrkräfte, Schulen) und das generationsübergreifende Lernen – verschiedene inhaltliche Ausrichtungen vereint, bietet es sich an, die didaktischen und inhaltlichen Aspekte von LIFE als Baukasten zu denken und danach zu strukturieren. Dies ermöglicht es zusätzlich, die inhaltliche Ausrichtung von LIFE auf den Lesekompetenzerwerb leicht auf andere thematische Schwerpunkte zu übertragen.

2.1.1 Didaktische Ansätze

Didaktische Orientierung und Hilfe bei der Veranstaltungskonzeption bieten zum einen die drei Veranstaltungselemente von Family Literacy der Basic Skills Agency. Dabei handelt es sich um die Familienzeit, die Kinderzeit und die Elternzeit (siehe ◘ Abb. 1.1).

2

Zum anderen verdeutlicht das ORIM-Modell eine Fokussierung der Förderziele inner-halb jeder Veranstaltung in Bezug auf mindestens einen Aspekt des Modells (vgl. ◘ Tab. 1.1). Wie in einem Baukasten stehen in jeder Veranstaltung bestimmte Ver-anstaltungselemente und Ziele von ORIM im Vordergrund.

So kann eine Veranstaltung bspw. ausschließlich in der Familienzeit stattfinden. Das heißt Eltern und Kinder arbeiten in einer Veranstaltung ausschließlich gemeinsam an einer schriftsprachbezogenen Aktivität wie zum Beispiel der Erstellung eines eigenen Buchstaben-Scrabble-Spiels. Mit Bezug auf das ORIM-Modell wird so insbesondere die Interaktion (Interaction) zwischen Elternteil und Kind gefördert. Wie die Ver-anstaltungen jeweils zusammengesetzt sind und welche Zielorientierung jeweils im Vordergrund steht, wird in ◘ Tab. 3.1 im Anschluss an dieses Kapitel zusammengefasst.

2.1.2 Inhaltliche Ausrichtung und Übertragbarkeit auf andere Themenbereiche

Inhaltlich sind die folgenden neun Veranstaltungen von LIFE orientiert an zentralen Themen des Schriftspracherwerbs in der Schuleingangsphase. Im Fokus stehen das Vor-lesen, das Vorlesen-Lassen, die phonologische Bewusstheit (der Umgang mit der Laut-struktur der deutschen Sprache sowie der Umgang mit Silben), das Leseverständnis und die Vertrautheit mit Schrift und Büchern (Schneider 2012). Nicht zuletzt soll die im Lite-racy-Begriff enthaltene Alltagsrelevanz und Allgegenwärtigkeit von Sprache und Schrift gefördert und sensibilisiert werden.

Das Lesenlernen der Kinder ist ein wichtiges Thema vor der Einschulung und bleibt ein zentrales Thema während der gesamten Grundschulzeit. Auch wenn nach der Einschulung die Schule einen Großteil der Verantwortung hinsichtlich des Schrift-spracherwerbs übernimmt, ist die wichtigste Sozialisationsinstanz die Familie, da der Schriftspracherwerb bereits vor der Einschulung in der Familie durch die oft impli-zit geschaffene häusliche Lernumgebung beginnt (Hurrelmann 2004; Schründer-Len-zen 2009). Auch nach der Einschulung bleibt Familie beim Schriftspracherwerb wichtig, indem sie Zugang zu Büchern, Zeitschriften und elektronischen Medien ermöglicht, Kin-der bei den Hausaufgaben unterstützt und alltägliche Praktiken des Lesens und Schreibens etabliert (Hurrelmann 2004; Vorderer und Klimmt 2009; Wild und Gerber 2007; Wild und Lorenz 2010). Wegen der Bedeutsamkeit und Überlappung von Verantwortungs-bereichen in der ersten Klasse ist daher das Lesen als Thema für LIFE zentral und bestimmt die inhaltliche Ausrichtung. Das Prinzip von LIFE – im Sinne der generations-übergreifenden Bildung – kann aber auch auf andere Themenfelder übertragen werden. Zum Beispiel können Eltern, Kinder und Lehrkräfte genauso gut zu mathematischen The-men in der Schule zusammenfinden und anhand von spielerischer Auseinandersetzung mit mathematischen Basiskompetenzen in Berührung kommen (Stichwort: numeracy). Auch bietet sich eine Übertragung des LIFE-Prinzips auf naturwissenschaftliche Themen, aber auch auf ästhetisch-künstlerische Projekte u.v.m. sehr gut an.

2.1.3 Zusammenstellung von Veranstaltungen

Neben den didaktischen Ansätzen und der inhaltlichen Ausrichtung von LIFE sind auch die einzelnen Veranstaltungen variabel zusammensetzbar. Schulen und Lehrkräfte haben die Möglichkeit, aus dem Curriculum von neun Veranstaltungen ihr eigenes Programm für ein Schuljahr zusammenzustellen. Dabei waren in den vergangenen Jahren drei Veranstaltungen aus Gründen der Vergleichbarkeit der Veranstaltungsdurchführung der einzelnen Projekt-Schulen und ihrer zentralen Bedeutung für den Schriftspracherwerb sowie die Förderung der elterlichen Unterstützung obligatorisch. Diese im Jahresprogramm verbindlichen Veranstaltungen sind „Das Löwen-Memory" als Auftakt- und Schnupperveranstaltung, die Veranstaltung „Buchstaben vom Winde verweht" sowie die Abschlussveranstaltung „Rezepte aus aller Welt". Des Weiteren sollte eine Veranstaltung, in der eine Elternzeit vorgesehen ist – entweder „Laute und Silben" oder „Vorlesen und Vorlesen-Lassen" – von den Projektschulen ausgewählt werden. Für das Zusammenstellen des Veranstaltungsprogramms bietet es sich an, auf jeden Fall eine, wenn nicht sogar beide Veranstaltungen mit Elternzeit aufzunehmen, um den Erwartungen der Eltern im Hinblick auf Strategien und Tipps zur Unterstützung ihrer Kinder gerecht zu werden.

In der Praxis bewährt hat sich eine Anzahl von sechs Veranstaltungen während des ersten Schuljahres. Durch die Evaluation von LIFE konnte außerdem gezeigt werden, dass beim Angebot von acht Terminen die meisten Eltern und Kinder an maximal sechs Veranstaltungen teilnahmen (Wiescholek 2018). In ▶ Kap. 3 wird ein exemplarisches Veranstaltungsprogramm von LIFE für das erste Schuljahr vorgestellt und erläutert, welche Gründe es für die Reihenfolge und zeitlich bedingte Zusammenstellung der Veranstaltungen gibt.

2.2 Prototypischer Veranstaltungsablauf

In ◘ Abb. 2.2 ist ein prototypischer Veranstaltungsablauf von „LIFE – Lesen in Familie erleben" dargestellt. Fast jede der neun Veranstaltungen ist in fünf Phasen gegliedert. Nach einem lockeren, durch das Anfertigen des Namensschildes bereits schriftbezogenen Ankommen wird in der zweiten Phase nach der Begrüßung ein gemeinsames Aufwärmspiel gespielt. Mit der Ausnahme von zwei Veranstaltungen („Silben und Laute", „Vorlesen und Vorlesen-Lassen") folgt in der dritten Phase das Vorlesen der für die Veranstaltung zentralen Bilderbuchgeschichte. Darauf folgt in der vierten Phase eine

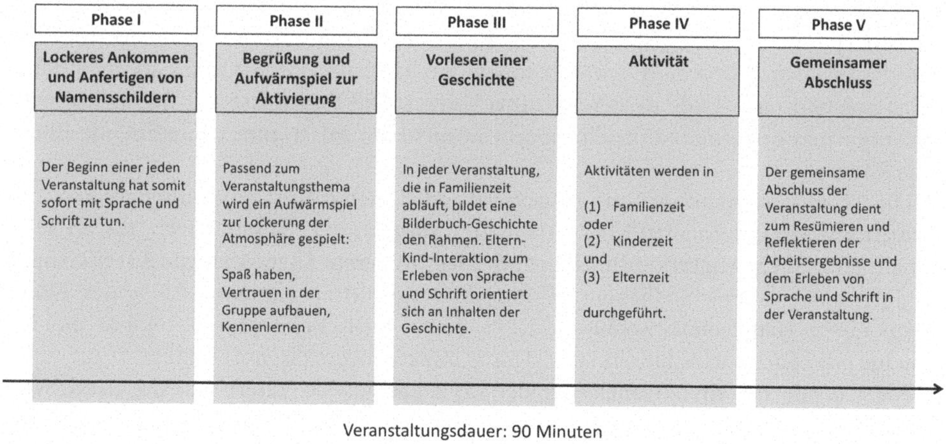

Veranstaltungsdauer: 90 Minuten

◘ **Abb. 2.2** Exemplarischer Veranstaltungsablauf aus Wiescholek (2018)

2

Aktivität. Diese kann bereits getrennt jeweils in der Kinder- und Elternzeit ablaufen oder als Eltern-Kind-Interaktion in der Familienzeit gemeinsam erlebt werden. In der Elternzeit dient die Aktivität als Reflexionsansatz, damit Eltern nicht über Abstraktes, sondern über direkt Erfahrbares und Erfahrenes sprechen können. In der Kinderzeit wird die Aktivität genutzt, um mit den Kindern zusammen bereits bekannte Konzepte einzuüben, zu vertiefen und sich spielerisch mit Sprache und Schrift auseinanderzusetzen. Abschließend folgt in der fünften Phase gemeinsam mit der gesamten Gruppe (Eltern, Kindern und Mitarbeiter/-innen und Lehrkräften) die Präsentation und Reflexion der in der Veranstaltung erzielten Ergebnisse.

2.3　LIFE-ToGo

In LIFE sowie generell in allen Family Literacy-Programmen, welche nicht im Haushalt der Familien selbst, sondern in den Räumen einer Institution stattfinden (z. B. in der Schule), stellt sich die Frage, wie die in den Veranstaltungen erarbeiteten Inhalte und Ideen in den familiären Alltag übertragen und mitgenommen werden können. Für LIFE wurde zur Verstetigung der Inhalte in den familiären Alltag LIFE-ToGo entwickelt. Dabei handelt es sich um Material, das Kinder und Eltern passend zum Veranstaltungsinhalt in der Veranstaltung selbst herstellen oder zum Fertigstellen nach Hause mitnehmen können. LIFE-ToGo kann beispielsweise ein selbst gebasteltes Memory-Spiel, Buchstaben-Scrabble oder Puzzle sein. Es kann sich bei LIFE-ToGo aber auch um Tipps für die Eltern in Form von kleinen Handouts handeln. Genaue Beschreibungen zu den LIFE-To-Go-Materialien finden sich in den Erläuterungen zu jeder Veranstaltung. Zur Sammlung ihrer Ergebnisse in den Veranstaltungen erhalten Kinder und Eltern in der ersten Veranstaltung eine „LIFE – Da ist Leben drin" Mappe. Diese dient über das gesamte Schuljahr als Portfolio, in welchem die Familien ihre Arbeitsergebnisse, die während der LIFE-Veranstaltungen entstehen, sammeln und dokumentieren können (vgl. Hannon et al. 2006).

2.4　Evaluation von LIFE

Das LIFE-Programm wird seit seinem Start 2013 von der Universität Paderborn nicht nur konzeptionell gestaltet, sondern auch auf seine Wirksamkeit hin evaluiert. Im Rahmen der Evaluation von LIFE wurden sowohl die teilnehmenden Kinder als auch deren Eltern vor und nach Ende des Programms befragt. Die Ergebnisse der Befragung wurden verglichen mit einer Kontrollgruppe von nicht am Programm teilnehmende Eltern und Kindern.

　　Die LIFE-Gruppen waren insgesamt sehr heterogen zusammengesetzt. Im Evaluationszeitraum von 2013 bis 2018 hatten insgesamt 29 % der Eltern, die an LIFE teilnahmen, einen Migrationshintergrund. Des Weiteren setzte sich die LIFE-Gruppe aus Eltern mit unterschiedlichem Bildungshintergrund zusammen. 10,1 % der Eltern hatten einen Hauptschulabschluss, 22,1 % einen Realschulabschluss, 34,6 % die allgemeine oder Fachhochschulreife und 31,8 % einen universitären Abschluss.

　　Als Gründe für eine Anmeldung bei LIFE gaben viele Eltern an, ihr Kind beim Lesenlernen unterstützen und kompetent motivieren zu wollen. Des Weiteren äußerten

Eltern den Wunsch, durch das Programm Anregungen und Tipps zum Lesen zu erhalten sowie aber auch einfach nur gemeinsame Zeit mit dem Kind verbringen zu können.

Besonders positiv wurde von den Eltern nach dem Programm die Themenwahl der einzelnen Veranstaltung beurteilt. Für sie war die offene und herzliche Atmosphäre, die durch die Veranstaltungen in der Schule geschaffen wurde, ein zentraler Bestandteil der Qualität des Programms. Viele Eltern bekamen Anregungen und Sicherheit bei der Unterstützung ihrer Kinder beim Lesenlernen. Eine Mutter fasst die Erfahrung, die sie bei LIFE mit ihrer Tochter gemacht hat, folgendermaßen zusammen:

>> Mir hat die herzliche Atmosphäre sehr gut gefallen. Außerdem fand ich die Spiele wie z.B. „Obstsalat" oder „Halli Galli" sehr schön. Vor allem, weil ich auch gesehen habe, wie viel Freude es meiner Tochter gemacht hat. Die Idee, eine Geschichte vorzulesen und dann dabei bestimmte Bewegungen zu machen, hat uns so gut gefallen, dass wir es zu Hause auch gemacht haben! Ich habe viele sehr schöne Kinderbücher kennengelernt.

Das LIFE-Programm hatte bei Kindern einen positiven Effekt auf die Entwicklung von Leseverständnis. LIFE-Kinder zeigten nach der Teilnahme am Programm ein besseres Leseverständnis als Kinder, die nicht teilnahmen. LIFE-Eltern wurden in ihrem Selbstbewusstsein hinsichtlich der Unterstützung ihrer Kinder gestärkt. Sowohl Eltern als auch Kinder gaben an, nach dem Programm häufiger lesebezogene Aktivitäten zu unternehmen. Damit erfüllte das Family Literacy-Programm die zentralen Programmziele (Wiescholek 2018).

Die positiven Evaluationsergebnisse lassen eine Fortführung und Erweiterung des Programms als sinnvoll erscheinen. Das Manual dient dabei der Verbreitung und freien Nutzung sowie Auseinandersetzung mit den Programminhalten.

Literatur

Elfert, M., & Rabkin, G. (2007). Das Hamburger Pilotprojekt Family Literacy (FLY). In M. Elfert (Hrsg.), *Gemeinsam in der Sprache baden. Family literacy; internationale Konzepte zur familienorientierten Schriftsprachförderung* (S. 32–57). Barcelona: Klett Sprachen.

Hannon, P., Morgan, A., & Nutbrown, C. (2006). Parents' experiences of a family literacy programme. *Journal of Early Childhood Research, 4*(1), 19–44.

Hurrelmann, B. (2004). Informelle Sozialisationsinstanz Familie. In N. Groeben & B. Hurrelmann (Hrsg.), *Lesesozialisation in der Mediengesellschaft. Ein Forschungsüberblick* (S. 169–201). Weinheim: Juventa.

Schneider, W. (2012). Die Relevanz früher phonologischer Bewusstheit für den späteren Schriftspracherwerb. *Frühe Bildung, 1*(4), 220–222.

Schründer-Lenzen, A. (2009). Eckpunkte des gegenwärtigen Verständnisses von Schriftspracherwerb. In A. Schründer-Lenzen (Hrsg.), *Schriftspracherwerb und Unterricht. Bausteine professionellen Handlungswissens* (3. Aufl., S. 29–48). Wiesbaden: VS Verlag.

Vorderer, P., & Klimmt, C. (2009). Lesekompetenz im medialen Spannungsfeld von Informations- und Unterhaltungsangeboten. In N. Groeben & B. Hurrelmann (Hrsg.), *Lesekompetenz. Bedingungen, Dimensionen, Funktionen* (3. Aufl., S. 215–235). Weinheim: Juventa.

Wiescholek, S. (2018). *Lesen in Familien mit Family Literacy. Elterliche Unterstützung beim Lesekompetenzerwerb in der ersten Klasse.* Wiesbaden: Springer VS.

Wild, E., & Gerber, J. (2007). Charakteristika und Determinanten der Hausaufgabenpraxis in Deutschland von der vierten zur siebten Klassenstufe. *Zeitschrift für Erziehungswissenschaft, 10*(3), 356–380.

Wild, E., & Lorenz, F. (2010). *Elternhaus und Schule.* Stuttgart: Schöningh.

Überblick der LIFE-Veranstaltungen

Elektronisches Zusatzmaterial Die elektronische Version dieses Kapitels enthält Zusatzmaterial, das berechtigten Benutzern zur Verfügung steht. ▶ https://doi.org/10.1007/978-3-658-28343-8_3

Kap. 3 enthält eine Übersicht über alle im LIFE-Manual enthaltenen Veranstaltungen des Family Literacy-Programms „LIFE – Lesen in Familie erleben". Des Weiteren werden zwei exemplarische Veranstaltungsreihen vorgestellt und Tipps zur Organisation und Planung einer LIFE-Veranstaltungsreihe gegeben.

Im Folgenden wird in ◘ Tab. 3.1 zunächst ein Überblick über alle neun Veranstaltungen, die Themen, die in den Veranstaltungen verwendeten Bücher sowie die Veranstaltungselemente und ORIM-Ziele gegeben. Die detaillierten Ziele jeder einzelnen Veranstaltung werden im Veranstaltungsteil in ▶ Kap. 4 weiter ausgeführt. Darauf aufbauend wird an dieser Stelle ein Veranstaltungsprogramm mit sechs Veranstaltungen, die während des ersten Schuljahres stattfinden, exemplarisch erläutert.

Eine übliche Veranstaltungsreihe von LIFE beginnt meistens nach den Herbstferien. Dies bietet genügend Zeit für Kinder und Eltern, sich an den neuen Schulalltag zu gewöhnen und sich in der Schule einzuleben. Aus organisatorischer Perspektive ist der Beginn nach den Herbstferien des Weiteren vorteilhaft, um das Anmeldeprozedere zu erleichtern.

Als erste Veranstaltung in einem LIFE-Jahr bietet sich die Veranstaltung „Das Löwen-Memory" an. Die Veranstaltung bedarf keiner besonderen Lesefertigkeiten der Kinder und ist aufgrund des sehr witzigen und Familien oft schon bekannten Buches „Der Löwe, der nicht schreiben konnte" sehr zugänglich und ein optimaler Auftakt. Außerdem spiegelt der Inhalt des Buches die Relevanz des Lesens und Schreibens auf eine sehr humorvolle Art und Weise wieder und unterstreicht damit wichtige Ziele von LIFE.

Als zweite Veranstaltung bietet sich die Veranstaltung „Laute und Silben" an. Eltern melden sich häufig mit dem Wunsch an, konkrete Tipps und Anregungen für die Unterstützung ihrer Kinder beim Lesenlernen zu erhalten. In dieser Veranstaltung wird vor allem den Eltern der Leselernprozess und zentrale didaktische Herangehensweisen des schulischen Schriftspracherwerbs wie die Arbeit mit Lauten im Rahmen der Anlaut-Tabelle und die Arbeit mit Silben nähergebracht. Gleich zu Beginn soll diese Veranstaltung den Eltern durch das nötige Hintergrundwissen Sicherheit bei der Unterstützung ihrer Kinder geben.

Passend zur Weihnachtszeit gibt es eine auf diesen Anlass abgestimmte Veranstaltung, in der insbesondere das Textverständnis der Kinder, aber auch die Alltagsrelevanz von Sprache, Schrift und Literatur im Vordergrund steht. Als vierte Veranstaltung – jahreszeitlich entweder verortet im Herbst oder Frühling – bietet sich die Veranstaltung „Buchstaben vom Winde verweht" an. Kinder sollten für diese Veranstaltung bereits erste Fähigkeiten der Laut-Buchstaben-Zuordnung besitzen.

Für die zwei letzten Veranstaltungen bietet sich eine Kombination der Veranstaltung „Malwida: Die Königin der Farben" und als Abschlussveranstaltung „Rezepte aus aller Welt" an. Bei „Malwida: Die Königin der Farben" steht vor allem das Textverständnis der Kinder im Vordergrund. Darauf aufbauend wird aber auch die ästhetische und kreative Auseinandersetzung der Kinder und Eltern mit dem Text angesprochen, was positive Auswirkung auf die Lesemotivation und das Selbstbewusstsein hat. Das Produkt der Malwida-Veranstaltung – ein großflächig gestaltetes Plakat – kann gut in der Abschlussveranstaltung im Rahmen einer Ausstellung gewürdigt werden. In ◘ Tab. 3.2 ist die beschriebene exemplarische Veranstaltungsreihe mit zeitlicher Verortung im

◘ Tab. 3.1 Übersicht der Veranstaltungen

	Veranstaltung	Thema	Buch	Bausteine	ORIM
1	Das Löwen-Memory	Textverständnis	„Der Löwe, der nicht schreiben konnte" von Martin Baltscheit	Familienzeit Elternzeit Kinderzeit	Opportunities Interaction Model
2	Laute und Silben	Phonologische Bewusstheit Schriftspracherwerb	–	Familienzeit Elternzeit Kinderzeit	Opportunities Recognition
3	Weihnachtsveranstaltung	Textverständnis Alltagsbezug von schriftsprachlichen Handlungen	„Die abenteuerliche Weihnachtsreise" von Holly Hobbie	Familienzeit	Opportunities Interaction Model
4	Buchstaben vom Winde verweht	Phonologische Bewusstheit Textverständnis	„Der Buchstabenbaum" von Leo Lionni	Familienzeit	Opportunities Interaction Recognition
5	Vorlesen und Vorlesen-Lassen	Textverständnis Phonologische Bewusstheit	Mehrere Bücher siehe Veranstaltungsbeschreibung	Familienzeit Elternzeit Kinderzeit	Recognition Interaction Model
6	Hannes ohne Brille	Textverständnis Alltagsbezug von schriftsprachlichen Handlungen	Die Geschichte von dem Maulwurf „Hannes ohne Brille"	Familienzeit	Opportunities Interaction
7	Aus Wörtern werden Sätze	Textverständnis Phonologische Bewusstheit Satzgrammatik Vertrautheit mit Sprache und Schrift	„Pezzettino" von Leo Lionni	Familienzeit	Recognition Interaction Model
8	Malwida: Die Königin der Farben	Textverständnis Alltagsbezug von schriftsprachlichen Handlungen	„Die Königin der Farben" von Jutta Bauer	Familienzeit	Recognition Interaction Model
9	Rezepte aus aller Welt	Alltagsbezug von schriftsprachlichen Handlungen	–	Familienzeit	Opportunities Interaction Model

ersten Schuljahr zusammengefasst. Neben der vorgestellten Variante kann ◘ Tab. 3.2 eine alternative Variante für die Zusammenstellung von Veranstaltungen entnommen werden.

3

◘ Tab. 3.2 Exemplarische Veranstaltungsreihen

	Monat	Veranstaltungsreihe Variante I	Veranstaltungsreihe Variante II
1	Oktober	Das Löwen-Memory	Das Löwen-Memory
2	November	Laute und Silben	Buchstaben vom Winde verweht
3	Dezember	Weihnachtsveranstaltung	Weihnachtsveranstaltung
4	Februar/März	Buchstaben vom Winde verweht	Vorlesen und Vorlesen-Lassen
5	Mai/Juni	Malwida: Die Königin der Farben	Aus Wörtern werden Sätze
6	Juni/Juli	Rezepte aus aller Welt	Rezepte aus aller Welt

3.1 Organisation vor Veranstaltungsbeginn

Bevor in ▶ Kap. 4 die einzelnen Veranstaltungen vorgestellt werden, soll in diesem Kapitel ein kurzer Überblick darüber gegeben werden, welche organisatorischen Schritte vor einer Veranstaltungsreihe notwendig sind. In der Regel bietet es sich an, bereits bei dem ersten Elternabend im Schuljahr für das Programm zu werben. Häufige Fragen, die von Eltern gestellt werden, sind, ob auch andere Bezugspersonen wie Großeltern am Programm teilnehmen können, ob durch die Anmeldung eine Teilnahme an der gesamten Veranstaltungsreihe verpflichtend ist und ob Geschwisterkinder mitkommen können. Die Teilnahme bei uns war in den vergangenen Jahren immer freiwillig und auch Großeltern sowie Geschwisterkinder waren immer herzlich willkommen. Im Downloadbereich sind die unten angeführten Materialien hinterlegt, die Sie bei der Organisation einer Veranstaltungsreihe unterstützen können.

Die Veranstaltung „Das Löwen-Memory" hat sich aus den oben beschriebenen Gründen als gute Auftakt- bzw. Schnupperveranstaltung erwiesen. Sie bietet des Weiteren ausreichend zeitlichen Spielraum für eine offizielle Begrüßung sowie Einführung in Ziele, Inhalte und Programmhinweise.

Optionales Material zur Organisation einer Veranstaltungsreihe
- Kopiervorlage: LIFE-Da ist Leben drin-Mappe (Download: ▶ https://doi.org/10.1007/978-3-658-28343-8_3)
- Vorlage: Veranstaltungsprogramm (Download: ▶ https://doi.org/10.1007/978-3-658-28343-8_3)
- Informationsflyer: LIFE – Lesen in Familie erleben (Download: ▶ https://doi.org/10.1007/978-3-658-28343-8_3)

Die Veranstaltungen

Elektronisches Zusatzmaterial Die elektronische Version dieses Kapitels enthält Zusatzmaterial, das berechtigten Benutzern zur Verfügung steht. ▸ https://doi.org/10.1007/978-3-658-28343-8_4

© Springer Fachmedien Wiesbaden GmbH, ein Teil von Springer Nature 2020
S. Bonanati et al., *Lesekompetenz fördern*, https://doi.org/10.1007/978-3-658-28343-8_4

In diesem Kapitel werden alle neun Veranstaltungen des Family Literacy-Programms „LIFE – Lesen in Familie erleben" vorgestellt: das Löwen-Memory, Laute und Silben, die Weihnachtsveranstaltung, Buchstaben vom Winde verweht, Vorlesen und Vorlesen-Lassen, Hannes ohne Brille, Aus Wörtern werden Sätze, Malwida: die Königin der Farben, Rezepte aus aller Welt. Jede Veranstaltungsbeschreibung besteht aus einer Veranschaulichung der Ziele und Grundgedanken sowie der Erläuterung des Veranstaltungsablaufs.

4

4.1 Das Löwen-Memory

Ziele

Eltern	Kinder
– Kindern helfen, Lösungen für die Zuordnung der Memorykarten zu Geschichtenbestandteilen zu finden (Model) – Möglichkeiten zum spielerischen Umgang mit Büchern kennenlernen (Opportunities) – Alternativen erkennen, Textinhalte auch anders als durch Fragen zu erschließen (hier durch ein Memory, Interaction)	– Förderung von Textverständnis, Wortschatz und Allgemeinwissen

Material der Veranstaltung
- Vorlage: Einladung zur Veranstaltung (Download: ► https://link.springer.com/chapter/10.1007/978-3-658-28343-8_4)
- Vorlage: Veranstaltungsablauf (Download: ► https://link.springer.com/chapter/10.1007/978-3-658-28343-8_4)
- Das Buch „Die Geschichte vom Löwen, der nicht schreiben konnte" von Martin Baltscheit
- Kopiervorlage: Tierkarten passend zur Geschichte (Download: ► https://link.springer.com/chapter/10.1007/978-3-658-28343-8_4, ► Kap. 5)
- Kopiervorlage: Memory-Bastel-Set (Download: ► https://link.springer.com/chapter/10.1007/978-3-658-28343-8_4, ► Kap. 5)
- Memory-Spielregeln (Download: ► https://link.springer.com/chapter/10.1007/978-3-658-28343-8_4, ► Kap. 5)
- Beispiel-Memory-Set
- Stifte, Scheren

■ **Vorbereitung der Veranstaltung**

Eine Woche vor der Veranstaltung sollten die Einladungen an die LIFE-Familien verschickt werden, hierfür greifen wir auf die in den Klassen etablierten „Postweg" zurück. Die für die Veranstaltung erforderlichen Materialien müssen in ausreichender Menge gedruckt werden. Vor der Veranstaltung werden sechs Gruppentische und ein Stuhlkreis für die Begrüßung aufgebaut. Falls noch nicht geschehen, sollte ein Beispiel-Memory-Set erstellt werden. Dieses wird zur Erklärung und für das abschließende Spiel benötigt.

- **Kurzbeschreibung**

Die offizielle Begrüßung der Teilnehmer/-innen findet im gemeinsamen Stuhlkreis statt. Dort werden die Eltern und Kinder zur ersten Veranstaltung willkommen geheißen. Anschließend wird der Ablauf der ersten Veranstaltung „Das Löwen-Memory" vorgestellt. Das Buch „Die Geschichte vom Löwen, der nicht schreiben konnte" von Martin Baltscheit wird im Stuhlkreis vorgelesen. Die Geschichte handelt von einem Löwen, der sich in eine Löwin verliebt. Er möchte ihr einen Brief schreiben. Dies kann der Löwe jedoch nicht, weil er nicht schreiben kann. Der Löwe bittet nun verschiedene Tiere um Hilfe beim Schreiben des Briefes an die Löwin. Doch keiner der Briefe der anderen Tiere (Affe, Nilpferd, Mistkäfer, Giraffe, Krokodil und Geier) beschreibt das, was der Löwe eigentlich mit der Löwin unternehmen möchte. Daraufhin brüllt der Löwe zornig, sodass die Löwin den Löwen hört. Es kommt zwischen den beiden zu einem Gespräch und es wird klar, dass der Löwe nicht schreiben kann. Die Geschichte endet damit, dass er von der Löwin das Schreiben beigebracht bekommt. Im Anschluss an das Vorlesen werden Bilder der in der Geschichte vorkommenden Tiere in die Mitte des Stuhlkreises gelegt, mithilfe derer die Kinder die Geschichte nacherzählen können. Anschließend wird das Löwen-Memory vorgestellt. Anhand eines vorgefertigten Exemplars rätseln die Kinder gemeinsam, welche Karten im vorliegenden Löwen-Memory zusammengehören. Das Löwen-Memory ist komplett, wenn ein Trio von drei inhaltlich zusammenpassenden Karten gefunden wird: das Tier, das Lieblingsessen und die Lieblingstätigkeit des Tieres. Diese drei Aspekte können den Briefen, welche die Tiere in der Geschichte an die Löwin schreiben, entnommen werden. Nach dem Erklären des Löwen-Memorys begeben sich die Kinder mit ihren Eltern an die Gruppentische, die jeweils eine Tier-Station darstellen. An den einzelnen Stationen können die Kinder gemeinsam mit ihren Eltern die vorgefertigten Memory-Karten des entsprechenden Tieres ausschneiden und ausmalen. Nach Bearbeitung jeder Station ergibt sich so ein komplettes Memory-Set, welches nach dem Basteln mit den anderen Veranstaltungsteilnehmern/-innen gespielt werden kann. Die Regeln des Spiels sind fast identisch mit denen eines normalen Memorys. Eine Kartengruppe ist nur dann vollständig, wenn der Spieler alle drei Karten desselben Tieres aufgedeckt. Der/die Spieler/-in, die oder der am Ende die meisten Tiere besitzt, gewinnt die Runde. Zum Abschluss der Veranstaltung finden sich alle wieder im Stuhlkreis zusammen, in dem der Ausblick auf die nächste Veranstaltung gegeben wird (◘ Tab. 4.1).

◘ **Tab. 4.1** Veranstaltungsablauf „Das Löwen-Memory"

Zeit	Aktivität	Material
Vorbereitung	Stuhlkreis im Klassenraum stellen. Mind. sechs Gruppentische für die Tierstationen stellen und das Bastelmaterial für das Löwen-Memory auf den Tischen verteilen. Stationen gibt es für folgende Tiere: Affe, Nilpferd, Mistkäfer, Krokodil, Geier und Löwe. Für die Giraffe gibt es keine Station, da ihr Brief den Löwen nicht erreicht.	Tierbriefe Memory-Bastel-Sets Stifte Scheren

(Fortsetzung)

4

◼ **Tab. 4.1** (Fortsetzung)

	Zeit	Aktivität	Material
1	10 Min. Begrüßung und Einführung	Begrüßung Der Ablauf der ersten Veranstaltung wird vorgestellt.	
2	30 Min. Geschichte vorlesen	Danach wird „Die Geschichte vom Löwen, der nicht schreiben konnte" von Martin Baltscheit vorgelesen. Anschließend wird die Geschichte anhand der Bildkarten nacherzählt.	Geschichte Bildkarten
3	30–40 Min. Familienzeit	Das Löwen-Memory wird vorgestellt. Die gesamte Gruppe rätselt anhand einiger Beispiel-Memory-Sets, welche Karten zusammengehören. Memory-Spiel Basteln: Es sind verschiedene Tier-Stationen aufgebaut (ein Tier pro Tisch). Aufgabe: „Auf den Tischen sehen Sie die verschiedenen Tiere der Geschichte. Lest zusammen mit eurer Mutter/eurem Vater die Briefe der Tiere im Buch noch einmal genau durch. Bastelt dann euer Memory-Set. Wenn ihr mit einem Tier fertig seid, könnt ihr zum nächsten Tisch gehen. Dort wartet das nächste Tier und passende Memory-Set auf euch!" Nach der Arbeitsphase werden die Spielregeln des Löwen-Memorys erklärt.	Etwa sechs Gruppentische Pro Tisch: Memory-Bastel-Set Tierkarte Stifte Scheren Memory-Spielregeln
4	10 Min. Abschluss	Zum Abschluss wird das Memory-Spiel mit allen zusammen oder (bei großen Gruppen) in kleinen Gruppen verteilt im Raum gespielt. Bei der Verabschiedung der Eltern und Kinder erfolgt ein Hinweis auf die nächste Veranstaltung. Ca. eine Woche vor der nächsten Veranstaltung erhalten die Eltern über ihre Kinder eine Erinnerung.	Beispiel-Memory-Set Memory-Spielregeln

4.2 Laute und Silben

Ziele

Eltern	Kinder
Familienzeit – Erleben kindlicher Lernhandlungen in Bezug auf silbenbezogene Schreibstrategien (Recognition) Elternzeit – Reflexion der Lernhandlungen (Recognition) – Verknüpfung orthografischer Schwierigkeiten in der Schriftsprache mit den aktuellen Lernprozessen der Kinder beim Schriftspracherwerb (Recognition) – Erkundung alltäglicher Lern- und Interaktionsmöglichkeiten zur Begleitung und Unterstützung der Kinder beim Schriftspracherwerb (Opportunities, Interaction)	Kinderzeit – Förderung der phonologischen Bewusstheit und des Wissens um schriftsprachliche Strukturen, speziell im Umgang mit Silben und Lauten – Förderung des Wortschatzes

Material der Veranstaltung

- Vorlage: Einladung zur Veranstaltung (Download: ▶ https://link.springer.com/chapter/10.1007/978-3-658-28343-8_4)
- Vorlage: Veranstaltungsablauf (Download: ▶ https://link.springer.com/chapter/10.1007/978-3-658-28343-8_4)
- Kopiervorlage: Fruchtsortenkarten für das Obstsalat-Spiel (Download: ▶ https://link.springer.com/chapter/10.1007/978-3-658-28343-8_4, ▶ Kap. 5)
- Kopiervorlage: Silbenbogen-Karten (Download: ▶ https://link.springer.com/chapter/10.1007/978-3-658-28343-8_4, ▶ Kap. 5)
- Kopiervorlage: Beispiel für Wort-Bild-Karten (Download: ▶ https://link.springer.com/chapter/10.1007/978-3-658-28343-8_4, ▶ Kap. 5)
- Kopiervorlage: Flipcharts für die Elternzeit (Download: ▶ https://link.springer.com/chapter/10.1007/978-3-658-28343-8_4, ▶ Kap. 5)
- Kopiervorlage: Karten zu Alltagssituationen mit dem Kind (Download: ▶ https://link.springer.com/chapter/10.1007/978-3-658-28343-8_4, ▶ Kap. 5)
- 5 Körbe, 1 Glocke, 4 Hütchen
- Kreppband/Magnete zum Befestigen der Flipcharts an der Tafel, Dicke Filzstifte

■ **Vorbereitung der Veranstaltung**

Eine Woche vor der Veranstaltung sollten die Einladungen an die LIFE-Familien herausgegeben werden. Die für die Veranstaltung erforderlichen Materialien müssen in ausreichender Menge gedruckt werden. Dazu gehört auch die Vorbereitung der Obstsalat-Karten, der Silbenbogen-Karten und der Wort-Bild-Karten für die Silbenspiele. Eine beispielhafte Gestaltung der Karten für die Silbenspiele finden Sie in ▶ Abschn. 5.2. Für die Elternzeit müssen vier Flipcharts vorbereitet werden (siehe ◘ Abb. 4.1 und 4.2). Vor der

4

Warum sind Sie hier?	Wo können Laute und Silben im Alltag gefunden werden? Welche Spiele fallen Ihnen dazu ein?
	(Die Bilder dienen Ihnen zur Inspiration für mögliche Alltagssituationen)
Welche Erwartungen haben Sie an das LIFE-Programm?	
Welche Wünsche haben Sie für Ihre Teilnahme am LIFE-Programm?	

◨ **Abb. 4.1**   Flipcharts zur Erwartungsabfrage mit den Eltern

Laute und Silben - Silbentrennung

Geburtstag	Städte	Hitze	Karomuster
<u>Ge – burts – tag</u>	Stä – dte	Hi – tze	Ka – ro – mus – ster
Ge – burt – stag	Städt – e	<u>Hit – ze</u>	Kar – om – ust – er
Ge – bur - tstag	<u>Städ – te</u>	Hitz – e	<u>Ka – ro – mus – ter</u>

Richtungswechsel	Zuckerkuchen	kommen
<u>Rich – tungs – wech – sel</u>	<u>Zu – cker – ku – chen</u>	ko – mmen
Ri – chtungs – wech – sel	Zu – cker – kuch – en	<u>kom – men</u>
Rich – tungs – we – chsel	Zuc – ker – ku – chen	komm – en

🟢 Ich bin mir sicher   🔴 Ich glaube...

◨ **Abb. 4.2**   Flipcharts zur Auseinandersetzung mit Lauten und Silben in der deutschen Schriftsprache

Veranstaltung müssen zwei Räume vorbereitet werden. Hierzu wird in einem Raum ein Stuhlkreis gestellt. Die Tische werden in der Veranstaltung nicht benötigt und somit sämtliche Tische an die Seite geräumt. In die Ecken des Raumes werden Silbenbogen-Karten gehängt (von einer Silbe bis zu fünf Silben). Während der Eltern- und Kinderzeit wird für die Arbeit der Eltern ein zweiter Raum benötigt, vorzugsweise mit Tafel. Hier können die Eltern im Stuhlkreis oder an der vorhandenen Tischordnung sitzen.

■ Kurzbeschreibung

Die Veranstaltung beginnt mit der gemeinsamen Begrüßung im Stuhlkreis. Zum Einstieg wird das Aufwärmspiel „Obstsalat" gespielt. Die Veranstaltungsleiter/-innen verteilen die vorgefertigten Fruchtsortenkarten an die Eltern und Kinder. Dabei muss die Verteilung jeder Fruchtsorte im gleichen Umfang erfolgen. Der Stuhlkreis wird für dieses Spiel um einen Stuhl verkleinert, sodass ein/-e Mitspieler/-in keinen Sitzplatz hat. Diese/-r steht in der Mitte und nennt eine Fruchtsorte. All die Mitspieler/-innen, welche die Karte dieser Fruchtsorte in der Hand halten, müssen aufstehen und ihren Platz wechseln. Der/Die Spieler/-in aus der Mitte muss versuchen, einen der freiwerdenden Plätze zu ergattern, sodass ein/e andere/-r Mitspieler/-in anschließend in der Mitte des Stuhlkreises steht. Um das Spiel zu variieren, besteht auch die Möglichkeit, Obstsalat zu rufen. Bei dieser Option müssen alle Mitspieler/-innen aufstehen und einen neuen Platz einnehmen.

Nach Ende des Spiels wird eine kurze Einführung in die Thematik und den Verlauf der Veranstaltung „Laute und Silben" gegeben. Dieser Einführung schließt sich das Lebende-Silben-Statistik-Spiel an, welches mithilfe der Silbenbogen-Karten erfolgt. Diese sind in den Ecken des Raumes angebracht und für alle gut sichtbar. Die Eltern und Kinder werden gebeten, sich vor die Karte mit der Anzahl an Silbenbögen zu stellen, welche der Silbenanzahl ihres Namens entspricht. Die Begriffe können in den folgenden Runden beliebig variieren (Lieblingsessen, Lieblingstier, Lieblingsfarbe, usw.). Pro Runde werden ein paar der Begriffe mit der gesamten Gruppe gemeinsam geschwungen bzw. geklatscht. Bei allen Silbenspielen sowie bei den Erläuterungen mit den Eltern sollte die Wahl der Darstellung (Bögen, Striche, …), die Begleitung beim Silbensprechen (Schwingen, Klatschen, …) und die Wahl von Begriffen (Silbenkönig – Kapitän – …, Benennung von Rechtschreibstrategien) an der in der Schule oder Institution vereinbarten Weise ausgerichtet werden.

Der anschließende Veranstaltungsteil trennt die Gruppe in eine Eltern- und eine Kinderzeit. Die Eltern beschäftigen sich im Folgenden mit den vorgefertigten Flipcharts, welche handschriftlich oder gedruckt gestaltet werden können.

Zunächst wird eine Erwartungsabfrage zur Teilnahme an den LIFE-Veranstaltungen gemacht, bei der Eltern ihre Wünsche und Erwartungen an das Programm äußern können (siehe ◘ Abb. 4.1). Diese kann auch in der ersten Veranstaltung erfolgen. Sinnvoll ist die Erwartungsabfrage in dieser Veranstaltung nur, wenn „Laute und Silben" relativ zu Beginn einer LIFE-Veranstaltungsreihe durchgeführt wird. Im Anschluss werden die Eltern darum gebeten, sich bei sechs schwer zu trennenden Beispielwörtern mithilfe eines roten Stiftes (unsicher) und eines grünen Stiftes (sicher) für die richtige Silbentrennung zu entscheiden. Für jedes Wort werden verschiedene Alternativen der Silbentrennung präsentiert. Dafür sollen die Eltern einen Punkt an die Silbentrennung setzen, bei der sie meinen, dass diese korrekt ist. Bei den vorgeschlagenen Wörtern handelt es sich – im Hinblick auf die deutsche

Orthografie – um Zweifelsfälle in der Schreibweise und Silbentrennung (siehe
◘ Abb. 4.2). Mit der Übung wird die Auseinandersetzung mit Schwierigkeiten des
Schriftspracherwerbs angeregt. In ◘ Abb. 4.2 sind die Wörter mit der korrekten Trennung markiert. Im Downloadbereich und in ▸ Abschn. 5.2 finden Sie eine nicht mar-
kierte Version der Flipcharts.

Daraufhin wird gemeinsam diskutiert, was mögliche Schwierigkeiten sein können und wie Kinder diese in der ersten Klasse z. B. mithilfe der Anlaut-Tabelle und
dem silbenorientierten Schreiben lösen. Des Weiteren wird anhand der Beispielwörter
diskutiert, warum es besonders am Ende des ersten Schuljahres zu Fehlschreibungen
bei bestimmten Phonem-Graphem-Beziehungen kommen kann. Darüber hinaus
kann man an den Wörtern insgesamt auf die Rechtschreibstrategien eingehen, die im
Laufe der Grundschulzeit erarbeitet werden: Sprechschwingen, Sprechschreiben, laut-
getreues Schreiben, Silbenkönige, vollständiges Erkennen aller, auch schwieriger Laute
(vor allem kurze Vokale sowie stimmlose Konsonanten), Großschreibung, Weiter-
schwingen, Ableiten, Wortzusammensetzungen, Merkwörter (hier am Beispiel der
Begrifflichkeit der FRESCH-Methode, Brezing et al. 2018).

In dieser Phase kommt es häufig zu Fragen oder Diskussionen über die Didaktik
des Schriftspracherwerbs und den Umgang mit falschen Schreibungen der Kinder. Die
Veranstaltung bietet den Raum für diese Diskussion und die Möglichkeit, sich über
gegenseitige Erwartungen, Fragen, Unsicherheiten oder Vorbehalte auszutauschen und
aus schulischer Sicht didaktische Vorgehensweisen zu erklären.

Mit dem letzten Flipchart (siehe ◘ Abb. 4.1, rechts) sammeln die Eltern anhand
von sechs verschiedenen Alltagssituationen (Esstisch, Schulweg, Gute-Nacht-Ge-
schichte, Spaziergang, Einkaufen) Möglichkeiten, wo Buchstaben und Silben im Alltag
zu finden sind und wie der Umgang bzw. das Spiel mit Buchstaben, Silben und auch
kleinen Wörtern den Schriftspracherwerb unterstützen kann.

Parallel zur Elternzeit beschäftigen sich auch die Kinder mit dem Thema der
Silbentrennung. Die Gruppe beginnt mit einem Spiel A. Wort-Bild-Karten sind auf
dem Boden verteilt. Im Raum verteilt befinden sich außerdem fünf Körbe, die jeweils
für eine bestimmte Silbenbogenanzahl stehen (vgl. ◘ Abb. 4.3).

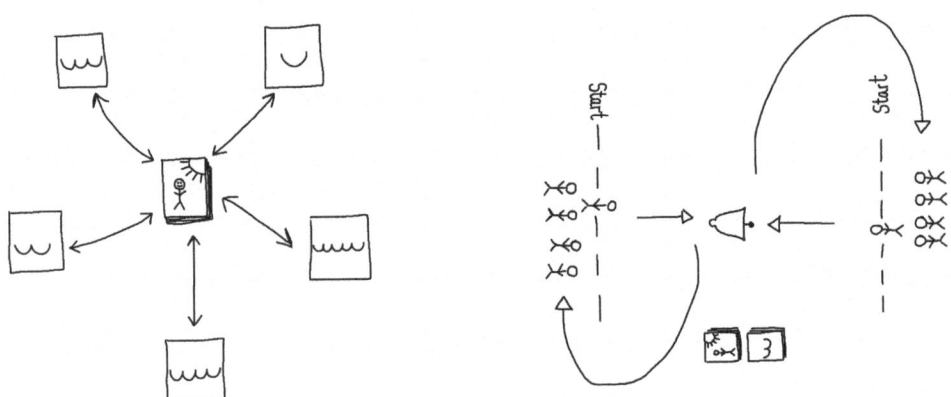

◘ **Abb. 4.3**   Spielpläne für Silbenspiele in der Kinderzeit (links: Spiel A, rechts: Spiel B)

Die Kinder haben nun die Aufgabe, alle Bilder entsprechend der Silbenanzahl in die korrekten Körbe zu verteilen. Dieses Spiel kann durchaus mehrfach gespielt und durch eine Zeitbegrenzung zusätzlich erschwert werden. In dieser Phase ist auch wichtig, mit den Kindern zu problematisieren, dass ein Bild für unterschiedliche assoziierte Begriffe stehen kann. Daher ist es notwendig, dass beim Prüfen auf Richtigkeit der Silbenanzahl immer die gedachte Begrifflichkeit mitgenannt wird.

Im Anschluss daran spielen die Kinder das Spiel B als „Wettspiel" gegeneinander (s. ◘ Abb. 4.3). Die Gruppen stehen sich gegenüber, wobei sich in der Mitte eine kleine Glocke befindet. Seitlich steht ein/-e Spielleiter/-in, der/die immer gleichzeitig eine beliebige Wort-Bild-Karte und eine Silbenbogen-Karte hochhält. Die Kinder müssen prüfen, ob die gezeigte Wort-Bild-Karte die gleiche Silbenanzahl wie die gezeigte Silbenbogen-Karte hat. Bei einer Entscheidung läuft das Kind zur Glocke. Wer die Glocke zuerst klingelt und die richtige Antwort nennt, bekommt einen Punkt für die Gruppe. Als richtig wird gewertet, wenn das Kind einen zur Wort-Bild-Karte passenden Begriff und die dazu passende Silbenanzahl benennt. Dieses Spiel kann ebenfalls mehrfach durchgeführt und durch eine maximal zu erreichende Punktanzahl begrenzt werden. Der Abschluss der Veranstaltung findet mit Eltern und Kindern gemeinsam statt. Eltern treten im Wettspiel gegen die Kinder an oder bilden mit den Kindern gemischte Teams. Abschließend findet sich die Gruppe wieder im Stuhlkreis ein und der/die Veranstaltungsleiter/-in gibt einen Ausblick auf die nächste Veranstaltung (◘ Tab. 4.2).

◘ Tab. 4.2 Veranstaltungsablauf „Laute und Silben"

	Zeit	Aktivität	Material
	Vorbereitung	Tische an den Rand des Raumes stellen, Stuhlkreis in Anzahl der Eltern, Kinder und durchführende Personen, (Tipp: keine Bänke) Silbenbogen-Karten (1 Silbenbogen bis 5 Silbenbögen) in die Ecken des Raumes hängen. Elternzeit: Flipcharts im Zusatzraum aufhängen.	Silbenbogen-Karten Flipcharts für die Elternzeit
1	10 Min. Ankommen Begrüßung Aufwärmspiel I	Begrüßung der Kinder und Eltern im Stuhlkreis – direkter Hinweis auf die Aufwärmaktivität. Obstsalat als Aufwärmspiel: Eine Person steht in der Mitte. Ein Stuhl wird aus dem Stuhlkreis entfernt, sodass sich ein Stuhl weniger als mitspielende Personen im Stuhlkreis befindet. Jede Person erhält eine Fruchtsortenkarte. Die Person in der Mitte nennt eine Fruchtsorte. Daraufhin müssen alle mit dieser Karte den Platz wechseln. Eine Person bleibt wiederum über und wählt die nächste Frucht. Sagt jemand Obstsalat, müssen alle Personen den Platz wechseln. Kurze Einführung und Vorstellung in das heutige Thema „Laute und Silben": Was können Kinder und Eltern erwarten? Ablauf der Veranstaltung wird vorgestellt. Es erfolgt insbesondere ein Hinweis auf die getrennte Eltern- und Kinderzeit nach Aufwärmspiel II.	Fruchtsorten-karten

(Fortsetzung)

4

◘ **Tab. 4.2**   (Fortsetzung)

	Zeit	Aktivität	Material
2	10–15 Min. Aufwärmspiel II	**Lebende-Silben-Statistik-Spiel** Jede Ecke des Klassenzimmers wird mit einer Silbenbogen-Karte (Anzahl: 1 bis 5 Silben) versehen. Jeder soll sich, je nach der Anzahl der Silben, die der eigene Name hat, der passenden Ecke im Raum zuordnen. Einzelne Kinder/Eltern werden angesprochen, ihren Namen gemeinsam gemäß der didaktischen Herangehensweise mit allen anderen Teilnehmern/-innen zu schwingen oder zu klatschen. Weitere Themen für die lebende Silben-Statistik: Lieblingsessen, -tier, -farbe, -sport, -fach, etc…	Silbenbogen-Karten
3	20–30 Min. Kinderzeit (parallel zur Elternzeit)	**Spiel A** (siehe ◘ Abb. 4.3, links): Sitzkreis: Erklärung des Spiels Im Raum verteilt sind 5 Körbe, versehen mit je einer Silbenbogen-Karte mit jeweils unterschiedlicher Silbenanzahl (1 bis 5 Silbenbögen). In der Mitte liegt ein Stapel mit bis zu 150 Wort-Bild-Karten. Gemeinsame Aufgabe der Gruppe ist es, alle Karten dem richtigen Korb zuzuordnen: „Du kannst alleine oder zu zweit arbeiten. Wenn du bei einer Karte nicht sicher bist, besprich es mit einem anderen Kind." Nachdem alle Karten zugeordnet worden sind, kontrollieren je zwei Kinder einen Korb. Vor dem Start muss das Spiel an ein bis zwei Beispielen geklärt werden. Des Weiteren muss erklärt werden, wie damit umgegangen wird, wenn Bilder nicht eindeutig bestimmten Begriffen zuzuordnen sind. Eine Zuordnung kann als richtig gewertet werden, wenn der genannte Begriff der Wort-Bild-Karte der passenden Silbenanzahl entspricht. Sitzkreis: Besprechung einzelner zuvor diskussionswürdiger Beispiele. Spielalternative: Es kann ein zweiter Durchlauf mit Zeitvorgabe und/oder der Auflage, Wort-Bild-Karten möglichst ohne Fehler zuzuordnen, gespielt werden **Spiel B** (siehe ◘ Abb. 4.3, rechts): Sitzkreis: Erklärung des Wettspiels Die Kinder bilden zwei Mannschaften. Jede Mannschaft stellt sich an einem Hütchen auf. Ein/-e Spieler/-in je Mannschaft ist pro Aufgabe beteiligt. Variante 1: Der/die Spielleiter/-in hält eine Wort-Bild-Karte hoch. Wer als erster klingelt und die korrekte Anzahl an Silben nennt und begründet, erhält für die Mannschaft einen Punkt. Variante 2: Der/die Spielleiter/-in hält 2 Karten (Wort-Bild-Karte und Silbenbogen-Karte) hoch. Wer als erster klingelt und richtig beantwortet, ob und warum das Paar (nicht) zusammenpasst, erhält für die Mannschaft den Punkt.	Wort-Bild-Karten Sibenbogen-Karten 5 Körbe 2 Glocken 4 Hütchen

(Fortsetzung)

■ Tab. 4.2   (Fortsetzung)

	Zeit	Aktivität	Material
3	20–30 Min Elternzeit (parallel zur Kinderzeit)	Erwartungsabfrage der Eltern (siehe ■ Abb. 4.1, links): Die Erwartungsabfrage bietet sich nur an, wenn die Veranstaltung „Laute und Silben" zu Beginn einer LIFE-Veranstaltungsreihe durchgeführt wird. 1. Reflexion der Erfahrungen aus den Aufwärmspielen: Eltern sammeln ihre Erfahrungen zu der lebenden Silben-Statistik. Wie war es für Sie, die Namen zu schwingen? Was haben Sie bei ihren Kindern beobachtet? 2. Schwierige Silbenwörter: Eltern sehen auf einem Flipchart schwierige Silbenwörter (siehe ■ Abb. 4.2). Sie sollen jeweils ankreuzen, was die richtige Silbentrennung ist. Das grüne Kreuz steht für „Ich bin mir sicher"; das rote Kreuz steht für „Ich glaube, bin mir aber unsicher". 3. Es wird über Regeln der Laut-Buchstaben-Zuordnung und Silbentrennung und über morphematische Aspekte der deutschen Schriftsprache anhand der Silbenwörter diskutiert. 4. Wie können Laute und Silben im Alltag eingebunden werden? Dazu können die Karten „Alltagssituationen mit dem Kind" verteilt werden. Eltern überlegen zu zweit/dritt jeweils 2–4 min, wie man in der dargestellten Situation Laute und Silben einbinden kann. Daraufhin stellen sie ihre Überlegungen der gesamten Gruppe vor und andere Eltern können ergänzen. Die verschiedenen Aspekte werden auf einem Flipchart gesammelt (siehe ■ Abb. 4.1, rechts).	Karten zu Alltagssituationen mit dem Kind Flipcharts Kreppband Dicke Filzstifte
4	10 Min. Abschluss	Zum Abschluss wird das Wettspiel (Spiel B) aus der Kinderzeit gemeinsam mit Eltern gespielt (Spielvarianten: Eltern gegen Kinder, Klasse gegen Klasse, Mitarbeiter/-innen gegen Eltern, …). Es wird ein Ausblick auf die kommende Veranstaltung gegeben. Danach folgt die Verabschiedung.	Material aus der Kinderzeit

4.3 Die Weihnachtsveranstaltung

Ziele

Eltern	Kinder
– Bewusstsein schärfen für die Alltäglichkeit und All-gegenwärtigkeit von Sprache und Schrift (Recognition) – Das Bilderbuch „Die abenteuerliche Weihnachtsreise" nutzen für die Ableitung handlungsorientierter, typischer Aktivitäten der Vorweihnachtszeit (Kochen nach Rezept, Basteln nach Anleitung; Models, Interaction)	– Bewusstsein schärfen über die Alltäglichkeit und Allgegenwart von Sprache und Schrift – Förderung von Textverständnis durch das gemeinsame Lesen von Anleitungen

4

Material der Veranstaltung

- Vorlage: Einladung zur Veranstaltung (Download: ▶ https://link.springer.com/chapter/10.1007/978-3-658-28343-8_4)
- Vorlage: Veranstaltungsablauf (Download: ▶ https://link.springer.com/chapter/10.1007/978-3-658-28343-8_4)
- Das Buch: „Die abenteuerliche Weihnachtsreise"
- Kopiervorlage: Bastelanleitungen Stern, Tannenbaum (Download: ▶ https://link.springer.com/chapter/10.1007/978-3-658-28343-8_4, ▶ Kap. 5)
- Pappschablonen, wie auf Bastelanleitungen beschrieben
- Punsch: Zutaten, Herd, Topf, Becher, Kopiervorlage des Rezepts (Download: ▶ https://link.springer.com/chapter/10.1007/978-3-658-28343-8_4, ▶ Kap. 5)
- Lebkuchen: Zutaten, Servietten, Kopiervorlage des Rezepts (Download: ▶ https://link.springer.com/chapter/10.1007/978-3-658-28343-8_4, ▶ Kap. 5)
- ggf. Gitarre oder CD-Player
- ggf. Präsentationsmedium (Eine PowerPoint-Datei zur Veranschaulichung der Geschichte kann selbst gestaltet werden und hilft, die Geschichte nachzuvollziehen.)
- Pappe in versch. Farben, Stoff, Geschenkpapier, Filzstifte, Geschenkbänder, etc.
- Scheren, Bleistifte, Filzstifte, Klebstoff, Kreppband, dicke Filzstifte, Walnüsse, Lackstifte

■ **Vorbereitung der Veranstaltung**

Eine Woche vor der Veranstaltung sollten die Einladungen an die LIFE-Familien herausgegeben werden. Die für die Veranstaltung erforderlichen Materialien müssen in ausreichender Menge gedruckt und die für die Stationen notwendigen Lebensmittel müssen besorgt werden. Wenn das Buch mit einer PowerPoint-Präsentation begleitet werden soll, muss diese vorbereitet werden. Vor der Veranstaltung werden die Gruppentische aufgebaut und die Stationen vorbereitet. Ein Stuhlkreis wird gestellt.

■ **Kurzbeschreibung**

Die Weihnachtsveranstaltung beginnt in einem gemeinsamen Stuhlkreis. Zur Einstimmung kann ein Weihnachtslied gesungen werden. Dafür bieten sich

Lieder an, welche Kindern und Eltern bekannt sind. Anschließend wird das Buch „Die abenteuerliche Weihnachtsreise" von Holly Hobbie vorgelesen. Es bietet sich an, die Geschichte aufgrund der zwei unterschiedlichen Handlungsorte von zwei Lesern/-innen vorlesen zu lassen. Das Vorlesen kann durch eine Powerpoint-Präsentation medial unterstützt werden. Die Geschichte handelt von zwei jungen Schweinen, Krümel und Drops, die gemeinsam Weihnachten feiern wollen. Drops muss sich jedoch noch auf die Reise zu seinem Freund Krümel begeben, der in der Zwischenzeit das gemeinsame Weihnachtsfest vorbereitet. In der Geschichte werden viele verschiedene Aktivitäten der Vorweihnachtszeit illustriert.

Im Anschluss an das Vorlesen werden diese Aktivitäten im Veranstaltungsverlauf aufgegriffen und an verschiedenen Stationen im Klassenraum umgesetzt. In den Veranstaltungsräumen sind Gruppentische vorbereitet, an denen die verschiedenen Aktivitäten (Punschzubereitung, Basteln von Baumschmuck, Postkartenherstellung, Glücksnuss -Bemalen und Lebkuchen -Verzieren) durchgeführt werden können. Da die Stationen bereits im Voraus hergerichtet worden sind, können sie aus dem Stuhlkreis heraus vorgestellt werden. Die Kinder können in der verbleibenden Veranstaltungszeit gemeinsam mit ihren Eltern die Stationen bearbeiten, die ihnen am besten gefallen. Die Veranstaltungsleiter/-innen betreuen dabei einzelne Stationen und geben gegebenenfalls Hilfestellung oder Ratschläge bei der Bearbeitung. Die Stationen zum Lebkuchen-Verzieren, Glücksnuss-Bemalen und Karten-Basteln sind ohne große Betreuung umsetzbar, während das Basteln der Girlanden und die Punsch-Station oft eine Betreuungsperson voraussetzen. Das Schneiden der Girlanden bedarf einer besonderen Technik der Schablonenherstellung und die Heizgeräte bei der Punschherstellung sollten nur unter Beaufsichtigung genutzt werden. Der Punsch kann bereits während der Bastelphase oder erst zum Abschluss gemeinsam im Stuhlkreis getrunken werden. An jeder Station sind Bastelanleitungen und Rezepte hinterlegt, welche Eltern und Kinder beim Arbeiten unterstützen und mit nach Hause genommen werden können. Dies verdeutlicht den Alltagsbezug und die Alltagsrelevanz des Lesens und Schreibens.

Zum Ende der Veranstaltung treffen sich die Teilnehmer/-innen wieder im Stuhlkreis. Dort können die Aktivitäten reflektiert werden und die Kinder haben die Möglichkeit, ihre hergestellten Materialien zu präsentieren. Es wird ein Ausblick auf die nächste Veranstaltung gegeben und es besteht die Möglichkeit, noch einmal das Anfangslied zu singen. Abschließend wird in eine fröhliche Weihnachtszeit verabschiedet ◘ Tab. 4.3.

◘ **Tab. 4.3** Veranstaltungsablauf „Weihnachtsveranstaltung"

	Zeit	Aktivität	Material
	Vor- bereitung	Stuhlkreis und ggf. Präsentationsmedium aufbauen, Gruppentische mit Bastel-Stationen vorbereiten	Siehe Zeile 3 ggf. Präsentations- medium
1	10 Min. Begrüßung	Stuhlkreis: Begrüßung, Erläuterung des Ablaufs der Ver- anstaltung Singen eines Advents- oder Weihnachtsliedes	Ggf. Gitarre oder CD-Player

(Fortsetzung)

4

◘ Tab. 4.3   (Fortsetzung)

	Zeit	Aktivität	Material
2	25 Min. Geschichte vorlesen	Vorlesen des Buches „Die abenteuerliche Weihnachtsreise" von Holly Hobbie Das Buch kann mithilfe einiger Bilder und Requisiten vorgelesen werden. Die Kinder beschreiben die Bilder und beantworten an geeigneten, festgelegten Stellen Fragen. Krümel und Drops können in verteilten Rollen vorgelesen werden, um die beiden Erzählperspektiven und Handlungsorte jeweils deutlich hervorzuheben.	Geschichte ggf. Präsentationsmedium
3	10 Min. Aufgabenerklärung	Vorstellung der Stationen: „Wir haben euch/Ihnen verschiedene Angebote aufgebaut, bei denen ihr/Sie wie Krümel Vorbereitungen für das Weihnachtsfest treffen könnt. Diese möchten wir Ihnen/euch kurz vorstellen." 1. Glücksnuss basteln 2. Grußkarten basteln 3. Weihnachtsschmuck basteln 4. Punsch zubereiten 5. Lebkuchen verzieren „Natürlich könnt ihr/können Sie an mehreren Stationen arbeiten. Wir treffen uns um *Zeitangabe* hier vorne im Stuhlkreis wieder, um zu schauen, was ihr/Sie alles gemacht und geschafft habt. Und nun wünsche ich euch/Ihnen viel Spaß bei den Weihnachtsvorbereitungen."	1. Walnüsse, Lackstifte, Anleitung 2. Pappe in versch. Farben, Stoff, Geschenkpapier, Filzstifte, etc. 3. Bastelanleitungen (Stern, Tannenbaum), Pappe (evtl. in Streifen), Vorlagen 4. Zutaten, Rezept, Herd, Topf, Becher 5. Zutaten, Rezept, Servietten
4	35 Min. Arbeitsphase	Eltern und Kinder arbeiten an den jeweiligen Stationen (Zeit zum Basteln, Essen und Austauschen). Der Punsch kann entweder während der Arbeitsphase oder zum Abschluss im Stuhlkreis getrunken werden.	Allgemeines Material: – Scheren – Bleistifte – Filzstifte – Klebstoff
5	10 Min. Abschluss	Jedes Eltern-Kind-Paar präsentiert das, was während der Stationenarbeit entstanden ist – oder es wird thematisiert, welche Station am meisten Spaß bereitet hat. Fröhliches Weihnachtsfest und einen guten Rutsch ins neue Jahr wünschen. Termin und Thema der nächsten Veranstaltung bekannt geben.	Ergebnisse der Stationsarbeit

4.4 Buchstaben vom Winde verweht

Ziele

Eltern	Kinder
– Bewusstsein schärfen über die Alltäglichkeit und Allgegenwärtigkeit von Sprache und Schrift (Recognition) – Alltägliche Interaktionsformen zu Lese- und Schreiblernsituationen entdecken und erleben (Interaction, Opportunities) – Für den spielerischen Umgang mit Sprache und Schrift sensibilisieren (Opportunities)	– Bewusstsein schärfen über die Alltäglichkeit und Allgegenwärtigkeit von Sprache und Schrift – Verständnis der Phonem-Graphem-Zuordnung schärfen – Schrift in der Umwelt entdecken

Material der Veranstaltung

- Vorlage: Einladung zur Veranstaltung (Download: ► https://link.springer.com/chapter/10.1007/978-3-658-28343-8_4)
- Vorlage: Veranstaltungsablauf (Download: ► https://link.springer.com/chapter/10.1007/978-3-658-28343-8_4)
- Das Buch: Der Buchstabenbaum von Leo Lionni
- Bewegungsgeschichte: „Das Pferderennen" (Download: ► https://link.springer.com/chapter/10.1007/978-3-658-28343-8_4)
- Kopiervorlage: Aufgabenzettel 1 und 2 (Download: ► https://link.springer.com/chapter/10.1007/978-3-658-28343-8_4, ► Kap. 5)
- Bastelvorlage: kleine Buchstaben- und große Wortblätter aus Papier (Download: ► https://link.springer.com/chapter/10.1007/978-3-658-28343-8_4, ► Kap. 5)
- Äste, Eimer mit Erde (Befestigung auch am Stuhl mit Kreppband möglich)
- ggf. Präsentationsmedium
- ggf. Plüschfigur des Käfers
- Buntstifte, Blättersäckchen

■ **Vorbereitung der Veranstaltung**

Eine Woche vor der Veranstaltung sollten die Einladungen an die LIFE-Familien herausgegeben werden. Die für die Veranstaltung erforderlichen Materialien müssen vorbereitet werden. Es müssen sowohl kleine als auch große Blätter ausgeschnitten werden. Ein Buchstabenbaum muss besorgt werden und wird vor der Veranstaltung aufgestellt (siehe ◘ Abb. 4.4). Für die Veranstaltung werden Gruppentische aufgebaut und für die Begrüßung ein Stuhlkreis um den Buchstabenbaum aufgestellt.

■ **Kurzbeschreibung**

Die Veranstaltung beginnt gemeinsam im Stuhlkreis. In der Mitte des Stuhlkreises befindet sich ein kleiner Baum (möglich ist auch ein Ast mit vielen Zweigen), der fest in einem beschwerten Topf steht. Neben vereinzelten Blättern, die noch am Baum hängen, liegen die meisten Blätter neben dem „Buchstabenbaum" auf dem Boden (siehe ◘ Abb. 4.4). Die Blätter sind aus buntem Tonkarton geschnitten und mit einem Faden versehen, der durch ein kleines Loch gezogen ist. Dieser ermöglicht es, die Blätter an den Baum zu hängen.

4

◘ **Abb. 4.4**   Beispielanordnung des Buchstabenbaums

Zum Einstieg kann zuvor das Buch „Der Buchstabenbaum" von Leo Lionni und der Wortkäfer vorgestellt werden, bevor der erste aktive Teil der Veranstaltung mit der Bewegungsgeschichte „Das Pferderennen" beginnt. Das Bewegungsspiel wird erläutert und während
des Vorlesens durch die anderen Veranstaltungsleiter/-innen mit Bewegungen begleitet.
Im Anschluss an das Pferderennen wird die Bildergeschichte vorgelesen. Diese kann durch
Bilder, die mithilfe eines Präsentationsmediums an die Wand projiziert werden, für die
Kinder und Eltern veranschaulicht werden. Für die anstehenden Aktivitäten ist das Buch
in drei Abschnitte gegliedert. Abschnitt I endet auf Seite 12, Abschnitt II auf Seite 19 und
Abschnitt III geht bis zum Ende der Geschichte.

Nachdem Kinder und Eltern Abschnitt I gehört haben, in dem das Problem – die
Buchstaben der Blätter des Buchstabenbaumes werden aufgrund eines Sturmes fortgeweht – geschildert wird, erhalten sie die Aufgabe, auf Buchstabenschatzsuche zu
gehen. Eltern und Kinder nehmen sich leere kleine Buchstabenblätter und einen Stift
vom Boden und gehen je nach Wetterlage im Schulgebäude oder auf dem Schulgelände
auf Entdeckungsreise. Sie suchen verschiedene Buchstaben in der Umwelt und schreiben auf die eine Seite eines kleinen Buchstabenblattes je einen Buchstaben und auf die
andere Seite das Wort, in dem sie den Buchstaben gefunden haben. Erfahrungsgemäß
sind durchschnittlich zehn Buchstabenblätter je Eltern-Kind-Paar angemessen. Eine
mögliche vertiefende Aufgabe für die Buchstabenschatzsuche ist, besonders viele oder
besonders außergewöhnliche Buchstaben zu finden sind. Auch besondere Orte können
aufgegriffen werden. Im Anschluss an die Buchstabenschatzsuche hängen die Kinder die
mit den Buchstaben beschrifteten Blätter an den Buchstabenbaum. Für die folgende Aufgabe ist es sinnvoll, dass jedes Eltern-Kind-Paar seine Blätter mit einem eigenen Zeichen
kennzeichnet, bevor die Blätter an den Baum gehängt werden. Alternativ können auch

verschiedene Kombinationen aus Tonpapier- und Bändchenfarbe als Erkennungsmerkmal für Eltern-Kind-Paare genutzt werden. Eltern und Kinder reflektieren gemeinsam darüber, an welchem Ort sie die Buchstaben gefunden haben oder welche Buchstaben besonders häufig bzw. selten vorkommen und welche Gründe es dafür geben könnte.

Nun wird Abschnitt II der Geschichte vorgelesen. Der Wortkäfer erklärt den einzelnen Buchstaben, dass sie sich, wenn sie sich zu Wörtern zusammentun, bei Sturm und Wind besser am Baum festhalten können. Die zweite Aufgabe besteht darin, es den Buchstaben in der Geschichte gleich zu tun. Aus den am Baum hängenden Buchstaben werden nun – im Sinne eines Buchstaben-Scrabbles – so viele Wörter wie möglich gebildet. Jedes Kind nimmt sich seine Blätter vom Baum und bildet mit dem Elternteil verschiedene Wörter. Bei fehlenden Buchstaben können sie erneut auf Schatzsuche gehen, Buchstaben untereinander tauschen oder Fantasiewörter entwerfen. Die gebildeten Wörter werden schriftlich auf einem großen Wortblatt aus Tonpapier festgehalten.

Im anschließenden Stuhlkreis werden die entworfenen Wörter vorgestellt. Zum Abschluss wird Abschnitt III der Geschichte vorgelesen, bevor die Veranstaltung mit einem Ausblick auf die nächste Veranstaltung endet (◘ Tab. 4.4).

◘ Tab. 4.4 Veranstaltungsablauf „Buchstaben vom Winde verweht"

	Zeit	Aktivität	Material
	Vorbereitung	In der Mitte des Raumes bzw. Stuhlkreises steht ein Baum/Ast. Um den Baum verteilt liegen ganz viele kleine Blätter (ca. 10 je Eltern-Kind-Paar) auf dem Boden. Die Geschichte „Der Buchstabenbaum" liegt daneben. Kleine Gruppentische mit den großen Blättern versehen/bauen.	Äste Eimer mit Erde Kleine Buchstaben- und große Wortblätter
1	10 Min. Begrüßung und Einführung	Kurze Einführung zu Thema und Ablauf der Veranstaltung Zur Einführung kann zum Beispiel der „Wortkäfer" vorgestellt und mit Kindern und Eltern zusammen gerätselt werden, welche Rolle der Käfer im Laufe der Veranstaltung spielen wird.	Optional Plüschfigur eines Käfers
2	Aufwärmspiel	Zum Aufwärmen wird die Bewegungsgeschichte „Das Pferderennen" vorgelesen.	Pferderennen-Text
3	10 Min. Geschichte Abschnitt I	Abschnitt I der Geschichte „Der Buchstabenbaum" von Leo Lionni wird vorgelesen (bis S. 12, „Als der Sturm vorüber war…"). Die Geschichte kann interaktiv mit den Kindern wiederholt werden. Dies kann auch schon während der Geschichte passieren.	Geschichte ggf. Präsentationsmedium

(Fortsetzung)

4

◘ Tab. 4.4   (Fortsetzung)

	Zeit	Aktivität	Material
4	20 Min. Aufgabe 1 Familienzeit	**Aufgabe 1: Buchstabenschatzsuche** „Jetzt seid ihr an der Reihe: Hier unten seht ihr die heruntergewehten Blätter. Eure Aufgabe ist es nun, sie wieder mit Buchstaben zu füllen. Ihr habt nun 20 Minuten Zeit mit eurer Mama/eurem Papa loszuziehen und Buchstaben zu suchen. Wo kann man zum Beispiel einen Buchstaben finden? Sucht auch an ganz ausgefallen Orten, wie zum Beispiel auf den Toiletten oder hinter dem Schulgebäude. Schreibt dann jeweils einen Buchstaben auf ein Blatt und auf die Rückseite das Wort, in dem der Buchstabe enthalten war. Dabei kann euch eure Mama/eurer Papa helfen. Damit ihr die Blätter nicht auf dem Weg verliert, bekommt ihr von mir je ein Blättersäckchen. Los geht's! Wir treffen uns in 20 Minuten wieder im Stuhlkreis!"	Kleine Buchstabenblätter Buntstifte Blättersäckchen Aufgabenzettel 1
5	10 Min. Reflexion der Ergebnisse 1	Eltern-Kind-Paare können ihre „Buchstabenblätter" mit einem persönlichen Zeichen versehen, damit sie sie für die folgende Aufgabe wiederfinden. Nach und nach hängen alle Kinder ihre beschriebenen „Buchstabenblätter" an den Buchstabenbaum im Klassenzimmer. Eltern und Kinder setzen sich wieder in den Stuhlkreis. Fragen zur Reflexion der gesammelten Blätter: Wo habt ihr eure Buchstaben gefunden? Was war der außergewöhnlichste Ort? Welche Buchstaben kommen besonders oft vor? Welche Buchstaben findet ihr nur sehr selten? Wieso gibt es einige Buchstaben so oft oder einige so selten?	Beschriebene Buchstabenblätter
6	5 Min. Geschichte Abschnitt II	Kurze Wiederholung der Geschichte mit den Kindern zusammen. Abschnitt II der Geschichte wird vorgelesen (bis S. 19) Der Wortkäfer kommt ins Spiel.	Geschichte

(Fortsetzung)

◻ Tab. 4.4 (Fortsetzung)

	Zeit	Aktivität	Material
7	10–15 Min. Aufgabe 2 Familienzeit	Aufgabe 2: Buchstaben-Scrabble „Geht mit euren Eltern an einen der Tische und versucht mit euren Buchstaben, so wie der Wortkäfer in der Geschichte, verschiedene Wörter zu bilden. Nehmt dafür eure Blätter vom Baum mit an die Tische. Die Wörter, die ihr erfindet, können richtige Wörter oder Fantasiewörter sein. Schreibt sie auf die großen Wortblätter, die für euch schon auf den Tischen bereitliegen. Was könnt ihr tun, wenn euch ein Buchstabenblatt fehlt?" – Strategien besprechen. „Wir treffen uns dann mit den großen Wortblätter in ca. 10–15 Minuten im Stuhlkreis wieder."	Große Wortblätter Aufgabenzettel 2 Stifte
8	10 Min. Reflexion der Ergebnisse 2 Geschichte Abschnitt III	Ergebnispräsentation (Kinder und Eltern sitzen wieder zusammen im Stuhlkreis). Reihum wird das Lieblingswort vorgestellt. Die Geschichte wird zu Ende vorgelesen.	Geschichte
9	5 Min. Ausblick und Abschluss	Kinder und Eltern können sowohl kleine als auch große Blätter mit nach Hause nehmen, um die Suche im Haushalt fortzusetzen und das Buchstaben-Scrabble weiter zu spielen. Zum Abschluss können mit Eltern und Kindern Ideen gesammelt werden, wo man im eigenen Haushalt Buchstaben suchen und finden kann. Es wird ein Ausblick auf die nächste Veranstaltung gegeben.	

4.5 Vorlesen und Vorlesen-Lassen

Ziele

Eltern	Kinder
– Vorlese- und Zuhörsituationen erfahren (Models) – Verschiedene Möglichkeiten von Anschlusskommunikation ausprobieren (Interaction) – Handlungsorientierte Möglichkeiten im Zusammenhang mit Vorlesesituationen erproben (Opportunities) – Leseinteressen der Kinder erkunden (Recognition)	– Verschiedene Textsorten kennenlernen – Lesemotivation und Leseinteresse stärken

4

Material der Veranstaltung

- Vorlage: Einladung zur Veranstaltung (Download: ► https://link.springer.com/chapter/10.1007/978-3-658-28343-8_4)
- Vorlage: Veranstaltungsablauf (Download: ► https://link.springer.com/chapter/10.1007/978-3-658-28343-8_4)
- Bewegungsgeschichte: „Hoppel und Poppel" von Andrea Gutwein (2007)
- Kopiervorlage: Moderationsanleitung für die Stationen (Download: ► https://link.springer.com/chapter/10.1007/978-3-658-28343-8_4,Kap. 5)
- Bastelvorlage: Stempelstern (Download: ► https://link.springer.com/chapter/10.1007/978-3-658-28343-8_4, ► Kap. 5)
- Kopiervorlage: Arbeitsblätter für die Stationen (Download: ► https://link.springer.com/chapter/10.1007/978-3-658-28343-8_4)
- Stempel für die einzelnen Lesestationen, Stempelkissen
- Bücher (siehe Stationen), DIN-A4-Blätter, Stifte

■ **Vorbereitung der Veranstaltung**

Eine Woche vor der Veranstaltung sollten die Einladungen an die LIFE-Familien herausgegeben werden. Die für die Veranstaltung erforderlichen Materialien müssen gedruckt werden. Der Stempelstern für die Stationenarbeit muss vorbereitet werden. Vor der Veranstaltung müssen Gruppentische vorbereitet werden.

■ **Kurzbeschreibung**

Die Veranstaltung beginnt gemeinsam mit Kindern und Eltern im Stuhlkreis. Dort wird kurz in das Thema der Veranstaltung eingeführt und erklärt, warum das Vorlesen und Vorlesen-Lassen wichtig für den Lesekompetenzerwerb der Kinder ist. Nach der Erläuterung des Ablaufs startet die Veranstaltung mit der Bewegungsgeschichte „Hoppel und Poppel" von Andrea Gutwein (2007). Diese Mitmachgeschichte wird von einem/-r Veranstaltungsleiter/-in vorgelesen. Im Anschluss an das Aufwärmen werden die Stationen der Veranstaltung vorgestellt. Im Rahmen von fünf verschiedenen (Vor-)Lesestationen (Vorlesetipps, Reime, bunte Lesewelt, Vorlesen mit Bewegung und Fragen beim Vorlesen) können Eltern nicht nur Informatives zum gemeinsamen Lesen erfahren, sondern verschiedene Arten des gemeinsamen Lesens und verschiedene Kommunikationsformen zu unterschiedlichen Textsorten kennenlernen und sofort mit ihrem Kind zusammen ausprobieren.

Die Eltern erkunden die Stationen gemeinsam mit den Kindern. Dafür ist ein Zeitraum von 40 Minuten angesetzt. Für die in diesem Zeitraum bearbeiteten Stationen können Kinder je Station einen Stempel sammeln. Als Stempelkarte dient ein Stern. Dies ermöglicht es, dass jeder Zacken mit einem Stempel gefüllt werden kann. In die Mitte des Sterns kann der Stempel der Lieblingsstation erneut gestempelt werden (siehe Bastelvorlage in der). Der Stern ist voll, wenn Kind und Elternteil jede Station bearbeitet haben. Es geht jedoch nicht darum, Kinder und Eltern unbedingt zu animieren, jede der fünf Stationen zu bearbeiten. Wenn man merkt, dass ein Eltern-Kind-Paar besonders viel Spaß ein einer Station hat, können Sie auch die gesamte Arbeitsphase an einer Station verbringen.

Nach Ende der Arbeitsphase treffen sich alle gemeinsam im Stuhlkreis wieder. Die Kinder können anhand ihrer Stempelkarte erzählen, welche Stationen sie bearbeitet haben und von ihrer Lieblingsstation berichten. Auch Eltern berichten von ihrer Lieblingsstation. Der Abschluss lässt sich variieren, indem die Kinder sich am Ende zu der favorisierten Station stellen. So bilden sich mehrere Grüppchen um die einzelnen Gruppentische. Stichprobenartig können Kinder und Eltern erzählen, was ihnen an der Station am besten gefallen hat. Abschließend wird im Stuhlkreis ein Ausblick auf die nächste Veranstaltung gegeben (◘ Tab. 4.5).

◘ **Tab. 4.5** Veranstaltungsablauf „Vorlesen und Vorlesen-Lassen"

	Zeit	Aktivität	Material
	Vorbereitung	Im Klassenraum werden Gruppentische gestellt. Aufgrund der fünf Stationen bedarf es fünf Gruppentische. Jeder Tisch muss mit einer Station vorbereitet werden. In der Mitte des Klassenraumen wird ein Stuhlkreis gestellt.	Material der fünf Vorlesestationen
1	5 Min. Begrüßung und Einführung	Nach der Begrüßung erfolgt eine kurze Einführung in das Thema: Warum sind das Vorlesen und gemeinsame Lesen wichtig? Was ist das Ziel der heutigen Veranstaltung? Danach wird der Veranstaltungsablauf erläutert.	
2	10 Min. Aufwärmspiel	Zum Aufwärmen wird die Bewegungsgeschichte „Hoppel und Poppel" vorgelesen.	Bewegungsgeschichte „Hoppel und Poppel"
3	10 Min. Vorstellung und Erklärung der Stationenarbeit	Phase 1: Ausprobieren der Stationen Eltern und Kinder können nach freier Wahl alle Stationen nacheinander ausprobieren. An den Stationen, die gleich im Einzelnen genauer vorgestellt werden, liegen jeweils kleine Arbeitsaufträge und Anleitungen. Eltern-Kind-Paare werden durch das Stempelsystem animiert möglichst viele Stationen auszuprobieren. Sie können jedoch auch ausschließlich an einer Station arbeiten. Haben Kinder und Eltern eine Station ausprobiert (egal wie lange), bekommt das Kind einen entsprechenden Stempel in eine Ecke des Sterns. Phase 2: Entscheiden für die Lieblingsstation Nach dem Ausprobieren aller Stationen können Kinder und Eltern sich entscheiden, an welcher Station sie am liebsten gearbeitet haben. Kinder erhalten den entsprechenden Stempel in die Mitte ihres Sterns. Eltern überlegen einfach so, welches ihre Lieblingsstation war.	Moderationsanleitung für die verschiedenen Stationen Stempelstern
4	40–45 Min. Arbeitsphase	Arbeit an den Stationen. Eltern und Kind arbeiten immer zusammen an einer Station.	Material für die Stationen Stempelstern Stempelkissen Bücher, DIN-A4-Blätter, Stifte

(Fortsetzung)

4

	Zeit	Aktivität	Material
5	10–15 Min. Abschluss und Ausblick	Kinder und Eltern treffen sich im Stuhlkreis. Zusammen wird reflektiert, welche Station und welches Buch den Kindern und Eltern am besten gefallen haben. Abschließend wird ein Ausblick auf die nächste Veranstaltung gegeben.	

◻ **Tab. 4.5** (Fortsetzung)

■ **Kurzerläuterung der fünf Stationen**

1. Vorlesen mit Bewegung
   Die Bewegungsgeschichte „Hoppel und Poppel" ist bereits ein Beispiel für das Vorlesen mit Bewegung. Bei Bewegungsgeschichten handelt es sich um Geschichten, die jemanden dazu auffordern, Bewegung nachzumachen. Man muss ganz genau hinhören, um zu verstehen, was man machen soll, oder gemeinsam überlegen, wie man sich passend zur Geschichte bewegt.
   Medien:
   Gutwein, A. (2007). kigatreff. mitmachgeschichten. Norderstedt: Books on Demand GmbH.
   Manz, H. (1983). Das Schnuppernasengesicht. spielen und lernen, Jahrbuch '84. Hrsg. Von der Zeitschrift Spielen und Lernen. Seelze: Velber.

2. Vorlesetipps
   An dieser Station erhalten insbesondere die Eltern hilfreiche Tipps rund um das Vorlesen. Des Weiteren werden hier Fragen und Anregungen diskutiert. Parallel können die Kinder einer vorgelesenen Geschichte zuhören. Es gibt zahlreiche hilfreiche Anregungen in Form von Handouts an dieser Station, die jede Mutter/jeder Vater mit nach Hause nehmen kann.

3. Fragen beim Vorlesen
   An dieser Station finden Eltern und Kinder verschiedene Geschichten zum Vorlesen. Passend zu den Geschichten liegen verschiedene Arbeitsblätter mit möglichen Fragen zur Geschichte bereit, um über den Text hinaus ins Reden zu kommen.
   Medien:
   Blesius, S., & Reider, K. (2015). Herzlichen Glückwunsch Titu. In Tierische Abenteuer (Lizenzausgabe). Leselöwen: Lesestufe 1. Potsdam: Tandem.
   Holzwarth, W., & Erlbruch, W. (2001). Vom kleinen Maulwurf, der wissen wollte, wer ihm auf den Kopf gemacht hat (Miniausg., 10. Aufl.). Wuppertal: Hammer.
   Heine, H. (2003). Der Rennwagen (2. unverän. Aufl.). Weinheim: Beltz & Gelberg.

4. Bunte Lesewelt
   Hier wird es kreativ. Passend zur Geschichte „Seine eigene Farbe" von Leo Lionni können Kinder und Eltern die Hauptfigur, das Chamäleon, auf verschiedene Art gestalten.
   Medien:
   Lionni, L., & Jandl, E. (2017). Seine eigene Farbe (4. Aufl.). Weinheim: Beltz & Gelberg.

5. Reime und Gedichte

An dieser Station liegen Reime, Gedichte und Rätsel aus. Sie sollen animieren zum Weiter- und Selberreimen. Dazu liegen ebenfalls Arbeitsblätter unterschiedlichen Schwierigkeitsgrades an der Station aus.

Medien:

Bydlinski, G. & Holland, C. (2005). Ein Gürteltier mit Hosenträgern. Gedichte und Lieder für Kinder und ihre Erwachsenen. Wien: Dachs.

Gelberg, H.-J. (Hrsg.). (2011). Überall und neben dir. Gedichte für Kinder und Erwachsene (Gulliver, Bd. 1225, 2. [Nachdr.]). Weinheim: Beltz & Gelberg.

Maar, P. (2012). Da bin ich gespannt wie ein Gummiband: Die samsigsten Sprüche vom Sams. Hamburg: Oetinger.

Maar, P., & Krause, U. (2010). Jaguar und Neinguar: Gedichte ([Nachdr.]). Hamburg: Oetinger.

4.6 Hannes ohne Brille

Ziele

Eltern	Kinder
– Die Vorbildfunktion der Eltern stärken im Rahmen der Erstellung der Sinneskisten (Model) – Das Potenzial der Umwelt (am Beispiel des Waldes) für den Lesekompetenzerwerb entdecken (Opportunities)	– Den wald- und sinnesbezogenen Wortschatz erweitern – Textverständnis durch Verknüpfung mit Vorwissen fördern

Material der Veranstaltung

- Vorlage: Einladung zur Veranstaltung (Download: ▶ https://link.springer.com/chapter/10.1007/978-3-658-28343-8_4)
- Vorlage: Veranstaltungsablauf (Download: ▶ https://link.springer.com/chapter/10.1007/978-3-658-28343-8_4)
- Buch: „Hannes ohne Brille" pro Eltern-Kind-Paar (Download: ▶ https://link.springer.com/chapter/10.1007/978-3-658-28343-8_4)
- Kopiervorlage: Tierkarten (Download: ▶ https://link.springer.com/chapter/10.1007/978-3-658-28343-8_4, ▶ Kap. 5)
- Kopiervorlage: Sinneskarten (Download: ▶ https://link.springer.com/chapter/10.1007/978-3-658-28343-8_4, ▶ Kap. 5)
- Kopiervorlage: Aufgaben (Download: ▶ https://link.springer.com/chapter/10.1007/978-3-658-28343-8_4, ▶ Kap. 5)
- Material für Sinnesboxen: Waldmaterial, ggf. Kräuter, Nüsse, getrocknete Beeren

■ **Vorbereitung der Veranstaltung**

Eine Woche vor der Veranstaltung sollten die Einladungen an die LIFE-Familien herausgegeben werden. Die für die Veranstaltung erforderlichen Materialien müssen gedruckt und Nüsse, Kräuter und getrocknete Früchte (Cranberries, Rosinen) gekauft werden. Vor der Veranstaltung müssen Gruppentische vorbereitet werden.

4

■ **Kurzbeschreibung**

Die Veranstaltung beginnt im gemeinsamen Stuhlkreis. Nach der Begrüßung wird das Thema der Veranstaltung und der Ablauf kurz vorgestellt. Anschließend wird die Geschichte „Hannes ohne Brille" vorgelesen. Hannes ist ein Maulwurf, der ohne seine Brille nicht viel sehen kann. An einem bestimmten Tag in der Waldschule hat er seine Brille vergessen und ist somit auf Beschreibungen des Waldes von seinen Klassenkameraden/-innen – weiteren Waldtieren – angewiesen. Verschiedene Tiere berichten ihm je auf einer Seite des Buches über die Beschaffenheit des Waldes. Dies geschieht je aus der Perspektive eines bestimmten Sinnes. So beschreibt z. B. die Maus, welche sich ausgezeichnet auf dem Waldboden auskennt, wie sich der Wald anfühlt. Der Hase, der mit seinen großen Ohren besonders gut hören kann, erklärt demgemäß, wie sich der Wald anhört, wenn ein Mensch hindurchstapft. Im Anschluss an das Vorlesen wird die Geschichte anhand von Fragen mit passenden Bildkarten nacherzählt. Die Eltern und Kinder erhalten nun die Aufgabenstellung. Jedes Eltern-Kind-Paar erhält den Auftrag eine „Sinnes-Box" zu gestalten. Entsprechend der in der Geschichte angesprochenen Sinne sollen sie eine Box gestalten, die einen dieser Sinne anspricht. Ob sie sich für das Schmecken, Riechen, Hören oder Tasten entscheiden, bleibt dabei jedem Eltern-Kind-Paar selbst überlassen. Die Eltern-Kind-Paare erhalten jeweils eine Box und ihr ausgewähltes Sinnessymbol. Gemeinsam können sie auf dem Schulgelände nun nach Gegenständen suchen, die ihr ausgewähltes Sinnesorgan ansprechen. Da essbare Gegenstände schwer zu finden sind, sollte für Nüsse, Beeren oder Ähnliches vorgesorgt werden. Nach Fertigstellung der Boxen finden sich alle wieder im Stuhlkreis zusammen. Die Geschichte wird erneut vorgelesen und die Kinder dürfen ihre Sinnes-Boxen passend zur Geschichte herumreichen, um so live zu erleben, welche Geräusche im Wald vorkommen, wie sich der Waldboden anfühlt usw. Zum Abschluss wird ein Ausblick auf die nächste Veranstaltung gegeben (◖ Tab. 4.6).

◖ **Tab. 4.6** Veranstaltungsablauf „Hannes ohne Brille"

	Zeit	Aktivität	Material
	Vorbereitung	Ein Stuhlkreis zum Vorlesen der Geschichte muss zusammengestellt werden. Das Material für die Sinnes-Boxen kann schon auf den Tisch verteilt werden. Als Tischanordnung eignen sich am besten Gruppentische.	Sinnes-Boxen-Material
1	5–10 Min. Begrüßung	Nach einer kurzen Begrüßung wird das Thema und der Ablauf der Veranstaltung vorgestellt.	
2	15 Min. Geschichte vorlesen	Die Geschichte „Hannes ohne Brille" wird vorgelesen. Danach wird die Geschichte anhand von Fragen und passenden Bildkarten noch einmal aufbereitet. Besonderer Bezug soll dabei auf die verschiedenen Sinne, die in der Geschichte eine Bedeutung haben, genommen werden.	Geschichte Jedes Eltern-Kind-Paar bekommt ein Druckexemplar von „Hannes ohne Brille"

(Fortsetzung)

◘ Tab. 4.6 (Fortsetzung)

	Zeit	Aktivität	Material
3	5–10 Min. Erläuterung der Aufgabe	Der/die Veranstaltungsleiter/-in stellt die Aufgabe vor. Jedes Eltern-Kind-Paar darf sich aussuchen, zu welchem der Sinne aus der Geschichte es eine Sinnes-Box zusammenstellen möchte. Dafür erhält jedes Eltern-Kind-Paar ein passendes Aufgabenblatt mit dem passenden Sinnessymbol. Eltern und Kinder sollen sich ihren Teil der Geschichte noch einmal in Ruhe durchlesen. Danach gehen sie im Schulgebäude oder auf dem Schulgelände auf Entdeckungsreise und sammeln Material für ihre Sinnes-Box.	Aufgabenblätter entsprechend der Sinne
4	30–40 Min. Arbeitsphase	Ein Hilfe-Tisch mit Waldmaterialien und ein Basteltisch, auf dem die leeren Sinnes-Boxen und weitere Bastelmaterialien liegen, wird von den Veranstaltungsleitern/-innen vorbereitet. Eltern-Kind-Paare bedienen sich am Material oder suchen draußen selbst nach Material für ihre Sinnes-Boxen.	Bastelmaterial Waldmaterial Sinnes-Boxen
5	15 Min. Reflexion, Abschluss und Ausblick	Die Geschichte wird noch einmal vorgelesen. Die Sinnes-Boxen der Eltern und Kinder werden passend zur Geschichte herumgereicht und ausprobiert. Es wird zugehört, gefühlt, angesehen, geschmeckt, u.v.m.	Für den Geschmackssinn können Kräuter, Nüsse oder getrocknete Beeren mitgebracht werden.

4.7 Aus Wörtern werden Sätze

Ziele

Eltern	Kinder
– Das materialgestützte Spielen mit Sprache als neue Interaktionsform und Anschlusskommunikation an das Bilderbuch „Pezzetino" erproben (Interaction, Opportunities) – Fähigkeiten und Vorgehensweisen beim Lesen und Schreiben des Kindes beobachten und einordnen (Recognition) – Unterstützung bei Schwierigkeiten in der Satzproduktion und Verschriftlichung anbieten (Model)	– Den Satz inhaltlich und grammatisch auf einer handlungsorientierten Ebene erfahren und so Grammatikverständnis entwickeln – Im Kontext der Geschichte „Pezzetino" sinnvolle und sinnlose Beispiele für Sätze finden – Textverständnis durch Verknüpfung mit Vorwissen fördern

4

Material der Veranstaltung
- Vorlage: Einladung zur Veranstaltung (Download: ► https://link.springer.com/chapter/10.1007/978-3-658-28343-8_4)
- Vorlage: Veranstaltungsablauf (Download: ► https://link.springer.com/chapter/10.1007/978-3-658-28343-8_4)
- Das Buch „Pezzetino" von Leo Lionni
- Spielanleitung: „Ein Stückchen erraten" (Download: ► https://link.springer.com/chapter/10.1007/978-3-658-28343-8_4, ► Kap. 5)
- Kopiervorlage: Aufgabenblätter für Eltern-Kind-Aktivität (Download: ► https://link.springer.com/chapter/10.1007/978-3-658-28343-8_4, ► Kap. 5)
- Kopiervorlage: Nomen-Würfel (Download: ► https://link.springer.com/chapter/10.1007/978-3-658-28343-8_4, ► Kap. 5)
- Kopiervorlage: Verben-Würfel (Download: ► https://link.springer.com/chapter/10.1007/978-3-658-28343-8_4, ► Kap. 5)
- Kopiervorlage: leere Würfelnetze (Download: ► https://link.springer.com/chapter/10.1007/978-3-658-28343-8_4, ► Kap. 5)
- ggf. Präsentationsmedium mit Powerpoint-Datei des Buches
- 9 weiße DIN-A4 Blätter
- Scheren, Stifte, Klebstoff

■ **Vorbereitung der Veranstaltung**

Eine Woche vor der Veranstaltung sollten die Einladungen an die LIFE-Familien herausgegeben werden. Die für die Veranstaltung erforderlichen Materialien müssen gedruckt werden. Die Verben- und Nomen-Würfel-Vorlagen sollten optimaler Weise auf verschieden farbigem Papier gedruckt werden, um sie besser auseinander halten zu können. Vor der Veranstaltung müssen Gruppentische vorbereitet werden.

■ **Kurzbeschreibung**

Der Beginn der Veranstaltung findet im Stuhlkreis statt. Dort wird den Eltern und Kindern ein Einblick in das Thema „Aus Wörtern werden Sätze" und in den Verlauf der Veranstaltung gegeben. Zum Einstieg wird gemeinsam mit den Kindern das Aufwärmspiel „Ein Stückchen erraten" gespielt. Ein freiwilliges Kind verlässt gemeinsam mit einem/-r Spielleiter/-in den Raum, während sich alle anderen im Raum um ein vorbereitetes Quadrat sammeln. Dieses Quadrat besteht aus neun kleinen Quadraten (neun DIN-A4-Blätter). Die Kinder und Eltern im Klassenraum suchen sich gemeinsam eines dieser Quadrate aus, welches das draußen wartende Kind erraten muss. Außerhalb des Klassenraums wird dem Kind der Spieltrick erklärt.

Sobald die Kinder sich für ein Quadrat entschieden haben, kommt das Kind zurück in den Klassenraum. Der/Die Spielleiter/-in, welcher sich die ganze Zeit im Raum befunden hat, zeigt nun auf mögliche Quadrate und fragt: „Ist das das ausgesuchte Quadrat?". Die Art des Zeigens auf die Quadrate ist dabei der Hinweis für das ratende Kind. Der/Die Spielleiter/-in zeigt auf der Quadratfläche immer an die Stelle, an der sich das von den Kindern und Eltern ausgewählte Quadrat befindet. Haben sich die Kinder und Eltern beispielsweise das Quadrat links unten ausgesucht, zeigt der/die Spielleiter/-in bei jedem Quadrat immer auf die untere linke Ecke. Anhand dieses Spieltricks ist es dem Kind möglich, das ausgewählte Quadrat zu erraten, ohne bei der Besprechung vorher im Raum gewesen zu sein (eine detaillierte Anleitung findet sich in ▶ Abschn. 5.7).

Im Anschluss an das Spiel wird die Geschichte „Pezzettino" von Leo Lionni vorgelesen. Es bietet sich an, Bilder der Geschichte mithilfe eines Präsentationsmediums an die Wand zu projizieren. „Pezzettino" ist italienisch und heißt ‚Stückchen'. So beginnt die Bilderbuchgeschichte. Pezzettino, die Hauptfigur der Geschichte, begibt sich auf die Suche nach „irgendetwas", denn es denkt, dass es Teil von etwas Größerem ist. Auf seiner Suche begegnet es vielen verschiedenen und ungewöhnlichen Gestalten, wie beispielsweise „De[m], der rennt" (S. 7) oder „Dem, der nachdenkt und in einer Höhle wohnt" (S. 16). Leider muss jede Gestalt Pezzettino mitteilen, dass es kein Stück von ihr ist. Daraufhin begibt sich Pezzettino auf eine Insel, um nachzudenken. Auf der Insel bemerkt es nach einem kleinen Unfall, dass es selbst aus vielen kleineren Stückchen besteht und kehrt mit dieser Erkenntnis zu seinen Freunden zurück.

Die Geschichte kann anhand eines Vorleseskripts, projizierter Bilder und drei verschiedener Leser/-innen vorgelesen werden. Ein/-e Leser/-in übernimmt die Rolle des Erzählers, eine/-r die des Pezzettino und eine/-r die der Freunde. Die Erzählerstimme übernimmt zudem die begleitenden Fragen zum Text. In der Geschichte wird die Metapher „Stückchen von etwas" aufgenommen, welche im folgenden Veranstaltungspunkt aufgegriffen wird.

Die zentrale Aufgabe für die Eltern-Kind-Paare besteht nach dem Vorlesen und Diskutieren der Metapher in der Geschichte darin, sich selbst „Satzstückchen" zu bauen. Dazu liegt für Kinder und Eltern Material vor. Sie können zwei verschiedene dreidimensionale Würfel basteln, die sich in ihrer Farbe unterschieden. Auf den Seiten der Würfel finden sie die einzelnen Gestalten der Geschichte wieder. Würfel 1 enthält auf jeder Seite den Namen einer Gestalt, die Pezzettino auf seiner Suche kennenlernt. Würfel 2 ist auf jeder Seite mit einem entsprechenden Verb, welches die Handlung der Gestalten beschreibt, beschriftet. Um die beiden Würfel besser voneinander unterscheiden zu können, bietet es sich an, sie auf verschieden farbiges Papier zu drucken. Eingeleitet werden kann die Bastelphase mit einem vorgefertigten Beispiel. Zwei Kinder nehmen sich jeweils einen Würfel und lesen abwechselnd die Würfelseiten vor. Gemeinsam wird so ein Bezug zur Geschichte hergestellt und bereits jetzt verdeutlicht, was ein „Ganzes" (ein Satz) ist. Im Anschluss an das Basteln werden Sätze gewürfelt und auf ein größeres „Stückchen" (quadratisches Blatt oder DIN-A4-Blatt) geschrieben, welches anschließend an die Tafel gehängt wird.

Zum Abschluss finden sich alle im Stuhlkreis ein. Bevor die Veranstaltung mit einem Ausblick auf die nächste Veranstaltung beendet wird, können die Kinder ihre Ergebnisse präsentieren. In der Gruppe dürfen sie ihre Sätze vorlesen und gemeinsam diskutieren, welche der Sätze so in der Bildergeschichte wieder zu finden sind und welche nicht mit der Geschichte übereinstimmen (◘ Tab. 4.7).

4

☐ Tab. 4.7   Veranstaltungsablauf „Aus Wörtern werden Sätze"

	Zeit	Aktivität	Material
	Vor-bereitung	Material auf den Tischen verteilen. Stuhlkreis in der Mitte des Klassenraumes stellen.	Siehe Phase 4
1	5 Min. Begrüßung	Eltern und Kinder werden begrüßt. Es wird das Thema und damit auch der rote Faden der Veranstaltung vorgestellt: „Wir werden uns ganz viel mit Stückchen beschäftigen. Aus Wörter werden Sätze ist das Thema der heutigen Veranstaltung. Sätze bestehen aus Stückchen, das heißt, die Stückchen sind die Wörter. Stückchen sind unser roter Faden heute. Ihr werdet sie im Aufwärmspiel, in einer Geschichte über Pezzetino und in der anschließenden Aufgabe wiederfinden."	
2	15–20 Min. Aufwärm-spiel	Aufwärmspiel: „Ein Stückchen erraten" Die Stückchen des Gesamtbildes dienen als Metapher der Veranstaltung. Es liegen neun DIN-A4-Blätter auf dem Boden (siehe Spielanleitung in ▶ Abschn. 5.7 und als Download). Eine freiwillige Person geht mit dem/der Spielleiter/-in nach draußen. Dort wird ihr der Spieltrick erklärt. Alle anderen suchen sich im Klassenraum ein DIN-A4-Blatt aus den neun auf dem Boden liegenden Blättern aus. Ziel ist es, dass die Person draußen das ausgesuchte DIN-A4-Blatt errät. Der/die Spielleiter/-in geht nun wieder in den Raum und fragt, welches DIN-A4-Blatt ausgesucht wurde. Danach holt sie die freiwillige Person in den Raum und fragt sie nach und nach: „Ist das das ausgesuchte Blatt?" Dabei zeigt sie auf eine bestimmte Ecke des Blattes, die als Hinweis darauf dient, welches Blatt tatsächlich ausgesucht wurde.	9 DIN-A4-Blätter 1 Vorzeigeblatt für Drau-ßen, in dem die neun Qua-drate eingezeichnet sind Spielanleitung: „Ein Stück-chen erraten"
3	10–15 Min. Geschichte vorlesen	Die Geschichte „Pezzettino" wird vor-gelesen. Die Geschichte kann mit den Kindern und Eltern nacherzählt werden Genauso wie das Aufwärmspiel nimmt auch die Geschichte die Metapher des Stückchens auf. Diesen Zusammenhang zu erkennen, sollte Ziel des Nacherzählens sein.	Geschichte ggf. Präsentationsmedium

(Fortsetzung)

◻ **Tab. 4.7** (Fortsetzung)

	Zeit	Aktivität	Material
4	30 Min. Erläuterung der Aufgabe und Arbeitsphase	Aufgabeneinleitung mit Hilfe von zwei vorgefertigten Würfeln: Den Kindern wird anhand der zwei Würfel angedeutet, was ein „Ganzes" ist (ein Satz). Auf dem Boden zerfällt der Satz in seine beiden „Stückchen" (Namenwort, Tuwort; Nomen und Verb).	Aufgabengabenblätter Verben- und Nomen-Würfel-Vordrucke Leere Würfelvordrucke
		Kinder können so Verbindungen zu „Pezzettino" herstellen.	Scheren Stifte Klebstoff
		Nun wird gezeigt, welche weiteren Sätze gebildet werden können. Die Kinder lesen abwechselnd die Würfelseiten vor. Es wird des Weiteren Bezug zur Geschichte hergestellt. Wer ist der Bergsteiger? Das Stückchen, etc.? Aufgabe: Würfel basteln Eltern und Kinder bekommen nun das Bastelmaterial. Erst werden die Würfel gebastelt und dann werden Sätze gewürfelt und auf die DIN-A4-Blätter „große Stückchen" geschrieben. Die „großen Stückchen" werden an die Tafel gehängt. Pro „Stückchen" ein Satz. Experten-/-innenaufgabe: Wenn Kinder schnell fertig sind, erhalten sie die Aufgabe, mit den Eltern zusammen an die Tafel zu gehen, alle Sätze nochmals zu lesen und herauszufinden, welche Sätze schon doppelt an der Tafel stehen. Sie können die Sätze an der Tafel auch ordnen. Weitere Experten-/-innenaufgaben: Eltern und Kinder können sich des Weiteren einen leeren Würfel erstellen und mit eigenen Verben/Nomen beschriften (Beispiele: Tiere, Familienmitglieder, Freunde). Eltern und Kinder können außerdem die bereits geschriebenen Sätze inhaltlich ergänzen (z. B.: Der Läufer stolpert… über den Baumstamm).	Kreppband DIN-A4-Blätter
		Falls die Aufgabe für einige Kinder zu anspruchsvoll ist, bietet es sich an, dass Eltern und Kinder die Figuren in der Geschichte mit kleinen bunten Quadraten nachlegen.	Kleine bunte zurechtgeschnittene Quadrate

(Fortsetzung)

4

❏ Tab. 4.7   (Fortsetzung)

	Zeit	Aktivität	Material
5	15–20 Min. Reflexion und Ergebnissicherung	Alle Eltern und Kinder kommen wieder nach vorne in den Stuhlkreis. Ein ausgewähltes großes „Stückchen" bringen die Kinder mit in den Stuhlkreis. Sie nehmen es gegebenenfalls wieder von der Tafel herunter. Jedes Kind darf einen seiner gewürfelten Sätze (große Stückchen) vorlesen. Alle „großen Stückchen" an der Tafel können reflektiert werden: Wie häufig findet ihr denselben Satz? Findet ihr einen Satz, der nicht in die Geschichte passt? Wenn ja, welchen? Welchen Satz an der Tafel mögt ihr besonders gerne, findet ihr besonders witzig? Warum? So kann Bezug zwischen den Sätzen der Kinder und dem Inhalt der Geschichte hergestellt werden	
6	5 Min. Abschluss und Ausblick	Es wird ein Ausblick auf die nächste Veranstaltung gegeben.	

4.8 Malwida: Die Königin der Farben

Ziele

Eltern	Kinder
– Für Lernfortschritte der Kinder sensibilisieren mit besonderem Bezug auf Fantasie und Selbstvertrauen (Recognition) – Standbilder oder kleines Theaterspiel als Interaktionsform gemeinsam erleben (Interaction, Opportunities, Models)	– Textverständnis fördern und den Wortschatz erweitern im Bereich Gefühle, Eigenschaften und Farben – Ideen zur Darstellung einer Farbe beitragen und in eine darstellende Präsentation einbringen

Material der Veranstaltung
- Vorlage: Einladung zur Veranstaltung (Download: ▸ https://link.springer.com/chapter/10.1007/978-3-658-28343-8_4)
- Vorlage: Veranstaltungsablauf (Download: ▸ https://link.springer.com/chapter/10.1007/978-3-658-28343-8_4)
- Das Buch: „Die Königin der Farben" von Jutta Bauer
- Farbsäcke (blau, rot, gelb, grau)

— Liste möglicher realer oder abgebildeter Gegenstände (Download: ▶ https://link. springer.com/chapter/10.1007/978-3-658-28343-8_4, ▶ Kap. 5)
— Klebstoff, Stifte

■ **Vorbereitung der Veranstaltung**

Eine Woche vor der Veranstaltung sollten die Einladungen an die LIFE-Familien herausgegeben werden. Die für die Veranstaltung benötigten Materialien müssen gedruckt und die Malwida-Plakate sowie das Malwida-Puzzle müssen vorbereitet werden. Als Druckvorlage für die Puzzle und Plakate kann die letzte Seite der Bildergeschichte „Für eigene Versuche" genommen werden. Vor der Veranstaltung müssen Gruppentische vorbereitet werden.

■ **Kurzbeschreibung**

Zu Veranstaltungsbeginn werden Eltern und Kinder in einem gemeinsamen Stuhlkreis in das Thema eingeführt und ein kurzer Überblick über den Verlauf der Veranstaltung gegeben. Die Veranstaltung „Malwida: Die Königin der Farben" basiert auf dem gleichnamigen Bilderbuch „Die Königin der Farben" von Jutta Bauer. Zum Einstieg in die Veranstaltung puzzeln Kinder mit ihren Eltern gemeinsam ein Malwida-Puzzle. Das Puzzle besteht aus einer Kopie der Malwida-Figur, die zuvor puzzleartig auseinandergeschnitten wird. Der spielerische Einstieg ermöglicht ein erstes Kennenlernen der Hauptfigur des Buches. Malwida-Puzzle können in verschiedenen Schwierigkeitsstufen erstellt werden, sodass Eltern-Kind-Paare auswählen können, ob sie bspw. ein leichtes, mittelschweres oder kompliziertes Puzzle spielen. Im Anschluss wird das Puzzle auf ein ausgeteiltes großes Plakat oder Flipchart geklebt, welches im späteren Verlauf der Veranstaltung weitergenutzt wird. Als Grundlage für das Plakat kann die letzte Seite des Bilderbuches „Für eigene Versuche" genutzt werden.

Anschließend wird die Geschichte „Die Königin der Farben" vorgelesen. Die Akteurin der Bilderbuchgeschichte, Malwida, ist die Königin der Farben. Nacheinander ruft sie in der Geschichte ihre Untertanen, die Farben, zu sich. Erst kommt das Blau, dann das Rot, gefolgt von dem Gelb, bis sich abschließend alle drei Farben zu einem Grau vermischen. Alle von Malwida herbei gerufenen Farben sind verbunden mit bestimmten Emotionen und Eigenschaften. So ist zum Beispiel das Blau sanft und mild, das Rot hingegen wild und gefährlich. Während des Lesens werden die Kinder interaktiv in die Geschichte eingebunden. Sie helfen Malwida beim Rufen der Farben und überlegen immer wieder gemeinsam mit dem/der Veranstaltungsleiter/-in, was sie mit der Farbe verbinden könnten oder welchen Verlauf die Geschichte nehmen könnte.

Mit dem Vorlesen der Geschichte werden passend zum Inhalt vier große Säcke (blau, rot, gelb und grau) in die Mitte des Stuhlkreises gelegt. In den Säcken befinden sich den Farben entsprechende Wort- oder Bildkarten und Gegenstände. Eine Liste möglicher realer oder abgebildeter Gegenständekarten für die entsprechenden Farben befindet sich im Downloadbereich. Jedes Eltern-Kind-Paar ordnet sich einem der Farbsäcke zu. Die nun folgende Aufgabe besteht darin, dass sich die einzelnen Gruppen ein Standbild, eine Bewegung oder ein Minitheaterstück (dies ist je nach Gruppe, Lust und Leistung zu variieren) passend zu ihrer Farbe überlegen sollen. Die Inhalte der Säcke dienen den Gruppen als Ideen für ihr Standbild, ihre Bewegung bzw. ihr Minitheaterstück oder als Requisite. Zur Erläuterung dieser Aufgabe ist es möglich, ein Standbild anhand der Farbe Grün (die nicht im Buch vorkommt) gemeinsam im Plenum zu erarbeiten. Durch gemeinsames Besprechen von Fragen, welche Eigenschaften die Farbe beispielsweise hat oder wie man dies darstellen könnte, erarbeiten Kinder und Eltern so eine konkrete Vorstellung ihrer Aufgabe.

Nach dem Vorstellen der Standbilder/Bewegungen/Minitheaterstücke und der Diskussion über die einzelnen Farben und ihren Eigenschaften, wie sie in der Geschichte beschrieben werden, aber darüber hinaus auch im Alltag und unserer Umgebung zu finden sind, können Eltern-Kind-Paare nun ihr eigenes Malwida-Kunstwerk erstellen. Als Grundlage für das Kunstwerk dient das zu Beginn der Veranstaltung auf dem Plakat geklebte Malwida-Puzzle und die Farben der Geschichte. Kinder und Eltern können die Plakate zu Hause fertig stellen. In der darauffolgenden Veranstaltung oder in der Abschlussveranstaltung eines LIFE-Jahrganges kann eine Ausstellung der Malwida-Plakate organisiert werden (siehe dafür ein Beispiel in der Kurzbeschreibung der Veranstaltung „Rezepte aus alles Welt").

Zum Abschluss der Veranstaltung treffen sich alle im Stuhlkreis wieder, in dem ein Ausblick auf die nächste Veranstaltung gegeben wird (◘ Tab. 4.8).

◘ **Tab. 4.8**   Veranstaltungsablauf „Malwida: Die Königin der Farben"

	Zeit	Aktivität	Material
	Vorbereitung	Einen Stuhlkreis zum Vorlesen der Geschichte aufbauen und die Farbsäcke vorbereiten. Auf Gruppentischen Malwida-Plakate, Buntstifte und Klebstoff verteilen.	Farbsäcke Buntstifte Klebstoff Schloss-Plakate (z. B. Flipchart-bögen)
1	5 Min. Begrüßung	Das Thema der Veranstaltung wird erläutert und ein kurzer Überblick gegeben, was heute passiert. Die Aufgabenstellung wird vorgestellt.	Malwida-Puzzle
2	15 Min. Arbeitsphase 1	Arbeitsphase 1 Durch die erste Aufgabe erfolgt ein Einstieg in das Thema der Veranstaltung und ein spielerisches Kennenlernen von Malwida. Kinder und Eltern können sich ein Malwida-Puzzle auswählen. Dabei können sie zwischen leichten, mittelschweren und sehr schweren Puzzeln auswählen. „Geht nun zu eurem Tisch und puzzelt das Puzzle. Wenn ihr fertig seid, könnt ihr es auf dieses Plakat (Plakat hochhalten) kleben. Dies ist Grundlage für unsere weitere Arbeit. Ihr habt dafür ca. 15 Minuten Zeit!"	Malwida-Puzzle Schloss-Plakat Klebstoff

(Fortsetzung)

⬛ Tab. 4.8 (Fortsetzung)

	Zeit	Aktivität	Material
3	10 Min. Geschichte vorlesen	Die Geschichte „Die Königin der Farben" von Jutta Bauer wird vorgelesen. Sie kann mit drei Leser-stimmen vorgelesen werden: Vorleser/-in, Malwida, Berater/-in. Wenn eine neue Farbe in der Geschichte ein-geführt wird, kann folgendes Erzählritual durch-laufen werden: „Malwida ruft im Buch gleich die Farben. Wollt ihr Malwida helfen?" Malwida ruft die Farbe in der Geschichte. Der Berater hakt ein: „Moment, wisst ihr, was kommt? Wie stellt ihr euch die Farbe vor? Welche Eigenschaften hat sie? Wie fühlt sich die Farbe an? Was macht die Farbe so?" „Sollen wir nun die Farbe noch einmal gemeinsam rufen?" Die Königin ruft mit den Kindern die Farbe. Während die Geschichte vorgelesen wird, werden auf den Tischen oder in der Mitte des Stuhlkreises vier bunte große Säcke (blau, rot, gelb, grau) verteilt, in denen sich Assoziationen zu den ver-schiedenen Farben befinden. Frage an alle: „Könnt ihr euch vorstellen, was sich in den Säcken befindet?" Aufgabenerläuterung: „Eure Aufgabe ist es, ein Standbild (eine Bewegung oder ein Minitheater-stück) zu eurer Farbe zu erstellen." Hinführung zur Aufgabenstellung: „Wir erklären euch ein Standbild beispielhaft an der Farbe Grün Wie stellt ihr euch die Farbe Grün vor? Welche Eigenschaften hat Sie? Was fällt euch ein, was kennt ihr, was grün ist?" Wie kann die Farbe Grün dargestellt werden? Das Standbild zu der Farbe Grün wird gemeinsam im Plenum entwickelt.	Geschichte Farbsäcke (inkl. Inhalt)
4	20 Min. Arbeitsphase 2	Arbeitsphase 2 Erklärung der Aufgabenstellung: „Ihr könnt euch gleich einer Farbe zuordnen. Erstellt ein Standbild (eine Bewegung oder ein Minitheaterstück) zu eurer Farbe. Wie ist eure Farbe? Wofür ist eure Farbe typisch? Ihr könnt die Requisiten und Ideen in den Säcken verwenden, wenn ihr möchtet." Kinder und Eltern bearbeiten Aufgabe 2. Sie können die Aufgabe entweder mit anderen Eltern-Kind-Paaren in Gruppen bearbeiten und zu zweit arbeiten.	s. o.
5	10 Min. Reflexion und Ergebnisdar-stellung	Alle Gruppen stellen nacheinander das Ergebnis aus Arbeitsphase 2 vor. Das Plenum interpretiert die Darstellung. Die Gruppe erklärt bei Bedarf selbst.	

(Fortsetzung)

4

❏ Tab. 4.8 (Fortsetzung)

	Zeit	Aktivität	Material
6	20–25 Min. Arbeitsphase 3	Arbeitsphase 3 „Nun wisst ihr alle, was sich in den Säcken befindet und was es mit den Farben auf sich hat. Nehmt nun euer Malwida-Plakat. Ihr könnt es so gestalten, wie ihr wollt. Ob ganz bunt oder einfarbig ist egal. Ihr habt dazu jedoch nur die Farben zur Verfügung, die in der Geschichte vorkommen. In der nächsten Veranstaltung wird es eine Ausstellung geben. Dazu braucht ihr noch einen Titel für euer Bild. Überlegt ihn euch zusammen mit eurer Mutter/ eurem Vater und schreibt ihn mit eurem Namen auf das Bild."	Buntstifte
7	5 Min. Abschluss und Ausblick	Hinweis auf die abschließende Ausstellung mit offenem Ende. Malwida-Plakate können mitgenommen und zu Hause fertig gestellt werden. Wichtig: Malwida-Plakate sollen bei der nächsten Veranstaltung mitgebracht werden! Ausblick auf die nächste Veranstaltung geben.	

4.9 Rezepte aus aller Welt

Ziele

Eltern	Kinder
– Potenzial und Vielfalt der Alltäglichkeit von Sprache und Schrift entdecken am Beispiel der Nutzung von Rezepten für die Erstellung der mitgebrachten Speisen und des gemeinsamen Produkts „Das LIFE-Rezeptbuch" (Opportunities) – Potenziell – falls die Veranstaltung mit der Malwida-Veranstaltung verknüpft wird – Würdigung der Arbeitsergebnisse der Kinder (Recognition) – Für Lernfortschritte der Kinder sensibilisieren mit besonderem Bezug auf Lese- und Schreibkompetenzen (Recognition) – Über die Gestaltung des Rezepts gemeinsam verhandeln (Interaction) – Verantwortlichkeiten für die Erstellung des Produkts „Rezept" aushandeln und überwachen (Interaction)	– Textverständnis fördern – Kenntnisse über Textformen vertiefen – Bewusstsein für die praktische Relevanz des Lesens und Schreibens erweitern – Potenziell – falls die Veranstaltung mit der Malwida-Veranstaltung verknüpft wird: Adressatenbezogene Rückmeldungen schreiben und so Handlungsbezug der Schrift erfahren

Material der Veranstaltung
▬ Vorlage: Einladung zur Veranstaltung (Download: ▶ https://link.springer.com/chapter/10.1007/978-3-658-28343-8_4)

- Vorlage: Veranstaltungsablauf (Download: ► https://link.springer.com/chapter/10.1007/978-3-658-28343-8_4)
- Kopiervorlage: Deckblatt Familienrezepte-Buch (Download: ► https://link.springer.com/chapter/10.1007/978-3-658-28343-8_4, ► Kap. 5)
- Kopiervorlage: Familienrezept (Download: ► https://link.springer.com/chapter/10.1007/978-3-658-28343-8_4, ► Kap. 5)
- Beispiel: Familienrezepte-Buch (Download: ► https://link.springer.com/chapter/10.1007/978-3-658-28343-8_4)
- ggf.: Kreppband oder Magnete zum Anbringen der Malwida-Plakate, Klebezettel
- Schilder für Buffetbeschriftung
- Stifte

- **Vorbereitung der Veranstaltung**

Eine Woche vor der Veranstaltung sollten die Einladungen an die LIFE-Familien herausgegeben werden. Die für die Veranstaltung erforderlichen Materialien müssen gedruckt werden. Vor der Veranstaltung werden Gruppentische und ein Buffet vorbereitet. Falls die Malwida-Plakate aus der Malwida-Veranstaltung eingebunden und ausgestellt werden sollen, sollte an das Mitbringen in der Einladung erinnert werden. Falls nicht, muss der entsprechende Passus in der Einladung gestrichen werden.

- **Kurzbeschreibung**

In der vorherigen Veranstaltung bietet es sich an, einen konkreten Ausblick auf diese Abschlussveranstaltung zu geben. Falls im Veranstaltungsprogramm die Malwida-Veranstaltung vor der Abschlussveranstaltung stattfindet, können Eltern und Kinder das zu Hause fertig gestellte Malwida-Plakat mitbringen. Des Weiteren sollen Eltern und Kinder sich einen Buffet-Beitrag überlegen. Zu ihrem Buffet-Beitrag sollen sie zur Abschlussveranstaltung des Weiteren eine passende Rezeptvorlage mitbringen. Daraus entsteht in der letzten Veranstaltung ein LIFE-Rezeptbuch.

Vor Veranstaltungsbeginn werden die Tische zusammengestellt. Ein paar Tische können zu einer Tafel zusammengeschoben werden, auf der das Buffet platziert werden kann. Die restlichen Tische werden als Gruppentische gestellt. Dort können Kinder und Eltern gemütlich zusammensitzen, während sie essen oder ihr Rezept gestalten.

Zu Beginn der Veranstaltungen werden Eltern und Kindern die mitgebrachten Speisen und die Malwida-Plakate (optional) abgenommen. Bereits bei Eintreffen werden die Kinder mit ihren Eltern darum gebeten, den Namen der mitgebrachten Speise auf eine Karte zu schreiben und vor das Gericht am Buffet zu stellen. Optional werden die Malwida-Plakate nach Möglichkeit im Flur oder in einem Nebenraum aufgehängt (je nach Anzahl der Plakate auch im selben Raum). Anschließend findet eine gemeinsame Begrüßung im Stuhlkreis statt und der Veranstaltungsablauf wird erklärt. Die Eltern und Kinder können ihre Zeit selbstständig gestalten. Dafür stehen mehrere parallel laufende Aktivitäten zur Auswahl: Buffet, Feier und lockeres Beisammensitzen, Rezeptgestaltung und evtl. Museumsrundgang mit den Malwida-Plakaten. Während der gesamten Veranstaltungszeit können sich Eltern und Kinder am mitgebrachten Buffet bedienen.

4

Falls die Abschlussveranstaltung mit der Malwida-Veranstaltung verknüpft wird, haben Eltern und Kinder die Möglichkeit, die mitgebrachten Malwida-Plakate anzuschauen. Für den Museumsrundgang werden kleine Klebezettel ausgelegt. Auf diesen Klebezetteln können Eltern und Kinder Kommentare zu den Malwida-Plakaten notieren und diese direkt auf die Plakate kleben. So erhalten am Ende alle Kinder neben dem erstellten Bild eine positive Rückmeldung zu ihrem Malwida-Plakat. Mit Eltern und Kindern sollte zuvor gemeinsam thematisiert werden, welcher Art die Kommentare sein sollten. Wünschenswerter Weise sollten positive, ermunternde und wertschätzende Kommentare geschrieben werden.

Des Weiteren sollen die Kinder gemeinsam mit den Eltern ein Rezept zu ihrem mitgebrachten Gericht erstellen. Dafür liegen Vorlagen und Stifte aus. Das Rezept soll auf die Vorlage abgeschrieben und anschließend verziert werden. Wer ein fertiges Rezept mitgebracht hat, kann es auch ausschneiden, aufkleben und anschließend verzieren. Um den Kindern zu verdeutlichen, was am Ende das Ergebnis ihrer Rezepte ist, wird im Stuhlkreis beschrieben, wie aus den einzelnen Rezepten später ein Rezeptbuch entstehen soll. Dieses erhalten die Kinder und Eltern nachträglich als Abschlussgeschenk des LIFE-Programms.

Zum Ende der Veranstaltung treffen sich alle erneut im Stuhlkreis und jede/-r darf erzählen, welches der mitgebrachten Gerichte ihm besonders gefallen hat. Es besteht auch die Möglichkeit, alle Rezepte im Stuhlkreis zu sammeln und zu besprechen oder die Veranstaltungen des gesamten LIFE-Programms zu evaluieren. Abschließend werden Kinder und Eltern verabschiedet und ein schönes und erfolgreiches Restschuljahr gewünscht. Auch werden die Kinder und Eltern gegebenenfalls daran erinnert, die Malwida-Plakate mit nach Hause zu nehmen.

Im Nachgang der Veranstaltung werden mit den erstellten Rezepten Rezeptbücher erstellt, die den Kindern anschließend übergeben werden. Dafür gibt es natürlich verschiedene denkbare Vorgehensweisen, die jeder nach seinem Belieben entscheiden muss (◘ Tab. 4.9).

◘ Tab. 4.9   Veranstaltungsablauf „Rezepte aus aller Welt"

	Zeit	Aktivität	Material
	Vorbereitung	Eine Buffettafel und Gruppentische aufbauen.	
1	5 Min. Begrüßung und Einstieg 1	Eltern und Kinder werden empfangen. Die mitgebrachten Beiträge fürs Buffet werden angenommen und mit einem entsprechenden Schild versehen. Eltern und Kinder schreiben die Beschriftung ihrer mitgebrachten Speisen selbst auf eine Karte. Die Malwida-Plakate werden angenommen und für die Ausstellung ausgehängt (optional).	Kreppband oder Magnete für die Malwida-Plakate Karten für die Beschriftung der Gerichte am Buffet

(Fortsetzung)

◻ Tab. 4.9 (Fortsetzung)

	Zeit	Aktivität	Material
2	10 Min. Begrüßung und Einstieg 2	Sobald alle Kinder und Eltern angekommen sind, erfolgt eine gemeinsame Begrüßung und Eröffnung der Veranstaltung im Stuhlkreis. Dabei werden die verschiedenen Aktivitäten, die Kinder und Eltern während der letzten Veranstaltung unternehmen können, erklärt: Erstellung eines zum Buffet passenden Rezeptbuches mithilfe der Rezeptvorlagen erläutern. Optional: Mögliche Betrachtung der Malwida-Ausstellung mit positiver Kommentierung auf Klebezetteln erläutern. Das Buffet ist die ganze Zeit offen. Jedes Kind erklärt kurz, was es mit seiner Mutter/seinem Vater mitgebracht hat. Hinweis auf den Abschluss: Zum Ende der Veranstaltung sammeln sich alle noch einmal im Stuhlkreis. Dann werden sämtliche Rezepte vorgestellt und erklärt, wie daraus ein Rezeptbuch entsteht.	Vorlagen für die Rezepte Klebezettel Stifte
3	45–50 Min. Feier-Arbeits-phase	Buffetbetrieb Nettes Beisammensein und Zeit für lockere Unterhaltungen Museumsrundgang mit Malwida-Plakaten Rezepte schreiben und gestalten	s. o.
4	15 Min. Ergebnis-sicherung und Abschluss	Zunächst erfolgt im Stuhlkreis die Vorstellung der ausgelegten Rezepte. Dabei wird ein Hinweis darauf gegeben, dass daraus ein LIFE-Rezeptbuch erstellt wird. Alle Teilnehmenden erhalten dieses Rezeptbuch am Ende des ersten Schuljahres über die Klassenlehrkraft. Optional: Des Weiteren können die Kinder zu ihren Malwida-Plakaten gehen, sich einen der am Plakat klebenden Kommentare aussuchen und diesen vorlesen. Es wird ein Hinweis darauf geben, dass die Malwida-Plakate mit Kommentaren wieder mitgenommen werden können. Abschließend erfolgt ein kurzer Rückblick auf das gesamte LIFE-Jahr und eine feierliche Verabschiedung der Kinder und Eltern.	s. o.

Literatur

Brezing, H., Maisenbacher, D., Renk, G. J., Rinderle, B., & Wehrle, M. (2018). *FRESCH – Freiburger Recht-schreibschule. Grundlagen, Diagnosen, LRS-Förderung in der Schule*. Hamburg: AOL.

Gutwein, A. (2007). *kigatreff. Mitmachgeschichten*. Norderstedt: Books on Demand GmbH.

4

Materialsammlung

© Springer Fachmedien Wiesbaden GmbH, ein Teil von Springer Nature 2020
S. Bonanati et al., *Lesekompetenz fördern*, https://doi.org/10.1007/978-3-658-28343-8_5

Bei Kap. 5 handelt es sich um die Materialsammlung. Passend zu jeder Veranstaltung des Family Literacy-Programms „LIFE – Lesen in Familie erleben" findet sich hier das Material, das für die Durchführung der neun Veranstaltungen erstellt wurde, als Kopiervorlage.

5.1   Das Löwen-Memory

- Tierkarten passend zur Geschichte

Löwe

Geier

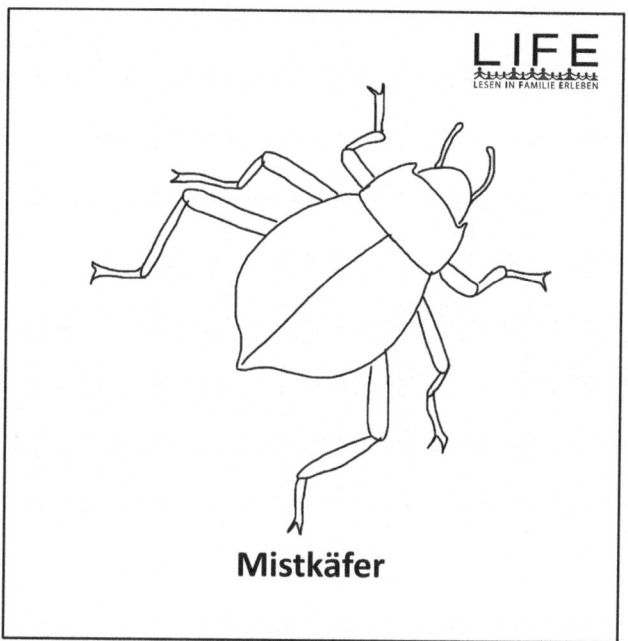

Mistkäfer

Krokodil

5

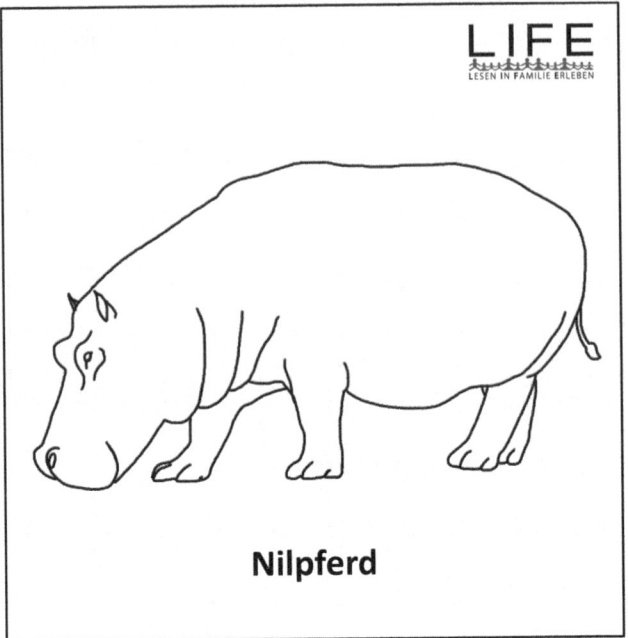

Nilpferd

Affe

■ **Memory-Bastel-Set**

5

- **Memory-Spielregeln**

Das Löwen-Memory besteht aus 18 Spielkarten. Welche Paare bzw. Trios zusammengehören, findest du auf der Lösungskarte. Ein Memory spielst du mit mindestens zwei Personen. Suche dir einen Spielpartner und lege die achtzehn Spielkarten verdeckt auf den Tisch. Jeder Spieler darf nun drei Karten ziehen. Wenn du ein Trio gefunden hast, kannst du es behalten. Ansonsten zeige die Karten deinem Mitspieler und lege sie wieder verdeckt auf den Tisch. Der Spieler mit den meisten Trios hat gewonnen.

> **Tipp**
>
> Wenn du nicht mehr genau weißt, welche Karten zusammengehören, suche die passende Stelle in der Geschichte (Der Löwe, der nicht schreiben konnte) oder in den Tierbriefen. Schaue erst zuletzt in die Lösungskarte.

Lösungskarte – Löwen-Memory

Nilpferd	Mistkäfer	Krokodil	Geier	Löwe	Affe

5.2 Laute und Silben

- **Fruchtsortenkarten für das Obstsalat-Spiel**

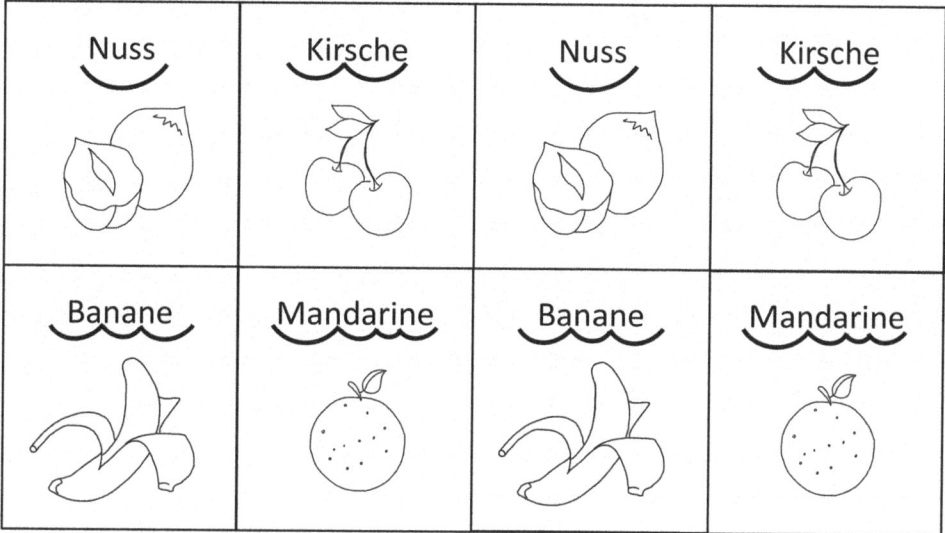

- **Silbenbogen-Karten**

5

- **Wort-Bild-Karten (Beispiel)**

- **Flipcharts für die Elternzeit**

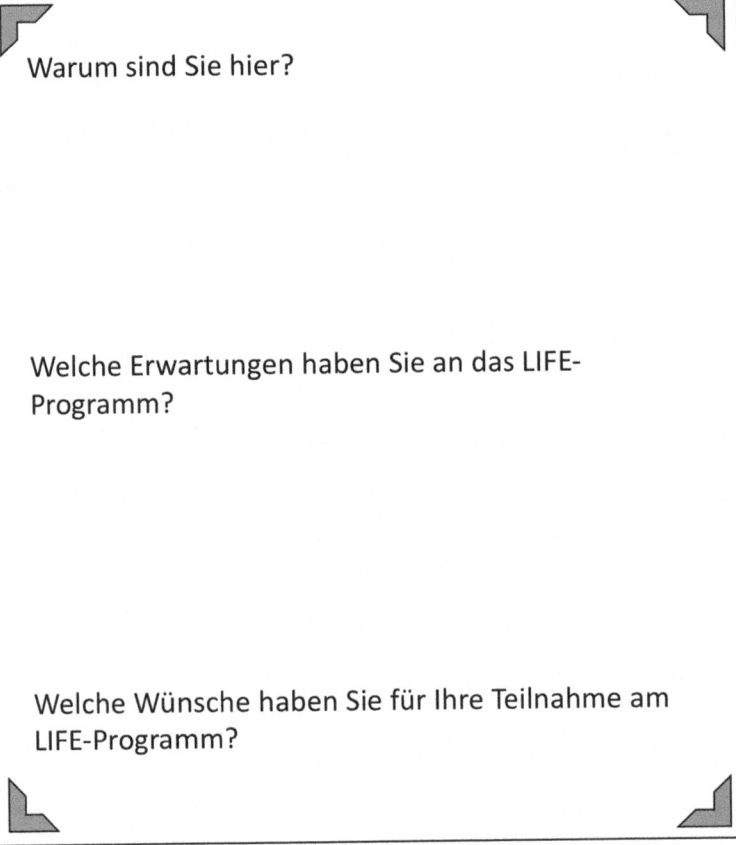

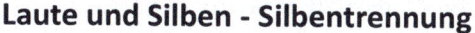

Laute und Silben - Silbentrennung

Geburtstag	Städte	Hitze	Karomuster
Ge – burts – tag	Stä – dte	Hi – tze	Ka – ro – mus – ster
Ge – burt – stag	Städt – e	Hit – ze	Kar – om – ust – er
Ge – bur - tstag	Städ – te	Hitz – e	Ka – ro – mus – ter

Richtungswechsel	Zuckerkuchen	kommen
Rich – tungs – wech – sel	Zu – cker – ku – chen	ko – mmen
Ri – chtungs – wech – sel	Zu – cker – kuch – en	kom – men
Rich – tungs – we – chsel	Zuc – ker – ku – chen	komm – en

 Ich bin mir sicher   Ich glaube…

5

Wo können Laute und Silben im Alltag gefunden werden? Welche Spiele fallen Ihnen dazu ein?

(Die Bilder dienen Ihnen zur Inspiration für mögliche Alltagssituationen)

- **Karten zu Alltagssituationen mit dem Kind**

5

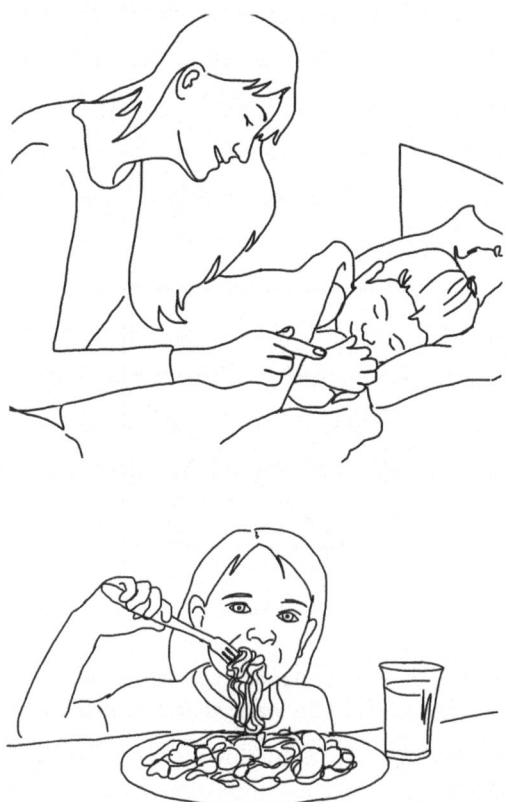

5.3 Die Weihnachtsveranstaltung

- **Bastelanleitungen**

Sternengirlande

An dieser Station kannst du eine Sternen-Girlande basteln, um euer Zuhause weihnachtlich schmücken zu können.

- **So funktioniert es**

1. Schneide einen langen, breiten Papierstreifen ab.

5

2. Falte das Papier wie ein Akkordeon, um ein Rechteck zu erhalten. Mache die Knicke so glatt wie möglich.

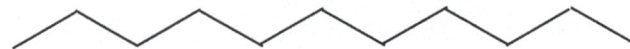

3. Male mithilfe der Sternenschablone den Stern auf das oberste Blatt des Akkordeons. Dabei können die äußeren Sternenspitzen ruhig ein wenig über den Rand gehen.

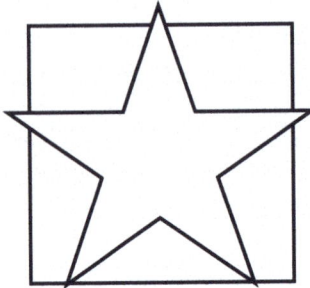

🛈 **ACHTUNG**
Achte unbedingt darauf, dass die Spitzen des Sterns die Kante des Papierstreifens berühren, denn sonst hast du nachher ganz viele einzelne Sterne.

4. Schneide die Figur vorsichtig aus. **Schneide nicht dort, wo die Sternenspitzen die Kante berühren (Kreuze)!**

5. Nun kannst du die Girlande auseinanderfalten und aufhängen!

■ **Tannenbaum**

An dieser Station kannst du einen Tannenbaum basteln, den du zu Hause aufhängen kannst.

So funktioniert es:

1. Lege ein grünes Blatt oder Pappe vor dich. Falte es einmal auf die Hälfte.
2. Zeichne nun zwei Tannenbäume auf das Papier. Achte darauf, dass beide Bäume möglichst gleich aussehen und schneide sie anschließend aus. Du kannst die Tannenbäume unten auf dem Arbeitsblatt ausscheiden und als Schablone verwenden.

3. Schneide einen Tannenbaum von unten bis zur Hälfte und den anderen Tannenbaum von oben bis zur Hälfte ein (siehe Schablone).
4. Bevor du die Tannenbäume ineinandersteckst, kannst du sie nach Belieben verzieren.
5. Nun kannst du in die Tannenbaumspitze ein kleines Loch machen und einen Faden durchziehen.

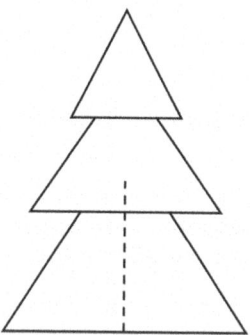 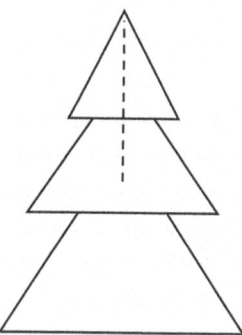

■ **Weihnachtspunsch**
Einkaufsliste: Das braucht ihr für 8 Portionen

4 Beutel Früchtetee
1 L Wasser
2 EL Honig
1 L Multivitaminsaft aus roten Früchten
Saft von einer Bio-Orange
Saft von einer Bio-Zitrone

Gewürze

Anis, Zimt, Nelken
Wenn ihr keinen roten Multivitaminsaft findet, könnt ihr auch Kirschsaft nehmen.

Bevor es los geht

Am besten stellst du dir alle Zutaten abgewogen bereit. Wenn du nicht weiterweißt oder dir etwas zu schwierig vorkommt, bitte einfach deine Eltern um Hilfe. Das Wasser für den Tee kochst du am besten in einem Wasserkocher auf. Du brauchst außerdem einen großen Topf, um die Zutaten zusammenzurühren. Folgendes wird auch sehr nützlich sein: Ein Messer, ein kleines Schneidebrett, ein Esslöffel sowie ein großer Löffel zum Umrühren.

So wird's gemacht

1. Bereite den Früchtetee mit dem Wasser nach der Packungsanleitung zu.
2. Vermische den Tee mit dem Honig, den Säften und den Gewürzen.
3. Jetzt kannst du den Topf mit dem Punsch auf den Herd stellen und ihn erhitzen.

4. Den fertigen Punsch trinkst du am besten aus weihnachtlichen Tassen – so schmeckt er am besten!

5. Zum Schluss noch ein Experten-Tipp: Noch besser schmeckt der Punsch, wenn du ihn mit Freunden und Familie teilst.

Honigkuchen-Anhänger

Lebkuchen und Honigkuchen gehören einfach zu Weihnachten dazu. Sie sind ganz einfach selber zu machen und besonders gut zum Verzieren und Schmücken geeignet.

5

Zutaten	Zubereitung
Für den Teig 250 g milder flüssiger Honig (z. B. Akazienhonig) 200 g Zucker 60 g Butterschmalz 60 g Orangeat 60 g Zitronat 10 g Hirschhornsalz 600 g Mehl (Type 550) 1 ½ TL Lebkuchengewürz 4 EL Kakaopulver 1 Prise Salz evtl. etwas Milch Mehl zum Ausrollen 2 ½ EL Milch zum Bestreichen	**Für den Teig** Honig, Zucker und Butterschmalz in einem Topf erhitzen und rühren, bis der Zucker geschmolzen ist. Orangeat und Zitronat im Blitzhacker fein hacken. Hirschhornsalz und 3 EL Wasser verrühren. Mehl, Lebkuchengewürz, Kakao, Salz, Orangeat und Zitronat mischen. Aufgelöstes Hirschhornsalz und die abgekühlte Zuckermischung dazugeben. Alles zunächst mit den Knethaken des Handrührgerätes, dann mit den Händen verkneten. Wenn der Teig zu fest ist, noch etwas Milch unterkneten. Teig abgedeckt über Nacht stehen lassen. Den Backofen auf 170 Grad, Umluft 150 Grad, Gas Stufe 2–3 vorheizen. Teig nochmals mit den Händen kurz kneten und in Portionen auf wenig Mehl 3–4 mm dick ausrollen. Mit Plätzchenausstechern (z. B. Eiskristall, Ø 20 cm, oder Elch; siehe auch Tipp unten) ausstechen und auf mit Backpapier ausgelegte Bleche legen. Die Figuren dünn mit Milch bestreichen. Im Ofen gut 10–15 Minuten backen. Abkühlen lassen.
Für die Verzierung 250 g Puderzucker Speisefarbe Belegkirschen Rosinen Nüsse	**Für die Verzierung** Puderzucker und 2–3 EL Wasser zu einem sehr dicken Guss verrühren. Eine kleine Portion davon mit roter, blauer oder gelber Speisefarbe einfärben. Weißen und farbigen Guss je in einen Einwegspritzbeutel (Gefrierbeutel) füllen. Vom Beutel mit dem Guss die Spitze abschneiden. Je nach Lust und Laune verzieren. Die Honigkuchen-Anhänger halten sich etwa 4 Wochen. Wird der rohe Teig mit Milch bestrichen, bekommt er beim Backen einen besonders schönen Glanz. Der weiße Guss muss sehr fest und nur gerade noch spritzfähig sein, dann werden die feinen Konturen besonders schön und exakt.

5.4 Buchstaben vom Winde verweht

- **Aufgabenzettel**

Aufgabe 1: Buchstabenschatzsuche

Hier unten seht ihr die heruntergewehten Blätter. Eure Aufgabe ist es nun, sie wieder mit Buchstaben zu füllen. Ihr habt nun 20 Minuten Zeit mit eurer Mutter/eurem Vater loszuziehen und Buchstaben zu suchen. Sucht an allen möglichen Orten auf dem Schulgelände.

— Wo könnt ihr Buchstaben finden?

— Schreibt auf der einen Seite des Blattes einen Buchstaben auf und auf der anderen Seite das Wort, in dem ihr den Buchstaben gefunden habt. Dabei können euch eure Mutter/euer Vater helfen.

> **Tipp**
>
> Sucht auch an ganz ungewöhnlich Orten wie z. B. der Toilette nach Buchstaben: Was könnt ihr dort entdecken?

- **Aufgabe 2: Blätterscrabble**

Nehmt nun zusammen mit eurer Mama/eurem Papa eure Buchstaben wieder vom Baum und geht an einen der Tische. Dort warten auf euch große Blätter.

— Legt mit euren selbst gefundenen Buchstaben nun so viele Wörter wie möglich.

— Schreibt sie zusammen mit eurer Mutter/eurem Vater auf das große Blatt, damit ihr sie nicht vergesst.

— Eure Wörter können Fantasiewörter oder richtige Wörter sein.

> **Tipp**
>
> Wenn euch ein Buchstabe für ein Wort fehlt, geht noch einmal auf Buchstabensuche!

- **Bastelvorlage für kleine und große Buchstaben- und Wortblätter**

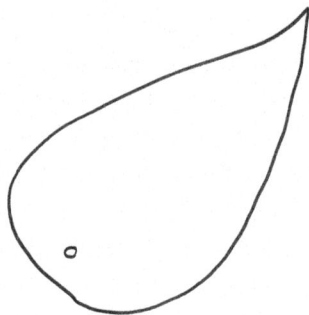

5.5 Vorlesen und Vorlesen-Lassen

■ **Moderationsanleitung für die Stationen**

Station	Moderationsanleitung
1. Vorlesen mit Bewegung	Die Bewegungsgeschichte „Hoppel und Poppel" ist bereits ein Beispiel für das Vorlesen mit Bewegung. Bei Bewegungsgeschichten handelt es sich um Geschichten, die jemanden dazu auffordern, Bewegung nachzuahmen und aktiv mitzumachen. Man muss ganz genau hinhören, um zu verstehen, was man machen soll oder gemeinsam überlegen, wie man sich passend zur Geschichte bewegt.
2. Vorlesetipps	An dieser Station erhalten insbesondere die Eltern hilfreiche Tipps rund um das Vorlesen. Des Weiteren werden hier Fragen und Anregungen diskutiert. Parallel können die Kinder einer vorgelesenen Geschichte zuhören. Es gibt zahlreiche hilfreiche Anregungen in Form von Handouts an dieser Station, die sich jede Mutter/jeder Vater mit nach Hause nehmen kann.
3. Fragen beim Vorlesen	An dieser Station finden Eltern und Kinder verschiedene Geschichten zum Vorlesen. Passend zu den Geschichten liegen verschiedene Arbeitsblätter mit möglichen Fragen zur Geschichte bereit, um über den Text hinaus ins Reden zu kommen.
4. Bunte Lesewelt	Hier wird es kreativ. Passend zur Geschichte „Seine eigene Farbe" von Leo Lionni könnt ihr die Hauptfigur, das Chamäleon, auf verschiedene Art gestalten.
5. Reime und Gedichte	An dieser Station könnt ihr zwischen verschiedenen Reimen, Gedichten und Rätseln auswählen. Sie sollen euch dazu animieren, selbst weiter zu reimen. Dazu könnt ihr zwischen verschiedenen Arbeitsblättern unterschiedlichen Schwierigkeitsgrades wählen.

■ **Stempelstern**

5.6 Hannes ohne Brille

- Tierkarten

Hartmut, die Schnecke

das Eichhörnchen

die Eule

5

Luise, die Maus

Max, der Hase

Hannes, der Maulwurf

Cornelius, der Rabe

- **Sinneskarten**

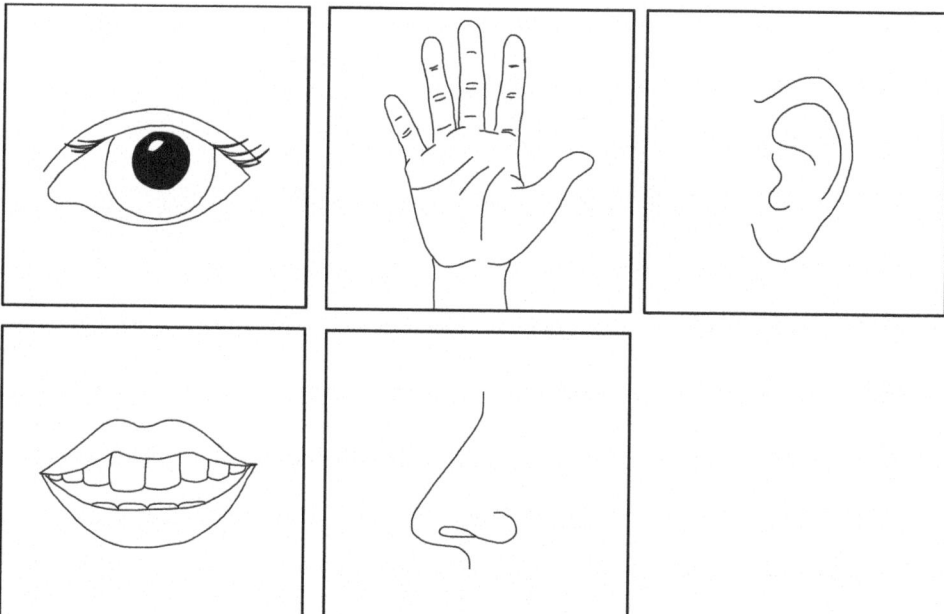

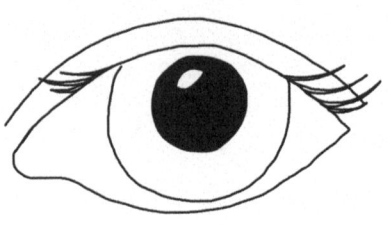

sehen

5

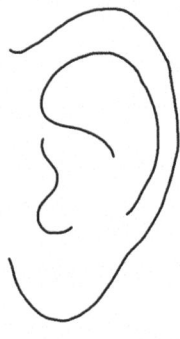

hören

riechen

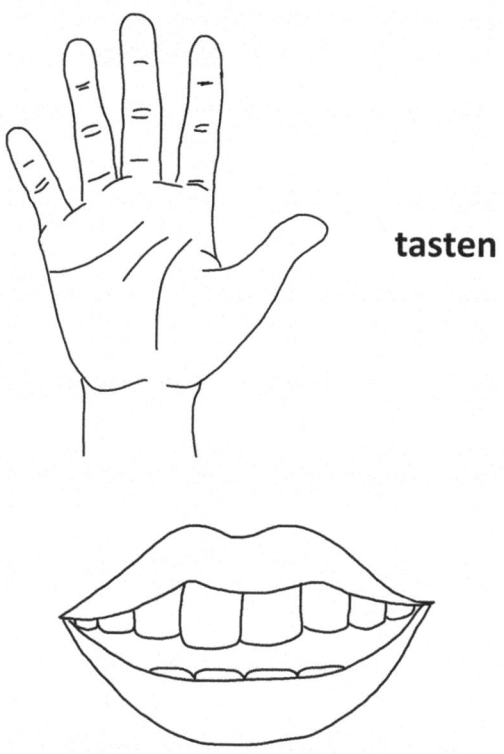

tasten

schmecken

■ **Aufgabenkarten**
Aufgabe: Riechen

Wie **riecht** es im Wald?
Das Eichhörnchen erzählt in der Geschichte, wie der Wald riecht.

5

1. Lest euch Seite sieben in der Geschichte noch einmal durch. Ihr habt folgende Möglichkeiten zum Vorlesen. Sucht euch eine davon aus.

Variante 1	
Mutter oder Vater lesen vor.	Das Kind hört zu.
Variante 2	
Das Kind liest vor.	Mutter oder Vater hört zu.
Variante 3	
Ihr wechselt euch beim Vorlesen ab: „Erst du ein Stück, dann ich ein Stück".	

2. Geht auf Entdeckungsreise: Sammelt draußen auf dem Schulhof Material für eure Sinneskiste. Euer Thema ist das Riechen.
3. Bastelt mithilfe eures Materials die Sinneskiste zum Thema: Wie riecht es im Wald?

- **Aufgabe: Hören**

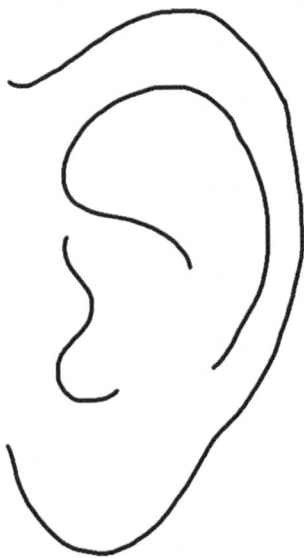

Welche Geräusche **hört** man im Wald?
Der Hase Max beschreibt in der Geschichte, wie es sich im Wald **anhört.**

1. Lest euch Seite fünf in der Geschichte noch einmal durch. Ihr habt folgende Möglichkeiten zum Vorlesen. Sucht euch eine davon aus.

Variante 1	
Mutter oder Vater lesen vor.	Das Kind hört zu.
Variante 2	
Das Kind liest vor.	Mutter oder Vater hört zu.
Variante 3	
Ihr wechselt euch beim Vorlesen ab: „Erst du ein Stück, dann ich ein Stück".	

2. Geht auf Entdeckungsreise: Sammelt draußen auf dem Schulhof Material für eure Sinneskiste. Euer Thema ist das Hören.
3. Bastelt mithilfe eures Materials die Sinneskiste zum Thema: Welche Geräusche hört man im Wald?

- **Aufgabe: Sehen**

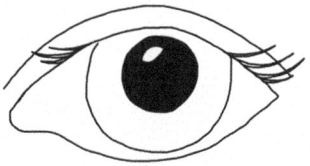

Wie **sieht** der Wald von oben und von unten **aus?**
Die Schnecke Hartmut und die Eule beschreiben in der Geschichte, wie der Wald von oben und von unten **aussieht.**
1. Lest euch Seite acht in der Geschichte noch einmal durch. Ihr habt folgende Möglichkeiten zum Vorlesen. Sucht euch eine davon aus.

Variante 1	
Mutter oder Vater lesen vor.	Das Kind hört zu.
Variante 2	
Das Kind liest vor.	Mutter oder Vater hört zu.
Variante 3	
Ihr wechselt euch beim Vorlesen ab: „Erst du ein Stück, dann ich ein Stück".	

2. Geht auf Entdeckungsreise: Sammelt draußen auf dem Schulhof Material für eure Sinneskiste. Euer Thema ist das Sehen.
3. Bastelt mithilfe eures Materials die Sinneskiste zum Thema: Wie sieht der Wald von oben und von unten aus?

- **Aufgabe: Tasten**

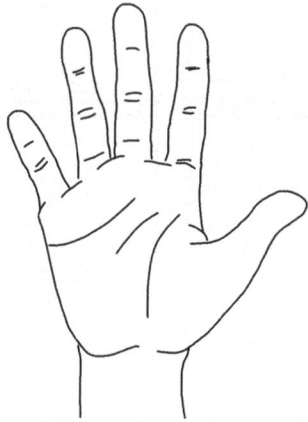

Wie **fühlt** sich der Waldboden **an?**
Die Maus Luise erzählt in der Geschichte, wie sich der Waldboden **anfühlt.**

1. Lest euch Seite sechs in der Geschichte noch einmal durch.
    Ihr habt folgende Möglichkeiten zum Vorlesen. Sucht euch eine
    davon aus.

Variante 1	
Mutter oder Vater lesen vor.	Das Kind hört zu.
Variante 2	
Das Kind liest vor.	Mutter oder Vater hört zu.
Variante 3	
Ihr wechselt euch beim Vorlesen ab: „Erst du ein Stück, dann ich ein Stück".	

2. Geht auf Entdeckungsreise. Sammelt draußen auf dem Schulhof Material für eure
    Sinneskiste. Euer Thema ist das Fühlen/Tasten.
3. Bastelt mithilfe eures Materials die Sinneskiste zum Thema: Wie fühlt sich der
    Waldboden an?

5.7 Aus Wörtern werden Sätze

- Spielanleitung „Ein Stücken erraten"

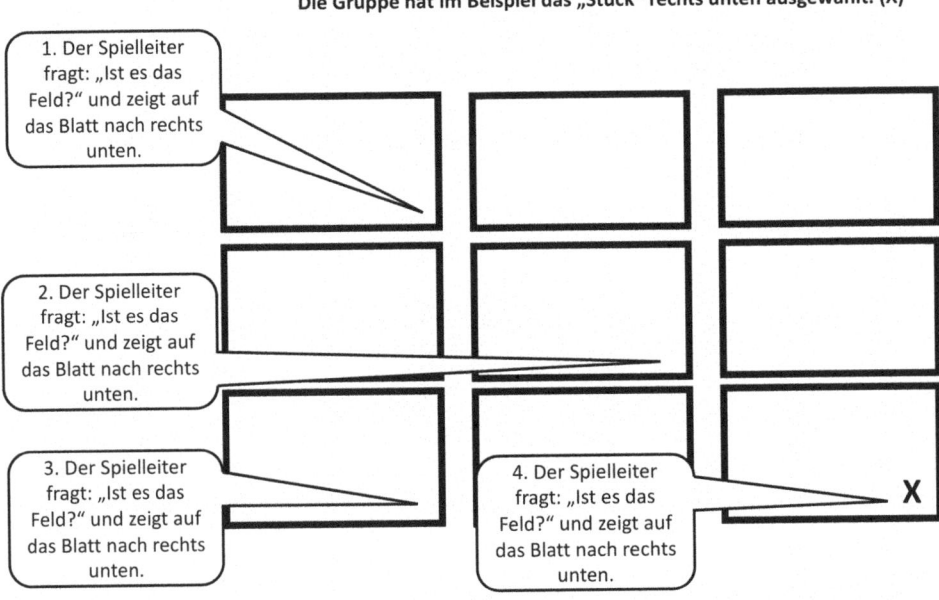

Ein freiwilliges Kind verlässt gemeinsam mit dem Spielleiter/der Spielleiterin den Raum, während sich alle anderen im Raum um ein vorbereitetes Quadrat sammeln. Dieses Quadrat besteht aus neun kleinen Quadraten. Die Kinder im Klassenraum suchen sich gemeinsam eines dieser Quadrate (im Beispiel das mit X gekennzeichnete Feld) aus, welches das andere Kind erraten muss. Außerhalb des Klassenraums wird dem Kind der Spieltrick erklärt. Sobald die Kinder sich für ein Quadrat entschieden haben, kommt das Kind zurück in den Klassenraum.

Der zweite Spielleiter, welcher sich die ganze Zeit im Raum befunden hat, zeigt nun auf mögliche Quadrate und fragt: „Ist das das ausgesuchte Quadrat?". Die Art des Zeigens auf die Quadrate ist dabei der Hinweis für das ratende Kind. Der Spielleiter zeigt auf der Quadratfläche immer an die Stelle, an der sich das von den Kindern ausgewählte Quadrat befindet. Haben sich die Kinder beispielsweise das Quadrat links unten ausgesucht, zeigt der Spielleiter bei jedem Quadrat immer auf die untere linke Ecke. Anhand dieses Spieltricks ist es dem Kind möglich, dass ausgewählte Quadrat zu erraten, ohne bei der Besprechung vorher im Raum gewesen zu sein.

- **Aufgabenblätter für die Eltern-Kind-Aktivität**

Aufgabe 1: Wir basteln Pezzettino!

Geht nun mit eurer Mutter/eurem Vater an die Tische. Dort liegen blaue und rote Würfel-Bastelvorlagen.

Bastelanleitung

1. Schneidet den Würfel an der durchgezogenen Linie aus.
2. Knickt die Ecken des Würfels an der gestrichelten Linie nach innen.
3. Klebt die Ecken zusammen, sodass ein Würfel entsteht.

Aufgabe 2: Aus Wörtern werden Sätze

Nun kann das Würfeln losgehen!

1. Würfelt zuerst mit einem und dann mit dem anderen Würfel. Welches ist die richtige Reihenfolge?
2. Welcher Satz kommt raus?
3. Schreibt den Satz auf ein großes Stückchen und klebt dieses an die Tafel!

- **Nomen-Würfel**

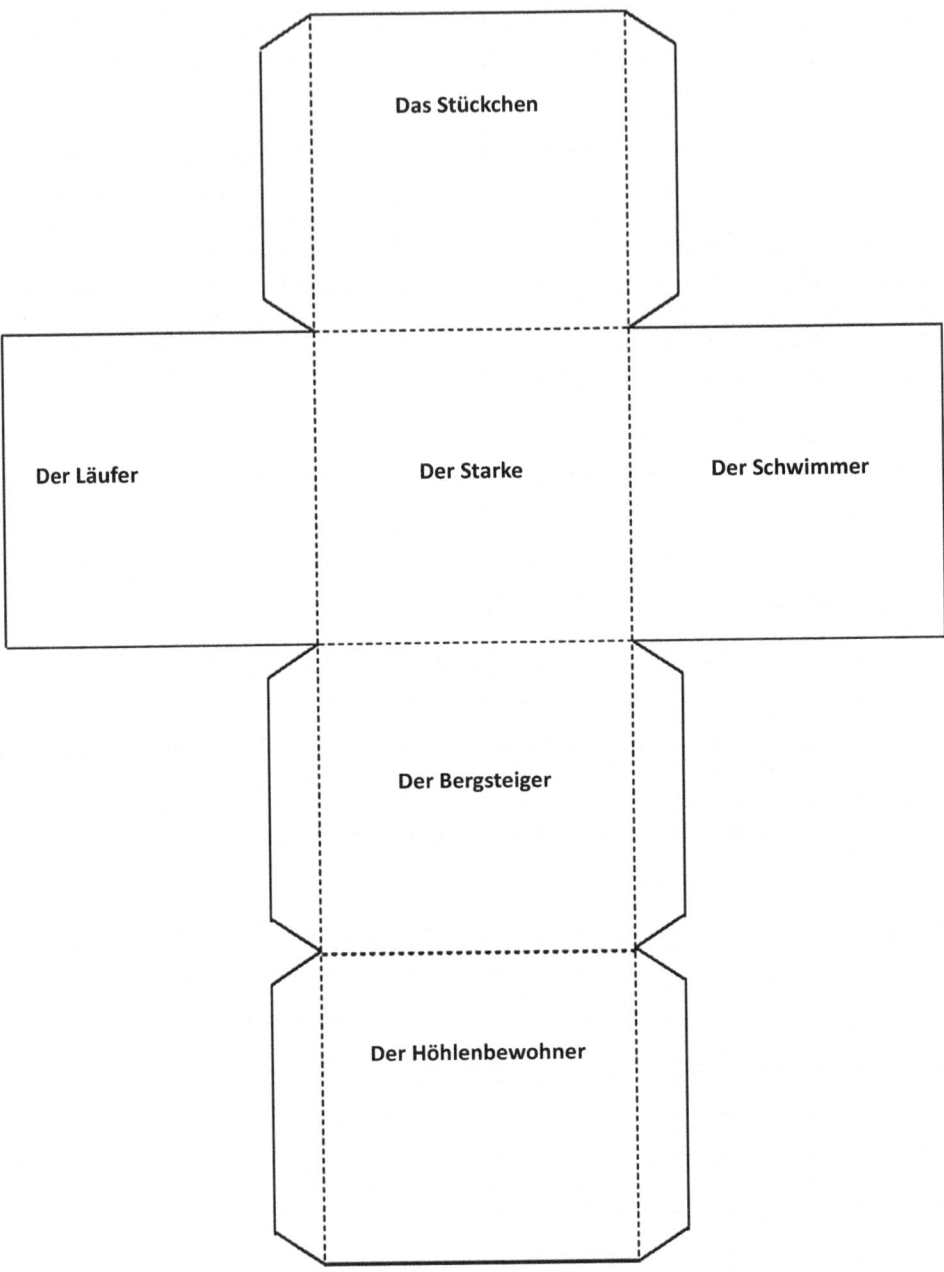

Das Stückchen

Der Läufer

Der Starke

Der Schwimmer

Der Bergsteiger

Der Höhlenbewohner

5

- **Verben-Würfel**

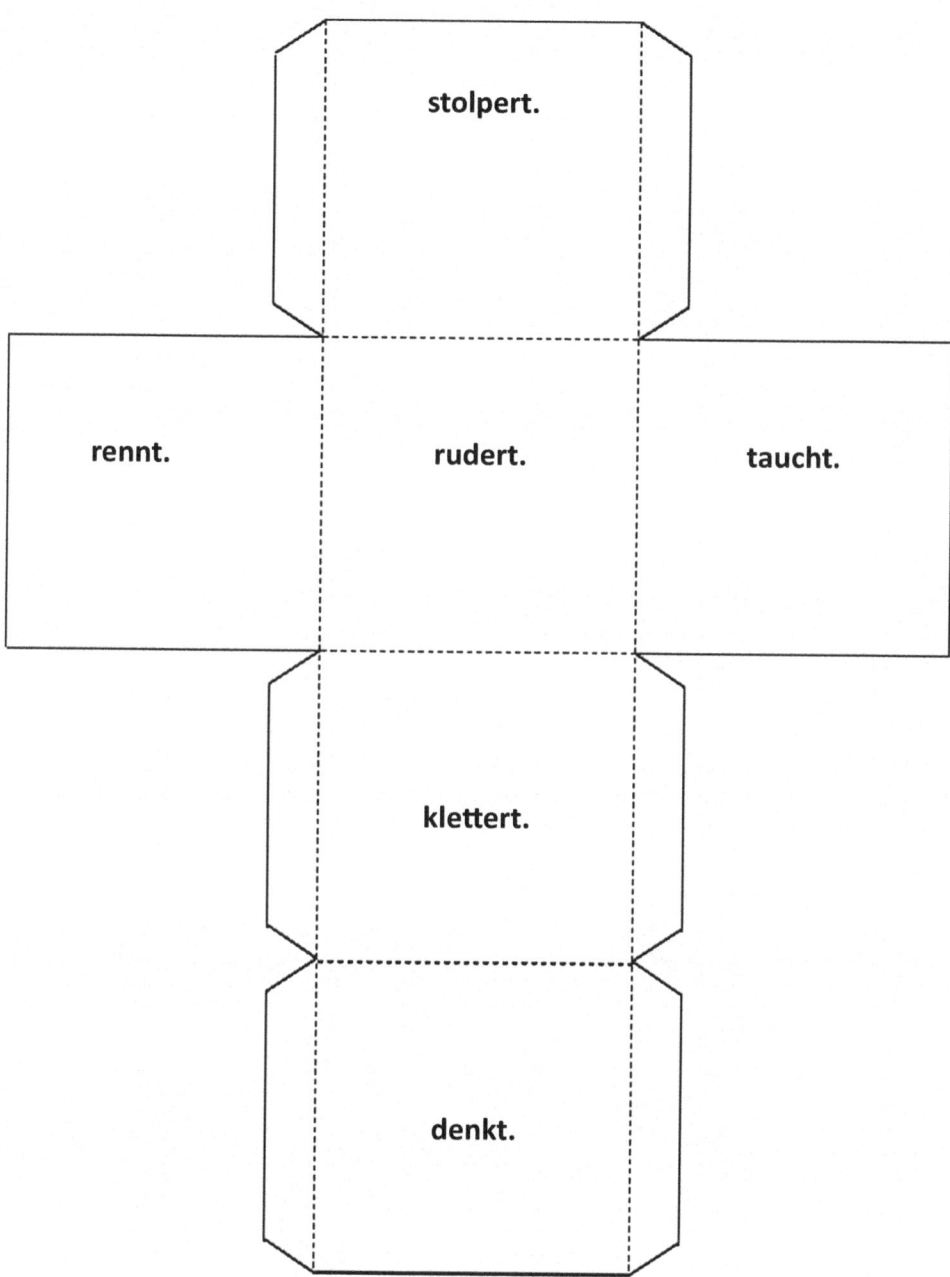

- **Leeres Würfelnetz**

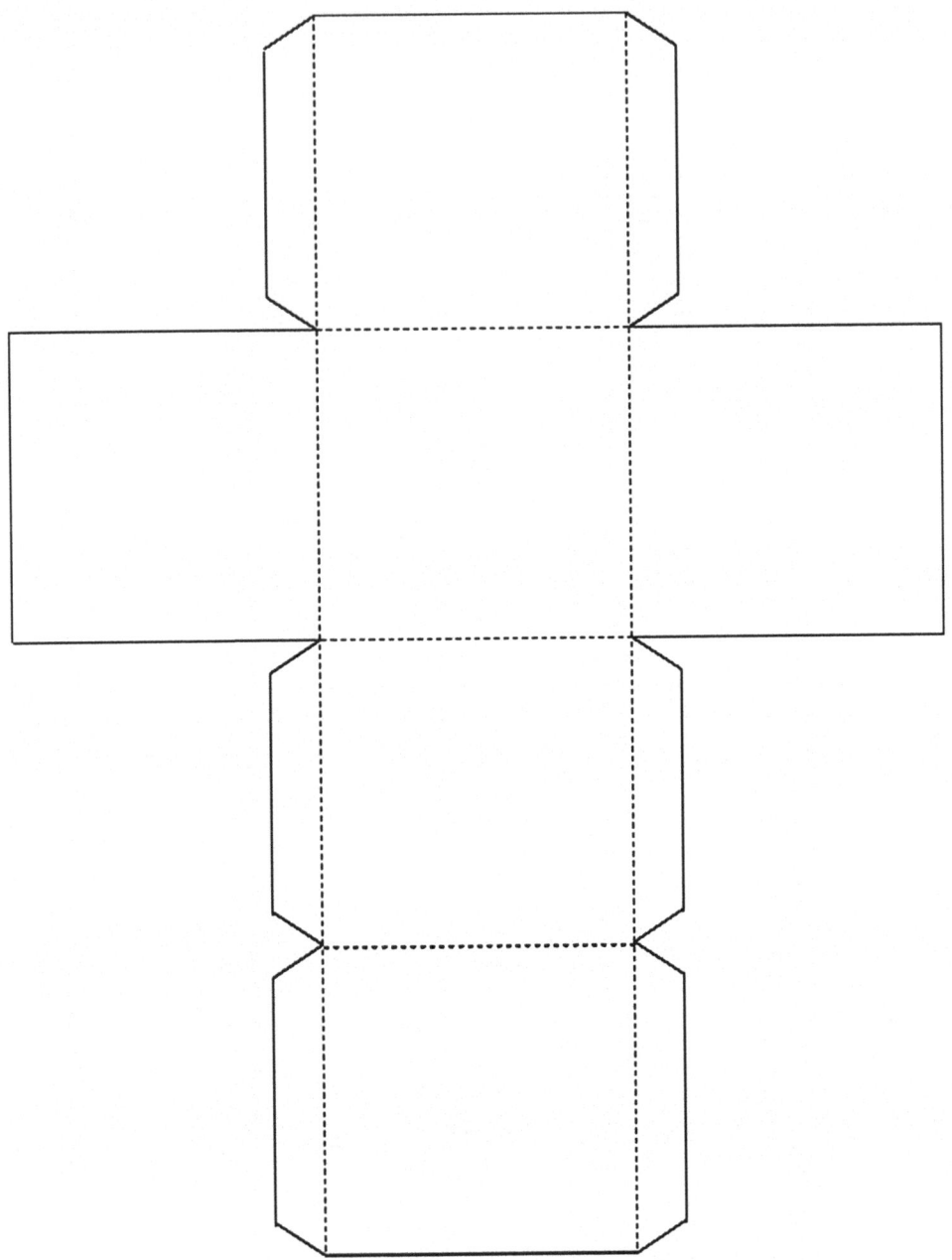

5.8 Malwida: Die Königin der Farben

Farbe	Ideen für Bilder und Gegenstände
Blau	Die Welle, die Blueman-Group, der See, das Meer, der Himmel, die Schlümpfe, die Augenfarbe „blau", die Füllertinte, der Jeansstoff, der blaue Elefant aus „Die Sendung mit der Maus", das Eis, der Pool, der Schneestern, die Blaubeeren, die Polizei, die Parkscheibe, die Europa-Flagge, der Blau-Schimmel-Käse, der Blaumann
Rot	Die Rose, die Tomate, das Herz, die Kirsche, das Feuer, der Hummer, der Marienkäfer, die Wut/der Zorn, das Blut, der Lippenstift, die rote Karte beim Fußball, die Weihnachtsmütze, die Paprika, das Fleisch, die Verbotsschilder (z. B. Stop-Schild), die Feuerwehr, der Sonnenbrand, das rote Kreuz
Gelb	Die Sonnenblume, die Sonne, die Zitrone, das Licht, die Banane, der Strand, der Orangensaft, die Nudeln, der Löwenzahn, der Honig, die Biene, der BVB, der Tennisball, die Kartoffel, das Eigelb, die Warnweste, die Post, der Stern, die Sternschnuppe, der Regenmantel
Grau	Die Maus, der Elefant, die Steine, der Rauch/Qualm, die Regenwolke, der Beton, das graue Haar, die graue Tonne, die Asche, der Asphalt, das Silber, das Eisen, der Staub, die Graugänse, der Nebel, der Wolf, die Wollmaus

5.9 Rezepte aus aller Welt

- Deckblatt Familienrezepte-Buch

LESEN IN FAMILIE ERLEBEN

Familienrezepte

■ **Vorlage: Familienrezept**

Familienrezept

_____

von

_____

5

Fortsetzung

Büchervorstellung

S. Bonanati et al., *Lesekompetenz fördern*, https://doi.org/10.1007/978-3-658-28343-8_6

Sechs der neun Veranstaltungen bauen auf einer Bilderbuchgeschichte auf. Um schnell in den Veranstaltungsablauf einsteigen zu können, werden in Kap. 6 alle Bilderbuchgeschichten kurz wiedergegeben.

6

- **Das Löwen-Memory: Die Geschichte vom Löwen, der nicht schreiben konnte (Martin Baltscheit)**

Den Löwen störte es überhaupt nicht, dass er nicht schreiben konnte. Bislang reichte es ihm zu brüllen und seine Zähne zu zeigen, um etwas zu erreichen. Dies änderte sich, als er die Löwin traf, die unter einem Baum ein Buch las. Er dachte, er müsste ihr einen Brief schreiben, bevor er sie küssen könnte. Daher fragte er verschiedene Tiere danach, für ihn einen Brief an die Löwin zu schreiben. Der Löwe war jedoch nicht mit den Briefen, die die Tiere für ihn formulierten, zufrieden.

Und als der Löwe einen großen Wutanfall bekam, weil der Geier geschrieben hatte, dass der Löwe mit der Löwin über den Dschungel fliegen wolle, schrie er heraus, was er alles gerne mit der Löwin täte.

Das hörte die Löwin zufällig, und so musste er zugeben, dass er nicht schreiben konnte. Das war der Beginn einer Freundschaft – A wie Anfang.

- **Die Weihnachtsveranstaltung: Die abenteuerliche Weihnachtsreise (Holly Hobbie)**

Krümel und Drops waren Freunde und wollten zusammen in ihrem Kuckucksnest Weihnachten feiern. Doch Drops musste vorher noch zur Tante auf eine Familienfeier und die Rückreise steckte voller Schwierigkeiten. Also musste Krümel mit dem Papagei Mumpitz die Vorbereitungen alleine erledigen – und hoffte darauf, dass es sein Freund rechtzeitig schaffen würde. Und tatsächlich – mithilfe eines geheimnisvollen Schlittenfahrers – schaffte er es noch nach Hause. Krümel und Drops feierten ein herrliches Weihnachtsfest.

- **Buchstaben vom Winde verweht: Der Buchstabenbaum (Leo Lionni)**

Der Buchstabenbaum war voller Buchstaben, die glücklich im Baum lebten, bis ein großer Sturm aufzog. Trotz aller Anstrengungen konnten sich viele Buchstaben nicht mehr auf ihren Blättern halten und wurden fortgeweht. Die verbliebenen Buchstaben verkrochen sich ängstlich im Baum. Da kam der Wortkäfer und riet ihnen, sich zusammen zu tun, damit sie dem Wind standhalten könnten. Also ließen sie sich zeigen, wie man sich zu Wörtern verbindet. Mit dem Gefühl von Sicherheit kehrten sie auf die höchsten Blätter des Buchstabenbaumes zurück. Aber die Raupe kam und beschwerte sich über das Durcheinander von so vielen Wörtern. Sie fragte die Buchstaben, warum sie sich nicht zu etwas von Bedeutung zusammentaten und etwas Wichtiges sagen wollten. Also ließen sie sich zeigen, wie man etwas Wichtiges sagt, und begleiteten die Raupe zu den Menschen.

- **Hannes ohne Brille**

Die Waldtiere wollten gerne etwas Neues lernen und gründeten eine Schule – und alle waren willkommen. Der Rabe Cornelius war der Klügste und sollte daher der Lehrer sein. Er zeigte und erklärte, bis sich plötzlich der Maulwurf Hannes meldete, er könnte nichts sehen. Da überlegten die anderen Tiere, wie sie ihm zeigen könnten, wie der Wald riecht, wie er sich anhört und wie er sich anfühlt. Die Geschichte beschreibt, wie die Tiere den Wald mit ihren unterschiedlichen Sinnen wahrnehmen.

- **Aus Wörtern werden Sätze: Pezzettino**
  (Leo Lionni)

Pezzetino war unzufrieden. Er meinte, er müsste ein Stück von irgendetwas Größerem sein. Also machte er sich auf die Suche und fragte überall nach – aber nirgendwo fehlte er – bis er stürzte und in viele Teile zerbrach. Nun wusste er, dass er wie seine Freunde aus vielen Stückchen bestand und schlicht er selbst war (Anmerkung: Pezzetino ist italienisch und bedeutet Stückchen)

- **Malwida: Die Königin der Farben**
  (Jutta Bauer)

Malwida war in ihrem Reich die Königin der Farben. Sie mochte es, über die Farben zu bestimmen und sie herbeizurufen. Das Blau erfüllte sie und den Himmel freundlich und mild, das Rot war wild und mit ihm ritt sie durch das Königreich – es machte sie wild und gefährlich. Das Gelb war warm und hell – aber auch zickig und gemein – und so kam es, dass sich alle Farben vermischten und zu einem tristen Grau wurden. Es legte sich als Schleier über das Königreich und ließ sich lange nicht von Malwida verjagen. Nun war sie nicht mehr Königin, weil sie nicht mehr bestimmen konnte. Bis sie anfing zu weinen. Mit den Tränen verschwand das Grau und ihre Tränen wurden wieder zu Farben. Da spielten sie gemeinsam, das wilde Rot, das warme und auch gemeine Gelb und das sanfte Blau.

The manufacturer's authorised representative in the EU is Springer
Nature Customer Service Centre GmbH, Europaplatz 3, 69115 Heidelberg,
Germany. If you have any concerns regarding our products, please
contact ProductSafety@springernature.com

Printed and bound by CPI Group (UK) Ltd, Croydon, CR0 4YY
28/04/2026
02098534-0006